KB099270

빌럼 판론(1882~1944)

〈이삭 줍는 여인들〉 장 프랑수아 밀레. 1857. 〈만종〉과 함께 사실주의 화가 밀레의 대표작.

〈수사슴들의 싸움, 발정기〉 귀스타브 쿠르베. 1861 "내가 독일에서 스케치한 것이다……내 눈으로 직접 본 것이다."

〈피그말리온과 갈라테이아〉 장 레옹 제롬. 1890.
조각가 피그말리온은 혼신을 다해 아름다운 여인상을 조각하고 '갈라테이아'라 불렀다. 어느 날 그는 여신 아프로디
테 신전을 찾아 간절히 빌었다. "여신이여 저 상아 처녀를 제 아내가 되게 해주소서." 조각가의 간절한 소원을 헤아린
여신 아프로디테는 조각상에 생명을 불어넣어 주었다.

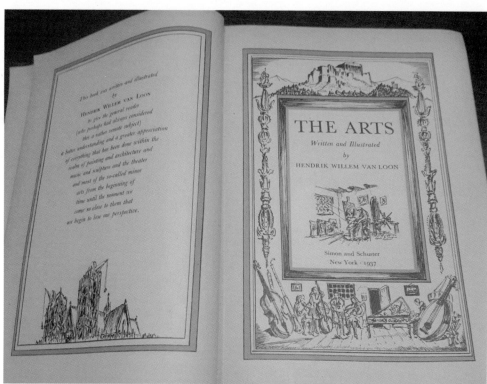

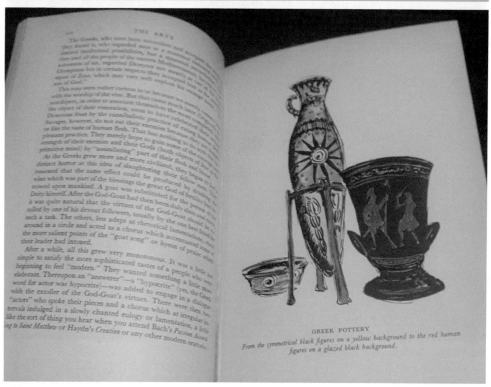

GREEK POTTERY
From the symmetrical black figures on a yellow background to the red human figures on a glazed black background.

《예술의 역사》(1937) 초판본 위 : 속표지. 아래 : 제8장 삽화. 판론이 직접 그린 삽화.

세계사상전집091
Hendrik Willem van Loon
THE ARTS OF MANKIND

예술의 역사

헨드릭 빌럼 판론/이철범 옮김

동서문화사

예술의 역사
차례

내가 사랑하는 아이들을 위해서

참으로 어려운 하루였다. 우리는 위대하고 영광스러운 이 나라—미국에서 가장 황량한 지방을 여행하고 있었다. 그날 아침 따라 이 나라는 위대하지도 영광스럽지도 않았으며 모든 게 회색으로만 보였다. 그것은 단테가 지옥을 묘사했을 때 머릿속에 그렸음직한 우중충한 그런 분위기였다.

기차는 이삼 분 전부터 멎어 있었다. 무슨 이유인지 알 수 없다. 아무도 알지 못했다. 그리고 아무도 신경 쓰지 않았다. 끊임없이 내리는 진눈깨비가 앞으로 1마일 가는 동안 이어지건 백 마일 가는 동안 이어져도 상관없었다. 갈색으로 시든 황량한 옥수수밭이 1마일 이상이나 선로 연변에 펼쳐져 있는 절망적인 그림이, 다시 백 마일이 이어지건 천 마일이 이어져도 아무래도 좋았다.

선로에서 2백 야드쯤 떨어진 곳에 집이 한 채 오도카니 서 있었다. 아주 조촐한 흔히 보는 집이었다. 칠을 하고 수리도 해야 할 집이었는데, 지난 24시간 동안 실컷 보아 온 여느 농가나 다름없었다. 그 집은 아마도 보좌신부가 죄를 미워하듯이 미(美)를 미워한 목수가 세운 것일까? 어느 모로 보나 그러했다.

그 농가에서 아이 둘이 나왔다. 남자아이와 여자아이이다. 둘 다 열두 살쯤 되었을까, 아니면 열네 살쯤 되었을지도 모른다. 두 아이는 몹시 조잡한 빨간 털모자에 목도리를 두르고 있었다. 빨간 털장갑도 끼고 있었는데, 모두 너무나 허술하고 거칠게 짠 것이라 멀리서 보아도 얼마나 되는 대로 만든 것인지 쉽게 알 수 있었다. 확실히 아주 실용적이고 추위를 잘 막도록 만들어졌는지는 모르겠지만, '조금만 더 정성을 들이면 그다지 돈을 들이지 않고도 보기에 더 기분 좋은 것이 될 수 있었을 텐데' 하는 생각이 들기도 했다.

그 남자아이와 여자아이는 철벅거리는 눈 속을 미끄러져 오더니, 길에 우두커니 서서 우리가 탄 기차를 넋을 잃고 바라보았다. 기차가 그들의 눈에 무언가 신비로운 것으로 비친 모양이다. 그리고 보면 기차는 그 아이들의 세계와는 모든 점에서 너무나 동떨어진 비실용적인 세계였는지도 모른다. 말하자면 사람들이 핑크빛 갓을 단 전등 아래서 구운 과자를 먹는 세계이고, 여성들이 온갖 화려한 천으로 만든 드레스를 입은 세계이며, 남자들은 한 시간 동안이나 아무것도 하지 않고 앉아서 책과 연극 이야기를 나눌 수 있는 세계인 것이다. 그리고 지금 그런 세계와 아이들은 우연히도 유일한 사슬의 고리처럼 이어져 있다.

'이 두 어린이들이 이런 이상한 세계를 눈으로 직접 보는 일은 앞으로 없지 않을까? 그러나 어쩌다가 다시 한 번 기적이 일어난다면, 이 기차는 또다시 그들의 마음을 뒤흔들어 아름답고 매력적인 생활과 모든 것에 대한 고상한 호기심으로 채워 줄는지도 모른다. 그리고 앞으로 어느 날엔가 그들은 그들이 고향이라고 부르는 그 소름끼치는 곳, 불필요할 만큼 절망적으로 보기 흉한 그들의 환경에서 결연히 빠져 나올지도 모른다. 그리하여 더 좋은 것, 더 고상한 것, 어디까지나 영혼을 만족시켜 주는 것을 찾으러 나갈지도 모른다.'

이런 생각을 하면서 나는 그 아이들을 몹시 딱하게 생각하고, 다시 문득 그들에게 시선을 던졌다. 여자아이는 종이를 끼울 수 있는 파란 화판을 옆구리에 꼭 끼고 있었다. 남자아이는 매우 반짝거리는 검은 바이올린 케이스를 들고 있었다. 그 광경은 어쩐지 가슴 깊이 새겨졌다.

기적 소리가 세 번 길게 꼬리를 끌며 울렸다. 제동수(制動手)가 올라타고, 기차바퀴가 미끄러운 철로를 구르고 기차는 다시 움직이기 시작했다. 우리는 더 지긋지긋하고, 더 쓸쓸하고, 더 보기 흉한 지방을 향하여 여행을 계속했다. 나는 전망차로 가서 두 아이가 차츰 조그마한 점이 되어 사라질 때까지 지켜보았다.

지난 20년 동안 나는 예술에 관한 책을 쓰기 위해 자료를 모아 왔다. 그 책에서는 한 권으로 모든 예술에 대하여 쓸 생각이었다. 그러나 그때까지 나는 도무지 그 일을 시작할 용기가 나지 않았다. 썩 마음이 내키지 않았기 때문이다. 어떻게 하면 바로 이것이다 하는 '올바른 관점'을 발견할 수 있을까? 어떤 사람을 염두에 두고 이 책을 써야 하는가?

그러나 한 가지만은 뚜렷했다. 예술 전문가들을 위해서 쓸 생각은 없다는 것이었다. 전문가들은 이미 산더미 같은 논문, 몇십 권의 도서목록 및 편람, 과거·

현재·미래의 모든 거장들의 그림과 소묘와 판화를 담은 호화본의 산에 묻혀 있을 것이다. 나는 결코 이런 예술가 자신의 편의를 위해서 책을 쓸 생각은 없다. 예술가가 정말로 자기들의 일을 알고 있다면 바빠서 책을 읽고 있을 수도 없을 것이고, 거꾸로 그들이 좋은 예술가가 아니라면 그 책은 아마도 그들에게 헛된 노력을 계속 시키게 되고, 시간과 돈과 정력만 낭비하게 만들 것이다.

나는 또 '예술이 도덕과 교양에 미치는 영향'을 위해서 예술을 사랑할 수 있는 부인들이나, '예술이 어떤 것인지는 모르더라도, 내가 무엇을 좋아하는 가는 알고 있는' 존경할 만한 세상 남편들에게 내 책을 읽으라고 권하지는 않는다. 이런 사람들이 바라는 마음의 평화라든가, 영혼의 행복 같은 것에 도움이 될 만한 것을 이 책에서 찾으려고 한다면, 아마 틀림없이 불가능할 것이기 때문이다.

그러나 이제 모든 것이 뚜렷해졌다. 나는 여기서 그 '올바른 관점'을 확고히 붙잡은 것이다. 내가 전부터 염두에 두고 있던, 이 책이 누구에게 필요한가를 이제 뚜렷이 알게 된 것이다. 나는 결심했다. 누구보다도 그 빨간 목도리에 빨간 털모자를 쓴 두 아이를 위해서, 그 바이올린 케이스를 들고 그림 한 묶음을 옆구리에 끼고 있던 두 아이들을 위해서, 그때 우리가 탄 기차를 하염없이 바라보던 그 고독한 두 아이들을 위해서 이 책을 쓰리라.

헨드릭 빌럼 판론

1장
시작하는 글

예술가의 일반적 성질에 대하여, 무엇이 예술이고 무엇이 예술이 아닌가를 결정하려고 할 때에 따르는 곤란에 대하여, 그리고 아마도 결코 해결할 수 없을 여러 문제에 대하여

"예술은 보편적인 것이다." 이 말에 대해서는 더 이상 논하지 않더라도 사람들 대부분이 찬동할 수 있을 것이다. 그러나 내가 "예술은 보편적인 것이다"라고 말할 때, 당장 하나의 위험이 따른다. 그것은 예술이라는 것(음악이건 그림이건 조각이건 무용이건)을 세계 어디서나 누구나 알 수 있는 보편적인 말인 것처럼 생각하는 일이다.

그것은 물론 전적으로 옳지 않다. 2층의 책상에 앉아 있는 나에게는 가장 장엄한 음악으로 들리는 것―이를테면 바흐의 푸가 사단조―도 몇 분 뒤 아래층에서 이 원고를 베낄, 축음기나 바이올린과는 도무지 인연이 없는 나의 가엾은 아내에게는 불쾌한 소음에 지나지 않는다.

나의 숨을 막히게 할 만큼 훌륭한 프란스 할스나 렘브란트의 초상화(살과 피만으로 된 어느 인간이 약간의 물감과 기름, 한 장의 캔버스와 한 자루의 낡은 붓의 도움만으로 이만한 것을 표현할 수 있다는 것은 정말 믿어지지 않는 일이다)―이 같은 초상화가 내 뒤에 오는 사람들에게는, 갈색을 띤 색채를 불쾌하게 덧칠해 놓은 것 말고는 아무것도 아니라고 여겨질지도 모른다.

내가 젊었을 때 숙부가 그 안타까운 방랑자, 빈센트 반 고흐의 조그만 스케치를 사서 가지고 있다고 해서 그의 매우 존경할 만한 이웃으로부터 비난을 받은 적이 있다. 그런데 작년 겨울 뉴욕에서 똑같은 빈센트 반 고흐의 작품 몇 점을 미국인에게 전시했을 때 그 박물관에 몰려든 군중을 정리하기 위해 경찰관

을 불러야 했다.

중국의 그림이 훨씬 뛰어나다고 말할 수는 없더라도, 모든 점에서 서양의 것과 마찬가지로 건강하고 재미있다는 것을 배우는 데 우리는 몇백 년이 걸렸다.

요한 세바스찬 바흐의 음악도 라이프치히의 그의 고용주에게는 언제나 격노의 대상이었다. 오스트리아 황제 요제프 2세는 모차르트에게, 그의 음악에 '음이 너무 많다'며 툴툴거렸다. 리하르트 바그너의 작곡은 청중의 비웃음을 받고 콘서트 무대에서 쫓겨났다. 아라비아나 중국의 음악은 보통 아라비아인이나 중국인들의 눈을 깊은 도취에 빛나게 하지만, 나 개인으로서는 이웃 뒷마당에서 무섭게 싸우는 고양이 울음소리를 듣는 기분이 든다.

그러기에 예술은 보편적인 것이라고 내가 말할 때, 그것은 예술이 어느 특수한 나라 또는 어느 특수한 시대에만 한정되는 것이 아님을 뜻하는 데 지나지 않는다. 왜냐하면 예술은 인류와 더불어 오래 되었고, 또 인간의 눈이나 귀, 굶주림이나 목마름과 같이 인간의 한 부분이 되어 있기 때문이다. 오스트레일리아의 변경 끝에 사는 가장 미개한 민족조차 그곳에 사는 동물보다 많은 점에서 못하고, 아직 제 손으로 집 지을 줄도, 옷을 만들 줄도 모르는 민족조차도 그들 자신의 매우 재미있는 예술을 발전시키고 있다.

또 우리는 종교 관념이 전혀 없는 몇몇 원주민 부족을 발견한 적이 있는데, 그 어떤 형태로든 예술적 표현을 전혀 모르는 종족을(문명의 중심지에서 아무리 멀리 떨어져 있더라도) 만난 적은 내가 아는 한 한 번도 없다.

아까 내가 예술은 보편적인 것이라고 한 말의 뜻은 이상과 같다. 그리고 만일 이것이 옳다면, 1장을 유럽에서 시작하건 중국에서 시작하건 또는 마오리족이나 에스키모족에서 시작하건 실은 큰 문제가 아니다. 그러나 이에 관련하여 어느 옛 중국의 사본(寫本) 속에서, 아니 옛 중국의 사본 번역 속에서—슬프게도 나는 몇억이나 되는 중국인이 쓰는 말을 알지 못하고, 또 그것을 배우기에는 너무 늦었으므로—발견한 이야기 한 토막을 여기서 할까 한다. 이런 이야기이다.

어느 늙은 화가가 자기의 죽음이 가까워졌음을 깨달았을 때, 다시 돌아올 수 없는 나그넷길을 떠나기 전에 모든 제자들을 만나 축복을 주고 싶으니 자기 주위에 모여 달라고 말했다.

그래서 제자들이 모여들었다. 노화가는 화실에 있었다. 붓을 쥘 수도 없을 만큼 쇠약해졌는데도, 그는 화판틀 앞에 앉아 있었다. 제자들은 침실의 자리에 눕도록 권했지만, 노화가는 고개를 양옆으로 저으면서 말했다.

"여기 있는 붓과 물감은 오랜 세월 나의 변함없는 벗이자 충실한 형제였다. 이 세상을 떠나는 마당에 이것들과 함께 있는 것이 옳은 일이지."

그래서 제자들은 그 앞에 무릎 꿇고 스승의 말을 기다렸는데, 슬픔을 참을 수 없던 많은 사람들은 흐르는 눈물을 감추지 않았다. 노화가는 그것을 보고 크게 놀라며 말했다.

"너희들은 어찌 슬퍼하느냐. 축제에 초대받아 와 놓고서? 너희들은 나 같은 평범한 인간이 즐길 수 있게 된 장엄한 경험을 함께하기 위해서 초대받은 것이야. 마땅히 크게 기뻐해야 할 텐데, 눈물을 흘리다니."

이어 노화가가 제자들에게 미소 지었으므로, 그들은 곧 울음을 그치고 비단 옷소매로 눈물을 닦았다. 한 제자가 입을 열었다.

"선생님, 저희들의 심약함을 용서해 주십시오. 그렇지만 선생님의 운명을 곰곰이 생각할 때 저희들은 마음이 아픕니다. 선생님에게는 매달려 울어 줄 아내도 없고, 선생님을 묘지에 모신 뒤 여러 신에게 제사를 드릴 아들도 없습니다. 선생님은 한평생 아침 일찍부터 날이 저물 때까지 부지런히 일하셨지만, 초라한 시장의 게을러빠진 환전상도 하찮은 노동의 보수로 선생님이 받는 것보다 훨씬 많은 돈을 모았습니다. 선생님은 인류에게 아낌없이 주셨고, 인류는 선생님이 준 것은 무엇이나 잠자코 받았습니다. 그러나 인류는 선생님의 운명 따위는 개의치도 않고 떠나 버렸습니다. 선생님께 여쭈어 보고 싶습니다. 이것이 공정한 일입니까? 여러 신들은 선생님께 은혜를 베푼 적이 있습니까? 그리고 선생님이 떠난 뒤를 이어나가야 할 저희들은 한 가지만 여쭈어 보고 싶습니다. 선생님의 그 같은 커다란 희생이 정말 그만한 값어치가 있습니까?"

노화가는 천천히 고개를 들었다. 가장 큰 승리의 순간을 마주한 위대한 정복자 같은 표정으로 그는 대답했다.

"공정하다마다. 내가 얻은 보수는 기대한 최고의 것을 훨씬 넘는 것이야. 자네가 말했듯이 내게는 친척도 지기도 없어. 하지만 나는 이 세상에서 백 년 가까이나 아주 훌륭한 생활을 해 왔지. 굶은 적도 자주 있었고, 친구들의 친절이 없었더라면 살 곳도 입을 것도 없었을 그런 일도 여러 번 있기야 했지. 나는 내 일에 더 헌신할 수 있도록 개인적인 이득의 모든 희망을 버린 게야. 내 것으로 만들 수 있는 모든 것에 일부러 등을 돌린 것이지. 다만 나는 교활에는 교활로, 탐욕에는 탐욕으로 대항할 생각만은 하고 있었다. 하지만 나의 고독한 길을 추구하라고 명령하는 마음속 소리에 따르면서 나는 마침내 누구나 바라는 최고의 목적에 이른 게야."

그러자 맨 먼저 말을 꺼낸 가장 나이 많은 제자가 다시 호소했는데, 그의 말은 이제 퍽 망설이는 투였다.

"선생님," 그는 속삭이듯이 말했다. "작별의 축복으로서 사람이 바라는 최고의 목적이 무엇인지 가르쳐 주시겠습니까?"

이때 노화가가 의자에서 일어나니, 이상한 빛 한 가닥이 그의 눈에 비쳤다. 그는 떨리는 다리로 방을 가로질러, 그가 가장 사랑하는 그림이 놓여 있는 곳으로 갔다. 그것은 그의 힘찬 필치로 단숨에 그려진 풀잎 한 장이었다. 그 풀잎은 살아 숨 쉬고 있었다. 그것은 풀잎 한 장이 아니었다. 그 속에는 천지의 시초부터 돋아난 모든 풀잎의 영혼이 깃들어 있었기 때문이다.

"이것이 내 대답이다." 노인은 말했다. "나는 나 자신을 여러 신들과 같은 자리로 높였지. 왜냐하면 나도 영원한 것의 한 끝에 닿았기 때문이야."

이렇게 그는 제자들을 축복하고, 그들의 부축을 받으며 침대에 누워 세상을 떠났다.

이 짧은 이야기는 매혹적이기도 하고 절대적 진리이기도 하다. 이 장을 여기서 끝내고 나머지는 여러분의 상상에 맡겨도 좋을 것 같다. 그러나 이 늙은 중국인의 마지막 말은 많은 것을 생각하게 하므로, 좀 더 나아가야겠다. 그렇다고 너무 페이지를 잡아먹어도 안 된다. 왜냐하면 이런 논의를 하고 있으면, 우리는 흔히 저 행복했던 중세시대로 되돌아가는 이상한 경향이 있기 때문이다. 중세에는 한 개의 바늘 끝에 서 있을 수 있는 천사의 정확한 수를 놓고 두 학자가 12년간이나 토론을 이어 가는 것을 아무렇지도 않게 생각했던 것이다.

노화가에 의하면, 참된 예술가란 영원한 것의 한 끝에 닿을 수 있는 사람이다. 그러나 이 문제를 생각하는 또 하나의 방법이 있다. 내 방법에 여러분은 동의할 수도 있고, 몹시 싫어할 수도 있다. 여러분은 어떻게 생각할지 모르지만 이 생각은 그리스시대부터 매우 많은 사람의 마음에 제일 먼저 떠올랐던 것 같다.

내가 만일 노화가의 입장에 있었다면 아마도 이런 대답을 했을 것이다.

'인간이란 가장 우쭐해졌을 때라도 여러 신들에 비하면 허약하고 서글픈 존재이다. 신들은 창조를 통하여 인간에게 말을 건넨다. 인간은 거기에 대답하고 자기를 증명하려고 한다. 그리고 그 대답—그 증명을 하는 일—이야말로 바로 우리가 예술이라고 부르는 것이다.'

내가 말하는 뜻을 분명히 알려면 여러분은 산으로 가 보라. 태양은 눈부시게 빛나고, 하늘은 깊고, 온통 진초록 일색, 구름은 희고, 바람은 전나무 가지를 울리며, 저 나름의 이상한 멜로디를 연주하고 온 세계가 생명에 떨고 있다. 신들이 만든 세계의 이 형용하기 어려운 광휘 앞에 여러분은 정말로 서글프고 희망이 없다는 느낌을 갖는다.

그러나 만일 여러분의 이름이 우연히도 하이든이고 깊숙한 마음속 감정을 소리로 표현할 줄 안다면, 여러분은 집에 돌아가서 '하늘의 신은 말씀하시되……'로 시작되는 그 오라토리오 부분을 작곡하게 될 것이다. 그리고 그것을 완성한 뒤, 만일 여러분이 그 위대한 오스트리아인처럼 겸허한 마음을 가졌다면, 그 감동을 경험할 수 있게 해 준 창조주에게 무릎 꿇고 감사드릴 것이다.

그리고 여러분의 찬가가 온 세계에서 불리고 세계가 여러분을 위대한 예술가라고 찬양할 때, 아마 여러분은 방의 조용한 한쪽 구석으로 물러가 말할 것이다.

"주여, 물론 그것이 내가 들판을 산책한 그 오후와 똑같은 느낌을 나타내고 있다고는 아마 말할 수 없을 것입니다. 그러나 그것은 당신의 부름에 대한 나의 대답이었습니다. 그리고 주여, 나도 지금은 전혀 무력한 자가 아니라는 것을 당신은 아실 것입니다. 그럭저럭 나도 창조주의 한 사람입니다. 물론 당신이 하는 일을 그대로 할 수는 없습니다. 그것은 당연합니다. 당신은 모든 것을 할 수 있으니까요. 그러나 나 자신의 허약한 힘 속에서, 아무튼 주여, 나는 그것을 만들었습니다. 당신이 물으신다면, 나는 그것을 제법 훌륭한 것으로 생각한다고 대답하겠습니다."

나는 내 의견을 고집하는 것은 아니다. 이것이 모든 사람들, 자기들의 감동을 예술이라는 수단으로는 전혀 표현할 줄 모르는 사람들에게도 해당되지는 않으리라는 것을 알고 있다. 우리들만큼은 모르지만, 우리가 의심조차 하지 않았던 많은 것을 이해했던 중세 사람들은 이것을 깨닫고 이야기로 표현했다.

그것은 회개한 두 죄인의 이야기인데 그들은 성모상 앞에서 은혜를 빌었으나, 온갖 축복을 베풀어 준 것에 대해 자기들은 사례로 바칠 것이 아무것도 없다는 것을 깨달았다.

그래서 그중의 한 사람, 낡은 바이올린밖에 가진 것이 없는 가난한 음악가는 자기가 가장 좋아하는 곡을 켰다. 그러자 놀랍게도 그의 기도가 이루어졌다. 그러나 구두장이의 차례가 되었을 때, 그는 자기의 예배가 헛일이라고 생각했다. 왜냐하면 그가 할 수 있는 일이라고는, 하늘의 여신이 다음에 춤출 때 신을 조그맣고 우아한 신발을 만들어 바치는 것이 고작이었기 때문이다. 천사들은 즐거운 일이 있으면 언제나 춤을 추었으며, 이따금 성모도 그 축제에 참가한다는 것은 다 아는 일이었다. "그러나저러나," 구두장이는 자기 자신에게 물어보았다. "방금 들은 그 음악에 비해서 신발 한 켤레가 대체 무슨 가치가 있겠는가?"

아무튼 그는 자기가 만들 수 있는 가장 아름다운 신을 만들어 바쳤다. 그러자 놀랍게도 그 또한 여신의 눈동자 속에서 은총을 보았다. 그의 황금빛 신발은 감동을 나타내는 그의 독특한 방법이었으며, 더욱이 잘되고 못되고를 떠나서 매우 큰 노력을 기울인 것이었기 때문이다.

이 조촐한 중세 이야기와 관련하여 언제나 묘하게 마음에 걸리는 것이 있다. 현대 세계는 왜 예술과 기술 사이에 이렇게도 뚜렷한 경계선을 긋고 싶어 하는 것일까? 예술이 사람들의 일상에 없어서 안 되는 것이었던 시대에는 이 경계선이 없었다. 누구도 예술가와 기술자의 차이를 알지 못했다. 사실 예술가는(예술가라는 것을 인정한다면) 단지 특수한 재능을 가진 기술자에 지나지 않는다. 다시 말해서 석공조합의 다른 회원보다 대리석을 약간 더 잘 깎을 줄 아는 석공 같은 것이다. 그런데 오늘날 예술가는 거리의 저쪽에 살고, 기술자는 이쪽에 살고 있으며, 서로 말도 거의 나누지 않는다.

나 자신도 그런 생각을 하는 시대를 살아 왔다. 내가 젊었을 때는, '예술을 위한 예술'이라는 그릇된 슬로건이 예술을 알고 있는 것으로 간주되던 사람들 사이에 여전히 유행하고 있었다. 그러나 그것은 벌써 30년이나 전의 일이며, 그 뒤 다행히도 우리는 더 많은 것을 배웠다. 오늘날 우리는 저 해묵은 브루클린 다리[1]를 설계한 사람이 샤르트르[2] 대성당 설계도를 그린 이름 없는 석공과 똑같이 위대한 예술가라는 것을 알고 있으며, 프레드 아스테어[3]의 춤으로, 마이스터징거[4]의 마지막 장의 5중창을 들을 때와 똑같은 참된 즐거움을 맛볼 수도 있다.

이 점을 더 분명히 하자. 방금 말한 의견은 불필요한 논의를 일으킬 우려가 있기 때문이다. 알아야 할 것은 아스테어의 춤이 있으니 이제 마이스터징거의 5중창은 없어도 된다는 말이 아니라는 것이다. 탭댄스와 노래와 그림 사이에는 큰 차이가 있다는 것을 나도 안다. 그러나 나는 무엇이 좋은 예술이고 무엇이 나쁜 예술인가를 구별하는 매우 간단한 방법을 발견했다. 이런 질문을 나 자신에게 해 본다. "이 사람이 내게 말하려는 내면의 정서는 무엇인가?" 그리고 "그가 말하고 있는 것을 내가 이해할 수 있도록, 납득이 가는 형태로 이야기하고 있는가?" 나의 관찰 범위 안에 들어오는 모든 것에 앞의 기준을 적용한 덕분에 나 자신의 이해력과 그에 따라 즐기는 힘이 매우 커졌다고 생각한다.

매우 오래전에 처음으로 우주의 광대함에 의심을 품기 시작했을 무렵, 나는 망원경을 사지 못해 언제나 조바심치고 있었다. 좋은 망원경은 500달러나 했으므로, 단순히 오락을 위해 그런 큰돈을 쓴다는 것은 생각도 못할 일이었다. 그래서 나의 불완전한 육안이 미치지 못하는 우주는 잘 볼 수가 없었다. 그러나 어느 날 나는 우연히 조그만 휴대용 현미경을 발견했다. 그것은 어디에나 지니

---

1) 브루클린에서 뉴욕시 맨해튼 내륙까지 잇는 현수교.
2) 프랑스 북서부에 있는 도시, 11세기에 세워진 노트르담 사원이 있다.
3) Fred Astaire(1899~1987). 미국의 무용가이며 배우.
4) Meistersinger. 독일에서 14, 5세기 무렵 조합제도에 의해 시를 짓던 직업 시인들을 말한다. 여기서는 바그너 작곡의 〈뉘른베르크의 명가수〉를 가리킨다.

고 다닐 수 있으며, 덕분에 육안으로 보이지 않아서 그다지 주의를 기울이지 않는, 우리 주위에 살고 있는 조그만 동물이나 아주 작은 식물 세계에 친근히 접근할 수 있었다.

물론 내가 여기에서 말하려는 것은, 알파성이나 은하수가 방금 이 종이 위를 가로질러간 조그만 거미나 내 집 앞의 해묵은 석벽에 나 있는 이끼보다 중요하지 않다는 말은 결코 아니다. 크기의 차이는 중요한 것이 아니다. 그러므로 곤충을 연구한 파브르 선생은 예술가와 마찬가지로 위대하다. 호기심에 가득 찬 지적인 독자들에게 그의 책은 백만 년이나 10만 년을 마치 하찮은 것인 양 주무르는 제임스 진스[5]의 책과 같은 즐거움을 준다.

예를 또 하나 보자. 그러면 우리는 반드시 서로를 이해할 수 있을 것이다. 나는 전에 한 도시를 방문한 적이 있다. 옛 이탈리아 그림과 18세기 영국의 귀중한 그림을 가진 지방 박물관과, 하이페츠[6]가 독주한 적이 있는 교향악단이 그곳의 자랑거리였다. 그런데 그 도시에 도착해 보니, 그들은 도무지 품위 없는 집에 살면서 꾀죄죄한 거리를 지나 일터에 나가고 있었다. 또 그들의 일상생활에는 하루에 불과 몇 시간밖에 열지 않는 그 박물관과 한 주일에 단 한 번, 그것도 두어 시간밖에 연주하지 않는 그 교향악단을 제외하고는, 눈과 귀를 즐겁게 해줄 만한 것이 아무것도 없다는 것을 알았다.

이런 이웃들과 토론하거나 그들이 잘못하고 있다고 설득해 봐야 별 수 없다는 것을 나중에 깨달았지만, 그때만 해도 나는 젊고 성미가 급했으며 경험이 많지도 않았다. 나는 정직한 도시의 그 사람들에게 이렇게 주장했다.

"거장들의 훌륭한 복제 그림 두어 장을 거실이나 식당에 두는 편이, 지방미술관 한쪽 구석에 코레조[7]나 레이놀즈[8]의 원화 한 다스를 간직해 두는 것보다 훨씬 예술적인 마음의 구원을 위해 좋을 것이다. 또 아이들을 겨우 일주일에 한 번밖에 없는 교향악단 음악회에 억지로 데려가기보다는 날마다 좋은 레코

---

5) James Jeans. 영국의 물리학자. 천문학자.
6) Jascha Heifetz(1901~87). 러시아 태생의 미국 바이올린 연주자.
7) Correggio(1494~1534). 이탈리아의 르네상스 화가.
8) Sir Joshua Reynolds(1723~92). 영국의 초상화가·미학자.

드를 들려주는 편이(적어도 음악에 관한 한) 세계의 미래를 위해서 크게 도움이 될 것이다. 실제로 음악회란 아이들에겐 따분하기만 하고, 라디오에서 얻을 수 있는 즐거움과 감상에 잠길 시간을 빼앗는 것일 뿐이다.”

이런 토론을 해서 얻은 것은 아무것도 없었다. 몇몇 사람들은 나에게 진심으로 찬성해 주었지만, 그런 사람들은 새삼 설복할 필요도 없었다. 처음부터 나와 같은 생각을 갖고 있었기 때문이다. 그런데 다른 사람들은 나를, (모스크바에서 수입한) 낯선 교육사상에 열중한 사람이거나, 일부러 눈에 띄기 위해 재미삼아 떠들고 있다고 생각했다.

이런 경험을 두어 번 한 끝에, 나는 입을 다물 줄 알게 되었다. 하지만 나는 내가 옳았다고 확신한다. 자선은 객실에서 시작된다고 하지만 예술은 그보다 더 깊숙한 곳에서, 곧 부엌에서 시작된다. 만일 여러분이 라파엘 그림 세 점, 델사르토 그림 두 점, 뮤요 그림 여섯 점, 그리고 렘브란트 그림까지 가진 사람으로부터 저녁 식사 초대를 받았는데, 식사 때 쓰인 포크나 나이프, 스푼이 볼품 없고 균형이 안 잡힌 물건이었다고 하자—그때는 잘 기억해 두라. 그 사람은 예술을 소중히 하지 않는 것이다. 그는 그 그림들을 이웃에게 자랑이나 하고, 은행의 신용이나 얻으려고 할 것이다. 그것이 없으면 견딜 수 없어서 손에 넣은 것이 아니다. 그는 참된 예술 애호가가 아니며, 그에게 그가 소장하는 그림은 부인이 입고 있는 값비싼 모피 코트만큼의 값어치도 없는 것들이다.

이쯤 해서 펜을 놓는 편이 좋을 것 같다.

“예술이란 무엇인가?”라는 문제에 대해서 시작했는데, 언제 어디서 또 어떻게 이 논의가 끝날 것인지 도무지 짐작이 가지 않기 때문이다. 그러나 트럼프를 시작하기 전에 카드를 모두 테이블에 늘어놓듯이, 예술에서의 신념과 기호 몇 가지를 밝혀 둘까 한다.

여러분이 낯선 사람과 함께 긴 여행을 떠날 때는 언제나 그 사람의 개성에 대해서 알아두도록 한다. 창문을 밤새도록 열어 놓는 것을 좋아하는지, 잠자리에서 담배를 피우는지(그리하여 방에 불이 나게 할 것 같은지), 몇 시에 아침 식사 벨을 울리는지, 오렌지 주스와 토스트와 커피로 만족하는지 또는 달걀 프라이·홍차, 롤빵과 버터와 마멀레이드 같은 것을 배불리 먹고 싶어 하는지 자세히 알아보는 것이 좋다. 물론 이 부분을 빼고 읽어도 좋지만 다음 대목을 조금만 읽어 본다면 동행과 좋은 여행을 할 수 있을 것이다.

첫째, 예술의 사회적 가치 문제가 있다. 만일 고대 그리스인이나 중세 프랑스인에게 이런 말을 했다면 무슨 말인지 알아듣지 못했을 것이다. 건강과 위생이 사회에 바람직한 일이라고 생각하느냐고 묻는다면 현대의 시민은 깜짝 놀랄 것이다. 그것과 같다. 다시 말해, 오늘날의 우리에게 건강이나 위생은 당연한 일이기 때문이다. 그것은 우리의 일상에 없어서 안 되는 한 부분이다. 사회 개량에 모든 노력을 기울이고 있는 우리는 건강과 위생을 참된 문명 생활의 첫머리에 올려놓고 있다. 건강이 인류에 좋은 것인지를 진심으로 의심하는 사람이 있다면 그는 정신병원에 보내야 할 것이다.

그와 마찬가지로 13세기나 14세기의 프랑스인이나 이탈리아인에게, 아름다운 것에 둘러싸여 있는 것이 바람직한 일이냐고 묻는다면 그만 어리둥절해져서 머리를 흔들고 말 것이다. 왜냐하면 그들은 성당 지붕의 세밀한 부분이나 아마 아무도 보는 일 없을 세부를 만들기 위해서 한평생을 바치면서도, 오늘날 우리 생활에 매우 중요한 역할을 하는 하수나 폐수관이나 쓰레기 처리 같은 일에 대해서는 한순간도 생각한 적이 없었기 때문이다. 불쾌한 냄새나 오물은 생활에 피치 못한 것으로서 참도록 길들여져 있었다. 그들의 태도는 현재 도시 어디를 가나 둘러싸고 있는 추악함·상스러움, 수선스러움에 대한 현대인의 태도와 같은 것이었을 것이다.

이와 같은 태도는 오로지 사물을 보는 방법에 원인이 있다. 나는 이따금 풍경을 크게 망치는 광고판에 특별히 불쾌감을 느꼈으며, 기회가 있을 때마다 그 불쾌감을 토로해 왔다. 지금도 똑똑히 생각나는 일인데, 3천 명쯤 되는 교사들 앞에서 강연한 적이 있다. 나는 속으로 말했다. '이 사람들은 아이들을 지적인 시민으로 교육하는 일이 직업이니까, 아이들을 되도록 아름다움과 조화 속에서 길러야 할 필요성을 이해하고 이 불쾌한 간판들을 퇴치해 주겠지.'

그런데 내 생각을 따르는 사람은 하나도 없었다. 나중에 그들은 말했다.

"그러나 그런 간판을 세우는 대신 세금을 냅니다. 그 세금은 사회의 유지를 위해 쓰입니다. 아마 선생님 말씀이 옳을 수도 있겠지요. 간판이나 노점, 주유소가 좀 더 적어지면 지금처럼 너저분해 보이지 않을 테니까요. 그러나 그 대신 거두는 돈을 생각해 보십시오.”

　그때 우리는 빠져 나갈 수 없는 정신의 막다른 골목에 들어가 있었던 것이다. 나는 예술의 효과를 생각하고 있었고, 그들은 똑같이 진지하게 재정상의 결과를 생각하고 있었다.

　나는 (이런 경우에 언제나 그렇듯이) 양쪽이 다 옳거나 양쪽이 다 틀렸다고 생각한다. 도덕은 단지 경도와 위도의 차이에 지나지 않는다고 흔히 말한다. 예술도 지리적인 배경에 크게 영향을 받는다. 그러나 시간적 요소도 매우 중요한 역할을 한다. 15세기에는 의심할 것도 없이 예술가의 낙원이었던 이탈리아 같은 나라도 오늘날에는 영국의 공업도시와 마찬가지로 예술적 감각이 전혀 없다. 지난 몇백 년 동안 아메리카 대륙을 가로지르며 미(美)에 대해서는 메뚜기 떼 만큼도 관심이 없었던 우리 미국인들도, 다음 세기쯤에는 세계의 예술적 중심이 될지도 모른다.

　이 책에서 고대나 현대의 예술에 대해서 이야기할 때, 나는 편의상 오래전부터 낯익은 구분, 다시 말해 중세 예술, 이집트 예술, 그리스 예술, 중국 및 일본 예술 같은 구분을 고수하기로 한다. 인간의 감정을 구분하려는 모든 시도와 마찬가지로 이런 구분 또한 임시방편일 뿐이다. 그것은 과학적인 분류도 아니고 기차 시간표처럼 언제나 마음대로 바꿀 수 있다. 그러나 우리는 그것에 익숙하므로 상관없으리라. 다만 이른바 ‘예술 시대’라는 것은 서로 숨바꼭질한다는 고치기 어려운 버릇이 있어 겹칠 수도 있음을 알아두자.

　‘자본주의 예술’이니, ‘프롤레타리아 예술’이니 하는 현대의 진기한 구분에 대해서는 유감스럽지만 어떤 뜻인지 명확히 알 수 없으므로 쓰지 않기로 한다. 나는 두 종류의 예술, ‘좋은 예술’과 ‘나쁜 예술’밖에 모른다. 이 책의 서두에서 이것을 명백히 해두는 편이 좋을 것 같다.

　‘천재’라는 말이 있다. 지금은 옛 뜻을 다 잃어버리고 말았다. 음악용 톱으로 모차르트의 소나타를 제법 연주해 냈다든가, 순수와는 거리가 먼 감동을 몇백 쪽의 깨끗한 종이 위에 그럭저럭 표현해 낸, 열여섯 살 먹은 별로 명랑하지 못한 소년의 작품 같은 것을 가리키는 것 같다.

　그래서 나는 내가 아는 천재를 다섯 손가락으로 헤아린 어릴 때부터 기억하고 있는, 천재라는 말의 정의를 지킬 생각이다.

천재란 기술의 완벽함 더하기 그 밖의 그 무엇이다.

'그 밖의 그 무엇'이 무엇인지는 아직 발견하지 못했다. 어떤 사람은 신이라고 말하고, 어떤 사람은 '하늘이 준 영감(靈感)'이라고 했다. 오늘날에는 아마도 리비도(libido) 또는 선조직(腺組織)과 결부되어 있는 것 같다. 나는 전혀 모르겠다. 앞으로도 그 밖의 그 무엇이 무엇인지 알지 못할지도 모른다. 그러나 나는 '그 밖의 그 무엇'을 보고 듣는 순간에 그것이 바로 이것이구나 하고 알게 되리라고 생각한다.

오늘날 매우 일반화되어 있는 그 미학 이론이라는 것에 대해서 말한다면, 정말 훌륭한 예술가의 대부분은 그런 것을 진지하게 생각지는 않는다. 물론 예술가도 보통의 인간이므로, 때로는 친구들과 맥주를 마시고 잡담을 나누고, 일에 관한 이야기를 하면서 밤새우기를 좋아한다. 자동차 운전사, 엘리베이터 보이, 장군과 제독, 부두 인부, 석탄 하역 인부, 망명 중의 국왕이 다 그렇다. 그것은 순수한 '미학 논의'는 아니다. 그것은 어쩌다가 같은 직업을 택한 사람끼리 나누는 일에 관한 이야기에 지나지 않는다(망명 중의 국왕은 예외지만). 그러나 이 문제에 대해서 이야기하고 싶은 모든 것을, 벌써 오래전에 프랑스의 유명한 화가 마네가 말해 주고 있다. 나보다 훨씬 슬기롭게 이야기하고 있으므로, 그의 말을 빌려 이 문제의 결말을 짓고 싶다.

이 위대한 프랑스의 인상파 화가는 예술의 비결을 알고 싶어 하는 청년들에게 말했다.

"매우 간단한 일이야. 만일 그대로라면 그대로인 거지. 그대로가 아니라면 다시 해야 해. 그 밖의 것은 모두 헛일이야." 즉 이것을 번역하면, '처음에 제대로 할 수 있으면 좋다. 제대로 하지 못하면 할 수 있게 될 때까지 다시 해야 한다. 다른 것은 시간 낭비가 될 뿐이다'라는 것이다.

'예술의 대중화'라는 말을 오늘날 자주 듣는다. 대중은 자유, 평등 및 행복의 추구를 가지게 되었는데, 지금은 예술을 가지려 하는 것이다. 아주 간단해 보이지만, 나는 과연 할 수 있을까 의문스럽다. 인도인의 속담에 '성자(聖者)는 신전을 떠나지 않는다'는 말이 있다. 성자(즉 완전한 사람, 聖이라는 말은 완전한 또는 확고한 것이라는 뜻)는 사회 사람들과 완전히 동떨어진 사람들이다. 예술가는 어느 점에서는 '동떨어진 사람'의 뜻에서 성자와 같다. 왜냐하면 모든 예술은 본질적으로 한 인간의 체험이며, 따라서 본래 초속적(超俗的)이고 귀족적인 것이기 때문이다.

예술가도 동료들과의 일상적인 교제에서는 에이브러햄 링컨처럼 민주적인지도 모른다. 그러나 링컨이 방 한구석에 앉아 무릎 위의 종이에 훌륭한 문장을 쓰고 있었을 때는 다른 사람들과는 아득히 멀리 떨어져 있었다는 것을 떠올려 보자. 우리가 그를 기억하는 것은, 그가 사람들과 동떨어져 있었을 때 한 일 때문이지, 그가 군중과 떨어져 있는 방법에 관해서 말한 재미있는 이야기 때문에 기억하는 것은 아니다.

물론 역사에는 사회 전체가 어떤 종교적 또는 애국적인 일에 깊이 열중했던 시대가 있었다. 그런 시대에 예술가가 우리가 민중의 소리라고 부르는 그 시대의 정신을 명확히 표시해도 수많은 민중 가운데 파묻혀 들리지 않았다. 그러나 그런 시대를 깊이 연구해 보면 사실은 그렇지 않았다는 것을 알 수 있다. 신문이나 그 밖의 홍보 수단이 없는 시대에는 이름을 알 수 없게 되는 일은 얼마든지 있을 수 있었다. 피라미드를 만든 사람의 이름도, 중세의 많은 성당을 설계한 사람들의 이름도, 나중에 민요로 전해 내려온 고대 가곡 작곡자의 이름도, 우리가 오늘날 모른다고 해서 그 시대 사람들도 그들을 알지 못했다고는 할 수 없다. 우리 자신이 훌륭한 기술자들을 잘 알고 있듯이, 그들도 그런 사람들을 잘 알고 있었던 것이다. 우리는 뉴욕의 센트럴역을 하루에 두 번이나 지나고 스위스의 장크트고타르트 고개도 통과하며 해묵은 브루클린 다리를 온종일 왔다갔다하고 있지만, 이들 장대한 기술의 성과를 설계한 사람들에 대해서는 희미한 개념마저 가진 적이 없다.

유감스럽게도 나는 예술이 그 어떤 형태로든 대중과 결부되어 있다는 이론에 적극적인 지지를 보낼 수가 없다. 참된 예술가는 거의 언제나 매우 고독한 사람이며, 모든 고독한 사람과 마찬가지로 (그 정신적 고독을 이겨낼 만한 힘을 가진 한) 그 고독을 가장 귀중한 것으로서 계속 지켜나갈 것이다. 예술가는 사람들과 술을 마시고, 농담하고, 너절한 복장이나 조잡한 말투를 좋아하곤 하여 사람들은 흔히 평범한 동료의 한 사람으로 여길지도 모른다. 그러나 그는 자신의 영역에 들어가면 어디까지나 장인이고자 한다.

가난한 빈센트 반 고흐처럼 대중을 사랑할 수도 있고, 루트비히 판 베토벤처럼 국왕이라는 것만으로는 모자 벗기를 거부할지도 모른다. 그러나 캔버스에 물감을 칠하고 10센트짜리 잉크병에 펜을 적셔 작곡의 소품을 쓰는 단계에 들어가면, 그는 그만 대중으로부터 멀리 떠나서 '완전히 자기 자신이 되라'는 규칙 말고는 아무 규칙도 인정하지 않는다.

옛날이라면 그런 사람은 귀족이라는 말을 들었을 것이다. 오늘날에는 예술가에게 그런 이름을 붙이자고 시끄럽게 떠드는 사람은 없다. 그런 예술가도 거의 남아 있지 않으니 말이다.

예술에 대해서 할 수 있는 최악의 일은 예술의 존재를 변호하는 것이다. 그것은 아름답고 즐거운 생활을 만들어 주는 모든 것에 병적으로 심한 증오를 품었던 장 칼뱅의 신조를 생활의 참된 철학으로 받아들이고 있던 시대의 유산이다. 그 무렵 '예술은 모든 구실을 내세워 생활 속에 살며시 파고들어와야' 하는 것이었다. '예술은 사람을 고상하게 만든다' '예술은 사람을 더 훌륭한 시민으로 만드는 힘이 있다.' 흔히 이런 말들을 했다. 그렇다면 수영이나 야구 지식도 같은 효과가 있다고 주장할 수 있지 않겠는가.

실은 보통의 예술가도 천재와 마찬가지로 평범한 인간에 지나지 않는다는 것이다. 그는 어쩌다가 특별히 강한 감수성을 타고났으므로, 대다수 이웃들보다 주위 세계에 훨씬 미묘하게 반응할 수 있다는 것뿐이다. 예술가와 보통 사람과의 관계는 감광도가 높은 사진 건판 또는 필름과 가까운 가게에서 살 수 있는 보통 필름과의 관계와 같다. 일반 필름은 어린아이가 눈사람을 만들거나 자전거 타는 모습을 찍을 수는 있지만, 물리학 실험실이나 천문대에서는 별 가치가 없다.

그러기에 세상에는 일찍이 별의별 종류와 유파의 예술가가 다 있는 것이다. 장중한 음악은 남겼지만 아마도 가장 야비하고 천한 성격의 소유자였을지 모르는 리하르트 바그너로부터, 장엄한 음악도 남기고 상냥함과 매력과 성자 못지않은 무사의 관용으로도 명성을 남긴 모차르트에 이르기까지……

지금껏 말한 것이 옳다고 생각한다. 이번엔 조금 다른 형태로 한 번 더 되풀이해 보자.

예술가는 사실 어느 점에서나 보통 사람과 다를 것이 없다. 다만 우리보다 감성이 조금 뛰어날 뿐이다. (예민하다고 해도 좋다) 그러나 예술가는 이 사실을 거의 깨닫지 못한다. 그러면서도 베이브 루스[9]가 그의 동료 누구보다도 공을 멀리 칠 수 있다는 것을 인정하듯이, 예술가는 자기가 하고 있는 일을 인정한다. 베이브 루스에게 어떻게 홈런을 쳤느냐고 물으면, 그는 아마 '글쎄'라고 대답하고는 '껌이나 하나 주시오'라고 말할 것이다. 정말로 위대한 예술가는 베이브 루스처럼 자기가 하고 있는 일이나 그 방법을 어떻게 설명해야 좋을지 알지 못한다.

이른바 예술가의 영혼에 대해서도 너무 구애되는 과오를 범해서는 안 된다. 그의 영혼이 우리 것과 그리 엄청나게 다른 것도 아니다. 한평생 줄 한 가닥 긋지 못하고, 곡 하나 짓지 못하는 사람들 사이에서 예술가의 심리는 언제나 논의의 대상이 된다. 정말 훌륭한 예술가는 대개 자기 일에 바빠서 그 불사(不死)의 영혼의 심리적 하부구조니 뭐니 하는 것에는 조금도 신경 쓰지 않는 더없이 단순한 인간인 것이다. 그에게 일은 그가 사랑하는 여자와 같다. 그녀를 위해서라면 무엇이고 다 바칠 것이다. 그녀는 그의 모든 충성의 대상이다. 근로자가 여자를 데리고 버스에 타는 것과 같다. 그런 이유에는 관심도 없다.

거기에 그녀가 있다.

그래서 그녀를 사랑한다.

그뿐인 것이다. 그의 영혼이니 심리적 반응이니 하는 어리석은 질문을 왜 꺼내어 난처하게 만드는가? 그는 정말로 거기에 대해서 알지 못하고, 또 개의치도 않는다.

어떤 예술가라도 법률의 테두리를 넘을 수는 없다. 그러나 우리와 마찬가지로 정당한 재판을 받을 권리는 있다.

이것은 언제부터인가 우리의 문명생활을 지배하고 있는 규칙이다. 그것은 예

---

9) Babe Ruth(1895~1948). 미국 메이저리그 야구의 전설적인 홈런왕.

술의 영역에서도 지켜져야 한다.

일반인에게 숙련된 외과의사나 기사 일에 대한 의견을 묻는 일은 없다. 그렇다면 왜 우리는 맹장을 떼어내고, 다리나 지하철을 만드는 사람들과 똑같이, 개인적인 방법으로 자기를 표현하는 예술가에게 같은 관용을 보이지 않는 것일까.

이 장이 너무 길어졌다. 예술가란 누구인가에 대해 얘기해 보자.

화가는 '보고 있다고 생각한다'고 말하는 사람에 지나지 않는다. 또 그가 보았다고 생각하는 것을 눈길이 들어맞는 우리에게도 그렇게 보이도록 표현하는 사람에 지나지 않는다.

음악가란 '나는 듣고 있다고 생각한다'는 사람을 말한다.

시인은 '나의 개인적인 꿈을 어떤 보편적 리듬으로 표현할 수 있다고 생각하는' 사람이다.

작가는, '일어났거나 혹은 일어났을지도 모른다고 내가 상상하는 이야기를 쓰겠다'는 사람이다.

예술가들이란 이런 식이다.

예술가 한 사람 한 사람은 저마다 기록 도구에 지나지 않는다. 그 기록이 우리에게 어떤 뜻이 있는지 없는지는 그가 알 바 아니다. 꾀꼬리나 까마귀는 우리의 의견 따위엔 아랑곳 없다. 그들은 다른 꾀꼬리나 까마귀에게 잘 보이려고 열심히 운다. 꾀꼬리가 까마귀에게 둘러싸이거나 그 반대일 때는 참으로 가여운 일이다. 그러나 어찌할 수도 없다.

여러분이 이 책을 다 읽고 났을 때, 내가 왜 어떤 문제에는 매우 힘을 들이고, 중요하다고 여겨지는 다른 문제는 아예 제쳐 놓았는지 이상한 생각이 들 것이다. 나도 그것을 인정한다. 그러나 문제가 워낙 너무나 광범위해서 약간 내 마음대로 선택하지 않을 수 없었다. 처음 나는 문학·건축·미술·연극뿐 아니라 발레·요리·패션·토기·도자기 등 모든 예술을 망라할 생각이었다. 몇 년이 걸려서 실제로 원고를 완성하고 보니 거의 백만 단어에 이르는 책이 되었다. 이런 엄청나게 두꺼운 책을 내 줄 출판사도 없었고, 또 누가 감히 그것을 다 읽을 용기를 내겠는가. 그래서 나는 굵은 파란 연필로 쓱쓱 깎아내야 했으며, 그리하여 다시 몇 년 동안 실컷 고생한 끝에 마침내 처음의 1800쪽을 800쪽으로 줄였다. 싣고 싶었던 내용의 많은 것을 포기해야만 했다. 그러나 나는 낯선 예술 따위에 특별히 관심을 가진 적이 없는 일반 독자들에게, 기원전 50만 년부터 1937년의 오늘날까지 이어지고 있는 그림과 건축, 음악과 조각 같은 예술 영역에 대한 애정과 그 배경에 대한 이해를 심어 주고 싶었다.

무게가 30파운드[10]나 되어 트럭으로 날라야 할 정도인 책을 펴낸다고 생각해 보라. 아이의 장난감으로 주는 것이라면, 차라리 길들인 공룡을 사 주는 편이 나을 것이다.

어떤 문제는 매우 상세하게 다루고, 어떤 문제는 고작 몇 쪽으로 줄인 것은 그런 까닭이다. 하지만 그렇다고 우리 모두의 평범한 생활 밑바닥에 깔려 있는 것처럼 모든 예술의 밑바닥에 깔려 있는 보편성을 밝히려는 내 주요한 목적이 손상되었다고는 생각지 않는다.

---

10) 약 13.6kg.

2장
선사 시대의 예술

이 장에서 나는 깊고 어두운 굴 속에 초 하나를 켤까 한다. 지금까지 이 동굴은 우리의 모든 노력과 조사에도 흥미로운 그 비밀의 대부분을 밝히기를 거부해 왔다.

백 년 전이었다면 이 장을 쓰기는 매우 쉬웠을 것이다. 오늘날에는 아마 이 책 가운데에서 가장 어려운 장이라는 것이 분명하다. 왜냐하면 백 년 전에는 예술의 역사란 성서의 연대기처럼 단순한 것이었기 때문이다. 17세기에 어서 주교는 이 세계가 기원전 4004년에 창조되었다고 주장했다(관심을 가진 사람에게는 10월 28일 금요일이었다고도 가르쳐 주었다). 물론 그 무렵의 사람들은 별로 논의도 없이 그런 줄로만 알고 있었다. 아담이 기원전 4004년에 태어났건, 40004년 또는 4000004년에 태어났건 사실은 그다지 대단한 문제가 아니다. 중요한 문제도 아닌데 위험을 감수하면서까지 나설 이유가 없었다.

그러나 백 년 전에는 예술에 관한 이야기를 하다가 괴테나 레싱의 이름이 나오면 그때마다 모두 숨을 죽였다. 요한 볼프강 폰 괴테는 1786년 가을, 용감하게도 알프스를 넘었다. 그리고 1788년 봄에 귀국하자, 사랑하는 이탈리아의 유적을 돌아본 훌륭한 여행기(유적이 아닌 몇몇 다른 지방에 대한 내용을 포함해서)를 책으로 엮어서 세상에 내놓았다. 그에 따라 그 무렵 젊은이들은 일상생활을 고전 양식에 맞게 바꾸었다.

괴테보다 앞선 사람도 몇 명 있었다. 좀 따분한 편이지만 넓은 교양을 가진 요한 요하임 빙켈만이 그 한 사람이다. 그의 《고대 예술사》(1764)는 그리스 예술사의 교과서로서 어디서나 인정받고 있었다. 빙켈만은 불운하게도 옛 주화를 그에게 팔아먹으려다 실패한 레반트인에게 살해되었다. 그 때문에 고대사에 관한 기념비적인 저작을 완성하지 못하고 생애를 마쳤다. 그러나 18세기 가장 뛰어난 문학 평론가인 저 유명한 고트홀트 에프라임 레싱은 그에게서 영향을 받아 《라오콘》을 썼다. 관용의 이념에 대한 옹호가인 레싱은 《라오콘》에서 처음으로 시와 조형예술의 참된 관계를 밝히려고 노력했다.

이 세 가지 위대한 저작—빙켈만의 《고대 예술사》, 레싱의 《라오콘》 그리고 예술 성서로 인정받고 있는 괴테의 《이탈리아 기행》을 제외하고 누가 감히 자리에서 일어나, 그리스인보다 훨씬 전에 다른 민족이, 로마인이나 그리스인에게 조금도 떨어지지 않는 예술 작품을 제작했다고 청중 앞에 주장할 수 있었겠는가?

그 이후에 많은 일이 일어났다. 무엇보다도 중요한 것은 18세기의 마지막 2년 동안 이집트 문명이 재발견된 일이었다. 헤로도토스는 이미 기원전 5세기에 나일강 계곡을 찾아가 눈으로 본 모든 것이 믿을 수 없을 만큼 오래되었다는 데 큰 충격을 받았다. 그러나 1세기 전까지만 해도 그리스인들이 그 지식의 대부분을 이집트인으로부터 배웠으리라는 것, ……또 그 이집트인들은 더 오랜 선사 시대 민족으로부터 배워 왔다는 것은 더더욱 생각해 보지 못했던 것이다.

두말할 것도 없이 선사 시대는 오랫동안 묻혀 있었으므로, 좀 더 묻혀 있었어도 크게 달라질 것은 없다. 그러나 선사 시대 사람들이 예술에 미친 공헌은 매우 흥미 있고 또 중요했으므로 영원히 잊힌 채 있을 수는 없었다. 필요한 것은 다만 그들을 되살아나게 하는 마법사뿐이었다.

몇천 년의 세월이 흐른 뒤에 마침내 그 마법사가 나타났다. 그 이름은 고고학자였다. 다시 말해서 사물을 처음에 있었던 그대로의 상태로 연구하는 사람들이다.

고고학자는 르네상스의 산물이다. 중세 이탈리아인들은 자신들이 로마의 후손이라는 사실을 뚜렷이 알고 있었다. 단지 너무나도 많은 로마시대의 기념물에 둘러싸여 있었으므로, 로마시대의 문명이 위대하다는 것을 제대로 깨닫지 못했다. 그 수많은 유적이 폐허로 변해 아무렇게나 널려 있었다. 그들 주위의 세계는 마치 홍수가 휩쓸고 지나간 뒤처럼 보였다. 아니, 실제로 그 홍수가 휩쓸고 지나간 자리였다. 모르는 것은 무엇이나 파괴해 버리는 불한당처럼 야만족의 대홍수가 유럽 대륙을 휩쓸어, 5백 년 동안 일곱 번의 지진과 해일을 합친 것과 같은 손해를 입혔다.

1454년 터키인이 콘스탄티노플을 점령했다. 그리스 문명의 유산 가운데 남아 있던 것은 모두 서방으로 빼돌려져, 이탈리아·프랑스·독일 등지의 대학에 보관되었다. 마치 오늘날 우리의 대학이 히틀러의 박해를 피해 온 망명자를 맞아들이고 있듯이. 어쨌든 그것은 고고학 연구에는 참으로 고마운 일이었다. 왜냐하면 서방 사람들은 10세기 동안이나 닫혀 있던 그리스의 원전(原典)을 마침내 해독할 수 있게 되었기 때문이다. 고고학은 갑자기 부자들이 좋아하는 오락거리가 되었다. 그 결과, 15세기 로마 교황들과 그 무렵 많은 군주들은 사람의 몸과 마음을 돌보는 본연의 임무를 미뤄 둔 채 고고학 연구에 열 올리는 형편이었다.

미술을 좋아하는 사람이라는 뜻을 가진 딜레탕트[1]라는 말이 만들어진 것은 이 시대였다. 이들 호사가들은 온 유럽에서 조각·항아리·쟁반·화폐·고대 보석 같은 처치 곤란할 만큼 많은 수집품을 끌어모았다. 이것이 나중에 우리가 잘 아는 박물관으로 발전한 기초가 되었다.

그 호사가들, 집념 강한 훌륭한 선구자들은 과거에 적어도 몇몇 문제의 해결을 도와주었으니, 그 점에서는 훌륭한 공헌을 해 준 셈이다. 이것을 부정한다면 그들의 은혜를 저버리는 일이 될 것이다. 그들의 흥미가 자기 자신을 위한 데에 그치고, 오랜 문명의 자취를 얻고도 주의를 기울이지 않은 것은 사실이다 (오랜 문명의 유물이 때로는 그들의 수중에 들어가는 수도 있었을 것이다). 그러나 그 무렵은 세계 창조가 불과 이삼천 년 전에 이뤄졌다고 믿던 시대로서, 선사 시대에 사람이 살았다고 믿는 것은 매우 위험하며 도저히 용서받을 수 없는 이단으로 간주되던 시대였다는 것을 잊어서는 안 된다.

오늘날에는 거의 매주 선사 시대 유물이 출토되었다는 기사를 읽는다. 어느 날은 50만 년 또는 백만 년 전의 인간으로 여겨지는 묘한 모양의 두개골에 관한 기사도 있다. 프랑스인지 오스트리아인지 어느 농부가 밭을 갈다가 고대 무덤을 발견했는데, 거기서 마스토돈과 칼 같은 이빨을 가진 검치호랑이 등 이미 멸종된 지 수만 년이나 되는 동물뼈와 인간의 유골이 나왔다는 기사도 있었다.

---

1) dilettante. 호사가. 예술·학문 따위를 직업으로 하는 것이 아니고 취미 삼아 하는 사람.

혹은 정교하게 다듬어진 돌칼 대여섯 개 옆에 색칠한 한 무더기의 조약돌이 나왔다는 기사도 있다.

16세기나 13세기의 우리 조상들은 이런 것을 발견한 적이 없었을까? 물론 그들도 발견했다. 그러나 그 무렵에는 그것이 무엇인지 알지 못했다. 그래서 아무도 그런 것에 주의를 기울이지 않았다. 유골은 보통 그 쓸쓸한 동굴 안에서 살해되었거나 또는 죽은 순례자, 병사의 것으로 오인되었다. 짐승 뼈는 농기구나 비료로 쓰였다. 마치 1805년과 1809년의 오스트리아 원정에서 쓰러진 영웅적인 나폴레옹의 장병들 사체가 나중에 비료를 만들기 위해 영국의 업자들에게 팔려간 것과 마찬가지였다.

이따금 발견된 기분 나쁜 모양의 조각은, 아주 당연하게도 그리스도교가 전래되기 전 북유럽에 살았던 어느 게르만족의 사교신(邪敎神)으로 간주되었다. 혹은 마녀나 귀신이 만든 것으로 알고, 마을의 종이 요란스레 울리는 가운데 호수 깊숙이 던져지곤 했다. 그 고장 귀신들이 이 이야기를 듣고 자기 물건을 찾으러 올지 모른다는 두려움 때문이었다.

이 장을 다 읽고 나서, 전문적인 고고학자가 되고 싶어 할 사람이 있을지도 모르므로 그 사람을 위해서 우선 한마디 덧붙여 두고 싶다. 아주 오랜 과거에 대한 연구는 매우 힘들고, 몇 년에 걸친 세심한 준비가 필요하다는 것이다. 남프랑스의 비탈진 초원을 한가롭게 파이프를 피우며 걸어간다고 하자. 보통 사람들에게 이 비탈은 지난해의 수해로 지면이 조금 높아졌다는 정도밖에 관심을 끌지 않는다. 그러나 고고학자라면 여러분이 앉아 있는 곳은 선사 시대 부락의 성벽이었다면서, 성문과 망루 등의 시설을 갖춘 고대 성채의 완전한 윤곽을 가리키며 그 증거를 댈 것이다.

최근에도 제1차 세계대전 중 영국과 터키가 메소포타미아에서 서로 싸우고 있었을 때, 영국 병사들은 고대 칼데아의 도시 한가운데에서 자기들이 무슨 짓을 하고 있는지, 무엇을 파괴하고 있는지 전혀 알지 못하고 참호를 파 나간 일이 있었다. 불과 수십 년 전만 해도 거의 모든 사람이 그 병사들과 똑같이 무지했던 것이다.

만일 여러분이 생애를 고고학 연구에 바칠 결심이라면 꼭 그렇게 하기를 바란다. 가장 매력 있는 일의 하나이기 때문이다. 그러나 그러기 위해서는 오랫동안 피나는 노력을 해야 하며, 숱한 실망과 좌절이 따르리라는 것을 충분히 각오해야 한다.

우리의 조상들이 선사 시대 사람의 존재를 깨닫기 시작한 것은 언제부터였을까?

그것은 좀 대답하기 어렵다. 그러나 19세기에 이르자 차츰 구약성서에 씌어 있는 사건에 한층 더 과학적인 태도를 갖게 되었다. 또 이집트나 티그리스·유프라테스 유역을 탐험한 결과 역사의 지평이 무척 넓어졌다. 일부 용감한 선구자들은 우리의 세계가 지금까지 알려진 것보다 훨씬 오래된 것이 아닐까 하고 추측했다. 땅 위에 드러난 아름다운 곡선의 돌칼이며 돌도끼를 보았을 때, 원숭이를 닮은 조상으로부터 훨씬 진화된 사람들만이 그런 것을 만들 수 있다고 생각한 것이다.

선사 시대 사람들은 뉴기니나 오스트레일리아의 오지에 사는 퀴퀴한 원주민들 같은 생활을 했던 그다지 매력 없는 사람들이었을 것이다. 그런데 그들은 예술 영역에서는 커다란 성과를 거두어, 기술이 우수했을 뿐 아니라 상상력도 풍부한 사람들이었다는 것을 알 수 있다.

선사 시대 작품을 직접 보지 않은 사람이라면 아마도 그 동굴 거주자들의 그림·조각 또는 평범한 목공 솜씨가 얼마나 뛰어난지 믿어지지 않을 것이다. 그들은 아직 나무를 깎아 쓰는 단계에 있었고, 아직 제대로 된 조각가랄 수는 없었다. 금속은 알려지기 이전이었으므로, 무슨 형태를 만드는 데는 날카로운 돌로 깎고 다듬는 작업을 해야 했다. 그러나 날카로운 돌 하나라도 참된 예술가가 쥐면 기적을 만들어 낼 수 있다.

뉴질랜드의 마오리족은 백여 년 전 백인들이 이주해 올 때까지, 금속이라고는 은화 하나도 아직 본 적이 없었다. 그렇지만 그들의 나무나 돌로 된 장신구는 모두 아주 뛰어난 아름다움과 기교를 갖고 있었다.

중세나 로코코 시대의 예술을 논하듯이 선사 시대의 예술을 논하려면 현재보다 더 많은 것을 알아야만 한다. 그러나 논의를 시작할 수 있을 만큼은 알려져 있으므로, 나는 예술의 달력을 1만 년쯤 전으로 되돌려서 쓰기 시작한 것이다.

모든 예술은 예술가의 경제적인 환경뿐 아니라, 지리적인 배경도 반영한다. 에스키모인은 아무리 훌륭한 조각의 재능을 갖고 있다 해도, 눈과 얼음에 작품을 새기는 데 만족할 수밖에 없다. 그러나 이집트인은 진흙으로 파이를 만들지 않아도 되었다. 이웃나라에서 왕궁이나 신전을 짓는 데 필요한 모든 종류의 돌을 구할 수 있었고, 또 나일강을 따라 그것을 어디든지 매우 적은 비용과 노동력으로 나를 수 있었기 때문이다.

사람들은 이따금 내가 네덜란드계[2]임을 알고, 네덜란드인은 그림이나 음악 분야에서는 능한데 어째서 일류 조각가가 나오지 않았느냐고 묻는다. 그렇다. 그림과 음악은 5일 가운데 4일은 비가 오는 네덜란드 같은 나라에서도 실내에서 할 수 있는 예술이다. 그러나 이 저지대 나라에서 산출되는 건축 자재는 벽돌뿐이다. 여러분은 벽돌에 조각하려고 해 본 적이 있는가? 불가능한 일이다.

그러나 그리스는 언제나 맑고 태양이 빛나며, 질 좋은 대리석이 얼마든지 나온다. 그리스인들은 집을 잠자고, 아이들을 기르고, 아내가 빨래하고 음식을 만드는 흙벽돌 오두막에 지나지 않는다고 여겼다. 그러니 일류 조각가는 많아도 그림 분야에서는 그리 신통하지 않다(지금 남아 있는 그림으로 보아 지나친 말은 아닐 것이다).

환경이 예술에 영향을 준다는 말은 매우 논리적인 듯하다. 그러나 논리는 불행하게도 예술에 관한 한 별로 소용이 없다. 그리스인이 일류 조각가가 된 것은 펜텔리쿠스의 대리석 채석장이 있었기 때문이라고 한다면, 같은 이치로 현재 미국의 버몬트에서도 위대한 조각가가 많아야 말이 된다. 이곳이야말로 방대한 대리석 산지이기 때문이다. 그런데 그들은 그것을 교회 말고는(교민들이 너무 가난하여, 그리스도에 버젓한 목조 교회를 지어 바칠 수 없을 경우 이외에는) 결코 쓰지 않거나, 기껏해야 보도블록으로 깔거나 돼지우리 혹은 닭장을 짓는 게 고작이다.

버몬트에도 대리석은 그리스와 마찬가지로 있지만, 그것을 조각품으로 만드는 데 필요한 경제적인 동기가 없다. 이 가난한 농업사회에서 누가 조각품을 사고 싶어 하며 또 누가 그것을 살 만한 경제적 여유가 있겠는가? 그런데 아테네

---

2) 저자 판론은 네덜란드에서 미국으로 이주한 사람이다.

에서는 여러 신과 유력한 시민의 석상을 만들기에 적당한 대리석이 있었을 뿐 아니라 완성품을 구입할 사람, 거기에 기꺼이 돈을 지출할 사람도 얼마든지 있었다.

여기서 잠시 펜을 멈추자. 논의가 너무 복잡해진 것 같다. 다만 어느 민족이든 무엇이나 가까이 있는 재료를 쓰지 않을 수 없다는 데에 의견을 일치시키기로 하자. 그러면 선사 시대 사람들이 순록 뿔을 재료로 하는 뿔 세공에 특수한 기술이 있었던 까닭을 알게 될 것이다.

순록은 지금도 유럽에 남아 있지만, 야생 상태에 있는 순록을 보려면 북극권 북쪽으로 수백 킬로 떨어진 스칸디나비아 북부 라플란드까지 가야 한다. 2만 년 전, 유럽이 마지막 빙하기에서 벗어나 서서히 기지개 켜고 있을 무렵 순록은 현재의 지중해 근처에서까지 살고 있었다. 그러다가 다른 지방에서 옮겨 온 사람들에게 잡혀 길들여져서 가축이 되었다.

다른 지방이 어딘지는 알려지지 않고 있다. 적어도 현재까지는. 그러나 50년쯤 지나면 아마 모든 것이 분명해질 것이다.

선사 시대에는 순록이 현대의 소같이 인기가 높았다는 것은 추측이 아니다. 순록은 초기 사냥꾼들의 생활에서 무척 중요했다. 그들은 대규모 순록 무리를 쫓아 북쪽으로 이동했다. 순록이 그 무렵 사람들에게 얼마나 중요한 것이었나 하는 것은, 그들이 동굴 벽이나 돌조각에 순록을 얼마나 세심하게 표현했는가, 그들이 순록 뿔로 만든 장신구를 얼마나 몸에 지니기를 좋아했는가를 보면 알 수 있다.

여기서 비로소 나는 '장신구'라는 말을 썼다. 많은 학자들은 장신구를 모든 예술의 최초 형태라고 추측하는데, 나도 그 점에 동의한다. 인간 남성들은 동물의 수컷이 암컷보다 신체적으로 아름답다는 것을 일찍부터 깨달았던 것이 틀림없다. 그래서 남성들은 색칠한 조가비나 돌을 꿴 줄이나, 머리·귀·코 같은 데 끼우는 뼛조각 같은 인공적인 장식으로 자기의 모자란 외모를 보완하고 싶은 생각이 절실했을 것이다.

여성이 생물 종으로서 우위에 있다는 것을 기꺼이 인정하는 사회에 살고 있는 모든 선량한 미국인은, 내가 이런 말을 하면 깜짝 놀랄지 모른다. 여성이 일찍이 사회에서 지배적인 지위에 서는 것은 남성이 여성보다 언제나 수가 많은 개척자 사회에서나 가능하다. 물론 순록 사냥꾼들도 사람이 살지 않은 황야를 개척해야 했지만 그때는 남성의 사망률이 매우 높고, 쉴 새 없이 먹을 것을 찾아다니는 동안에 많이 죽어서, 여성은 중요하지 않았다. 그러한 탓에 가슴 장식·부적·목걸이·목장식 등의 사치품, 그 밖의 장신구는 엄밀히 부족의 남자만을 위해서 만들어졌다.

이 이른바 순록의 예술시대는 그리 오래 이어진 것 같지는 않다. 남유럽의 기후가 더워져서 순록이 살기에 적당하지 않게 되자, 동시에 이 시대는 종말을 고했다. 그 뒤 붉은사슴이 순록을 대신해 먹을 것과 가죽뿐 아니라, 어업과 사냥에 필요한 각종 도구를 제공하게 되었다. 이 사슴 사냥꾼들은 순록 사냥꾼들의 예술적 전통을 이어받았을 뿐 아니라, 그들 자신도 두 가지 표현방식을 터득했다. 화가와 조각가가 된 것이다.

그런데 지금부터 이야기하는 것은 예술사 전체 가운데서도 가장 보기 드문 사건의 하나이다. 1879년대 사우투올라 후작이라는 사람이 에스파냐 북부 칸타브리아산맥에 있는 알타미라 동굴을 어린 딸과 함께 탐험하기로 했다. 불과 네 살이었던 아이는 아버지가 해묵은 화석을 찾고 있자, 자기도 한번 탐험을 해 보기로 했다. 그 동굴 한쪽에, 너무 낮아서 어른들은 아무도 가려고 하지 않는 곳이 한 군데 있었다. 아무것도 없는데 옷을 흙투성이로 만들 바보는 없었던 것이다. 그러나 네 살 먹은 소녀에게는 좁은 바위틈쯤은 아무것도 아니었다. 소녀는 그 낮은 곳으로 기어들어가 촛불을 비쳤다. 위를 쳐다보았을 때 소녀는 거기에 그려진 황소의 눈을 정면으로 바라보고 깜짝 놀랐다.

놀란 아이는 아버지를 불렀다. 이렇게 하여 유명한 선사 시대 그림이 장난거리를 찾던 한 어린 소녀에 의해서 발견되었다.

그러나 이 귀중한 발견을 학계에 보고한 후작은 즉시 사기꾼, 협잡꾼이라는 소리를 듣게 되었다. 그림을 검토한 학자들은 이런 훌륭한 그림이 선사 시대 미개인의 작품일 수는 없다고 주장하면서, 후작이 위대한 고고학자라는 말이 듣고 싶어서 마드리드의 화가를 고용하여 동굴에다 그림을 그리게 했다고 비난했다.

다른 사람들도 이에 동조하고 나섰으나, 그들은 그 '마드리드의 화가'가 특이한 색채 효과를 낸 그 이상한 재료에는 놀랐다. 그 그림 윤곽은 바위 표면을

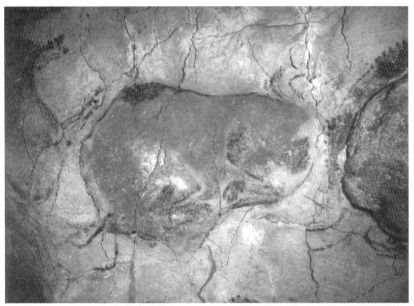

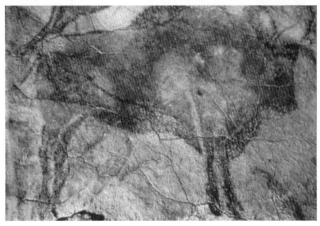

에스파냐 칸타브리아 지방에 있는 알타미라 동굴 벽화 선명한 빨강과 검정으로 그려진 작품. 울퉁불퉁한 천연동굴 천장을 이용해서 동물들의 입체감과 약동감을 생생하게 표현해 놓았다. 위 그림은 도약하는 들소, 아래 그림은 서 있는 들소 모습이다.

긁어서 그린 것이지만, 그 표면에는 처음 보는 붉은색과 짙은 푸른색 및 다양한 종류의 노란색이 칠해져 있었다. 붉은색은 산화철, 짙은 푸른색은 망간 산화물이었고, 노란색과 오렌지색은 철의 탄화물이었다. 화가는 이러한 염료를 끈끈하게 만들기 위해 기름을 섞었다. 돌로 만든 끌을 써서 일을 한 이 예술가들(그 뒤 우리는 그들의 작업장에서 이런 종류의 끌을 발견했다)은 뼈를 태워서 만든 검정색을 여기저기 조금씩 칠해 놓고 있었다. 속이 빈 뼈가 물감 그릇─물감의 튜브—으로 쓰였고, 판판한 돌이 팔레트가 되었다. 이런 것은 현대의 화가들은 도저히 쓸 수 없는 것들이다.

정직한 후작의 명예를 위해서 다행하게도, 비슷한 그림이 마침내 프랑스의 남서부 도르도뉴 계곡에서 발견되었다. 그 뒤 같은 알타미라 계통에 속하는 그림이 남프랑스와 북에스파냐 일대의 동굴과 멀리 이탈리아반도의 끝에서도 몇 개 발견되었는데, 북유럽과 영국에서는 전혀 발견되지 않았다.

한 가지 문제는 그것으로 해결되었다. 그러나 전혀 해결되지 않은 문제가 남아 있다.

이들 그림 가운데, 햇빛이 비치고, 지나가는 사람들이 볼 수 있는 동굴 벽에서 발견된 것은 하나도 없다. 동굴에서도 가장 어두운 곳에 그려진 것으로 보아 화가들은 아마 불을 켜고 작업했을 것이다. 라무트 동굴은 이러한 배치의 좋은 본보기이다. 그 동굴의 앞부분은 사람의 주거로 쓰인 것임이 몇 세기 전부터 알려져 있었다. 바닥이 음식물 찌꺼기와 잔돌 조각으로 두껍게 덮여 있었기 때문이다. 그러다가 어느 날 세밀히 조사한 결과 캄캄한 통로가 발견되었는데, 이어진 방에는 선사 시대의 물감과 같은 빛깔의 노란색, 갈색, 푸른색의 동물 그림이 가득 그려져 있었다.

지금도 여전히 의문스럽지만, 선사 시대 사람들은 그림을 왜 그렇게 어둡고 접근하기 어려운 곳에 그렸을까? 왜 한결같이 동물만 그렸을까? 먼 옛날부터 지금까지 전해지고 있는 이런 그림에서는 거의 백 종에 이르는 동물이 등장한다. 이따금 사람을 나타내려고 한 그림도 발견되기는 했다. 그러나 이들 초기 화가들은 동물을 전문으로 그렸다. 차츰 기술이 완성의 영역까지 높아짐에 따라 작품은 본디의 자연스러움을 잃고, 비잔틴이나 러시아의 판에 박은 성화를 연상케 하는 것이 되어 버렸다.

왜 그렇게 되었을까? 유감스럽지만 여기서도 우리가 할 수 있는 것은 몇 가지 그럴듯한 추측뿐이다.

모든 예술은 종교에서 나왔다고 주장하는 사람들이 있다. 아프리카나 특히 남태평양의 원시 생활에 관한 연구에 의해서, 실제로 어느 민족이나 강령술에 집착한 시기가 있었음을 알 수 있다. 지금도 오지 마을 같은 데서는 기묘한 주술 형태가 고개를 쳐드는 것을 볼 수 있다. 강령술 가운데 하나인 고대 바빌로

프랑스 도르도뉴 지방에 있는 라스코 동굴 벽화   구석기시대 그림이 그려진 동굴은 유럽에 200개 이상 현존하고 있다. 이 그림들은 대개 기원전 1만 5천년부터 기원전 1만 년까지 이어진 마들렌 문화의 유산인데, 이런 동굴의 90%는 프랑스와 에스파냐에 집중적으로 모여 있다. 라스코 동굴 벽화는 수많은 벽화들 중에서도 걸작으로 이름난 작품이다.

니아의 강령술은 죽은 사람의 영혼과 소통함으로써 미래를 예견하는 능력을 의미했다.

그러나 이 신비로운 강령술을 실현하는 다른 방법이 있다. 만일 두려운 적이 있다면 진흙으로 그 형상을 만들어 고통스럽게 바늘로 마구 찌른다. 그러면 (바라는 대로) 머지않아 상대를 고통스럽게 죽게 할 수 있다는 것이다. 사냥꾼들은 사냥을 나서기 전에 이런 의식을 치렀다. 농업 지식이 조금밖에 없었던 선사 시대 유목민들은 사냥에 의존했다. 만일 사슴이나 멧돼지나 곰을 잡지 못하면 그날은 굶을 수밖에 없다. 달리 방법이 없었다. 사냥꾼이 굶으면 아내와 자식들도 굶었다. 그래서 그의 생활 철학과 종교는 모두 그가 그 이미지를 그려서 남긴 야생 동물 중심이었다. 사냥꾼의 삶에서 무엇보다 중요한 것은 동물을 잡아먹느냐, 반대로 잡아먹히느냐였던 셈이다.

이집트에서는 동물에 대한 이와 같은 태도가 마침내 동물숭배로 발전하고 동물을 신격화하게까지 되었다. 인도에서도 마찬가지였으나 그 방법이 매우 불편했다. 왜냐하면 인도에서는 소가 아무 집에나 들어가 마음대로 행동할 권리가 있으며, 그 일에 참견하다가는 한바탕 곤욕을 치러야 한다.

그래서 다음과 같은 의문이 나온다. 그렇게 주의 깊은 관찰을 통해 정성들여 그려진 그 선사 시대의 동물 그림—그것은 어쩌면 인간의 종교 의식의 일부가 아니었을까? 벽마다 들소와 늑대의 그림이 그려져 있는 그 어두운 동굴은 부족의 장로들이 주술 의식을 치르고, 사냥꾼이 먹을 것을 찾는 데 더 성공하도록 그림에 주문을 외고 하는 일종의 고대 신전이 아니었을까? 유감스럽지만 여기서도 우리는 아직 모른다는 말을 되풀이하는 수밖에 다른 도리가 없다.

그런데 순수한 예술적 관점에서 본다면, 우리는 이 기묘한 마법의 형식을 고안해 낸 기도사(祈禱師)[3]들에게 감사해야 할 것이다. 왜냐하면 바로 그 감정 속에서 (그 감정이 어떤 것이었나 간에) 인류 최초의 그림이 탄생했기 때문이다. 돌칼을 쥐었던 사람들은 일류 예술가였다.

선사 시대부터 전해지고 있는 어떤 조각들은 아프리카나 태평양 제도에 사는 많은 종족의 마술사들이 지금도 만들고 있는 것과 매우 비슷하다. 내 생각에 그것들은 형편없는 물건들이다. 보통 그러한 조각상은 외설적이고, 거부감이 들뿐만 아니라 그 동굴 화가의 그림처럼 최선을 다한 작품이라는 생각이 들지 않는다.

그런데 어느 날 갑자기 그 초기의 화가들은 지상에서 깨끗이 모습을 감춘 것 같다. 유럽이 다시 한 번 그와 같은 신기한 관찰력을 보여 주는 예술을 볼 때까지는 몇천 년이 지나야만 했다. 그 몇천 년 동안 예술의 발전에서 가장 중요한 많은 일들이 일어났다. 그 사이에 인류는 금속과 불의 사용법을 알았고, 진흙으로 오래 견디는 도자기를 만들었던 것이다.

어떤 역사적 사건이든 정확한 날짜를 붙이지 않으면 직성이 풀리지 않는 꼼꼼한 사람은 실망하여 떠나야 할 것이다. 왜냐하면 지금 우리는 우리의 관점에서 시간이 존재하지 않던 시대의 이야기를 하고 있기 때문이다. 또 여러분이

---

3) 고대 주술사를 말한다.

이 책의 여러 곳에서 깨닫겠지만, 역사상의 시대는 인간 역사에 관한 것이거나 예술적 업적을 평가하는 것이거나 간에 서로 겹치는 일이 많다. 미래에 각 사건마다 정확한 연대를 붙이고자 하는 가엾은 역사가를 위한 배려는 조금도 없다.

목기시대, 석기시대 그리고 청동기시대라는 시대별 문제를 다루어 보자. 그런 것은 이미 몇천 년 전에 끝난 것으로 생각한다. 실은 그렇지 않다. 우리는 태곳적 조상들과 마찬가지로 지금도 여전히 나무로 건축하고 있다. 연마용으로 지금도 돌을 쓰고 있다. 청동은 여러 가지 형태로 우리의 생활 속에 깊이 들어와 있다. '철기시대'라는 이름이 붙어 있었던 쇠나 강철도 마찬가지다.

그래서 우리가 목기시대니 청동기시대니 하고 말할 때의 진정한 뜻은, 그 시대에는 나무나 청동이 사람들이 자유로이 쓸 수 있는 가장 주요한 재료였다는 것이다. 그리고 아주 당연한 일이지만, 사람은 그것보다 더 좋은 것을 얻을 때까지 나무나 청동을 썼다. 전기가 들어오기 전까지 기름을 계속 썼던 것과 마찬가지다. 우리는 에디슨이 전등을 발명한 것이 언제였는지 알고 있다. 그러면 청동 사용의 지식이 서구 세계에 알려진 것은 언제였을까? 청동은 합금이다. 합금은 질 좋은 금속에 질 낮은 금속을 섞은 것이다. 금속의 세계에서도 어느 정도 귀하고 천한 것이 있다. 귀족인 구리 집안은 천한 주석 집안과 합쳤을 때, 아마도 어울리지 않는 결혼으로 느꼈을 것이다.

지금까지 발견된 가장 오랜 청동 제품은 크레타섬 크노소스 궁전의 안마당에서 발견된 것이다. 그 궁전은 기원전 15세기 무렵에 세워진 것이다. 청동은 페니키아인이 크레타섬에 전한 것으로 추측된다. 먼저 이집트에 전해졌고, 그 1천 년 뒤(트로이 전쟁 시대) 대륙에 도달하여 그리스에 이어 이탈리아에 전해졌다.

북이탈리아에서 스위스로 청동을 전한 사람은 행상인들이었다. 알프스산맥을 넘어 아직 석기시대였던 스위스 호반의 주민들에게 청동을 팔았다. 그동안 청동은 아마 영국에도 전해졌을 것이다. 왜냐하면 페니키아인은 주석이 필요했으며, 가장 좋은 주석이 콘월에 있다는 것을 알고 있었기 때문이다. 그러나 잉글랜드 주민들은 페니키아인들을 노예사냥꾼이라 여겨 상륙을 허락하지 않았다. 이는 페니키아인에 대한 불신을 잘 나타내고 있다. 대신 그들은 뱃길로 하루 거리에 있는 실리 제도[4]까지 주석을 가지고 가서 페니키아인들과 물물교환을 했다.

청동이 대륙 전체에 퍼졌을까 말까 했을 때 철이 등장했다. 청동보다 훨씬 단단했고, 강철로 만들기도 매우 쉬웠으며, 호메로스의 촌뜨기 영웅들조차 서투르나마 이 기적의 방법을 알고 있을 정도였다. 철은 곧 청동을 대신해 거의 모든 실생활에 쓰이게 되었다. 그러나 청동은 철보다 성형하기가 쉽고 외양이나 감촉이 좋은 금속이어서 예술가들이 여전히 애용했다. 철제 장신구도 있었는데 특히 북유럽에서 많이 발견된다. 그러나 철은 칼이나 창끝을 만드는 남성적인 금속이 되었다. 청동은 여성적인 금속으로서 귀금속 세공장에서 살아남았다.

역사가들은 철기시대를 좋아한다. 발자취를 더듬기가 쉽기 때문이다. 철기시대인들은 어디에서나 확실한 발자국을 남겼으므로 우리는 철기 문명이 유럽 전체로 확산된 데 대해서 많은 것을 알고 있다. 실망스럽게도 철기시대의 장신구는 석기시대의 것에 비하여 질이 떨어진다. 물론 철은 다루기 쉬운 재료가 아니지만 그것은 돌도 마찬가지이다. 그런데 석기시대의 예술가들은 수천 년 뒤의 철기시대 사람들보다 재료 다루는 솜씨가 훨씬 좋았고 상상력이 훨씬 풍부했다.

여기서 인류학자들이 고고학자들에게 도움을 준다. 인류학자들은 인류 초기의 옛 무덤에서 발견된 두개골을 관찰하여 그들이 먼 후대의 사람들보다 훨씬 지적인 인종이었음을 밝혀냈다.

진화라는 것은 반드시 우수한 종이 살아남는다는 것을 의미하지 않는다. 반대로 문명의 관점에서 보아 우수한 인종이, 문명의 수준은 낮지만 전쟁 준비가 훨씬 잘 된 그보다 열등한 민족에 의해서 완전히 절멸되는 일도 흔히 있는 일이다. 사실들이 그런 점을 뒷받침한다. 북유럽이나 서유럽에서 볼 수 있듯이 인류는 석기시대 이후 갑작스런 예술적 침체기에 빠졌다. 그 뒤 오랫동안 유럽은 아프리카와 아시아의 그늘에 가려 예술 중심지로서의 비중을 잃어버렸다. 나중에 유럽은 철기시대에 잃었던 그 지도적 지위를 되찾았지만, 그것은 나일강 유역의 이집트라는 학교에 다녀 그 유산을 배움으로써 비로소 가능해진 일이다.

---

4) 영국 잉글랜드 콘월 남서부 랜즈엔드에서 40~50㎞ 지점에 있는 5개의 큰 섬과 작은 섬들의 무리.

3장
이집트의 예술

살아 있는 자가 죽음과 숨바꼭질하던 나라

1798년 나폴레옹 보나파르트는 이집트에 원정하며 단 하나의 목적만 염두에 두고 있었다. 인도를 뒷문으로 기습 공격함으로써 영국으로 하여금 얼른 강화를 맺고 싶어 할 만큼 공포를 안겨 준다는 것이었다.

나일강 유역에서의 빛나는 전쟁 성과도 이 목적을 이룩해 주지는 않았다. 다만 사람과 재화를 낭비했을 뿐이며, 불쌍한 노새와 낙타만 불필요하게 괴롭혔을 뿐이다. 다행히 전혀 무의미한 원정은 아니었다. 비록 자신은 알지 못했지만, 이 젊은 코르시카의 모험자야말로 2천 년에 걸친 무관심과 망각에 묻혀 있던 옛 고센[1]의 보물을 유럽 세계에 전해 준 사람이었다. 그의 부하 한 사람이 유명한 로제타석을 발견했는데, 뒷날 역사가인 샹폴리옹이 해독했다. 이집트 문자의 해독은 1500여 년이나 닫혀 있었던 고대 이집트를 푸는 열쇠가 되었다.

그러나 이집트의 고대 유적 탐사를 과학적인 방법으로 하게 된 것은 19세기도 절반이 지나서였다. 고고학자들은 거의 4천여 년 동안 유지되었던 문명의 유적을 연구하거나 분류하는 일이 한 나라만으로는 감당할 수 없다는 결론에 이르렀다. 그래서 그들은 의논하여 지역을 나누기로 했다. 그 뒤 이집트 전역이 분할되어 유럽의 많은 나라들이 고대 이집트의 생활양식을 밝히는 일에 동참했다. 보잘것없는 이집트의 농민들은 그 생활이 이 책의 서두에서 만난 그 빨간 머플러를 두른 소년 소녀의 그것처럼 울적하고 단조로웠을 것이 틀림없는데도, 끊임없이 아름다운 것과 함께 너절한 것을 만들어 내는 일을 결코 그만

---

1) 이집트에서 이스라엘인이 살고 있었던 땅 이름.

두지 않았다.

우리 현대인의 생활양식은 끊임없이 무의식적으로 변화를 추구한다. 언제나 마음을 자극하는 일이 필요하다. 우리는 단지 즐거움을 얻기 위해 끊임없이 이곳저곳을 배회한다. 그런데도 인류 역사(기원전 4천 년부터 현재에 이르는 6천 년 동안)의 3분의 2가 우리 현대인의 관점으로 보아 아주 따분한 시대였다는 것은 이상한 일이다.

배를 타고 멤피스나 테베를 향해서 천천히 나아가다 보면 조그만 농민들이 바쁘게 밭을 갈고 있는 모습을 볼 수 있다. 그들은 이 기름진 유역이 그 신비로운 함족에 의해서 처음 점령당했을 때도 오늘날과 비슷하게 밭을 갈고 있었다. 재능이 풍부한 민족 대부분과 마찬가지로, 함족도 오랜 거주지를 버리고 나일강 유역의 더 좋은 환경에서 새로운 생활을 시작하러 온 다양한 부족과 개인들이 뒤섞인 혼합 민족이었다. 이 유역의 저지대에 살고 있던 멤피스[2]의 지배자들이 고왕국을 세웠을 때도 수천 년 동안 그들은 변함없이 밭을 갈고 있었다. 쿠푸와 카프레와 멘카우레가 피라미드를 짓고, 아브라함이 식솔을 거느리고 우르[3]에서 지중해 연안으로 이주하려고 결심을 한 1천 년 전에도, 그들은 계속 밭을 갈고 있었다.

이른바 중왕국시대의 6세기 동안에도 그들은 참을성 있게 계속 그 밭을 갈고 있었다. 그 시대 이 유역의 예술은 가장 높은 완성 단계에 이르렀다. 지배자들이 안전을 위해 고왕국의 수도를 멤피스에서 호메로스가 '백 개의 문이 있는 도시'라고 부른 저 유명한 테베로 옮겼을 때도 그들은 여전히 밭을 갈고 있었다.

아메넴헤트 3세가 늘어나는 인구의 식량과 식수를 충당하기 위해 나일강의 수량을 조절하기 위한 저수지를 만들고 있을 때도 그들은 밭을 갈고 있었다.

서아시아를 정복한 힉소스족이 기원전 2천 년에 이집트를 침략했을 때도, 그리고 이 정복자가 나일강 유역의 점령지를 관리하기 위해 또다른 유목민족인 히브리인, 즉 셈족의 유목민에게 도움을 요청했을 때도, 그들은 역시 그 밭을 갈고 있었다.

---

2) 이집트의 옛 수도.
3) 칼레아의 수도.

수백 년이 지나서 마침내 힉소스인이 쫓겨나고 아모세왕[4]이 신왕국을 건설할 때도 그들은 밭을 갈고 있었다. 그리고 투트모세, 아멘호테프 3세나 람세스 대왕 같은 위대한 지배자들이 그 신왕국의 영토를 온 에티오피아·아라비아·팔레스타인·바빌로니아로 넓혀갈 때도 농부들은 변함없이 밭을 갈았다.

기원전 1400년경에 홍해와 지중해를 운하로 잇는 계획이 세워질 때도 여전히 농부들은 밭을 갈았다.

히브리인이 자신들을 지배했던 힉소스의 뒤를 따라 쫓겨난 뒤 팔레스타인 언덕에 정착했을 때도 그들은 여전히 밭을 갈고 있었다. 제국이 급속히 쇠락해 기원전 1091년에 남부의 천한 집안에서 태어난 한 성주가 독립을 선언하여 나일강 삼각주 한가운데에 새 왕국의 수도 타니스를 세웠다는 것도 알지 못했다.

에티오피아를 잃었을 때도, 예루살렘이 점령되어 약탈당하고 있을 때도 밭을 갈고 있었다. 에티오피아인들이 느닷없이 쳐들어와서 반 세기 넘게 이집트를 지배하고 있었을 때도 그들은 밭을 갈고 있었다. 그리고 아시리아인들이 에티오피아인을 내몰고 이집트를 아시리아 제국의 속주로 만들었을 때도, 그들은 생활양식을 조금도 바꾸지 않았다.

독립을 위한 오랜 투쟁에서 누가 성공하든 그들에게는 아무래도 좋은 일이었다. 그 투쟁의 결과 기원전 653년에 또 하나의 이집트 왕국이 일어나 삼각주에 있는 사이스를 수도로 삼은 일에도 전혀 아랑곳하지 않았다.

홍해와 지중해를 운하로 이으려던 람세스 대왕의 계획을 네코왕이 800년 만에 부활시켜 고대 운하 사업을 착수했을 때도,[5] 페르시아인들이 나일 유역을 정복했을 때도, 많은 그리스인과 페니키아인이 이 풍요한 유역에 찾아와서 외국 무역이라는 이름 아래 그들을 약탈하고 착취했을 때도 그들은 역시 밭을 갈고 있었다. 알렉산드로스 대왕이 1천 년 동안이나 황폐한 채 방치되어 있던 카르나크 고궁에서 주연을 베풀었을 때에도 그들은 밭을 적시는 나일강을 지켜보고 있었다.

알렉산드로스의 부하였던 마케도니아의 어느 장군의 후손[6]이 여왕으로 즉

---

4) 기원전 17세기의 조지 워싱턴이라고도 할 만한 사람.
5) 수에즈 운하가 완성된 것은 1869년이었다.
6) 클레오파트라를 말한다.

위해 로마 장군 두 명과 정략적 사랑에 깊이 빠졌을 때도, 그리고 그 자신은 문학적인 명성과 인기는 차지했으나 그 자신의 왕국을 잃고 로마의 한 속주로 전락해 버린 그 사건 동안에도, 그들은 여전히 밭 가는 손을 멈추지 않았다.

그러나 그 뒤부터 그들은 전보다 더 열심히 경작하지 않으면 안 되었다. 이집트는 이제 로마의 매우 중요한 곡창이 되어, 이집트 농민들은 자기들의 먹을 것뿐만 아니라 로마 시민들까지 먹여 살려야만 했기 때문이다.

알렉산드로스가 나일강 어귀에 도시를 건설하여 자기 이름을 따서 알렉산드리아라고 명칭을 붙였을 때도, 또 그리스도교 개종자들의 무리가 빛나는 문명을 마음대로 파괴하고 있는 동안에도 그들은 경작을 계속했다(그들은 자기들의 조그만 마을 밖에서 일어난 일을 알 까닭이 없었기 때문이다).

한 그리스도교 미치광이가 이들 농민의 마지막 신전들을 모조리 파괴하고, 4천 년 동안이나 그 신성한 상형문자를 가르쳐 온 마지막 학교를 폐쇄했을 때에도 그들은 끊임없는 노동을 결코 그만두지 않았다.

칼리프 우마르[7]가 그들의 나라를 정복했을 때 그들은 조용히 새로운 신앙으로 개종하고 새로운 구원 따위는 별로 개의치 않고 경작을 계속했다.

이 얼마나 기묘한 삶이며, 이 얼마나 기묘한 운명인가! 4천 년 동안 그 갈색 피부의 조그만 사람들은 밭을 갈고, 곡식을 기르고, 조그만 밭을 적셔줄 나일강의 물을 지켜보고, 자식들을 기르고, 어떤 지배자든 간에 세금을 바치고, 마지막에는 또 변함없는 사막의 흙으로 돌아갔다. 그들은 아무것도 변하지 않는 땅, 언제 보아도 같은 땅, 상류 지역 수단의 세차게 쏟아지는 폭포와 격랑은 알지 못한 채 행복한 유역을 조용히 흐르는 나일강의 유연한 물결처럼 유유하게 살았다.

그러나 개성이라고는 전혀 찾아볼 수 없는 그 왜소한 사람들은 여러 대에 걸쳐 아침 일찍부터 밤늦게까지 밭을 가느라 고생하면서도, 완벽한 데다 보편적인 호소력을 지닌 저 거대하고 정교하며 독특한 예술을 신비로운 방법으로 세계에 내주었던 것이다.

거기에는 반드시 이유가 있을 것이다. 그것은 우연이나 행운으로 된 것이 아

---

7) 자기 이름을 붙인 유명한 회교 사원을 예루살렘에 세운 사람.

기원전 2532년 세상을 떠난 카프레왕의 피라미드 제4왕조. 기자 피라미드 가운데 완공 무렵의 표면 석재가 상단에 남아 있는 유일한 피라미드. 1818년에 거대한 화강암 석관이 발견됐지만, 피라미드 지하의 커다란 관 보관실은 이미 약탈당한 뒤였으므로 석관 안에는 아무것도 남아 있지 않았다.

니다. 그것을 푸는 해답이 있어야 한다. 헤로도토스가 기원전 5세기에 나일강 유역을 찾아 당시에 벌써 세월이 흘러 해묵은 피라미드 앞에 서서, '이것을 지은 이유가 뭘까?' 하고 자문했을 때처럼 어리둥절해진다.

물론 피라미드는 예술과 그다지 관계가 없다. 그것은 건축 부문에도 들어가지 않는다. 그것은 순전한 토목공학의 문제이며, 미에 대한 욕구에서 비롯된 것은 아니다. 피라미드의 궁극적인 목적은 은행 금고와 같은 실용적인 것이다. 다만 백성들의 재산을 보호하기 위해서가 아니라, 그런 것과는 비교도 되지 않을 만큼 귀중한 죽은 왕의 유해를 보존하기 위해서 만들어졌다는 점이다.

피라미드가 커야 했던 정확한 이유는 아직 알려져 있지 않다. 아마도 예술의 영역에서 기이한 것이 늘 그러하듯, 남들에게 과시하고 싶은 욕망이 이런 어처구니없는 정력과 재물을 소비한 원인인지도 모른다.

피라미드는 빈곤과 실업의 긴 시대의 산물로서 백성에게 일을 주고, 왕이 백성들을 먹여 살리기 위해 만들어진 것이라고 주장하는 역사가도 있다. 그러나

'엄청난 낭비'—소스타인 베블런 같으면 틀림없이 그렇게 주장했을 것이다—이든, 5천 년 전의 빈민구제 사업이든 순수예술과는 조금도 관계가 없다는 사실에는 변함이 없다. 다만 매우 정성과 공을 들인 건축물인만큼 언제까지나 훌륭한 문화유산으로 남을 것이다.

그러나 피라미드는 이집트의 유적 가운데서 가장 널리 알려져 있기는 해도 그리 중요한 것은 아니다. 역사상 거의 어느 시대나 모든 민족은 지배자에게 완전히 통치되어 개미 같은 불합리한 굴종을 강요당했을 때는, 언제나 세계의 거의 모든 곳에 이와 같은 쓸모없는 기념물을 남겼다. 그러나 다른 어느 민족도, 스톤헨지[8]를 세운 켈트인이나 우쭐대는 그리스인도 조각과 미술 분야에서 이집트인 만큼 많은 걸작을 남기지 못했다. 그리고 그들만큼 높은 수준의 문화를 수천 년이나 지탱할 수 있었던 민족도 달리 없는 것은 매우 확실한 일이다. 대부분 2세기쯤 혹은 그 절반쯤 동안은 번영하지만, 즐거운 뮤즈의 화원에 들어갈 때처럼 홀연히 사라져 버렸다. 아무리 필사적으로 발버둥쳐도 다시는 기적을 일구어 내지 못했다. 그런데 이집트인은 4천 년 동안이나 최고 수준의 문화를 이루어 냈다. 백인이 아메리카 대륙에 들어온 지 아직 5백 년도 채 되지 않는다는 것을 감안하면, 또 그 조상들이 서유럽을 차지한 지 2천 년도 채 안된 것을 떠올리면, 4천 년이라는 기간이 얼마나 오랜 세월인지 짐작할 수 있으리라.

이집트인이 이와 같이 특별한 성공을 거둔 이유는 전통의 존중에서 찾을 수 있다. 서유럽인들은 태어날 때부터 전통을 경시하지만, 그들은 태어날 때부터 그 존중심을 갖고 있었다. 이집트인의 생활 99퍼센트는 계절과 밀접하게 연관되어 있었다. 계절은 온 세계 어디서나 가장 전통적인 것이다. 이집트인은 계절의 변화를 따라잡기 위해 천체를 깊이 연구했다. 일정한 궤도를 도는 별들은 계절 못지않게 규칙적이고 전통적이다. 그래서 이집트인은 '전통'이라는 것을 일상생활—자기 보존의 시작이자 끝이다—에서 받아들인 것처럼 예술에서도 받아들였다. 이 사실을 인정하면, 왜 이집트의 예술가들이 개성보다 계절 못지않게 '전형'에 훨씬 흥미를 느꼈는지, 왜 대상의 개성을 표현하기보다 전형의

---

8) 잉글랜드의 솔즈베리 평원에 있는 거석건조물(巨石建造物)의 폐허로서, 태양을 모신 자리로 추측되고 있다.

묘사(그 전형이 왕을 나타내는 것이거나, 왕의 신성한 고양이를 나타내는 것이거나)를 완벽하게 표현하기 위해 더욱 노력을 기울였는지 쉽게 이해할 수 있을 것이다.

여기서 대상과 닮았나 안 닮았나 하는 문제가 생긴다. '아름다운 그림이지만 솔직히 말해서 제레미아와는 별로 안 닮았네요.' 에미 부인이 50년이나 같이 산 남편 제레미아에 대해, '그이가 정말 어떤 사람이었는지 아는 사람이 이 세상에 있다면 그건 나예요!'라는 말을 한다면 그 예술가는 불행하다. 왜냐하면 에미 부인은 세상을 떠난 남편이 사실 어떤 '모습이었던가' 조금도 알지 못하는데 대해서, 훌륭한 예술가라면 에미 부인이 반 세기 동안 알 수 있었던 것보다 더 많은 것을 10분 동안 알아낼 수 있는 것이 확실하기 때문이다. 그러나 불행하게도 평범한 사람이 이것을 이해하기에는 매우 어렵다. 그런 그림은 예술 작품으로서는 아무리 뛰어나더라도, 가족들로부터는 가볍게 거절당하여 예술가는 6주일이나 헛되이 보낸 것이 된다.

그런 점에서 이집트의 조각가나 화가들은 운이 좋았다. 왕의 조각상을 만들라는 명령을 받았을 때, 그들은 물론 그의 얼굴―눈꺼풀, 턱과 코의 모양―의 특징에 상당한 주의를 기울였다. 그러나 그런 것은 예술가들이나 명령한 쪽이나 사소한 일로 여겼다―물론 중요한 것임에는 틀림없으나 그리 중요하다고는 생각지 않았다. 중요한 것은 누구나 첫눈에 '이것은 왕이 분명하다'고 감탄하도록, 그리고 누구나 지배자한테서 볼 수 있다고 기대하는 품위―일상사에서 초연한 태도, 신격화된 왕의 조상과 닮은 모습―를 볼 수 있도록 그 왕을 표현하는 일이었다. 그래서 고대 이집트인의 얼굴에서는 어느 시대의 것이거나 슬픔·노여움·기쁨·놀라움 그리고 찬동·불만 같은 인간적인 감정이 완전히 결여되어 있다. 눈은 언제나 똑바로 앞을 보고 있다. 그 눈은 뭔가를 응시한다고 말하기 어렵다. 그 눈은 무언가를 매우 열심히 보고 있지만 일상적인 세계를 넘어 먼 저편을 바라보고 있는 것이다.

내 말뜻을 알고 싶으면, 위대한 피라미드와 같은 시대의 이집트 파라오 조각상과 미켈란젤로나 로댕 같은 근대 조각가의 작품들을 비교해 보면 된다. 후자의 작품에서는 영웅이나 신뿐만 아니라 왕궁이나 교회의 문간에서 구걸하고 있는 가엾은 거지에게도 똑같은 열정과 정서를 불어넣는다.

현대인의 취향으로 보아 지난 4백 년 동안의 조각 작품이 재미있는 것은 '인간적인 호소'가 있기 때문이다. 그러나 이집트인들은 그런 방식에는 동의하지 않을 것이다. 그들이 이 말의 뜻을 이해할 수 있을는지조차 의심스럽다. 자연은 불평등으로 가득 차 있었다. 그들은 자연보다 높아지려고는 기대하지 않았다. 신은 신, 왕은 왕, 신하는 신하였다. 그것은 단순한 배열로서, 무엇보다도 그들의 필요에 완벽하게 맞아떨어졌다.

실제로 동서고금 예술은 현실과 밀접하게 결부되어 있다. 이집트도 예외가 아니었으며, 중요한 것은 같은 현실이 4천 년 동안이나 이어진 것이다. 이것은 이집트의 앞날에 대한 전망에 큰 영향을 미치지 않을 수 없었다. 왜냐하면 현대적인 뜻으로의 시간은 나일 유역의 민족에게는 존재하지 않았기 때문이다. 고양이나 개 같은 동물에게 시간관념이 없는 거나 마찬가지이다.

선량한 이집트인들은 기원전 5천 년의 사람이든 500년의 사람이든 모두 똑같은 생활을 하고, 언제나 똑같은 방식으로 밭을 갈고 똑같은 음식을 먹고, 똑같은 방식으로 아내를 맞이하고, 똑같은 방식으로 아이를 기르고, 똑같은 사상을 품고, 거의 똑같은 신들을 숭배했다. 그러나 이집트에는 '시간'만 없었을 뿐이 아니라 어느 의미에서는 풍경도 없었다.

사람은 일상의 경제생활에서뿐만 아니라 예술적 표현에서도 환경의 구속을 받을 수밖에 없다. 이집트에서는 풍경이 매우 단조롭다는 것, 산맥이나 사막으로 구획된 기름진 밭의 그 광대한 넓이는 주민들의 종교적 관념을 결정하는 데 매우 중요한 요소였을 것이다. 이집트인은 그 영향을 받아 영원이라는 궁극적 이상을 좇게 되었다. 그 영원한 것은 언제나 되풀이되는 계절, 언제나 도는 태양·달·행성·별, 언제나 눈앞을 흘러 같은 지평선을 향하는 나일강 같은 것 속에 영원성이 표현되어 있다고 생각했던 것이다.

어느 문명에나 그 자체의 리듬이 있다면(나는 확실히 있다고 생각한다) 이집트의 리듬은 영원한 리듬이며, 그 자체가 무한한 우주의 리듬이었다. 하지만 무한한 우주라 해도 어떤 세밀한 점에서는 변화가 있다. 이집트의 예술 역시 전체적인 윤곽에서는 그렇게 벗어나지는 않더라도, 천 년에서 다음의 천 년으로 옮기는 동안에 세부에서 매우 많이 변화했다. 이집트 예술의 특수한 형식을 이해하려면 이런 세부를 파고들어야 한다.

예술의 역사를 논할 때 지나치기 쉬운 문제를 짚고 넘어가자. 이집트의 왕들은 왕국 안에서 유일한 예술 후원자였다. 더없이 당연한 일이지만, 그들은 자기들의 신전이나 왕궁이 뒷날 옥외 박물관이 되고, 그들 자신은 '국립박물관 왼쪽 건물 제7실 오른쪽에서 두 번째 유리관에 있는 미라 제489-A. 국왕의 엑스선 사진은 데이비드 로젠이 촬영함' 운운하고 쓰여서, 지중해 유람선 승객들의 구경거리가 되리라고는 꿈에도 생각지 않았다.

후대 로마인이나 중세시대의 사람들과 마찬가지로—아울러 예술과 일상생활의 구별을 알지 못했던 거의 모든 민족과 마찬가지로—이집트인들도 왕궁과 신전을 후세는 생각지도 않고 멋대로 세우고, 헐고, 늘어놓고, 재배치했다. 만일 람세스 11세가 우연히 수백 년 전에 또 한 사람의 파라오가 세운, 다 쓰러져서 수리가 필요한 신전을 발견했다면, 그는 복구만을 명령하지는 않았을 것이다. 그도 다름아닌 인간이고 허영심이 전혀 없지도 않았으므로, 입구에 서 있는 선조의 조각상을 멋지고 새로운 자신의 훌륭한 조각상으로 바꾸고, 잡동사니들은 다른 곳에 치우게 했을 것이다. 기원전 2500년의 신전에 기원전 1500년의 입구를 떼어다 붙였거나, 2천 년이나 된 줄기둥에 기원전 1천 년식의 장식을 한 새 기둥을 추가했다면 이집트 예술의 연구는 매우 어려워진다. 그러나 여러분에게 귀띔해 두지만, 우리가 반달리즘(Vandalism)이라고 부르는 예술 파괴는 현재에 이르기까지 많은 나라에서 볼 수 있는 일이다.

실용적인 사업가였던 중세 사람들은 로마의 콜로세움을 본디 목적 따위는 아랑곳하지 않고 조그만 마을로 만들어 버렸다. 고딕식 사원의 버팀벽 사이에는 조그만 주택을 지었다. 옛 성당의 한가운데에는 프로테스탄트 예배당을 한 채 세웠다. 12세기 성자의 로마네스크풍 몸뚱이에 고딕식 얼굴을 갖다 붙였는가 하면 15세기풍의 아담과 이브에 18세기풍 무화과 잎사귀를 그려 넣었다. 바로크식 응접실에 로코코식 소파를 들여놓기도 했다. 그들은 '고급 취향'이나 '시대에 맞는 가구' 같은 오늘날의 관념에 위배되는 용서할 수 없는 갖가지 죄를 저질렀다. 더구나 그런 만행을 부끄럽게 여기지도 않았다. 그들은 순전히 예술적인 성질만을 생각하여 문명의 즐거움이나 시민 생활의 필요를 희생한다는 것은 어이없는 일이라고 생각했을지도 모른다. 그들에게 삶의 충만함이란 누리고 즐기는 것이지, 소수의 학자들이 설교하는 미학 이론의 재료가 되기 위해서가 아니다. 수천 년 동안이나 그와 같이 끊임없는 손질이 가해

지면, 그 결과는 그 시대를 전문적으로 연구하는 전문가조차 난감해질 수밖에 없다.

룩소르 신전을 예로 들어 보자. 이 신전의 원형은 멀리 아멘호테프 3세[9] 시대인 기원전 15세기 초에 세워진 것이다. 그리고 1백 년 지난 뒤 람세스 2세가 이 신전을 '복구'하기 시작했다. 그리고 기원전 4세기에 알렉산더 대왕이 이집트에 왔을 때도, 역시 이집트인들은 아멘호테프 신전 왼쪽 건물을 만지작거리는 데 바빴다. 그러므로 이 젊은 마케도니아 왕이 그 신전 정면 홀을 자신이 데리고 간 건축가의 설계대로 뜯어고치라는 명령을 내렸을 때도 그들은 조금도 당황하지 않았다.

슬픈 일이지만, 이집트의 거의 모든 신전과 왕궁은 이와 같은 운명으로 크게 손상되었다. 가장 심한 것은 피라미드의 운명이다. 그 형태가 바뀌지는 않았다. 그러나 런던의 성 바오로 대성당보다 높은 이 방대한 석조 건축물은 투라의 돌산에서 나오는 훌륭하고 단단한 돌로 외피를 두른 덕분에 사막의 열로부터 보호되어 있었다. 3천 년 뒤에 아라비아인은 카이로에 회교 사원을 세우기 위한 자재가 필요했다. 그들은 피라미드의 외피를 건축 재료로 썼다. 피라미드는 1천 년 또는 2천 년 뒤 소실될 운명에 있다.

옛 사람들의 반달리즘, 아니 오히려 무관심(악의 어린 결과가 아니므로 완전한 나태와 무관심)은 그렇듯 심했으므로 과거의 예술을 완전히 체계적으로 논하기가 매우 어렵다. 게다가 옛날의 조각가나 화가들은 작품에 결코 서명을 하지 않았다(그리스 조각에서 작자를 믿을 수 있는 서명이 있는 것은 거의 없다)는 것을 생각하면, 불과 1세기 동안 세계에서 가장 오래된 이 보석 상자의 혼란을 정리한 사람들에게 여러분은 오히려 깊은 경의를 표해야 할 것이다.

이집트인의 예술은 동양인의 예술과 마찬가지로 원근법(투시도법)에 대해 알지 못했다. 원근법은 현대 예술에서 매우 중요한 역할을 하고 있으므로 먼저 이 말의 정의부터 시작하는 것이 좋을 것 같다.

원근법이란, 한 점에서 사물을 바라본 것과 똑같은 상대적 위치와 크기, 또는 거리의 인상에 대해 눈으로 보는 입체를 평면에 그리는 방법이다. 좀 더 간

---

9) 아메노피스 또는 멤논. 그리스 시대 이래 이집트를 연구하는 학자들은 자기 나름대로 그의 이름을 표기했다.

단히 말하면 3차원의 대상을 2차원의 평면 위에 그리는 방법이다.

오늘날 어린이들도 그림을 실제의 풍경처럼 여기도록 해 주는 원근법 외 기본적 화법을 적어도 몇 가지는 잘 알고 있다. 평행선이 면의 한 곳에 모이는 점을 소실점(vanishing point)이라 부르는데, 명칭은 모르더라도 의미는 다 안다. 일곱 살 난 어린아이도 하나하나의 사물에 전체 구도 속에서의 올바른 위치를 부여하면 평면에 그린 것이 아닌 입체적인 것처럼 보이게 할 수 있다.

그러나 예술가들이 원근법을 열심히 연구하기 시작한 것은 겨우 15세기에 들어선 뒤부터이다. 동양의 예술가들은 오늘날까지 그런 것에 신경을 쓰지 않았다. 원근법에 익숙하지 않은 사람에게는 동양의 원근법을 무시한 그림이 전혀 이상하게 보이지 않는다. 그러나 원근법을 당연한 것으로 알고 있는 세상에서 살아 온 대부분의 사람들에게, 이 동양식 그림은 매우 짜증스런 존재이다. 그들이 일본 판화를 보았을 때의 느낌은 우리가 젊었을 때 배운 화음에 대한 정의—음들의 조화로운 배열—를 무시한 현대 음악을 처음으로 접했을 때 느끼는 그런 기분이다. 그것은 어떤 사람들에게는 음악일지 모르지만, 누군가에게는 불쾌한 소음에 지나지 않는다.

원근법은 올리브나 브로콜리의 맛 또는 현대 음악과 마찬가지로 배워야만 익숙해진다. 원근법의 지식을 타고난 사람은 아무도 없다. 로그표의 신비를 태어날 때부터 터득한 사람이 없는 거나 같다. 그러므로 어느 아이나 내버려 두면 언제나 3차원적 효과에 신경쓰지 않고 평면적인 그림을 그릴 것이다. 유아기 때의 그림에는 원근법이 없다—만약 그림에서 원근법 감각을 볼 수 있다면 그것은 우연일 뿐이다.

그런데 이집트처럼 예술이 '전통'의 문제이고, 사제나 지도자들의 특정 계급이 이 전통(그때까지는 예술가 기호의 문제였다)을 어떤 종류의 움직일 수 없는 일정한 규칙으로 확립할 수 있는 나라에서는 그 표정이나 몸짓이 굳어 버리기 쉽다. 사제나 지배자들이 그 양식을 고수하도록 명령하지 않았다면, 이집트 예술가들은 다른 양식으로 표현할 수 있었을까? 나는 할 수 있었다고 생각한다. 왜냐하면 그들은 매우 날카로운 관찰자였기 때문이다. 그 무덥고 건조한(홍수는 잦지만 비가 오지 않는다) 나라에서, 용케 지금까지도 남아 있는 목각상은 그들의 뛰어난 초상 제작 재능을 보여 주고 있다. 하인들의 목각을 많이 묻은 국왕의 무덤은 이들 이름 없는 조각가의 천재성을 증명하는 것이다.

그러나 이 전통의 나라에서는 모든 것이 생활을 정태적(靜態的)으로 만드는 경향이 있었다. 농사 방법, 사교상 예의, 마을의 풍습 등…… 이 모든 것이 뉴잉글랜드인의 말투를 빌리면 굳어 버린 것이었다. 그래서 국가의 종말이라도 오지 않는 한 요동도 하지 않았던 것이다.

조각 분야에서 이집트 예술을 연구하는 많은 사람이 불만스러워하는 그 경직성의 큰 원인은 자연에 있다.

나일강 유역의 조각가들은 화강암 또는 현무암으로 일을 해야 했다. 잘 다루면 생명감으로 약동시킬 수 있는 대리석이 없었다. 화강암이나 현무암 또는 화강암만큼 단단한 돌(비교할 때 잘 쓰이는 말)뿐이었다. 이런 돌을 쓰면 경직된 선밖에 나오지 않으므로 이집트 조각가들은 경직성을 일관되게 추구했다.

그러나 이집트 조각가들이 더 연한 재료로 일할 수 있었다 하더라도, 그들의 생활을 지배하던 사회 경제 제도에 의해서 정해진 경직성에서 벗어날 수 있었을지 의심스럽다. 국민 대부분이 가축을 기르거나 농사를 지으면서 겨우 가족을 부양할 정도인 나라에서는 지속적인 협동이 필요하지 않다. 저마다 자신의 일을 홀로 해결할 수 있기 때문이다. 만일 가장이 게으름을 피우거나 멍청하면 그의 가족은 굶을지도 모르지만, 그 무능력함은 이웃들에게 거의 영향을 미치지 않을 것이다. 실수로 자기 집에 불을 내고 그 때문에 부락 사람들의 재산을 위협하는 일만 없으면, 사람들은 그를 완전히 혼자 내버려 둘 것이다. 그들 자신의 행복과 번영은 다른 사람에게 의존하는 것이 아니라, 백 년 전까지 우리 미국에서도 그랬듯이 완전히 그들 자신에게 달려 있기 때문이다.

그러나 나일강 유역에서는 어떤 사람이든 간에 언제나 지속적으로 협력하지 않으면 아무 일도 할 수 없었다. 자기 한 사람을 위해서 관개용 댐을 만드는 자는 없다. 1제곱마일(1.6㎞)당 수백 명(나일강 유역의 인구 밀도는 지금도 별로 변하지 않았다)에 이르는 인구가 먹고살려면, 여기저기 불규칙하게 마음 내키는 대로 관개시설을 해서는 어림도 없다. 폭이 16㎞가 넘는 곳이 별로 없는 이 좁은 유역에서 수백만이 생활을 지탱하려면, 사람들은 한 가지 의지에 따라야 했다. 본디 의도는 자기보존의 필요에서 생긴 것이다. 그런데 그 방법이 효과적이고 성공이 뚜렷했으므로 이집트는 독립된 단위로서 존재할 수 있게 되었고, 또 수천 년 동안이나 이어졌던 것이다.

파라오—대저택에 사는 대추장이라는 뜻—가 이 나라의 지배자였다. 선량한 나일강 유역 사람들이 다른 체제로 같은 결과를 이루려 했을 리는 없다. 헛된 망상으로 골치 썩일 이유가 없지 않은가. 그들의 제도는 꿈처럼 잘 되어 나갔다. 굶주림과 가난과 궁핍(이것이 고대 세계 특징이었다)의 세계에서, 이집트인들은 광대한 곡창에 있는 자기들이 다른 어느 민족보다도 훨씬 낫다고 생각하고 있었다. 단 한 번 세금이 너무 많았을 때, 특히 외국 침략자의 점령 아래 있었을 때, 분격하여

이시스 여신 좌상 말기 왕조시대(제13왕조), 목제. 루브르박물관 소장.

공공연한 반란을 일으키려 했을 때 말고는 언제나 그들은 유순한 갈색 사람들이었다. 다른 삶을 알지 못했던 그들은 언제나 기꺼이 지배자에게 복종하여, 수도를 둘러싸는 광대한 왕궁이나 신전에 필요한 수백만 개의 돌을 쌓아올렸던 것이다. 그들이 바라지 않는 단 한 가지는 죽음이었다.

그것은 당연한 일이다. 세상이 시작된 이래 죽고 싶어 한 자는 없다. 많은 민족들은 그리스인처럼 죽음 앞에서는 얼굴을 찌푸렸고, 그 무서운 얼굴을 가진 놈[10]에게 온갖 불쾌한 이름을 갖다 붙였다. 그러나 이집트인들은 달랐다. 그들은 철두철미하게 죽음이 이 세상에 존재하지 않는 것처럼 생각하고, 죽음을 무시하려 한 역사상 오직 하나의 민족이었다.

그로부터 수천 년 뒤, 그리스도교 예술은 내세—신앙심 깊은 사람은 영원히 법열(法悅) 속에 살며, 음울한 온갖 죄로부터 벗어나리라는 환희의 세계—의 즐

---

10) 사신(死神)을 말한다.

거움과 기쁨을 묘사하는 데만 몰두했다. 그리고 전대의 역사가들은, 고대 이집트인의 삶과 죽음의 철학을 그리스도교적 관점에서 재구성한 결과 이집트인도 그리스도 교도와 마찬가지로, 이 세상을 경멸했다는 결론을 내렸다. 나라 전체를 수많은 피라미드와 무덤, 세공을 한 궤짝·석관·납골소·묘지 그 밖에 기묘한 죽음에 대한 숭배를 나타내는 모든 것이 포함된 하나의 광대한 납골당으로 만들었다는 것이다. 다시 말해, 이집트인들은 현세에 몹시 불행하게 살았던 우울한 민족이었던 것이다. 그들은 후대의 선량한 그리스도 교도와 똑같이 신전이나 산에 있는 무덤의 깊은 어둠에 잠겨, 일종의 저승에 대한 안내서였던 《사자(死者)의 서(書)》를 열심히 읽었다.

그러나 이런 일은 그들의 실제 정신세계와는 정반대였다. 앞에서 말했듯이 이집트인은(이 점은 충분히 강조한 줄 알지만) 매우 단조로운 생활을 하고 있었다. 하루하루가 똑같았고, 한 해 한 해가 다를 바 없었다. 그러나 단조로움이 반드시 불행한 것은 아니며, 그런 생활방식에 불만을 느끼게 하는 것도 아니다. 우리 현대인이 보면 따분하고 보람 없는 생활을 하고 있는 것으로 여겨지는 그들은, 충분한 정력과 열정을 기울여 열망하면 마침내 지상천국을 발견할 것으로 믿고 있는 우리보다 훨씬 행복하여 만족하고 있었던 것이다.

이집트의 농민들은 개미처럼 몸이 부서져라 일해도 쾌활했다. 그들은 훨씬 후대의 유대인이 발명한 '원죄'라는 논리에 시달리지 않았다. 에스키모처럼 이집트인도 자기 것이라고 할 수 있는 것은 하나도 없었지만, 생활을 무거운 짐으로 만들고 있는 잔재주나 생명 없는 물건에 부대끼며 살아가는 현대인들보다 훨씬 웃는 일이 많았다.

이집트인은 매우 단순한 사람들이었으므로, 죽음의 존재를 완전히 부정할 수 없지만, 적어도 들은 적이 없는 척할 수는 있었다. 죽은 자를 숭배하는 관습은 이렇게 하여 시작되었을 것이다. 그것은 사실 '산 자를 위한 숭배'였다. 누구나 맞이할 수밖에 없는 운명을 무시하려는 애처로운 노력이었다. 할머니에게 '그래, 아가야, 귀신은 없어. 좋은 꿈을 꾸고 잘 자거라' 하고 말하는 것을 듣고 싶어 하는 어린아이 같은 소망이었다.

산 자와 죽은 자의 숨바꼭질을 염두에 두고, 고대 이집트의 무덤에서 발견한 여러 가지 것을 조사해 보면 여러분은 내가 말하고자 하는 뜻을 금방 알 수

아니의 《사자의 서》 갈대밭에서 살아가기 위한 주문 주문 110 : 낙원은 녹음이 우거지고 물이 풍부한 풍요로운 세계였다. 사자는 신들에게 기도를 올리고(위) 밭을 갈면서(중간) 행복한 나날을 보냈다. 아래 보이는 계단은 하늘로 올라가는 계단으로 추정된다.

있을 것이다. 중세 그리스도교의 무덤은 바로 공포의 장소였다. 섬뜩한 해골과 지옥에서 몸이 불타고 있는 죄인의 불쌍한 이미지가 가득했다. 그리스도교 신앙과 관련된 모든 것은 고뇌와 절망의 분위기를 풍길 뿐, 즐거움을 나타내는 것은 아무것도 없었다. 반면에 이집트의 무덤 속에 있는 아름다운 물건들, 보석·향·값비싼 의상, 임금님을 모시는 객실 시녀와 과자 만드는 사람, 악사·서기·호위무사·뱃사공 등의 인형 따위와 비교해 보라. 그런 것들은 어떤 목적을 지니고 있었다. 사실은 아무 일도 일어나지 않았다고 여기는 것이다. 또 세상을 떠난 그들의 왕이나 아버지나 남편이나 숙부나 아내가 이 지상에서 좋은 일을 즐기고 있었을 때처럼 앞으로도 즐겁게 생활하도록 그곳에 넣어 둔 것이다.

이집트인은 여느 농경민족과 마찬가지로 모든 자연의 힘에 일정한 인격을 부여했다. 그들은 자연의 힘을 일종의 신들이라고 여겼으며, 왕·병사·고문관·사제처럼 지상에서 보통 사람들의 생활에 직접 그리고 결정적으로 영향을 준다고 믿었다. 이 신들도 오시리스·아시스·호루스 및 나일강 유역의 많은 신들만큼 나이를 먹으면 이상한 일이 일어난다고 생각했다. 그리고 신들은 한 번 신성함을 잃으면, 일반 관리·세리·관개시설 조사관과 다를 바 없었다. 다시 말하면, 줄만 대면 신에게 다가가는 것도 가능했다는 말이 된다.

왕의 신하에게 다가가는 것은 비교적 쉬웠다. 그들에게 은화를 몇 닢만 쥐여 주면 눈감아 주었다. 신의 경우는 절차가 더 복잡했다. 신의 은혜는 올바른 주문과 기도에 의해서만 얻을 수 있었기 때문이다. 제대로만 하면 죽은 자가 짧은 휴가를 얻어서 무덤에서 빠져 나와 옛 친구들과 담소를 즐기는 기회도 있었다. 그러기에 살아 있는 사람들은 세상을 떠난 친척들에게 살아 있을 때와 같은 환경을 만들어 줄 필요가 있었다. 그리하여 '죽은 자만을 위해서 일하는 예술가'라는 존재가 생긴 것이다. 그러나 그들은 마음속으로는 자기들이 살아 있는 이들을 위해서 일하고 있다는 것을 알고 있었다. 그러기에 그들이 만든 것은 무엇이나 우아하고 매력적이며 쾌활한 분위기가 넘쳤다. 그들은 술래를 알고 있는 상태에서 술래잡기 놀이를 하고 있었던 것이다.

그러나 이 민족의 창조적 천재성을 드러내는 거대한 상징물보다도 조그만 예술품 쪽이 훨씬 재미있고 매력 있다. 몇 킬로미터나 이어지는 황량한 왕궁이나 음침한 신전, 인간이 지은 것 같지 않은 커다란 피라미드나 스핑크스, 곳곳의 문간과 마당마다 서서 '정신세계는 시작도 끝도 없노라'라고 상기시킬 목적으로 만든 듯 초속적인 신상과 국왕상들.

그렇지만 그들의 왕궁이나 신전의 내부를 보면 다르다. 벽·기둥·지붕·윗중방은 무수한 세밀화에 덮여 있어서, 즐겁고 다채로운 조그만 그림 속에 이 민족의 타고난 낙천성과 천진스러운 즐거움이 표현되어 있다. 접근하기 어렵거나 말거나, 사람들의 눈에 아무리 띄기 어렵거나 말거나, 그릴 수 있는 데는 남기지 않고 끝에서 끝까지 대중의 일상생활에서 얻은 소소한 장면을 나타내는 갖가지 그림 이야기가 그려져 있다. 생선을 올바로 요리하는 방법에서 왕이 적의 간담을 서늘하게 만드는 방법에 이르기까지 온갖 주제들이 다 있다.

이런 이야기는 색채화로 그림만 그려져 있을 때도 있지만, 가능할 때는 그림과 문구가 벽이나 기둥의 돌에 함께 새겨져 있다. 이 방법을 '얕은 돋을새김(basrelief)'이라고 한다. 이 단어는 본디 이탈리아에서 유래한 것이다. 중세에는

배경의 부풀어오른 부피가 그
림 두께의 절반 이하인 얕은
돋을새김(basso-relievo), 반 이상
인 높은 돋을새김(alto-relievo),
꼭 절반인 반돋을새김(mezzo
-relievo)을 뚜렷이 구별했다.

나중에 우리는 아테네의
파르테논이나 자바의 보로부
두르 또는 많은 인도의 사원
을 다루는 대목에서 정교하
게 새겨진 얕은 돋을새김을
보게 될 것이다. 그러나 이집
트인은 형상이 바탕에서 실
제로 도드라지도록 새기는 데
는 별로 노력하지 않고, 상의
윤곽을 긁어 새기는 데 만족

람세스 3세의 석관에 새겨진 이시스 여신 돋을새김
왕가의 계곡에 있는 람세스 3세의 무덤 속에서 발견한 카
르투슈 형태의 석관. 관 뚜껑은 케임브리지 대학 피츠윌리
엄 박물관에 소장되어 있다.

했다. 이것을 우리는 음각이라고 부른다. 지금은 이 형식에 그리 익숙하지 않아
세밀하게 구분하고 있지 않으므로, 그 바탕에서 도드라지지 않은 조각들은 모
두 얕은 돋을새김이라고 부른다. 나도 이런 의미에서 이 말을 쓰기로 한다. 훌
륭한 얕은 돋을새김을 만들기는 매우 어렵다. 노련한 조각가가 아니면 아무도
이런 일에 손대려는 사람은 없을 것이다. 그러나 일류 조각가는 이런 얕은 돋을
새김으로 그림에 아주 멋진 효과를 낼 수 있으며, 그것이 단순하면 단순할수록
오히려 더 좋은 작품이 나온다.

나는 (벌써 여러분은 알고 있겠지만) 4천 년 전에 만들어진 것이면 무엇이든 오
늘날 것보다 좋으리라 생각하는 사람은 아니다. 그러나 다만 어떤 일들은 고대
예술가가 우리보다 훨씬 훌륭하게 할 수 있었다고 생각할 뿐이다. 거기에는 충
분한 이유가 있다.

첫째, 오늘날 예술은 이제 대중의 생활에 꼭 필요한 부분이 아니다. 그 때문
에 예술가는 생활에서 동떨어진 사람, 사람들이 돈을 치르고 즐기는 일종의 예

능인 같은 존재가 되어 버렸다.

둘째, 누군가가 '시간은 돈이다'라는 무서운 슬로건을 발명한 뒤부터, 기술자나 예술가의 작업장에서도 바쁘게 부랴부랴 일하게 되었다. 그런데 화가나 조각가의 일을 가속화할 수 있을 정도라면, 나무를 기르고 아이를 낳는 자연의 일도 가속화할 수 있을 것이다. 얕은 돋을새김은 시간과 인내가 필요한 일이다. 우리는 이 뛰어난 미덕을 잃었으므로 예술 작품에서 그 대가를 치르고 있다.

셋째, 우리의 근대적 생활양식은 조각이나 얕은 돋을새김에 그리 적합하진 않다. 어제 세운 집을 내일 허물어 버리는 상황이다. 조각가는 그것을 알고 있다. 그리고 그들의 작품 전체가 트럭에 실려 어느 인기척 없는 정원으로 옮겨져 언제 나타날지 알 수 없는 손님을 기다리게 되리라. 생각하면 언짢아지는 것이다. 현대 사회에서는 조각 작품에 대한 수효가 매우 적기 때문이다. 그리고 벽의 일부인 얕은 돋을새김은 조각보다 훨씬 나빠지기 쉽다. 철거업자는 그것이 옆의 도로를 메운 나머지 허섭스레기와는 좀 다르다는 것을 깨닫지 못할지도 모른다.

고대 이집트의 예술가들은 그 솜씨를 부리는 데 있어서 방금 말한 불이익의 어느 것에도 신경 쓰지 않았다. 그들은 모든 영원한 것을 위해서 일했다. 모든 사람의 삶이 아무것도 변하지 않을 것이라는 조건 위에 서 있었기 때문이다. 만일 자신이 그린 한 쌍의 새나 나귀 그림 앞에 3천 년 동안 관중들이 걸음을 멈추고 "참 훌륭하군" 하며 호평하리라고 생각한다면, 아무리 훌륭한 작품이라도 이삼 년 이상은 가지 않는다고 생각할 때보다 훨씬 기꺼이 일에 열중할 수 있을 것이다.

마지막으로, 나일강 유역에서 쓰인 건축 방법 자체가 이집트의 예술가들에게 솜씨를 발휘할 훌륭한 기회를 주었다는 점이다. 이집트 파라오 건축가들만큼 몇 평방킬로미터에 걸친 평면이나 둥근 면을 많이 제공해 준 사람도 없었기 때문이다.

고대 이집트 신전은 오늘날의 의미를 지닌 교회가 아니었다는 것을 알아두기 바란다. 현대 프로테스탄트 교도에게 '교회'란 교도 수백 명이 모여 예배드릴 수 있는 넓은 공간을 말한다. 교도들은 성서에 있는 구절에 대해서 짧은 설교를 듣는 30분 남짓한 시간 말고도 교회에서 이루어지는 예배에 적극적으로 참가한다. 목사와 함께 기도하고 찬송가도 부른다. 교도들 자신이 교회이므로, 어쩌다가 교회가 불타면 극장, 마구간이나 옥외에서도 집회를 가질 수 있다. 그래도 예배 행사 그 자체는 아무 지장도 받지 않을 것이다.

그런데 그리스나 로마의 신전이나 중세 성당의 원형인 이집트의 신전은 그런 목적이 아니었다. 신전에 모인 사람들은 예배에는 전혀 참가하지 않았다. 예배는 사제가 집전하는 상징적인 행사였다. 일반 사람들은 전혀 고려하지 않았다. 1만 명이 참석하건 한 사람도 참석하지 않건 예배는 그대로 똑같이 진행했다.

그러므로 이집트의 신전은 아주 다른 두 부분으로 구분되어 있었다. 신전에는 정규 예배소 외에 신에게 특별히 예배드리는 별채 같은 작고 어두운 방이 있었다. 별채라고 하는 까닭은, 신들은 산맥 너머 아득히 저편에 있는 신들의 영지에 살고 있는 것으로 여겨졌기 때문이다. 그러나 이런 생각은 일반 시민의 필요로 보자면 너무나 모호하고 거리가 멀었다. 시민은 무언가 좀 더 구체적인 것, 좀 더 확실한 것, 적어도 눈에 보이는 것이 필요했다. 예컨대 그들 자신은 결코 신을 볼 수 없다고 하더라도, 높은 특권을 가진 몇몇 사람들의 모습을 볼 수 있는 장소에 신들이 이따금 찾아온다는 것만 알아도 행복을 느꼈다.

이 이집트인들의 태도를 현대 사회로 옮겨서 예를 들어 보면 분명해질지도 모른다. 현대인들의 숭배 대상이 된 신비로운 노란 금속을 보라. 사람들은 금의 비축분이 나라의 안위를 결정한다고 생각한다. 그러나 몇 사람의 경비원을 제외하고는 아무도 그것을 본 사람은 없다. 고대 이집트의 신처럼 그것은 어두운 지하실에 감추어져 있으며, 대통령이나 재무장관도, 국가 신용의 기초인 금을 간직하고 있는 이 신성하기 짝이 없는 장소에 들어갈 수는 없다. 이 현대판 금송아지를 어떤 새로운 형식의 숭배 의식과 연관지어 생각한 사람은 지금까지 아무도 없다. 그러나 종교적 의미가 전혀 없는 것은 아니다. 이전에는 그보다 더 이상한 일도 일어난 적이 있고, 또 앞으로도 일어날지 모르기 때문이다.

그러나 만일 우리의 금에 대한 이 같은 숭배가 존엄한 국민적 의례로까지 높여진다면 그때는 고대 이집트의 종교와 서로 비슷한 형태가 생겨날 것이다.

볼 수 없는 금덩어리 대신 보이지 않는 신을 대용할 수 있으면 되는 것이다. 그리고 월 스트리트, 브로드웨이, 윌리엄 스트리트를 민중이 서서 기다릴 수 있는 커다란 정원으로 바꾸면 된다. 한편 재무장관이 어두운 지하 금고 깊숙이 내려가 "10억 달러 90센트, 20억 48달러" 하고 외치면, 신도들은 자기들 신앙의 본체가 틀림없이 존재한다는 것을 확인하고, 천하가 태평하다며 기꺼이 일상의 일로 돌아간다.

내가 이렇게 노골적으로 말하는 것은 이런 전반적인 생각을 확고히 해 두지 않으면 고대의 신전을 결코 이해할 수 없기 때문이다. 고대 신전은 특정 신이 현세에 사는 집이었다. 보통은 커다란 안마당과 뒷마당 끝에 작고 검소하게 지었다. "왜 그랬을까?" 여러분은 물을지도 모른다. 안마당 뒷마당은 넓고 화려하면서도 신의 거처는 왜 작고 검소하게 지었을까? 그러나 사제로서 오랫동안 자리매김하려면 한껏 과장스런 태도를 지니고 민중의 감동을 일으키는 방법을 잘 알고 있어야 했다.

직업 사제는 직업적인 정치가와 같다. 무엇보다도 먼저 현직을 유지하는 일이 중요했다. 이집트 국민 정서에는 신비로운 분위기를 만들어 내는 방법이 가장 적합했다. 그러나 그리스처럼 직업적인 사제가 없었던 다른 나라에서는 완전히 다른 구조의 신전이 필요했다. 그리스에서는 신전이 중요했으며, 넓은 회당 같은 것은 아무래도 좋았다. 실제로 초기 신전에는 바깥 회당이 아예 없었다. 주변 지형이 그 역할을 대신했다. 그러나 대중 행사의 나라 이집트에서는 입구 회당이 매우 중요한 역할을 했으며, 따라서 예술가들도 회당에 주의를 기울였다.

금속이 나일강 유역에 들어오기 전에는(금속은 파라오 제도와 함께 들어온 것으로 추측된다) 입구의 회당과 신전은 나무로 만들어졌다. 금속이 들어오고부터는, 가까운 산의 바위를 후벼 파서 그 속에 신전을 짓는 일이 이따금 있었다. 그러나 멤피스와 테베 같은 대도시가 평지에 발달함에 따라 오래된 목조 신전을 본떠서 전부 석조로 건설하는 방식이 자리잡았다. 그래서 돌벽이나 돌기둥은 화가나 조각가들이 그 실력을 발휘하기 위한 훌륭하고 넓은 배경을 제공하게 된 것이다.

카르나크 신전의 넓은 회당을 예로 들어 보자. 이 회당은 길이가 100미터, 너비가 50미터, 높이가 24미터이며, 134개의 둥근 기둥이 있었다. 지붕 조금 밑에 있는 채광용 창문 이외의 모든 벽면은 화가나 얕은 돋을새김 전문가의 예술에 캔버스로 이용되었다.

카르나크 신전 앞에 서 있는 람세스 2세의 거상　3300년 전 작품. 발치에는 자그마한 왕녀 조각상이 있다. 이 람세스 석상은 지금도 남아 있지만, 여기 새겨져 있던 이름은 다른 왕의 이름으로 바뀌어 버렸다.

앞에서도 말했듯이 화가들은 원근법을 전혀 알지 못했으며, 물감도 디스템퍼[11]에만 의지해야 했다. 디스템퍼는 색채화 재료의 가장 오래된 형식이다. 석기시대 동굴인도 디스템퍼를 썼다. 오늘날 방을 하얗게 칠할 때 쓰는 회반죽을 누구나 본 적이 있을 것이다. 이 회반죽은 디스템퍼의 가장 단순한 것이다. 더 복잡한 방식의 디스템퍼는 물에 녹는 종류의 끈적끈적하거나 아교질 같은 재료를 섞은 여러 가지 안료로 되어 있어 회벽 바탕 위에 칠할 수 있다. 디스템퍼를 쓸 때는 배경이 말라 있어야 한다. 현대 회화에서는 알프레스코(alfresco) 화법을 쓴다. 이 '프레시(신선한) 화법'(이탈리아어의 이름을 문자대로 옮기면 이렇게 된다)은 회가 다 마르기 전에 색을 입히는 방법이다. 이 화법을 쓰면 물감을 가라앉힐 수 있어서 마른 바탕에 직접 그리는 옛 화법과는 아주 다른 효과를 낼 수 있다.

이집트인의 색채는 처음에는 검은색과 붉은색 두 종류뿐이었다. 이집트인이야말로 우리가 글을 쓰고 그림을 그리는 데 쓰는 잉크의 발명자였던 것이다. 그들이 상형문자를 알고 있었으므로 잉크를 발명했는지, 아니면 그들이 잉크를 발명했으므로 상형문자를 만들게 되었는지에 대해서는 정확히 말할 수 없다.

이집트인은 나중에 검은색과 붉은색 말고 노랑·초록·파랑도 쓰게 되었고, 주홍색이나 양홍색보다 황토색이나 진한 오렌지색에 가까운 붉은색도 썼다.

이집트의 색채화는 제12왕조와 제19왕조 사이, 대체로 기원전 2000년에서 1300년 사이인 람세스 시대에 가장 발달했다. 이집트의 예술가들은 그 기술을 발전시키는 데 7백 년이나 걸린 셈이다. 반에이크 형제가 근대적인 유화기법을 발명한 것은 1400년경이다. 말하자면 국왕 파라오를 위해서 일한 이집트 예술가들에 비하면, 우리는 아직도 초기 단계에 있는 셈이다.

이집트의 예술에는 무언가 조리가 맞지 않는 것이 있는 것처럼 느껴진다. 그것은 시작도 끝도 없는 듯한 완전히 이름 없는 예술, 신만이 언제 시작되었는지 알고 있는 예술이다. 모든 형식의 지배 체제와 혼돈 아래서 이어진 예술, 바다가 폭풍우나 파도에 지지 않듯이 외국의 침략이나 자연 재해에도 지지 않고

---

11) distemper. 달걀노른자나 아교를 섞은 수성 물감.

살아남은 예술이다. 집을 세워 조
각하고, 칠하고, 그림 그리고, 새
기고 어떤 음악을 연주하듯 점점
더 복잡한 장식을 고안한 예술이
다. 나무에서 청동으로, 청동에
서 철로, 진흙에서 유리로, 무명
에서 리넨으로, 마치 생활이 조
용히 차분하고 평화롭게, 큰 보답
에 대한 기대와 깊은 불행에 대
한 공포 없이 사는 것 말고는 목
적이 없는 것처럼 옮겨 간 예술이
었다.

개인의 권리와 특권이 특히 장
려되고, '나'라는 말이 사회·도덕·
예술의 전부를 지배하고 있는 현
대인의 생활철학을 비추어 바라
보면, 고대 이집트는 참 이상한
세계이다. 그러면서도 중국이나
인도에 이어 지난 5천 년에 걸친
다른 어느 나라 체제보다 훨씬
오래 존속할 수 있었던 나라가
바로 이집트였다.

현대 예술은 한 개인의 인격의
표현이다. 이집트 신전과 조각은
사회 전체 인격의 표현이었다. 모
세가 이집트 예술을 바라보았을

세티 1세와 하토르 여신 얇고 호화로운 긴 옷을 입은
세티 1세가 하토르 여신에게서 여신의 상징인 '메나트'
목걸이를 받는 장면. 세티 1세의 최신 유행에 따른 복
장과 여신의 고전적인 복장은 신과 왕의 차이를 나타
낸다. 또 오늘날까지 남아 있는 아름다운 색채는 제18
왕조 시대 부조의 영향을 강하게 받은 것이다. 테베(왕
가의 계곡) 출토.

때는 이미 과거였고, 카이사르가 보았을 때는 더 오랜 과거였다. 나폴레옹이 그
의 고답적인 연설의 배경으로 삼았을 때는 까마득한 오랜 과거였다.

그런데 여러분이 이집트 예술에 대해 더 연구한다면 (어느 날엔가 그렇게 되기를 나는 바라고 있다) 그 조그마한 목각이나, 말없는 문지기 석상이나, 많은 색채화가 마치 어제 방금 만들어진 것처럼 신선하고 산뜻하게 느껴질 것이다.

그것을 설명할 수는 없다. 아무도 할 수 없을 것이고, 아마도 그 편이 더 좋을 것이다. 적어도 예술 영역에서는 이성의 능력에 너무 의지하는 것은 위험하다. 왜냐하면 이성만으로는 아무것도 얻을 수 없기 때문이다. 받아들이고 아울러 감상하는 편이 현명하다.

모든 박물관 문간에 새기는 말로 다음의 문구보다 더 좋은 것은 없으리라.

"받아들이라, 그리고 고개 숙여 감사하라."

4장
바빌론과 칼데아 그리고 신비로운 수메르

메소포타미아 유역의 생각지 못한 예술

미국이 독립국으로서 등장했을 무렵 이집트의 예술은 서유럽 세계에 1500년 동안이나 감추어진 상태였다. 이런저런 추측만 나돌았다. 높이가 1킬로미터가 넘는 피라미드라든가 몇 평방킬로미터나 면적을 차지한다는 고대 신전 같은 것에 대해서 막연한 소문이 줄곧 돌고 있었다. 투르크인들은 이집트를 찾아오는 사람들을 별로 환영하지 않았다. 때로는 특별히 용감한 여행자들이 이 회교도 문지기의 눈을 속이고 이집트에 잠입하는 데 성공하여, 왕과 고양이, 악어의 미라 등을 사막 곳곳에서 볼 수 있다는 이야기를 퍼뜨렸다.

서구 세계에서는 티그리스와 유프라테스 유역에 숨겨져 있는 보물에 대해서는 거의 모르고 있었다. 구약성서에는 바벨탑에 대해서 씌어 있고, 또 요르단강을 건넌 십자군 병사들은 이 바벨탑의 유적을 직접 보고 왔노라고 엄숙한 맹세를 하곤 했다. 그러나 아무도 이 이야기를 진짜로 믿지 않았다. 그들의 이야기는, 1357~1371년 사이에 노아의 방주를 아라라트 산꼭대기에서 보았다는 주장을 책으로 펴낸 존 맨더빌 경의 이야기와 비슷한 종류일 뿐이었다.

그러나 결국 1840년대에 이르자 유럽의 고고학자들은 메소포타미아 대평원의 황무지에 진지한 관심을 기울이기 시작했다. 그때는 황무지였지만 옛날에는 매우 기름졌으므로, 구약성서에서 전하는 전설의 낙원은 바로 여기 유프라테스와 티그리스 두 강 사이 길쭉한 지역이라는 주장이 제기되었다.

이집트와 메소포타미아는 물론 큰 차이가 있었다. 이집트에는 약 4천 년 동안 단 하나의 민족이 살았다. 그런데 메소포타미아는 거주 민족이 몇 번이나 바뀌었으므로, 땅 속에서 출토된 방대한 유물들을 분류하기가 거의 불가능에 가까웠다. 수메르 모자이크가 있는가 하면, 바빌로니아 조각상이 있고, 칼데아의 신전 유적이 있는가 하면, 바빌로니아 점토판[1]이 나오고, 히타이트 전사들의 조각상(가까운 인도에서 나온 고대 힌두인의 어떤 조각상과 이상할 정도로 많이 닮았다)이 있는가 하면, 유대교와 회교에서 공통의 조상으로 인정하고 있는 아브라함의 고향 우르에서도 매우 중요한 동굴 유적이 발견되었다.

고고학자들은 메소포타미아 예술과 이집트 예술 가운데 어느 쪽이 더 오래되었는지, 바빌로니아가 이집트에게 영향을 주었는지, 아니면 그 반대인지, 충분히 밝혀내지 못했다. 연대로 말하자면 이 두 나라는 대개 비슷하게 오래된 나라들이다. 이 두 지방에서 지난 50년 동안 기원전 4천 년의 것으로 추정되는 유적이 발견되었다. 그러나 이집트가 메소포타미아에 영향을 주었는지, 메소포타미아가 이집트에 영향을 주었는지 뚜렷한 결론을 얻으려면 우리가 지금 알고 있는 것보다 훨씬 많은 것을 알아야 한다. 이를테면 이 두 나라가 정말 서로

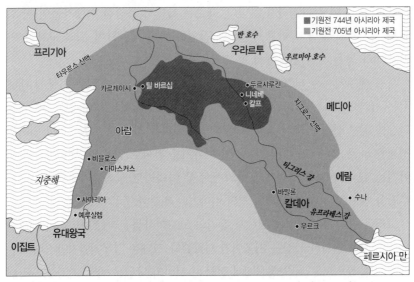

아시리아 제국 영토 티글라트 필레세르 3세(재위 : 기원전 744~727)와 사르곤 2세(재위 : 기원전 721~705) 시대에 아시리아는 영토를 크게 넓혔다. 티그리스강 상류에서 출발하여 점점 영토를 넓히면서 '비옥한 초승달 지대' 전체를 손에 넣었고, 아슈르바니팔(재위 : 기원전 668~627) 시대에는 마침내 이집트까지 정복했다.

---

1) 법전 같은 것을 새긴 판.

네 명의 병사가 탄 아시리아 이륜 전차　오리엔트에서는 기원전 2천 년대부터 병사들이 전차를 타고
전투를 벌였다. 기원전 7세기의 왕 아슈르바니팔 궁전에서 출토된 돌을새김의 일부.

잘 알고 있었고 서로 소통하고 있었을까? 이집트인은 아치형 천장[2]을 만들 줄
모르고 편편한 지붕과 복도 장식을 고집한 데 반해서, 바빌로니아인은 어려운
건축법에 숙달해 나무 기둥의 도움 없이도 아치형 천장을 건축할 수 있었던 이
유는 무엇일까?

　이 차이는 그들이 써야 했던 건축 자재에 원인이 있었던 것 같다. 이집트인은
필요한 어떤 돌이든 가까운 산에서 가져올 수 있었지만, 메소포타미아인은 거
의 전적으로 벽돌에 의존하고 있었다. 그래서 그들의 왕궁이나 신전은 아무래
도 이집트의 것보다 오래 가지 못했다. 그러나 순전히 기술 측면에 대해서 말
한다면, 아시리아인과 칼데아인은 모든 점에서 서방의 이웃 이집트인과 맞먹었
다. 전체로서 보면 오히려 이집트인보다 좀 더 뛰어났다고 말하는 편이 나을 것
같다. 왜냐하면 동물 생활의 묘사에 관한 한 그들의 사실적인 표현 방법은 이
집트인의 수준보다 훨씬 높았기 때문이다.

---

2) 궁륭(穹隆)이라고도 한다.

여기서 우리는 한 나라의 예술이 그 국민 영혼의 시각적, 청각적 표현을 얼마나 결정적으로 드러내는지 비로소 관찰할 수 있다. 이집트인은 태어날 때부터 온순하고 평화를 사랑하며, 생명을 빼앗는 관념을 철저히 싫어했다. 심지어 미라를 만드는(내장을 꺼내기 위해 시체를 약간 째지 않을 수 없는) 사람과 개인적으로 접촉하지 않을 정도였다. 그런데 바빌로니아인과 아시리아인은 잔인함 자체를 좋아했다. 그들이 남긴 돋을새김 작품 대부분은 아주 야만적인 고문 장면을 보여 준다. 피의 향연에 참가한 자들이 모두 6천 년 전에 죽어 버린 오늘날까지도 불쾌감을 느끼게 할 정도이다.

거칠고 정제되지 못한 그들의 기질은 인간의 모습을 그리는 방법에도 나타나 있다. 이집트인은 남녀를 현세적으로 우아하게 그리는 경향이 있었다. 그들이 그린 어떤 여성 그림은 현대의 패션 그림을 연상시킨다. 여성의 매력이 매우 정성들여 능숙하게 과장되어 그려져 있다. 아마도 실물보다 훨씬 매력적으로 그려졌을 것이다. 그런데 칼데아인은(나는 이 일대 사람들에 대해서 말할 때 언제나 성서에서 낯익은 칼데아인이라는 용어를 쓰고 있다) 남자의 모양을 조그맣고 둥그스레하면서, 넓은 어깨와 굳건한 팔을 가진 영락없는 나치 돌격대원처럼 그리기를 좋아했다. 여성의 그림은 별로 없다. 고대 칼데아인의 생활에서는 여자가 그리 대단한 존재가 아니었던 것이다. 어쩌다가 남아 있는 여성상—여왕이나 노예 소녀—은 대부분 우아한 데가 전혀 없었다.

여기서 우리는 예술 연구자가 직면하는 가장 오래되고 복잡한 문제 가운데 하나에 부딪치게 된다. 인간의 영혼, 그 고결한 감수성과 그 예술적 재능 사이에는 실제적인 상관 관계가 있는가? 한 가지 예술에 정통한 사람은 친절함과 너그러움 같은 일상의 예의범절에서도 뛰어날까? 유감스럽게도 나는 그런 상관관계를 발견하기란 무척 어렵다고 말하고 싶다. 우리는 앞으로 몇 번이나 이 성가신 문제에 부딪치게 될 것이다. 그러나 여러분이 런던·파리·베를린(이 가운데 파리에 가장 좋은 박물관이 있다)에 있는 대형 박물관의 바빌로니아관과 아시리아관에서 어느 날 아침을 보내게 된다면, 그 놀라운 솜씨에 감탄하면서도 평범한 인간적 감정이 빠져 있음을 깨닫고 한숨을 쉴 것이다.

이런 인상을 주는 이유는 메소포타미아의 모든 예술이 실은 관제 예술이었다는 데 있는지도 모른다. 메소포타미아에서는 나일강 유역에서 예술 연구를 하고 있는 사람들을 즐겁게 하는 대중 예술이 그다지 장려된 것 같지 않다. 그리고 아시리아인, 수메르인, 바빌로니아인의 관제 예술에는 이집트에서 만들어진 모든 것의 특징이었던 영원성과 불후성의 관념이 없다. 소수 지배 왕조의 잔인한 힘과 무자비한 결의를 강조할 목적으로 만들어진 예술이었기 때문이다. 그러한 왕조가 성공하느냐 실패하느냐는 사제들의 호의를 얻느냐 못 얻느냐에 달려 있었으므로, 그들은 신전 건립에 호기롭게 돈을 쏟아부었다. 따라서 신전은 지배자의 위업을 찬양하는 얕은 돋을새김과 조각상으로 가득 차게 되었던 것이다.

여기서 이 지방의 짧은 연대기를 들려주고자 한다. 그래야 여러분이 티그리스와 유프라테스 유역에서 몇천 년을 이어 살아 온 여러 민족의 작품을 보러 박물관에 가더라도 얼떨떨하지 않을 것이다.

기원전 40세기 무렵 이 일대에는 수메르인으로 알려진 민족이 살고 있었던 것으로 추측된다. 그들은 기원전 3500년쯤에 그곳에 살았으며, 또 기원전 2천 년 조금 전 독립 국가로서의 위상을 잃고 무대에서 사라져 버린 것이 틀림없다. 그들의 본고향은 아마도 북방의 중앙아시아 고원이었을 것이다.

나는 아주 조심스레 말하고 있는데, 계속 '아마도'라는 편리한 용어를 변명 삼아 쓸 것이다. 앞으로 몇 년간 더 조사해 보면(지금 박물관마다 이 사막지대의 발굴을 매우 열심히 진행하고 있다) 기존의 학설이 완전히 뒤집혀 버릴지도 모르기 때문이다. 그런데 수메르인의 조각을 보면, 나중에 이 일대를 점령한 아라비아 사막 출신인 셈족과는 아주 다른 외모를 갖고 있었다는 것을 알 수 있다.

남방에서 온 셈족은 길고 검은 수염을 기른 털북숭이 인종이었다. 사실 수염은 남성미를 위한 필수품이었으며, 멋쟁이 남자의 의례적인 의상의 일종이었다. 수염이 없으면 가짜 수염을 달았다. 축제 때도 수염을 달았는데, 마치 영국의 귀족이 대관식에 갈 때 관을 쓰고, 미국의 인디언이 싸움터에 나갈 때는 언제나 날개 깃을 장식하는 습관과 같은 것이었다.

그런데 수메르인은 로마인이나 현대인들처럼 수염을 기르지 않았다. 처음에는 그들도 미국 남북전쟁 때 병사들처럼 구레나룻을 길렀다. 그러나 문명 발달로 이발사가 생겨났다. 이윽고 수메르인 병사들은 얼굴을 깨끗이 면도하여, 아시리아인이나 바빌로니아인의 조각상에서 볼 수 있는 셈족의 매부리코와 전혀

다른 길고 뾰족한 코를 하
고 나타난다.

　이 시대(기원전 4천~2천년)
이 지역에는 수많은 소왕국
반(半)독립국들이 있었으며,
왕들은 훌륭한 성곽 도시
에 살면서 자기 나라를 다
스렸다. 아브라함이 순례를
떠난 도시로 유명한 칼데아
의 우르도 수메르인의 성채
가운데 하나였다. 이들 소
국왕들의 궁전은 다 없어졌
지만, 많은 무덤이 발견되고
있다. 그 무덤에서는 금·은·
청동·상아·자개로 만든, 기
술 수준이 높고 정교한 장
신구들이 많이 발굴되었다.
물론 그것은 죽은 왕들 전
용으로 만들어진 사치스럽
고 호화로운 것들이다.

　기원전 2천 년 이후에 수
메르인은 무대에서 사라져
버렸지만, 기묘하게도 수메
르 문자는 살아남았다. 메
소포타미아의 얕은 돋을새
김 작품에 진귀한 문자가

위 : 그림문자 석판
수메르인이 그림문자를 발명했을 즈음에 만들어진 석판. 가
장 원시적인 형태의 설형문자. 기원전 4천 년대 말. 석회암.
아래 : 점토판 문서
수메르 초기 왕조시대 점토판. 소들에 관한 경제 문서, 기원전
3천 년대 중반.

새겨져 있는 것을 볼 수 있다. 이 문자는 이집트인이 상형문자를 발명한 것과
같은 무렵에 수메르인이 발명한 것이다. 이집트인은 문자를 붓으로 썼지만, 수
메르인은 못이나 나무 막대로 진흙 벽돌에 새겼다. 그래서 설형문자(楔形文字,

cuneiform)라고 한다. 'cuneus'는 라틴어로 쐐기를 말하는데, 실제로 수메르인의 문자는 쐐기로 긁은 기호처럼 보인다. 말랑한 진흙을 뜯어다가, 그 위에 못이나 막대기로 문자를 써 보면 똑같은 문양을 만들 수 있다.

이 쐐기 모양 또는 쿠네오 형 문자는 수메르인이 기록을 보존하고 소식을 주고받는 데 매우 간편한 방법이었을 것이다. 수메르인을 정복하고 병합한 침입자들은 2천 년 동안 수메르 문자를 그대로 썼다. 그러나 수메르어를 썼는지는 알 수 없다.

원주민과 정복자 사이의 흡수와 혼인 과정은 꽤 오랜 세월에 걸쳐서 매우 천천히 진행된 것이 분명하다. 우르가 사라지고 아카드가 등장했는데, 아카드 예술도 우르 예술과 마찬가지로 수메르의 영향을 많이 받았다. 정복자는 자기들의 문화가 뒤떨어진 것을 인정하고, 수메르인이 그들의 문화를 지킬 것을 기꺼이 허용하면서, 한편에서는 수메르인에게서 세금을 거두어 당면한 정치적 필요에 충당했다.

이 무렵 메소포타미아가 살기 좋은 곳이라는 소문이 주위의 모든 나라에 널리 퍼졌던 듯하다. 기원전 12세기 이후 더 나은 생활 조건을 찾는 다른 민족과 종족들이 줄곧 이 두 강 유역으로 몰려들었기 때문이다.

조그만 마을이었던 바빌론은 유명한 함무라비왕의 지배 아래 기원전 2천 년경에는 놀라운 도시로 발전했다. 이 왕은 귀중한 '함무라비 법전'을 쓴 사람이다. 그 뒤 천 년이나 지나 모세가 북방에 새로운 터전을 찾아 이주할 때 백성들에게 전한, 지금도 보존되고 있는 10계명도 이 법전에서 배운 바가 컸다.

함무라비왕이 죽은 뒤 곧 메소포타미아에는 수수께끼 민족인 힉소스인이 몰려왔다. 그들은 나중에 이집트의 역사에서 큰 역할을 하게 되는데, 다른 민족은 아직 도보로 싸우고 있을 때 이들은 기병을 전투에 활용했다. 힉소스인은 순식간에 메소포타미아를 손에 넣은 뒤 이집트를 정복하고, 그 중왕국을 멸망시켰다. 이집트인은 몇 세기 동안 이국인에게 얌전히 복종하다가 수백 년 뒤에야 힉소스인을 국외로 쫓아냈다. 이 힉소스 기마민족은 다시 메소포타미아로 돌아갔다. 그러나 이번에는 히타이트인의 저항에 부닥치게 되었다.

함무라비 법전 비석 비석 상단에 새겨진 돋을새김은 함무라비(왼쪽)가 태양신 샤마슈(오른쪽)로부터 법전을 받는 장면을 묘사한 것. 본디 기원전 18세기 중엽 바빌론에 세워져 있었으나, 기원전 12세기에 엘람인에 의해 멀리 수사로 옮겨졌다. 그때 비문 일부가 파손되었다. 현무암.

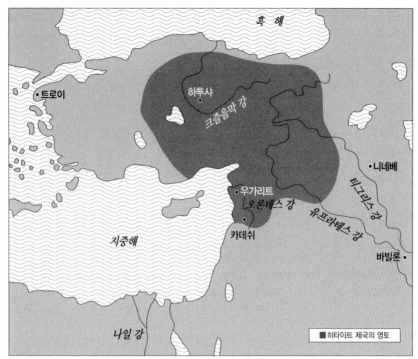

지중해 / 나일 강 (지도 내 지명: 흑해, 트로이, 하투샤, 크즐을막 강, 니네베, 우가리트, 오론테스 강, 카데쉬, 티그리스 강, 유프라테스 강, 바빌론, 지중해, 나일 강)

■ 히타이트 제국의 영토

히타이트 제국 히타이트 제국은 기원전 14세기부터 13세기에 걸쳐 급속도로 넓어졌다. 히타이트 초기 역사는 아직도 수수께끼로 남아 있지만, 아마 이 국가는 수도 하투샤가 위치한 소아시아 고원 지대에서 형성된 것으로 보인다. 기원전 1300년 무와탈리스왕 시대에 히타이트 군대는 람세스 2세가 이끄는 이집트 군대와 충돌했다. 그 전투는 오론테스 강가의 카데슈에서 벌어졌다.

히타이트는 기원전 14세기경 힉소스인을 무찔렀다. 그러나 100년 뒤에는 헷의 자손들(구약성서에서는 히타이트인을 그렇게 부른다)이 이번에는 프리기아인(그리스인들은 그들을 '자유인'이라고 불렀다)에 의해서 정복되었다. 프리기아인은 소아시아에서 왔으며, 7천 년 뒤 프랑스 혁명을 일으킨 애국자들이 자유의 나무 주위에서 춤을 추었을 때 쓴 원추형 프리기아 모자[3]를 만든 민족이다.

그러나 프리기아인들도 그곳에 오래 있지 못했다. 이번에 서아시아 전역을 지배한 것은 아시리아인이었다. 마침내 우리는 약간 낯익은 시대에 온 셈이다. 아시리아인은 위대한 히브리 선지자들과 같은 시대의 민족이기 때문이다. 그들

---

3) 끝이 앞으로 처지는 세모꼴 모자.

의 수도 니네베에는 거대한 궁전이 지어졌다. 후대에 그 위치가 확인되었는데, 그 성벽은 감히 자기들 아시리아인한테 반항하는 자들에게 자행한 끔찍한 행위를 묘사한 그림으로 뒤덮여 있었다.

이윽고 어찌된 까닭인지는 모르지만, 바빌로니아인이 별안간 잿더미 속에서 되살아났다. 부활한 바빌로니아는 아시리아를 멸망시키고 서아시아를 정복했다. 유대인들은 팔레스타인을 떠나 바빌로니아에 정주하도록 강요당했다. 스스로 자기 고향을 떠났다는 설도 있다. 그 무렵의 뉴욕이라고도 할 만큼 부유한 바빌로니아의 도시가, 줄곧 종교 분쟁으로 시달리고 있는 더럽고 조그만 예루살렘보다 훨씬 장사하기 유리했기 때문이다.

앞서 등장한 아시리아인이나 자기들의 조상보다 훨씬 문명이 앞선 후기 신바빌로니아인들은 그 수도를 학문과 과학의 중심지로 탈바꿈시켰다. 그들이 발전시킨 수학과 천문학에 감탄한 그리스인들은 바빌론을 '모든 지혜의 어머니'라고 불렀으며, 곧 관심을 갖기 시작하여 바빌로니아인 교사로부터 매우 겸손하게 학문을 배웠다.

예술 방면에서도 신바빌로니아는 훌륭한 비약을 보여 서아시아 전체에 완전히 군림했다. 그 무렵 바빌로니아인들은 고대 세계에서 가장 흥미로운 예술 유물을 만들었다. 그것은 프리즈(frieze)라는 것으로, 유약을 바른 타일장식을 벽에 붙여 갖가지 동물을 그려 넣은 것이다. 그러나 고바빌로니아가 그랬고, 단명한 메소포타미아 제국들이 모두 그랬듯이 신바빌로니아도 마침내 무너지고 말았다. 이 나라들은 모두 외형적으로만 정부 형태를 갖추고 있었을 뿐 실제로는 무정부 상태여서 강력한 중앙집권국가를 만들지는 못했다.

기원전 4세기 알렉산드로스 대왕은 인도로 가던 중 바빌로니아에 닿았을 때 폐허가 된 도시를 보았다. 그는 여전히 바빌로니아의 이름에 따라다니는 고대의 영광에 감동받아, 이 도시를 부흥하여 그가 건설하고 싶어 한 '유럽—아프리카—아시아' 제국의 수도로 삼기로 했다. 당장 해야 할 일이 많았는데도, 그는 먼저 고대 왕궁의 복원을 명령했다. 그러고는 그 궁전의 연회장에서 주연을 베풀다가 기원전 323년 6월 갑자기 세상을 떠났다. 그의 죽음으로 모든 계획은 물거품이 되었다. 메소포타미아는 다시 독립을 획득하지 못했다. 그것은 야심적인 장군의 손에서 다른 장군 손으로 옮겨가, 결국 로마

네부카드네자르 2세의 궁전 '알현실'에 있는 벽돌 벽 기원전 2천 년 전반에 남부 메소포타미아의 중심지였던 바빌론은 아시리아 제국이 붕괴되고 나서 다시 영화를 누렸다.

제국의 일부가 되고 말았다.

　이상이 메소포타미아의 역사인데, 매우 복잡하다. 그러나 메소포타미아 예술의 까다로운 수수께끼를 풀려면 그 역사를 알아야 한다.

　모든 예술은, 특히 그 발생 무렵에는 종교의 영향을 크게 받지 않을 수 없다. 따라서 4천 년에 걸쳐서 이 비옥한 지역을 차지하려고 싸운 많은 민족들의 신앙에 대해서 이해할 필요가 있다. 그 민족들은 마치 지난 400년 동안 유럽에서 삶의 터전을 잃은 사람들이 미국을 동경하듯이 그 지역에 매력을 느끼고 있었다. 그들은 모두 유목민이었으므로 가족과 가축들을 거느리고 이 땅에서 저 땅으로 옮겨 다녔으며, 영원히 정주할 수 있는 땅을 찾아 헤매고 있었다. 그러므로 방랑생활에서 정착생활로 바뀌어 가고 있었던 사람들에게 그들의 종교는, 유목민이 아니라 농민이 되고, 도시에 살고, 장사나 사업을 하려고 하는 사람들이 보통 갖는 종교였다. 그들은 아직도 지난 세월을 보낸 사막이나 산의 옛 신들에 대한 신앙도 계속 갖고 있었다.

그러나 그런 신들은 구약성서에 적혀 있듯이 소아시아에서 널리 경배되고 있었다. 히브리 선지자들이(당연한 일이지만) 그토록 심하게 비난한 '거짓 신들'은 사실 메소포타미아의 외래 신들이었다. 그 신들 가운데 몇몇은 끝까지 살아남아서 지금도 숭배되고 있다. 그것은 반인 반우(半人半牛) 또는 반인 반조(半人半鳥)의 괴물로, 유대인의 종교 속에 여러 형태로 스며들었으며, 우리에게 케루빔[4] 또는 천사로 전해지고 있다.

그것은 당연한 일이었다. 독자적인 예술 전통 따위를 가지지 못한 유목민족이었던 유대인은 바빌로니아의 영향 아래 빠져들었다. 그들이 오랫동안 거주한 바빌로니아의 도시 예술은 유대인이 만들어 낸 어떤 것보다도 훨씬 뛰어났던 것이다. 유대인이 자기들의 왕국을 만든 뒤에도 바빌로니아인의 영향력은 여전했다. 솔로몬왕이 세운 유명한 예루살렘 성전은 실은 칼데아의 왕궁을 복사한 것이었다.

그러나 유프라테스강 유역에 가서 건축술을 배운 것은 솔로몬 한 사람뿐이 아니었다. 이유는 알 수 없으나, 그리스인들도 공공 건축물의 지붕을 둥근 지붕으로 만들려고 애쓰지는 않았다. 그들은 내내 평평한 지붕에 충실했다. 그러나 아치형이라는 재미있는 구조에 대한 새로운 착상은 소아시아 전체에 퍼져 나갔다. 소아시아에서 (언제나 이런 문제에 밝았던 역사가 헤로도토스의 말을 믿는다면) 나중에 에트루리아인으로 알려진 리디아인들이 멀리 중부 이탈리아 항으로 피난했을 때 이 아치형 지붕을 그곳에 소개했다. 그러다가 기원전 4세기에 에트루리아를 정복한 로마인들이 거기서 아치형 지붕 건축술을 익혔다. 이번에는 로마인이 신기술을 유럽 전역에 퍼뜨렸다. 마침내는 미국에까지 전래되었다. 고대 메소포타미아의 건축술이 리디아·에트루리아·로마·유럽을 거쳐 미국에까지 전해진 과정이다.

우리는 지금 중동 지역 이야기를 하고 있으므로 '고대 페르시아'에 대해서도 약간 덧붙여 두기로 한다. 내가 여기서 '고대 페르시아'라고 부르는 것은, 중세 초기에 동방과 서방의 모든 예술이 집결되었던 또 다른 페르시아와 구별하기 위해서이다.

---

4) 케루빔은 하늘에서 신의 자리 옆에 서서 신의 명령을 집행하는 지혜가 뛰어난 날개 천사(智天使)이며, 천사의 계급 가운데에서 세라핌(熾天使) 다음으로 제2위이다.

그리스를 그토록 위협했던 고대 페르시아 제국은 불과 2백 년쯤밖에 존속하지 못했지만, 고도 문명을 이룩했다. 키루스·캄비세스·다리우스·크세르크세스는 정말 위대한 건설자들이었다. 그러나 그들은 독창적인 재능은 별로 갖고 있지 않았다. 수사와 페르세폴리스에 있는 그들의 궁전은 그리스 건축자들에게 만들게 한 것이고, 내부 장식은 바빌로니아인이 한 것이다. 페르시아 제국이 망하자 이 궁전과 신전은 조용히 사막의 모래로 돌아가고, 그 문명은 완전히 모습을 감추었다. 지금은 여기저기에 옛날 아치형 천장을 이루던 홀의 기둥이나 파편만이 남아 있다. 이것이 그들의 짧았던 번영에 대해서 오늘날 발견할 수 있는 전부이다.

만일 그 부지런한 페니키아인이 없었더라면, 소아시아의 예술은 거기서 끝났을 것이다. 혈통과 언어면에서 칼데아의 다른 셈족과 밀접한 관계가 있었던 페니키아인들은 훌륭한 기술자이기는 했으나, 장사에만 흥미

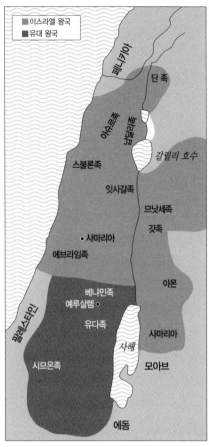

이스라엘인이 세운 두 왕국과 12부족의 영토
기원전 928년 무렵에 솔로몬왕이 세상을 떠나자 분쟁이 일어났다. 솔로몬의 아들 르호보암을 진정한 후계자로 인정한 것은 12부족 가운데 유다족과 시므온족뿐이었다. 그리하여 이스라엘인의 왕국은 남부 유다 왕국(유다족, 시므온족)과 북부 이스라엘 왕국(나머지 10부족)으로 분열됐다.

를 가진 많은 이들과 마찬가지로 슬프게도 예술적 창조력이 없었다. 그런데도 그들은 어느 의미에서 예술사상 매우 중요한 역할을 했다. 그들은 고대 문명의 위대한 배달꾼이었다. 그들은 어디에 가나 조그만 무역기지를 설치했다. 마르세유뿐 아니라 지중해 연안의 대다수 근해 도시들은 아마 페니키아의 식민지라는 기원을 갖고 있을 것이다. 그 도시들은 보통 페니키아인의 요새를 중심으

로 진흙을 바른 원주민의 오두막과 몇몇 페니키아인의 상점으로 되어 있었다. 그리하여 석기시대를 벗어난 지 수백 년밖에 지나지 않은 상태였던 원주민들은 페니키아 도시들을 통해 훨씬 수준 높은 중앙아시아 문명에 접하게 되었다.

이런 조그만 마을들은 물론 바빌론이나 니네베에 견줄 만한 도시는 아니었다. 마치 1840년 무렵의 시카고가 보스턴만큼 개화된 도시가 아니었던 것처럼. 그러나 그런 방식으로 문명생활에 대한 관념이 보급화되었고, 결국은 그것이 주변 지역에도 침투해 들어갈 수 있었다. 오늘날 현대문명이 영화를 통해서 태평양의 조그만 섬에까지 침투해 들어가듯이.

이와 같은 일이 수백 년 이어진 뒤 기원전 4세기에 페니키아는 알렉산드로스 대왕에게 정복되고, 두 주요 도시 시돈과 티레는 파괴되었다. 그 뒤 그리스인이 옛 페니키아인의 근거지에 자리잡았다. 그들은 그들 자신의 양식으로 새 집과 신전을 세웠다. 이리하여 원주민들은 그리스인의 예술을 접할 수 있게 되었고, 또 시간이 흐름에 따라 그리스인의 예술은 인접 지역에도 스며들었을 것이다.

그래서 원주민의 예술 양식은 어느 정도까지 바빌론의 영향을 받았고, 아테네로부터는 어느 정도의 영향을 받았는가? 예컨대 내가 여러분에게 이렇게 질문한다고 하자. 오늘날의 뉴욕은 뉴암스테르담의 건축술이나 18세기 영국의 예술에서 어느 만큼의 영향을 받았는가? 오늘날의 워싱턴은 도시설계자인 랑팡[5]이 미국이라는 신세계에 복제하려 한 루이 14세의 베르사유 궁전으로부터 얼마나 영향을 받았는가? 미국에 새로운 민주주의를 확립하면서 그리스 영광의 부활을 꿈꾼 저 토머스 제퍼슨은 워싱턴에 얼마만큼의 영향을 주었는가? 로마의 아메리칸 스쿨에서 조각을 배운 총명한 젊은이들이 미국의 현대 도시들을 어떻게 변화시켰을까?

흥미로운 질문이기는 하지만, 곧바로 답할 수는 없다. 한 나라의 예술이 다른 나라의 예술에 어떻게 영향을 주었느냐 하는 점에 대해서 어떤 결정적인 의견을 내놓는 것은 매우 신중하게 다뤄야 하는 문제이다.

영어에서도 가장 널리 쓰이는 세 가지 말 타바코(tobacco)·포테이토(potato)·토

---

5) 피에르 랑팡. 1755~1825.

페르세폴리스 전경과 '만국(萬國)의 문' 페르세폴리스 궁전에 들어가려는 사람은 먼저 대형 기단(基壇) 서쪽 계단으로 올라와 '만국의 문'을 통과해야 했다. 크세르크세스왕이 만든 이 문에는 날개 달린 황소 조각상 한 쌍이 바깥쪽을 향해 배치되어 왕궁을 수호하고 있었다. 기원전 5세기. 높이 12m.

마토(tomato)는 본디 영어가 아니고 카리브 말이다. 그러나 늘 쓰면서도 이런 것을 생각하지 않고, 또 그것이 오래전에 거의 멸망해 버린 민족의 말이라는 것을 깨닫지도 못한다. 예술 형식의 문제도 이와 다르지 않다. 우리는 예술 형식을 여기저기서 조금씩 끌어온다. 그리고 그것을 한참 쓰다가 버리거나 나중에 쓰려고 간직해 둔다. 물론 그것은 당연한 일이다. 예술 형식을 어떻게 다루든 간에 이것은 현대 세계에 무엇보다도 필요한 도덕적 교훈이 되고 있다. 그 누구도 이 세상에서 외톨이로 살 수는 없으며, 순수하게 민족적이거나 합리적인 문화라는 관념은 있을 수 없다는 것이다. 이것은 다른 예술로부터 완전히 독립된 예술이 있을 수 없다는 생각과 마찬가지로 불합리하다.

바빌로니아인·아시리아인·수메르인·히타이트인 그리고 수천 년 동안 고대 메소포타미아 땅을 차지하려고 싸운 다른 많은 민족의 이야기는 이쯤으로 해두자. 그들은 이 길지 않은 역사에서 이미 그 역할을 다 했다. 그들은 건축하고, 조각하고, 무수한 그림 속에서 그들의 위대한 업적을 찬양했다. 장식을 위해 보석을 만들었다. 건축에 새로운 기술을 고안했고, 세계 최초로 아치형 천장을 선보였다. 그런데 이제 그들은 힘이 다 되었다. 퇴장할 때가 온 것이다. 역사가 마지막 종을 울릴 때, 할 일은 퇴장뿐이다.

그러나 구경거리는 이어진다. 막이 오르면 북아프리카나 서아시아보다 훨씬 아름다운 광경이 펼쳐진다.

어딘가 멀리서 사람의 눈에 띄지 않도록 드리워진 편백나무숲 옆에서 판(Pan) 신이 나직이 피리를 불고 있다. 전경(前景)에서는 뮤즈들이 위대한 아폴로 신을 위해서 시를 읊고 있다. 아프리카 언덕의 그림자가 주위의 평야 위에 뚜렷하게 드러난다. 석공이 커다란 대리석을 자르고 있다. 높다란 올림포스산의 눈 덮인 꼭대기에 아침 해가 눈부시게 반사되고 있다.

바로 그리스다!

5장
하인리히 슐리만

'세렌디피티'라는 말을 설명하는 짧은 장

고대 헬라스(그리스)로 가기 전에 잠시 짚고 가는 것을 용서해 주기 바란다. 그러나 이것은 페리클레스와 페이디아스[1]의 나라를 방문할 준비를 갖추려면 꼭 필요한 과정이다. 나는 '세렌디피티(Serendipity, 뜻밖의 발견)'에 대해서 조금 설명해 볼까 한다. 이 진기한 말은 사전을 보면 나온다. 이 말은 1797년에 죽은 영국의 문인이자 감정가 호레이스 월폴(Horace Walpole)이 쓴 소설에서 나온 말이다.

그 소설의 제목은 《세렌디브의 세 왕자 *The princes of Serendip*》였다. 세렌디브는 실론의 옛 이름이다. 이 세 왕자는 언제나 '우연과 명민함'으로 실제로는 본적도 없는 것을 곧잘 발견해 냈다. 그 뒤 세렌디피티(serendipity)라는 말은 '뜻밖에 운 좋은 발견을 하는 재능'을 뜻하게 되었다.

하인리히 슐리만의 생애는 지금까지 내가 알고 있는 이 재능의 가장 좋은 예이다. 그는 어릴 때 북부 독일의 가난한 목사였던 아버지가 읽어 주는 트로이 전쟁 이야기에 넋을 잃고 귀를 기울였다. 그리고 언젠가 고대 트로이 유적을 발굴하러 가겠다고 결심했다. 그러나 그런 탐험에는 많은 돈이 든다는 것을 알고 먼저 돈을 벌기로 했다.

그는 철이 들자 곧 부모 곁을 떠나 가까운 마을의 잡화상 점원이 된다. 그러나 치즈나 말린 자두의 무게를 다는 일은 그다지 수지맞는 일이 아니었다. 그는 남아메리카로 가서 돈을 벌 생각으로 배의 선실 보이가 되었다. 그런데 그 배가

---

[1] 고대 건축가이자 조각가.

전설의 나라 잉카 해변가에 닿기 전에 난파하여, 슐리만은 암스테르담의 네덜란드인 상점에서 회계 조수로 일하게 된다.

밤이면 그는 여러 나라 말을 공부했다. 그리고 일하는 동안 8개 국어에 정통하게 되었다. 러시아어도 잘해서 주인은 그를 상트페테르부르크에 파견했다. 그곳에서 그는 인디고의 수입업자로 성공했다. 1854년 크림 전쟁이 일어나자, 군대와 몇 가지 계약을 맺어 막대한 이익을 얻었다. 더욱이 그것만으로는 만족하지 않고 골드러시 시대에 캘리포니아로 가서 미국 국민이 된다.

1868년, 마침내 그는 정말로 필생의 사업을 시작하기에 충분한 돈을 모았다고 판단했다. 일단 그는 세계일주 여행을 마치고 콘스탄티노플에 상륙했다. 도움 받을 필요가 있다고 여겨지는 터키 관리들을 모두 매수하고, 히사를리크 언덕으로 향했다. 그 언덕은 헬레스폰트(다르다넬스) 해협에서 아시아 쪽으로 그리 멀지 않은 곳에 있었다. 그는 그곳에서 꿈에 그리던 트로이를 발견할 수 있을 것이라는 확신을 가지고 있었다.

이윽고 이 광적인 독일인의 추측이 맞았다는 것이 분명해졌다.

2천 년 동안이나 양치기와 염소들 말고는 아무도 거들떠보지도 않았던 이 나지막한 언덕이, 옛날에는 고대 세계사의 가장 중요한 무역의 중심지였던 것이다.

불행히도 슐리만은 정규 교육을 받은 고고학자가 아니었다. 프리아모스궁의 위치를 찾아내어 발굴의 성과를 올리는 데 열중한 그는, 호메로스 시대의 트로이 유적이 있는 곳을 지나쳐 더 깊이 파내려 갔다. 그 결과 역사에 기록된 트로이보다 훨씬 오래된 마을들을 발굴했다. 아킬레스와 아가멤논이 사랑하는 헬레네를 빼앗긴 데 복수하기 위해 이 땅에 쳐들어 왔던 기원전 1200년의 폐허였다.

슐리만은 목숨을 건 취미를 가진 모든 사람과 마찬가지로 실패의 가능성은 생각하지 않았다. 그는 자랑스레 온 세계를 향해서, 문제는 해결되었다, 트로이를 마침내 세계에 되돌려 주게 되었다고 선언했다. 이 선언으로 한 아마추어와 전문가들 사이에 격렬한 논쟁이 벌어질 판이었으나, 그때 터키 관리들이 슐리만에게 국외 추방을 명령함으로써 모든 논쟁의 가능성을 차단해 버렸다. 그들은 뇌물에 만족하지 않았던 것이다. 슐리만은 황금을 약속했었다. 황금은 대체 어디에 있을까?

황금은 바로 그곳에 있었다. 그러나 그 위치는 슐리만이 마구 파내려간 지층보다 훨씬 위쪽에 있었던 것이다. 적어도 한참 동안은 히사를리크 언덕 의 흙더미를 파헤칠 수 없게 되었으므로, 슐리만은 원주민 인부들에게 급료를 지불하고, 묻은 소아시아의 흙을 털고는 그리스 본토로 향했다.

펠로폰네소스반도의 북동 구석에 있는 아르골리스 중앙 부에 미케네라는 고대 도시의 폐허가 있었다. 이 도시는 성 벽에 쓴 거대한 석재와 고대 바빌로니아의 조각가들이 흔

하인리히 슐리만(1822~1890)
호메로스 신봉자 슐리만은 트로이와 미케네 유적 발굴을 통해 그리스 문명의 요람기를 세상에 알림으로써 역사에 이름을 남겼다.

히 새긴 야수 석상을 연상시키는 성문 위의 두 마리 대형 사자상으로 유명한 곳이었다. 슐리만이 나타나기 전까지 이 유적을 진지하게 탐험한 사람은 하나 도 없었다. 이번엔 그는 이 사자문 가까이를 파기 시작했다. 그러자 곧 매우 진 기한 것이 나타났다. 그것은 일련의 수직 구덩이였으며 시신이 누워 있지 않고 선 채로 묻혀 있었다. 무덤은 둥글게 배열되어 있고, 그때까지 아무도 손을 댄 흔적이 없었다. 시신뿐만이 아니라, 함께 묻힌 금은 부장품도 도굴당하지 않은 채 고스란히 그대로 있었다. 이런 일은 전혀 예상치 못한 공격을 당한 경우에 만 일어날 수 있는 일이었다. 미케네 주민들이 보물의 소재를 약탈자에게 알리 고 자기 생명을 구제받을 기회조차 없었던 것이다.

그로부터 약 10년 뒤인 1885년, 슐리만은 다시 트로이를 방문하여 이타카섬 에서 오디세우스 궁전을 발굴하려고 시도했다가 티린스로 향했다. 펠로폰네소 스반도의 매우 오래된 도시인 티린스는 그리스 신화에서 헤라클레스가 위대

미케네의 사자문
두 마리의 사자가 문을 지키는 양식은 크레타의 영향이다. 이 트로이의 성벽 유적을 발굴한 슐리만은 이 사자문 부근에서 둥근 무덤을 발견한다.

한 기적을 이룬 곳이다. 슐리만은 티린스에서 하나의 완전한 궁전을 발굴했는데, 이 또한 그리스의 호메로스 이전 시대로 거슬러 올라가는 유적이었다.

다음에 그는 크레타섬으로 눈을 돌렸다. 여기는 그리스 본토보다 훨씬 이른 시기에 사람이 살고 있었던 것으로 알려져 있었다. 그러나 여기서도 터키 지방 관리가 뇌물을 요구하는 바람에 뜻한 바를 이루지 못했다. 그리고 얼마 뒤 전쟁 졸부와 몽상가, 금광주와 탐험가의 기묘한 혼합물이었던 이 흥미로운 사람은 죽었다. 그는 아마도 천국에 도착하여 30분도 되기 전에 파라다이스 이전 문명의 발굴에 착수했을지도 모른다.

슐리만은 과오를 몇 가지 저질렀다. 그러나 1890년 그가 세상을 떠났을 때, 그리스 역사의 달력은 7백 년이나 앞으로 당겨져 있었다. 무엇보다도 이 자수성가한 독일인이 이룬 최대의 공헌은, 이 지역(그리스)의 문명에 관해 대부분의 학자들이 추정한 것보다 훨씬 많은 것이 있었다는 것을 온 세상에 알려준 일이다.

그 무렵까지는 유럽의 예술사를 그리스 예술에서 시작하는 것이 관례였다.

▲미케네 무덤

1876년 슐리만은 성벽 안쪽에서 석벽으로 둥글게 둘러싸인 무덤을 발견했다. 그곳에는 호메로스가 '넘치는 황금으로 빛난다'고 예찬했던 미케네 왕들의 유해가 수많은 부장품들에 둘러싸여 잠들고 있었다.

▶발굴 무렵의 모습

그러나 이제 그리스인은 무대에 등장한 최초의 인간이기는커녕 뒤늦게 도착한 마지막 인간의 하나였다는 것, 아테네인이 아크로폴리스를 구축하기 수천 년 전에 이미 에게해가 무역과 예술의 중심지이며, 고도의 문화를 갖고 있었다는 것이 밝혀진 것이다.

나는 이따금 젊은 사람들이, 이제 모든 것이 깡그리 연구되어 시시해졌다고 불평하는 소리를 듣는다. 만일 남아 있는 생애를 언제나 바쁘게 보내고 싶다면 에게해의 역사에 눈을 돌려보라. 몇 세기에 걸쳐서 동서를 잇는 고리로서 유용했던 에게해 문명에 관련된 여러 문제가 아직 거의 해결되지 않고 있기 때문이다. 더욱이 그것은 그 지역만의 흥미로운 문제가 아니라, 서방 세계의 모든 부분과 관련되는 것이다. 이를테면, 처음으로 이 지역 전체를 차지한 인간은 어떤 민족이었으며, 그들은 어디서 왔는가? 이것에 만족한 대답을 얻으려면, 그들의 예술을 아는 도리밖에 없다.

우리가 지금 미노아 시대라고 부르는 시대의 예술가들, 다시 말해 기원전 20세기 크레타섬의 예술가들은 유럽 선사 시대의 동굴 벽화에서 보는 것처럼 전형적인 대단한 쾌활함과 세심한 관찰력으로 동물의 생활을 그리는 데 뛰어난 재능을 갖고 있었다. 그러나 알타미라 동굴 벽화와 크노소스 궁전의 그림 사이는 수천 년(7천 년 또는 8천 년에 해당될지도 모른다)의 시차가 있다. 이 사이에 이 동굴인들에게는 어떤 일이 일어났을까? 중앙 유럽의 기후가 변화한 탓에 고국을 떠나 유럽에서 아시아로 향하는 모퉁이의 에게해 섬들 가운데서 새로운 주거를 발견한 것이 아닐까? 또 미케네와 티린스 등 고대 그리스 본토의 변경 성채에서 볼 수 있는 그 수수께끼의 키클롭스(거대한) 성벽은 대체 무엇일까?

40년 전 내가 처음으로 그리스 역사를 배울 때, 교과서는 그 성벽들은 진짜 그리스인이 오기 훨씬 전 그리스반도의 첫 침입자에 의해서 구축된 것이며, 호메로스가 말하는 외눈박이 거인 키클롭스의 이름을 따서 키클롭스 성벽이라고 명명되었다고 가르쳤다. 그러나 지금은 그 성벽이 그렇게 오랜 것이 아니고, 유럽의 대서양 연안에 있는 선돌[2]이나 고인돌[3]이나 잉글랜드의 스톤헨지 등의 건설자들이 쓴 방법과 매우 닮은 비교적 새로운 건축 양식의 일부라는 것이 알려지고 있다.

이 둘 사이에는 어떤 관계가 있을까? 아직은 알 수 없다. 키프로스(Cyprus)는 그 이름이 말하듯이, 선사 시대 사람들이 구리를 손에 넣은 최초의 '구리 섬(Coper island)'이었던가? 크노소스가 고대 세계 문명의 가장 중요한 중심지였던 세기(대략 기원전 2500년에서 1500년까지의 시기)에는 이집트와 크레타 사이의 종교 및 예술의 관계는 어떠했던가? 마지막으로, 이 번성한 제국을 거의 하룻밤

---

2) 멘히르(menhir). 옛날 싸움터의 기념 또는 묘표로서 세운 거대한 돌.

3) 돌멘(dolman). 몇 개의 자연석 위에 커다란 자연석을 얹은 고인돌. 고대 켈트족의 무덤으로 짐작되고 있다.

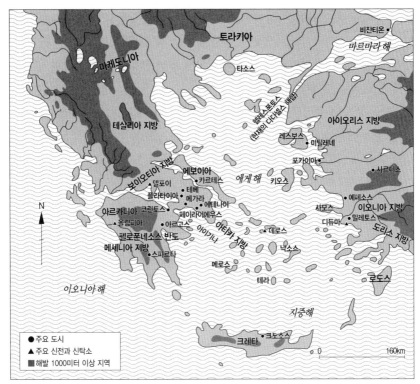

지도 내 지명들:

비잔티온 •

트라키아

마르마라 해

마케도니아

타소스 •

헬레스폰토스
(현재의 다다넬스 해협)

아이올리스 지방

테살리아 지방

레스보스 •
미틸레네 •

포카이아 •

• 사르디스

에보이아

보이오티아 지방
델포이 •   • 카르테스

에게 해

키오스 •

플라타이아이 • • 테베
메가라 •

• 에페소스

아르카디아 코린토스 •

에테나이 •
페이라이에우스 •

사모스 •

이오니아 지방

▲ 올림피아

• 아르고스

아티카 지방

디듀마 •

밀레토스 •

도리스 지방

펠로폰네소스 반도

아이기나

• 델로스

메세니아 지방   스파르타 •

낙소스 •

메로스 •

이오니아 해

테라 •

로도스 •

지중해

크레타   크노소스 •

● 주요 도시
▲ 주요 신전과 신탁소
■ 해발 1000미터 이상 지역

0   160km

에게해의 그리스 세계   에게해 연안에는 주로 무역을 하는 그리스 식민시들이 분포되어 있었다. 일찍부터 그리스 본토가 식민 지배를 실시한 결과 소아시아의 이오니아 지방 연안에는 중요한 식민시가 몇 개나 생겨났고, 더 나아가 에게해 전체의 도시국가에 그리스 문화가 뿌리를 내렸다.

사이에 파괴하고, 그것도 5백 년 동안이나 원주민의 모든 흔적을 찾아볼 수 없을 만큼 깨끗이 파괴한 신참자는 대체 누구였을까?

그것 역시 알려져 있지 않다고 고백하지 않을 수 없다. 이것은 꼭 알고 싶은 문제이다. 3천 년 전의 크레타 사람들은 오늘날의 우리와 공통점을 매우 많이 갖고 있었다.

따라서 그들의 조각·그림·장신구에는 이집트인이나 메소포타미아인의 그것보다 한결 친근감이 든다.

에게해를 표류하던 이 고대인들은 질서와 즐거움에 대한 감각이 뛰어났다. 그들의 궁전은 채광도 좋고 통풍도 좋으며, 엘리자베스 여왕이나 프랑스의 루이 14세 왕궁 못지않게 먼지 낀 테베·바빌론·니네베의 왕궁과 큰 대조를 이룬다. 그들의 공공 건축물은 상하수도 및 난방 시설을 갖추고 있었다. 노인을 위한 원시적인 엘리베이터도 있었다. 나아가서는 집 안에 욕실도 있고, 방과 방 사이에는 미닫이가 있었으며, 별실이 있어서 왕의 부하들이 하인들의 방해를 받지 않고 일할 수 있었다.

수레는 미노아 문명 시대뿐 아니라 그 이전에 이집트나 칼데아에서 적어도 1천 년 전부터 일상적으로 쓰이고 있었다. 18세기 중간까지 스코틀랜드에도 없었던 마차가 이미 탈것으로만이 아니라 경주용으로도 쓰이고 있었다. 우리와 마찬가지로 크레타인들도 모든 스포츠에 열광했고, 춤·복싱·레슬링 그리고 미노타우로스[4]의 나라답게 투우도 즐기고 있었다.

그들을 지배하는 정부 형태는 나중에 그리스에서 보이는 민주주의가 아니었다. 안타깝게도 그것이 그들을 궁극적으로 몰락시켰고 자유 상실의 원인이 되었다. 초기의 에게해 민족은 왕의 통치를 받고 있었다. 병사의 조각상은 발견되지 않았지만 법률이 새겨진 석판이 다수 발견된 것으로 보아, 그 왕들은 폭력으로서가 아니라 오히려 유능한 문관제도(文官制度)로 권력을 유지한 듯하다. 고대 크레타 예술이 지금부터 약 40년 전인 세기말(世紀末, fin de siecle), 즉 19세기 말의 예술을 뚜렷이 보여 주는 이유는 아마 그 때문일 것이다. 19세기의 마지막 40년 동안 매우 많은 사람들이 마침내 자유로운 이성의 시대가 왔다고 믿으며, 군대라는 불쾌한 중세시대의 유물은 이제 버릴 수 있다고 생각했다. 그러나 그 믿음의 대가는 세계대전[5]이었다. 오늘날 저 독재제도[6]가 지금도 계속 그 대답을 해주고 있다. 그리고 세기말의 나약한 문명은 풍비박산되고 말았다.

그들의 예술로 보자면, 크레타인들도 순수한 지성만이 세상의 모든 악을 치유할 수 있다는 사상에 의해서, 모든 노력이 소용없던 그 똑같은 막다른 골목에 다다라 있었던 것 같다. 억지처럼 여겨질지도 모르지만, 후기 크레타인들의 작품 몇 가지를 본다면 내 말뜻을 알 것이다.

---

4) 고대 크레타를 말한다. 크레타 왕으로 입법자이자 나중에 명부(冥府)의 판관이 되었다는 미노스왕에 의해 크레타의 미궁에 갇힌, 사람 몸뚱이에 소의 머리를 가진 괴물을 미노타우로스라고 한다.
5) 제1차 세계대전을 말한다.
6) 파시즘을 말한다.

크노소스 유적은 1900년이 되어서야 비로소 아서 에번스(Arthur Evans)가 발굴하기 시작했다. 그 뒤 크레타 유적에 관해서 많은 것을 알게 됐으므로 지금은 에게해 문명의 발전을 매우 정확히 더듬어 볼 수 있다.

첫째, 약 1천 년 동안이나 서서히 성장해 온 시대가 있다. 기원전 3000~2000년까지의 초기 미노아 시대로서, 그 동안에 이 문명은 섬에서 섬으로 차츰 퍼져 나갔다.

중기 미노아 시대(기원전 2000~1500년까지)에는 크레타섬이 에게 문명의 중심지가 되고, 크노소스가 이 섬 제국의 수도가 되었다.

호메로스 슐리만의 모험을 인도한 유일한 안내자는 호메로스였다. 《일리아스》와 《오디세이아》는 트로이를 발견하고 나선 고고학계의 크리스토퍼 콜럼버스를 안내했다.

그리고 후기 미노아 시대(기원전 1500~1000년까지)인데, 크레타섬의 문화가 그리스 본토에 단단히 뿌리를 내렸다. 이 문명은 크레타의 미노아 문명과는 똑똑히 구별되기 때문에 미케네 문명이라고 부른다. 미케네 문명은 곧 그리스반도 안에 퍼졌다.

그 뒤, 황야에서 촌락을 이루고 살던 이주민들은 고국의 편히 사는 청년 남녀보다 훨씬 강인해졌다. 이런 것은 그런 상황에서는 흔히 있을 수 있는 일이다. 그리하여 마침내 크레타인의 조그마한 무역 기지로서 출발한 양귀비 씨만 한 도시 미케네가 그전 지배자를 정복하고, 크레타섬을 자기 식민지로 만들어 버렸던 것이다.

언제나 맛있는 음식으로 가득 찬 먹이통을 쫓아다니는 예술은, 크레타섬에서 그리스 본토로 재빨리 옮겨가 새로운 생명력을 얻고 화려하게 꽃피웠다. 도자기·금속 세공 및 금은 장식 등 새로운 예술 형식이 생겨났다. 이 형식은 에스파냐에서 페니키아로, 이집트에서 이탈리아로, 점차 지중해 전역으로 퍼져 나갔다.

그리하여 그 뒤는 어떻게 되었는가?

크레타인과 미케네인의 발자국은 홀연히 사라져 버린다. 그리하여 5백 년 동안이나 이 에게해 민족은 자취를 찾을 수 없게 됐다. 로마 제국의 몰락 뒤에 시작된 그 암흑시대와도 별반 다르지 않다.

그러나 만일 적이 지키는 쪽보다 훨씬 좋은 무기를 갖고 있지 않았다면, 어떻게 티린스나 미케네 같은 광대하고 멀리 떨어진 성채에 쳐들어가 파괴할 수 있었을까? 예술의 관점에서는 야만인이었던 침입자는 군사력에서는 월등했을 것이다. 원주민들이 아름다운 예술적 생활을 즐기는 것이 중요했듯이, 그들은 전쟁이 중요했던 것이다. 믿을 만한 근거에 의하면 이 신참자는 원래 북방, 즉 다뉴브 유역에서 온 자들이었다. 이 지역의 대장장이들은 선사 시대부터 원시적인 조그마한 용광로를 써서 우수한 칼과 창을 만들었다.

호메로스는 이것을 증명하고 있지는 않다. 그는 시인이지 꼼꼼한 역사가는 아니었다. 그에 따르면, 그리스의 원주민은 아카이아인이라고 불렸으며, 이들 고향은 유럽 북부 어느 곳, 아마도 현 카자흐인의 선조인 스키타이인의 땅에 살고 있었던 것으로 추측된다. 아무튼 그들이 누구였거나, 아카이아인이든 아니든 그 침입자들은 그리스 본토의 여러 도시에 남아 있던 에게해 문명을 완전히 파괴했다. 매우 잔인하고, 더욱이 아주 기습적으로 파괴한 것이 틀림없다. 그렇지 않았다면 그들이 그 기묘한 수직 무덤 속에 들어 있던 황금을 결코 못 보았을 까닭이 없기 때문이다. 그것은 3천 년이나 지나서야 우리의 친구 슐리만에 의해서 고스란히 발견되었던 것이다.

이 뜻밖의 공격이 있은 뒤, 제일 먼저 섬에서 그리스 본토로 옮겨갔던 에게해 문명은 어떻게 되었을까? 제자리로 되돌아갈 수밖에 없었다. 대량 학살에서 살아남은 얼마 안 되는 사람들은 에게해의 여러 섬으로 달아났다—1500년 뒤 이탈리아인이 본토에서 아드리아해의 여러 섬으로 달아나, 고트족, 반달족, 그 밖에 동방의 야만족으로부터 몸을 지키기 위해 베네치아 같은 강력한 도시를 그곳에 건설했듯이—그리고 이들 피난민들은 차츰 예전의 생활양식으로 돌아갔다. 어부는 다시 물고기를 잡고, 제빵공은 다시 빵을 구웠으며, 도공은 다시 물레를 돌리고, 보석 세공사는 보석 다듬기를 시작했으며, 금세공인들은 다시 귀금속을 가공하게 될 때가 오기를 꿈꾸었다.

한편 그리스 본토의 새 지배자들은 떠난 사람들이 남긴 찬란한 궁전을 보고 즐거워했을 것이다(미케네인과 그 이웃들은 일정한 예배 장소가 없어도 얼마든지 행복하게 살아갈 수 있었던 모양이다).

그러나 이따금 그 전 주민들이 풍부하게 갖고 있던 그 무엇이 부족하다는 것을 깨닫기 시작한 것이 틀림없다. 또 차츰 승자나 패자나 다 함께 어떤 종류의 통상 관계를 재개할 필요를 느꼈으리라. 왜냐하면 통상은 자연스러운 경과이므로, 정부가 그것을 아무리 억누르려고 해봐야 쉽게 억누를 수는 없기 때문이다. 미개인들은, 미케네 여자들이 즐기던 것을 어째서 나나 자식들은 즐길 수 없느냐며 따지는 아내들에게 들볶였을 것이다. 그래서 자신들은 전혀 알지 못하는, 자기의 영혼을 두려움과 경이로 채우고 아내의 영혼을 선망으로 채우는 기술을 가르쳐 줄 사람—기술자·건축가·청동 기술자를 부르러 가까운 섬으로 보냈을 것이다.

처음 그 기술자들은 가기를 망설였을지도 모른다. 그러나 살아가야만 했으므로, 마음을 굳게 먹고 본토로 들어갔다. 별 위험이 없다는 것을 알자 다른 사람들도 줄지어 그 뒤를 따랐다.

이와 같은 사건은 날마다 일어나는 것은 아니다. 많은 시간이 걸린다. 이 경우는 거의 5백 년이나 걸렸다. 그러나 지금부터 마침내 이미 에게 문명도 미노아 문명도 미케네 문명도 아닌 예술이 탄생했다. 그것이 바로 그리스 예술이다.

6장
그리스인의 예술

지식 대부분을 전한 소수의 사람들

만일 지혜가 삶의 문제에 대해 차분하고, 용기를 가지고 현명하게 대처하는 것이며, 그 궁극의 가치관에 관해 사색하는 데에 있다면, 소크라테스는 실로 그리스에서 가장 지혜로운 사람이었다.

일리소스 강변에서 지역의 신들에게 기도를 드리라고 친구들이 요청하자 소크라테스는 말했다. "사랑하는 판 신이여, 사랑하는 판 신과 이 땅에 나타나시는 모든 신들이여. 내 속에 있는 영혼에 아름다움을 주시고 속에 있는 것과 밖에 있는 것을 하나로 만드소서. 지혜 있는 자를 풍요롭게 하소서, 또 욕심이 적은 자만이 지고 나를 수 있는 황금을 나에게 주소서."

기도를 마치고 그는 친구들에게 말했다. "더 이상 뭘 기도할까? 이 기도만으로 족해. 더는 기도할 것이 없어."

이 말을 이 장의 서두에 적는 이유는 이 장의 핵심 주제이기 때문이다. 물론 그리스의 예술 전체를 이 짧은 장 안에 축소한다는 것은 불가능하다. 그리스가 국가적으로 독립했던 몇 세기 동안 공예가들이 만든 것을 모두 상세하게 쓴다는 것도 도저히 불가능하다. 그리스인이 역사의 무대 중심에 서 있었던 것은 아주 짧은 기간이었다는 것을 잊어서는 안 된다.

이집트인의 예술은 기원전 40세기에 시작되어 부침(浮沈)을 되풀이하며 유지되다가 5세기 전반에, 그리스도 교도들이 상형문자를 가르치던 유서 깊은 학교들을 폐쇄해 버릴 때까지 이어졌다.

티그리스와 유프라테스 유역의 예술, 이른바 칼데아 예술과 바빌로니아인, 아시리아인, 히타이트인 그 밖에 메소포타미아의 모든 정복자들의 예술도 기원전 4천 년부터 알렉산드로스 대왕이 기원전 323년에 바빌론의 왕궁에서 죽을 때까지 존속했다.

크레타섬, 에게해 및 그리스 본토의 에게 식민지 예술은 약 1500년간 존속했다. 그러나 그리스 신전 가운데 가장 오래된 것도 기원전 7세기 중엽에 세워져서, 기원전 4세기 중엽에 저 스파르타인에 의해 아테네가 멸망한 뒤 그 영광의 짧은 시대는 끝났다. 그러므로 그리스인이 이룩한 것들은 모두 3백 년이 채 안 되는 동안에 이뤄졌다. 이 짧은 기간에 그리스인이 정치와 과학 영역에서뿐 아니라 예술(가장 넓은 뜻으로)의 영역에서 현대 서양 문명 전체의 기초를 구축할 수 있었던 것을 돌이켜보면, 고대 헬레네인(그들 자신은 결코 '그리스인'이라는 말을 쓰지 않았다. 그것은 로마인이 만든 말이다)이 비범한 재능을 가진 사람들임에 틀림없다는 것을 알 수 있다.

요즈음에는 매우 유감스럽게도 천재라는 말이 함부로 쓰이고 있으므로, 이런 책에 쓰기가 망설여질 정도이다. 그러나 천재라는 말을 '탁월한 천성의 재능'이라는 뜻으로 풀이한다면, 그리스인은 의심할 것도 없이 모든 시대에 가장 빛나는 재주를 가진 민족으로서 천재라고 일컬어질 자격이 있다. 그렇다고 고대 헬라스를 지상의 천국이기나 했던 것처럼 상상하는, 그 흔한 오류에 빠지지는 말자. 보통의 그리스인 모두가 뛰어난 재능을 지닌 모범적인 인물이었던 것은 아니다. 또 호메로스적인 위엄을 가지고 역사의 무대를 돌아다니며 자유와 민주주의를 위해 싸우고, 한밤중까지 등불을 켜고 친구들과 플라톤의 새 철학 논문에 관해서 의견을 나누는 그런 고결한 영혼들도 아니었다. 페리클레스 시대에는 그런 인물들이 얼마간 있기는 했지만, 그것은 언제나 예외였고 앞으로도 예외일 것이다.

그리스인 대다수는 어느 시대나 볼 수 있는 사람들과 다를 바 없다. 1937년 현재의 상식이나 진지함의 기준에서 보면, 슬프게도 고대 그리스인은 상스럽기 그지없는 사람들이었다. 상거래에서 그들은 지중해 동부를 털고 다닌 많은 해적들 가운데 가장 교활하고 욕심 많았던 페니키아인과 비슷할 만큼 교활했다. 친구를 배반해야 할 일이 생기면, 이 고결한 그리스인들은 이웃을 예사로 등치는 불쾌한 수법의 명수였다. 때로 다른 민족은 생각지도 못한 일까지 교묘하게 사기를 치고, 자기들끼리 배반하는 일조차 드물지 않았다.

그들은 음모를 꾸미는 천부적 재능이 있었고, 험담과 책략을 좋아했다. 자기들이 세운 정부, 불과 몇 주일 전까지 교묘한 모의를 하며 지지했던 정부라도 비밀리 타도하려는 음모에 끼어 있지 않으면 직성이 풀리지 않는 사람들이었다.

그들은 오랜 혈통을 큰 자랑으로 생각했다. 그들은 스스로를 그리스의 노아라고도 할 데우칼리온의 아들 헬렌의 자손이라고 생각하고 있었다. 데우칼리온은 용케 방주를 아폴론의 생가인 파르나소스 산꼭대기로 몰고 가서 타고 있던 사람들을 뮤즈의 화원에 상륙시킬 수 있었다고 한다. 그러나 이와 같은 민족적 긍지를 가지고도 자기들의 이익이 되는 일이면 어떤 야만인 추장과도 예사로 공모했다.

그러나 그들은 바람직한 뛰어난 성질도 갖고 있었다. 그들은 무섭게 활기찬 민족으로서 사랑과 열정을 뛰어나게 표현하는 능력이 있었다. 대담하게 자연에 접근하여 자연의 신비가 계시되기를 바랐으며, 자신이야말로 모든 창조의 처음이자 마지막 존재라고 생각했다. 그들은 결코 무슨 일이고 중도에서 흐지부지 내버려 두지는 않았다. 그들이 영웅이라면, 이 지구가 식어서 마지막 잠을 자는 날까지 시인들이 시를 읊어 댈 그런 영웅이었다. 또 만일 나쁜 짓을 할 결심을 한다면, 역사의 무대에 등장한 모든 악당 가운데에서 가장 악명 높은 인간으로 이름을 떨칠 만한 사람들이었다.

동시에 그들은 대단히 다재다능했다. 변덕스럽고 눈치 빠르고 주저도 확신도 없으므로, 한 번 진로를 정하여 출발하면 눈에 띄는 양심의 가책도 없고 정신적인 톱니바퀴의 전환도 없이 하나의 역할에서 다른 역할로 옮길 수 있었다. 이 그리스인 못지않게 일을 말끔히 해낼 수 있었던 사람으로는 르네상스 시대의 이탈리아인이 유일하다. 그러므로 고대 그리스인을 공평하게 판단하여 그들의 참된 가치를 평가한다는 것은 매우 어려운 일이다. 그들의 미덕은 우리를 기쁘게 만들지만, 그들의 악덕은 거부감을 주기 때문이다. 우리는 흑과 백, 이 둘이 결코 섞일 수 없는 세계에서 자라났다. 사람들 대부분은 뚜렷한 빛깔의 구별을 좋아하고, 그리스 식으로 뒤죽박죽이 된 팔레트의 사용법을 알지 못한다.

이런 경우 우리가 할 수 있는 최선의 방책은 그들을 있는 그대로 받아들이는 일이다. 오늘날 그들은 모두 절멸했다. 그러나 그들이 한 일은 살아남아 있다. 그들이 자기들을 둘러싼 세계를 탐구하면서 실제로 무엇을 했고 무엇을 생각했느냐 하는 것만이 우리에게는 중요할 따름이다. 그들이 어떻게 시장에서 나날을 보냈고 어떻게 어둑어둑한 술집에서 주사위를 굴리며 시간을 보냈던가 하는 것은 흥미로운 일일지는 모르나 우리의 생활에는 아무런 영향을 주지 못한다.

그리스인은 무슨 일에 몰두하면 끝까지 밀고 나갔다. 그리하여 그들은 인류에게 아주 새로운 것, 인간의 존엄에 대한 깊은 신념을 주었다. 그리스인이 역사의 무대에 등장하기 전에는 모든 민족이 자기들의 신들 앞에 무릎을 꿇고 굽신거리며 절을 했다. 동방의 신들은 악의에 찬 폭군이었다. 자기의 위엄이 손상되지 않도록 경계하며, 불합리하고 잔인하게 지배하는 신들의 권위와 권리에 대해 한순간이라도 의심하는 자가 있으면 모조리 벌을 내렸다. 그런 신들이 지방 족장 수천 명으로 화한 것이다. 그들의 백성들은 무조건 그들에게 복종해야 했으며, 그들이 화를 내면 온갖 수모와 희생을 감수하면서 그 화를 달래야 큰 재앙을 면할 수 있었다.

이와 같은 허약하고 무기력한 정서는 지리적 배경과 밀접한 관계가 있음이 틀림없다. 사막은 언제나 노예제도를 돕는 역할을 했다. 이집트나 바빌로니아의 농민들은 그 주인의 전제로부터 달아날 수가 없었다. 달아날 때는 걷거나 뛸 수밖에 없었는데 평원에는 몸을 숨길 곳도 적고, 왕의 기병이 쉽게 쫓아올 수 있었다. 이 가엾은 사람들은 백 년 전의 러시아 농노와 똑같은 곤경에 처해 있었다. 어디로 가나 반드시 발견되었다. 오두막에 끌려오면 쇠사슬에 다리를 묶인 채 채석장에서 남은 삶을 보내야만 했다.

그러나 바다의 공기는 언제나 자유의 편이었다. 아무리 조그만 배라도 한 번 육지가 보이지 않는 곳으로 나가 버리면, 달아난 노예에게도 절반의 기회가 있었다. 아무리 큰 갤리선이라도 유능한 선원이 조종하는 낡은 어선보다 빠르지 않았기 때문이다. 민중은 이를 잘 알고 있었다. 중요한 점은 그 주인들도 알고 있었다는 것이다. 그래서 어느 날 백성들이 남김없이 사라져 정원 문에 묶인 개와 자기만이 왕궁 안에 덩그러니 남는 일이 없도록, 지나친 학정을 피하고 어느 정도 상식적으로 통치했다. 또한 인간은 언제 어디서나 자기 자신의 모습을 토대로 신을 상상하게 마련이므로, 올림포스산에 모인 그리스 신들은 이집트·팔레스타인·칼데아의 언덕에 웅크린 신들과는 매우 달랐다.

물론 그리스인의 신들에 대한 태도와 같은 것을 현재의 우리가 갖기는 불가능하다. 우리는 하늘의 신을 자기 이외의 무엇에 대해서나 책임을 지지 않는 절대자라는 관념에 완전히 길들어 있으므로, 신에 관한 다른 것에는 생각이 미치지 않는다. 그리스인과 로마인은 신들에 대한 관념이 훨씬 민주적이었다. 유피테르(제우스)신의 지위는 결코 부동의 것이 아니었다. 실제로 그를 폐위시키지 못한 것만은 사실이지만, 그 아내나 하위 신들이 그를 완전히 조종해 버릴 수는 있었다(그리고 실제로 흔히 조종했다). 일족에 대한 유피테르의 권력은 평범한 시민이 가족에게 갖고 있는 권력보다 크지 않았다. 다만 로마인의 아버지는 유피테르가 자식들에게 갖고 있던 것보다 훨씬 큰 통제력을 자식에게 미치고 있었다.

올림포스산의 일족인 사촌·삼촌·숙모·조카들은 저마다 자기 일을 갖고 있었다. 어떤 신은 상업과 무역을 감독했고, 어떤 신은 크고 작은 하천의 흐름을 고르게 만드는 책임이 있었다. 또 다른 신들은 지진과 홍수를 관리하고, 천둥과 벼락을 만들고, 아기와 새끼양·강아지가 순산하도록 책임졌다.

우리는 지금도 '길의 분위기'니 '산의 느낌'이니 하는 표현을 쓰는데, 이는 매우 모호한 것이다. 이것은 다시 말하여 아름다운 오솔길을 거닐 때나, 새벽 산에 오를 때의 감정에 대한 시적 표현이다. 그리스인과 로마인은 산에 살고 있는 신과, 길에서 나그네를 지키는 신이 있다고 믿었다. 때로는 나그네와 함께 수십 리 길을 걸으며, 이웃 시장에서는 달걀 값이 얼마라든가, 수확의 전망이 좋다든가 하는 이야기도 서로 나누었다. 신과 만나 그런 이야기를 나눌 만큼 운 좋은 사람들은, 조각가나 화가에게 그의 모습과 걸음걸이와 눈빛 같은 것을 상세하게 설명해 줄 수 있었다. 그리하여 마침내 올림포스의 신들은 모두 대리석이나 진흙이나 물감으로 표현되어, 몇 년 전 영국 황태자가 속기사들에게 그랬던 것처럼 그리스 민중에게 현실성을 부여해 주었다.

사람들은 신을 본 적도 없었고 보려고 기대하지도 않았지만, 그것은 대수롭지 않았다. 그들은 신의 그림을 보고 또 사람들이 신에 대해서 하는 이야기를 듣는 것만으로도 족했다. 정말로 알고 싶은 것은 그것뿐이었다. 그들은 신이 실제로 존재하고, 아티카나 아르골리스의 돌투성이 드메에서 보잘것없는 땅을 일구고 사는 농사꾼으로서는 상상하기도 힘들 만큼 근사한 생활을 하고 있다

모든 신을 지배하는 제우스(유피테르) 제우스 신에게 탄원하는 바다의 여신이자 아킬레우스의 어머니인 테티스. 앵그르 작.

는 것을 알고 있었다. 그러나 신은 사물을 원활하게 돌아가도록 하는 매우 힘든 일을 맡고 있으므로 신을 숭배하기는 해도 부러워하지는 않았다. 신과 마찬가지로 왕도 다른 세상에 속한 존재였다. 불평등 원리를 토대로 한 세계에는 당연한 일이었다. 그러므로 신이나 왕을 그린 그림이 실물보다 과장되고 이상화되어 있어도 신경 쓰지 않았다. 오히려 신이나 왕이 이웃 아저씨처럼 평범한 모습이라면 만사가 엉망이 될 것이기 때문이다.

신들에 관해서는 이쯤으로 하고, 이번에는 그 조각상에 대해서 한마디 하기로 한다.

그리스인은 운동경기를 좋아하는 민족이었다. 그들은 또 격투기를 몹시 좋아했다. 전쟁이 야만으로 여겨지는 지금은 건전한 격투가 실은 매우 즐거운 경험이며, 긴장 해소에 더없이 알맞은 방법이라는 것을 잊기 쉽다. 그리스인의 전쟁은 사실상 뛰어난 형식의 운동경기나 다름없었다. 잘 훈련되어 몸이 탄탄한 두 용사가 서로 칼과 도끼를 휘두른다. 양쪽 진영에서는 그것을 지켜보고 승리자에게 갈채를 보낸다. 그런 전사가 되려면 끊임없이 훈련해야 했다. 그러나 고대 그리스인과 그들의 스포츠의 관계를 이해하려면, 이 주제를 좀 더 깊이 살펴보아야 한다.

그리스인은 '육체의 아름다움'을 알고 평가한 최초의 인간이었다. 열등감이라는 것이 전혀 없고, 인간이야말로 창조의 처음이자 끝이요, 유일한 목적이라고 용감히 선언했다. 그들은 육체를 부끄러운 것이라든가, 신들의 지지를 얻기 위해 무시해도 괜찮다고는 결코 생각하지 않았다. 왜냐하면 신들도 저마다 자기의 모습에 매우 신경을 쓰고 있었기 때문이다. 그리스 신들도 달리기, 수영, 야생마 타기 경기에 참가했기 때문이다.

기후 또한 그리스인이 옥외 스포츠를 애호하는 데 큰 역할을 했다. 너무 덥지도 춥지도 않아 1년의 절반 이상을 옥외에서 보낼 수 있었다.

게다가 그들은 지적인 호기심이 무척 강했다. 집에만 처박혀 노폐물만 가득 찬 두뇌보다 깨끗한 두뇌가 생명이 훨씬 길고 회전이 훨씬 빠르다는 것을 그들은 진작부터 알고 있었다.

마지막으로 빼놓을 수 없는 중요한 점이 있다. 그것은 자유 그리스인의 경제적 독립과 주의 깊게 손질한 노예제도의 성과 위에서 영위하는 생활에 의한 아주 많은 '여가'이다. 노예제도를 없애기 위해서라면 세계 끝까지 군대를 보낼 20세기 문명인은, 고대 그리스인의 모든 높은 덕과 노예제도에 대한 관념을 하나로 결부하는 데 곤란스러워한다. 오늘날 쇠의 노예(기계)가 우리를 위해 일하면서도 물과 연료 말고는 아무런 보수도 받지 않는다는 사실을 우리가 당연하게 생각하듯이, 그들은 노예제도를 당연한 일로 생각했던 것이다. 필요한 물을 수도꼭지만 틀면 얻을 수 있는데 우물까지 간다는 것은 생각지도 못할 일이다. 쇠로 된 노예들이 싼 비용으로 해 주는 일 전부를 우리 손으로 해야 한다면, 생활은 견디기 어려워질 것이다.

기원전 5세기 중반에 미론이 제작한 〈원반 던지는 사나이〉
원반던지기는 고대 5종 경기에 포함된 종목이었는데, 이 경기에서 우승하면 선수뿐만 아니라 그 선수를 배출한 도시국가도 크나큰 명예를 얻었다.

그리스인은 우리가 쇠의 노예(기계)에게 품은 것과 같은 감정을 인간 노예에게 갖고 있었다. 그리스인 가운데서도 진보한 사람들은 노예에 대해서 어떤 의리를 느끼고 있었던 것은 분명하다. 마치 현대의 지적인 공장주가 자기 기계장치에 대해서 의리를 느끼듯이. 노예들은 이를테면 그들로부터 노동력을 최대한 짜내는 것 말고는 목적이 없다고 하더라도, 친절하게 다루고 주의 깊게 보살펴 주어야 한다. 만일 여러분이 자동차의 고마움을 알고 있고 그것을 최대한으로 이용할 생각이라면 규칙적으로 연료를 보급하고, 눈이나 비를 맞지 않도록, 길바닥에서 고장이 나지 않도록 필요한 주의를 기울일 것이다.

이렇게 말하면 비판적인 사람은 대답할 것이다. 그 비교는 그다지 적합하지 않다. 자동차는 영혼이 없지만, 노예는 노예의 주인과 똑같은 영혼을 가진 존재이다. 물론 그렇다. 옛날보다 많은 것을 알게 된 우리가 노예제도에 바탕을 둔 옛 경제제도로 돌아갈 수는 없을 것이다.

그러나 그리스인은 그렇게 생각지 않았다. 노예제도에 무언가 나쁜 점이 있다고 깨달았더라도 이렇게 물었을 것이다. "옳은 말입니다. 그러나 노예제도를 없앤다면, 세상이 도대체 어떻게 굴러갈 수 있겠습니까?" 오늘날 탄광의 광부나 건설 인부나 또는 원양어업 어부들이 처한 위험과 고통을 이야기하는 것과 비슷하다. 우리가 할 대답도 이와 같다. 우리에게는 석탄이 필요하지 않은가? 집이 있어야 하고 생선도 있어야 한다. 우리는 그런 사람들이 자신의 일을 진정으로 좋아하는 것처럼, 탄광이나 어선에서 일하는 편이 사무실이나 공장에서 일하는 것보다 실제로는 훨씬 행복하다고 생각하면서 어떻게든 합리화하여 자기의 양심을 만족시키려고 애쓴다. 그들이 실제로 어떻게 느끼고 있는지 전혀 알지도 못하고(잡지 기사나 소설 같은 것 속에서 어쩌다가 그들을 만날 뿐이다), 우리는 가슴속 의심을 이렇게 가라앉히는 것이다.

주의하지 않으면 자칫 경제론에 빠져 버릴 우려가 있지만, 어쩔 수 없다. 경제는 공기 같은 것이라 거기서 벗어날 수는 없다. 그러나 그리스인의 예술을 연구하는 데 있어서는 다음을 마음에 새겨두어야 한다. 즉, 그리스 예술은 남의 노동력에 의지해 살아가는 소수의 예술이었다. 그래서 오늘날의 우리는 따라가지 못할 만큼 감상력이 발전할 수 있었던 것이다.

오늘날 우리는 과도기에 있다. 사람들 대부분은 우리가 만든 쇠로 된 노예에 예속되어 가고 있다. 공학자나 발명가들이 그런 추세를 더욱 가속한다. 사람의 손이 필요 없는 공장은 이제 꿈이 아니다. 시간이 갈수록 차츰 실현되고 있다. 노동시간은 꾸준히 짧아지고 있다. 최근까지 군대의 노새나 광산의 망아지처럼, 책을 읽거나 교향곡을 듣는 여유가 전혀 없이 오로지 일만 했던 많은 대중들이 이제는 상당한 여가 시간을 갖게 되었다. 언젠가는 피로한 노동자들이 짜

델포이 성지에 있는 아폴론 신전 유적 제단은 사진 속의 복원된 기둥 앞에 놓여 있었다. 아폴론의 신탁을 받으려고 많은 사람들이 이 신전을 찾아왔다.

증나는 생활의 지루함을 잊게 하는 데 불과한 라디오나 영화 따위의 보잘것없는 오락으로 짧은 시간을 소모할 필요가 없어질 것이다.

그리스 예술의 배경에 대해서는 이쯤 해 두자. 그러면 선택받은 소수의 사람들에게는 더없이 완전한 세계, 나머지 다수에게는 눈물로 얼룩졌던 이 세계에서 그리스인들은 실제로 어떤 일을 이룩했을까?

예술도 문학과 마찬가지로 성찰이 필요하다. 큰불이 났는데도 하프를 퉁길 수 있는 사람은 네로 같은 인물뿐이다. 일반적으로 어떤 예술이든 간에 불안정한 시대에는 만들어지지 않는다. 참호를 파거나, 나무를 베거나, 인디언을 학살하거나 바리케이드에서 깃발을 흔드는 손은 손가락이 너무나 굳고 거칠어져 베토벤의 소나타를 연주할 수 없을 것이다. 온종일 집행관이 올까봐 전전긍긍하는 귀로는 삶의 환희를 노래하는 송가를 들을 수도 없을 것이다. 가족을 먹여 살리기 위해 늘 감자가루나 말고기라도 얻을 수 없을까 근심해야 하는 머리는 교회 건축의 새 양식을 설계하는 머리와는 다르다.

　예술은 성찰이 필요한데, 소나기 속에서 보트를 저으며 성찰에 잠길 수는 없다. 소나기가 멎고 바다가 여느 때의 고요로 돌아갔을 때에야 지금까지 생각지도 못한 어떤 새로운 형식의 아름다움에 홀연히 눈뜨게 될 것이다. 그때야말로 위대한 시인·화가 또는 작곡가가 나타날 수 있다. 그런 엄청난 위기를 겪은 직후에 여러 민족은 모두 가장 고귀한 예술 작품을 낳았다.

　그런데 그리스의 경우, 갓 정착한 초기 시대에 대해서는 아무것도 알려져 있지 않다. 초기 정착민의 건축물과 조각품은 모두 나무로 만든 것이었기 때문이다. 기후가 이집트와는 달랐으므로 그 시대의 나무는 모두 오래전에 썩어 버렸다. 그리스인이 나중에 세운 신전의 건축법을 보면, 본디 그들은 나무로 건축을 했던 것이 틀림없음을 알 수 있다. 말로 설명하긴 어려우니(말로는 모양새나 소리를 완전히 전달할 수 없다), 시내 도서관에 가서 그리스 초기 조각상 사진을 보기 바란다. 그것을 보면 아마 무언가 비슷한 것이 떠오를 것이다. 그것은 알래스카의 토템 기둥이다. 서로 비슷한 점은 그 경직성 때문인데, 그와 같은 경직성은 조각가가 나무 기둥을 깎아 조각해야 했으므로 피할 수 없다.

　여기서 언어학자의 도움을 빌려 보자. 초기 그리스어로 '조각'이라는 말은 '깎다'라는 뜻의 동사에서 온 것이다. 여러분이 어떤 것의 유래를 알고 싶을 때는 언제나 그 이름을 연구하라. 그러면 깜짝 놀랄 일이 많은데, 단 한 단어로 이야기 전부를 알게 될 수도 있다.

　그리스의 목각상은 아직 하나도 발견된 것이 없다. 델로스나 사모스섬에서 발견된 기원전 7세기의 초기 대리석상은 나무 기둥과 매우 비슷한 모양이다. 그 조각상의 옷자락은 후기 그리스 조각에서 볼 수 있는 부드럽고 흐르는 듯한 우아함 없이 곧장 아래로 늘어져 있다. 그 무렵 조각가들은 목각의 전통에 충실히 따라야 했으므로 어쩔 수 없었을 것이다.

　초기 신전도 나무로 지은 것이 분명하다. 그것은 석조 신전을 조금만 연구해 보면 금방 알 수 있다. 그리스인은 트로이 전쟁 뒤에도 수 세기 동안 정식 신전을 짓지 않았다. 그동안은 야외에서 예배의식을 치렀다. 주변 어디에나 있는 옥석으로 간단한 제단만 쌓으면 가능했다.

　그리스인의 종교에는 세상에서 보통 말하는 직업 사제 계급이 발달해 있지 않았다. 보이지 않는 힘[1]에 의지하려는 사람에게 신탁을 전하는 중재자(그리고 이 '자유로운 조언'의 수수료를 모으는)가 필요한 곳, 예를 들면 델포이의 아폴로 신전 같은 곳에는 사제라고 부를 수 있을 만한 소수의 종교행사 관리자가 언제나 있었다. 대체적으로 그것은 매우 현명한 제도였다. 그리스인은 많은 분쟁을 일으켰고, 불필요한 전쟁을 많이 치렀다. 그러나 그리스 역사 전체를 통틀어 볼 때, 그들은 모든 분쟁 가운데 가장 비참한 것—종교 전쟁을 치른 적은 한 번도 없었다.

그러나 그리스 돌조각가들의 기술이 발달하여 마침내 신들의 살아 있는 상 (이 '살아 있는 상'이라는 말은 참으로 생생한 표현이다!)을 사람들에게 제공할 수 있게 되자, 특별한 이 대리석상을 귀한 손님처럼 모실 건물의 필요성을 느끼기 시작했다. 그래서 그들은 신상이 항구적으로 머물 사당을 세웠다. 그것이 나중에 신전이 되었다.

나무에서 돌로의 전환은 아주 자연스러운 과정이었다. 건축은 언제나 그 주변에 있는 재료의 영향을 받는다. 숲 속에 살고 있는 사람들은 대리석 교회를 세우려고 하지 않으며, 대리석 채석장 가까이에 사는 사람들은 산을 넘어 특별히 비용을 들여서까지 목재를 가져오려고는 하지 않을 것이다.

물론 투기적인 성질을 가진 폭군 가운데는, 온 세계에 자기의 권력과 재물을 과시하기 위해 일부러 세계의 끝에서 수입해야 하는 재료로 왕궁이나 신전이나 무덤을 만든 이도 있었다. 그러나 그것은 모두 과사용으로서—프랑스인이 흔히 말하듯 '대중을 경악시키기 위한 짓'이며, 그 결과는 언제나 몹시 실망스러웠다.

'추하다(dirt)'는 말은 사전적 정의에 따르면 '그 자리에 어울리지 않다(matter out of place)'는 것이다. 예술 분야에서는 무언가 조화롭지 않은 낌새가 있으면 매우 불쾌한 느낌을 준다. 예술이라는 것은 타협하지 않는다. 어울리거나 어울리지 않거나, 둘 가운데 하나인 것이다. 훌륭한 건축가들은 언제나 그것을 분별했다. 그래서 그들은 지난 20년 동안 아크나톤이나 루이 14세 시대는 벌써 지나갔다고 고객들을 납득시킬 수 있었다. 환경과 재료를 적절히 헤아려 조화

---

[1] 신의 힘을 말한다.

롭게 건축하는 것을 마땅히 여겼듯이 지금 미국에서도 그런 건축을 시도하고 있다.

그리스의 건축가들은 모든 예술의 근본인 하나의 원칙에 충실했다. 말은 되도록 적게 해야 한다는 것이었다. 그들은 일이 주어지면, 먼저 이렇게 자문했다. "이 건물이 세워지는 목적은 무엇인가?" 납득하게 되면 그에 따라서 설계하고, 그런 다음 그 건물로 모든 말을 대신했다. 그러므로 그들의 신전은 철도역과 닮지 않았고, 철도역은 은행과 닮지 않았으며, 은행은 신전과 닮지 않았고, 그들의 대학은 골프장과 닮지 않았다. 물론 그리스인은 철도역을 지었을 리 없다. 나는 물론 시대를 마구 섞는 오류를 범하고 있다. 그러나 독자 여러분이 우리 현대 도시를 잘 알고, 아울러 보는 눈을 가진 사람이라면 내가 말하고자 하는 뜻을 알 수 있을 것이다.

그러면 이번에는 고대 그리스의 신전에 관한 몇몇 사실을 이야기해 보자. 그리스 신전은 차 한 대 들어갈 만한 차고 같은 단순한 것이었다. 신전은 모두 한 신의 주거였기 때문이다. 그리스인은 중용의 감각을 갖고 있어서 신들을 뒤죽박죽 섞지 않았다. 어떤 신전을 제우스에게 바쳤으면 그것은 제우스만의 것이었으며, 아내 헤라나 딸 아테나와 같이 쓸 의무는 없었다. 물론 그들의 권리 사이에는 매우 차별이 있었다. 이리하여 이 신들은 자신의 신전을 따로 갖고, 지성소에서 남편이나 아버지 신에게 허용되는 사생활을 즐길 수도 있었다.

초기 신전은 바닥과 사방의 벽·지붕·문만으로 되어 있었다. 문이 창문 역할도 했다. 이 돌상자 같은 신전의 한쪽 끝, 즉 문과 정반대쪽 제일 밝은 곳에 이 집 주인의 조각상이 서 있었다. 신상은 청동이나 대리석 또는 둘 모두를 함께 쓴 것이며, 흑단·상아·금으로 장식했다. 우리가 생각하고 있는 것과 반대로 그리스인은 화려하고 번지르르한 것을 매우 좋아하는 국민이었다.

번지르르하다(gaudy)라는 말은 '불필요하게 과시하는 것', '현란한 색채로 속되게 보이는 것'이라는 뜻으로 차츰 쓰였다. 그러나 로마시대에는 '가우디움(gaudium)'이라고 하여 '감각적인 즐거움'뿐만 아니라 '마음속의 기쁨'도 뜻했다. 그리스 신상이 '번지르르하다'는 말은 화려하고 경쾌한 색깔의 배합이 그들의 마음을 순수한 기쁨, 크리스마스트리를 처음 보는 어린아이의 기쁨 같은 것으로 채웠다는 것이다.

그리스 예술이 1천 년 동안 의도적으로 무시되다가 재발견되었을 때, 조각상이나 신전의 돌은 옛 그대로 남아 있었지만, 채색은 전부 벗겨진 상태였다. 이 옛 예술 작품을 되살린 사람들은 사실 그리스 세계와는 완전히 단절되어 있었다. 그들은 집 뒤뜰에서 그것들을 파냈을 뿐이지만, 그리스

비너스의 미소 미의 여신 아프로디테(비너스) 조각상 부분. 밀로 작.

인이나 로마인이 만든 것은 자기들이 도저히 미치지 못할 만큼 뛰어난 것이라고 진심으로 믿고 있던 사람들이라는 것을 염두에 두자. 그들은 옛 그리스 조각상을 감히 비판하려 들지 않았다. 마치 최근까지 유럽에서 확고한 명성을 떨친 뒤 미국에 오는 성악가나 연주가의 솜씨를 감히 의심하지 못하는 미국인과 같다.

그러나 그보다도 더 나쁜 일이 일어났다. 르네상스에 열광한 사람들은 그래도 아름다운 것에 순수한 애정을 품었지만, 그 뒤 등장한 공론가들은 그리스 예술을 '완벽한 본보기'로 삼고 그것을 기준으로 미학적 평가의 일관된 체계를 만들고 싶어 했다. 그런데 그것은 결코 완벽하지 않았고, 기술적으로는 이집트인이나 불교 조각가들보다 뒤떨어졌다. 그리스인들 스스로도 완벽하다고 주장하지 않았다. 그들은 다만 정직하고 성실한 공예가였을 뿐이고 자신들이 뛰어나다는 생각도 하지 않았으므로, 작품에 서명할 생각조차 없었던 것이다. 그러나 18세기와 19세기의 현학자들과 교수들은 르네상스 대중의 아마추어 취미를 깊이 경멸하며, 그리스 조각에 과학적 토대를 놓으려고 했다. 그들은 어떤 것이

좋은지 그리스인 자신들보다 잘 알고 있다고 자부했다. 그들이 중요하게 여긴 것은 고대 그리스의 거장들이 근육 운동을 표현한 선, 윤곽, 훌륭한 솜씨뿐이었다. 그래서 그들은 석고상도 그런 중요한 요소를 담고 있다고 보고 원작 못지않게 훌륭하다고 보았다.

나는 흔히 이런 생각을 한다. 페이디아스가 만일 석고상을 모은 박물관에 발을 들여 놓았다면 뭐라고 말할까? 그는 아마 자기 작품을 인정하는 데 몹시 얼떨떨해할 것이다. 마치 샤 자한이 버밍엄에서 푸른 조개로 만든 타지마할의 모조품을 바라보았을 때, 또는 베토벤이 자기의 〈레오노레 서곡〉을 트럼펫이 아니라 우쿨렐레로 연주하는 것을 들었을 때처럼 크게 당혹스러워하지 않을까?

나는 이 장을 조각으로 시작했는데, 당연한 일이다. 사람들은 그리스 예술이라고 하면 먼저 조각을 생각한다. 신전은 그리스에 가지 않으면 자기 눈으로 보지 못한다. 도자기는 재미있기는 하지만, 언제나 검정과 붉은색의 되풀이라 싫증나기 쉽다. 박물관 진열장의 조그만 상자에 들어 있는 화폐는 그다지 신통치 않다. 그러나 그리스 조각은 서양인의 의식에 깊이 파고들어가 있다.

그리스 조각은 목각술과 토템 기둥 기법에서 시작했다. 이어 목각 대신 석각이 등장했는데, 목조각이 가진 오랜 경직성이 남아 있었다. 그리고 얼굴의 판에 박은 미소, 이른바 고대 미소(archaic smile)도 남아 있었다.

전 세계 곳곳에 있는 아주 오랜 조각에 볼 수 있는 고대 미소는, 실은 미소를 의미하는 것이 아니었다. 그것은 대개 슬픔을 표현하려고 한 것이었다. 그러나 고대의 서툰 조각가들은 그 표현 방법을 알지 못했으며, 그 때문에 조각이 약간 웃음을 머금은 것처럼 되어 버렸다. 초상을 그려 본 적이 있는 사람은 그 뜻을 알 수 있을 것이다. 코는 쉽다. 눈은 어렵지만 그런대로 그릴 만하다. 입은 어느 부분보다도 가장 어려운 곳이다. 입을 잘 그릴 수만 있으면 일류 예술가이다. 일류는 아니라 해도 누구나 알고 있는 저 모나리자의 미소쯤은 우습게 그려낼 것이다.

"이 아름다운 미소 좀 보세요." 루브르 미술관을 관람하는 사람들이 이렇게 말한다. "영원한 여인의 미소. 어쩌면 이렇게도 의미심장하죠? 꿈꾸는 듯하면서도 지혜로운 미소!"

▲**청동 가면** 고대 그리스 배우는 비극을 연기할 때 이런 가면을 썼다. 기원전 4세기.

▶**기원전 4세기 항아리 그림(부분)** 비극시인 아이스킬로스의 〈오레스테이아〉의 한 장면.

꿈꾸는 듯하다고? 천만에, 꿈꾸는 듯한 느낌은 확실히 있지만, 그것은 의도하여 생긴 효과가 아니다. 레오나르도는 건축과 데생에 뛰어났지만, 많은 일류 데생 화가들이 그렇듯이 위대한 색채 화가는 아니었다. 그의 '영원한 여인'의 그 꿈꾸는 듯한 미소는 그림이 서툴다는 표시였다. 레오나르도는 최선을 다하기는 했지만, 초기 이집트 시대나 그리스 중기(및 현대의 어린아이들)처럼 기술이 그 의도를 따를 만큼은 되지 않았다.

그러나 연습은 완벽을 낳는다. 상투적인 말이지만 나는 상투적인 말 속에 그 시대의 지혜가 담겨 있다는 것을 깨달았으므로, 이제 이 말을 쓰는 것을 부끄럽게 생각지 않는다. 연습은 완벽을 낳으므로, 수 세기 동안 대리석을 깎은 끝에 그리스 석공들은 마침내 기술 영역에서 숙달하여, 손목과 손가락을 자유자재로 움직일 수 있게 되었다. 그것이 되지 않으면 그림이든 조각이든 연주에서든(아울러 야구에서도), 어떤 형식의 예술에서 낡은 양식에 머물 수밖에 없다. 아니면 목각에 그치거나 아마추어로 남거나, 아무튼 바람직하지 않은 상태에서 벗어날 수 없다.

나는 아마추어를 크게 옹호한다. 그러나 훌륭한 아마추어는 '아마추어 냄새'

가 나는 것을 조심스레 피한다. 아마추어 냄새란 어떤 뜻인가? 조금 재능이 있다고 해서 형편없이 모자라는 기술을 극복할 수 있다고 생각하는 거만함이다.

남성이든 여성이든 또는 어린아이라도 나름대로 표현할 권리가 있다는 말을 요즈음 자주 듣는다. 나는 한순간이라도 그 훌륭한 권리를 부정하지는 않는다. 다만 그 작품은 어디다 넣어 두기 바란다. 기술 없는 천재는 보기에도 듣기에도 너무나 안타깝기 때문이다.

20년 전이라면 이 점을 강조할 필요가 없었을지도 모른다. 그러나 지금은 다르다. 생활의 전반적인 부분에서 모든 옛 가치에 대한 재평가가 진행되고 있다. 이런 흐름은 우리의 신진 음악가·화가·시인 속에도 뚜렷이 나타난다. 사람들은 흔히 묻는다. "어째서 여전히 기술만을 거듭 강조하는가? 왜 '고전적 방법'을 고집하는가? 재능만으로 충분하지 않은가?"

아니, 재능만으로는 충분하지 않다.

조금 앞에서 나는 천재를 '기술의 완벽함 더하기 다른 그 무엇'이라고 말했다. '그 무엇'은 신의 은총처럼 형용하기는 어렵지만 그것을 보고 듣고 맛보는 순간에 누구나 느끼는 그 무엇이다 라고 정의했다. 다른 그 무엇이 대체 무엇인가 하는 것은 상황에 따라 여러 가지로 의견이 달라질 것이다. 그러나 기술이라는 것은 언제나 똑같다. 기계적 숙련은 언제나 끊임없는 연습을 통해 신경과 근육을 절대적으로 다스릴 수 있는 것이다. 숙련된 근육이 무의식적으로 자동차를 자신의 일부처럼 여기며 운전하는 것과 같다.

누구나 자동차의 출발과 정지 방법을 배울 수는 있다. 누구나 도로 규칙과 다른 자동차를 앞지르는 방법과 소화전을 피하는 방법을 배울 수 있다. 그러나 정말로 능숙한 운전사는 그 지식이 신경과 근육에 융합되어 있어서 육감으로 동작할 수 있다. 안쪽이 잘 보이지 않는 옆길에서 다른 자동차가 불쑥 튀어 나온다. 이때 그는 자동적으로 어떻게 해야 할지를 안다. 멈춰야 하는지, 가속해야 하는지, 오른쪽으로 혹은 왼쪽으로 피할지를 정확히 알고 있다. 이것은 예술에서도 마찬가지이다. 천재란 멋진 것이다. 신이 천재의 만분의 일이라도 준다면 감사할 것이다. 그러나 필요한 기술이 따르지 않으면 천재는 오히려 장애물이 될 것이다. 기술을 습득하는 유일한 방법은 노력하고 또 노력하고, 더 한층 노력하는 것이다.

유명한 '알렉산드로스 대왕의 석관(사르코파구스)' 돋을새김   이 석관은 기원전 305년에 제작됐다. 사진을 보면 알 수 있듯이 고전 작품보다 훨씬 사실적이다. 왼쪽에서 사자 머리 같은 투구를 쓴 채 말을 타고 있는 인물이 알렉산드로스.

위대한 그리스 조각가들의 개인적인 생활에 대해서는 아주 간단히 해도 된다. 그에 관해서 우리는 실제로 아무것도 알지 못한다. 그들은 자기 자신에 관한 것보다 일에 더 흥미를 갖고 있었다. 작업장에서 나가는 작품에 서명하는 일은 거의 없었고, 일반 사람들도 그것을 당연하게 여겼다. 마치 오늘날의 고층 건물이나 교량의 철골을 짜 맞추고 있는 인부가 서명하지 않는 것이 당연한 것과 같다.

우리는 지난 400년 동안 수천 점의 그리스 조각품을 모았는데, 그리스인이 전 문명 세계에 전해 준 수많은 작품에 비하면 얼마 안 되는 것이다. 그리고 유감스럽게도 상태가 좋은 작품이 많지 않다. 작품 대부분이 인간과 비바람으로 크게 손상되었다. 비바람이나 우박보다도 인간으로 인한 피해가 더 심각하다. 그러나 조각의 한 파편에도, 몸통이나 머리에도 그것이 만들어진 무렵의 뛰어난 기술이 잘 나타나 있다. 고대 에게해 문명의 쇠퇴와 이른바 페리클레스의 황금시대 사이에 기술이 얼마나 훌륭하게 발전했는지 주의해 보면 재미있다(실물 사진을 꼼꼼하게 비교해 보면 그것을 알 수 있다).

먼저, 눈의 무표정한 시선이 사라졌다. 이어 얼굴의 경직성이 없어졌다. 그 눈·

코·입·팔다리의 근육 조직 및 몸체 그 자체가 나타내고 있는 것은, 예술가들이 이미 유형을 표현하는 데(그들 전에는 이집트인과 바빌로니아인이, 그들 후에는 비잔틴인이나 러시아인이 했듯이)에 만족하지 않고, 모든 세계의 인간·말·소 등 대상들의 특질을 표현하려고 노력했다는 것이다. 이것은 그 무렵의 조각뿐 아니라 그림이나 도자기에 대해서도 마찬가지이다. 같은 일이 음악에도 일어났다고 충분히 생각할 수 있지만, 고대 그리스의 음악에 대해서는 뚜렷한 것이 아직 알려져 있지 않으므로 억측은 삼가기로 한다.

그러나 그리스의 연극에 대해서는 우리도 친밀하다. 우리는 기원전 500년의 그리스 연극을 1937년의 미국 연극만큼이나 잘 알고 있기 때문이다. 그 연극 기술상의 훌륭한 발전은, 재앙이 이 나라를 엄습하여 그리스인들이 그 지위를 잃고 순수한 민족성마저 잃어버린 무렵에조차 모든 방면에서 얼마나 급속히 진보를 이루었는지 알 수 있다.

기원전 500년 무렵의 그리스는 바위가 많은 조그마한 반도로서 이렇다 할 천연자원도 없는 가난하고 조그만 나라였다. 더욱이 세계의 한쪽 구석에 위치하여 위대한 문명의 중심지인—수천 년 전부터 이어진 이집트·칼데아·크레타 등 여러 도시에서 떨어져 있었다. 소아시아 연안에 사는 그리스인과 이 지방을 갓 정복한 페르시아인 사이에 분쟁이 발생한다. 아테네인들은 불만이 더욱 거세게 폭발하도록 부추겼다. 한몫 단단히 벌 수 있는 기회라고 생각하고는 반역자들에게 자금을 보내고 추가 지원을 암시했다. 그러나 반란은 아주 쉽게 진압되었다. 앞으로 이런 불쾌한 일이 일어나지 않도록 하기 위해(소아시아는 황제의 수도 수사에서 멀리 떨어져 있으므로) 페르시아인들은 트로이를 지나는 동서간의 오랜 통상로를 장악하고, 유럽 본토에 거점을 만들며, 아테네시를 전멸시킨다는 계획을 세운다. 그것은 실수할 리 없는 완벽한 계획이었다. 아테네는 세계의 한쪽 끝에 있는 조그만 마을에 지나지 않았기 때문이다.

페르시아군은 서쪽으로 이동을 개시하여 바다를 건너 유럽을 침공했다. 그런데 마라톤에서 아테네인과 그 동맹자 플라타이인은 페르시아인을 깡그리 바다로 밀어 넣고 말았다.

페르시아군은 진용을 재정비하는 데 3년이 걸렸다. 이번에는 공공연한 전면전을 피하고 아시아의 오랜 전통 수단을 썼다. 그리스의 심장부로 통하는 통로를 돈으로 매수한 것이다. 에피알테스라는 매국노가(고대 그리스는 아일랜드에 이어 어느 나라보다도 이 배신이라는 큰 병에 시달렸다) 고개를 지키고 있는 스파르타인의 눈을 속여 침입하는 방법을 적에게 가르쳐 주었다. 레오니다스와 그 부하들이 결사적으로 맞섰으나, 아테네는 점령당하고 시가와 아크로폴리스의 신전은 불타 버렸다. 며칠 뒤 그리스 함대가 페르시아 선단을 무찔렀다. 전쟁은 승부 없이 끝났다.

멀리 페르시아에 있는 황제는 이 소식을 듣고 격노했다. 조그만 식민지 전쟁이 이제 동방과 서방 사이의 전쟁으로 번졌다. 아시아군은 새로운 용병을 고용하여 세 번째 유럽 정벌에 나선다. 플라타이아와 미칼레에서 그리스군과 맞선 동방군은 땅과 바다에서 결정적인 고배를 마셨다. 그리스는 이제 침략의 위협에서 벗어났다.

그리스인들의 마음은 겸허하다. 위대한 기적을 행하여 자기 자식들을 외국의 노예가 되지 않도록 구해준 신들을 찬양하는 승전가가 울려 퍼졌다.

예부터 드높은 언덕 아크로폴리스 기슭엔 조그만 벽돌집이 몇 채 있었다. 거기에 사는 시민들은 페리클레스·소포클레스·에우리피데스·아이스킬로스·아낙사고라스·칼리크라테스·제논·헤로도토스·폴리그노토스 그리고 열정적인 소크라테스 같은 사람들이었다. 소크라테스는 채석장을 뛰쳐나와 인간의 영혼이라고 불리는 단단한 재료에 대해 비타협적인 지성의 끌을 휘두른다.

그 뒤 별안간 뚜렷한 이유도 없이 전쟁이 일어났다. 꼬박 한 세대 동안 이어진 전쟁은 지금껏 가장 비극적인 결과를 낳았다. 전쟁의 한쪽 편은 아테네와 아티카 사람들이었다. 그들은 매우 호기심 많고, 독립심이 강하며, 권위에 복종하지 않는 오만한 성품에다 의심이 많아 따지기를 좋아하고, 언제든 올림포스 산꼭대기를 정복할 용의가 있으며, 명예와 기쁨만 얻을 수 있다면 어떤 모험이든 마다하지 않는 사람들이었다. 또 한쪽은 내륙에 사는 라케다이몬인, 둔하고 재치 없는 스파르타인이었다. 그들은 조상으로부터 전해 내려오는 세 가지 덕—종족의 순수성·육체적인 인내 및 사회 전체의 이익에 대한 맹목적인 복종을 굳게 지키고 있었다.

개미도 끝까지 버티면 화려한 벌새에게 이길 수 있다. 페리클레스가 죽은 지 25년이 지나자 아테네의 성벽이 허물어지고, 해군은 적에게 투항하고, 민주적인 정치 체제는 기능이 마비되었다. 아테네는 그 무렵 북녘 땅의 한 부족이 세운 갓 건설된 제국에 병합될 위기에 처해 있었다. 뒷날 이 제국 부족장의 아들인 마케도니아의 젊은 알렉산드로스는 제국의 영토를 세계의 끝까지 넓힌다.

이리하여 그리스는 이제 독립된 정치적 단위로서의 기능을 잃었다. 성가신 국정에서 벗어난 그리스인은 이제 예술·문학·연극·음악·요리법 및 예법의 안내서를 온 세계에 제공하는, 한결 어울리는 일에 온 정력을 쏟을 수 있게 되었다.

그러나 자신의 운명에 스스로 책임을 지지 않게 된 순간, 그들은 진정한 민족성을 잃고 말았다. 그리스 예술가는 이제 그들이 살고 있는 사회의 감정을 표현하지 않게 되었다. 아테네 도공의 작업장에서 만들어진 작품에는 이제 천진난만함과 명랑함이 없어지고, 조각은 굳이 옛 아티카 땅이 아니라도, 나폴리에서나 마르세유에서나 다를 바가 없었다.

예술에는 필연성이란 것이 있다. 우리는 이미 그것을 그리스에서 보았다. 앞으로 우리는 르네상스의 이탈리아, 17세기의 네덜란드 및 그 1백 년 뒤의 프랑스에서 그것을 만나게 될 것이다.

또한 다른 목적으로 만들어지는 예술도 있다. 그것은 모두 질이 낮은 것이다. 그 기술이 전보다 못하다는 것이 아니다. 기술적인 완벽함은 창조성이 사라진 뒤에도 오랫동안 남는다. 그리스의 도시국가들이 정치적 독립을 잃고, 세계제국의 일부가 되어 버린 뒤에 일어난 일이 바로 이 같은 것이다.

노련한 조각가가 이런 말을 혼자 중얼거린다. "이 니오베[2]를 약간 요염하게 만들어야지. 가슴을 좀 더 볼록하게 해야겠는걸. 그렇게 하지 않으면 로마의 그 뚱뚱한 전쟁 졸부들은 좋아하지 않을 것이고, 돈을 절반도, 어쩌면 한 푼도 주지 않을지 모르거든."

수백 년 동안 이어진 직업의 전통에 존경심을 품고 있던 성실한 도공은 갓

---

2) 그리스 신화에 나오는 여신으로 탄탈로스의 딸. 암피온의 아내가 되어 4남 4녀를 낳았다. 레토의 자식이 둘뿐인 것을 멸시했으므로 레토의 노여움을 사 자식들이 모두 살해당했으므로 니오베는 울다가 그만 돌이 되었다고 한다.

건설된 알렉산드리아의 도매상에게 이런 편지를 쓴다. "구식 도안을 조금 바꾸어 보았습니다. 아마 이집트 시장의 취향에 더 맞을 것입니다. 양초도 10그로스[3]쯤 주문해 주시기를 기다리고 있겠습니다."

한 나라의 역사에 이런 순간이 닥쳤을 때는 해일이라도 덮쳐서 바닷속 깊숙이 가라앉혀 주는 편이 나을 것 같다(적어도 예술의 관점에서 본다면). 이 세상에서 천재의 자살만큼 비극적인 것은 없기 때문이다.

그래도 페르가몬과 안티오크 같은 그리스 식민지 여기저기서 옛 기운이 갑자기 되살아나, 그 불길은 예전처럼 밝게 타올랐다. 이를테면, 바티칸 박물관을 방문한 사람이 평생 잊지 못하는 라오콘과 자식들의 군상 또는 〈죽어가는 갈리아인〉과 〈아폴론〉(〈발코니의 아폴론〉으로서 더 잘 알려져 있다) 같은 조각은 기술적으로는 일찍이 만들어진 어느 것에도 뒤지지 않았다. 그러나 차이점은 있다. 말하자면 좀 지나칠 만큼 훌륭하고 완벽하다. 그 때문에 오히려 무언가가 결여되어 있다. 자연스러운 요소가 없어진 것이다. 이들 조각은 이제 더 이상 자체의 힘을 갖고 있지 않다. 그래서 이야기가 필요하다. 이를테면, 어느 갈리아인이 아내를 죽이고 자살했다는 식의 이야기다. 나중에 로마에서도 그러한 것을 보게 될 것이다. 예술 그 자체가 하나의 이야기가 되지 못하고 다른 이야기, 특히 꾸민 이야기를 하기 시작할 때, 언제나 예술의 종말이 시작된다.

---

3) 1그로스는 12다스.

7장
페리클레스 시대

흔히 볼 수 있는 조그만 바위 하나가 세계에서 가장 유명한 신전이 된 이야기

페리클레스는 36년 동안 아테네인들의 구심점이었다. 그는 칭호도 관직도 없었다. 동료 시민들은 그가 지도자로서 가장 적당했으므로 그를 받아들인 것이다. 누군가 달리 고를 만한 사람도 없었다. 그들의 선택은 적어도 한 가지 점에서는 옳았다. 페리클레스의 고향 아테네시가 인류 사상 아주 특이한 예술적 승리를 차지할 수 있었던 것은 의심할 것도 없이 그의 영향에 의한 것이었기 때문이다.

페리클레스 자신은 웅변 말고는 어떤 예술에서도 뛰어나지 않았다. 그러나 그는 다른 사람들에게 기회를 주는 추진력이 있었다. 그는 강력한 지위를 이용해 모든 반대를 무릅쓰고 성공을 거뒀다. 당연한 일이지만, 그의 예술에 대한 뉴딜 정책[1]을 공공연한 독직이라고 생각한 사람들이 무척 많았던 것이다. 그들은 더 실용적인 곳에 쓰여야 할 돈이 터무니없는 곳에 낭비되고 있다고 여겼다. 그 증거로 페리클레스가 죽자마자 아테네인 폭도들이 그의 수석 조수였던 페이디아스를 해치려고 하여 페이디아스는 부랴부랴 이웃 섬으로 달아나 자기 몸을 보전해야 했다. 그는 거기서 망명 생활을 하며 여생을 보냈다.

아울러 말해 두지만, 페이디아스의 도피와 망명 이야기는 유명한 건축가이자 조각가였던 그의 생애에 관해서 알려져 있는 거의 유일한 구체적인 사실이다. 그가 태어난 날도 알려지지 않았고, 죽은 날도 뚜렷하지 않다. 그 자신이 만든 것으로 믿어지는 작품 원작은 하나도 남아 있지 않다. 그 무렵 사람들은 아

---

1) 루스벨트 대통령이 1930년대에 실시한 경기 진흥 정책.

무도 그를 상세한 전기를 써 줄 만큼 중요한 인물이라고는 생각하지 않았다. 그가 죽은 지 200년이 지나서야 플루타르코스는 그의 전기를 썼는데, 문학적 효과를 높이기 위한 재미 있는 대목을 쓰기 위해 떠도는 소문에서 재료를 얻어야 했다. 그러나 플루타르코스가 없었더라도 페이디아스의 이름은 기억되었을 것이다. 왜냐하면 그는 아크로폴리스를 세운 책임자였기 때문이다.

아크로폴리스는 우리에게 자연의 배경과 구조의 완벽함과 사회적 유용성을 잘 결합한 본보기가 되고 있다. 그 언덕은

페리클레스의 흉상 크산티포스의 아들 페리클레스는 파르테논이 건립될 무렵에 아테네에서 활약한 유력한 정치가였다. 수염 난 페리클레스가 투구를 머리 위로 올린 모습.

부근의 경관을 내려다볼 만큼 높지도 않았고, 다른 데에서 내려다볼 만큼 낮지도 않았다. 그 꼭대기의 건물은 일정한 사용 목적으로 세워진 것이며, 최대한 재료를 아껴 그 목적을 이룩했다. 그 언덕과 신전은 아테네인들에게 더없이 자연스러운 시민 생활의 중심이며, 전시에는 성채가 되고, 평시에는 신전이 되었다. 또 세계의 다른 지방에 대해서는 리카비토스 산기슭에 있는 이 고상한 도시 아테네의 긍지와 힘, 재능을 보여 주는 가시적인 표현이었다.

아크로폴리스 언덕의 가장 중요한 신전에는 제우스의 머리에서 태어나 남달리 뛰어난 지혜를 가진 여신을 모셨다. 많은 그리스 도시인들의 수호신이자 고민을 들어주는 상담자로 숭앙된 처녀신 아테나였다. 그녀는 배다른 동생 디아나와 마찬가지로 오만하고 교제를 싫어하는 여신이었으며, 올림포스산의 시끄러운 친척들과는 좀처럼 사귀려고 하지 않았다. 그러나 유사시에는 당당한 전사로서 활약했으므로 투구를 쓰고, 칼과 창을 든 모습으로 많이 남아 있다.

이 여신의 이름을 도시 이름으로 쓰고 있다는 것을 언제나 자각하고 있던 아테네 주민들은 가장 중요한 신전을 아테나 파르테노스를 위해서 건립했던 것이다. 로마의 성 베드로 성당에 해당하는 이 신전을 건립하기 위해 아테네인들은 꼬박 20년 동안이나 펜텔리코스산에서 가장 질 좋은 대리석을 캐냈다.

옛 아크로폴리스가 페르시아 침입자들에 의해서 파괴되고 타 버린 것은 그리 오래된 일이 아니어서 불과 수십 년 전, 정확히 말하면 기원전 480년이었다. 공포에 질린 피란민들은 가까운 살라미스섬과 아이기나섬에서 흰 연기가 서서히 아티카의 푸른 하늘에 솟아 오르는 것을 지켜보고 있었다. 그런데 보라, 기적이 일어난 것이다. 페르시아인은 이제 아이들을 달랠 때나 언급되는 도깨비에 지나지 않게 되었다. 아테네는 그리스의 구세주, 가장 부강한 식민지 권력의 지도자, 머지않아 그리스를 유력한 통일 국가로 만들어 줄 독립 도시국가 동맹의 사실상의 지도자가 된 것이다.

아테네의 짧은 전성시대 동안 파르테논과 아테나 니케[2]의 신전이 세워졌다. 또한 수호신 아테나 폴리아스의 사당을 여상주(女像柱)[3]가 둘러싸고 있는 에렉테움, 아크로폴리스 언덕으로 통하는 프로필라이아 문도 이때 만들어졌다.

이런 건축물 가운데 가장 중요한 파르테논은 이웃 건물들을 제압할 정도의 크기였지만, 현대인에게 낯익은 크기에 비하면 매우 작은 편이다. 46개의 바깥 기둥이 남아 있는 기단은 길이와 폭이 70미터와 30미터에 지나지 않았으며, 내실(성소)은 58미터와 21미터이다. 여기에 아테나 파르테노스의 상이 서 있었다. 높이가 13미터로 거의 지붕에까지 닿을 정도였다. 벽은 검붉게 칠해졌고, 천장은 화려한 색이 칠해져 있었다.

페이디아스가 만든 것으로 추측되는 아테나 여신상은 이미 오래전에 없어져 버렸다. 그래서 이제는 훨씬 후대에 만들어진 조그만 복제품으로 그 모습을 짐작할 수 있을 뿐이다. 여신상이 청동과 금, 상아로 만들어졌으며, 아테네가 오랫동안 온갖 외인부대 용병들에 의해 장악되어 있었음을 생각해 보면 신상이 없어진 것도 놀라운 일은 아니다.

이처럼 여러 재료를 쓴 조각은 그 뒤 만들어지지 않았다. 그러므로 그 제작

---

2) 승리의 아테나.
3) 여인상이 지붕을 받치는 둥근 기둥.

연설하는 페리클레스 아테네 시민들은 30여 년 동안 페리클레스가 이끄는 대로 따랐다. 그의 뛰어난 지혜와 웅변술은 모든 사람을 감동시켰다.

과정에 대해 알아보는 것도 좋겠다. 심은 나무로 만들고, 그 심 주위에 찰흙 같은 것으로 신상의 형태를 제작했는데, 이 재료는 정확히 무엇인지 알 수 없다. 이 찰흙 같은 재료 위에 상아판을 여러 개 붙여 피부를 표현했다. 옷과 장신구는 순금으로 만들었다. 그 금만도 44탈렌트, 현재의 가치로 환산하면 70만 달러가 넘는다. 여기에 약탈자들을 풀어 놓고, 무슨 짓이든 마음대로 해도 괜찮다고 하면 무슨 일이 일어날지는 뻔하다.

약탈자들이 떠났을 때는 신전의 둥근 기둥과 벽과 지붕 말고는 남아 있는 것이 없었다. 원래는 50개쯤 되는 실물 크기의 조각상이 박공벽을 장식하고 있었고, 경사진 두 지붕과 벽이 맞닿은 삼각형 모양의 공간이 있었으며, 신화적 인물을 묘사한 길이 157미터, 폭 1m짜리 프리즈가 차양 밑에서 신전을 한 바퀴 빙 둘러싸고 있었다. 지금 그 가운데 제 위치에 남아 있는 것은 박공에 있는 두

상 몇 개와 프리즈 일부뿐이다.

프리즈에는 판아테나이아라는 축제 끝에 벌어진 웅장한 행렬이 그려졌다. 그것은 4년에 한 번 거행되었는데, 달리기·높이뛰기·투원반·전차 경주 같은 모든 스포츠가 베풀어졌다. 마지막 날에는 주민 전체가 파르테논으로 행진하여, 처녀신 아테나에게 아테네 처녀들이 짜서 수를 놓은 오렌지빛 의상을 바쳤다. 그와 동시에 여러 가지 행사에서 이긴 승리자는 월계관을 받았다. 이 판아테나이아의 축제는 그리스의 모든 축제 가운데에서 가장 크고 성대했다. 10년에 걸쳐 완공된 파르테논 신전을 공식으로 헌상한 것은 기원전 438년 판아테나이아 축제의 마지막 날이었다. 이 축제는 그리스가 독립을 잃고 로마 제국의 일부가 된 뒤에도 수백 년 동안 남아 있어서, 기원후 3세기까지 이어졌다. 그러므로 파르테논은 꼬박 7세기 동안 신전으로서의 명맥을 유지했다고 할 수 있다.

오늘날 그 훌륭한 프리즈의 일부는 런던에 있으며, 일부는 아테네 박물관에 있다. 박공벽에 남아 있는 두상들은 1801년 영국의 터키 주재 대사 엘긴(Elgin) 경이 허가를 얻어 '보호하기 위한' 명분으로 운반해 갔다. 그리고 지금까지 대영박물관에 있다. 엘긴의 이 행위는 흔히 예술 파괴라고 비난받지만, 나는 그가 진심으로 남아 있는 유물을 보호하기 위해 그렇게 했다고 확신한다. 아크로폴리스에는 참으로 슬픈 이야기가 있기 때문이다.

우리라면 재료를 배로 몇 번이나 실어 날라야 했겠지만, 아크로폴리스의 노련한 건축가들은 최소한의 시멘트와 모르타르로 완성했다. 그들은 접합 재료를 쓰지 않고 커다란 대리석 덩어리와 기둥들을 짜 맞추었다. 기둥은 둥근 대리석판(전문적으로 말하면 '드럼'이라고 부른다)을 쌓아 조립했다. 그 가운데에는 청동이나 나무축을 꽂아 안정시켰다. 만일 이 신전이 일부러 쏜 포화에 의해서 파괴되지 않았더라면, 지금도 준공 무렵의 모습 그대로 남아 있었을 것이다.

이 신전이 실제로 파괴된 것은 17세기 말이지만, 그전에 이미 종교적 광신도들의 만행으로 매우 심각하게 손상되어 있었다. 5세기경 처녀신 아테나의 신전 파르테논은 그리스도교 교회로 개조되어 동정녀 마리아에게 바쳐졌다. 그때 입구가 동쪽에서 서쪽으로 옮겨지고, 내부도 완전히 바뀌었다. 부인용 특별석과 설교단이 만들어지고, 벽에는 그리스도 사도들의 그림이 그려졌다. 1456년에는 그리스도교 교회에서 터키의 모스크(회교 사원)로 바뀌었다. 내부는 그리

아테네의 파르테논 신전　아테네의 아크로폴리스는 기원전 480년 페르시아군의 공격을 받아 파괴됐지만 그로부터 40년 뒤에 페리클레스의 지휘 아래 재건됐다. 사진 속 파르테논 신전은 기원전 447년부터 432년에 걸쳐 세워졌다. 파르테논이라는 이름은 아테네의 수호신 아테나가 '파르테노스(처녀)'인 데서 유래했다.

스도 교도의 예배에 필요했던 것은 모두 치워지고 회교도들에게 기도 시간을 알리기 위한 미나레트가 한쪽 끝에 세워졌다.

　1675년 영국인 두 사람이 아크로폴리스를 방문했을 때 페리클레스 시대의 많은 조각들이 그대로 남아 있는 것을 발견했다. 그러나 그 12년 뒤 쾨니히스마르크 후작이 인솔하는 베네치아군이 아테네를 포위 공격했다. 터키 방어군은 벽이 두꺼운 파르테논을 탄약고로 썼다. 그해 9월 26일 금요일, 한 독일인 중위가 치명적인 포격을 가하여 파르테논을 폭파해 버렸다. 그 폭발로 병사 3백 명이 죽고, 사흘 뒤에는 터키군이 항복했다.

　베네치아군 사령관은 서쪽 박공벽에서 포세이돈 상과 아테나의 전차에 달린 말 조각상을 떼내려고 했으나, 부하들이 그만 실수하여 떨어져 박살나 버렸다. 그 1년 뒤 베네치아군이 떠나고 아테네는 다시 터키인의 손에 들어갔다. 그들은 파르테논의 폐허 속에 다시 모스크를 세웠다.

19세기 초에 엘긴 경이 남아 있는 조각을 가져갔다. 그리고 그 뒤 그리스 독립 전쟁이 일어났다. 이것은 1821년부터 1829년까지 이어졌는데, 그동안 아크로폴리스는 다시 몇 번인가 격렬한 전투 무대가 되었다. 결국 페이디아스와 페리클레스 시대의 건축물로서 남아 있는 것은 잔해뿐이다.

도덕가인 척 굴기는 싫다. 만일 아크로폴리스가 페르시아인, 로마인 또는 고트족에게 파괴되었다고 해도 달라질 것은 없다. 실제로 그들도 얼마든지 그럴 수 있었기 때문이다. 그러나 하버드 대학교가 개교 50주년(1686년)을 맞았을 때만 해도 아크로폴리스의 건물들이 원형 그대로 그 자리에 서 있었다는 것을 생각하면, 화가 치밀어 못 견딜 지경이다.

페리클레스는 펠로폰네소스 전쟁이 일어난 2년 뒤인 기원전 429년에 전염병으로 죽었다. 기원전 404년에 아테네는 스파르타인에게 항복했다. 그래도 옛 정신은 이 도시의 예술 속에 한참 동안 살아 있었으나, 곧 큰 변화가 일어났다. 성찰의 정신은 행동의 정신으로 바뀌었으며, 이것이 아테네 조각가들의 작업에 영향을 주었다. 조각가들은 이제 익명의 생활에 묶이지 않게 되었다. 앞으로는 세계 시장을 대상으로 작품을 만들기 때문에 확고한 명성을 쌓아야 했다. 이웃 사람들이 알아주는 것만으로는 충분하지 않았다. 그들의 작품을 구입하는 로마나 알렉산드리아 사람들에게는 그럴듯한 이름이 필요했다. 그래서 우리는 프락시텔레스·리시포스·스코파스 등등의 이름을 듣게 된다. 또 그들이 작품에 서명을 시작했으므로, 이때부터 작가가 확실한 작품이 제작되기 시작했다.

그리스에 남아 있는 조각은 매우 적다. 우리에게 전해지는 그리스 조각품들은 이탈리아를 거쳐서 오늘날까지 남은 것이다. 문명에 눈뜨기 시작한 로마인들은 그들의 집을 값진 골동품으로 가득 채우기를 매우 좋아했다. 그들은 그리스의 작업실에 조각을 대량으로 주문했다. 특정 작품, 이를테면 프락시텔레스의 〈헤르메스〉라든가 리시포스의 이른바 〈아폭시오메노스〉 같은 작품이 소문나자, 복제품의 대량 주문이 있었고, 그 가운데 일부는 낯선 지방에까지 운반되어 갔다. 밀로스나 사모트라키 같은 섬들의 소수 주민이 오늘날 파리의 루브르에서 명성을 떨치고 있는 〈비너스〉나 〈승리의 여신〉 같은 걸작을 살 여유가 있었다고는 보기 어렵다.

어떻게 그들이 그런 작품
을 손에 넣었을까? 모를 일이
다. 그 항구에서 더 나아갈 수
없게 된 배의 짐 가운데 일부
였을지도 모른다. 아니면 본
토에서 약탈되어 이 섬에 옮
겨 둔 것인지도 모른다. 그러
나 책과 예술 작품은 때때로
이상한 모험을 하는 법이므로
별로 놀랄 것도 없다.

희귀한 일이지만, 조각품이
본래의 자리에 남아 있는 경
우도 있다. 예를 들면 할리카
르나소스에 있는 영묘(靈廟)[4]
의 경우이다. 그 밖의 경우에
는 대부분 팔렸거나 도둑맞
았거나, 승리에 취한 그리스
도 교도들이 우상을 없애 세
상을 정화하겠다고 나섰을
때 박살이 나 버렸다.

무덤 앞에 세운 묘비들만

아테나 여신상 페이디아스는 아테나 여신이 든 방패에 자기 자신과 페리클레스의 모습을 새겨 넣었다고 한다. 로열 온타리오 미술관.

큼은 이런 운명을 피할 수 있었다. 그리스인은 죽음을 좋아하지 않았다. 그들은 죽음이 행복한 생활을 망쳐 놓는다고 여겨 몹시 싫어했다. 그러나 이 불쾌한 죽음에서 아무도 벗어날 수 없는 이상, 될 수 있는 한 우아하게 받아들여야 했다. 마지막 나그넷길을 떠난 사람들을 추억하기 위해서 세운 묘비에 이 기분이 반영되었다. 그래서 묘비는 매우 소박했지만 품격이 높았다.

---

4) 마우솔레움. 기원전 353년 아르테미시아 여왕이 죽은 남편 마우솔로스왕을 기념하기 위하여
   세운 것.

나는 세계의 여러 지방에서 보기 흉한 묘지를 너무 많이 보았으므로, 그리스인의 마지막 기적에 대한 이 접근[5]을 소개하는 것을 하나의 공적 의무라고 생각한다. 중세시대에는 우리에게 생명을 불어넣어 준 대모신(大母神)의 품으로 돌아가 영원한 평화와 휴식을 누린다고 생각지 않고 그저 납골당에 죽은 사람의 영혼이 깃들 뿐이라고 여겼다. 다행히도 중세의 그 무서운 유산을 극복해 가고 있다. 특히 최근 20년 동안 이 불가피한 죽음을 바라보는 우리의 시각은 큰 진보를 이뤘다. 그러나 아직도 배워야 할 일이 많다. 페리클레스 시대의 남녀들이 사랑하는 사람의 시체를 묻은 무덤만큼 교훈적인 감동을 주는 것도 없다.

고대 그리스인의 천재성은 죽음 자체마저 예술 작품으로 승화시켰다.

우리는 언제 그런 용기를 갖게 될 것인가?

---

5) 죽은 사람을 위한 무덤.

8장
항아리·그릇·귀고리 및 숟가락

헬라스 사람들(그리스인)의 소형 예술에 대한 장

소형 예술의 '소형'이라는 말이 '열등'이라는 뜻이 아님은 두말할 것도 없다. 예술 영역에서는 참된 가치에 관한 한 절대적 평등이 지배한다. 아주 맛있게 구워진 오믈렛은 서툰 벽화 따위보다 훨씬 낫고, 타나그라의 작은 테라코타 인형(보이오티아의 시골 타나그라는 아테네인의 테라코타 제작지로, 아름다운 조그만 인형을 생산했다)은 산 중턱에 새겨진 창조신의 얼굴보다 훨씬 큰 기쁨을 준다. 그러나 인생은 짧고, 100권이 넘는 책을 펴낼 사람은 중국인밖에 없다. 나는 700쪽짜리 이 책의 범위 안에서 모든 것을 설명해야 한다. 그래서 편의상 옛 용어를 그냥 쓰려고 한다. 어딘가에서부터 시작을 해야 하는 이상, 먼저 도자기부터 시작하기로 한다. 박물관에 가보면 백만 명의 그리스인이 적어도 백만 년 동안 항아리와 그릇(고전 교양과 세련된 지식을 과시하고 싶다면 그리스어로 암포라(amphora)와 킬릭스(kylix)라고 말해 보자)만 만들어 낸 것은 아닌가 싶은 인상을 받을 것이다.

그리스인(진짜 그리스인을 말하며, 신화 속의 그리스인이 아니다)은 화려하고 문화 수준 높은 국민이었다. 화려하고 문화 수준 높은 많은 민족과 마찬가지로, 그들의 생활과 자연에 대한 태도는 매우 분명하고 솔직했다. 그래서 그들이 남겨 준 작품들은 우리의 예술 교육에 도움이 되는 한편, 약간 천박한 면도 없지 않다고(물론 진심으로 유감스럽지만) 고백하지 않을 수 없다. 아테네의 일부 도공들(호색가에 무례한 인간들)이 그와 같은 몹쓸 짓을 저질러 놓고도 오히려 자랑으로 여긴다는 것은, 예술을 머리글자 'A'[1](Art)로 표기하는 점잖은 사람들에게

---

1) 일류품이라는 뜻.

그리스 도기의 종류

①암포라
(올리브유)

② 펠리케
(포도주)

③ 히드리아
(물)

④레키토스
(기름·향유)

⑤아리발로스
(기름·향유)

⑥소용돌이식 크라테르
(포도주 원액+물)

⑦종형 크라테르
(포도주 원액+물)

⑧ 꽃받침형 크라테르
(포도주 원액+물)

⑨ 오이노코이
(포도주 원액)

① 암포라　② 펠리케　③ 히드리아

④ 레키토스　⑤ 아리발로스　⑥ 소용돌이식 크라테르

⑦ 종형 크라테르　⑧ 꽃받침형 크라테르　⑨ 오이노코이

는 경멸할 일이다. 그러나 진정한 예술가는 소리 높여 갈채할 것이다. 왜냐하면 그들 자신도 호색적이고 당돌한 성향이 있기 때문이다. 어째서 그런지 나는 말할 수 없다. 그러나 내가 아는 화가·음악가·작곡가들 가운데 생애의 어느 시기에 별안간 거친 환호성을 지르며 천박하고 추잡한 작품을 작곡하거나 그리지 않은 사람은 없었다.

아름다운 고대 아테네의 항아리를 자세히 연구하려는 사람이 아니라 주일학교의 견학거리를 찾고 있는 사람들에게는 이것이 경고가 될 것이다. 그런 예는 얼마든지 볼 수 있다.

어떤 박물관이든 오이노코이,[2] 히드리아,[3] 크라테르,[4] 레키토스,[5] 암포라,[6] 그 밖에 금방 이름이 생각나지 않는 온갖 것이 가득 차 있다. 그리스는 포도주와 꿀(설탕 대신 사용되었다)과 올리브유의 세계였으니 당연한 이야기이다. 유리도 생산되기는 했지만 매우 비쌌고, 나무통은 만들기가 힘들었다. 그래서 이런 것을 모두 독이나 항아리에 저장하고 운반해야 했다.

도기 기술도 다른 모든 것과 마찬가지로, 크레타와 에게해 사람들이 그리스인에게 전한 것이다. 물레 사용법을 발견한 것은 크레타인으로 추측된다. 점토덩어리를 손으로 빚는 재래식 방법에 비해 놀라운 진보였다. 크레타인은 도기에 칠하여 구우면 표면에 아름다운 광택을 흐르게 하는 유약을 발명했다. 안타깝게도 이 유약 만드는 비법과 우리의 기술로도 미치지 못하는 뛰어난 도기 제작법 또한 다른 많은 비법과 마찬가지로 전해지지 않는다. 그러나 그리스인들은 도기 제작법을 알게 되자 그에 매진하여, 곧 지중해 전체의 항아리와 쟁반을 만들게 되었다.

도기 산업의 초기 중심지는 미케네였다. 미케네 도공들은 식물과 어류에서 모양을 딴 장식이 전문이었다. 미케네 문명이 붕괴한 뒤에는 아티카가 차츰 지중해 동부 전체 도기 산업의 중심지가 되었으나, 기원전 6세기 중반에는 아테

---

2) 포도주 항아리.
3) 물항아리.
4) 포도주 원액과 물을 혼합하기 위한 항아리.
5) 기름이나 향유를 담는 항아리 모양의 병.
6) 꿀·곡식·올리브유를 담는 손잡이가 둘 달린 항아리.

네인이 이 사업을 독
점하는 데 성공했다.

그리스인의 이 도기
산업을 연구해 보면,
세상일이란 시행착오
를 거쳐 천천히 진행
되었음을 다시 한 번
깨닫게 되어 흥미롭
다. 아테네인의 가마에
서 나온 제일 초기 작
품은, 크레타나 그리스
본토의 크레타 식민지
에서 만들어진 것보다
품질이 매우 떨어졌다.
무늬가 아주 달랐다.
그리스인들이 할 수
있었던 것은 기하학적
무늬로 작품을 장식하
는 것이 고작이었으며,
그것도 성급한 사람이
메모지에 마구 써 갈
기는 낙서를 연상케
하는 것이었다.

▲▼술자리의 헤라클레스

기원전 6세기 후반 아테네에서 활약한 '안도키데스의 화가'는 적회
식(赤繪式) 도자기 그림 기법의 창시자라고 불린다. 때로는 하나의
도기 양쪽에다 같은 주제를 흑회식(黑繪式)과 적회식 두 기법으로
그려 넣기도 했다. 위 그림은 흑회식, 아래는 적회식. 술자리에서 칸
타로스를 들고 편안히 누워 있는 영웅 헤라클레스와 수호 여신 아
테나. 뮌헨, 고대박물관.

그러나 시간이 흐름에 따라 차츰 대담한 구도를 시도했다. 인물이 하나씩 늘
어나더니 이윽고 인물 군상이 되었다. 모인 인물들은 서 있을 뿐 아니라, 주발
이나 항아리의 표면을 걸어다녔다. 점차 인물들은 어울려 놀고, 결혼식이나 장
례식을 거행하고, 달리기 경주를 하고, 격투를 벌였다. 이런 주제를 다 써 버리
자 무대는 올림포스산으로 옮겨져서, 신들의 일상적인 장면이 그려졌다. 보는
사람의 편의를 돕기 위해 누가 그려져 있는지, 무엇을 하는 장면인지 틀리지

않도록 몇 마디 설명과 영웅들의 이름도 추가되었다.

안타깝게도(적어도 내 취향에 따라 말한다면) 고대 그리스의 도기는 꽤 단조롭다. 원료 점토의 빛깔은 검붉은색이었고, 인물은 대개 검은색으로 그렸다. 남자나 여자의 옷주름 같은 세부는 이 검은 바탕을 긁어서 붉은 점토가 다시 드러나게 했다. 코린트에서는 때때로 흰색과 자주색을 조금 썼으나, 대개는 붉은색과 검은색이 주조를 이루었다. 그리스인은 항아리나 컵의 새로운 형태와 모양을 참으로 잘 고안해 냈는데, 언제나 검은색(흑회식)과 붉은색(적회식)뿐이므로 한꺼번에 많이 보면 아주 단조로운 기분이 든다.

그러나 이것은 취미의 문제이다. 이런 작품이 대량으로 제작된 것으로 미루어 그리스인들은 이런 항아리를 매우 좋아했던 듯하다. 복잡한 형태에 정교한 장식을 한 것에 대한 수요가 점차 늘어났다. 그 까닭은 그리스인의 집에 가구가 매우 적었기 때문일 것이다. 경매장으로 보일 만큼 온갖 잡동사니로 가득찬 우리네 집과는 달랐다. 그들이 부유함을 드러낼 유일한 기회는 암포라나 크라테르를 진열하는 것밖에 없었다. 몇 드라크마가 넘는 돈을 쓸 대상도 달리 없었다. 왕정시대의 값비싼 의상, 그 무렵 아테네를 지배하던 귀족들의 자줏빛 토가,[7] 수놓은 외투는 흰 모직의 무늬 없는 소박한 옷으로 바뀌었다. 하루 두 끼의 식사는 아라비아인처럼 간소했고, 식단은 매우 한정된 것이었다. 야채는 거의 없고 고기와 빵에, 생선이 아주 조금, 단것은 꿀을 이용해 만든 것 말고는 전혀 없었다.

반면에 일류 기술자라도 하루에 불과 20센트밖에 받지 못하고, 선원을 하루 1다임[8]으로 고용할 수 있는 사회에서는, 부자(아테네에서는 1만 달러만 있으면 상당한 부자였다)가 하인을 얼마든지 고용할 수 있었다. 종류도 얼마 없었지만 반드시 필요한 가구류는 무겁고 부피가 큰 것이라도 좋았다. 소파(그리스인과 로마인은 비스듬히 누워서 식사를 했다), 기름 등잔, 여자와 아이들용 침대나 의자는 우리들 것의 10배는 무거웠을지도 모른다. 하인은 언제나 넉넉히 있었으므로 무게 따위는 중요하지 않았다. 가구를 움직일 필요가 없다는 점도 가구의 구입에 영향을 마쳤다. 사람들은 자기가 태어난 집에 한평생 살고 대를 이어서 자식

---

7) 헐렁한 겉옷.

8) 10센트.

그리스 화폐 상업이 점점 발달하자, 그리스 도시에서는 기원전 6세기 중엽부터 화폐가 도입되기 시작했다. 그리스에서 처음으로 화폐가 주조된 곳은 아이기나인데, 시프노스섬에서 정기적으로 가져오는 은으로 그 유명한 '은거북' 화폐를 만들었다. 그리스 세계에서는 다양한 화폐가 유통됐는데 특히 은화가 많이 쓰였다. 화폐에는 도시 문장(紋章) 그림이나 문구가 새겨져 있었다.

들이 같은 집에 살았다. 그런데 오늘날 우리는 자주 이사를 하므로 될 수 있는 대로 가벼운 가구를 산다. 그림도 다음에 이사할 집에 잘 어울릴지 알 수 없으므로 너무 많이 사지 않는다. 이것 또한 현대인이 보석이나 장신구에 많은 돈을 쓰는 이유 가운데 하나인지 모른다. 그런 것은 어디에나 가지고 갈 수 있기 때문이다.

물론 그리스인도 보석 수집가였지만, 이것은 다른 이유에서이다. 그들에게 금반지나 보석은 투자의 대상이었다. 오늘날 우리는 주식이나 채권을 사서 앞날에 대비한다. 그리스에는 주식도 채권도 없었다. 돈이 필요할 때에 대비하는 유일한 방법은 금술잔을 많이 사 모으거나, 아내에게 진주나 에메랄드나 값비싼 팔찌를 사 주는 것이었다. 약간 귀찮은 방법이라 어리둥절해진다. 왜 그런 데에 돈을 쓰는가? 왜 화폐로 모으지 않았는가? 그리스에도 화폐는 있었을 것이 아닌가?

그렇다. 기원전 7세기 이래 금화와 은화가 줄곧 조금씩 들어와 있었다. 소아시아에서 온 것이었다. 하지만 화폐는 주로 교환의 척도였다. 물론 교환(병아리 두 마리와 거위 한 마리, 소 한 마리와 돼지 열 마리 같은 교환)이 아직 장사의 일반적 방법으로 인정되고 있던 사회에서는, 이 조그만 귀금속 덩어리(거기에는 알맞은 가치를 지닌 동물의 그림이 그려져 있었다)는 그리 인기가 없었던 것이다.

아마도 화폐가 아직 드물고 그 용도를 잘 알 수도 없는 신비로운 것이었기 때문이겠지만, 화폐 주조는 주형(鑄型)을 제작하는 데 매우 정성을 들였다. 이 고대 그리스의 금화는 관심을 기울일 가치가 있다. 배울 의지만 있으면, 배울 것들이 얼마든지 많다는 느낌을 준다. 특히 우리의 볼품없는 기념 메달을 개선하는 데 참고가 될 것이다.

물론 현대의 화폐는 확실히 한 가지 결함이 있다. 우리의 화폐는 쌓아올릴 수 있도록 납작해야 한다. 그리스인의 것은 아무리 불룩해도 상관없었다. 그러므로 주형 조각가는 보통의 옥석(玉石) 양각을 하듯이 주형을 조각할 수 있었다. 다시 말해 보석을 조각할 때처럼 바닥을 배경으로 삼고 도안을 볼록하게 새겼다. 그리스인들은 현대 동전의 특징이자 그 아름다움을 크게 손상하는 납작함의 원칙에서 벗어나 있었기에, 오늘날의 조폐국장이라면 화를 낼 만큼 자유롭게 솜씨를 발휘할 수 있었다.

여기서 의문이 생긴다. 문학·음악·연극을 어떻게 다루어야 할 것인가. 그것들도 이 책에서 설명해야 할 것인가 하는 것이다. 나는 그렇게 해야 한다고 굳게 믿는다. 그것들은 내가 이 책의 서두에서 내린 예술의 정의 속에 들어가는 것이며, 여러 신들의 눈앞에 스스로를 증명하려고 한 인간의 노력이기 때문이다. 바라건대 그러한 예술, 그중에서도 문학에 대해서 더 쓸 수 있는 공간이 있었으면 좋겠다.

그리스인에게 그러한 예술은 매우 중요한 것이었다. 그들의 책과 연극은 자기 자신으로부터 도피하여 '시간 죽이기(kill time)'—영어 가운데서 이토록 언짢은 표현은 없을 것이다—기회를 주기 위한 것이 아니었다. 첫째, 그리스인은 시간을 죽이는 것은 모든 소유물 가운데 가장 귀중한 것을 죽이는 것임을 알고 있었다. 둘째로, 그들은 현대인의 생활 속에서 중요한 역할을 하는 하나의 정신 현상을 그다지 알지 못했다. 그것은 '따분함'이라고 부르는 것이다.

그리스인이나 로마인은 따분한 사람들을 잘 알고 있었다. 그들은 그런 인간들을 마음에 들어하지 않았으며, 연극에서 낯익은 인물인 '따분한 사나이'를 무자비하게 공격했다. 그들은 또 '권태(ennui)'라는 말의 뜻도 알고 있었다. 이 말은 18세기에 프랑스어에서 영어로 옮겨 간 것으로서, 일하지 않아도 호화로운 생활을 누리는 데서 생기는 정신적 무기력을 뜻한다. 현재 우리들이 알고 있는 따분함, 중상류층이 느끼는 괴로움은, 로마 제국의 마지막 2세기가 되어서야 비로소 나타난 것이었다. 그 무렵 국민들은 큰 부자와 절망적인 가난뱅이로 갈라져서, 모두들 아무리 노력해도 그런 상태가 달라지지 않을 것이라고 생각하고 있었다.

그리스인은 제국을 만들지 못했다. 그들은 작은 도시국가 체제를 내내 유지해, 가족이나 국민의 규모가 너무 커질 경우 불가피하게 닥쳐올 재난을 면할 수 있었다. 그리고 이런 소도시에는 언제나 많은 일이 벌어지고 새로운 생각들이 많이 나오므로, 어중간한 교양인이라도 나태해질 이유가 없었다. 나태가 권태를 낳기 때문에 그리스인은 시간을 죽여 주는 할리우드 영화의 필요를 느끼지 않았다. 그들이 극장에 간 목적은 가벼운 오락이 아니라 짜릿한 흥분을 느끼기 위해서였다. 단 올바르고 건전한 뜻에서의 흥분이다.

다른 예술들과 마찬가지로, 연극의 기원도 잘 알려져 있지 않다. 연극에 대한 문헌은 온통 가설뿐이며, 그 가운데 그럴듯한 것은 조금밖에 없다. 나는 연극에 대해서 그리 잘 알지 못하므로, 독단적인 이론에 빠지지 않고, 이런 경우에 언제나 하듯이 옆에 있는 사전을 펼쳐 얼마간의 지식을 얻는다.

사전에서 그리스어의 'drama(연극)'라는 말은 dran이라는 동사에서 온 것이며, 그것은 '하다(to do)' 또는 '행동하다(to act)'라는 뜻임을 알 수 있다. 그럴듯한 설명이다. 연극이 삶의 표현에 충실하려면, 행동해야 하기 때문이다. 실생활에서 사람들은 온갖 행동을 한다. 그저 앉아서 수다만 떨고 있지는 않는다. 러시아인들처럼 수다가 심한 사람들도 요즘은 많이 달라졌다. 사람들은 거리나 시장에 나가서 감정이 움직이는 대로 미워하고, 사랑하고, 죽인다. 그런 다음에야 일의 잘잘못과 그럴 듯한 동기를 발견하려고 서로 지껄여대는 것이다.

그런데 내가 아는 한 연극의 기원에 대해서는 서로 어긋나는 이론이 두 가지 있다. 하나는 연극이 원시인의 생활에서 중요한 역할을 하는 종교 의식의 일부인 합창과 무용에서 생겼다는 것이다. 그리고 진정한 연극이란 세상을 떠난 영웅들의 위대한 업적을 (누구나 알 수 있도록 단순한 방법으로) 재현하여 현세와 내세에서 명성을 누릴 수 있게 하기 위함이라고 주장하는 학자들도 있다. 이것이 옳다면 옛날의 배우들은 어떤 신비로운 상징일 뿐이며, 연극은 종교적 정서와 밀접해진다.

기원이 어떻든(선택은 여러분에게 맡겨 두기로 한다), 연극이라는 것이 그리스인들 사이에 생겨나자, 모든 예술 가운데서 가장 인기 있는 것이 되었다. 연극은 사회 전체가 적극적으로 참여할 수 있었기 때문이다. 예술가 혼자 모든 일을 다 하고, 다른 이들은 소극적이고 수동적인 역할만 하게 되는 그림이나 조각과는 전혀 달랐다. 그와 반대로 연극이 시작하면, 구경꾼들은 눈앞에서 일어나고 있는 사건의 적극적인 참가자가(적어도 기분상으로는) 되어 버리는 것이다.

이런 연극 구경이 지금도 있다는 것은 기쁘다. 요새는 무척 드물지만, 지금도 연극을 보러 가면 인물들의 갈등에 완전히 몰입하여 적어도 그 순간만은 연극 속 인물이 되어, 괴로움 같은 것은 까맣게 잊어버릴 수 있는 사람이 남아 있다.

'희극'이라든가 '비극'이 어떤 것인지는 그 이름으로 알 수 있다. '희극'은 '난잡한 소동'이라는 뜻으로 본디 매우 음란하고 천한 익살극이며, 모두 오늘날의 경찰관이 보면 결코 용서하지 않을 광란이었다. 그것도 당연한 일인데, 원시인은 성(性)에 매우 노골적이었다. 그러나 기원전 5세기경 그리스가 어느 정도까지 진보하자, 그런 천하고 파렴치한 관행이 사회의 건전한 구성원들에게 나쁜 영향을 준다는 것을 깨닫게 된다. 그래서 '희극'에서 예전과 같은 천박함이 사라졌다. 아리스토파네스의 개혁을 거친 뒤로 희극은 시사 문제에 대한 재치 있는 토론의 장이 되고, 일반 시민들도 아무 걱정 없이 할머니를 모시고 연극을 보러 갈 수 있게 되었다.

'비극'이라는 말은 그리 쉽게 설명되지 않는다. 본디 비극(tragedy, tragos, 염소에 바치는 시라는 뜻)은, 디오니소스의 화신으로 간주되던 염소의 사체를 위해 읊어진 애가(哀歌)였다. 오늘날 모든 그리스 신들 가운데서 가장 전형적이라고 여겨지고 있는 디오니소스는, 실은 헬라스(그리스인) 민족이 형성되기 전부터 존재하던 신이었다. 실제로 디오니소스의 기원을 되짚어 가면 인류의 시초까지 거슬러 올라가게 되므로, 모든 종교 창시자라 할 수 있다. 건강한 체질로 태어난 그는 판 신처럼 우리 사회의 경계에 찬 시선으로부터 조심스레 붉은 얼굴을 가리고 현재까지 우리와 함께 살고 있다. 디오니소스는 이 세상의 모든 좋

델포이의 원형 극장

은 것이란 즐기기 위해서 창조되었다는 신조를 가지고 있었다. 이와 같은 사상은 "회개하라, 죄 많은 자들이여!"라는 후대 선지자들의 사상과는 전혀 어울리지 않는다.

자연주의 천성을 지닌 그리스인들은 세계를 자기들이 보는 그대로 받아들였으며, 인간이 아무리 무한의 지적 능력을 가지고 태어났더라도 한낱 포유동물에 지나지 않는다고 생각했다. 동부 지중해 민족들이 그렇듯이 그들도 죄라는 것을 알지 못했다. 그리고 디오니소스를 올림포스산의 일족이며 어느 점에서는 제우스와 동격이라고까지 생각했다. 디오니소스라는 이름의 뜻이 '신의 아들'인 까닭을 분명히 알 수 있을 것이다.

우리는 디오니소스라고 하면 포도주의 신이라고 생각하게 마련이므로, 이런 말이 좀 이상할지도 모른다. 그러나 포도주의 신이라는 이미지는 훨씬 후대에 생긴 것이다. 본디 이 신의 신자들은 그들이 숭배하는 대상과 더 완전히 가까워지기 위해서 해마다 디오니소스 축제를 벌이며 식인을 했다. 그러나 미개인들이 인육을 먹는 것은 굶주리거나 맛이 좋아서가 아니다. 그것은 이 불쾌한 풍습과는 아무 관계도 없다. 그들의 목적은 살과 피를 먹음으로써 적과 신들 (양쪽 다 원시인에게는 무서운 것이었다)의 용기와 힘을 흡수하려는 데 있다.

그리스인은 차츰 문명화함에 따라 인간을 살해하는 행위를 혐오하기 시작했다. 그 대신 위대한 풍요의 신이 인류에게 준 축복 가운데 하나인 포도주를 마시면 같은 효과를 얻을 수 있으리라고 생각했다. 신은 염소로 대체되었다. 신인 염소를 잡아 그 고기를 먹은 뒤, 자연스럽게 한 사람이 나서서 그 덕을 찬양했다. 보통 신앙심이 두터운 사람들 가운데 그 일에 가장 적당한 사람이 맡았다. 애가를 그리 잘 부르지 못하는 사람들은, 둥글게 늘어서서 합창대가 되었다. 합창대는 '염소의 노래', 즉 찬송가의 중요한 대목에 이르면 지도자가 노래하는 것을 따라서 합창으로 그 대목을 강조했다.

이윽고 그것만으로는 좀 단조롭다는 생각을 하게 되었다. 너무 단순해서 '근대적' 감정을 갖기 시작한 사람들의 더한층 세련된 취향을 만족시킬 수 없게 된 것이다. 그들은 좀 더 정교한 것을 바라게 되었다. 그래서 '응답자(그리스어에서는 배우를 hypcrite라고 했다)가 추가되어 염소 신의 덕을 찬양하는 자와 대화를 나누게 되었다. 다시 말하여 서로 시를 외는 배우 두 사람과 합창대가 생긴 셈이다. 합창은 천천히 부르는 찬가나 애가—그것은 바흐의 〈마태수난곡〉이나, 하이든의 〈천지창조〉 같은 근대 오라토리오를 들을 때의 느낌과 조금 비슷했다—사이사이에 적당히 불렸다.

이 새로운 연출은 수백 년 동안 민중을 만족시켰다. 그리고 새롭고 훌륭한 아이디어를 가진 천재가 나타나 해묵은 연극을 완전히 변혁했다. 그는 아이스킬로스라고 했다. 그가 또 다른 응답자를 추가했으므로(기원전 5세기의 일이다) 그 뒤 정규 배우는 두 사람이 아니라 세 사람이 되고, 이 세 사람이 여러 신들과 친근한 그 지방 영웅들의 활약을 연출하게 되었다. 이 무렵에 이미 사람들은 연극과 디오니소스 숭배를 결부하여 생각지 않았다.

이런 일은 흔히 있다. 우리는 교회의 타종을 예배의 일부로 여긴다. 그런데 본디 타종은 사람들이 예배당에 가는 길목의 악마를 쫓기 위함이었다는 것을 알고 있는 사람이 백만에 하나라도 있을까? 우리는 죽은 자에 대한 존경의 표시로 과부에게 검은 옷을 입히지만, 사실 죽은 자의 집에 출몰하는 악령들의 눈에 띄지 않게 하기 위한 것이다.

디오니소스 축제를 그린 19세기의 삽화

    그러므로 유래를 모르면서도 그리스인들은 어느새 훌륭한 연극을 갖게 되었다. 배우가 세 사람이 되자, 다음에는 네 사람이 되었다. 그리고 손에 닿는 모든 것을 지혜로 만드는(intelligized, 이 뜻은 알고 있을 줄 안다) 그리스인들은(다른 민족들이 손에 닿는 것마다 저급하고 따분하게 만드는 것과는 달리) 희극이나 연출을, 신전을 세우거나 조각을 새기거나 진기한 유리 항아리에 새로운 색채를 배합하는 연구를 하는 것에 못지않은 표현 형식이라고 생각하기 시작했다.

    신전과 법정(이것도 같은 건물일 때가 매우 많았다) 말고는 공공 건물이 거의 없었던 세계, 솔론과 페리클레스 같은 사람들도 사무실이 없었고 공문서를 시누스(sinus)[9]에 넣어 갖고 다니던 세계, 기후가 좋아서 언제나 옥외에서 생활할 수 있었던 세계에서는, 단순한 구경거리를 위해 특별한 건물을 세운다는 것은 아무도 생각지 않은 일이었다. 그저 군중이 앉아서 볼 수 있도록 경사가 완만한 언덕의 중턱이 있으면 족했다. 배우와 합창대가 노래나 대사를 외는 언덕 기슭을 둘러싸고, 군중은 반원형으로 앉아 있었다. 배우들이 연기하는 평평한 원형

---

9) 왼팔 부분에 만들어 붙인 주머니.

광장, 그것을 지금은 무대라고 부르지만 그리스인들은 오케스트라라고 불렀다. 그리스어에서 오르케스테르(orchester)는 오늘날처럼 악단을 가리키는 것이 아니라 무용수를 뜻했다. 원래 염소의 노래에는 염소의 춤이 따랐을 것이 분명하다. 그러므로 춤은 정식 연극보다 오래되지는 않았더라도, 비슷한 시기에 탄생했다.

이윽고 연극이 좀 더 복잡해지자, 연기가 상연되는 원형 광장 바로 뒤에 천막이 세워졌다. 스케네(skene)라고 하는 이 천막은 배우와 합창대가 가면을 바꿔 쓰는 분장실로 쓰였다. 이런 야외 극장에서는 무대와 객석의 거리가 멀어서 관객들에게 배우의 표정이 잘 보이지 않았다. 그래서 배우와 합창대는 가면으로 감정을 나타냈다. 따라서 아무리 둔감한 자라도 배우가 어떤 감정을 나타내고 있는지 알 수 있었다.

결국 이 오케스트라(중앙의 원형 광장)가 현대 극장의 무대 아래 오케스트라 석이 되고, 스케네가 오늘의 무대가 되었다. 그 밖의 것은 2500년 전이나 지금이나 대개 비슷하다. 다만 그리스인은 대체로 오늘날의 우리들보다 양질의 연극을 원했고, 실제로 그런 연극을 볼 수 있었던 점이 다르다.

그러나 그리스인이 연극을 보러 가는 것은 우리와는 아주 다른 의미를 갖고 있었다는 것을 염두에 두자. 그리스인은 오늘날 마을 사람들이 곡마단을 보러 가듯이, 온종일 즐기기 위해 연극을 보러 갔다. 연극은 해가 뜨면 곧 시작되어 때로는 밤까지 이어졌다. 연극 하나가 끝나면, 바로 다음 것이 시작되었다. 그리고 식사 시간이 끝나면 다시 언덕으로 돌아가서 세 번째, 또는 네 번째 연극을 보았다.

이처럼 연극 구경이 서민 생활의 매우 중요한 부분이 되자 극작 기술이 급속히 발전했다. 아크로폴리스가 세워지고 있을 때 살았던(아리스토텔레스의 말을 믿는다면) 소포클레스는 근대적인 무대장치를 채용한 최초의 극작가였다. 그는 오케스트라의 주위에 집과 나무와 산을 만들라고 지시했던 것이다.

그 뒤 한 세대가 지나서 유리피데스는 합창을 연기와 분리하여 배경으로 밀어내고, 배우를 흥미와 주된 중심으로 만들었다. 그때부터 오늘날까지 몇몇 오페라를 제외하고 배우가 연극의 중심이었다. 그 무렵에는 연극이 종교적인 기원을 갖고 있었다는 마지막 흔적마저 깨끗이 잊혔다. 그 뒤 연극은 공공연히

그리스 양식의 극장 그리스인들은 시칠리아섬 타오르미나에 있는 이 야외 극장과 같은 무대에서 연극을 공연했다. 청중은 부채 모양으로 앉을 수 있었으며, 좌석의 등급이 따로 나뉘어 있지는 않았다.

정치 선전의 자리로 쓰여, 기원전 436년에는 뉴딜파와 대법원의 분쟁(뉴딜은 가장 오랜 제도 속에도 있었다)이 일어났다. 뉴딜측이 야유를 보내면, 대법원 측은 고함으로 맞장구쳤다.

아테네나 코린트 같은 조그맣고 아담한 사회에서 이런 연극에 의한 정치 선전은 오늘날 뉴욕이나 시카고에서 하는 것보다 훨씬 쉬웠다. 불과 몇천 명의 자유민(노예는 연극을 볼 수 없었다)밖에 없는 그런 마을에서는 서로가 잘 알고 있었으며, 근처에 사는 어떤 인물의 개성에 대해서 조금만 언급해도(이를테면 유명한 철학자의 찌그러진 코라든가, 어느 정치 지도자의 까다로운 마누라라든가), 그것만으로 관객들은 누구를 암시하는지 금세 알 수 있었다.

마지막으로, 그리스인은 극장을 또 다른 목적에 이용하고 있었다. 시사 문제의 토론을 위한 공회당으로 쓴 것이었는데, 그것 또한 오늘날의 우리보다 훨씬 쉬운 일이었다. 그리스인은 시골의 흙냄새나는 농사꾼이라도 어느 정도의 교양과 종교적 소양을 갖고 있을 뿐 아니라, 문학 작품에 대한 방대한 상식을 갖고 있었다. 그들은 누구나 호메로스를 알고 있었다.

오늘날 문학을 연구하는 교수들이 주장하듯 호메로스가 실재 인물이 아닐지도 모르지만, 그것은 그리 중요한 일이 아니다. 문학 평론은 다른 모든 예술 평론과 마찬가지로 비교적 근세에 태어난 것이다. 고대 그리스의 예술은 생활의 한 부분이었으므로 그런 평론이나 해설 따위는 필요 없었다.

호메로스의 작품은 그리스인에게 성서와도 같았다. 다만 호메로스의 시는 인간의 도덕만 특히 언급하는 것이 아니라, 기원전 1천 년대 그리스의 예의범절에 부합되는 관습과 일반적인 행동을 다루었다는 점이 다를 뿐이다. 이것이 호메로스의 작품이 헬라스 백성의 마음을 단단히 휘어잡은 이유이다. 4년에 한 번 아테네인이 판아테나이아 축제를 할 때 음유시인이나 직업적인 낭송자가 일리아스나 오디세이아를 낭독하면, 관중은 현실을 보고 있는 듯한 기분에 빠져들었다. 그것은 신앙심 깊은 순례자가 오버아머가우에 가서 그리스도 수난극을 볼 때 마치 현실을 보는 듯한 느낌이 드는 것과 같다. 그 무렵 그리스인은 헬라스의 백성에게 오늘이 있게 해 준—지상에서 가장 고상한 국민으로 만들어 준 영웅과 신들의 모든 용감한 공적을 실제로 볼 수 있었기 때문이다. 소년 소녀들은 누구나 어릴 때부터 호메로스의 훌륭한 시구를 암기하고 있어서, 언제라도 그것을 인용할 수 있었다. 마치 100년 전 우리의 조상들이 구약성서나 신약성서를 인용할 수 있었고, 독일인들이 아돌프 히틀러의 책이 나오기 전까지 요한 볼프강 폰 괴테의 《파우스트》를 즐겨 인용한 것과 같다.

생각해 보면 묘한 일이지만, 그리스는 우리가 말하는 뜻의 문학을 갖고 있지 않았다. 고대 그리스에는 이야기를 실을 잡지도 없고, 장편 소설도 없었다. 그저 몇몇 부자가 소유한 얼마 안 되는 필사본뿐이었으며, 페니키아인들한테서 문자를 들여온 지 얼마 안 된 터라 글을 읽을 줄 아는 사람도 드물었다. 그럼에도 그리스의 시골과 도시 사람들은, 귀와 기억에만 의지하여 옛 전설을 구전해 왔다. 그들은 문자 그대로 인쇄물의 바다 속에 빠져 허우적대는 우리보다 훨씬 문학적인 동질성을 가졌고, 민족 최고의 문학 작품에 대한 한층 깊은 '공통의 친밀감'을 갖고 있었던 것이다.

나는 얼마 전에 그리스어의 '음악'이라는 말과 관련하여 이것을 생각해 보았다. 우리에게는 음악이란 라디오에서 흘러나오는 일정한 박자의 소리를 의미하거나, 아니면 정식으로는 별로 편치 않은 의자에 앉아 위대한 고전적 거장의 작품에 하룻밤 동안 귀를 기울이고 있는 것을 의미한다. 그리스인도 무시케(mousike)라는 말을 쓰고 있었으나 오늘날 우리가 쓰는 뮤직(music)의 뜻과는 전혀 달랐다. 그리스어의 무시케(mousike)는 아홉 뮤즈 신의 모든 예술을 가리키는 말이다. 이 아름다운 여신들은 다른 신들을 즐겁게 해 주기 위해서 노래를 불렀으며, 아폴론이 리라로 반주를 맡았다. 그 뒤 무시케는 차츰 정신의 배양에 관한 모든 것을 포함하게 되었다. 그와 대비되는 김나스티케(gymnastike)라는 말은 신체의 발달에 관한 모든 것을 포함한다.

그러므로 '음악적 교양'을 갖는다는 것은 피아노, 바이올린, 색소폰을 연주한다는 뜻이 아니었다. 음악의 교양인은 모든 학예, 즉 작문·수학·미술·암송·물리학·기하 등에 대해 깊은 지식을 갖추고, 군중 속에서 노래를 부르고 적어도 악기 한 가지쯤은 잘 연주할 줄 안다는 것을 의미했다.

그리스인의 이념은 참교육을 바탕으로 한 '전인교육의 이념'이다. 이 이념은 우리가 보통 생각하는 것보다 훨씬 오랫동안 전승되었다. 엘리자베스 여왕 시대만 해도 젊은 신사는 이런 것을 대부분 할 줄 알았다. 고상한 영어를 쓰고, 간단한 라틴어 원전을 읽고, 시골에 초대받아 주말을 보낼 때는 노래를 부르고, 연극을 하고, 류트를 연주할 줄 아는 것을 당연한 일로 보았다. 명문 집안 신사는 마드리갈(madrigal)[10]과 론도(rondeau)[11]를 구별하고, 필요할 때는 언제나 유쾌한 소네트(sonnet)[12]를 쓸 수 있으며, 크리스마스 전야의 모닥불에 둘러앉은 즐거운 모임에서는 제1테너로 노래 부를 수도 있었다.

사람들은 16세기와 17세기의 작곡가들이 그토록 많은 작품을 어떻게 쓸 수 있었을까 하고 이상하게 생각한다. 그들이 종이에 적어야 했던 음표 수백만 개를 생각해 보라. 그러나 우리가 생각하는 그대로 쓴 것은 아니다. 그들은 결코 세부에는 신경을 쓰지 않았다. 그들은 다만 마음에 떠오르는 멜로디의 개요를 표현했을 뿐이다. 그 무렵엔 음악가만이 아니라 일반인도 음악을 잘 알고 있었

---

10) 14세기에 북이탈리아에서 시작된 실내성악곡.
11) 일정한 선율이 규칙적으로 되풀이되는 기악곡 형식.
12) 13세기 이탈리아에서 시작된 정형시.

으므로, 그저 개요만으로도—속기 음표만으로도—칸타타나 협주곡을 거뜬히 연주할 수 있었던 것이다.

집시들은 지금도 이런 방법을 쓰고 있으며, 흑인 재즈 음악가들 가운데 어떤 사람은 이러한 방법에 매우 능숙하다(지금 매우 인기 있는 '스윙 뮤직'은 누구나 자유로이 연주할 수 있다). 또 티롤 알프스의 〈슈람멜슈필러〉[13] 같은 민요에서도 이러한 방식을 볼 수 있다. 그러나 창조성이 거의 사라지고 예술의 모든 것이 뚜렷이 분류되어 '학문'이나 '학파'에 제한되어 버린 현대 세계에서는, 예술에 관한 절대적이고 완벽한 다재다능성이 거의 없어져 버렸다.

이것은 아마도 우리가 그리스인들에게서 배울 수 있는 가장 중요한 교훈의 하나일 것이다. 우리가 그리스인의 방법으로 건축을 한다면 어이없는 것이 된다. 그리스인의 방법으로 글을 쓴다면 어처구니 없이 딱딱한 글이 되어 버린다. 그들의 조각을 흉내 낸다면 그들이 만든 것과는 전혀 다른 것, 제정시대 로마인의 모조품 가운데에서도 가장 초라한 것밖에 만들지 못한다. 이 점에서 음악만은 다르다. 왜냐하면 그리스인은 뚜렷한 악보가 없었으므로, 고대 그리스 시대에서 전해지고 있는 곡조의 의미를 도저히 상상할 수 없기 때문이다. 아무튼 우리는 그리스인이 되고 싶어도 될 수는 없으며, 또 그렇게 생각할 일도 아니다. '죽은 자는 죽은 자로 하여금 묻게 하라'는 성서의 교훈은 인간 활동의 다른 부문보다도 예술의 영역에 더 잘 해당된다.

그러나 우리가 할 수 있는 것이 하나 있다. 그리스인을 우리의 선배이자 교사로 삼는 것이다. 그들은 우리에게 인간의 모든 업적의 바탕에 깔린 다재다능성을 자각하도록 만들어 줄 수 있다. 그들은 우리에게 무릇 이 세상에는 자기만 오롯이 존재하는 것은 아무것도 없으며, 인간 정신에 관한 것은 모두 서로 관련되어 있다는 것을 깨우쳐 준다. 그렇게 함으로써 그리스인은 다시 한 번 모든 지혜의 진정한 시작이나 끝을 느끼도록 해 준다.

---

13) 빈의 음악가 요한 슈람멜(1850~1890)이 조직한 4중주단에서 이 이름이 생겼다.

9장
에트루리아인과 로마인

아직 알려지지 않은 것이 많아 불확실한 장. 머지않아 뚜렷이 알게 되기를 기대하며.

문명은 서쪽으로의 여행을 계속했다. 예술은 언제나 번영이 있는 곳을 따라갔다. 그러나 그리스인 조각가와 화가들이 처음으로 이탈리아에 가서 로마 미개인들에게 예술의 축복을 나눠 주려 했을 때는 이미 수백 년이나 늦은 뒤였다. 에트루리아인이 벌써 그 일을 해놓았던 것이다. 로마는 자기들이 정복한 에트루리아인들로부터 예술의 기초를 배웠다.

이 새로운 장을 쓰기 시작하는 쉬운 방법은 결국 이런 것이다. '에트루리아인들은 어떤 사람이었던가?' 대답은 간단하다. '알려져 있지 않다.' 문답을 계속해 보면—

물음 : 알 수 있을까?

대답 : 전에는 알 수 없을 것이라고 생각했다.

물음 : 지금은 다르다고 생각하는 것은 어째서인가?

대답 : 고고학자들이 수수께끼를 풀 수 있는 해결책을 찾았기 때문이다.

역사에서 중요한 역할을 했지만, 문자가 없어 약간의 상황 증거밖에 남아 있지 않은 까닭에 영원히 알지 못하리라 여겨지는 민족들이 몇몇 있다. 그 에트루리아인은 수천 개의 비문을 남겨 놓았다. 그러나 그들의 언어는 완전히 소멸해 버려서 그 문자나 언어는 태평양 여러 섬의 바위에 새겨진 비문을 해독하는 것만큼이나 어렵다. 언어학자들은 100년이 넘게 글자 맞추기 퀴즈를 풀듯이 에트루리아 원전을 뒤적거려 왔다. 오늘날도 알아낸 것은 몇 가지 없다. 그래서

에트루리아 청동상
불을 뿜는 괴수 '키마이라'. 몸통과 머리는 사자, 꼬리는 뱀, 등에는 산양 머리가 달려 있다. 이 조각상을 보면 알 수 있듯이 에트루리아인은 뛰어난 금속 가공 기술을 가지고 있었다.

우리는 고대 로마의 역사가들이 쓴 저작에서 실마리를 찾아보았다. 에트루리아는 테베레강(로마)과 아르노강(피렌체), 아펜니노산맥을 포함한 영역을 지배했으며, 옛날에는 지중해 서부를 해군력으로 장악하여 카르타고와 몇 번이나 싸워 이긴 강국이었다.

그러나 애국자였던 로마 역사가들은 몇 번이나 로마를 위협한 위험한 이웃을 의도적으로 비하했다. 그들은 역사의 아버지 헤로도토스가 무엇이든 알고 있다는 말만 되풀이할 뿐이었다. 헤로도토스는 에트루리아인이 오랜 경제적 곤경으로 소아시아의 리디아에서 이탈리아로 이동해 왔다고 썼다. 그들은 그것을 복음처럼 믿고 아무 의심도 품지 않았다.

그러나 마침내 아우구스투스 황제의 치세가 되었을 때, 할리카르나소스(아르테미시아 여왕이 유명한 영묘를 세운 곳)의 디오니시우스라는 그리스 역사가가 로마의 고대사에 대한 22권의 책을 썼다. 그 속에서 그는 헤로도토스가 잘못 알고 있다고 주장했다. 에트루리아인은 리디아에서 온 아시아인이 아니라 줄곧 북부 이탈리아에 살고 있었다고 한 것이다. 그 뒤부터는 어느 역사가나 이 디오니시우스를 좇게 되었다. 에트루리아인은 유럽인이며, 그들의 언어가 다른 이탈리아 민족과 다른 것은 바스크어[1]가 프랑스어나 에스파냐어와 다른 것과 같다

---

1) 피레네산맥 가까이에 사는 바스크 민족의 말.

에트루리아 도시 타르퀴니아의 묘지에서 발견된 채색 벽화 연회장에서 일하는 하인과 음악가들을 그린 것으로 추정된다. 기원전 5세기 전반.

고 주장했다.

고고학자들이 에트루리아 땅에서 그 유적을 발견한 뒤에야 어느 정도 결론을 지을 수 있었다. 높은 문명을 가졌던 이 민족의 가장 초기 예술 작품은 분명히 아시아의 기원을 보여 주고 있었다. 그들은 뛰어난 조각가였으며 금과 청동의 일에도 능숙했는데, 그들이 묘사한 신의 모습에서는 모두 바빌로니아나 메소포타미아 평원의 분위기가 물씬 풍긴다. 그들은 또 아시리아에서 인기가 있었던 사실적인 사냥 장면을 매우 좋아했다. 양의 내장으로 미래를 점치는 관습도 칼데아에서 유래한 것으로서 에게해나 그리스반도의 민족들에게서는 찾아볼 수 없다.

이탈리아 다른 지역의 예술과 비교해 보면 에트루리아인들은 크레타나 미케네와 접촉한 적이 없음을 알 수 있다. 그렇다면 에트루리아인은 아시아를 떠난 뒤에도 수백 년 동안 조국과 어떤 직접적인 교류를 잇고 있었던 것이 틀림없다. 그렇지 않았다면 지중해 반대편에 있는 옛 이웃 민족들에 관해 알 수 없었을 것이기 때문이다.

이 고고학적인 추정을 뒷받침해 주는 또 다른 증거가 있다. 바빌로니아인과 아시리아인, 아니 서아시아의 모든 민족은 아치형 지붕을 잘 만들었다. 반면 그리스인은 평평한 지붕밖에 몰랐으며, 복도에도 아치형 지붕을 만들지 않았다. 그리스인이 커다란 자연석만 쓰고 벽돌을 쓰지 않았다는 사실은 이것과 관계가 있는지도 모른다. 아시리아인이나 바빌로니아인은 자연석을 쓰지 않고 벽돌만 썼으므로 아치형 지붕 건축술을 발전시킬 수 있었다. 그리스 예술을 직접 받아들인 이탈리아인이 아치형 지붕을 전혀 몰랐던 것과는 달리 에트루리아에 아치형 지붕이 많았다는 것은 에트루리아인이 아시아인이고, 트로이 전쟁 직후(기원전 1000년경) 고국 해안을 떠나 이탈리아반도의 테베레강 바로 북쪽에 정착했다는 주장의 결정적인 증거로 여겨진다.

그들이 세운 건축물로 보아, 옛날의 에트루리아 지배자들은 고상한 취미를 갖고 있었던 것이 분명하다. 그러나 정치적 재능이 모자라 언제나 내분이 그치지 않았다. 이웃 로마인들과 수백 년간 싸우는 동안 안으로는 서로 사이좋게 지내는 편이 현명하다는 것을 조금은 배움직도 한데, 그들은 어떤 교훈에도 눈이 어두웠다. 로마 북쪽으로 불과 15킬로미터 떨어진 가장 큰 성채 베이가 10년이나 포위되어 있었는데도 그들은 다가올 운명을 눈치채지 못했다. 내분이 이어지고, 마침내 올 것이 왔다. 기원전 3세기, 에트루리아는 로마에 병합되고 말았다. 로마에게 이 에트루리아 정복은 하나의 행운이었다. 에트루리아의 도시들은 그 무렵 '중공업' 중심지였기 때문이다. 에트루리아에는 구리광산이 많았고, 가까운 엘바섬에는 철광이 많았다. 에트루리아인은 이 천연자원을 최대한 이용해 강국이 될 수 있었다. 에트루리아인들은 문화의 중심에서 멀리 떨어져 살면서 현실과 거의 접촉 없이 살아가는 현대 기업인을 떠올리게 한다. 이런 태도가 이 나라의 예술에 어떻게 반영되었는지 살펴보는 것은 재미있는 일이다.

에트루리아의 모든 예술에는 무언가 좀 비뚤어진 데가 있다. 그리스의 작품에서 보이는 그 매력이 없으며, 조각에는 조금 원시적인 데가 있다. 그리스가 오래전에 사라진 뒤에도 그 고대적인 미소는 남아 있다. 반면 에트루리아의 초상에는 강렬한 힘이 깃들어 있다. 이는 엄중하고 늠름한 고대 강철 민족의 특징이었을 것이다. 로마에서는, 특히 제정시대에는 결혼서약이 그다지 진지하게 지켜지지 않았다. 그러나 에트루리아에서는 남편과 아내의 맹세가 확고하고,

이승뿐 아니라 저승에서도 헤어질 수 없는 것이었다. 진기한 모양의 석관[2]과, 아치형 지붕의 무덤 속에서 발견된 정교한 테라코타 소파는 에트루리아인의 고도로 발달한 가정본위관과 가족생활을 보여주고 있다.

고르곤의 머리 테라코타. 노르바 출토. 기원전 5세기 초, 로마 빌라줄리아 미술관 소장.

죽은 사람의 데스마스크를 뜨는 풍습(미케네 민족도 이 풍습이 있었다)도 여기에서 생겼다. 데스마스크는 장례를 정중히 치르기 위한 형식적인 것이 아니었다. 예술인들은 데스마스크에 고인의 개성을 표현했으며, 고인의 모습과 닮게 하기 위해 매우 공을 들였다.

로마인들은 결국 이 에트루리아인의 풍습을 본뜨게 되었으며, 로마의 귀족들은 모두 세상을 떠난 친척의 얼굴에서 뜬 밀랍 마스크를 만들어 보관했다. 이런 마스크는 아트리움(atrium)[3]의 벽에 걸어 놓는 관습이 있었으며, 우리가 식당에 가족사진을 거는 것과 같은 목적이었다. 이런 마스크는 매우 많이 발견되고 있다. 그것은 차츰 정식 흉상(胸像)으로 발전했다. 그 흉상 덕분에 우리는 거의 모든 로마시대 명사들의 모습을 알 수 있다. 로마의 흉상과 에트루리아 마스크의 차이는 다만 쓴 재료의 차이뿐이었다. 로마인은 대리석에 새겼지만, 에트루리아인은 더 값싼 테라코타로 만족했다.

테라코타는 인류와 마찬가지라 할 만큼 오래된 것이다. 그것은 문자 그대로 '구운 흙'이라는 뜻이며, 유약을 바르지 않은 점토로서 가장 원시적인 민족이라

---

2) sarcophagus. '고기를 먹는 돌'이라는 뜻으로서, 그리스인은 시체를 빨리 썩게 하는 돌이 있다고 여겨 그 돌로 관을 만들었다.

3) 로마인 집의 중앙 홀.

도 만들 수 있었다. 테라코타는 중국에서 페루, 에스파냐에서 멕시코에 이르는 온 세계에서 광범위하게 쓰였다.

그러나 에트루리아인은 모든 시대를 통틀어 가장 위대한 테라코타 도공들이었다. 그 기술은 오늘날 전해지지 않는다. 뛰어난 테라코타 작품을 만들려면 매우 세심한 주의가 필요하고, 완성하기 전에도 손으로 다시 마감작업을 해야 한다. 그러려면 시간이 무척 걸린다. 시간은 돈인데, 왜 그런 귀찮은 일을 해야 하는가. 지금은 이런 결과가 되어 버린 것이다.

자, 드디어 우리는 로마인을 만나게 되었다. 그러나 곤란하게도 그들은 둔감한 인간들이었다. 나는 철이 들 무렵부터 로마인의 미덕에 대해서 귀에 딱지가 앉도록 들어 왔다. 그들은 어린 나를 지긋지긋하게 만들었고, 지금도 그렇다. 영광의 도시 로마 또한 마찬가지이다. 나는 로마에서 사느니 차라리 보르도나 브리지포트에서 살라는 선고를 받는 편이 낫다고 생각한다.

물론 이것은 어처구니 없는 생각이다. 로마는 고대 세계 최대 제국의 중심이었다. 지금도 세계 최대의 종교적 중심이다. 로마가 내일 어떻게 될는지는 신과 무솔리니밖에 알지 못한다. 이 의견이 반이탈리아 감정의 표현으로 해석되지 않도록 얼른 덧붙여 두지만, 나는 베네치아나 피렌체 같은 이탈리아 도시에 관해서는 존경에 가까운 매우 깊은 애착을 느끼고 있다. 나는 다만 로마를 좋아할 수 없을 뿐이다. 이 같은 편견의 원인은 아마도 고대 로마의 정치가들 가운데 매우 많은 사람이, 현재의 독일 정부[4]를 이루고 있는 '권력자'들과 비슷한 점에 원인이 있을 것이다. 어쩌면 로마 예술이 원인인지도 모른다. 로마인들은 매우 많은 예술품을 남겼고 나는 그것들을 많이 접했다. 그들이 싫어진 것은 대체로 그 예술 탓이었다고 여겨진다. 그것들은 모두 엄청나게 웅장하여 말할 수 없을 만큼 따분했다.

고대 그리스 예술은 그리스 땅의 산물이었고, 자신을 낳아 준 풍토에 언제나 충실했다. 로마의 환경은 전혀 달랐다. 아테네는 무척 자연스럽게 발달한 도시

---

4) 나치스를 말한다.

석관 상부를 장식하고 있는 에트루리아인 부부 상 테라코타. 기원전 6세기, 체르베테리 묘지에서 출토. 연회에 초대되어 소파에 비스듬히 앉아 있는 부부의 모습. 그리스와는 달리 에트루리아에서는 여성도 연회에 참석할 수 있었다.

였다. 바다로 나가기가 쉬웠고, 위험할 때는 아크로폴리스가 안전한 피난처가 되었다. 그래서 상업과 공업이 이곳을 무역의 중심지로 만들었다. 반면에 로마는 우연히 생겨났다. 아테네는 신이 만든 도시였으나, 로마는 인간이 만든 도시였다. 로마는 바다에서 멀리 떨어져 있었고, 제정시대 말기에 이르러서도 바다로 진출하기가 쉽지 않았다. 테베레강은 유속이 느린 흙탕물로서, 허드슨강보다는 브롱크스강과 비슷했다. 자연적인 배후지(背後地)도 없었다. 그러므로 로마가 상업이나 공업의 중심지가 될 이유가 없었다.

또한 로마는 늪지대의 한가운데에 있었으므로 모든 종류의 전염병, 특히 말라리아가 유행했다. 저 유명한 포룸(Forum)[5]도, 황제들이 배수 시설을 완성하여 사람이 살 수 있게 만들 때까지는 진흙 웅덩이였다. 이 도시에는 천연의 우물도 없었다. 음료수는 16~64킬로미터나 되는 기나긴 수로로 산에서 끌어와야 했다.

---

5) Forum은 로마시의 중앙에 있는 광장으로서 집회에 쓰였으며, 시장이나 법정의 역할을 했다.

로마는 농업 사회의 중심지였을 때는 식량을 자급할 수 있었지만, 대도시가 되자 급속히 늘어나는 인구를 먹여 살리기 위해 곡식을 모두 해외에서 수입해야 했다. 그러나 제정시대 말까지도 기아 폭동이 일어나지 않게 할 만한 식량을 확보하지 못했다. 강력한 해군을 가진 적이 나타나기만 하면(그런 일은 몇 번이나 있었다) 이 도시는 곧 기아의 위험에 맞닥뜨렸다.

그럼에도 로마는 세계를 지배했다.

사람들은 이 도시가 신기하게도 패권을 쥐게 된 이유를 1500년 동안이나 줄곧 생각해 왔다. 이에 대해서 나는 의견을 하나 내놓고 싶다. 지금까지 우리는 어떤 민족성을 토대로 그 민족의 예술을 설명하려고 해 왔다. 그것을 뒤집어 한 민족이 남긴 예술로 민족성을 설명해 보면 어떨까? 로마인이 만든 모든 것—수많은 시장과 건축물(오늘날의 공공건물, 정거장, 교회에도 그 흔적이 남아 있다)—도로·교량·극장·개선문 등 아일랜드 해협에서 아라비아 사막에 이르는 동안 볼 수 있는 이 모든 것을 종합해 보면, 의지는 확고한데 상상력은 완전히 결핍되어 있다는 느낌이 든다. 그들이 만진 모든 것에 속세의 냄새가 배어 있다. 모든 것에서 짙은 눈썹의 일꾼 냄새가 난다. 가축과 함께 먹고 자고 죽는 삶, 해뜰 때 일어나 닭과 함께 잠드는 삶, 욕구도 거의 없고 그저 조상 대대로 내려온 조그만 땅 한 뙈기를 겨우 물려받아, 그것을 고스란히 자손에게 물려주는 것만을 삶의 유일한 목적으로 삼았던 그 일꾼의 냄새가 난다.

이러한 농민의 인생관이 로마 역사의 처음부터 끝까지 지배하고 있었다. 로마의 정치가는 신분이 천한 조상을 감추기 위해 상상의 조상을 만들어 냈는지도 모른다. 광대한 해외 영지의 총독이 되기도 했고, 한때는 아시아나 아프리카에서 호화로운 생활을 즐겼다. 그러나 마지막에는 언제나 고향 언덕으로 돌아왔다. 만약 사색적인 사람이라면 나폴리만을 바라보는 소박한 별장에서 여생을 보냈을 것이다. 전원 생활을 최고의 행복, 모든 교양 있는 시민이 꼭 이루어야 할 바람직한 목표라고 찬양하는 작가들의 책을 읽고 위안과 영감을 얻었을 것이다.

사정이 부득이하여 안락한 집(폼페이에서 발굴된 집을 보면 얼마나 실용적이고 편리하게 되어 있는지 알 수 있다)을 떠나야 했을 때는 언제나 문명의 이기를 함께 갖고 갔다. 영국인이 휴대용 욕조나 막대한 식량을 아프리카의 초원이나 말

퐁 뒤 가르 수도교　아그리파는 수도 로마의 도시 정비 계획을 추진했을 뿐만 아니라 정벌한 지역에서도 수많은 대규모 토목 사업을 벌였다. 님 근교의 가르동강에 가설되어 있는 이 수도교(水道橋)도 아그리파가 축조한 것이다. 길이 269m.

레이시아의 밀림 한가운데로 갖고 가는 것과 같다. 큰길에서 멀리 떨어진 프랑스의 조그만 시골 마을, 사하라와 아라비아 사막의 모래더미 속에서 극장과 공중목욕탕이 발견되는 것은 그 때문이다. 로마인이 만든 도로나 교량도 마찬가지이다. 이런 것을 보면 나 또한 로마인이 한 일에 찬탄하지 않을 수 없다.

나는 도로—평범한 길—가 어째서 예술작품 속에 들어가지 않는지 알 수가 없다. 스위스와 오스트리아의 산길을 보면, 균형이 잘 잡힌 건축물을 볼 때 느끼는 것과 같은 아름다움과 균형감을 느낄 수 있다. 그러나 석조 다리는 건축 분야에 들어가므로, 이 책에 써도 괜찮은 것 같다. 로마인은 다리 건설의 전문가였다. 로마시대의 다리는 우리 시대까지 쓰일 만큼 영구적인 안목으로서 만들어졌다. 몇몇은 지금도 남아 있으니까. 제1차 세계대전 중 세르비아 군대가 괴멸을 면하고 해안으로 탈출할 수 있었던 것도 로마 덕분이었다.

로마인이 다리 건설 같은 까다로운 공사도 성공적으로 해낸 것은 아치를 다루는 데 정통했기 때문이다. 아치는 실은 '굽은 벽'에 지나지 않으며, 고대에는 주로 지붕에만 쓰였다. 굽은 지붕은 평평한 지붕보다 크고 무거워지므로 지탱하는 벽에 큰 압력을 가하게 된다. 따라서 이 압력에 대해 보강을 하지 않으면 벽이 휘어 버린다. 바빌로니아인, 크레타인, 에트루리아인들은 벽을 아치 천장보다 두껍게 만듦으로써 이 위험을 없애려고 했다. 그러나 로마인은 이 방법에 만족하지 않았다. 법정과 공공건물이 필요한데 그러려면 건물이 크고 문과 창문이 많아야 했다. 그러므로 벽을 너무 두껍게 하는 것은 좋은 방법이 아니었다. 로마인은 이 곤란에서 빠져 나갈 유일한 방법을 찾아냈다. '버팀벽(扶壁)'을 만들었던 것이다.

버팀벽이라는 말은 중세의 고딕 사원 시대에 생긴 말이다. '말다'라는 뜻으로 그 용도를 잘 알 수 있다. 문이나 창문 때문에 벽의 강도가 약해져 9천 킬로그램의 지지력이 상실되었을 경우, 그 무게를 버팀벽에 분산하면 아치형 지붕을 지탱하는 데 힘을 얻을 수 있다. 나는 일반인들을 위해 매우 쉽게 설명하고 있는 중이다. 현대의 건축가들에게 이 책을 건축 실용서로 쓰라고 권할 생각은 없다. 그러나 일반인들은 이것으로 개략적인 개념을 파악할 수 있을 테고, 또 그것이 중요한 것이다. 우리가 현재와 같은 방법으로 건축을 시작할 때까지(오늘날의 마천루는 수직으로 세운 대형 여객선과 같다) 버팀벽은 실제로 건축의 매우 중요한 부분이었기 때문이다. 이 점은 고딕 사원 시대에 대해 이야기할 때 다시 설명하겠다.

조금 전에 나는 로마의 공공건물에 대해서 말했다. 그 가운데 가장 중요한 것은 포룸이었다. 포룸이라고 하면 우리는 로마의 원로원 의원들이 티 하나 없는 흰옷을 입고 중요한 국사를 토의하기 위해 점잖게 걸어다니고 있는 위엄 있고 고상한 건물을 떠올린다. 그러나 왕국시대나 공화정치시대의 초기 포룸의 실제 모습은 이것과는 전혀 달랐다. 단지 시내에 있는 조그만 시장에 지나지 않았다. 돼지와 소, 닭이 이리저리 싸돌아다니고, 채소와 치즈가 수북이 쌓여 있으며, 왁자지껄 떠드는 사람들이 물물교환을 하고, 많은 아이들을 데리고 가는 어머니들, 선술집에 앉아 정치 얘기에 열을 올리고 있는 아버지들이 있었다. 수많은 사람이 땀에 절어 웃고 소리치고 싸우며, 마늘과 양파, 술과 진흙, 쇠똥 냄새를 물씬 내뿜었다. 닭싸움에 마지막 남은 푼돈을 거는 자가 있는가 하면,

붙잡힌 소매치기가 엉덩이에 채찍 스물다섯 대를 맞는 것을 재미있게 구경하는 사람도 있는 곳이 바로 초기의 포룸이었다.

이탈리아에 가면 알 수 있지만, 오늘날에도 어느 도시든 일정한 시간이 되면 주민들이 모여 쑥덕공론을 벌이거나 상담을 주고받는 장소가 있다. 그것은 시가이기도 하고, 시장이기도 하고, 코르소[6]이기도 하고, 마찻길이기도 하다. 로마에서는 사람이 모이는

포룸(공공 광장)**에 남아 있는 연단** 정치가들이 이 연단에 서서 민중을 향해 연설했을 것이다. 기원전 338년에 주변에 사는 라틴인과 싸워서 빼앗은 배 6척의 뱃머리가 당시에는 이곳 정면에 장식되어 있었다.

이 장소들이 포룸이며, 모든 시민 생활의 참된 중심이었다. 거기에는 누구나 모여들었으므로 재판관은 이런 공회장에서 재판을 진행하곤 했다. 이 국제 도시에서 숭배되는 온갖 신들을 모시는 사제들도 포룸에 와서 양의 내장으로 미래를 점쳤다. 관리 후보자들은 아침마다 토가(toga candida, 흰색은 그들의 동기가 순수함을 나타내는 것이었다)를 입고 포룸을 돌아다니며 청중을 향해 연설을 했다. 세계의 절반을 정복하고 고국에 돌아온 개선장군도, 얼른 시장에 나타나 민중에게 호담함을 보여 주었다. 그렇게 되니 포룸은 너무나 많은 사람들이 몰려와서 이제 농민이나 돼지나 양배추, 마늘이 있을 자리가 부족해졌다. 그리하여 물건이 거래되는 곳은 옆골목이나 뒷골목으로 밀려나고, 포룸 중심부는 신전과

---

6) 로마의 거리.

법정, 사무소, 정치 집회장의 역할을 하던 바실리카로 바뀌었다.

바실리카는 알다시피 전형적인 로마식 발명품으로서, 한꺼번에 많은 사람들을 수용할 필요에서 생겼다. 직사각형의 넓은 홀을 길게 늘어선 둥근 기둥들에 의해 분리된 관람석이 둘러싸고 있었다. 홀의 끝에 위치한 반원형 자리에 법정이 설치되고 원고·피고·증인·변호사 등이 재판관 앞에 섰다.

후세의 바실리카는 이제 이교(異敎)의 건물이 아니라 그리스도교 교회로 쓰였는데, 재판관이 앉던 자리가 제단이 되었다. 상담을 나누던 곳은 회중의 자리가 되고, 전에는 채소 판매대가 차지한 기둥 사이에는 분리파의 예배당이 들어섰다. 더 상세한 것은 비트루비우스의 저작을 참조하기 바란다. 그는 로마의 뛰어난 건축가이자 토목기사이며, 아우구스투스 황제의 병기(투석기와 전차) 제작 감독자였다. 그 실용 건축 입문서(1500년 동안이나 묻혀 있다가 스위스의 고대 사원에서 발견되었다)는 미켈란젤로와 브라만테 및 16세기 위대한 건축가들의 예술적인 성서가 되었다.

로마 초기의 바실리카는 거의 다 없어져 버렸다. 우리에게 알려진 가장 오래된 바실리카(기원전 200년)는 폼페이의 잿더미 속에서 발굴된 것이다. 그러나 이것과 마찬가지로 흥미로운 로마의 건축물은 그 밖에도 많이 남아 있으며, 그것이 지금까지 남아 있는 것은 엄청나게 큰 규모 때문이다. 투기장, 콜로세움(원형 경기장) 및 극장이 그것이다. 로마인이 이런 석조 건물을 구축한 것은 민중을 즐겁게 만들어 정치나 분쟁에 너무 열중하지 않도록 하기 위해서였다.

이처럼 크고 복잡한 건물을 세우는 데에는 로마인의 콘크리트 발명이 큰 도움이 되었다. 콘크리트는 모래와 자갈에 접합제를 섞고, 물로 반죽하여 만든다. 로마인은 이 접합 재료로 보통 석회석 같은 것을 썼다. 현대 문명에서도 콘크리트가 매우 중요하다. 수백 가지 용도로 쓰이는데, 방파제나 부두 건설, 보도 블록이나 저수지, 무거운 하중(荷重)이 걸리고 끊임없이 자연의 위력에 노출되는 모든 구조물에 쓰이고 있다. 콘크리트는 한 번 굳으면 화강암처럼 단단해져 허물어지지 않는다. 중세 사람들이 이 콘크리트 구조물을 어떻게 파괴할 수 있었는지는 알 수 없다. 그들은 궁전이나 요새를 짓기 위해 석재가 필요했다. 그런데 무거운 큰 돌을 돌산에서 시내로 옮겨 올 방법이 없었다. 그래서 고대 로마의 원형 극장을 무진장의 채석장으로 이용했다.

▲측면에서 본 콜로세움

▶상공에서 본 콜로세움
원형경기장으로, 검투사
시합과 맹수연기 등이 시
행되었으며, 그리스도 박
해시대 신도들을 학살하
는 장소가 되기도 했다.

　1천 년 넘게 조직적인 약탈을 당해 왔으나 로마의 콜로세움은 오늘날에도
매우 당당한 인상을 준다. 콜로세움은 몇 대에 걸쳐서 건설되어, 서기 80년, 티
투스 황제 시대에 마침내 완공되었다. 이 사람은 서기 70년에 예루살렘을 파괴
한 황제이다. 콜로세움은 관중 8만 7천 명을 수용할 수 있고, 정면에는 황제 네
로의 거대한 석상이 서 있었다. 콜로세움이라는 이름 자체가 '거대하다'는 뜻이
다. 낙성식에서 검투사들의 시합이 벌어지고, 그동안에 5천 마리가 넘는 짐승

을 잡아 군중은 마음껏 축제를 즐겼다.

이들 대건축물의 모습은 흥미로운 점을 이야기해 준다. 로마인은 무엇이든 큰 것을 좋아했고 낭비를 즐겼다. 그러나 조화와 힘의 절제를 중시했다.

이 차이는 로마와 그리스 두 민족이 세운 유명인 기념비를 보면 뚜렷이 알 수 있다. 로마인의 개선문과 기념주(紀念柱)에는 위아래 빈틈없이 정교한 조각이 가득 새겨져 있다. 그리스인은 전차 경기에서 1등상을 차지한 전차수를 기념하고 싶을 때는 말고삐를 쥐고 있는 한 남자의 모습을 조각했다. 인물상 하나만으로 모든 것을 말했다. 트라야누스 황제의 기념주 조각상에는 2천 5백 개나 되는 형상이 2백 미터 길이로 새겨져 있다. 거기에는 투석기를 발사하는 장면에서, 사형집행인이 포로가 된 야만족 추장의 목을 자르는 장면까지 황제의 다키아(현 루마니아) 원정 중에 일어난 일들이 표현되어 있다. 티투스 황제의 개선문은 유대인에 대한 승리를 기념한 것인데, 이 또한 똑같이 장식되어 있다. 그리스인이라면 훨씬 훌륭하고 훨씬 적은 힘과 비용을 들여 만들었을 것이다. 그러나 그리스인은 이미 없었다. 로마인은 자기 힘으로 해 나가야 했다.

그리스인의 평상복은 두 부분으로 구성된다. 아래는 속옷으로서 무릎까지 내려오는 키톤을 입고, 그 위에 페플로스[7]라는 긴 윗도리(우리는 아마 숄이라고 불렀을 것이다)를 입는다. 이런 옷이었으니 모든 것이 입는 사람과 맵시에 달려 있었다. 입는 사람의 능력이 어떤 경우에나 쉽게 표현되었다. 그리스의 조각은 운동선수뿐 아니라 정치가나 철학자의 조각상도 우아하고 기품 있게 묘사했고, 최소의 노력으로 최대의 효과를 거두었다.

그에 비해 로마의 조각상은 더 정교하지만 그런 느낌을 주지 않는다. 로마의 조각은 의상 담당 노예가 토가의 주름을 말끔히 간추리는 동안 몇 시간째 거울 앞에 서 있는 것처럼 보인다.

세월이 흘러 로마는 차츰 동방 속주들의 영향을 받았다. 콘스탄티노플에서 널리 유행한 아시아의 의식용 윗도리가 이 제국의 수도에도 나타났다. 그 무렵 상류계급 사람들은 수를 많이 놓은 양모 토가를 입기 시작했는데, 색색의 장식이 많이 짜여 있어서 무게가 1톤이나 되어 몸도 움직이지 못할 정도였다.

---

7) 영어판에는 히마티온(himation)으로 되어 있다.

로마의 토가는 벌써 오래 전에 없어져 버렸지만, 후기 로마의 복식은 지금도 남아 있다. 여러분은 가톨릭교회에서 성무를 돌보며 바실리카의 옛날 법정 자리에서 미사를 집전하는 사제들에게서 그 로마식 의상을 볼 수 있다.

4세기 중엽에 로마 제국은 둘로 분열되고, 콘스탄티노플이 동방제국의 수도가 되었다. 그리고 50년 뒤에 서방제국의 수도는 로마에서 아드리아 해변의 라벤나로 옮겨졌다. 그 뒤 3대를 거친 뒤 마지막 로마 황제가 야만족의 추장에 의해 폐위되었다. 이 슬픈 사건을 목격한 사람들에 의하면, 그것이 로마 제국의 멸망이었다. 하지만 어떤 의미에서 그것은 또 하나의 시작이었다.

로마는 다시 한 번 세계를 지배했기 때문이다. 그러나 이번 정복은 칼로 한 것이 아니었다.

트라야누스 황제의 기념주

10장
유대인

유일한 건물과 유일한 책을 가졌던 민족―

이웃 나라 사람들은 유대인에 관해 아무 말도 하지 않았다. 같은 시대 사람들이 유대인의 존재를 깨닫고 있었던 것 같지는 않다. 유명한 역사가는 유명한 책을 쓰고, 학식 있는 지리학자는 지리서를 편찬하여 독자가 흥미를 가질 만한 일은 무엇이나 상세하게 가르쳐 주고 있다. 그런데 그들은 모두 이집트와 시리아, 칼데아와 페니키아 항구와의 교차점에 있는 이 조그만 지역을 대수롭게 여기지 않고 지나갔다. 어째서 그렇게 되었을까. 다른 나라 사람들은 이 사막 도시에서 환영을 받지 못했던 것이다. 주민들은 어릴 때부터 신성한 것과 더러운 것, '부정한' 타국인과 '청정한' 동포 종족의 차이를 배웠고 한순간도 잊어서는 안 되었다.

그런데 완고하게 온 세계를 양과 염소로 나누고, 할례를 하지 않은 이교도와 무심코 빵을 나누게 될까 봐 겁먹고 있던 이 민족이야말로, 그들이 자기들의 고국이라고 주장하고 찾아왔던 나라에서 실은 타국인이었다. 그들은 동방의 '우르'라는 곳에서 왔다. 페르시아만에서 나일강 유역에 이르는 모든 지방을 지나서 몇 세기나 방랑을 계속한 끝에 마침내 페니키아의 뒤에 있고, 명목적으로 이집트 왕국의 일부였던 여부스족의 여러 도시를 정복했다. 그들은 그 자리에 몇 개의 공국(公國)을 만들었는데, 트로이 전쟁 무렵 마침내 하나로 통일되어 그 유명한 이스라엘 왕국이 되었다.

사방으로부터의 위험에 맞닥뜨려 있던 그들은 하나의 공통된 이념으로 뭉쳤다. 그것은 자기들 유대인의 신이야말로 유일한 참된 신이라는 신앙, 이 전능한 신에게 복종하고 공의로운 정신으로 경외하는 자가 결국 이 세상을 물려받

▲예루살렘 성전

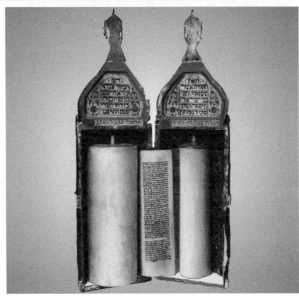

▶토라
두루마리·양피지에 씌어
있는 성서의 모세5경, 즉
구약성서 다섯 편이 들어
있다. 유대교에서는 율법
서라 부르기도 한다.

으리라는 신념이었다.

이 신비로운 왕국을 침략하여 정복한 아시리아인, 바빌로니아인, 이집트인, 마케도니아인, 로마인들은 유대인들이 소중히 여기는 성전의 지성소를 마구간으로 쓰면서 그들의 자부심을 비웃었을지도 모른다. 그러나 역사는 분명히 패자의 편이었다. 스무 번 넘게 공격당하고 열여덟 번이나 파괴와 재건을 되풀이하면서도, 예루살렘은 여전히 건재하여 현대 세계 3대 종교—유대교·그리스도교·이슬람교—의 정신적 수도가 되었다.

이와 같이 혼란한 생활이었으므로 예술의 발달은 촉진되지 못했다. 사실 유대인 음악가들이 등장하기 전까지(그것도 불과 수백 년 전의 일이다) 유대인은 예술에 그다지 공헌하지 못했다. 그러나 그들은 서양 문명에 영향을 준 두 가지를 세상에 내놓았다. 건축물 하나와 책 한 권이었다.

예루살렘 성전과 성서였다.

성전은 지금 없다. 이 성전에 대해서 우리가 알 수 있는 것은 구약성서 열왕기 상권 제6장과 7장에 씌어 있는 것뿐이다. 그것을 읽어 보면 솔로몬이 얼마나 부유했는지 잘 알 수 있다. 그는 아시리아와 페니키아와 이집트에서 건축가를 수입하고 자재를 동방 세계 곳곳에서 주문할 만한 여유가 있었다. 그러나 그 건축가들이 고상한 취향을 가진 사람들이었다면 자기들이 하고 있는 일에 소름이 끼쳤을지도 모른다. 왜냐하면 성서에 적혀 있듯이, 이 신전은 20여 년 전 경기 좋던 시절 할리우드에 지어지던 건물 같았던 것이다. 그 무렵 사람들은 2백만 달러를 들여 지은 극장이 당연히 1백만 달러짜리 극장보다 더욱 아름다우리라 생각했다.

예술에 대한 유대인의 두 번째 공헌은 한 권의 책이었는데, '책 중의 책'이 되었다. 바로 성서이다. 그 뒤 2천 년 동안 서양 세계의 예술이란 예술은, 예술과는 거리가 멀었던 한 민족의 책에서 막대한 영향을 받았다.

11장
초기 그리스도교의 예술

옛 신들은 죽고, 인간은 죄 많은 세상을 피해 간다

티투스 황제 시대의 로마 인구는, 노예 2천만 명과 자유민 8백만 명으로 이뤄져 있었다. 자신을 자기 것이라고 말할 수 있는 자유 시민 한 명당 노예 세 사람 꼴이었다.

대체로 이 노예들의 생활은 참으로 비참했다. 차츰(몇 세기 뒤의 러시아에서처럼) 그들은 절망에 빠져 스스로 죽음을 택하기 시작했다. 그러나 어느 날 부엌과 지하실, 광산과 공장과 대농장의 오두막에서 이상한 소문이 떠돌기 시작했다. 먼 나라에 새로운 구세주가 나타났다는 것이다. 이 구세주는 주인과 노예 사이에 차별이 없으며, 모든 사람은 같은 하늘에 계시는 아버지의 자식에 지나지 않고, 그러므로 평등한 구원의 기회를 가졌다는 것을 가르쳤다. 침울해 하던 수백만 사람들은 물에 빠진 자가 지푸라기를 잡듯이 결사적으로 이 새로운 희망의 소식에 귀를 기울였다.

그 무렵 로마에 널리 퍼져 있던 아시아와 아프리카의 많은 '신비' 종교 가운데 하나에 지나지 않았던 그리스도교가 대중의 마음을 휘어잡고, 로마 제국의 국교가 되는 데 성공했다는 것은 흔히 하나의 기적처럼 여겨진다. 그 뒤 그리스도교가 이 나라 최고의 정치적 힘이 되자, 그리스도교 신앙이 매우 많은 야심가들에 의해서 출세의 수단으로 이용된 것은 두말할 것도 없다. 이런 사람들은 아스타르테[1]나 미트라가 고대 올림피아 신들의 적당한 후계자라고 선언되

---

1) 아스타르테는 페니키아의 여신으로 원래는 연애와 수학의 신이었으며, 그리스인과 로마인은 달의 신으로서 셀레네나 아프로디테와 동일시했다. 미트라는 페르시아의 빛의 신으로, 공화 정치의 말기 로마에 전해져서 크게 숭배되었다.

면 곧바로 그 신을 섬길 그런 위인들이다. 그러나 그리스도가 죽은 뒤 첫 100년 동안은 새로운 신앙에 대한 열정이 아주 순수했을 것이다. 십자가에 처형된 자의 신도라고 공언하는 것은 매우 위험했고, 내세에서 보상받는다는 것 말고는 신앙의 대가가 전혀 없었기 때문이다.

이 장은 이 새로운 종파의 성장 과정을 설명하는 자리가 아니다. 그러나 그리스도교가 예술의 발전에 미친 영향을 살펴보는 것은 흥미로운 일이다. 그리스도교 신앙이 예술에 유감스런 영향을 주었다고 말하기는 쉬울 것이다(동시에 옳은 말이다). 왜냐하면 고대 문명이 존중했던 모든 것에 의도적으로 등을 돌린 신앙이었기 때문이다. 이 신앙은 그리스인이나 로마인으로 하여금 명랑하게 '예'를 외치게 한 모든 것에 대해서 단호하게 '아니오'를 외치게 했다.

그러나 그리스도교가 무대에 등장했을 때는 이미 모든 예술이 심각한 쇠퇴 상태에 있었다. 그리스도교가 지배하지 않았다 하더라도 예술의 앞날은 그리 밝지 못했을 것이다. 하지만 아무튼 초기 그리스도 교도들이 노예 상태에서 비참하게 살았던 시절을 상기시키는 모든 것을 적으로 여겼다는 것은 분명한 사실이었다. 몇 세기 뒤 레닌의 동료들이 제정러시아의 마지막 흔적까지도 말살하는 데 만족을 느꼈듯이, '옛 질서'의 전형으로 여겨지는 모든 것을 철저히 파괴하는 데 커다란 만족을 느꼈다.

그리스인이나 로마인은 인간의 신체를 숭배했다. 그들은 그 힘과 균형 잡힌 근육의 아름다움에서 즐거움을 느꼈다. 그런데 새 주인은 인간의 신체를 혐오했다. 그리스인이나 로마인은 내세의 삶에 회의적이었고 현세의 삶에 중심을 두었으며, 죽음을 불가피하지만 매우 불쾌한 것이라고 생각했다. 그래서 그리스도 교도들은 정반대로 현세를 경시하고, 죽음으로의 마지막 여행 채비에 몰두했다.

로마인과 그리스인은 잘 먹고 잘 마시고, 이 세상의 모든 것을 즐기도록 배웠다. 그런데 그리스도 교도는 메뚜기와 물을 일용의 양식으로 삼고, 하늘로부터의 자비로운 선물을 모두 사탄의 유혹이라고 비난했다.

이런 사정 아래서 예술가로 지내거나 옛 아테네의 유파에 충실하기란 쉬운 일이 아니었다. 타협하는 자세로 고용주가 시키는 대로 하거나, 아니면 굶어야 했다. 물론 굶기를 택한 예술가도 있었지만 그 수는 그리 많지 않았다. 그 밖의 예술가는 최선을 다해 견디면서 타협이 필요하다고 생각되면 무엇이나 받아들였다. 그러나 매우 재미있는 것은, 예술가와 대중 사이에 이와 같은 마찰이 있을 때는 언제나 예술가가 이기며, (시간이 좀 흐른 뒤에는) 결국 자기의 생각을 대중에게 강요할 수 있게 된다.

초기의 그리스도교 예술은 카타콤(Catacombs)[2]에서 볼 수 있다. 카타콤은 박해받는 가엾은 그리스도 교도들이 위험할 때 피신할 수 있는 어두운 지하 피난처(나도 어릴 때 그렇게 배웠다)가 아니었다. 그리스도 탄생 훨씬 전부터 널리 사용되어 온 단순한 지하의 무덤에 지나지 않으며, 로마인이 에트루리아인의 흉내를 내어 만든 것이다. 그 이름이 가리키듯 채석장에 가까운 무덤인데(그리스어에 의하면 Kata Kumbs '속이 빈 곳'이라는 뜻이다), 사도 베드로의 시체가 자신의 이름을 붙인 사원에 옮겨질 때까지 잠시 안치되어 있었다고 한다. 그곳은 폭이 1미터도 안 되는 깊숙한 통로로서, 수도 로마 주변 어디에나 있는 연한 응회암 지대에 축조되었다. 로마인은 이 응회암을 가옥이나 주택의 자재로 썼는데, 제정시대 로마에서는 응회암으로 지은 6층 건물 주택이 보통이었다. 시신은 벽면을 따라서 판 무덤에 안치되고, 그 위에 커다란 대리석판이 올려졌다. 조각가나 화가들이 그 판에 고인의 덕과 공적을 묘사했다.

넉넉한 가정은 조그만 전용 납골당을 사는 것이 관례였으며, 보통은 통로 양쪽을 따라서 늘어선 구조였다.

카타콤의 여기저기에 일정한 간격을 두고 밖으로 통하는 구멍이 있어서 환기와 채광의 역할을 했다. 그 밖의 조명으로서 조그만 기름등잔이 있었는데, 낮에는 필요하지 않았다. 이 묘소(오늘날 같으면 이렇게 불렸을 것이다)의 내부 장식을 맡은 예술가들은 장례 분위기를 내기는커녕 본디 용도에 맞게 묘소를 쾌적하게 만들려고 최선을 다했다. 그런데 전통이라는 것이 일상생활에서뿐 아니라 예술에서도 얼마나 큰 힘을 발휘하는지 흥미로운 사실을 발견한다. 왜냐하면 그리스도 교도들이 카타콤에 남긴 그림이나 조각에는 고대 신들을 숭배하던 시대와 마찬가지로 여전히 이교적인 특징이 드러나 있기 때문이다.

우리는 당연히 십자가 처형을 당하는 그리스도 그림이 많을 것이라고 예상

---

2) 지하 무덤.

한다. 골고다 언덕의 그 장면은, 그리스도가 죽은 뒤 세상 사람들의 관점이 크게 변화하는 것을 무엇보다 잘 보여주는 명확한 증거이기 때문이다. 고대의 신들은 사람들의 희생을 요구했다. 그런데 이 제국 안에 퍼진 새로운 신비종교는 신이 아들을 최고의 제물로 바쳤던 것이다. 그러나 십자가 처형이 있은 지 4백 년이 지날 때까지도 그리스도교의 그림에서는 그 장면을 도무지 찾아볼 수가 없었다.

그렇다면 기회가 있을 때마다 신도들이 모여 성찬식을 치른 이 고대 묘지에서 우리가 보게 되는 것은 무엇인가? 신도들이 요나[3]와 고래, 모세와 불붙은 떨기나무, 다니엘[4]과 사자굴 등의 이야기를 매우 아름답게, 그러나 다분히 소박하고 단순하게 그린 그림이다. 이에 대해 이런 주장이 제기되었다. 모든 사람의 평등이라는 불쾌한 교의를 주장한 낯선 구세주의 신도들에 대해 로마 당국의 주의를 끌지 않게 하기 위한 위장이었다는 것이다. 그러나 이유는 더 간단했다. 새 종파의 신도들은 모든 인간은 형제라고 믿었으나, 예술적으로는 여전히 옛 관습에 얽매여 있었던 것이다. 아마도 그들은 다른 것을 좋아하고 있었겠지만, 전통의 힘은 너무나 컸다. 새 구세주의 그림에서는 그 전통을 매우 뚜렷하게 볼 수 있다. 구세주는 여전히 로마의 신처럼, 아폴론이나 오르페우스[5]와 닮은 미남 청년으로 그려져 있다. 이와 같은 표현에서 벗어나 약간의 손질을 거치고 현재까지 남아 있는 이상적인 초상이 그려질 때까지는 오랜 시간이 걸렸다. 그래도 역시 태양신 아폴론에 따라다니는 후광은 그 잔재로 남았다.

물론 카타콤 예술을 불과 한두 세대의 화가나 조각가의 산물에 지나지 않는다고 주장할 수는 없다. 카타콤은 5백 년 넘게 그리스도 교도의 묘소로 쓰여 왔고, 이 지하 무덤의 예술 양식도 지상 세계의 양식이 변화한 것과 똑같이 변화했다. 불행하게도 초기의 카타콤 그림은 대부분 없어져 버렸다. 새로 죽은 자를 위한 방이 더 필요해졌을 때 무덤 파는 인부들의 손에 사정없이 파괴되었

---

3) 히브리의 12명의 소예언자의 한 사람으로 제5위이다. 구약성서의 요나서에 의하면 니네베에 가는 도중 폭풍우를 만난 요나는 선원들에 의해 제물로서 바다에 던져졌으나, 여호와가 바친 큰 물고기가 삼켜 사흘 낮 사흘 밤을 물고기의 배 속에 들어 있었다고 한다.
4) 히브리의 대예언자로 바빌론에 붙잡혀서 사자의 동굴에 묶였다.
5) 트라키아의 시인이자 음악가. 에우리디케의 남편으로 하프를 잘 탔다.

카타콤 로마 성벽 바깥에 흩어져 있는 카타콤은 고대 그리스도 교도의 지하 공동묘지였다. 사진과 같이 내부가 호화롭게 벽화로 치장된 경우도 있지만, 보통은 석관을 안치하는 아르코솔륨(아치형 묘실)의 벽만 채색되어 있다. 카타콤에서는 벽화 외에도 석관 부조, 유리병, 램프 등 다양한 미술품이 출토되고 있다.

던 것이다. 그러나 지금 남아 있는 것만 보아도 새것과 옛것이 매우 오랜 시간 동안에 완전히 섞이고 겹쳐서, 이교적인 세계가 어디서 끝나고 그리스도교적인 세계는 어디서 시작되고 있는지 구분이 불가능하다.

이윽고 5세기가 되었다. 로마는 최악의 수난기를 맞았다. 410년에 로마는 유명한 알라리크왕이 이끄는 서고트족에 점령되었는데, 이 왕은 성 베드로의 유물을 매우 존중한 것 같다.

1세기 뒤, 롬바르드족(Lombards)[6]이 이탈리아 전역을 점령했는데, 이보다 앞서서 서로마 제국의 수도는 라벤나로 옮겨져 있었다. 그리스도 교도들에겐 좋은 기회였다. 로마의 대주교는 그 나라의 세속 지배자와 겨룰 필요가 없어져 쉽게 권력을 확장할 수 있었다. 마침내는 그리스도교 세계 전체가 그를 교황이

---

6) 북부 덴마크와 독일 북부 지역에서 남하해 온 민족.

라는 정신적 지배자로 인정하기에 이르렀다.

그 뒤 신도들은 죽은 자를 당국의 눈에 띄지 않는 곳에 묻으려고 애쓸 필요가 없어졌다. 그들은 이제 이 나라에서 최고의 권력을 손에 쥔 것이다. 당연히 카타콤은 점점 사라져갔다. 한참이 지나자, 초기 순교자들의 무덤에 기도를 드리러 찾아오던 신앙심 깊은 순례자들까지도 이 신성한 사당이 어디에 있었는지 잊어버렸다.

거의 8세기 동안 죽은 자들은 평화롭게 잠자고 있었다. 1578년, 아주 우연한 일로 그들의 은신처가 발굴되었다. 오늘날 이 코에메테리아(coemeteria) 즉 휴식의 장소(그리하여 오늘날의 cemetery(묘지)라는 말이 생겨났다)는 로마와 이것이 발견된 모든 도시의 명소가 되었다. 그러나 카타콤에 대한 관심은 오늘날 남아 있는 초기 그리스도 교회에 대한 관심에 비하면 절반도 미치지 못한다. 초기 교회는 많은 신도들을 위한 집회소로서의 새로운 목적에 맞도록 옛 로마의 바실리카 또는 법정을 약간 손질한 것에 지나지 않았다.

그리스도 교도들은 어려운 선택을 해야 했을 것이다. 물론 고대 신들의 신전을 예배 장소로 바꿀 수는 있었으나, 옛 종교에 대한 그들의 증오가 이것을 용납하기에는 너무나 격렬했기 때문이다. 하드리아누스 황제 시대 이래 그대로 남아 있던 고대 로마의 유일한 대신전 판테온은 몇 안 되는 예외였다. 판테온은 그 이름에서 드러나듯 본디 '모든 신들'의 예배를 위하여 헌납된 것인데, 609년 그리스도 교회로 바뀌었다. 두께 6.7미터의 벽 위에 얹힌 직경 43미터의 거대한 둥근 지붕이 꼬박 18세기 동안 현재의 자리에 서 있었다는 것을 생각하면 흥미롭다. 확실히 로마의 건축가들은 콘크리트 사용법과 어떤 무게에도 견딜 수 있는 벽을 만드는 방법을 알고 있었던 것이다.

그러나 그리스도 교도는 될 수 있는 대로 이교의 옛 신전을 무시하고 스스로 새 교회를 지었다. 불행하게도 그들은 새로운 건축 구조를 연구할 만한 창조력이 없었으므로, 로마식 바실리카의 모델을 충실히 채용했다. 물론 내부 구조에는 어느 정도 변화를 주었다. 전에 재판관이 재판하는 동안 앉아 있던 뒤쪽 반원 한가운데를 주교가 차지했다. 신도들은 예전에 상거래에 쓰이던 큰 홀의 한복판에 자리잡았다. 트렌셉트(transept)는 아직 없었다. 트렌셉트는 실제로 모든 근대 교회에 볼 수 있는 교차부(交差部)를 말하며, 그것이 없으면 교회다

판테온 신전 내부 기존의 종교 건물, 법정으로 쓰이던 것을 교회로 개조했다.

워 보이지 않는다. 그러나 이것이 교회의 정식 부분이 된 것은 8세기 이후였다. 그 무렵 비잔틴 건축가들이 발명한 뒤 베네치아의 산마르코 대성당을 거쳐 프랑스에 전해진 것이다.

그러므로 초기의 그리스도 교회는 단순한 큰 돌 상자 같은 모습이었으나, 모자이크(색유리 조각을 이어 붙인 그림)가 도입되면서 인상적인 꾸밈이 가능했다. 모자이크 기술은 4세기와 5세기에 두 번 다시 이를 수 없는 완벽한 수준에 이르렀다. 최고의 모자이크는 로마의 바실리카가 아니라 404년, 고대 서로마 제국 황제가 공식 수도로 선포한 라벤나에서 볼 수 있다.

이 세상의 모든 야심이 헛되다는 것을 느끼고 싶은 사람은 라벤나에 가 볼 것을 권한다. 지금은 아주 볼품없는 외진 시골인데, 바이런 경을 여기에 1년 반이나 붙잡아 놓은 구이치올리 백작 부인은 무척이나 매력적인 여성이었던 모양이다. 여러분이 마지막 교회를 다 돌아보고 나면 곧 더없이 쓸쓸하고 가난한 시골 도시에 와 있다는 것을 깨달을 것이다. 마치 1321년에 이곳에서 단테가 죽은 뒤로는 아무 일도 일어나지 않은 것만 같다.

그런데 이들 교회의 내부에 들어가면 세계의 다른 곳에서는 볼 수 없는 세련되고 화려한 모습을 보게 된다. 성문 밖에는 지름 10미터에 이르는 석판 한 장으로 이루어진 테오도리쿠스왕 무덤이 있다. 그 튼튼한 둥근 천장을 보면, 그 거대한 돌덩이를 운반해 온 526년의 기술자들에게 경의를 가지게 된다. 로마 제국은 망했지만, 효율성의 전통은 아직도 뚜렷이 살아 있다.

그러나 산 비탈레 성당의 내부만큼 여러분을 감탄시키는 곳은 없다. 샤를 마뉴는 이 성당을 보고 깊이 감동하여 이와 똑같은 것을 엑스라샤펠에 세웠다. 호노리우스 황제의 누이로, 아들 발렌티니누스 3세가 성년이 될 때까지 서로마 제국을 통치한 갈라 플라키디아의 무덤 예배당 벽을 꾸민 모자이크(이 교회 자체보다 약 100년이나 더 오래된 것이다)도 그에 못지않은 놀라움을 준다.

산 비탈레 성당의 그림은 우리를 유스티니아누스 황제와 황후 테오도라의 궁정으로 다시 데려다 준다. 황제는 비잔티움의 유명한 곡마단의 합창단 가수였던 테오도라에게 푹 빠져 버린다. 그래서 무대에 섰던 여자가 귀족과 결혼하지 못하도록 금지하는 법률을 폐지하고 그녀를 황후로 맞이한다. 여러분은 다 가서기 어려우리만큼 당당한 모습으로 그려져 있는 그녀를 보게 될 것이다. 다른 많은 합창단 여가수들이 다 그렇듯이, 그녀도 일단 과거를 청산하고는 매우 정숙하고 신앙심 깊은 여자가 되었다. 아무튼 그녀의 초상, 반짝이는 검은 눈동자에 흰 얼굴을 한 이 고급 매춘부가 남편에게뿐만 아니라 그녀를 성녀로 숭배하는 수백만 백성들에게 얼마만 한 권력을 휘둘렀는지를 짐작케 한다.

이 장은 이래저래 내용이 좀 빈약해졌는데, 실은 별로 할 말이 없다. 서양 세계의 초기 그리스도교 예술은 쇠퇴하고 있었던 오랜 이교 예술에 시대의 필요에 따라 약간 손질

유스티니아누스 황제의 황비 테오도라(가운데)**와 시녀들**
라벤나의 산 비탈레 성당에 있는 모자이크. 6세기.

을 한 것에 지나지 않았다. 한편 이 새로운 예술 양식에서 어떤 재미있는 실험이 진행되고 있었다. 그러나 그것은 세계의 다른 곳이다. 다시 이집트와 그리스가 주역이 되어 등장한다.

12장
콥트인

잊혔으나, 초기 그리스도교 예술에 흥미로운 공헌을 한 민족

기원전 332년, 알렉산드로스 대왕은 나일강 유역을 정복하고 그곳에 훌륭한 도시 알렉산드리아를 건설했다. 그곳은 곧 그리스 문명의 중심지가 되어, 640년 아라비아인에게 점령당할 때까지 거의 1천 년 동안 그리스 문화의 전초기지로서의 역할을 했다. 그리고 알렉산드로스 대왕의 동방 원정으로 인해 동양과 서양 문명이 결합해 (동서양 두 문명의 장단점을 모두 가진 채) 헬레니즘 시대가 열렸을 때, 알렉산드리아는 지중해의 예술적 수도가 되어 있었다. 로마가 고대 세계의 런던이라면, 알렉산드리아는 파리에 해당한다.

이 도시에는 가장 훌륭한 학교, 가장 훌륭한 대학, 가장 좋은 식당, 가장 훌륭한 박물관과 도서관, 가장 좋은 양복점, 가장 흥청거리는 나이트클럽이 즐비했다. 상류계급의 청년은 적어도 한 번은 나일강변의 이 도시에서 교육을 받아야 하는 것으로 여겼다. 그리하여 알렉산드리아는 예술의 발전에 매우 흥미로운 역할을 다했던 것이다.

그리스도 교도들이 지배권을 쥔 뒤로는, 이와 같은 번영의 대부분은 종말을 고했다. 그들은 옛 학문을 경멸하고 옛 서적을 읽지 않았으며, 그 혐오감은 도를 지나쳐 급기야 알렉산드리아 최후의 대철학자이자 여성이었던 히파티아를 폭행하고 살해하는 끔찍한 일까지 저질렀다. 그러나 640년에 아라비아인이 점령할 무렵에는 여전히 상당한 대도시였다. 이슬람군 사령관이 칼리프 우마르에게 보고하기를, 그 무렵 알렉산드리아는 저택 4천 개와 대중 목욕탕 4천 개, 정원사 1만 2천 명과 공물을 바칠 수 있는 유대 상인 4천 명, 극장과 무도장 400곳을 가진 도시였다고 했다. 그 뒤 이 도시는 상업 및 예술의 중심으로서의

콥트직물 태피스트리
5세기, 이집트의 그리스도 교도인 콥트인이 비잔틴 제국(동로마 제국)의 영향이 강하게 드러나는 이 태피스트리를 만들었을 때는 이미 이집트에 그리스도교가 퍼진 지 100년이 지난 뒤였다. 7세기에 아랍인이 이집트를 정복하자, 이집트 그리스도 교도는 처음에는 보호를 받았으나 점점 노예 취급을 받게 되었다. 그 상태는 19세기까지 이어졌다.

위상을 차츰 잃어갔다. 포르투갈의 바스코 다 가마가 1498년 인도 항로를 발견한 뒤에는 아예 시골 마을로 격하되어 버렸으며, 1869년 수에즈 운하가 건설될 때까지 그 처지에서 벗어나지 못했다.

알렉산드리아가 실은 이집트인의 도시가 아니었다는 것은 두말할 것도 없다. 그 30만 주민은 지중해의 다른 지방에서 모여든 사람들이었으며, 거리에서 쓰이는 말은 고대 이집트어가 아니라 그리스어였다.

그런데 이 도시에는 이집트인도 그 전과 마찬가지로 많이 남아 있었다. 이집트는 외국의 지배를 받고 있었으므로 그들에게 건설을 명령하는 왕도 없었다. 그러나 예부터 타고난 창조적 능력은 결코 사라지지 않았다. 그 재능은 이제 민족적 특징을 가장 풍부하게 간직하고 있던 중추적 주민들 속에 나타났다. 그 사람들이 바로 콥트인이었다. 콥트(Copt)라는 말은 아라비아어의 킵트(Kibt)가 유럽어로 변형된 것이며, 킵트란 이집트의 그리스식 발음인 아이굽트(Aigupt)를 아랍식으로 발음한 명칭이다. 오늘날 콥트인이라고 하면 콥트교를 떠올리게 된다. 그리스도교 초기 형태인 콥트교는 수백 년 동안 잊혔다가 이탈리아가 에티오피아를 공격했을 때 다시금 세상에 드러났으며, 아비시니아인이 옛 콥트교 일파에 속한다는 사실이 알려졌다.

아울러 말해 두지만, 지금 아비시니아에서 볼 수 있는 근대적인 콥트—에티오피아 예술은 매우 흥미로운 유물이기는 하나, 그 무렵 어떤 것에도 뒤지지 않았던 중세 초기의 콥트 예술과는 별로 닮지 않았다.

그러나 콥트 예술이 중요한 것은, 칼리프 치하의 아라비아 예술(이집트는 광대한 아라비아의 일부가 된 뒤로 그 영향을 피할 수 없었다)뿐만 아니라 중세 유럽 예술에도 밀접한 관계를 가지고 있다는 사실이다. 그 이유가 콥트인과 프랑크인이 무역을 했기 때문은 아니다. 그런 일은 없었다. 중세의 전반기, 서유럽 순례자들이 성지 팔레스타인을 찾아갈 때, 알렉산드리아는 팔레스타인으로 가는 길목에 위치한 항구였다. 그들은 사막 여행을 무사히 끝내고, 돌아가는 길에 약간의 기념품을 사 가지고 귀국했다. 그리하여 많은 콥트인의 예술품, 즉 조각한 상아 상자나 술잔, 특히 직물이 차츰 서양으로 전해져 프랑스의 수도원들까지 퍼졌다. 성 패트릭도 그런 기념품을 가지고 아일랜드로 돌아갔을 것이다. 그도 전통에 따라 몇 년을 지금의 프랑스 칸 해변에서 가까운 섬에 있었던 레랭의 콥트 수도원에서 보냈기 때문이다.

콥트인이 유럽 문명에 가장 크게 기여한 것은 직물이다. 그 무렵 유럽은 아직도 직물 개발 초기에 있었고, 복잡한 그림무늬가 있는 직물(콥트인은 이집트 조상들의 색채적 전통을 이어받고 있었다)은 그린란드에서 축음기가 그랬듯이 아주 진기한 것이었기 때문이다. 그 때문에 이 장식품은 지중해에서 북극해에 이르기까지 널리 퍼졌다. 단조로운 석벽에 무슨 변화를 줄지 궁리하던 석수들이 그 무늬를 채용했다. 여러분은 노르웨이의 소박한 중세 수도원에서 어디선가 본 적이 있는 형식의 조각품을 만날지도 모른다. 그런데 어디서 보았을까 하고 고개를 갸웃거리는 순간, 카이로 박물관이나 남프랑스의 조그만 지역 박물관에서 보았다는 생각이 문득 떠오를 것이다.

그러나 그다지 이상할 것이 없다. 예술의 역사에는 이처럼 기묘한 일이 얼마든지 있다. 이에 대해서 설명할 여유가 별로 없다. 다만 나로서는 여러분 스스로 이런 문제에 관심을 갖고 탐구자가 되어, 어떤 진기하고 새로운 아이디어가 여러 시대, 온갖 지역에 어떤 발자국을 남겼는지 추적해 보기를 바랄 뿐이다.

13장
비잔티움 예술

공포의 세계에서 예술이 마지막 은신처가 되었던 시대

비잔티움은 유럽에서 가장 오래된 도시들 가운데 하나이다. 기원전 657년에 비자스라는 그리스인 모험가가 보스포루스 해협을 내려다보는 일곱 언덕의 하나에 성을 구축하려고 했다. 그런데 그 땅에 이미 10세기 전부터 사람이 살고 있었다는 것을 알게 되었다. 남유럽에서 아시아로 가는 중요 통상로가 이 지역 중심을 통하고 있었으므로 당연한 일이다. 그 뒤 스파르타도 아테네와 함께 이 요충지를 차지하려고 싸웠다. 이후에는 마케도니아인의 영토가 되었고, 마침내 로마 제국에 병합되었다. 그러나 이 도시는 별로 대단한 곳은 아니다. 정치적인 중요성을 갖기에는 중심에서 너무 떨어져 있었다. 로마인은 러시아 남부에 발판을 얻으려 하지 않고, 알렉산드리아를 거쳐 동방으로 향하는 통로를 택했다. 비잔티움은 세계의 한쪽 구석에 있는 조그만 도시에 지나지 않았다.

그런데 4세기가 되어 갑자기 사정이 달라졌다. 로마는 이제 제국의 수도로서 안전하지 못했다. 그때 로마 황제와 세르비아인 여자 사이의 사생아로서 현재의 니시(제1차 세계대전 중 베오그라드 함락 뒤 세르비아의 수도가 되었다)에서 태어나고, 따라서 100퍼센트 로마인이라고는 할 수 없는 사나이가, 영원히 야만족에게 침략당하지 않는 새로운 수도로서 비잔티움을 택했다. 미리 생각해 둔 도시가 이 밖에도 둘 있었다. 보스포루스 해협의 아시아 쪽 해안에 있는 트로이와 다른 한 곳은 사르디카, 즉 현재의 불가리아 수도 소피아였다. 이곳은 200년 전 헝가리 평원에 살고 있던 현 주민을 감시하는 역할을 맡고 있었다. 그러나 매우 신중히 계획을 검토한 결과, 그는 비잔티움을 택했다. 그리고 이 도시를 자기 이름을 따서 그리스어로 '콘스탄티누스의 도시', 곧 '콘스탄티노플'이라고 명명했다. 도시에는 새로운 성벽과 항구가 견고하게 구축되었다. 그래서 이후 1천 년 동안 내부 모반을 뺀 외적의 침략으로 무너지는 일은 없었다.

비잔티움 제국(동로마 제국은 중세 내내 이렇게 불렸다)의 역사는 매우 흥미롭지만 어찌된 까닭인지 역사 교과서에는 별로 실려 있지 않다. 그러므로 이 나라가 1200년이나 존속되었다는 것과 이슬람 세력의 공격으로 멸망할 때까지 유럽 어느 나라보다도 오래도록, 미국 역사의 일곱 배나 지속됐다는 것을 아는 사람은 적다.

그 기간 내내 이 제국은 숨 돌릴 겨를이 없었다. 이슬람군은 600년 동안이나 성문 밖에 버티고 서서 공략한 끝에 가까스로 이 도시의 저항을 무찌를 수 있었다. 십자군도 성지로 가는 도중 이 도시에 경의를 표하고 사정없이 약탈했다. 그러나 유럽 전 지역이 혼란 상태에 있을 때에도, 이곳만은 실권을 쥔 제국 정부가 기능하고 있었다. 이곳은 여전히 원로원에 의해 지배되는 로마의 한 도시였고, 귀족계급이 권력을 쥐고 있던 로마의 한 사회였으며, 예술가들이 국제 시장을 위해서 아무런 지장 없이 일을 계속할 수 있는 문명의 한 중심지였다. 서

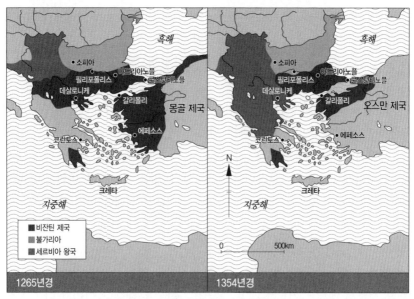

비잔틴 제국의 세력 비잔틴 제국은 끊임없이 외적의 침입을 받아 13~14세기에도 상당히 많은 영토를 잃어버렸다. 이때 제국의 영토가 어떻게 변했는지는 1265년과 1354년 지도를 보면 알 수 있다.

방 민족의 털북숭이 추장들은 비잔티움의 황제에게 경의를 표하려 찾아왔다가, 아름다운 보석이나 훌륭한 조각을 새긴 상아 세공품을 기념품으로 사가지고 돌아갔다. 아내나 친지들에게 그것을 선물하면서 이 황금뿔(콘스탄티노플이 위치한 곳의 별명) 위에 자리잡은 대도시를 보고 온 이야기를 해 주었다.

비잔티움의 예술을 평가하기란 어렵다. 삶에 대한 태도가 우리와는 정반대인 곳에서 발달했기 때문이다. 우리가 누구나 다 현재의 삶을 즐겁다고 생각하는 것은 아니지만, 가능하면 즐겁기를 바라는 것은 확실하다. 서유럽을 갓 정복한 야만족들도 그렇게 생각했다. 그들이 삶의 기쁨을 표현하는 방법은 그다지 세련되지 않았을는지는 모르지만, 젊고 힘차고 호기심에 차 있었으며, 모든 새로운 경험에 끊임없이 흥미를 가졌다.

그러나 동유럽과 서아시아를 지배했던 제국의 백성들은 전혀 다른 생각을 갖고 있었다. 그들은 늙고 지쳐 있었으며, 인생의 모험을 반기지 않았다.

그래서 동방으로부터는 주상고행자(Stylite)[1] 성 시메온 같은 사람이 나온 것이다. 그는 40년 동안이나 이집트의 사막 한가운데 있는 기둥 꼭대기에 올라앉아, 고통 속에 살면서도 그 더러운 누더기옷을 이 세상의 죄악으로 더럽히지 않으려고 했다. 서양에서는 성 프란체스코 같은 사람이 나타났다. 그는 태양에 바치는 즐거운 찬가를 짓고, 들어 줄 사람이 없을 때는 들판의 동물들과 어울려 재미있는 이야기를 나누었다.

서방에서는 선교사들을 황야에 보내 숲과 들을 개척하고, 영국이나 독일의 밀림 속에 사는 몸에 물감을 칠한 미개인에게 문명생활을 가르쳤다. 반면 동방의 승려들은 어두운 동굴에 틀어박히거나 접근하기 어려운 바위 꼭대기에 올라앉거나 하여, 다른 사람에겐 눈길을 주지 않고 누구에게도 가치 있는 일을 하지 않았다. 몸에서 온갖 악취가 나면 오히려 훌륭하게 여겨져 사람들에게 존경을 받았다.

서방의 성모는 아름다운 들꽃을 향해 두 손을 내밀고 즐거워하는 아기 예수를 품에 안은 우아하고 아름다운 자태를 드러냈다. 그러나 동방의 성모는 엄격하고 애교 없는 여성이어서 백 살은 되어 보이고, 그 새침한 코는 이 지상의 좋

---

[1] 기둥 위에 사는 고대의 고행자.

은 향기를 한 번도 맡아 본 적이 없는 것만 같다. 따사로운 봄날, 어미를 따라 뒤뜰을 산책하는 새끼 고양이가 온갖 즐거운 신비와 뜻밖의 위험으로 가득 찬 세상의 향기를 모르는 것처럼.

우리는 동로마 제국의 문명에 대해서는 아는 바가 없다. 기원후 900년의 콘스탄티노플 시민의 심성을 짐작하느니 차라리 기원전 5세기 때 그리스인의 심성을 짐작하는 편이 쉽다. 그러나 모든 비잔티움 예술에 일관하는 정서, 비잔티움인의 모든 생활을 지배하던 정서를 설명하라고 한다면 나는 '공포'라고 대답할 것이다. 삶에 대한 그런 태도에는 확실히 충분한 이유가 있었다. 왜냐하면 그 무렵 콘스탄티노플의 생활은 매우 불안에 차 있었고, 무수한 위험에 맞닥뜨려 있었기 때문이다.

물론 오늘날 우리는 '공포'라는 말의 중세적 의미를 거의 알 수 없다. 마취제가 육체적 고통의 공포를 없애 주었고, 논리와 지성이 지옥의 불을 꺼 버렸다. 우리는 물건이 남아돌 만큼 풍부한 세계에 살고 있으므로, 이제 굶어 죽는다는 불쾌한 생각에 괴로워하지는 않는다—혹은 적어도 괴로워할 까닭이 없다. 우리 모두가 먹을 것을 충분히 확보하고 있지 않다면, 그것은 관리상의 잘못이지 필요한 식량이 실제로 없어서가 아니다. 외적 침입의 공포는 여전히 존재한다. 그러나 반드시 '신사 정신'으로 싸웠다고는 할 수 없는 제1차 세계대전 중에도, 수백 년 전까지 적군의 침입이라는 관념에서 연상되던 참화를 입은 나라는 하나도 없었다. 여기저기서 몇몇 시민들이 부주의하게 살해된 적이 있을지 모르지만, 주민이 모두 학살된다든가, 수십만 부녀자들이 노예로 팔렸다든가 하는 문제는 일어나지 않았다. 전쟁의 재해를 입은 도시도 강화가 체결되기가 무섭게 정성껏 재건되었다.

그런데 콘스탄티노플의 주민들은 1천 년 동안 내일의 운명마저 확신하지 못했다. 제국은 미개의 바다에 쓸쓸히 떠도는 문명이라는 조그만 코르크 마개였다. 코르크는 큰 부력을 갖고 있지만, 물에 흠뻑 젖어들면 결국 부력을 잃고 가라앉아 버린다.

하지만 살아남고 싶은 본능은, 이 나라로 하여금 독립을 유지하기 위해 모든 노력을 기울이게 했다. 그러므로 비잔티움은 모든 약소 민족과 마찬가지로 자기보다 강한 적에게는 굽실거리는 태도를 취했지만, 자기보다 약한 자에게는 야수같이 잔인했다.

대내적으로는 정부가 신민들 위에 군림하는 동양식 전제정치가 자리잡았다. 황제는 종교 세계와 세속적 세계의 우두머리로, 그 전 로마 황제보다 더 큰 권력을 쥐고 있었지만 처지는 훨씬 더 어려웠다. 제국의 수도는 융합되기를 거부하는 모든 인종을 끌어모은 도가니였기 때문이다. 그들은 어느 시대나 같은 민족에 속한다는 연대의식을 가진 적이 없었다. 게다가 새로운 신앙이 어려움을 더해 주었다.

엄격한 정통파는 모세 10계를 문자 그대로 지키려고 했으며, 따라서 교회를 그림으로 장식하는 데 광적으로 반대했다. 그러나 한편에는 그리스도교를 표면상으로는 받아들일 뿐, 옛 신들에 대한 신앙에서 벗어나지 못하는 사람들이 많았다. 그들은 옛 신들을 그리스도교 성도 비슷하게 꾸며서 새로운 예배소에 모셨다.

8세기와 9세기 내내 성상숭배자와 성상파괴자는 서로 피비린내 나는 싸움을 이어 갔다. 성상숭배자인 어떤 황제는 교회의 끝에서 끝까지 성상으로 가득 채웠다. 그러면 성상파괴자인 다음 황제는 성상을 깡그리 길거리로 끌어냈다. 모두 이런 식이었다. 이 다툼으로 얼마나 많은 사람이 죽었는지 신만이 알 것이다. 마침내 로마의 주교가 이 격심한 다툼에 끼어들었지만 오히려 사태를 더 나쁘게 만들었을 뿐이었다. 그때까지 로마와 콘스탄티노플은 관계가 무척 소원했다.

로마 초기의 교회는 언제나 신도들이 모여서 성찬식에 함께하고 성서 낭독에 귀 기울이는 집회 장소였다. 그러므로 옛 바실리카에 처음 들어가 보면, 대개는 집회용 홀 같은 인상을 받는다. 물론 알다시피 가톨릭 의식을 치르는 장소지만, 조금 수리만 하면 스코틀랜드 장로교회의 매우 엄격한 종파의 교회로도 얼마든지 쓸 수 있을 것이다.

그런데 콘스탄티노플의 성 소피아 성당이라든가, 베네치아의 산 마르코 대성당(가톨릭 성당이지만 비잔티움 양식으로 세워져 있다)이라든가, 그리스나 트라키아에 남아 있는 많은 작은 예배당 같은 비잔티움식 교회에 들어가더라도 그런 착각은 들지 않는다. 이런 교회에는 편안하다든가 친밀감이 드는 일이 없다. 그곳

콘스탄티노플의 성 소피아 성당 외부
현존하는 비잔틴 건축물 가운데서도 가장 인상적인 건물. 유스티니아누스 1세의 명령으로 532년에 공사가 시작되어 537년에 완성됐다. 1453년 5월 28일 밤, 그리스도 교인들이 구름같이 모여들어 밤새도록 마지막 예배를 드렸다. 다음 날, 콘스탄티노플은 함락되고 말았다. 나흘 뒤 투르크인들은 이 건물을 모스크로 바꿔 버렸다.

은 신비로운 장소로서, 단 하나뿐인 목적을 가지고 있었다. 바로 대중의 마음에 신비 가운데 신비, '말씀이 육화된다'는 것을 각인시켜 주는 것이었다.

이 어둠침침한 사원들의 사회적 역할은 사람들의 마음을 공포와 두려움으로 채우는 일이었으며, 그 역할은 매우 효과적으로 완수되었다. 겉보기에도 이제 옛 로마의 바실리카와 닮은 데는 조금도 없었다. 아주 새로운 방법으로 건축되었기 때문이다. 그것은 로마의 둥근 지붕과 아치를 이어받긴 했지만, 비잔티움의 건축가들은 여기에 중요한 변형을 가했다.

성 소피아 성당을 예로 들자. 둥근 지붕의 크기는 판테온의 지붕과 거의 같지만, 로마인들은 둥근 벽 위에 둥근 지붕을 얹는 식으로 비교적 간단히 처리했다.

그러나 비잔티움 양식의 흥미로운 특징은 둥근 지붕을 정사각 하부 구조 위에 얹었다는 점이다. 비잔티움 건축가들은 아치와 창과 창 사이의 벽을 아주 교묘하게 끼워 맞추어서 그것을 해냈다. 네 개의 창문 사이의 벽이 네 개의 아치를 지탱하고, 그 아치 위에 둥근 지붕을 얹어 놓는 방식이었다. 말만으로 수

성 소피아 성당 내부 동서 양쪽에 있는 반원개(半圓蓋) 가운데 하나의 애프스(교회 끝에 있는 반원형 부분)를 촬영한 사진. 비잔틴 시대를 대표하는 이 성당은 현재 박물관이 되었다. 1453년 오스만 제국이 콘스탄티노플을 점령하자 이 성당은 모스크로 바뀌었다. 건물 내부에는 이슬람 건축 요소인 미흐라브(메카 방향으로 만들어진 벽감), 코란 비문, 샹들리에 등이 추가됐다. 1623년에는 세례당이 무스타파 1세의 영묘(靈廟)로 바뀌었고, 아흐메드 3세(재위 : 1703~30년) 시대에는 민바르(설교단)가 설치됐다.

십 쪽을 읽기보다는 그림을 보는 것이 훨씬 알기 쉬울 것이다.

무심코 읽어 버리면 매우 간단한 것처럼 보일지 모른다. 그러나 이만한 일은 하루나 일주일로는 이룰 수 없으며, 무수한 시행착오 끝에 겨우 성공한 것이다. 고대의 건축가들이 지금은 불가능한 일을 무엇이나 해내는 비밀 지식을 갖고 있었다는 말은 가당찮다. 중세 대사원 가운데 대부분은 온갖 재난을 겪었는데 그것은 모두 건축상의 결함 때문이었다. 성 소피아 성당도 건축가나 기술자가 아니라 수학자였던 사람에게 설계를 맡긴 탓에, 그 설계자인 소아시아 트랄레스[2] 태생의 안테미우스가 죽은 뒤 지진으로 무너지고 말았다. 전면적으로 다시 건축된 사원의 둥근 지붕은 전보다 8미터쯤 높아졌다. 그러나 그 뒤 이 건물은 1300년 동안이나 유지되어 자연과 인간의 폭력을 견뎌 내고, 조금도 약해지거나 노후된 조짐이 없다. 다만 이따금 벽에 금이 갔으나 쉽게 보수할 수 있었다.

그러나 가치 있는 건물들이 으레 그렇듯이 이 건물 또한 짓는 데 엄청난 돈이 들었다. 뚜렷한 액수는 알 수 없지만, 이 고귀한 건물에서 예배를 할 수 있게 될 때까지 비잔티움 제국의 백성들은 현재의 달러 가치로 약 7천만 달러를 부담했다. 그래서 국고가 바닥이 나서 제단에 켤 등잔 기름을 살 돈도 남지 않았다. 4천 년 전, 다른 제국은 죽은 왕에 걸맞은 무덤을 만들다가 망해 버렸다. 이번에는 다른 왕에 걸맞은 건축물을 세우려고 농민들은 단벌 셔츠를 벗어야 했고, 상인들은 재산의 절반을 내놓아야 했다. 그러나 그 왕은 '하늘의 왕'이었으므로 농민과 상인들은 기꺼이 감수했던 것이다.

결국 이 건물은 건축비를 회수했다. 대체로 중세 사람들은 실용적이어서, 다소의 예외는 있지만 우리보다 사업과 구제(救濟)를 결부하는 방법을 훨씬 잘 알고 있었다. 만일 여러분의 도시에 성물이 많은 이름난 사원이 있다면, 많은 순례자들을 끌어모으게 될 것이다.

순례자들이 많이 찾으면 인근 지역의 금, 은을 긁어모을 수 있었다. 언제나 귀금속이 모자라 곤란을 겪을 시대에 이것은 대단한 돈벌이였다. 더욱이 이웃 도시에는 자기들의 힘과 부에 대한 강한 인상을 심어 주어 공격 의지를 꺾어

---

2) 소아시아에 있었던 고대 그리스의 한 주.

라벤나의 산 비탈레 성당(6세기) 비잔틴 양식의 황금시대를 대표하는 이 성당은 간결하고 명쾌한 리듬을 지닌 겉모습이 특징적이다. 방사형으로 설계된 내부도 재기 발랄한 구성이 돋보인다. 또한 모자이크 장식의 아름다운 색채는 벽의 존재감을 지워 버릴 정도이다.

놓기도 했다.

중세 러시아의 지배자들은 백성에게 어떤 종교를 따르게 할 것인지 고민했다. 그래서 현자들을 대표로 세계 각지에 보내어 온갖 신앙의 갖가지 공덕을 보고 오게 했다. 웅장한 성 소피아 성당에 압도된 그들은 그리스 교회에 귀의하기로 했다.

이런 식으로 방대한 러시아가 비잔티움과 통상을 트고 비잔티움 예술의 시장이 된 것을 생각하면, 처음 투자한 7천만 달러도 실은 그리 엄청난 돈이 아니었던 셈이다. 더욱이 콘스탄티노플 사람들은 그들이 바라던 것, 다시 말하여 자기들의 종교적 요구에 완전히 부합한 교회, 금과 청동과 반석으로 눈부신 커다란 홀을 손에 넣은 것이다. 그래서 그들은 경외감으로 천상을 명상하면서 현세의 굴욕과 고통에 대한 보상을 구할 수 있었다.

비잔티움의 조각은 서유럽의 수준에는 미치지 못했다. '새긴 우상을 섬기지 못한다'는 십계명의 두 번째 계율[3]이 그 발달을 막았다. 그림들을 다시 교회 안에 걸게 된 뒤에도 조각상은 역시 깊은 의심의 대상이었다. 상아 조각가는 교회의 간섭 없이 일할 수 있었고 화가도 마찬가지였지만, 주제 선택에는 큰 제한을 받았다.

인간 정신이 유형 무형의 공포로 마비된 비잔티움 세계의 예술가들은 초자연적 영역에 정통한 사람들이 정한 법도나 지시에 따르지 않을 수 없다고 생각했다. 그들은 조심하여 일해야 한다는 것을 경험으로 알고 있었다. 황궁의 높은 벽 안 눈에 띄지 않는 곳에 있는 관리들은, 정보력을 동원해 위반사항을 적발하면 즉각 엄중한 처벌을 가했기 때문이다. 그 결과 그림의 양식은 즐거운 그리스도 교도 예배 장소보다는 납골당에 알맞은 것이 되어 버렸다.

비잔티움 예술이 납골당 예술로 전락해 버린 이유는, 비잔티움 예술의 삶이 그러했기 때문이다. 비잔티움 예술이 낯선 이유, 그리고 세계의 다른 어느 곳의 역사보다도 이 진기한 제국의 역사를 우리가 알지 못하는(그리고 주의를 기울이지 않는) 이유는 여기에 있다. 매우 흥미로운 일이면서도 왠지 거부감을 준다. 제국은 죽음의 운명과 닿아 있었던 것이다.

---

3) 모세의 십계명 가운데 두 번째 계명, '너를 위해 새긴 우상을 만들지 말라'가 있다.

14장
러시아

막다른 골목에 들어선 예술

고독은 개개인에게도 이상한 작용을 하겠지만, 그보다도 세계의 주류에서 떨어져 나간 민족에게는 더 비참한 영향을 줄 것이다. 러시아의 예술과 먼 태평양의 고도에 사는 주민들의 예술이 이를 증명한다. 또한 자기의 기질이나 병으로 부득이 은둔 생활을 해야만 했던 화가나 조각가의 삶도 이것을 증명한다.

러시아 지도를 보면(예술을 연구할 때는 옆에 지도를 놓아두는 것이 현명하다) 우랄산맥에서 발트해나 카르파티아산맥에 이르는 모든 방향으로 펼쳐진 광대한 평원이 있다. 이 평원에는 남에서 북으로 또는 북에서 남으로 흐르는 많은 강이 있지만, 동에서 서로 흐르는 강은 없다. 동에서 서로 흘러든 것은 방랑하는 여러 슬라브족이었다. 이 슬라브족은 유럽의 다른 지방에 살던 인종에 속해 있었지만, 이미 고대 그리스 시대부터 세계의 다른 지역과는 접촉을 완전히 끊고 살았다.

그 무렵에도 오늘날과 마찬가지로 그들은 자치 능력이 없었다. 자연은 진공 상태, 특히 정치적 진공을 싫어한다. 그래서 유능한 족장이 없는 광대한 지역은, 불모의 스칸디나비아 반도에 사는 야심차고 용감한 주민들의 손쉬운 사냥감이 되어 버렸다. 애국적인 러시아 역사가들도 인정하듯이, 바이킹의 침입과 지배를 초래한 것은 슬라브족 자신들이었다.

첫 외국인 행정관 루리크(Rurik)가 대(大)노브고로트(니주니노브고로트와 혼동하지 말도록)에 도착한 것은 862년이었다. 그 반세기 뒤에 스칸디나비아인들은 흑해에 닿은 듯하다.

911년에 그들이 차르그라드[1]의 통치자들과 최초의 조약을 맺었기 때문이다. 그들은 남진하는 길에 드네프르 강변에 있는 매우 오래된 도시 키예프를 점령했는데, 이 도시는 러시아 평원 전체의 교역 중심지가 되었다. 여기서는 러시아의 모피·곡식·밀랍·노예가 포도주·건과물·비단 등의 지중해 산물과 교환되었다.

동로마 제국 수도에서 권력을 쥐고 있던 성직자들에게 이 인구 많고 번창한 도시는 아주 매력적인 대상이었다. 열성적인 선교사들은 드네프르강과 데스나 강의 나지막한 강변을 따라 차츰 거슬러 올라갔다. 원주민들은 뚜렷한 신앙은 갖고 있지 않았다(막연한 자연 숭배에 열중하고 있을 뿐이었다). 그러므로 그들은 북유럽의 황야에 들어간 동료들과 같은 어려움을 겪지 않았다. 드디어 988년에 키예프의 블라디미르 대공이 그리스도교에 귀의하여 세례를 받았다. 이때부터 오늘에 이르기까지 러시아는 문화적으로는 완전히 비잔티움 제국에 속했으며, 로마의 영향을 전혀 받지 않았다.

지금 남아 있는 가장 오래된 러시아 성당은 991년 키예프에 세워진 것으로, 장방형의 비잔티움 성당의 원형을 그대로 본떴다. 비잔티움 형식은 적어도 러시아 남부에서는 그 뒤 줄곧 충실히 이어졌다. 그러나 북부에서는 그들의 '집회소' 건축자재로 목재를 써야 했으므로 상당한 변화가 생겼다.

나는 여기서 일부러 '집회소'라는 말을 썼다. 그 사회가 뉴잉글랜드의 분위기를 풍긴다는 의미이다. 러시아의 촌락은 모든 토지 공유제를 골간으로 하여 조직되었으므로, 마을 문제를 토의하기 위한 집회소가 필요했다. 초기 러시아 교회는 바로 그 집회소에서 출발했다. 이것은 사실 매우 실용적인 시설이었다. 더욱이 교회에는 어느 벽에나 성상이 걸려 있었으므로 사람들에게 경외심을 불러일으키기에도 좋았다. 또 교회는 지방 토호들을 위한 금고로서도 이용되었다. 그리고 마지막으로, 동서 야만인들의 침략에 완전히 무방비 상태일 수밖에 없는 이 나라에서는, 각지에 세워진 수도원은 평원을 가로질러 침략해 오는 야만스러운 타타르인 무리들을 방어하는 요새 기능도 했다.

이와 같이 교회는 사람들의 일상생활과 밀접히 이어져 있었으므로 지리적

---

1) 콘스탄티노플의 러시아 이름.

노브고로드의 성 소피아 성당

야로슬라프 대공 치세(1019~54년)에 건설된 성당. 10세기 말에 정교로 개종한 결과 비잔틴 미술의 영향이 러시아에 유입됐지만, 러시아정교 미술과 건축은 나름대로 이런 독자적인 양식도 발전시켜 나갔다.

및 사회적 필요에 따라 건축 양식이 크게 수정되었다. 건축자재는 목재밖에 없었으므로 대형 교회 건축은 불가능했다. 비잔티움 양식 사원의 완만한 아치형 지붕은, 러시아에 오자 겨울에 눈이 쌓이지 않도록 경사를 가파르게 해야 했다. 돔 지붕이 발달한 아시아 불교사원의 영향을 받아 러시아인도 양파 모양의 기묘한 첨탑을 개발했는데, 뒷날 러시아의 풍경에서 뗄 수 없는 것이 되어 버렸다.

여러분이 중부 유럽의 그림엽서를 받은 적이 있다면 생각이 나겠지만, 이런 양파 모양 첨탑은 오스트리아, 바이에른, 그 밖의 중부 유럽 각지에서도 많이 볼 수 있다. 이런 묘한 우연에 대해서 나는 아직 납득이 갈 만한 설명을 들은 적이 없다. 내 생각으로는, 16세기 반종교개혁 시대에 출현한 이 오스트리아나 바이에른의 양파 양식은 예수회 수사들이 전한 것 같다. 그들은 무어인들이 6백 년 넘게 차지하고 있던 이베리아반도를 떠났을 때 남기고 간 건축물에서 영향을 받은 것이 분명하다.

콘스탄티노플에서 수입된 다른 예술(러시아는 남방 이웃들로부터 그리스어의 알파벳을 포함한 모든 것을 받아들이고 있었으므로) 가운데 가장 중요한 것은 그림이었다. 그리스도교 전래 뒤의 첫 3세기 동안은, 성화에 관한 엄격한 비잔티움식 규정이 철저하게 지켜졌다. 그 뒤 러시아는 타타르인에게 정복당했다. 그들은 13세기와 14세기 대부분에 걸쳐서 러시아를 지배했다. 마침내 그들을 쫓아낸 러시아인들은 가엾게도 모든 것을 다시 시작해야만 했다. 타타르인은 해일처럼 파괴적이었기 때문이다.

조국의 해방을 쟁취한 위대한 애국적 의거의 영향을 받아, 러시아의 그림과 건축은 전보다 훨씬 민족적인 색채가 강해졌다. 그 뒤 1453년에 콘스탄티노플이 투르크에 정복되자, 러시아는 완전히 고립되었다.

동으로는 튜턴기사단과 스웨덴인들에게 차단되었고, 남쪽 지중해 방면은 이슬람 세력이 가로막았으며, 중부에서는 폴란드가 러시아와 서유럽 국가들의 직접 교류를 막고 있었기 때문이다. 그 무렵 러시아의 고립이 얼마나 심각한 것이었는가는 1492년, 즉 콜럼버스가 아메리카를 발견한 해에 일어난 에피소드로도 알 수 있다.

오스트리아의 어느 주교가 모스크바의 위치를 확인하기 위해 여러 차례 탐험대를 내보냈으나 번번이 실패했다. 그러다가 표트르 대제가 마침내 러시아를 모든 이웃 나라와 오랫동안 격리하고 있던 장벽에 구멍을 뚫었다. 용감한 탐험가들은 이 부유한 미지의 영역 개척을 위해 동방으로 달려갔다. 그들은 완전히 화석이 되어 다른 세계와 모든 접촉이 끊어진 예술을 발견했다.

그 뒤 러시아는 근대 예술에 크게 기여하고 있지만, 러시아인의 취미에 맞도록 서유럽의 예술을 약간 수정한 것이었다. 전형적인 슬라브 예술이 묻어나는 것은 사원과 그림인데, 러시아 혁명 이후 서방 세계에 알려졌다. 광대한 러시아의 국토가 대대적인 약탈을 당하면서 성화·성상들 수천 점이 폴란드와 루마니아의 국경을 통해 불법으로 반출되었다. 이 작품들은 서유럽과 미국의 수집가들에게 비싼 값으로 팔려 나갔다.

옛 성인들의 생애에 대한 일화를 그린 러시아 성화는 많은 사람에게 놀라움을 준다. 기술적으로는 결함이 많아도 독특한 호소력을 갖고 있기 때문이다. 우리 눈으로 보면 그 화법은 그리 좋지 않다. 우리가 미술 시간에 배우는 색채 배합의 모든 원칙을 어기고 있을뿐더러 진부하고 하찮은 사연을 예스러운 과장법으로 이야기하고 있다. 그럼에도 러시아 성화에는 여러분의 기억에 남고 호감을 갖게 하는 그 무엇이 있는 것이다. 그 무엇이란, '그 의도의 완전한 성실함'이라고 나는 생각한다. 그 가장 좋은 예는 500~600년 전에 그려진 것이다.

블라디미르의 성 드미트리 성당
1193~97년에 건설된 성당. 1157년 이후 블라디미르는 블라디미르–수즈달 공국의 중심지가 되었고, 점차 종교적으로도 중요한 도시로 성장했다.

그런데 12세기 또는 14세기의 슬라브 농민들에게 그리스도교는 생활철학도 아니고 도덕률도 아니었다. 그것은 구세주·예언자·성도들이 말하고 행동한 모든 것을 설명한 생생한 이야기였고, 참된 신자에게 실재하는 천국의 축복으로 통하는 문의 확실한 열쇠였다. 그 천국은 물론 가엾은 농부들이 현세에서 견뎌야 하는 삶과는 정반대의 것이었다. 천국의 거리는 황금으로 만들어지고, 하늘은 언제나 푸르다. 누구든지 언제나 배불리 먹을 수 있고, 뒷바라지해 주는 천사들은 친절하고 빈틈이 없었다. 그러므로 그 종교화—평범한 농민들이 볼 수 있는 가장 아름다운 것—속에는 감수성을 가졌지만 몹시 억압되어 사는 민족의 모든 행복한 꿈을 담아야 했다. 그래서 오늘날 시대와 역사적인 배경도 러시아의 그것과는 전혀 다른 나라에 살고 있는 우리까지도, 논리적으로 따지면 우리와 아무 관련이 없는 러시아 예술에 완전히 매료되는 것이다.

15장

이슬람

사막 민족의 예술

마호메트는 아라비아인의 히틀러였다. 그의 민족은 수백 개의 부족으로 나뉘어 쉴 없이 싸워댔다. 그는 민족에게 공통 목적을 부여함으로써 통일했다. 그가 택한 방법은 후대의 독일인 모방자(히틀러)처럼 무자비하고 악랄했지만, 만일 그가 없었더라면 아라비아인은 아마도 오늘날의 에티오피아 같은 운명을 감수해야 했을 것이다. 그의 영도가 있었기에 아라비아인들은 세계의 상당 부분을 정복할 수 있었다는 것을 부정할 수 없다.

632년 마호메트가 세상을 떠났을 때 그의 일이 끝났다. 모든 아라비아인들은 그를 신의 사람으로, 유일한 참된 예언자라고 찬양했다. 그 후계자인 아부 베크르는 장인이 남긴 모든 말을 모아(마호메트는 읽고 쓸 줄 몰라 말로 자기 사상을 폈다) 집성한 것을 '코란(암송하는 책)'이라고 불렀다. 이 후계자의 지도 아래 아라비아인은 비잔티움과 페르시아를 공격하여 모두 성공했다. 3년 뒤, 아라비아인들은 다마스쿠스에 진출했다. 그 10년 뒤에는 북아프리카 전체를 점령했다. 60년 뒤에는 타리크가 점령한 바위산을 훗날 그들 사령관의 이름을 따서 '자발 알 타리크'(지금의 지브롤터)라고 명명했다. 그리고 타리크는 계속해서 에스파냐까지 침략했다.

개종자의 수로 보아 이슬람교는 일찍이 어떤 포교 사업보다도 가장 빠른 성공을 거두었다. 이 성공에 대해서는 의심할 여지도 없다. 초기에 이슬람교를 전파한 아라비아인들에게는 가장 기본적인 형식의 관용조차 없었던 것이다.

이슬람교는 실은 이스라엘의 한 분파였다. 같은 불관용 주의에 철저했던 이스라엘이 수천 년 동안 개종자를 거의 얻지 못한 것을 생각하면 재미있다.

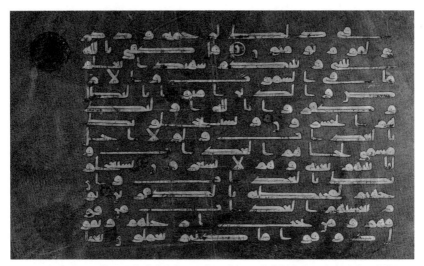

초기 코란 사본 푸르게 물들인 양피지에 금문자를 써 놓은 진귀한 작품. 문장이 끊기는 부분은 은으로 된 꽃 모양으로 표시했다. 양피지 염색은 사산조 페르시아나 비잔틴 제국의 영향이라고도 한다. 이런 사본은 파티마 왕조(909~1171)의 지배 아래 제작됐다. 카이로우안(튀니지, 10세기), 쿠픽체, 양피지. 바레인, 코란박물관 소장.

유대인들은 '배타적 관용' 정책을 견지하고 있었던 데 반해서, 단순한 사막 민족인 아라비아인은 예언자의 초록빛 군기를 앞세우고 나아가면서 다른 민족의 마음을 부드럽게 잡아끄는 포용정책을 펼쳤다. 유대인은 자랑스럽게 주장했다. "우리만이 옳고 당신들은 모두 틀리다. 잘못된 망상에 집착하는 것은 전적으로 당신들의 자유이다. 그러나 진실을 원한다면 얻을 수 있다. 우리에게로 와서 진실을 알려 달라고 하라. 다만 그 소원을 들어 주고 안 들어 주고는 우리의 기분에 달려 있다. 우리는 정신적 완성이라는 높은 탑 속에 살고 싶으므로 우리가 당신들을 내버려 두듯이, 당신들도 우리를 내버려두면 좋겠다." 시편(詩篇) 작가들은 이따금 "너희 모든 나라들아"라거나 "너희 모든 백성들아" 하고 부르지만, 실제로 마음속에 있었던 것은 지나치게 배타적인 이스라엘 민족뿐이었다. 다른 민족은 관심 밖이었다.

그러나 아라비아 사막에서 탄생한 기묘한 종교인들의 유일한 관심사는 포교였다. 무에진(muezzin)[1]이 신자들에게 이렇게 외친다. "들어라. 너희 모든 사람들

---

1) 이슬람 사원에서 기도 시간을 알리는 사람.

이여. 신은 위대하여라. 신은 단 하나뿐이며 마호메트는 신의 유일한 예언자니라." 이것은 유대인들의 말과는 달리 모든 곳의 모든 사람에게 말한 것이었다. 이런 말을 들으면 사람들은 기도를 드리는 신도 속에 끼거나, 기도자의 소리가 들리지 않는 곳으로 떠나버렸다.

이슬람 예술을 이해하려면, 그와 같은 무슬림들의 절대적 일면성, 그들의 신앙 말고는 어떤 구원도 없다는 절대적 확신을 알아야 한다. 이슬람교는 아마 일찍이 시도된 신앙 형식 가운데 가장 단순할 것이다. 복잡한 예배 형식은 아무것도 없다. 인간과 신을 매개하는 사제 계급도 없다. 코란을 낭송하고 설명하는 역할의 사람은 있지만, 사막 한가운데 가장 초라한 천막 속의 가장 가난한 이슬람 수사도 신에게 직접 접근할 수 있다. 알라 신이 만물의 시초이자 종말이고, 다른 신은 생각할 필요조차 없기 때문이다.

그런데 사막의 아라비아인들은, 우리가 도저히 이해할 수 없을 만큼 가난했다. 천막·말·침구 이외에 꼭 필요한 것을 그들은 공동으로 소유했다. 다른 생활은 알지 못했으므로, 그것으로도 만족했다. 낮의 더위와 밤의 추위(아라비아의 어느 지방들은 매우 심했다)를 막기 위해서는 물론 천막이 있어야 했다. 가구는 필요 없었다. 의자나 테이블이나 장롱 같은 것은 언제나 이동하는 민족에게는 거추장스러울 뿐이었다. 그러나 사막의 모래 위에 앉고 자고 하는 데는 불편했으므로, 깔개가 있어야 했다. 그들은 융단 짜는 방법을 알았다. 그래서 그들의 예술은 천막과 베틀이 토대가 되었다. 지중해 지역의 예술은 돌로 지은 도시에서 생겨났고 유산계급에 봉사하고 있었지만, 이슬람 예술은 사막의 산물이며 공산주의적인 생활철학에 바탕을 둔 것이었다.

이와 비슷한 것을 찾는다면 미국 중서부의 인디언에게서 볼 수 있다. 그들도 유목민족으로서 모든 것을 공유한다. 더구나 무슬림들보다 나쁜 것은, 천막을 걷고 다른 사냥터로 이동할 때는 필수 가재 도구를 여자들이 나른다는 점이다.

그런데 이 사막의 유랑민족이 예부터 그들의 신이었던 막대기나 돌에 대한 예배를 그만두고(메카의 카바에 있는 검은 돌이 구체적 흔적이다), 유일한 책(코란)을 배워서 알 수 있게 된 보이지 않는 신을 예배하기 시작하면서 사정이 달라졌다. 날마다 주마다 기도하고 코란의 낭송을 들을 수 있는 장소가 필요해졌다. 이 필요에서 모스크(이슬람교 사원)가 생겼다.

예루살렘의 바위 돔 사원 691년 완공. 솔로몬왕의 첫 번째 신전이 있었던 성서의 모리야 언덕에 건설했다.

모스크는 그리스나 이집트의 신전과도 다르고 그리스도교의 교회와도 달랐다. 그 안에는 신이 머물고 있지 않았으므로 신성한 곳이라는 생각이 없었다. 미국 퀘이커 교도의 집회소와 매우 닮았는데, 다만 퀘이커 집회소가 훨씬 간소하다. 천막 생활에 익숙한 예배자들은 의자에 앉지 않고 바닥에 쪼그려 앉았다. 신도들을 배려하기 위한 시설물이라고는 사방의 벽과 지붕, 날마다 기도할 때 무릎을 꿇는 방향을 알 수 있도록 메카의 지리적 위치를 가리키는 벽감, 매주 금요일의 낭송 때 현자가 예언자 마호메트의 말씀을 설명하는 데 쓰는 설교단뿐이었다. 코란의 낭송은 그리스도교 교회에서 하는 것과 닮은 유일한 의식이었다.

모스크에는 전형적인 독특한 것이 또 하나 있었으니 그것은 흐르는 샘물이다. 유대 교회, 신전, 사원 같은 데서는 볼 수 없는 것이다. 신도들은 기도 장소에 들어가기 전에, 그 샘에서 몸의 더러움을 씻어야 한다. 아라비아인이나 베르베르인에게 신선하고 차갑게 흐르는 물이 어떤 뜻인지는 오직 사막에서 살아 본 사람만이 이해할 수 있다. 그것은 물의 가장 현실적인 뜻으로 생명을 뜻한 다. 미국에서 자란 사람에게 목마른 이야기를 해 보라. 그 사람은 대수롭지 않 게 "아, 목마른 때가 가끔 있지" 하고 대답할 것이다. 그 말은 물이나 맥주를 한 잔도 마시지 못하고 몇 시간을 걸어갔다는 뜻이다. 그러나 사막의 유목민들에 게 목마름이란 단지 불편하다는 정도가 아니다. 그것은 곧 죽음을 뜻한다. 그 러므로 모든 신도는 기도 전에 적어도 몸의 일부를 씻으라고 설교한 마호메트 는, 숨 막히는 인간 심리를 깊이 꿰뚫어 보고 있었다는 것을 말한다. 바깥의 더 위에 시달린 끝에 신선한 물로 몸을 씻으면 온몸 가득 만족감을 얻고 산뜻한 기쁨과 감동을 느껴, 천지만물과 하나로 융합된 기분으로 기도를 드릴 수 있게 된다.

모스크와 궁전에 있는 샘만큼 기분 좋은 명상에 잠길 수 있는 곳은 이 세상 에 없다. 십자군은 이 샘을 보고 어떻게 생각했을까? 흔히 중세 사람들이 목욕 을 좋아하지 않았다고 말하지만 그것은 사실이 아니다. 중세 도시에는 어디에 나 공중 목욕탕이 있었으며, 아메리카 발견 직후 악성 전염병이 유럽을 휩쓸기 전까지는 폐쇄되지 않았다. 그렇지만 목욕은 언제나 남몰래 해야 했다. 그리스 도 교회는 인간의 육체를 경멸하고, 맨살에 물이나 비누를 묻히거나 호기심에 찬 시선에 자신을 드러내는 습관을 위험하게 여겼다.

그러나 현대인은 건강이야말로 종교 못지않게 중요하다고 믿었던 그리스의 이상에 상당히 근접해 있으므로, 그라나다의 무어인 영주의 궁전이었던 저 유 명한 알람브라 같은 건물을 주의 깊게 연구하는 것이 좋을 것이다. 거기서는 샘과 연못이 광대하고 쾌적한 이 건물의 일반적 건축도 배치 가운데서 중요한 역할을 하고 있다. 그러나 안타깝게도 에스파냐 내란으로 그 궁전은 붕괴할 위 험에 처해 있다.

여름이면 마치 큰 가마솥처럼 뜨거워지는 우리 대도시에서는 공용 분수를 많이 설치하면 큰 도움이 될 것이다. 인구가 많은 지역에서는 수영장을 만들어 서 가난한 사람들의 생활을 훨씬 쾌적하게 만들 수 있을 것이다. 그것은 연간 미국의 공공 병원에 드는 금액에 비하면 극히 사소한 비용이다. 지도층은 이 제안을 들어 줄까? 그들은 우리 대도시를 살기 좋은 곳으로 만들기 위해 노력한다. 그렇다면 무어인의 풍습에 따라 도시 곳곳에 분수를 생각해봄 직하지 않을까?

이슬람 교도는 본디 예술적인 민족이 아니었다. "하늘에 있는 것이나, 땅 위에 있는 것이나 물속에 있는 어떤 것이든 그 모양을 본떠 새긴 우상을 섬기지 못한다"는 율법은 없었지만, 이런 일에 대해 매우 분명한 편견이 있어서 초상화가가 솜씨를 부리지 못하게 만들고 있었다. 화가는 사원벽의 단조로움을 깨기 위해서 약간의 장식을 그려 볼 수 있었을 뿐이었다. 무더운 남방의 여러 나라에서는 낮의 열기에 목재가 뒤틀리기 쉽다. 그런데도 아라비아의 목수들이 만든 나무문과 설교단이 급격한 기온 변화에 4~5세기나 견뎌 왔다는 것은 그들의 솜씨가 뛰어났다는 것을 매우 잘 증명하고 있다.

타일 예술가들도 자유로이 창의력을 발휘할 수 있었다. 신도들은 사원 안에 들어갈 때 신발이나 샌들을 벗어야 했다. 잘 닦은 타일 위를 걸어가는 것은 기분 좋은 일이었으므로 어느 사원에나 타일이 깔려 있었다.

그런데 예술 연구자로서 참으로 흥미를 끄는 것은, 이 아라비아 민족의 지배 아래 놓여 있던 여러 나라에서 무슬림 건축이 겪은 변화이다. 아라비아인은 사막에 천막을 치고 사는 민족이었으므로, 처음에는 석조 건물을 전혀 알지 못했다. 그래서 처음에는 중요한 건축물은 외국인 건축가에게 맡겨야만 했다. 이를테면 '바위 돔 사원'이라고 불리는 가장 오래된 모스크 하나가 기원후 691년 예루살렘의 바위 위에 세워졌다. 전설에 따르면, 천사 가브리엘이 예언자 마호메트의 꿈에 나타나 그를 천국으로 데려갔다는 장소이다. 이 사원은 완전히 비잔티움식이고, 실제로 비잔티움 건축가에 의해서 세워졌다.

고고학 지식이 형편없던 십자군은 우연히 이 바위돔 사원을 보고 솔로몬의 진짜 성전으로 착각하고는, 유럽 전역에 이 비잔티움식 모델을 본떠 성당을 건축했다. 마인츠·런던·랑을 비롯하여 그 밖에 많은 서유럽 도시에서 지금도 그런 건축물들을 볼 수 있다. 같은 도시 예루살렘에 있는 알 악사 모스크(알라 신은 하룻밤 만에 마호메트를 메카에서 여기까지 데려 왔다고 한다)는 바위돔 사원보다 더 오래된 것이며 순수한 로마 양식으로 세워진 것이다. 본래는 성모 마리아를 위한 그리스도교 교회로 쓸 참이었는지도 모른다. 무슬림들은 에스파냐에서 독자적인 양식을 발전시키게 되었는데, 그것이 무어 양식이다.

그런데 건축자재가 벽돌밖에 없었던 바그다드의 건축가들은 고대 바빌로니아의 아치형 건축법으로 돌아갔다. 결국 그들도 고대 칼데아의 신전 건축 방식에 입각한 독자적인 형식의 모스크를 고안했다. 마침내 13세기에 이르러 맘루크(Mamluk)[2]들이 이집트의 정권을 잡은 뒤 또 하나의 독자적인 이슬람 건축 양식이 발달했다. 지금 카이로에 있는 칼리프의 무덤과 술탄 하산의 모스크를 보면 그것을 알 수 있다. 1357년의 이 두 건축물은 시리아 건축가가 지었다. 그는 지난 3천 년 동안 고대 이집트의 많은 기념비를 보호해 온 단단한 석판을 훔쳐다 쓰는 간단한 방법으로 필요한 건축자재의 조달 문제를 해결했다.

역사책에는 성지(聖地)에서 2백 년을 보낸 십자군이 이교도인 적에게서 매우 많은 것을 배웠으며, 동방의 훨씬 수준 높은 문화적 이념과 접함으로써 서유럽 문명이 크게 덕을 보았다고 씌어 있다. 그 말은 기본적으로는 옳지만 염두에 두어야 할 것이 있다. 실은 이슬람 교도 자체는 결코 서방의 야만족들보다 뛰어나지 않았다. 중세 에스파냐 무어인은 그 무렵 그리스도 교도들보다 앞서 있었으며, 전형적인 아라비아인은 진보에 관심을 갖기에는 너무나 보수적이고 지나친 '원칙주의자'였다(이슬람교는 그리스도교에 비하면 청교도에 가깝다). 그래서 아라비아와 북아프리카는 예나 지금이나 별로 변하지 않았다.

그러나 서아시아 지역 이슬람 세계의 한가운데 그런 규칙의 예외가 되는 조그만 나라가 있었다. 이슬람교를 받아들인 그 나라는 그리스도교 침략자들에게는 가장 강력하고 위험한 적이었다. 그러나 이 나라는 전형적인 사막의 아라비아 국가와는 달리 예술이나 풍류에 무관심하지 않았다. 그곳은 바로 페르시아였다. 페르시아는 테미스토클레스 시대에 그리스인과 싸웠고 알렉산더 대왕에게 주권을 빼앗겼던 과거의 페르시아와는 공통점이 없었다. 페르시아의 대지와 산의 대기 속에는 화려한 부흥을 가능하게 한 모종의 정기가 있었던 것이 분명하다. 이 중세 페르시아는 그 무렵의 유럽에 깊은 인상을 주었다. 그러므로 중세 페르시아에 관해 별도의 장을 설정하기로 한다.

---

2) 이집트에서 튜라니아족으로 구성된 노예기마군을 말하며, 1251년부터 1517년까지 이 부대에서 왕을 내세워 이집트의 정권을 잡았다.

16장
중세 페르시아

모든 예술의 위대한 도가니

생각해 보면, 인류 전체에 정말 큰 영향을 끼친 책은 얼마 되지 않는다. 그 가운데 하나는 전체 분량이 겨우 20쪽밖에 안 된다. 그 책이란, 니샤푸르의 천막장수 아들 오마르 하이얌(Omar khayyám)의 시집이다. 이 교양 높은 페르시아 수학자는 5백 편쯤 되는 짧은 시에서 삶과 죽음에 대한 전반적인 태도를 읊고 있다. 이 시집은 여러 가지 이유로 청년 시대의 순수한 소극적인 철학으로 만족할 수 없는 사람들의 마음에 언제나 힘차게 호소해 왔다. 오마르는 내세의 기쁨을 부정적으로 보고, 그보다 명확한 현세의 기쁨을 긍정적으로 묘사했다.

오마르의 유쾌한 시 가운데 적어도 두세 편은 거의 대부분이 알고 있다. 그의 시집 〈루바이야트 *Rubáiyát*〉는 1859년에 에드워드 피츠제럴드가 4행시로 옮겨 온 세계에 퍼졌다. 여러분도 그것을 읽었을 때 나와 같은 느낌을 받았을 줄 안다. 나는 시를 읽으면서 이렇게 중얼거렸다. '나이팅게일이 장미 꽃밭에서 재잘거리고, 푸른 달빛 속에 탑의 망루가 떠오르고, 흐르는 시냇가에서 아름다운 여인이 붉은 포도주를 마시는 세계, 이런 세계가 과연 이 세상에 있을까?' 이런 불완전한 세계에서 꽤나 신비스런 이야기다.

그런데 직접 페르시아를 보고 온 사람들이 하는 말은 다르다. 그런 세계가 실제로 존재한다는 것이다. 지금도 확실히 페르시아고원의 변두리에서는 그런 경치를 볼 수 있다. 망루가 있는 탑은 폐허가 되고, 장미 꽃밭은 잡초에 묻혀 버렸다. 나이팅게일은 쓸쓸하게 울고 있다. 그러나 시냇물은 지금도 황폐한 화원을 조용히 흐르고 있다. 달빛은 오마르가 살아 있던 800년 전과 다름 없이 창백하다. 그리고 투쟁과 무관심 속에 수백 년이 지난 오늘날에도 전례 없이 아름다웠을 문명의 구체적인 증거를 발견할 수 있다.

　불행하게도 그 문명은 그리 오래 이어지지 않았다. 본디 아름다운 것이란 오래가지 않는다. 이윽고 나이팅게일과 달빛과 시냇물을 싫어하는 인간들이 나타나 그런 것을 좋아하는 인간을 몹시 미워한 끝에, 그들이 만든 것을 죄다 파괴해 버린다. 그 뒤, 사치에 빠진 '잠쉬드'[1]가 취해 쓰러졌던 궁전은 다시 사자와 도마뱀이 지키게 되었다.

　하지만 삶이나 예술에서 시간이란 너무나 짧다. 긴 시대를 위해서 일할 수 있는 예술가는 행복하다고 흔히들 말한다. 정말 긴 시대이다! 앞으로 5천 년만 지나면, 피라미드도 흙으로 돌아가 버릴 것이다. 다시 2세기쯤 지나면(전쟁이 일어나지 않는다 해도) 파르테논은 흔적도 없어질 것이다. 몇 세기가 지나면 렘브란트의 그림은 대개 짙고 어두운 갈색으로 변해 버릴 것이다. 휘슬러(Whistler)나 그와 같은 시대 사람들의 그림이 이미 그렇게 되었듯이. 지금부터 100년만 지나면 베토벤의 음악은 그것을 즐겨 듣는 사람들을 위한 콘서트에서만 연주될 것이고, 청중은 그의 교향곡에 지금 페르골레시(Pergolesi)나 쿠나우(Kuhnau)의 작품에서 느끼는 것과 같은 느낌을 받을 것이다.

　예술 또한 인생처럼 덧없다. 그리고 또 그 편이 좋을 것이다. 온 세상이 죽은 예술가들의 작품으로 가득한 창고처럼 되어 버린 세계를 상상해 보라. 과거의 예술은 그 시대의 사람들에게 예술을 전한 것으로 소임을 다했다. 그다음에는 티끌로 돌아가는 게 이치이다.

　중세의 페르시아 문명은 불과 수백 년이라는 짧은 기간에 동방 세계 전체의 예술 중심지가 되고, 서유럽 전체의 스승이 되었다. 그 정도면 한 나라의 충분한 명예가 아닌가. 이집트 왕의 미라를 5천 년 동안 바라보고 있느니, 오마르 하이얌과 더불어 50년을 보내는 편이 낫다. 옛 페르시아의 아름다움에 넋을 잃고 있을 때, 연대 따위가 무슨 상관인가.

　중세 페르시아가 미국인에게 매우 흥미로운 것은, 페르시아인 또한 인종 혼합의 결과로 큰 성과를 거두었다는 사실 때문이다. 페르시아는 실로 열댓 인종의 도가니였다. 지중해와 인더스강 사이에 있는 광대한 영토의 실제 수도였던

---

1) 고대 페르시아 왕으로, 자기는 불멸이라고 큰소리쳤으므로 인간의 모습이 되어 지상에서 살아야 했다. 700년 동안 페르시아를 지배했으며, 그 가운데 300년은 행복한 시대였다고 한다.

바그다드는 오늘날 뉴욕처럼 국제적인 중심지였다. 인도 예술가뿐 아니라 페르시아인에게 도예기술을 가르쳐 준 중국 예술가들도 바그다드에 커다란 매력을 느꼈다.

티그리스 강변에 있었던 바그다드는 유프라테스강의 수로도 지배했다. 그 때문에 유럽이 희망봉을 돌아 인도에 이르는 항로를 발견할 때까지, 바그다드는 중국 및 인도에서 유럽에 이르는 통로, 북아시아에서 이집트 및 아라비아에 이르는 통로에서 가장 중요한 무역중심지였

《천일야화》〈신드바드의 모험〉의 한 장면
18세기, 페르시아의 사본 삽화. 《아라비안나이트》라는 이름으로 널리 알려진 이 설화집은 아랍 세계에서 가장 유명한 문학작품일 것이다. 여기서 세헤라자데의 이야기를 듣는 샤푸리야르왕의 모델은 제5대 칼리프 하룬 알라시드라는 설도 있다.

다. 7세기 초에 이 도시는 서아시아 전역에 몰아닥친 불운을 겪었다. 아라비아인들이 점령하고, 그 국민들은 이슬람교를 강요당했다.

그러나 페르시아인은 아라비아인과는 다른 인종에 속해 있었다. 아라비아인은 셈족이었다. 페르시아인은 유럽인처럼 아리아족이었다. 그러므로 그들의 이슬람교는 사막민인 아라비아인의 이슬람교와 전혀 달랐다. 페르시아인은 지난 2천 년 동안 적어도 세 가지 문명을 일구었다는 자신들의 자랑스러운 과거를 자각하고 있었으므로 새로운 종교를 자기들에게 알맞도록 수정했다. 그들은 군사력을 제외한 모든 면에서 정복자들보다 뛰어났으므로, 비슷한 환경의 다

른 민족들이 그랬듯이 정복자들을 오히려 문화적으로 예속시켜 버렸다.

진부한 말이지만, 페르시아인들은 자유로운 예술 활동만 허용된다면 법률을 강제하는 자가 누구든 상관하지 않았다. 그리하여 그들은 칼리프의 도시 바그다드, 즉 하룬 알 라시드가 태어난 곳, 《천일야화》의 무대를 만드는 데 성공했다. 이곳의 명칭은 이슬람식이었으나 성격은 세계 문명의 중심지 가운데 하나였다. 전체적으로는 페르시아인이 여전히 주민의 다수를 차지하고 있었다.

이윽고 바그다드는 차츰 끝없는 정쟁의 온상이 되어 갔다. 이 정쟁은 어느 이슬람국 지배자들에게나 따라다녔는데, 끝내는 술탄이 왕위에 앉으면 안전을 위해 친족들을 모조리 죽여 버리는 무시무시한 관습까지 생기는 형편이었다. 그러나 그런 와중에도 형태와 색채에 대한 페르시아인의 재능은 빛을 발해 화려한 채색 필사본, 다채롭고 독창적인 도자기, 금빛으로 수놓은 직물, 특히 호화로운 양탄자와 깔개는 여전히 페르시아의 주요 산물이었다. 페르시아는 목축국이어서 양모가 풍부했다. 염료가 되는 식물도 산비탈에 풍부했다. 그래서 군대에서 전역한 페르시아인은 쉽게 양탄자 직공으로 자리잡을 수 있었다.

페르시아 예술은 그 자체가 하나의 독립된 주제가 된다. 대부분의 사람들은 페르시아 예술이 서방세계의 예술에 얼마나 큰 영향을 미쳤는지 잘 알지 못한다. 우리는 페르시아 양탄자에 관해서 모르는 사람이 없다. 유럽인들과 마찬가지로 벽에 거는 양탄자보다 바닥에 까는 깔개를 좋아하는 미국 가정에서 이스파한·매세드·시라즈·카샨·하마단 등의 깔개 상표는 귀에 익은 이름이다.

우리가 페르시아 예술을 연구해야 하는 이유는 따로 있다. 페르시아 예술은 미국인이 다른 어느 민족보다도 잘 이해할 수 있는 특징을 갖고 있기 때문이다. 진심으로 즐거운 기분이 있다. 거기에는 우아한 취향이 있고, 야외 생활의 즐거움이 드러나 있다. 그것은 우리가 제1차 세계대전 뒤에 즐기기 시작한 그런 생활양식, 즉 경쾌한 야외용 의복, 신선한 공기와 햇빛, 우리를 둘러싸는 모든 것의 빛나는 색채 그리고 남자나 여자나 똑같이 즐기는 기회가 주어지는 세계가 페르시아 예술에 담겨 있다. 또한 중세 페르시아인의 채색 필사본을 보면 개나 가정용 애완 동물이 중요한 역할을 하고 있는데, 그런 점도 1937년 무렵 미국인의 일상생활과 많이 닮았다.

페르시아 문명은 중세 동안 살아남아 있었을 뿐 아니라, 그 예술도(비록 부침

은 있었지만) 계속 자신
을 지켜 낼 수 있었다.
17~18세기의 페르시
아인 작품은 바그다드
전성시대의 작품 못지
않게 흥미롭다.

정치적인 면에서 페
르시아는 이제 삼등국
가로 전락했다. 3~7세
기까지 호령했던 사산
왕조 같은 강력한 통
일 왕조가 크테시폰의
(폐허 속에서 직접 볼 수
있는) 유적 같은 궁전
을 세울 수 있었던 시
대는 지나갔다.

페르시아의 기도용 양탄자

15세기 중엽, 터키인
이 콘스탄티노플을 점령하는 바람에 페르시아와 유럽은 교통이 차단되고, 동
방예술의 영향이 서방예술에 미치는 일도 없어졌다. 그것은 매우 유감스러운
일이었다. 왜냐하면 페르시아 예술은 본래 귀족적이고 현세적인 예술이었기 때
문이다. 이리하여 완전히 고독해진 유럽인들은 그들이 손댈 수 있던 유일한 예
술, 종교 예술을 발전시키는 수밖에 없었다. 편식은 어느 사회에서나 좋지 않다.
특히 예술의 편식은 그렇다.

17장
로마네스크 시대

폐허 속의 예술

예술의 시대 구분은 학문적 편의를 위해 한 것이지만, 그렇다고 무시하기란 어렵다. 이 장의 제목인 로마네스크 시대를 예로 들어 보자. 100년 전까지는 이 용어가 무슨 말인지 아무도 알지 못했다. 오늘날까지도 사람들은 이 말을 처음 쓴 사람이 누구였는지 논쟁을 벌이고 있다. 예술 비평이 생긴 것은 프랑스 혁명 시대에서 그리 멀리 거슬러 올라가지 않는 무렵이므로, 로마네스크라는 이름도 19세기 전반에야 일반적으로 쓰이게 되었을 것이다. 로마네스크라는 말은 고대 로마 예술에서 발전한 종교적 색채가 짙은 예술을 말한다. 더 일반적으로는 476년의 로마 멸망과 고딕 양식이 로마네스크를 대체하기 시작한 13세기 초 사이에 유럽을 지배했던 모든 문화체계를 말한다.

그러나 본디 인간은 합리적인 동물이 아니고, 고양이가 물을 싫어하듯 논리를 싫어하며, 일정한 시대 구분에 맞춰지기를 한사코 거부한다. 그러므로 로마네스크 시대가 세계 각지에서 정확히 똑같은 시기에 약속이라도 한 듯이 동시에 끝난 것은 아니다. 이를테면 이탈리아인들은 고딕 양식을 갈리아 트란살피나(알프스 너머에 사는 갈리아인)였던 야만족들의 발명이라고 경멸하면서, 15세기 초까지도 수정한 로마네스크 양식으로 건축을 계속했다. 그러나 오늘날 미국에서도 불과 몇 년 전에 세운 로마네스크 양식의 교회를 이따금 본다. 그것은 대개 마천루를 아크로폴리스의 꼭대기에 세운 것처럼 어울리지 않는 느낌을 준다. 로마네스크 양식의 교회는 11~12세기 사람들의 요구는 충족시켰으나, 현대의 우리에겐 영 어울리지가 않는다. 프랑스의 조그마한 시골 도시, 앙굴렘·캉·모리앙발 같은 곳은 로마네스크 양식이 절정에 이르렀던 곳이다. 이 도시들은 1천 년 전 샤를마뉴 시대나 지금이나 생활양식이 전혀 달라진 게 없어 마치 잠들어 있는 것 같다. 이런 도시에 가 보면, 비바람에 바랜 무거운 석조 건물의 약간 냉랭한 아름다움을 감상하고 즐길 수 있다. 그러나 그 내막을 알면 두려울 것이다. 우리의 문명도 세월이 흐르면 마찬가지 운명에 처하게 되리라는 두려움이다.

어떤 세계가 로마네스크 예술 양식을 탄생시켰던가? 그것은 황폐한 세계였다. 길도 사라지고 경찰력도 없어졌다. 법이 사라져 버리고 없었던 것이다. 오늘날 같으면 로마법은 너무 엄격할지 모르지만, 미묘한 조화를 이룬 사회에서는 질서를 유지하는 데 효과를 발휘했다. 그러나 로마 제국이라는 사형집행인의 공포가 사라지자마자, 사람들은 마치 영국 경찰관이 한눈을 팔 때마다 이웃 힌두교도를 죽이는 이슬람 교도들처럼 서로 격렬하게 싸웠다.

엄격하기는 하지만 일사불란했던 군사통치 대신 들어선 것은 어디에나 있던 폭도들이었다. 그들은 이익을 위해서뿐 아니라 순전히 재미로 파괴와 살육을 자행했다. 여기저기서 가장 악랄한 폭도들이 우두머리로 올라서는 데 성공했다. 그들은 별 볼 일 없는 어깨에 과시용 외투를 걸치고, 롬바르드 왕이니 아키텐 대공이니 하면서 거들먹거리다가 별로 한 일도 없이 독배를 마시거나 자객의 칼에 비명횡사해 버렸다.

카이사르(Caesar)[1]라는 이름만 걸친 자들이 높은 성벽과 넓은 늪에 둘러싸인 궁전에 틀어박혀 여전히 황제처럼 거동하고 칙령을 공포했지만, 아무도 그것을 읽으려 하지 않았다. 그 무렵 권력의 무대에 갓 등장한 인간들 가운데 자기 이름을 쓸 수 있는 자는 고작해야 만 명에 하나밖에 없었기 때문이다.

예술이 충분히 무르익기 위해서는 정원의 나무와 마찬가지로 차분한 환경이 필요하다. 혼란기를 맞아 예술가들은 사회의 필요한 부분으로서 기능할 수 없게 되었다. 장인은 하찮은 일에 고용되어 무관심한 주인을 위해 일한다는 생각에 나태해지고 솜씨도 형편없어져 갔다. 문맹을 자랑으로 여겼던 사회에서 학교 교사는 웃음거리가 되었다. 그리스에서 이어져 내려온 전통에 따라 훈련되고 언제나 히포크라테스의 맹세를 잊지 않던 의사는, 죽은 수탉의 내장을 보

---

1) 후대에 황제라는 일반 명사가 되었다.

고 환자를 치료하던 야만족 치료사들에게 자리를 빼앗겨 버렸다. 과학자는 쓸데없는 존재가 되어 방정식과 씨름하다가 굶어 죽었다. 익숙한 육로와 항로를 빼앗긴 무역 상인들은 조심스런 행상인으로 전락하여, 마을에서 마을로 돌아다니며 물건을 팔다가 노상강도를 만나면 얼른 가진 것을 내놓아 목숨만 겨우 건졌다. 이런 상황은 혁명이 일어났을 때처럼 기껏 한두 세대에 그친 것이 아니라 몇 세기나 이어졌다. 절망한 유럽의 목이 봉건제의 쇠 멍에 완전히 매일 때까지 그런 상황은 변하지 않았다.

봉건제라는 말은 우리들 사이에서 인기가 없다. 중세 후기 특징의 하나(단 하나)인 격렬한 잔인함을 떠오르게 하기 때문이다. 로마네스크나 고딕 교회의 묘비에는 손을 모으고 경건하게 기도를 드리는 기사들의 모습이 새겨져 있다. 그러나 그 감동적인 모습과 실제 기사들의 삶은 전혀 달랐다. 슬프게도 사실이다. 그들도 자기들의 존재를 주장하려면 잔인하고 냉혹해야 했다. 그들은 중세 사회의 경찰이었으며, 나아가 자기 자신들이 내건 법령의 집행자이자 백성들의 자유 수호자이기도 했다. 그들의 성채 밑에는 보기만 해도 소름이 끼치는 지하 감옥이 있었다. 그러나 다행히도 그 감옥에 잡힌 죄수들은 대부분 그들을 기다린 운명에 걸맞은 악질 죄인들이었다. 사형집행인의 도끼 앞에 인도되기 전에야 그들은 잠시 햇빛을 볼 수 있었다.

우리로서는 이 봉건시대가 인류의 치욕처럼 여겨질지도 모른다. 그러나 6~7세기 사람들이 앞날을 미리 내다볼 수 있었다면 이 제도를 이상적인 것으로 여기며 환영했을 것이다. 봉건제는 고대인들에게 무엇보다 절실했던 것, 모든 문명생활을 가능하게 해 주는, 바로 안전을 약속하고 있었기 때문이다.

이런 상황에 똑똑한 젊은이들이나, 마음을 파고드는 절망감에도 열정을 깨뜨리지 않은 사람들은 본능적으로 자신의 재능과 야망을 펼칠 기회를 제공하리라 여겨졌던 유일한 곳, 즉 교회로 눈길을 돌렸다.

고대 로마에서는, 황제가 신민들의 세속적 지배자일 뿐만 아니라 종교적 우두머리로도 인정되었다. 황제는 해마다 속죄의 제물을 바치는 사제들의 우두머리인 폰티펙스 막시무스(Pontifex Maximus)로서, 그리고 군의 최고 사령관 임페라토르(Imperator)로서 신도 무리를 통솔했다. 군사령관 직함은 오래전에 없어졌다.

산 마르틴 프로미스타 교회 에스파냐 북부에서 가장 아름다운 로마네스크 양식의 교회로 손꼽힌다. 전성기 로마네스크 양식의 대표적 건축물.

대중의 충성심은 올림포스산에서 골고다로 옮겨가 버렸다. 그리고 예전에 전능한 유피테르를 숭배하며 신의 제단 앞에 무릎을 꿇었던 사람들에게도 새로운 사령관이 나타났다. 그 신은 자기를 희생하여 종처럼 죽음으로써, 하늘에 있는 아버지 신의 길 잃은 자식들에 대한 사랑을 보여주었다.

충성심은 우리의 모든 감정 가운데 가장 오래된 것 가운데 하나일 뿐 아니라 인간에게 필수적인 특성인 모양이다. 이제 칼을 든 대장의 부대에 들어갈 수 없게 된 수많은 군중은 위엄의 상징으로 십자가를 든 지도자에게 열광했다. 하지만 산상수훈으로 비로소 밝혀진 사상의 숭고한 아름다움에 이끌린 사람은 그리 많지 않았다. 오랜 철학들이 그 자체적인 불완전함으로 묻히고 잊혀 버린 시대였으므로, 사람들은 추상적 사상에 잠기고 싶어 하지 않았던 것이다. 그러나 몇 세기 동안 평온하고 질서 있던 세계를 별안간 덮친 혼란 가운데 사람들은 단단히 매달려 따를 수 있는 신앙이 필요했다. 이 새로운 신앙은 일상생활에 실천적인 체계를 부여했으며 마음을 강하게 사로잡았으므로, 사람들은 갈팡질팡하던 충성심을 온통 쏟아 부을 수 있었다. 이 신앙은 모든 사상과 행동에 목적과 방향을 잡아주었다.

우리는 선교자적인 자질을 조금씩 갖고 있다. 하다못해 태어날 때보다는 조금이나마 훌륭해져서 세상을 떠나고 싶다는 은밀한 소망을 품는다. 재물을 얻을 무척 좋은 기회를 잡았을 때는(미국에서는 아주 최근까지도 그랬지만) 쉽게 돈을 벌 수 있다는 생각에 이 감정을 저버리기도 한다. 그러나 국왕도 성안에서 농민 같은 생활을 하던 중세 초기에는 자기 혼자 힘으로 만족할 만한 재물을 모을 기회가 거의 없었다. 여기서 단 하나 남은 것이 권력이었다. 권력은 평범한 마음에는 황금처럼 귀중한 것이다. 교회는 자격이 있다고 판단한 신도들에게 그 권력을 풍부하게 나누어 주었다.

간단히 말하면, 이상이 로마네스크 예술이 탄생한 배경이다. 그 시대는 로마에 의해 재정복된 세계였다. 그러나 황제의 깃발이 휘날리는 로마가 아니라 나사렛 십자가 그늘이 드리운 로마였다.

18세기 에스파냐 신부들이 캘리포니아에 선교 기지를 세웠다는 것은 잘 알려져 있다. 이 신앙개척자들이 적대적인 서부의 불모지에 들어가 복음을 전파하고 적응이 서툰 원주민들에게 체계 있는 경제생활의 이익을 가르쳐 주려고 했을 때, 어떤 위험이 도사리고 있었는지도 잘 알려져 있다. 18세기를 7세기로 바꾸고, 프란체스코회를 베네딕트회로, 남캘리포니아를 남유럽으로 바꾸어 그 뒤 미국에서 일어난 상황을 생각해 보면 유럽의 상황을 이해하기 쉽다.

복음을 전파하고 문명화하기 위해 세계를 재정복하는 실제 사업은 수사들이 맡았다. 그리스도교 초기 수세기 동안 고독한 은둔자들은 그런 일에 손을 대지 않았다. 그들의 목적은 자기본위였다. 그들은 자기 자신의 구원에만 관심을 가졌던 것이다. 교회도 이와 같은 이기적인 삶의 태도가 위험함을 인식했다. 이 세상에서 도피함으로써 천국에 들어가려는 운동에 동조하는 사람들이 너무 많아지자, 교회는 이 운동을 좋지 않게 여기고 그 힘을 유용한 목적으로 돌리도록 조치하기로 했다.

이때 성 베네딕투스가 등장했다. 움브리아의 명문가 출신으로, 그 집안에는 고대 로마인의 대규모 행정적 재능의 전통이 살아 있었다. 성 베네딕투스의 확고한 지도 아래, 고독한 명상으로 여생을 보내고 싶어 한 사람들의 개인주의적이고 무정부주의적인 에너지가 마침내 뚜렷한 방향을 찾게 되었다. 로마 교황을 위해 유럽을 재정복하는 위대한 사업에 착수한다.

이 그리스도 돌격대는 무너진 다리를 건너, 옛 로마 제국의 국도였던 길을 따라 미개척 대륙의 들판에 발을 들여놓았다. 그들이 정착한 곳은 어디서나 원주민으로부터 습격을 막기 위해 높은 석벽이 필요했다. 관청도 필요했다. 그들은 '문서'의 의미를 거의 잊어버린 세계의 기록자였다. 병원도 필요했다. 병자를 돌봄으로써 의심 많은 이웃의 호감을 살 수 있다는 것을 그들은 잘 알고 있었다. 고아원도 필요했다. 아이들의 마음을 사로잡아, 나중에 성인이 된 그들의 생활을 지배할 수 있다는 것을 이미 터득하고 있었기 때문이다. 그리고 신도들을 모아 미사의 기적을 보여 주고, 그 의심 많은 사람들에게 악을 악으로 갚으면 결코 행복이 오지 않는다고 타이르기 위해서 교회가 필요했다.

토착 원주민들은 아직도 흙과 짚으로 세운 집에서 조잡하고 단순한 생활을 하고 있었으므로, 수사들은 그들이 할 수 있는 유일한 실용적인 일부터 손을 댔다. 그들은 로마식 건축 양식을 소개하고, 신도들에게 현지에 있는 자재로 로마 양식의 건축물 짓는 방법을 가르쳤다.

로마네스크 양식이 생긴 과정은 이상과 같다. 다시 말하여, 로마의 선교사들은 북유럽과 서유럽 사람들에게 목공술과 벽돌 건축술을 가르쳤고, 토착 원주민들은 늘 모르는 일까지 열심히 배웠다. 완전히 이해하지는 못해도 해 보려고 애쓰면서 모자라는 재능을 열의로 채웠다.

로마군 주둔지를 중심으로 발달한 옛 로마 속주 주도 일대에는 그런대로 옛 제국의 전통이 유지되고 있었다. 그런 곳에서는 때로는 몇몇 기술자들이 남아 있어서 수사들의 작업을 도와 줄 수 있었다. 그러나 그들도 이제 아버지나 할아버지 때와는 달랐으며, 슬프게도 실제 경험이 모자랐다. 그런 탓에 로마네스크 양식으로 세운 성당·수도원·궁전 가운데 현재 남아 있는 가장 오래된 것은, 18세기 후반 미국인들이 황야에 세웠던 조잡한 요새와 매우 닮았다. 우선 건물 크기가 매우 작다. 그 가운데는 왕궁으로 세워진 것이라고는 믿을 수 없을 만큼 작은 것도 있다. 또 볼 만한 장식도 없다.

이들 고대 로마 문명의 선구자들은, 아주 천천히 상당한 힘을 비축한 뒤에야 비로소 이탈리아 본국의 양식을 조금씩 시도할 수 있었다. 그러므로 사실 12세기 초까지는 제대로 된 로마네스크 양식이라고 말하기는 어렵다. 이 무렵에야 이탈리아도 5~7세기의 끊임없는 침략이 가져온 불안과 혼란과 빈궁에서 겨우 빠져 나왔기 때문이다. 이리하여 마침내 알프스의 북쪽과 남쪽 여러 나라들은 하나의 공통적인 입장에서 과거의 문명의 폐허 위에 새로운 양식의 예술을 재건하는 작업을 시작할 수 있었다.

로마네스크 성당은 지금도 우리에게 의미가 있을까? 나는 그렇다고 생각하지만, 이 장의 서두에서 미리 말해두었듯이, 중세 초기는 파라오 시대의 이집트나 페리클레스 시대의 아테네보다 더 먼 느낌이 든다. 그러나 올바른 정신으로 접근해 보면, 여러분은 이 로마네스크 양식의 건물을 연구함으로써 큰 만족을 얻을 수 있을 것이다. 그중 많은 건물들이 무척 쓸쓸하고 황량해 보인다. 수백 년 동안 아무도 그 조그만 격자 창문 안을 들여다보려고 하지 않았을 것만 같다. 그럼에도 그 나름의 매력이 남아 있다. 그러한 건물들은 우리들이 모르는 일의 말 없는 증인이다. 마치 산타클로스 이야기가 아이들의 마음을 끌어당기듯이, 매우 소박한 사람들이 자기들 마음을 깊이 적시는 이야기를 듣고 느낀 행복과 놀라움이 그 건물들에 생생하게 담겨 있다.

이런 건물의 장식은 보통 매우 간단하다. 그리스도교 선교사들은, 이윽고 북유럽과 서유럽의 민족이 장식 예술가로서 큰 재능을 갖고 있다는 것을 발견했다. 철기시대와 청동기시대부터 스칸디나비아에 전해져 내려 온 팔찌나 장신구들이 그것을 매우 뚜렷이 보여 주고 있다. 고대 게르만족은 선사 시대 동굴의 그 미지의 화가들과 마찬가지로 동물이나 나무의 모양에 뛰어난 감각을 가지고 있었으며, 대개의 매우 소박한 국민들처럼 그들도 모방의 재능을 갖고 있었다. 게다가 그들은 세계 다른 지방의 일에 큰 호기심을 갖고 열심히 그것을 배웠다.

9세기에 이르러 가장 강력한 게르만 군주 샤를마뉴 대제는 바그다드의 칼리프 하룬 알 라시드와 우호 관계를 맺었다. 이 두 왕이 선물을 교환했을 때, 서방 국민들은 처음으로 페르시아라는 이웃 나라의 예술을 접했다. 선물은 대개 나르기 쉬운 양탄자와 태피스트리였다. (이따금 체스의 말이나 상아 세공 등도 있었다.) 이때부터 부유한 수도원장들은 교회용으로 그런 양탄자 깔개를 사들여서 축제 때 전시했다. 현지 기술자들은 그것을 보고 재빨리 배웠다. 그 결과 9세기 중엽부터 로마네스크 교회의 문이나 창문의 조각에 동양풍의 모티프가

피사 대성당, 세례당, 사탑(斜塔) 피사의 로마네스크 건축은 롬바르디아 지방의 통로 모티프를 독창적으로 해석한 것이다. 대성당 서쪽 정면은 늘어선 원기둥으로 장막이 쳐져 있는 듯하다. 이와 같은 장식은 세례당과 사탑에서도 찾아볼 수 있는데, 그것이 대성당과 더불어 조화로운 한 작품을 이루고 있다.

새겨진 조각을 볼 수 있게 되었다.

끌이나 망치를 다루는 재능이 없거나 몸이 건강하지 않은 사람들도 신의 커다란 영광을 위해서 무언가를 만들고 싶은 기분에 사로잡혀 있었다. 그들은 채색한 필사본의 책장에 세밀한 장식을 하거나 그것을 성서의 표지에 베끼며 신앙의 마음을 표현했다. 너무나 가난해서 전문적인 금은 세공사를 고용해 둘 수 없었던 사회에서는 수도원에 은거하는 세밀화가가 모든 작업을 떠맡았는데, 이 일은 나중에 화가나 보석 세공인에게 넘겨졌다.

앞에서도 설명했듯이 아직 젊고 삶의 환희에 차 있던 그리스인들은 화려한 색채를 좋아하여, 초상화를 되도록 붉은색과 푸른색, 초록색을 써서 그리려 했다. 그 점에서는 로마네스크 시대의 실내 장식도 뚜렷이 그 젊음을 보여 주고 있었다. 그 무렵은, 화려한 것이나 요란스러운 것을 선호하는 취향이 지배적이었다. 책 표지에 박아 넣는 루비·오팔·사파이어도 한 개보다 두 개가 더 나았다. 따라서 두 개보다 열 개, 열 개보다 스무 개가 더 나았다. 그러므로 그때의 예술은 (조각과 건축을 제외하고) 모두 시끌벅적하고 과시를 즐겼으며, 솔직히 말해서 불쾌할 만큼 비슷했다.

그러나 아무리 금화 백 닢을 주고 귀한 책을 샀다 하더라도 그 주인이 글을 읽을 줄 모른다면 어떨까. 오지에서 숲이나 개간하며 원시적으로 살아가는 농부라면 더 무엇을 기대하겠는가?

이러한 것들이 예술사라는 역사에 속한다. 그렇다면 로마네스크 건축의 가장 좋은 예는 어디서 찾아야 할까? 가장 중요한 소형 예술품 유물은 프랑스와 아일랜드의 박물관에 있다. 아일랜드인은 그리스도교를 받아들인 북유럽 최초의 국민이었는데, 아마도 영원히 그리스도교를 포기하지 않을 것이다. 그러나 성당을 보려면 먼저 이탈리아에, 그다음에는 프랑스와 독일에 가야 한다.

라벤나에 있는 로마네스크 건물에는 비잔티움 양식도 섞여 있다. 엑스라샤펠, 즉 아헨에는 라벤나의 산 비탈레 교회를 그대로 본뜬 것이 있다. 이것은 샤를마뉴 황제가 아마도 '그가 본 가장 훌륭한 건물'에 대한 집념으로 알자스의 건축가에게 명령하여 똑같이 세운 것이 분명한데, 이것으로도 예술에는 정치적 국경이 없다는 것이 다시 증명된다. 라벤나의 것을 본뜬 것은 프랑스 동남부의 그르노블에도 있다. 이 도시에는 샤를마뉴 황제보다 2세기나 전에 어느 무명 건축가가 조그만 교회를 세웠는데(지금은 성 로렌스의 납골로 변해 있다), 이 또한 라벤나 성당을 완벽하게 복제해 지은 건축물이다.

이러한 일에 경솔한 사람이 꼬치꼬치 파고든다면, 지금까지 든 것은 모두 정확히는 로마네스크 이전 혹은 기껏해야 중간 단계에 속한다고 주장할 것이다. 뚜렷이 알 수 있는 정식 로마네스크를 보려면, 북부 및 중부 이탈리아에 가야 한다.

여기서는 로마식 바실리카가 차츰 라틴식 십자형 교회로 발전해 갔다. 라틴식 십자형은 전형적으로 로마네스크풍의 새로운 형식으로서 오늘날까지 남아 있는 것의 하나이다. 가톨릭 교회는 대개 지금도 라틴식 십자형 양식으로 세워지고 있다. 옛 바실리카의 직사각형 상자 모양으로 감히 돌아가려고 하는 건축가는 거의 없기 때문이다. 북부와 중부 이탈리아에서는 지붕을 받쳐야 하는 주벽(主壁)의 지지력을 보강하기 위해서 만들어진 측랑(側廊)의 초기 형태도 볼 수 있다. 또 거기에는 후실(後室)²⁾에서 통하는 초기 예배당도 볼 수 있다. 이것은 나중에 고딕 양식에서 중요한 역할을 했다. 마지막으로 유심히 살펴보면, 당시의 건축가들이 넓고 더 안전한 지붕을 만들기 위해 고심한 흔적인 복잡한 아치 체계를 찾아볼 수 있다. 그것이 얼마나 까다로웠고 또 그 지붕이 수 세기 동안 얼마나 불안정한 상태였는가를 보여주는 기록은 수없이 많다. 지붕이 무너져 많은 예배자들이 죽고 건축가가 처음부터 다시 세우는 일은 수도 없이 많았다.

우선 가장 흥미 있는 몇몇 로마네스크 교회는 피사(11세기)와 피렌체에 있다. 피렌체의 산미니아토 성당도 11세기 초의 것으로 옛 바실리카형을 충실히 본떠 십자형이 아니라 직사각형으로 세워졌다. 루카에는 로마네스크 양식의 대성당이 있는데 가까운 피렌체 성당보다 1세기 뒤에 세워진 것이다.

롬바르디아의 고도 밀라노에는 이탈리아 로마네스크 양식 건축 중에서 가장 유명한 산암브로지오 성당이 있다. 성 암브로시우스 주교는 테오도시우스 황제가 테살로니카에서 일어난 소규모 반란을 진압하고 주민을 모두 학살한 야만적 행동에 대한 항의 표시로 황제의 성소 출입을 막아 버린 인물이다. 그 무렵엔 정말 참된 성직자가 있었던 셈이다. 이 용감한 행동을 기념하여 12세기 사람들은, 7백 년 전에 그가 성 아우구스티누스에게 세례를 베푼 이 연고의 땅에 로마네스크의 성당을 세웠다. 포강 평원에 있는 베로나에는 산텔모 성당이 있고, 파비아에는 프리드리히 바르바로사가 롬바르도 왕으로서 대관식을 올린 산미켈레 성당이 있다. 시칠리아나 남이탈리아 일대에도 로마네스크 성당이 있는데 이것은 비잔티움식, 로마식, 롬바르드식이 혼합된 것이다. 그러한 영향은 프로방스 지방의 로마네스크 건축에는 전혀 볼 수 없다. 로마의 영향이 유럽의 다른 어떤 지방보다도 오래 이어진 프로방스에서는, 성당은 모두 로마 형식을 본떠서 세워졌던 것이다. 그중 가장 흥미로운 건축물은 아를의 문 생트로핌 성당을 비롯해 서쪽의 툴루즈와 북쪽의 앙굴렘, 베즐레 및 노르망디 일대에도

---

2) 제단 뒤의 반원형의 장소.

있다. 특히 노르망디에서는 뚜렷하게 롬바르드의 영향을 볼 수 있는데, 그것은 11세기에 파비아 사람이 노르망디 성당 건축을 도맡았기 때문이다. 물론 그는 자국의 건축가들을 거느리고 자신의 설계에 따라 건축을 진행했다.

로마네스크 양식은 1066년에 정복왕 윌리엄을 따라 노르망디에서 잉글랜드로 전해졌다. 양식은 조금 변형되었으나, 더럼 대성당을 비롯해 이른바 노르만 양식으로 세워진 그 뒤의 모든 건축물에 표현되었다. 에스파냐에서는 로마네스크 양식이 이윽고 무어 양식의 영향을 받아 유럽 다른 지방의 것과는 전혀 취향이 다른 것이 되었다. 산티아고 데 콤포스텔라 성당은 중세 사람들에게 가장 잘 알려진 사원의 하나로, 유럽 전역에서 순례자를 불러들였다. 이 또한 오로지 조각품만을 이용한 장식이 얼마나 대단한 효과를 가지는지를 잘 보여 주는 최초 사례의 하나이다.

그러나 가장 흥미 있는 로마네스크 사원은 그 가까이에도 많이 있다. 그것은 라인강의 유역, 슈파이어와 마인츠, 특히 쾰른에서 찾아볼 수 있다. 그 가운데 하나인 장크트마리아 임 카피톨 성당은, 노르만족이 원래의 쾰른 성당을 불태운 지 100년 뒤에 교황 레오 9세가 헌상한 것이다. 그것은 그전 성당 잔해 위에 세워졌는데, 본디 그 자리에는 옛 로마 신전이 있었다. 그 가까이에 있는 장크트쿠니베르트 성당은 장크트마리아 임 카피톨 성당이 착공된 지 200년 뒤에야 완성된 것으로, 비잔티움 양식과 무어 양식의 혼합이었다. 어떻게 그런 일이 일어났는지는 알 수 없지만, 예술가의 뚜렷한 시대 구분은 교과서에서나 볼 수 있을 뿐이다. 실제 생활에서 건축가나 예술가는 시대 구분 따위에 개의하지 않는다.

내가 이 책에서 언제나 역점을 두고 있는 문제가 남아 있다. 로마네스크 시대는 우리에게 유용한 것을 줄 수 있는가? 내 생각은 회의적이다. 개인으로서는 중세 초기 거장들의 작품, 특히 건축가와 조각가의 작품을 매우 좋아하지만 그들이 이제 우리가 이해할 수 없는 말로써 이야기하고 있는 것은 아닐까 하는 두려움을 느끼고 있다. 유럽이 끝내 자멸할 것이라면, 우리는 문명적 생활양식으로 돌아가기 전에 제2의 중세를 통과해야 할는지도 모른다. 그러나 우리는 사람들이 끊임없는 불안 속에서 살고, 언제나 눈에 보이는 적과 보이지 않는 적을 두려워하면서 살던 시대로 되돌아가기에는 모든 방면에서 너무나 전진한 상태이다. 모든 로마네스크 예술 속에 드러난 신경과민적 요소는 흔히 기괴한 양상으로 흐르는데, 이것은 전면적인 폭력이 지배하는 시대의 잔인하고 비인간적인 특성을 보여 주는 구체적인 증거이다.

이상 말한 것도 모든 일반론과 마찬가지로 절반의 진실일 뿐이다. 그 반대를 증명하는 것으로 여겨지는 많은 예외가 있다는 것을 나는 인정한다. 중세 초기부터 남아 있는 궁전의 하나인 바르트부르크성은, 유럽의 삼림지대 속에 있는 로마네스크 성의 전형적인 모습을 보여 주고 있다. 그런 성의 홀에서 나날을 보낸 사람들의 생활이 완전히 문명과 동떨어졌다고는 할 수 없다. 발터 폰 포겔바이데[3]를 비롯한 미네징거[4]는 동시대 사람들보다 날카로운 감수성을 갖고 있었다. 그들은 매우 섬세한 서정 시인이자 뛰어난 음악가였다(그 무렵 음악이 갓 일어나고 있었다). 그러나 그들은 예외적인 인물이었다. 역사에는 가끔 그런 인물들이 등장한다. 단테는 폐허나 다름없는 라벤나시의 좁고 악취를 뿜는 골목에 살며, 야수와 별로 다름없는 어부나 농부에 둘러싸여 함께 살면서 그 훌륭한 《신곡》을 써 냈다. 페트라르카는 인구가 100만에서 불과 2만으로 쇠퇴한 도시, 폭력단이 때로는 교황까지 습격하여 소지품을 몽땅 약탈하기도 하는 그런 도시에서 로마의 영광을 읊었다.

그런데 국민 대다수는 가엾게도 비참하게 빈곤과 불결과 질병 속에 살았다. 그들은 모두 빨리 죽는 운명에 있었다. 50세까지 산 사람은 얼마 되지 않았으며, 어린아이의 4분의 3은 젖먹이 때 죽었다. 당시 사람들의 기분을 잘 나타내는 증거가 더 필요하다면, 그리스도가 다시 강림하고 세계에 종말이 오리라 여겨졌던(대개의 사람들은 그렇게 굳게 믿고 있었다) 기원후 천 년 무렵 전 세계가 공황에 빠졌던 것을 생각해 보라. 제1차 십자군 같은 집단 광기라든가, 그 무서운 소년십자군에 나선 아이들 가운데 극소수만이 라인 강변의 고향으로 돌아오자, 곧바로 역사상 최악의 반유대주의 폭동과 유대인 대학살이 일어났다.

유럽 대륙에서 진정한 문명이 완전히 모습을 감춘 것은 아니지만, 문명의 불길은 매우 약했다. 따라서 그 불길을 조금이라도 볼 수 있는 곳에서는, 눈에 비치는 광경은 언제나 즐거운 것이었다. 그것은 평화로운 산업의 장면이다. 이를

---

3) 13세기 독일 시인. 궁정연애시와 기사문학의 선구자로 꼽힌다.
4) 중세 독일에서 활동한 궁정시인이자 가수.

테면 노르망디 수녀들이 태피스트리에 수를 놓는 장면이라든가, 학덕 높은 수사들이 샤를마뉴 대제에게 이름 쓰는 방법을 가르쳐 주는 장면 등이다. 그러나 불행하게도 모든 사람이 이웃을 적대시하는 세계, 천박한 신앙심이 사적인 분노의 폭발과 섞여 상대가 성인인지 미치광인지 전혀 알 수 없는 세계에서는, 그런 평화로운 장면이 매우 드물었다.

그러나 로마네스크 예술은 많은 결점이나 단점에도 불구하고, 그 뒤 보편적 그리스도교 교회의 이념을 완벽하게 표현했다.

그것은 장대한 실험이었으며, 그 실험이 성공하려면 참여하는 모든 사람들의 사회·경제적 배경이 비슷해야 했다. 이를테면 주민의 대다수가 시골에 살고, 같은 농민적인 심성을 갖고 있어야 그 성공을 기대할 수 있었다. 이집트에서는 그와 같은 조건이 거의 5천 년 동안이나 이어졌고 국민이 5천 년 동안이나 줄곧 농사를 지었던 탓에 사회나 예술이 그 역사의 처음부터 끝까지 별로 눈에 띄는 변화가 없었다. 그러나 유럽 대륙에서는 삶의 템포가 동방보다 훨씬 빨라서, 어떤 상태가 수백 년 이상이나 멈추는 일은 없었다. 태어나고 죽고 씨 뿌리고 수확하는 소박하고 단조로운 시대가 통상이 활발해지면서 끝나고, 경제 형태는 물물 교환을 거쳐 화폐 경제로 발전했다. 이런 변화와 더불어 로마네스크 시대는 종말을 고할 수밖에 없었다. 다음 영국의 막이 올라갈 준비가 다 된 것이다. 그것은 고딕 양식이었다.

18장
프로방스

고대 세계의 마지막 성채에 새 예술이 결집한다. 트루바두르[1]와 미네징거[2]들이 음악과 노래로 세계를 채우고 먼 바그다드가 다시금 희미한 영향을 미친다.

로마인은 언제나 그곳을 '프로방스'[3]라고 부른다.

로마는 속주(Provinces)가 많았지만, 진짜 속주는 프로방스 하나뿐이었다. 론강을 따라 지도 위를 손가락으로 더듬어 가면 프로방스가 보인다. 별로 쓸모 없는 론강의 물결이 지중해로 쏟아져 들어가는 곳에 마르세유가 있다. 2천 년 전에는 마살리아로 불린 곳이다. 그 방면의 전문가에 따르면 마살리아는 페니키아어로 '식민지'라는 뜻이라고 한다. 페니키아인들은 여기에 통상의 근거지를 갖고 크게 이익을 올리고 있었다. 소아시아의 도시 포카이아가 이곳을 점령하여 그리스의 도시로 만들어 버렸다. 그러나 페르시아인이 소아시아를 점령했을 때 이 식민지는 독립을 얻었다. 그 뒤 마살리아는 지금의 남프랑스, 북이탈리아, 동에스파냐의 해안을 따라 조그만 식민지들을 건설했다.

매우 부지런한 민족인 페니키아인들은 통상을 북유럽 일대까지 확대했다. 그들의 화폐를 보면, 그들이 알프스를 넘어 티롤인과 거래했을 뿐 아니라 아프리카 세네갈강의 항구에까지 도달한 것을 알 수 있다.

포에니 전쟁 때 마살리아인은 로마 편을 들었으나, 카이사르와 폼페이우스가 싸웠을 때는 줄을 잘못 서 자유를 잃고, 로마인이 프로빙키아 로마나라고 부르던 남부 갈리아에 합병되었다. 아쿠아이 섹스티아이(그 100년쯤 전에 마리우스가 킴브리아족과 튜턴족을 학살했던 곳)가 그 주도가 되었다. 이 도시는 지금 엑

---

1) 프랑스의 서정 시인.
2) 독일의 서정 시인.
3) 프랑스 남동부.

상프로방스⁴⁾로서 남아 있으며, 부슈뒤론 주의 요충지이다.

그리고 5세기가 지나서 북갈리아가 야만족에게 정복당했을 때, 이 옛 속주의 주도는 트레베스, 즉 지금의 트리어에 건설되었다. 여기에는 장대한 로마풍의 건축물, 특히 현존하는 로마식 성문의 하나인 포르타 니그라(검은 문)가 있다.

어째서 마르세유가 아니라 로마가 지중해에서 가장 중요한 도시로 발전했을까? 이것은 좀처럼 풀기 어려운 수수께끼다. 마르세유는 진흙탕이 느릿하게 흐르는 테베레강가에 있는 로마보다 외국 무역에 지리적으로 훨씬 유리했다. 여기에는 광대한 배후지가 있었으나 로마에는 없었다. 기후도 좋았다. 마르세유는 모든 이점은 지녔으면서도 늘 이류 도시에 머물렀고, 로마는 세계를 정복했다. 이 문제를 일단 숙제로 남겨두고 앞으로 더 나아가보자. 프로방스는 세계제국의 중심지는 되지 못했지만, 지중해 일대 예술과 과학의 국제적 실험장으로 발전함으로써 중요한 역할을 했다. 또한 대학과 의학교로 명성을 얻었으며, 로마령의 다른 지방에서는 벌써 오래전에 사라진 쾌적하고도 우아한 생활양식이 보존된 곳으로 유명하다.

여기에는 지리적 이점이 크게 작용했을 것이다. 프로방스는 서유럽에서 아시아와 아프리카로 향하는 중요 통상로에 해당했다. 콘스탄티노플도 정기적으로 교류했다. 비잔티움의 지배자들은 프로방스의 지배자들을 매우 존경했고 자식들을 결혼시키기도 했다. 그 결과 십자군 원정이 시작되자 프로방스는 큰돈을 벌었다(가엾게도 이들 순례자들은 운송에서 한 잔의 물에 이르기까지 눈이 튀어나올 만큼 비싼 돈을 지불해야 했다). 이 땅은 거의 하룻밤 사이에 서유럽에서 가장 부유한 곳이 되었다.

오늘날 레보의 폐허를 찾아가 보면, 옛날 여기가 예루살렘을 지배한 왕의 수도였다고는 상상하기 어렵다. 그리고 여러분이 설령 방대한 돌의 퇴적 밑에 슬프게도 망각된 조그만 정원을 발견했다고 하더라도 그것이 일찍이 사랑의 화원이었고, 고상한 트루바두르⁵⁾들이 모여서 저마다 자신이 선택한 귀부인의 완벽한 아름다움을 누가 가장 잘 읊을 수 있는가 서로 겨룬 궁중연애 무대라고

---

4) 프랑스의 부슈뒤론주의 도시.
5) 11세기부터 13세기 끝 무렵까지 남프랑스와 북이탈리아에서 일어난 서정 시인.

프로방스 해안 현 지명 프로방스 알프코트다쥐르의 해안 지역이다. 이곳은 끝없이 펼쳐진 푸른 바다와 1년 내내 따뜻한 날씨 덕분에 전 세계 여행객들이 몰려드는 관광지가 되었다.

는 도저히 믿어지지 않을 것이다.

그렇지만 그곳은 그런 장소였다. 바로 그 조그만 정원에서 비로소 야만족의 천시당하던 토속 사투리 하나가, 그때까지 모든 문학이나 시의 공식 언어였던 라틴어와 대등하게 겨루는 기회를 얻었다. 지금도 무성한 올리브 나무 아래에서, 세계의 다른 사람들이 죄 많은 이 세상의 쾌락에 등을 돌릴 때 프로방스인들은 아름다움과 웃음과 행복에 대한 권리를 대담하게 주장하고 있다.

독자적인 건축술을 창조하지 않은 프로방스인은 중세의 그림이 출현했을 때 다시 역사의 무대에서 사라져 버렸다. 그러나 그들은 어느 것보다도 생명력이 강한 자재, 즉 언어로 불후의 기념비를 건설하고 있었다.

예술은 시대의 현실적인 배경에서 벗어나 홀로 허공에 매달려 있는 것은 아니다. 예술가가 등장하려면 먼저 경제적 무대가 정성껏 마련되어야 한다. 프로방스는 서유럽의 다른 지역보다 훨씬 전부터 그런 조건을 갖추고 있었다.

프로방스인은 단순하고 굳건한 민족이었다. 프로방스의 기름진 토지는 수익성이 높은 두 가지 수출품을 산출했다. 포도주와 올리브유이다.

그것을 외국의 상품과 교환하여, 그 교환품을 다시 배후지의 주민에게 매우 유리하게 팔아 막대한 수익을 올렸다. 이리하여 상인들은 번창하고 농민도 다른 지방보다 훨씬 좋은 생활을 할 수 있었다. 봉건 영주들도 생계를 위해 노상강도 짓을 할 필요가 없어졌다. 상당한 여가를 누리게 되자 봉건생활에 필연적으로 따르는 권태와 따분함을 느끼게 되었다. 단칸방에 사는 농노나 성에 사는 귀족이나 마찬가지였다. 오랫동안 틀어박혀 있었으므로, 그들은 약간의 즐거움을 절실히 구하고 있었다. 아내와 딸들도 마찬가지였으며, 그녀들은 중세 최초의 '해방된 여성'이 되었다.

중세 초기에는 놀이가 아주 적었다. 야외 스포츠는 마상 창시합과 결투 정도였고, 실내에서 안전하게 할 수 있는 즐거움은 실컷 마시고 먹는 것뿐이었다. 그리스인이나 로마인은 음악을 매우 중시하여 적어도 교양 있는 사람은 모두 한 곡쯤 연주할 수 있어야 한다고 생각했지만, 중세의 음악은 이미 오래전에 교회의 점유물이 되어 있었다. 성안의 젊은이들이 그레고리오 성가를 부르면서 즐거운 하룻밤을 즐긴다는 것은 생각할 수도 없는 일이었다. 더욱이 교회는 그런 것을 신성모독으로 받아들여 엄중히 처벌했다. 체스는 있었으나 트럼프는 없었으며, 주사위는 신사다운 놀이로 간주되지 않았고 선술집에서 운수를 점칠 때나 쓰이는 게 고작이다.

그런 때에 트루바두르가 등장했다. 그들의 예술은 프로방스를 휩쓸었다. 1840년대에 요한 슈트라우스의 음악이 세계를 풍미했듯이.

이상 나는 어느 교과서에나 씌어 있는 일반적인 방식으로 이야기를 썼다. 이번에는 프로방스를 예술이 가장 먼저 부흥한 나라로 만드는 데 크게 기여한 또 하나의 요소에 관해 설명해 보고 싶다.

트루바두르—중세의 정중한 기사(騎士) 가수는 하루 아침에 출현한 것은 아니다. 그들은 훨씬 넓은 조직의 한 부분이었다. 그것은 마침 그 무렵 유럽 전역에 퍼지고 있던 기사단의 한 분파였다. 직업 군인들은 언제나 나름의 규칙과 특권과 의무를 갖고 있었다. 그러나 기사도는 단순한 싸움만 아는 군인과는 달

바그너의 오페라 〈로엔그린〉의 한 장면

음유시인과 종자 안톤 그라우스 작(1867). 트루바두르, 즉 기사인 음유시인은 사랑하는 마음속의 귀녀에게 바치는 사모의 시를 작곡하여 궁정·귀녀를 찾아다니며 노래불렀다. 프로방스 지방에서 시작된 이 서정시는 유럽 전역으로 퍼졌다.

랐다. 기사도는 기사의 특권보다 오히려 의무를 강조했다. 기사도는 기사가 고결한 지위에 있으므로 누구보다도 정중하고, 예의바르고, 너그러운 태도를 갖도록 요구했다. 그러나 서방 세계에서는 그런 말을 잊은 지 오래였다. 오히려 그런 말들은 하룬 알 라시드왕 시대에 흔히 바그다드의 궁전을 드나들던 기사들이 존중한 이상과 매우 비슷했다.

　바그다드의 페르시아 이슬람 문화는 처음 에스파냐에 들어왔다. 그라나다를 수도로 한 무어인의 왕국이 유럽의 바그다드가 되었다. 만일 이 세상 일이 논리적으로 진행되는 것이라면, 이 새롭고 더 바람직스러운 생활방식은 누구보다도 먼저, 그 무렵 아직도 그리스도 교권에 있던 이베리아반도 오른쪽 지방의 에스파냐인이 받아들였을 것이다. 그러나 중세 에스파냐의 기사들은 개척자였으며, 그런 일에 신경을 쓸 시간도 생각도 없었다. 그 반면에 프로방스의 기사들은 자유로이 멋대로 행동할 수 있었다. 조금만 항해하면 이슬람권 에스파냐의 여러 항구로 갈 수 있었다. 그들은 그 무렵 알람브라의 생활을 잘 알고 있었던 것으로 여겨진다. 느닷없이 수준 높은 삶에 대한 관심이 폭발한 데는 페르시아의 영향이 결정적이었음에 틀림없다. 사실 페르시아인의 영광은 그리 오래 이어지지 않았다. 겨우 200년에 불과했지만 그동안 사람들의 마음은 (기사나 농민이나) 봉건 영주들의 싸움이나 마르세유 시장에서의 페르시아 직물 시세 같은 것보다 더 중요한 일로 향하고 있었다.

중세의 연대기에는 언제 처음 트루바두르가 노래를 읊었는지 나오지 않는다. 그러나 '시에 매우 뛰어난 사람들'로 기록된 그들은 12세기 초부터 직접 지은 전원시, 애가나 정치적 풍자시 같은 것을 들려주어 귀족들을 즐겁게 해 주었다. 풍자시의 대부분은 단테가 《신곡》 속에 아무데나 엮어 넣은 톡톡 쏘는 유행어처럼 지금은 무슨 뜻인지 알 수 없게 되었지만, 그 무렵 대중들에게는 굉장히 인기가 있었다.

지금은 그들의 노래를 아무리 잘 재현한다 해도 우리에게 그 무렵 유쾌함을 전해 주지는 못한다. 어찌할 도리가 없다. 현대인은 이미 귀를 버렸기 때문이다. 그 시대 이후 우리는 그보다 더 좋은 노래를 너무 많이 들었다. 그렇다고 해서 라틴어 찬송가나 그레고리오 성가보다 좀 더 즐거운 것을 세상에 내놓으려고 애쓴 그들의 첫 시도를 낮게 평가해서는 안 된다.

최초의 트루바두르는 푸아티에의 비욤 9세와 아키텐 공작이었다. 그들에 관해서는 몇 가지 뚜렷한 사실이 알려져 있다. 다른 트루바두르의 이름도 《고타 연감》에 나와 있다. 사자심왕 리처드가 트루바두르로서 활동한 이야기는 어린이들까지 소상히 알고 있다. 그의 동료 몇 사람은 단테의 〈지옥〉편에 나오는데, 죄를 지어 그곳에 끌려갔는데도 그들의 완벽한 노래와 시상의 아름다움은 크게 칭찬받고 있다.

현재 '트루바두르'와 '종글뢰르(jongleur)'[6]를 같은 것처럼 부주의하게 혼동해서 쓰는 수가 많다. 12~13세기 사람들은 그런 실수를 할 까닭이 없다. 트루바두르는 자작시를 읊거나 노래 부른 신사들이었다. 종글뢰르는 보통 류트나 그 밖의 악기로 반주삼아 노래한 평민이었다. 오늘날에는 반주자와 가수 또는 바이올

---

[6] 만담가.

카스티야 왕 알폰소 10세의 《성모마리아 송가집》 사본 삽화

이 송가집(頌歌集)은 프랑스 왕 루이 11세가 레온—카스티야 왕국의 알폰소 10세에게 선물한 여러 사본을 바탕으로 알폰소 10세가 편찬한 것이라고 한다. 송가집에 실린 곡을 연주하는 악사와 캐스터네츠 같은 타악기를 연주하는 여인.

린 연주자가 사회적으로 대등하지만, 중세에는 그렇지 않았다. 그 신분은 대개 피아노 조율사에 해당되는 것이었다. 조율사는 일류 피아노 연주자의 특별 연습 때에 반주를 하거나 연주 전에 조율을 맡을 뿐, 연주자와 같은 차로 식사하러 가는 일은 없다.

독일의 미네징거[7]의 경우도 마찬가지다. 미네징거는 튜턴족의 시인으로, 프랑스의 트루바두르에 해당했다. 미네징거도 트루바두르처럼 직접 작곡했으며, 보통은 자작시를 붙여 노래 불렀다. 그러나 〈탄호이저〉의 제2막에 나오는 미네징거, 또는 조그만 하프를 퉁기던 볼프람 폰 에셴바흐(Wolfram von Eschenbach)를 기억하는 사람들은, 자기의 생각을 고쳐야 할 것이다. 볼프람은 아마 하프(그 무렵엔 몹시 천한 악기였다) 따위가 아니라 오늘날 바이올린의 아버지격인 레벡(rebec)[8]을 연주했을 것이다.

그런데 의식한 것은 아니지만, 어느 점에서 트루바두르는 근대 음악의 발달에 크게 기여했다. 이따금 그들은 청중 전체가 같이 노래를 부를 수 있는 후렴

---

7) 서정 시인.
8) 중세의 3현 악기.

을 달았는데, 그러한 음악이 춤 또는 발라드(어릿광대질·현재의 발레와 같은 말)에 쓰이는 일도 적지 않았다. 그러나 청중이 으레 그렇듯이, 사람들은 비록 즐거운 음악이라 해도 가벼운 음악에 점차 싫증을 내고 더 진지한 것을 찾기 시작했다. 그러자 트루바두르는 북프랑스에서 전해진 무훈시(武勳詩, chanson de geste)를 시도하여 크게 성공했다. 유명한 영웅의 모험담을 매우 재미있게 표현한 것이며, 실제 현실과는 거리가 먼 오늘의 영화 같은 것이었다.

트루바두르보다 격이 좀 떨어지지만 뒤이어 바이올린 연주자, 무희, 곡예사, 맹수 조련사, 광대 등도 근대 연극의 발달에 저마다 공헌을 했다. 처음에는 부유한 귀족(프랑스나 영국에서)에 고용되어 머슴이나 하인(ministerials), 요샛말로 하면 음유시인(minstrels)으로서 영주의 가족들을 즐겁게 해 주었다.

그러나 그들도 차츰 독자적으로 마을 연극을 시작했으며, 전에 귀한 주인을 위해 열심히 비위를 맞추었듯이 이번에는 농민과 그 가족들을 즐겁게 해주었다. 그들은(지금도 그렇지만) 명확하고 약삭빠른 사람들이었다. 좀 더 돈벌이가 될 만한 새 오락분야가 나타나면 운을 시험하기 위해서 곧장 뛰어들었다. 다시 연극이 부활했을 때 그들은 배우가 되었다. 도시마다 시민 악단을 조직했을 때는 음악가가 되었다. 혹은 방랑하는 음유시인으로 남기도 하고 나중에는 보드빌(vaudeville)[9]에 뛰어들기도 했다. 대부분은 지금도 영국에 남아 있다. 그들의 조상은 일찍이 정복왕 윌리엄과 함께 상당수가 영국으로 건너갔다. 그들은 영화보다 오래 살아남을 가망이 있다. 그만큼 그들의 직업을 전통과 명예로 생각한다.

프로방스가 그리스도교 세계에서 가장 문명화되고 유럽에서 가장 앞서 나가자, 주민들은 독자적인 권리를 주장하기 시작했다. 그것이 그들의 몰락의 원인이 되었다. 12세기 말 남프랑스 주민들의 사정은 그다지 좋지 않았다. 예술을 좋아하는 지배자의 미진한 통치 아래서, 그들은 혐오스런 이단에 빠져 든 것이다. 그 이단이 무엇이었는지는 오늘날의 우리에게는 거의 흥미 없는 일이다. 멸망한 이단은 헛것이 된 연애 편지와 마찬가지로 지극히 하찮은 것이기 때문이다. 그러나 그것은 종교가 지배하던 십자군 시대의 종교계로 봐서는 매우 중대

---

9) 음악을 곁들인 소희극.

한 문제였다.

1207년, 교황 인노켄티우스 3세는 아라비아인에 대해서 성전을 벌이자고 외쳤다. 인노켄티우스 3세는 십자군을 무척 좋아했다. 그들은 동방의 이슬람교뿐 아니라 북방의 레트족,[10] 나중에는 잉글랜드를 징벌하는 십자군을 조직했다. 이때 잉글랜드 존왕은 잉글랜드와 아일랜드를 로마 교황의 영지로 바치고 겨우 목숨을 건질 수 있었다.

이 완고한 교권옹호자는 심지어 콘스탄티노플의 대주교에게 보낸 편지에서, 신은 베드로에게 교회의 관리뿐 아니라 전 세계의 관리를 맡기셨다고 주장했다. 이 완고한 교황 앞에서는 가엾게도 아라비아인은 속수무책이었다. 이들 프랑스의 이단자들, 즐겨 '청순한 영혼'이니 '참된 그리스도 교도'니 하고 자처하던 사람들은 중세의 가장 무시무시한 학살을 당하여 거의 전멸되어 버렸다. 한참동안 종교재판소는 하루에 2천 명이나 화형에 처하느라 바빴다. 프로방스의 귀족들은 대체로 주민들의 견해에 공감했으나 감히 교회의 적을 지지한 혐의로 엄한 보상을 치러야만 했다. 그들의 땅은 시몽 드 몽포르(Simon de Montfort)의 용병들에게 유린되었고, 그들은 그 타격을 끝내 극복하지 못했다. 트루바두르들은 당시의 종교 분쟁에 휘말려 들지 않으려고 매우 조심했지만, 후원자를 모두 잃어버렸다. 성은 불탄 데다가 귀족의 가족들은 그 몽포르의 십자군을 지휘한 장교들에게 노예로 팔려갔기 때문이다.

마지막 트루바두르는 1294년에 죽었다. 카스티야의 현명왕 알폰소였다. 이 사람은 뛰어난 천문표(天文表)를 만들었을 뿐 아니라 카스티야 사투리를 지금도 남아 있는 문학적 용어로 높였다. 트루바두르라는 위대한 예술적 전통의 이 마지막 대표자는 죽음이 가까이 온 것을 느끼고 말했다. "노래는 기쁨을 나타내야 한다. 그러나 나는 슬픔이 너무나 영혼을 억누르고 있어서 노래를 부를 수가 없다. 아, 나는 이 세상에 너무 늦게 태어났다." 그렇지만 그렇게 느낀 시인, 음악가, 화가는 이 사람이 처음도 아니고 마지막도 아니었다.

---

10) 소련 라트비아 공화국과 리투아니아 공화국에 걸친 리보니아 지방의 민족.

19장
고딕

추악한 세계에서의 아름다운 하나의 동화

고딕의 건축은 더 많은 빛과 더 큰 공간을 찾은 논리적인 결과였다. 그러나 우리가 고딕 시대라고 부르는 시기 전체의 예술은, 바로 그 어떤 정신적 도피 수단 없이는 견딜 수 없을 만큼 잔혹했던 환경의 복판에서 아름다운 동화를 창조하려는 목적이 있었다.

우리 조상들은 그런 견지에서 보고 있지는 않았다. 이탈리아의 유명한 건축가이자 재능 있는 화가이기도 했던 조르조 바사리(Giorgio Vasari)는 이렇게 말했다.

"'고트족'(그에게는 알프스 저편에 사는 민족은 모두 고트족이었다. 몇 해 전이었더라면 우리는 '훈족'이라고 불렀을지도 모른다), 즉 참된 고전을 배운 적이 없는 이 야만인들은, 독자적 양식을 발전시켰으나 그것은 첨탑과 기괴한 장식과 고전적 세계의 간소한 아름다움이 전혀 없는 불필요한 장식 같은 것을 긁어 모은 것에 지나지 않는다."

미켈란젤로의 유명한 제자다운 의견이다. 그러면 우리 자신은 어떤가? 우리는 그 반대의 극단으로 너무 치우친 듯하다. 고딕을 종교나 학문처럼 여기고, 14~15세기 옥스퍼드나 케임브리지의 양식으로 지은 것이 아니면 교회도 대학도 진짜가 아니라고 우기는 사람이(더 잘 알고 있어야 할 건축가들 가운데조차) 여전히 많다.

물론 터무니없는 생각이다. 비유하자면 이탈리아 발레를 장려한 동양의 무용가들이 그렇게 했다는 이유만으로, 모든 현대 무용가는 두 다리를 90도 각도로 유지해야 한다고 생각하는 것과 같다. 사실 이탈리아 발레는 카트린 드 메디시스(Catherine de Médicis)[1]가 성 바톨로메오 축일의 학살로 우울해진 아들의 기분을 달래기 위해 프랑스에 들여온 것이었다.

'무슨 일이나 때와 장소에 알맞게'라는 말은 속론인지는 모르지만, 예술에 대해서는 그렇지 않다. 독서에 필요한 채광과 공간을 충분히 확보하도록 철근으로 건축한 현대 도서관에, 이탈리아 교외에 사는 상류계급의 결혼 축하 케이크처럼 고딕을 흉내 낸 치장 회를 바른다면 물론 시대 착오이다. 1937년의 집과 도서관에 작고 뾰족한 창문과 큰 버팀벽 따위는 전혀 필요가 없다. 버팀벽 같은 것은 아무 소용도 없으며, 원양 항해선의 특별 굴뚝처럼 청소 도구를 넣어 두는 장소나 개집 역할밖에 하지 않는다. 그런데 13~14세기의 건축가는 반드시 버팀벽을 만들어야 했다. 건강하고 쾌적한 건축물은 어떤 절대적 필요에서 생겨야 한다. 고딕 건축가는 실용적인 임무가 주어져 있었다. 그는 문제를 그가 처리할 수 있는 방법으로 되도록 잘 해결해 달라는 요청을 받았으며, 그것을 보기 좋게 해냈다. 무엇보다도 되도록 실용적인 방법으로 해결했다. 그래야 비로소 일류 기술자였다. 그러나 1937년의 건축가가 1237년의 양식으로 일을 한다면, 단순한 모방가에 지나지 않는다. 그것도 형편없는 모방가이다. 다시 말하여 12세기 후반에 처음으로 출현한 고딕 양식은 시대의 산물이었다. 그 시대는 서양 역사상 가장 흥미 있는 시대의 하나였다.

아득히 먼 아시아에서는 어떤 미지의 민족이 신비로운 앙코르와트 사원(그때까지 유럽의 어느 것보다도 훨씬 뛰어난 것이었다)의 토대를 구축하고 있었을 때, 서방 대륙은 이윽고 로마 제국 문명의 징조였던 법과 질서를 회복하고 있었다. 민족 이동 시기의 두드러진 특징이자 그 대혼란의 마지막 징표였던 십자군은 종말을 고하고 있었다. 그리스도 교도와 이슬람 교도는 이슬람권이 약간 유리한 상황에서 교착상태에 빠졌다. 해안 지방 사람들을 수백 년이나 두려움에 떨게 했던 스칸디나비아인의 파괴력도 정상적인 태도로 되돌아갔다. 이 바이킹 해적들은 더러 죽음을 당하기도 하고 아니면 유럽의 많은 나라에서 매우 존경받을 만한 지배자, 이를테면 잉글랜드 왕, 시칠리아와 노르망디의 공작 또는 그리스와 성지 주변 여러 공국의 영주가 되어 있었다.

---

1) 메디치 가문 출신 프랑스 왕비 카테리나 데 메디치의 프랑스식 이름.

이슬람 세력은 비잔티움이 터키인과 마지막 싸움을 하던 동쪽 변경을 제외하고는, 이제 유럽 본토의 안전을 위협하는 존재가 아니었다. 게다가 13세기 콘스탄티노플에서 일어나고 있는 일에 서유럽인들은 전혀 관심이 없었다.

오스트리아(동방의 '경계선'이라는 뜻)는 슬라브족과 이슬람 세력을 중부유럽에서 몰아내기 위해 세워진 나라였다. 그러므로 빈이 위협받지 않는 한, 헝가리 평원이나 발칸산맥 저편에서 무슨 일이 일어났는지 알 바가 아니었다.

한자동맹 함대가 발트해와 북해를 다시 국제무역에 안전한 곳으로 만들었다. 그 통상상의 도의가 잘 지켜졌으므로, 잉글랜드는 다른 나라와의 모든 거래를 위한 표준통화로서 '파운드화'를 채용했다.

선량한 그리스도 교도라면 알프스를 넘는 고갯길을 가지 않으려 했다. 그러나 기원 천 년경 망통의 성 베르나두스가 꼭대기에 산장을 세웠다. 나중에 그의 이름을 따서 그레이트 세인트버나드라고 부르게 된 이 산장 덕분에, 이제 유럽의 북쪽과 남쪽을 갈라놓은 눈 덮인 산맥의 넘기 어려운 장벽은 사라졌다.

유럽 전역에 새로운 삶의 기운이 넘쳐 흘렀다. 모든 것은 이제 갓 시작했을 뿐이었으며, 더 많은 것이 이루어진 것은 16~17세기였던 것은 확실하다. 그러나 지금은 마침내 보통의 농민도 단순히 지상을 뛰어다니는 동물이 아니었다. 그들은 다시 인간이 되었다. 그리고 여태까지 겪어 온 경험은, 새로이 되찾은 존엄성을 유지하려면 협동이 필요하다는 것을 보여 주었다. 바야흐로 12세기는 도시건설자와 장인조합 조직자의 위대한 시대가 되었다. 장인조합은 길드로서 그 뒤 5세기 동안 정치적 발전상 매우 중요한 역할을 하게 된다.

그러므로 12세기에는 도시 문명과 밀접하게 연관된 건축이 처음으로 출현하는 것을 볼 수 있다. 마치 도시가 아무 역할도 하지 못하던 농경 사회를 배경으로 로마네스크가 태어난 것과 같다.

높은 첨탑과 원주를 가진 고딕 성당은, 유럽에 침입한 튜턴족이 오랜 세월을 보낸 고향의 숲을 그대로 본떠서 만들었다는 매력적인 이야기가 있다. 3천 년 전의 메소포타미아 침략자들이 바벨탑을 세운 이유도, 중앙아시아의 산속에서 내려온 지 얼마 안 된 탓에 산꼭대기에서만 하느님을 예배할 수 있다고 생각했기 때문이라는 이야기도 있다. 이와 같은 논법으로 몇 세기 전의 예술사가들은, 중세 초기의 사람들이 높은 아치형 창문이 달린 사원을 세운 것은 조상

피터르 브뤼헐 〈바벨탑〉 지상에서 위로 올라가는 전체적인 발판을 마련하지 않고 필요할 때에만 간이 발판을 외벽에 설치하는 방식, 수로를 통해 석재를 작업장으로 나르는 장면, 아치 제작 상황, 여러 가지 기중기를 이용해 석재를 들어 올리는 모습 등등, 중세의 건축 과정이 정확하게 묘사되어 있다. 1563년, 빈, 미술사 박물관 소장.

들이 살고 있던 숲의 분위기를 내기 위해서였다고 했다. 나는 건축 양식이 생긴 이유가 더 실제적인 것이었지 않았나 하고 생각한다. 시적인 것이 아니라 훨씬 더 실제적인 목적이 작용했을 것이다.

오늘날의 도시에서는 경제적인 필요(땅값) 때문에 마천루를 세우지 않을 수 없다. 중세 이탈리아 봉건 영주들이 탑처럼 높은 집에서 살고 그 성실한 시민들이 교회를 마천루식으로 세우지 않을 수 없었던 것은, 최소의 비용으로 최대의 안전을 도모하기 위해서였다.

도시의 성벽을 쌓자면 많은 비용이 든다. 해자(垓字)를 둘러 파는 데도 그렇다. 그러므로 도시의 면적을 되도록 작게 해야 했다. 이것이 성당의 부지 면적에 영향을 준 것이다.

이상의 설명으로 내가 밝히고자 하는 논점이 분명해졌으리라 생각한다. 모든 예술작품은 인간 이념의 직접적인 산물이다. 인간의 이념은 로마네스크 시대의 2세기 동안에 매우 미묘하기는 하나 심각한 변화를 겪었다. 그 변화를 불과 몇 마디로 설명하기란 매우 어려운 일이다. 중세시대 사람들의 내면적인 심정은, 선사 시대 동굴 거주자들과 다를 바 없이 나에게는 수수께끼이다. 그러나 나름대로 설명해 보자.

고딕 시대 사람들이 살고 있던 실제 세계는 실은 9~10세기와 그리 다르지 않다. 의심할 것도 없이 전보다는 안전했으며, 좀 더 부유해졌다. 그러나 여전히 권력이 정의를 짓밟고 있었다. 오늘도 변함없이 그러하고, 앞으로 수세기 동안에도 그러할 것이다. 로마나 그리스의 철학자들이 학교와 아카데미의 문을 닫아야 했던 이래 그러했듯이, 대중은 여전히 아주 무지했다. 전염병으로 모든 지방의 인구가 급격히 줄어들었다. 유령과 귀신과 악령의 미신이 가장 교양 있는 학자의 마음까지 지배하고 있었다. 그래도 변화는 있었다. 트루바두르와 미네징거가 그 변화의 일부였다. 정신적인 문제를 대하는 태도가 다소 가벼워졌고, 여러 방면에서 삶에 대한 태도가 확연히 명랑해졌다.

말이 모자라면 음악이 도와주는 수가 많다. 바그너의 〈파르지팔〉의 제1막과 제2막의 막간 음악만큼, 로마네스크 시대 사람의 마음을 묵직하게 내리누르고 있던 신비로운 운명의 무서운 중압을 절실히 느끼게 해 주는 것은 없다. 〈탄호이저〉 제2막의 목동이 부르는 조그만 곡은, 그 무렵 고딕적 감정을 표현한 것일 것이다. 물론 이 두 곡은 다 그레고리오 형식은 아니지만(그레고리오 형식이라면 더 실감났을 것이다) 이 두 곡을 음반으로 들어 보라. 그러면 내가 여기서 로마네스크 성당 가운데 가장 장대한 베로나의 산제노 성당 사진과 고딕 시대의 대표적인 샤르트르 대성당의 사진을 나란히 놓고 보여 주는 것보다 내가 하고자 하는 말을 훨씬 잘 이해할 수 있을 것이다.

옛 그림이나 오래된 바이올린의 감정가들은 몇 가지 '과학적' 사실에만 의지하여 감정을 하는 것이 아니라는 것을 여러분은 알고 있을 것이다. 이를테면 라위스달(Ruysdael)은 그의 풍경화에서 왜 반 호연(van Goyen) 같은 하늘을 그리지 않았던가. 또 뛰어나게 훌륭한 아마티(Amati)의 작품에 반해 버린 과르니에리(Guarneri)는 왜 한 번쯤 이 유명한 선배를 본뜰 결심을 하지 않았던가. 거기에는 아무런 이유가 없다.

샤르트르 대성당 서쪽 정면 외관
출입구 세 개와 그 위의 창문 세 개는 1194년의 화재를 피해 오늘날까지 초기 고딕 양식을 그대로 전해 주고 있다(1145~55년). 나머지 부분은 1194년 이후 재건되어 전성기 고딕 건축물로서 이름을 떨치게 되었다.

    그러면 감정가들은 보통 그 놀랄 만큼 정확한 최종 판정을 어떻게 내리는가? 그들은 라위스달이나 과르니에리의 기법과 버릇을 속속들이 이해하고 있다. 그러므로 작품이나 물건을 직접 본 느낌을 통해 이 그림은 라위스달의 것이지 반 호연 작품일 수는 없다든가, 이 바이올린은 주세페 델 제수(Giuseppe del Gesu)의 작업장에서 나온 것이지 니콜로 아마티의 작업장에서 나온 것이 아니라든가 하고 판단한다.

    고딕 성당을 비롯해 고딕 양식이라고 부르는 모든 건축물도 마찬가지다. 건축 입문서에서 고딕에 대한 설명은 온통 '뾰족한 아치'뿐이다. 사실 많은 유럽어에서는 고딕을 실제로 '뾰족한 아치 형식'이라는 뜻으로 쓴다. 그것은 틀린 말이 아니다. 고딕 건축가들은 이슬람 건축가들의 영향을 받아, 로마네스크 시대 석공들의 원통형 아치와 돔형 지붕을 포기했기 때문이다. 그들은 비잔티움 건축가의 돔형 지붕을 흉내 내지 않고, 결국 그들도 끝이 뾰족한 아치를 개발하는 데 성공했다.

그러나 뾰족한 아치를 도입함으로써 여러 가지 난점이 따르기도 했다. 이를 극복하기 위해 그들은 로마네스크 건축가들이 수백 년 전에 이미 개발한 방법을 계승했다. 로마네스크 건축가들은 돔형 아치를 지탱하기 위해, 지붕의 하중이 걸리는 네 접점을 특별한 기둥 위에 얹었다. 그 기둥은 벽의 일부처럼 보이지만 실은 독립된 것이며, 별안간 지진이 일어나 벽 그 자체는 파괴되어도 지붕을 떠받칠 수 있었다.

고딕 건축가는 거기서 몇 걸음 더 나아갔다. 그들은 오로지 기둥만을 고려한 뒤에 벽을 만들었다. 마치 오늘날 마천루를 세울 때 철골 조립을 먼저 한 뒤에, 그 철골에 필요한 벽을 씌우는 것과 같다.

이 경우 벽은 본래(지붕을 받치는 것이 목적이었다)의 기능은 사라진다. 그래서 맨 위층에서 벽을 쌓으며 차츰 내려올 수도 있다.

고딕 건축가들은 이 목적에 성공했으므로, 벽은 '창문을 끼우는 곳'으로 기능이 축소되었다. 이를테면 1264년 프랑스 왕 생 루이를 위해서 건립한 저 믿기 어렵도록 아름다운 파리의 생트 샤펠이 그 좋은 예로, 외관상으로 여전히 벽처럼 보이지만 실은 창틀일 뿐이다.

그러므로 고딕 사원의 기둥은 건물 전체의 가장 중요한 부분이 되었다. 그 기둥을 더 한층 강화하기 위해서, 12세기의 건축가들은 로마네스크 건축가들의 아이디어를 빌려 왔다.

로마네스크의 성당은 측랑(側廊)을 정식으로 추가해 건물 주요부의 벽을 보강하는 방식을 취했다. 고딕 건축가들은 건물의 형태를 수직의 유선형으로 만들기 위해 이른바 버팀벽(扶壁, flying buttress) 또는 '지탱'(pusher)이라는 것을 고안했다. 버팀벽은 기둥이 무거운 돌기둥의 압력을 받아 바깥으로 밀려나지 않도록 안쪽으로 밀어주는 역할을 한다. 여러분이 조그만 목조 오두막 벽에 기대면 누군가가 '조심해. 지붕이 무너져!' 하고 외칠 것이다. 여러분은 버팀벽이 어떤 것인지 알 수 있을 것이다.

건물을 훨씬 더 높게 만들기 위해서 고딕 건축가는 이따금 이중의 버팀벽을 나란히 세웠다. 그것은 랭스 대성당에서 볼 수 있는데, 제1차 세계대전 중 독일의 폭격을 받았을 때 이 이중 버팀벽이 건물을 구했다. 하지만 많은 사람들이 생각하는 것과는 달리, 중세의 무명 건축가들이 모두 어느 시대까지나 견딜 수 있는 건축의 비법을 알고 있던 명인들은 아니었다. 이들 고딕 건축가들은 건물을 세울 때마다 커다란 위험을 무릅썼으며, 그 모험의 결과도 대개 만족과는 거리가 멀었다.

보통의 고딕 대성당은 뼈대가 드러난 괴이한 짐승과 비슷하다. 그 뼈대에—아무리 조그만 일이라도—무슨 일이 일어나면 그것은 무너져 버린다. 자연재해와 전쟁의 파괴를 견디고 살아남은 몇몇 고딕 사원은, 오늘날에도 로마네스크 시대의 그다지 매력은 없지만 훨씬 튼튼한 건물보다 더 많은 주의가 필요하다. 그것은 끊임없이 수리해 둘 필요가 있다. 15~16세기의 연대기를 보면 참사에 관한 기록이 많이 나온다. 어느 나라에서 1486년의 성령제[2]라든가, 1571년의 공현절[3]에 한창 뇌우가 쏟아지고 있을 때 성가대 자리 전부나 또는 지붕 일부가 무너져 회중 수백 명이 죽은 사건이 있었다.

그러나 앞에서도 말했듯이, 예술은 영원을 추구해서는 안 된다. 왜냐하면 우주 안에서 영원한 것은 없고, 우주 그 자체가 유한(有限)의 시간적 제약에 묶여 있다. 고딕 성당으로 실제로 완성된 것은 매우 적으며(건물의 절반도 되기 전에 필요한 자금이나 열정 가운데 하나나 양쪽이 다 없어졌기 때문에), '고딕의 완전한 표본'이라고 지금도 찬양받고 있는 쾰른 대성당도 실제로 완성된 것은 19세기에 들어와서였다(자금은 교회 복권으로 모았다). 그런데 그 건물의 상징성과 실용성을 겸한 첨탑은, 사람들로 하여금 천국을 한번 들여다본 듯한 기분으로 만들어주는 전망대가 되어 있었는지도 모른다.

고딕 교회 가운데, 측랑이 본당(nabis 또는 ship, 건물의 중앙부)과 같은 높이로 만들어지거나 건축가의 독창적인 기교로 기둥이 홀연히 없어져 버린 것처럼 보이는 몇몇 교회는 특히 주목할 만하다. 이런 교회에 들어가 수천 개나 되는 색유리 조각들을 통해 신비로운 빛을 받고 있으면, 별안간 매혹과 아름다움에 찬 동화의 나라로 이끌려가는 느낌을 받는다. 그 시대 사람들은 슬픔과 눈물로

2) 11월 1일.
3) 1월 5일.

가득한 세상의 온갖 괴로움을 잠시나마 잊을 수 있었을 것이다.

정말로 고딕다운 내부를 만들어 주는 또 하나의 특징을 보자. 앞에서도 잠깐 언급했지만, 그것은 창문이다. 벽면 같은 것이 없어져 버렸으므로, 화가에게는 이제 솜씨를 부릴 평면이 크게 줄어들었다. 화가들은 처음에는 크게 분개했지만, 나중에는 그것이 회화 예술로서는 하늘이 준 선물이라는 것을 알았다. 익숙한 석벽을 빼앗기자 부득이 다른 표현 재료를 쓸 수밖에 없었다. 화가들은 나무나 양피지나 캔버스에 그림을 그렸고, 신통찮은 실력이 몇 세기 동안 거듭된 끝에 마침내 반 아이크 형제가 독특한 방식을 개발했다. 물감을 기름에 섞는 방식, 즉 오늘날까지 줄곧 쓰이는 유화 기법이다.

게다가 화가가 잃은 것만큼 유리장이가 덕을 본 것도 뚜렷해졌다. 내가 유리장이(the glass burner)라는 예스러운 표현을 쓴 데는 여러 가지 이유가 있다. 그것은 듣기도 좋고, 그것만으로도 스테인드글라스 제조법의 절반쯤을 알 수 있을 뿐 아니라, 또 강철이나 놋쇠·구리·철로를 다루는 모든 기술자(그 무렵엔 가장 중요한 사람들이었다)의 성공 여부가 달려 있던 중세로 되돌아간 듯한 기분이 든다.

기술적으로 말하면 스테인드글라스라는 것은 금속 산화물을 유리에 섞거나, 더 일반적으로는 채색물감을 유리 표면에 칠하여 구워 착색한 판유리이다. 그래서 색유리의 조각을 납으로 붙이면 일정한 무늬 또는 그림이 된다. 그러므로 스테인드글라스는 채색화라기보다 모자이크에 가깝지만, 실은 궁극의 용도에서는 회화나 모자이크와 전혀 다르다. 유리장이는 초록, 노랑, 빨강, 자줏빛 등이 분리되어 교회 내부가 얼룩으로 가득 차게끔 색을 배열해서는 안 된다. 색채를 교묘히 섞어서 분산효과를 내야 한다. 다시 말하여 화창한 날 바닷속에서 보는 것과 비슷한 분위기를 만들어야 한다.

유리장이가 해결해야 할 문제는 화가의 경우보다 훨씬 많았다. 그들이 일해야 하는 창문은 매우 좁았으므로, 원근법 같은 정교한 기법을 적용하기가 불가능했다. 우리의 조상들이 중국인이나 일본인처럼 원근법을 몰랐던 시대는 큰 문제가 없었다. 그러나 나중에 일반 사람들이 원근법의 각도에서 그림을 바라보게 되자, 스테인드글라스 창은 보기 좋다기보다 오히려 낡고 조악한 느낌을 주었다.

중세의 다른 많은 '발명'과 마찬가지로 스테인드글라스의 창도 실은 동양에 그 기원이 있는데, 언제 북유럽에 처음으로 들어왔는지는 알려져 있지 않다. 처음 스테인드글라스를 만든 곳은 지금도 유리 공업의 중심지인 베네치아로 추측된다. 시기는 10세기일 것이다. 지금까지 남아 있는 가장 오래된 스테인드글라스는 아우크스부르크의 대성당에서 볼 수 있는데, 11세기 중엽보다 더 거슬러 올라가지는

샤르트르 대성당의 스테인드글라스
석수장이의 작업 모습과 디바이더 등 연장도 묘사되어 있다.

않는다. 그보다 얼마 뒤 샤르트르 대성당에서 그리 멀지 않은 프랑스 소도시 르망의 교회에 스테인드글라스가 만들어졌다. 몇 해 뒤에는 영국으로 전해져 캔터베리 대성당에서 초기의 스테인드글라스를 볼 수 있다.

이 새로운 발명품은 호평을 받아 금세 온 유럽에 퍼졌다. 그 무렵 같은 무게의 은에 해당하는 가치가 있었던 만큼 운반에 따르는 곤란과 위험을 생각하면, 그 확산 속도는 무척이나 이례적이다. 그러나 스테인드글라스 창은 물론 매우 실용적이며 세계가 수백 년이나 바라던 발명품이었다.

유리는 매우 진기하고 값비쌌으므로, 평범한 성이나 개인 집에서 스테인드글라스 창문을 갖기란 어려운 일이었다. 일반적인 창은 벽에 뚫은 단순한 구멍이며, 밤에는 나무나 덧문이나 짐승 가죽으로 가렸다. 모두가 태양과 더불어

일어나고 닭과 더불어 잔 시대였으므로, 그래도 보통 사람의 일상생활에는 그리 지장을 주지는 않았다. 굴뚝도 포크도 알지 못했던 시대라, 바람이 불어 거실을 지나가더라도 전혀 불편하다고 느끼지 못했다. 안락한 생활이 몸에 밴 사람은 1월 추운 어느 날 한번 난방이 안 된 이탈리아 성당에서 몇 시간을 견디어 보면 중세의 삶을 실감할 수 있을 것이다.

고딕 양식의 발전은 유리의 수요를 촉진해 유리 공업에 크게 기여했다. 매우 인기가 있었던 루비빛 붉은색을 비롯한 몇몇 빛깔은 엄청나게 비쌌으며 구하기도 어려웠다. 나중에 고딕 건축가들은 측면 벽을 대형 창문으로 만들었을 뿐 아니라, 대담하게도 정면 벽의 중앙부 전체에 커다란 원형 장미창을 달았다. 유리장이들은 그 수요를 채우기 위해 밤낮 없이 일을 해야 했으며, 일찍이 볼 수 없었던 호경기를 맞았다.

대성당을 건축하던 석공, 목공 등의 기술자와 예술가들도 마찬가지로 호황이었다. 그 무렵만큼 건축열에 들뜬 시대는 없었다. 이제 젊은 기술자들은 집안에서 배운 기술만으로는 버티기 힘들었다. 그들은 떠돌이 도제로서 오랜 세월을 보내야만 했다. 크라쿠프라든가 멀리 트론헤임 같은 곳에 새로운 건축가가 나타났다는 말을 들으면, 곧바로 짐을 꾸려서 연장과 공책을 들고 폴란드에서 노르웨이로 떠났다. 지나는 길에 프라하·라이프치히·비텐베르크·뤼베크·스톡홀름 등에 들러 건축 현황을 관찰했다. 다행히도 배의 난파나 전염병을 면하고 무사히 가족에게로 돌아오면, 배워 온 모든 것을 종합하여 지역 사람들의 마음에 가장 들 만한 건축양식을 만들어 냈다. 보통 그들은 예술을 위해서 바친 큰 공적이 특히 인정을 받지 못하더라도, 그저 석공으로서 급료를 받으며 일에 전념하는 데 만족하며 여생을 보냈다. 그들도 인간이므로 명예와 불후의 명성을 얻고 싶기는 했지만, 그 야심을 오늘날과는 다른 방법으로 성취했다. 그 무렵의 사회 전체가 가진 정신적 열망이 집약된 성당의 건축에 헌신한 것이다. 도시가 더 번창하고 길드나 상인 조합 등이 부유해져서 그들 자체의 건물을 세우고 관청·도량형 검정소·곡물거래소 시설을 갖추고자 했을 때, 양복점·포목상·양조업자들이 자신들의 회관을 짓고자 했을 때, 그들은 청년 가운데서 가장 우수한 사람을 유럽 전역에 파견하여 미리 공부를 시켰다. 결과로 판단하면, 꽤 오랜 기간의 철저한 도제제도는 매우 효과적이었다.

예술은 종교만으로 이룩하지 못한 것을 해냈다. 그것은 유럽의 민족에게 국제적인 정신을 갖게 한 것이다. 물론 그 무렵엔 지금과 같은 뜻으로의 국민은 아직 존재하지 않았다. 사람은 우연히 태어난 마을이나 도시나 나라의 주민에 지나지 않았다. 황제나 국왕은 멀리 살고 있었으며, 사람들은 한 번도 그들을 보지 못하고 한평생을 보냈다. 그래도 말과 사투리와 풍속 습관과 음식들에는 저마다 차이가 있었다. 포도주를 마시는 사람과 맥주를 마시는 사람은 전혀 달랐다. 그러나 하나의 위대한 사명에 종사하고 있다는 공통된 감정이, 오늘날의 우리 생활을 이렇게도 절망적으로 만들고 있는 국민적 편견을 극복했다. 정신의 국제주의가 일어난 것이다. 유럽에서는 그 뒤에 꼭 한 번, 18세기 후반에 그 것이 나타났다. 그러나 그때는 어떤 철학 사상에 대한 공통의 관심이 기초가 되었으나, 고딕 시대의 국제주의는 예술에 대한 공통적인 관심에 그 뿌리를 두 고 있었다.

그리고 그 무렵에 어떤 일이 일어났다. 매우 갑작스러웠으며 아무도 예견하 지 못한 불행이었다. 수백만의 사람들이 원인 모를 병에 걸렸다. 의사도 그 정 체를 알지 못하고 흑사병이라고 불렀다. 현대 의사들이 그 '엄청난 사망자 수' 에 대해서 보카치오 등 저자들이 남긴 방대한 기록을 종합해 본 결과, 그것은 하나의 선(腺)페스트임이 밝혀졌다. 십자군은 동양에서 많은 축복을 가져왔지 만, 유럽에 한센병과 괴혈병과 독감을 가져다 주었다. 흑사병도 이집트, 팔레스 티나 또는 소아시아에서 유럽으로 전해진 것으로 보인다. 맨 처음 흑사병이 번 진 베네치아는 전염을 막기 위해 모든 외국 선박을 40일 동안 강제로 격리했다. 이른바 '40일 검역정선(檢疫停船, quarantine)'이다. 그러나 페스트균은 그런 조치 를 비웃듯 곧이어 마르세유에 나타나 거기서부터 온 유럽에 번졌다. 이 병으로 6천만 명이 넘는 사람들, 다시 말하여 그 무렵 전 유럽 인구의 4분의 1이 죽었 다. 그것은 일찍이 유럽이 겪은 최악의 전염병이었다. 그 무렵의 그림에서 보듯 이 어느 도시에서나 페스트 환자 수용소가 설치되었으며, 마지막 수용소가 문 을 닫은 것은 17세기 말이 되어서였다.

이 병은 도무지 피할 도리가 없었다. 공포에 사로잡힌 부모들이 배를 빌려 아 이들을 태우고 바다로 나갔으나 이튿날에는 모두 죽어 있었다. 성당은 낮이나 밤이나 열려 있었지만, 미사를 집전하는 성직자는 이미 죽고 없었다. 공포가 사람들의 마음을 좀먹었다. 어떤 사람은 황야로 나아가서 마지막 며칠을 기도 속에 보냈다. 어떤 사람은 《데카메론》에 나오는 보카치오와 그 친구들처럼 경치 좋은 별장에 나가서 마지막 시간이 올 때까지 실컷 먹고 마시고 놀았다.

그 무렵 화가들은 무서운 죽음의 무도 속에서 사회가 전반적으로 해체되는 상황을 명확하게 묘사했다. 병이 마침내 그 독성을 누그러뜨렸을 때도, 사람의 그림자 하나 보이지 않는 지역이 많았다. 그린란드 같은 곳은 완전히 망각되어, 수백 년 뒤에 재발견되기도 했다.

아마도 가장 큰 피해를 입은 것은 예술일 것이다. 적어도 한참 동안은 사람들의 마음을 지배하던 보편성의 감정은 파괴되었다. 지난날의 예술가나 도제들은 대부분 교외의 무덤에 묻혔다. 수백 년 이어져 온 전통은 자취를 감추었다. 책이 없는 시대였으므로 구전(口傳)이 가장 중요한 교사가 되었다. 살아남은 얼마 안 되는 건축가·돌조각가·화가·석공들이 차츰 일터로 돌아왔다. 그러나 즐겁고 유익했던 그 편력시대(Wanderjahre)[4]는 끝났다. 사람들은 안전한 방법을 택했다. 이제 더는 여행을 하지 않았다. 그들은 집에 머물렀다. 이때부터 고딕 양식은 유럽의 보편적인 창조 의욕의 표현이 되지 못했으며 프랑스, 에스파냐, 오스트리아, 독일 등 각지의 특색이 점점 두드러졌다.

흑사병은 또 하나의 매우 중요한 점에서 그 무렵 예술 발전에 영향을 주었다. 그것은 사람들의 복장이다. 12세기까지도 온 유럽인들은 여전히 고대 로마풍 튜닉을 입었다. 다만 로마인이 야만족의 발명이라고 경멸했던 바지를 추위를 막기 위해 덧입었다. 단추(buttress, 버팀벽과 어원이 같다)는 장식이었으며, 실용으로는 쓰이지 않았다. 그 무렵의 사람들은 우리가 30년쯤 전까지 재킷을 입는 것처럼 몸에 집어넣는 식으로 입었다. 남자도 치마와 비슷한 긴 상의를 입고 있었으므로 남자나 여자나 복장이 별 다를 게 없었다.

고딕 시대에 등장한 수직 유선형 열풍은 생활의 모든 분야에 영향을 미쳤다. 대성당의 뾰족한 아치뿐만 아니라, 포크나 소금 그릇 같은 간단한 주방기구류에까지 나타났다. 예부터의 유연하고 헐렁한 복장은, 1937년에 T형 포드 차가 그러하듯 시대에 뒤진 것으로 여겨졌다. 유행은 법률보다 훨씬 엄격히 남녀의

---

4) 수업시대.

생활을 지배하는 것이므로, 유행이 바뀌자 그들의 복장도 완전히 바뀌었다. 옷이 점점 더 몸에 꼭 맞는 형태로 바뀌자 이윽고 코트나 드레스도 더 이상 머리 위에서 뒤집어 써서 입을 수 없게 되었다. 그리고 마침내 단추가 제 구실을 하게 되었고, 남자의 상의도 차츰 짧아져서 남녀 사이에 뚜렷한 구별이 생겼다. 14세기 후반의 모든 그림을 보면 그 차이를 확실히 알 수 있다.

A. 뵈클린 페스트(1898) 스위스, 바젤미술관 소장.

이 장의 서두에서 말했듯이 고딕 시대 초기에는 번영을 되찾았으므로, 시민들은 오랫동안 입었던 것보다 훨씬 풍족한 소재의 옷감을 쓸 수 있었다. 그 무렵 세밀화를 보면 노란색과 갈색은 별로 인기가 없었던 것 같다. 때가 잘 타지 않는 회색이 하층계급에 맞는 빛깔이며, 유럽의 많은 지방에서는 가난한 사람을 지금도 '회색인간'이라고 경멸적으로 부른다. 페르시아나 중국풍의 복식이 나타나기 시작했다. 사람들은 유명한 바그다드의 비단에 엄청난 돈을 지불했다.

흑사병이 덮쳐 온 것은 그 무렵이었다. 매우 많은 사람이 갑자기 죽었으므로, 방대한 재물이 몇 안 되는 사람들의 손에 별안간 몰렸다. 그때까지 변변한 옷 한 벌 없던 사람들이 순식간에 부자가 되었다. 본디 졸부란 돈을 과시하고 싶어 하는 법이므로, 그들은 옷차림에 과하게 신경을 쓰며 유행을 추구했다. 중세 후반 내내 기묘한 가장무도회가 끊이지 않는 것은 그 때문이다. 가장무도회는 그 무렵 그림의 흥미로운 주제가 되었다. 여성의 겉옷과 머리 장식, 남성복의 모양을 최대한 과장하기 위해 온갖 수단이 동원되었다. 심지어 바지와 윗도리를 한쪽을 초록색, 한쪽을 빨간색으로 하거나, 다른 기묘한 색채의 조합이 시도되었다. 지금도 스위스 경비병들은 그런 복장을 고수한다.

소매를 사원의 첨탑처럼 위로 치켜세운 뒤, 그때까지는 유행에서 벗어나 있던 복장의 마지막 부분인 신발의 차례가 되었다. 신발은 부드러운 재료로 만들어지고 차츰 길어져서, 마침내 신발 끝을 무릎에 붙들어 매야만 걸어다닐 수 있는 신발까지 나왔다. 멋을 부리고 싶은 사람들은 한 걸음 더 나아가서 신발에 사도(使道)의 그림을 수놓기도 하고, 성당 현관에서 볼 수 있는 돌의 격자 세공을 흉내 내곤 했다. 사제나 주교들은 소리 높여 이런 유행을 반대했다. 마치 오늘날 짧은 치마 등을 드러낸 수영복을 비난하듯이. 그러나 안타깝게도 유행에서는 교황의 권력도 소용없었다. 이 지나친 유행은 문예부흥 시대가 되어 겨우 이성을 되찾은 뒤에야 막을 내렸다.

이와 같은 낭비의 유행의 마지막 사례로서, 은방울이 주렁주렁 달린 남성용 윗도리와 모자를 들 수가 있다. 걸어다닐 때마다 방울이 기분 좋은 소리를 냈다. 이 조그만 방울은 그때부터 궁정 어릿광대의 복장에 쓰였기 때문에 지금도 남아 있다.

지금은 유감스럽게도 궁정 어릿광대는 고딕 시대와 더불어 사라져 버렸다. 그런데 사라지지 않는 것이 있다. 지금도 프랑스·벨기에·네덜란드에 가면 볼 수 있는 것으로서, 화염식(火炎式, Flamboyant) 고딕 양식이라는 기묘한 과장된 건축 양식이 있다. 한 번 유행하기 시작하면 어떻게 할 도리가 없다. 새 유행을 막기보다는 전염병을 막는 편이 쉽다. 몇 해 전 미국의 자동차 제조업자는 새로운 것을 좋아하는 국민의 관심을 일깨우고자, 지난해에 구입한 차를 약간 시대에 뒤진 것처럼 보이도록 고문기계 같은 불쾌한 유선형 자동차를 연구해 냈다. 그것을 타려면 뱀처럼 몸을 구부려야 한다. 비행기를 타는 사람들에게는 유선형이 확실히 편리할지도 모른다. 왜냐하면 한 시간에 300킬로미터를 가는 것보다 320킬로미터를 가는 게 더 이득이므로. 그러나 시속 50킬로미터 속도로 달리는 자동차에 그런 과장된 외형은 필요 없다. 그런데 새 유선형은 대단한 인기를 얻었다. 지금도 역시 유선형이다. 그 뒤부터는 유선형 냉장고, 유선형 포크·스푼, 유선형 타자기, 유선형 녹음기, 유선형 라디오, 모두 이런 식이다. 갓난아기만은 아직이 유행을 따르지 않지만, 아기가 타고 다니는 유모차는 유선형이다. 세상은 바야흐로 유선형 시대이며, 어느 슬기로운 사람이 삼각형이나 팔각형 같은 것을 고안하지 않는 한 앞으로도 유선형은 계속될 것이다.

이와 마찬가지로, 중세 사람들도 한 번 과

랭스 대성당 고딕 건축은 파리를 중심으로 반경 100km 정도 되는 지역에서 탄생하여 발전하다가 이윽고 유럽 전체로 퍼져 나갔다. 고딕 예술의 정화(精華)라 해도 손색이 없을 만큼 장려하고 완벽하다.

장을 시작하자 모든 형태를 과장하지 않으면 직성이 풀리지 않았다. 마침내 과장이 지나쳐 원래의 것이 희화화되어 버렸다. 이미 14세기 초에 고딕식 장식 세부를 과장하고 강조한 나머지, 끝내는 본말이 전도되어 그 부분이 건물의 주요부보다 중요시되는 현상이 나타났다. 이와 같은 변화는 아미앵과 랭스 대성당에서 볼 수 있고, 샤르트르 대성당의 일부 및 유명한 몽생미셸 교회에서도 볼 수 있다. 그 '화염 같은 형태'를 취했으므로, 이 새 양식은 그 이름이 화염식 고딕으로 지어졌다.

공공건물이나 성은 화염식으로 세워지는 일이 별로 없었다. 화약이 발명되고 대포가 쓰이면서 그 무렵의 건축가들은 이 새로운 위험을 간과할 수 없었다. 화염식은 흑사병이 휩쓸고 간 뒤 생겨난 낯설고 비현실적인 인생관과 잘 맞아 떨어져, 건축 기술의 모든 세세한 곳까지 깊숙이 스며들었다. 그것은 8세기 동안이나 로마네스크와 고딕 초기의 간소하고 직선적인 형식에 완전히 만족하고 있던 사람들의 미적 요구를 자극했다.

교회 당국은 마땅치 않은 이 새 양식이 퍼지는 것을 막기 위해서 아마도 무언가 조치를 취했는지도 모른다. 그러나 교회는 사회적·정신적 조직으로서 언제나 삶의 일부였으며, 평범한 사람의 일상생활과 너무 멀어지지 않도록 조심했다. 그래서 이 돌과 모르타르의 광기 어린 조합을 금지하는 교회의 칙령은 내리지 않았다. 그 덕에 기괴한 모양의 화염식 첨탑은 200년 가까이 하늘 높이 치솟아 있었다. 이윽고 열광은 끝났다. 아름다운 동화는 냉혹한 현실로 바뀌었다. 고딕 양식은 더 이상 실용적인 목적을 채워 주지 못했다. 모든 예술은 그것이 번영하기 위해서는 구체적인 필요의 물질적·정신적 표현이어야 하는데 고딕은 이제 존재 이유가 없어진 것이다. 그런 일이 개인에게 일어나면 그 사람은 죽는다. 어떤 특수 양식도 마찬가지이다.

15세기 고딕 양식에 따라서 세워진 몇몇 교회를 그 뒤로도 볼 수 있었다. 그러나 그것은 차츰 드물어지다가 마침내 깡그리 사라져 버렸다. 새로운 사상과 이상을 가진 새로운 세대의 사람들은, 왜 이런 건축물들이 세워졌는지 의아하게 생각했다.

20장
고딕 시대의 종말

예술가의 해방과 그림·음악 분야에서 새 기법 출현

중세 초반 600년 동안의 예술은 익명의 예술이었다. 건축가는 서명 없이 건축했다. 화가나 조각가나 세밀화가도 결코 작품에 서명하지 않았다. 지금과 같은 선전 만능 시대에서는 그런 시대를 상상하기가 어렵다. 지금은 하나의 이름을 중심으로 넓고 복잡한 세평이 나며, 화가들도 화폭에 서명부터 한 다음 추상이라도 하듯이 그림을 덧붙여 나가는 일이 흔히 있다.

오늘날 모든 신출내기 기자들은 개 싸움에 관한 이야기든 시의회의원 후보자의 연설이든, 기사에 자신의 이름을 다는 것을 삶의 주요 목적으로 삼는다. 그러나 〈니벨룽겐의 노래〉,[1] 〈롤랑의 노래〉,[2] 《에다》,《아서 왕 이야기》 등을 지은 사람들은, 그 무렵 연대기를 보아도 실제로 자신의 자취를 남겨놓지 않았다. 그들은 사람들에게 500년 동안 즐거움을 주는 데 만족하고 그 이상의 명예를 구하지 않았다.

그 무렵 예술가들은 대부분 직접 또는 간접적으로 교회를 위해서 일을 했으므로, 우리는 그들이 겸손한 마음에 서명하지 않았다고 생각하기 쉽다. 그것도 얼마간 관계가 있었을지는 모르지만, 결코 유일한 이유는 아니었다.

첫째, 그 무렵은 자기의 성을 가진 사람이 별로 없었다. 초서(Chaucer)의 시대까지도 알공킨의 조지라든가 캔자스의 앨프 같은 호칭 이외에 별다른 성이 없었다. 둘째로, 대개의 예술가들은 도제 과정이 끝난 뒤에도 자기가 사는 도시나 고용된 수도원에서 거의 떠나지 않았다. 그래서 그 도시와 주위 16킬로미터

---

1) 아틸라왕의 지배 아래 있던 여러 부르군트 왕들의 전설을 소재로 한 중세 독일의 대서사시.
2) 샤를마뉴 대왕의 대장 롤랑이 무어인과 싸워서 이긴 것을 축하한 노래.

쯤의 지역에 사는 사람들은, 그들과 그들의 작품에 대해서 속속들이 잘 알고 있었다. 셋째로, 생활이 단순해 솜씨 좋은 기술자들은 자기들의 사회적 지위에 대해서 환상을 품지 않았다. 그들은 자기들이 할 일을 분명히 알고 있었고, 그 것을 매우 자랑으로 삼고 있었다. 그러나 길드 시대에 접어들자, 버젓한 마이스터(Meister)가 되고 싶으면 실력이 있어야 했다. 1천 년 뒤에 누군가가 랭스 대성당의 영수증철을 샅샅이 뒤져 '고데비누스 장인에게 노트르담 사원 중앙 입구 위의 생피아크르 조각상 대금으로 3실링 2펜스 지불' 같은 항목을 찾아내리라고는 그들은 꿈에도 생각지 않았던 것이다.

그리고 마지막으로, 그 무렵 예술가들은 예술적 감동을 표현하는 방법에 대해서 매우 큰 제한을 받고 있었다. 로마네스크 시대는 많은 건축가와 석공, 약간의 조각가와 화가를 필요로 했지만, 세밀화가는 더 적어도 되고 금은 세공사와 보석 세공사는 최소한만 있으면 되었다. 그러나 시대는 변했다. 가장 흥미로운 결과는 예술가들이 이제 익명성에서 벗어나 창의와 개성, 자기만의 양식과 이름을 가진 개인이 되었다는 것이다. 이것이 일어난 시기를 우리는 '고딕 시대의 종말'이라고 말할 수 있다.

앞 장에서 말했듯이, 고딕 사원이 수직유선형으로 바뀌고 뾰족한 돔 지붕이 도입되면서 프레스코 화가들의 작업 공간인 벽면이 사라졌다. 특히 겨울에는 낮에도 잿빛으로 어둑어둑한 북유럽에서는 창문을 매우 크게 할 필요가 있었다. 그 때문에 북유럽인들은 이탈리아보다 훨씬 전부터 나무판에 그림을 그리는 새로운 재료를 연구해야 했다. 세계에서 처음으로 유화를 발명한 것은 플랑드르였으며, 이탈리아가 아니었다.

현대의 뉴욕에서는 유행이 바뀔 때마다 수십만 명이 갑자기 일자리를 잃고, 레이스에서 우모(羽毛)로, 조화(造花)에서 또 무엇으로 바뀐다. 다게르(Daguerre)가 할아버지의 엄격한 모습을 감광판에 담아 영원히 보존할 수 있는 방법을 발명하자, 떠돌이 초상화가들은 굶어 죽지 않으려면 사진사로 직업을 바꿔야 했다. 초기의 초상화가 질적으로 우수했던 것은 이 때문이다.

이와 마찬가지로 유화의 발명 뒤 곧 초상화가 조각상보다 훨씬 싸게 먹힌다는 것을 알자, 조각가는 일거리를 잃고 화가에게는 주문이 쇄도했다.

그러나 화가에게도 그 나름의 고민이 있었다. 작업 속도가 매우 느렸고 시장도 작았다. 그림을 완성하면 그 도시의 교회에 전시되어 사람들이 와서 보았지만, 그 영향이 미치는 범위는 그뿐이었다. 자기 작품을 더 많은 사람에게 보여 줄 방법이 없었다.

그런데 십자군 병사들이 이국적인 목판들을 짐 속에 넣어 동양에서 돌아왔다. 의심할 것도 없이 중국의 것이었다. 중국인은 벌써 7세기 무렵부터 매우 아름다운 목판을 만들었다. 또 북이탈리아의 직물업자들은 페

얀 반에이크 〈대법관 롤랭의 성모〉(1425년 무렵, 부분)
대법관 롤랭의 근엄한 초상 창 밖으로 큰 강이 흐르는 정경이 펼쳐져 있다. 배경을 살펴보면 아무리 작고 멀리 있는 것이라도 저마다 생생하고 정묘하게 묘사돼 있다. 파리, 루브르 미술관.

르시아에서 수입한 아름다운 빛깔의 면포 무늬가, 붓으로 그린 것이 아니라 목판으로 인쇄한 것임을 알았다.

이 새로운 방법이 유럽 대륙에서 처음으로 시도된 때와 장소는 알려져 있지 않지만, 수고를 더는 훌륭한 발명이었다. 이윽고 그 방법은 온갖 목적에 쓰였다. 외관만은 모든 신성함을 가장하고 있던 중세는, 실은 도박이 성행한 시대였다. 13세기까지는 대개 주사위로 노름을 했는데, 십자군이 동양에서 새로운 방법을 배워 왔다. 트럼프(카드)를 유럽에 소개한 것은 바로 십자군이었다.

어느 날 이탈리아의 영리한 젊은이—아버지는 염색업을 했는지도 모른다—가 무명천에 무늬를 찍는 그 목판으로 카드를 만들 생각을 했다. 갑자기 나타난 이 새로운 사악한 발명품에 대한 엄격한 금지령이 모든 나라의 법령집에 실

려 있는 것으로 미루어, 이 새로운 오락은 엄청난 인기를 얻었던 것 같다. 유럽은 순식간에 카드놀이에 빠져들었다.

그다음에는, 국왕과 왕비 또는 단순한 악당의 초상을 목판에 새겨 복제할 수 있다면 성인들의 생애도 목판으로 똑같이 새길 수 있다는 데 생각이 미쳤다. 약간의 잉크와 압착기3)만 있으면 그림 한 장을 그리는 비용보다 훨씬 적은 금액으로 그림을 대중들에게 제공할 수 있었다. 물론 기록이 없으니까 확실한 사실은 아니다. 우리는 그런 것은 아무것도 알지 못한다. 그러나 이와 같은 결과는 언제나 그리 신비로운 것은 아니다.

이런 초기 목판이 금과 은의 편편한 표면에 줄을 새기는 독일인 보석 세공사의 손에 들어갔는지도 모른다. 아마 그는 자연스럽게, 훨씬 마모되기 쉬운 나무 대신 구리를 써서 동판으로 그림을 인쇄할 생각을 떠올렸을 것이다. 충분히 있을 수 있는 일이다. 첫 시도에 실패는 했겠지만, 다른 사람들이 그 뒤를 이었다는 것도 얼마든지 있을 수 있다. 반에이크 형제가 유화라는 새 방법을 세상에 내놓은 지 약 100년 뒤에 초기의 동판화가 출현했다. 그때부터 화가는 목판이나 동판을 쓰는 판화가와 치열한 경쟁을 벌여야 했다.

이윽고 다른 일단의 예술가들이 이 새로운 복제 방식에 위협을 느끼기 시작했다. 목판화들은 성인들의 생애를 새기는 것만으로 만족하지 않았다. 문자를 읽을 수 있는 소수의 사람들을 위해서 그 그림을 설명하는 두세 줄의 인용까지 곁들였다. 만일 문자를 새길 수 있다면, 문자를 하나하나 따로 새길 수도 있을 것이다. 이런 생각에서 요하네스 구텐베르크는 1438년 무렵에 움직일 수 있는 글자, 즉 자신의 의도대로 순서를 짤 수 있는 개개의 '활자'로 회장(回章)을 인쇄했다. 이 귀중한 발명은 저작자나 인쇄업자에게는 매우 큰 이익이 되었으나, 수세기 동안 필사본과 아름답게 채색한 성서 이야기를 시장에 제공해 온 예술가들에게는 파멸을 뜻했다. 그들은 15세기 이후 완전히 사라졌다.

로마네스크 시대, 아니 중세 초기 전체를 통틀어(대략 400년부터 1200년까지) 예술가들은 수도원장이나 지방 귀족의 후원을 받아 생활했다. 누구도 예술가를 개인적으로 후원하지 않았다. 즉 개인적인 후원자는 없었다. 서유럽에 통상

---

3) 초기 인쇄기는 올리브를 짜는 압착기였다.

무역이 부활하고 화폐가 다시 교환 수단으로서 떠오르자, 마침내는 돈이 귀족과 고위 성직자 돈보따리에서 떨어져 나와 장사꾼의 주머니로 흘러들어가기 시작했다.

현금이 손에 들어왔을 때 가장 먼저 하는 일은, 보통 집을 사는 일이다. 중세 초기의 가옥은 간소한 것이었다. 기껏해야 에이브러햄 링컨이 어린 시절을 보낸 통나무 오두막에 지나지 않았다. 중세 후반의 가옥은 로마네스크 시대의

중세의 인쇄공방 인쇄공 이외에도 출판 종사자들이 교정 보는 모습이 보인다.

오두막에 비하면 엄청나게 개량한 것이다. 그 안에는 탁자와 긴 의자, 때로는 의자와 노인용 사치품, 그리고 갖가지 선반과 벽장에는 예비 시트와 축제 때 입는 나들이옷 같은 것을 넣어 두었다. 많은 새 집에는 굴뚝도 만들어지고, 양초도 보통 사람들이 쉽게 구할 수 있게 되었으므로, 이제 해가 저물자마자 곧 잠자리에 들지 않아도 되었다. 또 창유리도 널리 보급되어 감기로 죽는 일도 없이 자기 거실에서 즐거운 밤을 보낼 수 있게 되었다.

밋밋한 판자벽은 왠지 따분하다. 그런데 이제 그림을 굳이 젖은 회벽에 그리지 않고 조그만 나무판에 물감으로 그릴 수 있게 되었으므로 간단한 실내 장식이 가능해졌다. 이리하여 우리 화가들은 영주의 포도원에서 일하는 이름 없는 일꾼의 처지에서 벗어나 화가들의 작품은 누구보다 자신의 저택을 호화롭

게 꾸미고 싶어 하는 부호들에게 날개 돋친 듯 팔려 나갔다.

그 밖의 활동 분야도 화가들에게 열렸다. 다시 초상화를 그릴 수 있게 된 것이다. 로마인과 그리스인은 살아 있는 사람의 초상을 그리고 흉상을 만들었는데, 교회는 그것을 이교적인 관습이라며 매우 싫어했다. 사실 787년 니케아에서 열린 제2회 종교회의[4]에서는 '그림의 구상을 화가가 창작해서는 안 되며, 반드시 전통과 교회의 규정에 의해서 통제되어야 한다'는 법령을 제정했다.

이런 형편이었으므로, 일반 개인의 초상을 그리려면 용기가 필요했다. 그러나 이제 시민들 대부분은 교회나 귀족 못지않게 부유해졌다. 돈은 예나 지금이나 권력을 의미하며 권력은 자유와 독립을 뜻한다. 그러므로 화가들은 위험을 감수할 수 있었다. 이탈리아에서 조토(Giotto)가 처음으로 그것을 시도했다. 그는 아시시의 산프란체스코 상부교회에 성 프란체스코의 생애를 그린 아름다운 장면에 나오는 구경꾼을 그리기 위해 친구들에게 포즈를 부탁했다. 일단 한 걸음 내딛으면 다음 걸음은 쉬워진다. 옛 번영이 되돌아오고 단순한 전통이 약화되자, 개인의 초상화는 차츰 널리 퍼졌다. 마침내 반에이크의 발명은 새로운 상인 계급의 경제적 자립과 결부되어, 세계에서 천 년 동안이나 맥이 끊겼던 종교와 관계 없는 초상화를 탄생시켰다.

이미 많은 종교화에도 그려졌듯이 초상화에 언덕·강·호수·집 같은 배경을 덧붙이면 한결 나은 작품이 되므로, 예술가들은 의뢰인이 좋아하는 정원이나 별장 같은 적당한 풍경을 그려 넣기 시작했다. 이러한 풍경은 다시 색채의 아름다움을 되찾은 사람들의 큰 인기를 얻었다. 이윽고 용감한 의뢰인은 성인의 초상 없는 풍경화를 주문하기에 이르렀다.

한편 음산하고 습기 많은 기후 때문에 대부분의 시간을 집 안에 틀어박혀서 살아야 하는 북부 여러 나라에서도 변화의 바람이 불었다. 무엇보다 방이 훨씬 아늑하고 쾌적해졌다. 사람은 이제 주석 쟁반으로 음식을 먹고 놋쇠 냄비와 팬으로 음식물을 요리했으며, 유리나 도자기 꽃병에 꽃을 꽂아 집 안을 장식할 만큼 여유가 생겼다.

---

4) 성상숭배를 결정적으로 부활시키고, 동방교회의 우상파괴운동에 종지부를 찍은 회의.

일상에서 늘 접하는 사물을 그린 그림을 갖고 싶어 하는 것은 아주 자연스러운 일이다. 그러므로 화가는 그때까지 아무도 그릴 생각을 하지 않았던 항아리며 냄비며 그 밖의 주방용품을 그려 달라는 부탁을 받았다. 그 결과는 놀라웠다. 정물화가 탄생한 것이다.

내 설명이 지나치게 간단하지 않았을까? 나는 정물화가 완성되는 과정을 내 눈으로 몇 번이나 지켜본 적이 있다. 첫째, 정물화는 화가에게 모델을 찾는 수고를 덜어 준다. 아주 흔한 일이지만 아내가 저녁 식사에 생선을 요리하려 한다고 하자. 헌 이젤을 주방에 들고 가서, 아내가 채소를 사러 나간 틈에 그 생선을 그려서 안 될 까닭이 있겠는가? 그림을 더 즐거운 것으로 만들고 싶으면, 언제라도 류트나 바이올린을 덧붙일 수도 있다. 류트나 바이올린은 생선과는 아무 관계도 없지만, 푸르스름한 생선의 전경에 아름다운 갈색의 한 터치를 보탠 것이다.

무엇보다도 좋은 것은, 얼마 전까지만 해도 예술품에 돈을 쓴다는 생각을 꿈에도 해 본 적이 없는 계급의 사람들까지 이와 같은 그림을 기꺼이 사갔다는 것이다. 그들은 교양이 낮은 사람들이었는지는 모르지만, 자기들이 좋아하는 것이 무엇인지는 알고 있었다. 생선은 어머니의 주방을 떠올리게 한다. 그래서 그것을 사다가 거실에 걸어 놓고 자랑스럽게 여겼다.

예술가의 긍지는 어떻게 되었던가? 물론 그런 그림을 그리는 것을 자랑으로 삼지는 않았으나 그들도 집세를 내야 했다. 교양이 낮은 사람들의 돈도, 수도원장이나 옛 성의 영주의 돈과 똑같은 가치가 있었다. 그러므로 중세 중반, 지난 3세기 동안의 귀족적 취미가 새로운 의뢰인들의 취미에 완전히 밀려날 무렵에 일어난 경제적 변화는 누구보다도 화가에게 직접적인 이익을 가져다주었다. 화가는 마침내 사회의 독립된 성원으로서 활동할 수 있게 되었다. 화가와 더불어 행운을 얻은 또 다른 시민층이 있었다. 그때까지 매우 암울한 생활을 하고 있었던 음악가들이다.

음악은 그리스인들 사이에서는 매우 인기 있는 오락이었지만, 세력을 얻은 그리스도 교회는 음악을 매우 싫어하고 억압했다. 노래는 신도들이 모여 전능의 신에게 기도드리는 종교적 행사에만 허용되었다. 그러나 그것은 애초부터 불가능한 일이었다. 노래를 부르는 것은 숨을 쉬거나 웃는 것과 마찬가지로 자연스러운 일이므로, 완전히 억누를 수는 없는 일이었다. 그래서 방침을 바꾸었다. 노래가 정식 예배의 일부가 되었다.

그런데 매우 당연한 일이지만, 초기 그리스도 교도는 대부분 유대교에서 개종한 사람들로 구성되어 있었다. 그래서 그들은 매우 많은 고대 유대교의 관습과 의식을 예배의 새로운 형식 속에 도입했다. 그 가운데 하나로 다윗 시편을 암송하는 관습이 있었다. 지금도 이따금 콘서트에서 들을 수 있듯이 역시 유대인 합창 지휘자가 연출하는 기묘한 독경 비슷한 것이었다. 유대회당에서는 사제가 시편을 몇 줄 낭독하거나 노래 부르면(왜냐하면 그들의 낭독도 실은 일종의 단조로운 노래였으므로), 신도들도 똑같이 따라 불렀다. 그리스도 교도들도 초기의 집회에서는 이 전통을 따랐다. 그러나 그 뒤 곧 신도들을 두 그룹으로 나누어 교창 방식으로 노래하게 했다. (마치 우리가 어릴 때 '세 마리의 눈먼 쥐'를 부를 때 그렇게 했듯이). 이 방법은 그리스도교로 갓 개종한 사람들에게 예배 방식을 가르치는 데 가장 손쉬운 방법이었다.

그러나 교회는 차츰 원래의 민주적인(공산주의적이라고까지 할 수 있는) 성격을 잃어 갔다. 사방이 온통 적들로 둘러싸여 있는 상황에서 교회가 살아남으려면 엄중한 규율을 가져야 했다. 그래서 성직자들은 신도들과 점점 멀어졌다. 마치 함선 지휘관이 부득이 일반 선원들과 떨어져 다른 계층을 만들 수밖에 없듯이. 그리하여 지금까지는 신도들의 절반이 맡았던 교창 부분을 성직자들이 맡게 되었다. 즉 신도들이 사제의 영창에 응답하는 형식인데, 현재 프로테스탄트 교회 대부분이 그렇게 하고 있다.

성직자의 권위를 더한층 강조하기 위해서, 그들이 제단 앞에 나타날 때도 특별한 찬송가를 부르게 했다. 그러나 이 장엄한 순간에, 신앙심은 깊지만 실력이 따라주지 않는 신도들의 서툰 노래에만 의지하는 것은 무모한 일이었다. 그래서 차츰 예배자들 가운데서 노래 잘 하는 사람들로 정규 성가대를 편성하여, 이들이 제단 주위에 서서 신도들의 노래를 이끄는 관습이 생겨났다. 여기에서 신도들은 노래에서 완전히 제외되고, 응답은 오로지 사제와 성가대에 의해서 이루어지게 되기까지는 금방이었다.

이들 초기 그리스도 교회에서 어떤 노래를 어떻게 불렀는지는 알 수 없으며,

교황 그레고리우스 1세(재위 590~604) 《그레고리오 성가집》을 지어 교회음악 발전에 이바지했다. 〈욥기〉와 복음서를 비롯 많은 성서해설 등의 저술을 통하여 종교와 문학에도 많은 영향을 미쳤다.

교회마다 마음대로 하고 있었던 것 같다. 4세기 후반에 이런 문제점을 깨달은 유명한 밀라노의 주교 성 암브로시아는 이 혼란 상황을 정리하고자 나섰다. 그 때부터 줄곧 밀라노는 이 암브로시오 성가의 중심지가 되었다.

그러나 그 뒤 2세기가 지나자 각 지역 성가대 지휘자들의 영향으로 다시 교회의 의식에 통일이 없어졌으므로, 대교황 그레고리우스는 모든 교회에서 쓰는 일정한 음악 형식을 확립했다. 오늘날의 비평자들은, 그레고리우스가 실제로 이 새 음악 형식을 창시한 사람이라는 주장에 상당한 의문을 제기한다. 그러나 그 평범한 노래 또는 성가의 특별한 형식을 오래전부터 '그레고리오 성가'라고 말해 왔다. 그러므로 원대한 개혁을 단행한 사람이 누구라는 것을 이것 저것 궁리하여 시간을 낭비하지 않는 편이 좋을 것이다.

이 개혁은 그 뒤의 음악 발전 전체로 보아 매우 중요한 것이었다. 이 그레고리오 가창 형식은 지금도 가톨릭 성당에 가면 언제나 들을 수 있다. 마음에 드는 사람도 있고 따분해 하는 사람도 있겠지만, 언제 들어도 인상적이고 평이한 영창임에는 틀림없다. 현대적 의미의 가창이라기보다 오히려 일종의 음악적인 낭송이다. 그레고리오 성가에는 2천5백~4천 곡이 있다. 그 가운데 몇몇은 아마 방랑하던 유대인들이 바그다드에 독립 유대 회당을 건설한 시대까지 거슬러 올라간다. 그러나 대다수는 7~8세기의 것이며, 근대에 만들어진 것은 아주 적다.

옛 노래를 해독하려고 할 때의 큰 곤란은 일정한 악보가 없다는 것이다. 멜로디는 abcdefg라는 문자로 지시되거나 또는 이른바 '네우마(neuma)'로 지시되어 있다. 네우마는 그리스어로 호흡이라는 뜻이며(지금도 시골 프로테스탄트 교회 같은 데서 하고 있듯이), 한 음부마다 한 호흡 전부를 차지한 것을 나타낸다.

네우마는 음악 속기 부호의 하나로서 그 무렵에는 가사 위에 표기했다. 그러나 유력한 합창 지휘자는 모두 자기 나름의 독자적인 속기 부호나 네우마를 쓰고 있었으므로, 이런 옛 사본을 해독하는 우리의 작업은 쉽지 않다. 요컨대, 암브로시우스와 그레고리우스의 노력은 결코 소용이 없었다. 중세 음악은 다시 혼란에 빠졌다. 그러던 중 마침내 토스카나의 아레초(고딕의 아름다움에 대해서 독자적인 견해를 갖고 있던 우리의 친구 바사리가 태어난 곳이다) 사람으로 구이도(Guido)라는 성실하고 소박한 음악 교사가 음보를 네 줄의 평행선(나중에 다섯 번째의 선이 덧붙여졌지만) 위에 쓰는 훌륭한 방법을 착안했다. 그는 그것을 음제(音梯) 또는 음계(音階)라고 불렀다. 음제 또는 음계 위에 높이 씌어 있는 음부는, 음제 밑에 나란히 씌어 있는 것보다 높은 가락의 소리로 불러야 했다. 여기서 첫 음의 소리 높이를 알면(오케스트라가 가락을 맞출 때 오보에의 A음에 맞춰 모든 악기를 조율하듯), 다른 음은 자동적으로 따라서 부를 수 있었다. 그리고 이런 방식으로 같은 곡은 어느 교회에서나 같은 음조로 노래를 부를 수 있게 되었다.

그다음의 발전은 다성음악의 채용이었다. 그것은 단성음악 또는 독창의 반대개념이었다. 단성음악이나 독창은 단일한 소리를 위한 멜로디를 뜻하지만 다성음악은 둘 이상의 여러 가지 목소리를 위해서 편곡된 악곡을 의미했다. 그러나 그레고리오 음악은 까다로운 엄격한 규칙에 얽매어 있었으므로,

프리드리히 대왕(재위 1740~86)**과 즉흥연주** 프리드리히 대왕은 음악을 싫어하던 부왕 몰래 일곱 살 때부터 베를린 성당의 오르간 주자인 고틀리프 하이네에게 음악을 배우기 시작했다. 그다음에는 크반 츠에게 플루트를, G. 하인리히 그라운에게 작곡을 배웠다. 그는 음악가로서 상당한 경지에 올라 있었다. 특히 그 무렵에는 즉흥곡이 유행했는데, 대왕이 바흐를 궁전으로 초청하여 주제를 주고 즉흥곡을 연주하게 한 것은 잘 알려져 있는 이야기이다.

별로 자유로이 노래를 부를 수는 없었다. 한 목소리로 부르든, 여러 목소리로 함께 부르든 그레고리오 성가는 음악적인 낭송의 하나임에는 변함이 없었다. 이 가창 속에 화음(하모니)이 들어 있었더라도 그것은 아주 우연한 일이었다. 화음은 뒷날 다성음악 작곡가였던 바흐가 죽은 뒤에야 널리 쓰였다.

이 시대 동안에 민중도 자기들 나름의 음악을 발전시키고 있었을지 모른다. 그러나 설령 그렇다 할지라도 지금까지 전해지는 게 없어서 어떤 음악인지 알수가 없다. '고정 오르가눔(Organum)', '자유로운 오르가눔', '대위법'(그 무렵 음악책에는 이런 표현이 가득 씌어 있다) 같은 새로운 발전이 이루어졌으나 그것은 모두 교회를 위한 것이었을 뿐, 처음부터 대중들 사이에는 널리 퍼지지 않았다. 악기는 아직 쓰이지 않았다. 악기는 고대 로마에서 즐겨 쓰였기에, 모든 선량한 그리스도 교도들에게는 금기시되었다.

오르간조차도 예외가 아니었다. 8세기 후반에 프랑크 왕이 그레고리오 성가를 백성들에게 가르치려고 결심했지만, 가난한 농민이나 농노들이 따라 부르게 하려면 악기가 필요했다. 그래서 부득이 멀리 콘스탄티노플까지 특사를 보내어 비잔티움 황제에게 악기를 보내 달라고 부탁했다. 이리하여 오르간을 손에 넣었는데, 그것은 수백 년 뒤 모스크바에 처음으로 교회종이 도착했을 때의 소동보다 더 큰 흥분을 불러일으켰다(교회 종소리를 처음 들은 단순한 모스크바인들은 '악마의 소리'라면서 종을 강물에 던져 버렸다).

매우 오랜 갈등 끝에 마침내 오르간은 허용되었다. 교회 당국도 대중적 악기로서 오르간의 가치를 인정했다(오늘날의 큰 영화관 지배인도 인정하고 있듯이). 그러나 다른 기악은 절대 금지였다. 우리가 잘 아는 프로방스의 트루바두르나 독일의 미네징거가 아니었더라면 이런 상황은 언제까지나 이어졌을 것이다.

프로방스의 시는 트루바두르들이 본격적인 예술로서 다루기 훨씬 전부터 이미 단조로움을 벗어나(라틴 시가 그러했듯이) 억양의 원칙에 따라 씌어 있었다. 이런 시는 무척 쉽고 자연스럽게 음악의 형식으로 고칠 수 있다. 'Mine EYES have SEEN the GLORY of the COMING of the LORD'(나의 눈은 주께서 내려오시는 영광을 보았노라), 이것을 계속하여 세 번 낭독해 보라. 그러면 차츰 노래가 될 것이다.

오늘날의 시는 대개 이런 방법으로 씌어 있으므로 우리는 이 시 형식에 익숙하다. 그러나 그레고리오 성가대의 단조로운 읊조림밖에 들은 적이 없는 시대에는, 오늘날 30년쯤 전에 싱커페이션(Syncopation, 당김음)이 나타났을 때처럼 새롭고 신선했다.

새로운 것은 흔히 인기를 얻기 쉬운 법이다. 트루바두르들의 노래는 즉흥적이면서도 매우 자연스러웠으며, 곧 큰 성공을 거두었다. 트루바두르의 즉흥시는 〈탄호이저〉 제2막에서 미네징거가 부르는 노래를 통해 그려볼 수 있다. 그들은 어느 성에 모이면 어떤 주제를 정한 뒤 즉흥적으로 시를 지어 그 자리에서 사전 연습 없이 노래를 불렀다.

그 뒤 수백 년 동안 즉흥곡은 모든 음악가들이 좋아하는 실내 유희가 되었다. 프리드리히 대왕이 바흐를 베를린으로 초청해 주제를 말해 주고 피아노 연주를 부탁했을 때 선보인 바흐의 즉흥곡은 잘 알려져 있다. 모차르트나 베토벤 시대의 대작곡가들은 그 흥미로우면서도 매우 까다로운 놀이를 즐겼다. 내 기억으로는, 모든 거장 가운데서도 가장 이름 높은 저 위대한 프란츠 리스트(Franz Liszt)도 청중 한 사람이 어떤 주제를 노래로 불러 주면 크게 기뻐하며 즉흥연주를 했다.

지금은 음악을, 아니 모든 예술을 지나칠 만큼—너무 안타까우리만치—진지하게 여기고 있으므로, 더는 즉흥적인 모습을 볼 수 없다. 게다가 즉흥곡은 매우 어렵다. 뛰어난 예술가는 많아졌어도 그 옛날의 단순한 장인들만큼 다재다능한 사람은 많지 않다. 그러나 한 가지 짚고 넘어갈 점이 있다. 반주자[5]가 정확히 언제부터 독립하여 단순 반주자가 아니라 슈필로이테(Spielleut)[6]가 되었는가, 그리고 언제 정규 오케스트라에 편성되었는가 하는 것이다.

오로지 문서를 증거로 결론을 내리는 음악 교과서에 이것은 씌어 있지 않다. 그런 문서가 남아 있지 않기 때문이다. 그 무렵엔 누구나 그런 연주를 당연한 것으로 알았고, 장래를 위해서 곡을 남겨 놓을 생각은 하지 않았다. 이 일에 대해서 나의 생각을 밝혀 보겠다. 추측일 뿐이므로 옳지 않을지도 모른다.

뮌헨에서 유학하던 젊은 시절 나는 이른바 슈라멜슈필러(Schrammelspieler)로 불리는 조그만 오케스트라와 자주 연주했다. 바이올린 한두 사람, 기타와 아코디언 각각 한 사람씩으로 이루어져 있었다. 여기에 플루트·클라리넷·튜바, 그밖에 어떤 악기도 자유로이 참가할 수 있었다. 그런데 정식 연주가 끝나면 모두 함께 맥주를 마시거나 춤을 춘다. 우리는 가장 엄숙한 고전음악에서부터 최근의 유행가에 이르기까지 묘한 음악을 멋대로 해 보았다. 그것은 정말 멋지고 즐거운 밤이었으며, 때로는 밤을 홀딱 새우곤 했다. 지금도 이따금 이 책을 쓰고 있는 이 집에서 그런 음악적인 향연을 벌이곤 한다. 참가자의 이름은 밝히지 않기로 한다. 이들 가장 유명한 연주자들이 마치 미친 사람들처럼 〈빅 배드 울

---

5) 조그만 하프나 바이올린을 연주하는 하인들.

6) 거리의 악사를 뜻했으나 지금은 정식 연주자를 뜻함.

프〉를 바흐의 푸가식으로, 베토벤의 교향곡을 재즈로 연주한다는 것이 알려지면 그 명성에 흠집이 날지도 모르기 때문이다.

그래서 나는 아마 이런 일이 있지 않았을까 하고 생각한다. 이들 트루바두르나 미네징거에게 고용된 '하인들'은 일이 없을 때는 자신들의 하룻밤 묵는 주막집이나, 혹은 고용주들이 열 가지 코스의 성찬을 먹고 있는 동안 주방에서 신맥주를 들이켰을 것이다. 그럴 때 오케스트라 음악이 거의 무의식중에 생기지 않았을까? 지나가던 사람들은 그 즐거운 음악에 귀를 기울였을 것이다. 그들은 혼례나 축제를 위한 훌륭한 음악인 줄 알고 감탄하며 들었을 것이다. 악사들은 2, 3실링 더 받으리라는 기대감으로 기꺼이 연주한다. 물론 그들은 그 음악을 기록해 두지 않았다. 악보는커녕 글씨를 쓸 수 있었는지조차 의심스럽다. 게다가 악보가 필요하지도 않았다. 그들은 오랜 세월 매우 힘든 도제시대의 수업을 거쳐 온 장인들이었다. 그런데 굳이 음악을 문헌으로 남기려고 했겠는가?

일반 시민들이 서민적인 오락에 많은 돈을 쓸 만큼 형편이 넉넉해지면서 바이올린·류트·플루트·드럼 연주자들의 수요가 늘어났다. 마침내 미네징거 대신 능력은 뒤져도 서민적인 마이스터징거(Meistersinger)[7]가 나타나게 되자, 거리의 악사들에게도 큰 도움이 되었다.

마이스터징거 길드는 중세 여러 도시의 사회생활에서 매우 중요한 부분이었다. 보석상이나 푸줏간이나 빵가게 조합 못지않게 중요한 것이었다. 그리고 교회도 이런 유력한 조직에는 간섭하지 않도록 조심했다. 이리하여 이들 마이스터징거의 보호 아래 피리·하프·플루트 연주자들이 도시로 몰려들었다. 도시에서는 그전까지 그들을 단지 사기꾼이나 손버릇이 나쁜 인간들이라고 생각하여, 그들이 오면 스푼이나 나이프나 딸들을 도둑맞지 않으려고 문을 닫아 걸었을 정도였다.

이리하여 트루바두르·미네징거·곡예사·음유시인·트루베르(trouvère)[8] 등의 기묘한 혼합에서 기악가들, 즉 현대 거장들의 조상이 태어났다. 오늘날 거장들 가운데 어떤 사람은, 모처럼 내가 만들어 준 이 조그마한 계보를 별로 달가워

---

7) 장인시인.
8) 북프랑스의 음유시인으로 12, 3세기에 전성을 이루었다. 프로방스의 트루바두르에 해당한다.

하지 않을지도 모른다. 그래서 나는 해럴드 바우어(Harold Bauer)[9]의 허락을 얻어, 그가 전에 내게 한 말을 인용하고 싶다.

"결국 우리는 일종의 거리 악사에 불과한 존재가 아니겠는가? 우리는 그럴듯한 곡을 연주할 뿐이네. 청중은 우리의 연주에 만족하면 동전을 던져 주지. 우리는 그것을 고맙게 긁어 모아 악기를 짊어지고, 다음 마을의 축제에 나가는 것일세."

마침내 완전한 암흑과 익명성에서 빠져 나온 중세의 예술가들이 이 말을 듣는다면 경건한 마음으로 아멘을 외고, 이에 맞추어 테오르보(theorbo)[10]·레벡(rebec)[11]·비엘(vielle)[12]·색버트(sackbuts)[13]·봄바드(bombard)[14]·두들색(doodlesack)[15]을 연주했을 것이다.

---

9) 영국의 피아니스트.
10) 베이스 역할 류트.
11) 바이올린 선조격인 호궁.
12) 12–13세기의 오현금(五絃琴).
13) 르네상스 때 쓰인 트롬본 비슷한 악기.
14) 중세 목관악기.
15) 백파이프와 비슷한 관악기·가죽통소.

21장
르네상스 정신

도시국가가 다시 예술의 중심지가 되고, 건축의 르네상스 양식이 전 세계에 퍼져나간다.

'르네상스'라는 말의 기원은 16세기로 거슬러 올라간다. 그 무렵 이른바 교양인들은 자기들의 시대가 이룩한 것에 대단한 자부심을 느끼면서도, 옛 문명과 새 문명 사이에 가로놓인 과도기에 이루어진 것들은 심하게 경멸했다. 그 1천 년이라는 기간을 중세의 일종이라며 간단히 무시하고, 그것은 인간 정신이 겨울잠을 자던 시대라고 규정했다. 이 중간시대가 끝나자 본격적인 리나스키멘토(rinascimento),[1] 다시 말해 '인간 정신의 부활'이 찾아왔다. 새로운 여명의 도래를 보는 느낌이 들 때, 사람들은 그 시대를 이렇게 부른다. 그것은 대개 200년에 한 번쯤 찾아온다. 그러나 정신의 부활은 그에 앞서 지갑의 부활이 선행되지 않고는 아무 소용도 없는 것 같다.

중세 초기에는 거의 눈에 보이지 않을 만큼 짜부러져 있던 지갑이, 차츰 불룩해지는 조짐을 보이기 시작했다. 주머니 속의 돈은 인간의 영혼에 묘한 작용을 하는 법이다. 돈 이외에 조그만 종잇조각도 있었다. 그것은 신용이라고 부르는 신비로운 새 발명과 결부되어 있었다. 인간의 신용을 보증하는 종잇조각은 금화보다 유력하기까지 했다.

그때까지 정신적·세속적 지배자들의 인정에 의지해서 살아온 민중의 많은 계층 속에, 독립된 큰 기운이 일어나기 시작했다. 자유는 아직 확실치 않았지만, 성벽을 둘러친 도시 내부만큼 사람들의 마음에 자부심과 독립심을 채워

---

1) 르네상스의 이탈리아어.

주는 곳은 없었다.

그리고 르네상스의 원인이 무엇인가 묻는다면, 나는 이렇게 대답하고 싶다. 르네상스는 옛날의 중세적인 물물 교환의 교역 방식에 대하여 상업(화폐와 신용에 의한)이 승리한 결과였다고.

그 밖에도 수많은 원인이 따랐겠지만, 중산층이 급속히 번영하지 않았다면 (그에 따라 정치적·사회적인 세력이 급속히 증대하지 않았더라면), 르네상스는 결코 일어나지 않았을 것이다. 그들은 도시를 확고하게 손에 넣자, 보따리 장수의 처지에서 정식 상인으로 발돋움한 과거를 오히려 잊고 싶어 했다. 그래서 그들은 새로운 학교며 교회를 도시에 기증했는데 그것은 그들의 학문에 대한 욕구, 참된 학문에 대한 존경, 미에 대한 사랑을 증명하는 것이었다. 그것은 모두 매우 훌륭한 일이고 진심 어린 일이었다. 그러나 유감스럽게도 경제적으로 종속되어 있는 사람은, 미를 사랑하거나 학문을 존경하는 그런 좋은 미덕을 실행할 기회가 없다. 입에 풀칠하는 데 급급한 가난한 사람들은 박물관이나 보석상에서 환영받지 못한다. 그래서 미를 사랑하고 학문을 존경하는 중산층은 무엇보다도 제멋대로 할 수 있는 권력을 획득해야 했다. 그들은 13~14세기를 이 권력을 기르는 데 보냈다. 15~16세기에는 이 권력을 즐겼다. 이 시대가 바로 르네상스다.

르네상스는 이탈리아에서 시작되었다. 이탈리아는 새로운 번영의 물결이 처음으로 밀어닥친 곳이었다. 이어 온갖 통상로와 밀접하게 결부되어 유럽에 퍼졌다. 번영의 징후를 가장 뚜렷이 보여 주는 증거는 건축에 대한 관심이 갑자기 일어난 것이었다.

꽃의 경우 꽃잎이 몇 장이고 수술이 몇 개 하는 식의 일정한 척도로 정의를 내리거나 분류할 수 있지만, 르네상스 건축 양식을 정의한다는 것은 불가능하다. 건축은 인간의 영혼을 가장 잘 표현한 예술 형식으로서 나무와 매우 비슷하다. 나무는 어떤 풍경 속에서 가장 독특한 요소지만, 나무를 다른 땅에 옮겨 심으면 여러 가지 이상한 일이 일어난다. 실력 있는 정원사가 정성껏 돌보지 않으면, 옮겨 심기 전의 나무와 전혀 다른 것이 되어 버린다.

건축도 이와 마찬가지이다. 수십 개의 나라들이 로마네스크 양식을 채용하여 고딕 양식으로 건축하기로 했다고 하자, 처음에는 일반 원칙에서 출발한다. 그러나 실제로 건축을 해 나가는 동안에 뭔가 변화가 일어나 깜짝 놀랄 만한 결과가 생기는 것이 보통이다.

미국 포토맥 강변에 세워진 그리스 신전을 예로 들어 보자. 그리스의 본디 신전을 그대로 복제한 것이다. 그러나 이것이 그리스를 배경으로 한다면 웅장하게 보일지 모르지만, 새로운 환경 속에서 그것을 인정하려면 상당한 애국심이 필요하다.

이탈리아인이 거의 본능적으로 고딕 양식을 멀리했을 때 아마 이러한 감정에서였을 것이다. 아마도 논리적인 결론은 아닐 것이다. 외국의 풍토에서 생긴 것을 왜 그렇게 깊이 혐오했는지 분명 그들 자신은 조금도 알지 못했다. 그러나 날카로운 감수성을 타고난 사람들은 직관으로 올바른 결론에 이르는 일이 흔하다. 반면에 훨씬 논리적인 사람은 모든 것을 따지고 계산했다 하더라도 잘못되는 경우가 많다.

이탈리아인은 그들의 조상이 그랬듯이 다시 고국의 대지에서 도시 시민이 되자, 로마인의 건축 방법이야말로 자기네들의 사회적 필요와 풍토에 가장 적합한 양식이라는 것을 깨달았다. 그리하여 그들은 1천 년 전의 고전적 양식으로 되돌아갔다. 그렇게 되자 고딕 양식은 2류로 떨어지고, 이탈리아는 다시 서유럽 세계의 위대한 예술 중심지가 되었으며, 카이사르 시대처럼 시대의 선도자 되었다.

피렌체(플로렌스)는 이 새로운 발전 과정을 연구하는 데 가장 좋은 도시이다. 이곳에는 중세 전반 내내 끊이지 않은 내란 때문에 어쩔 수 없이 요새 같은 외관을 갖춘 부유한 상인들의 저택이 지금까지 남아 있다.

르네상스 초기만 해도 자는 도중에 살해당할지도 모른다는 두려움이 사람들의 마음에서 떠나지 않았다. 그래서 부호의 집은 감옥처럼 만들어졌다. 그들의 저택은 롱 아일랜드의 별장이라기보다 합중국 조폐국을 떠올리게 한다. 그러나 이윽고 매우 미묘한 변화가 일어났다. 도둑과 산적을 막기 위해 외벽은 여전히 견고하고 창문은 비교적 작다. 그러나 내부는 캘리포니아의 옛 에스파냐 풍 저택에서 볼 수 있는 파티오(patio)[2] 같은 넓은 안마당을 둘러싸고 건물이 세

산 로렌초 성당 1442년 브루넬레스키가 착공. 9년에 걸쳐 내부가 완성됐다. 피렌체 초기 르네상스 종교 건축의 수작. 카테리나의 남편 조반니 데 메디치도 이곳에 잠들어 있다.

워졌다. 폼페이의 발굴로 잘 알려진 고대 로마인의 집과 차츰 비슷해진다. 그리고 1천 년 전처럼 다시 벽에는 그림이 그려지며, 그 그림도 고대 로마의 그것과 똑같다. 이제 농민들은 고대 조각상을 발견하면 후한 보수를 받을 수 있었다. 이런 식으로 1천 년 동안이나 묻혀 있던 문명은, 민중이 그 가치를 알아본 순간부터 갑자기 숨을 쉬기 시작했다.

그 무렵 고대 유물 대부분은 심하게 훼손되어 있었다. 이탈리아의 기후에서는 이집트와는 달리 땅에 묻힌 것이 영원히 보존되기 힘들었다. 그러나 조금만 비누칠을 하고 물과 사포로 잘 닦으면 깜짝 놀랄 만한 것이 자주 나왔다. 얼마나 많은 유물이 발견되었는지 알고 싶으면, 고대 유물을 전시한 이탈리아의 대

---

2) 건물 한가운데 위치한 뜰.

형 박물관 한 곳을 찾아가서 자세히 들여다보라. 이삼 일만 들여다보면 질려서 두 손을 들고 말 것이 틀림없다. 그리고 이탈리아의 수많은 마을과 개인 저택에 지방 박물관 하나를 채울 만큼의 유물이 있다는 것을 생각해 보라. 18세기 모든 유력자들은 자기 집을 작은 베르사유 궁전으로 만들고 싶어서 이탈리아 미술품을 수레가 아니라 배로 사들였다. 칼라브리아와 움브리아의 시골 땅에 묻혀 있던 유물들은 모두 작센이나 네바[3] 강변[4]으로 옮겨졌다. 그리고 아주 최근에 고대 미술품 수출금지법이 통과되기 전까지는, 그 무렵에 유행한 로코코적 품위를 얻으려는 의도에서 그랜드 투어(Grand tour)를 떠난 젊은이들은 모두 저마다 로마 황제상이나 그리스 여신 두상이나 토르소 한두 개쯤은 기념품으로 챙겨왔다. 그들은 그것으로 요크셔·베름란드·암스텔벤에 있는 아버지의 별장을 꾸미는 것을 의무라고 여겼다. 이런 것들을 잘 생각해 보면 로마가 4세기 동안 세계를 지배한 대가로 얼마나 많은 유물을 약탈당했는지, 르네상스 초기에 얼마나 많은 유물이 다시 햇빛을 보게 되었는지 짐작할 수 있을 것이다.

여러분도 인정하듯이, 로마 제국은 참으로 위대하다. 폐허가 된 뒤에도 정신적인 관점에서 서방 문명 중심지로서의 옛 지위를 언제나 유지하고 있었다. 이제 전 세계의 '근대적 정신'을 가진 사람들은 또다시 로마가 지시하는 새로운 건축 양식에 따라 집과 사무소를 세워야 했다. 그렇지 않으면 구제받을 수 없는 구식이라고 낙인찍힐 판이었다. 그 새 양식이 유행으로 자리잡았기 때문이다. 마치 고딕이나 앤 여왕 시대의 양식이 대학을 설립한 박애주의자들의 유행의 대상이 된 것과 같다. 다음 2세기 동안에 새로운 양식은 유럽 대륙의 구석구석에 스며들었다. 새 양식의 확산을 촉진하고 뒷받침한 사람들은 예술의 영역에 첫 발을 내디딘 직업 건축가들이었다.

나는 지금까지 몇 번이나 '건축가'라는 말을 썼는데, 실은 건축물은 건축가의 노고의 산물이 틀림없다는 생각에 젖어 있는 독자 여러분의 편의를 고려했을 뿐이다. 그러나 중세에는 현대적 의미의 건축가는 없었다. '건축가(architect)'라는 말은 그리스어에서 왔지만, 그리스에도 없었다. 아르키텍토르(architektors)라는 그리스어는 단지 목수의 십장을 의미했다. 타고난 재능과 뛰어난 기술을 바탕으

---

3) 레닌그라드를 말한다.
4) 러시아의 대표적 미술관인 에르미타슈 미술관이 있다.

Tetraſtyla ſunt, quæ ſubiectis ſub trabibus angularibus columnis, &
uti litatem trabibus & firmitatem præſtant, ꝙ neꝗ ipſæ magnum im/
petum coguntur habere, neꝗ ab interpenſiuis onerantur,

비트루비우스 《건축서》 삽화 비트루비우스의 책에 삽화가 들어간 최초의 판본(베네치아, 1511)은 단순하지만 표현이 풍부한 도면을 담은 목판을 보여 준다. 이 그림에서 원주가 있는 회랑으로 둘러싸인 '4주식(四柱式)' 안뜰의 모습이 보인다.

로 인부들을 지휘하고, 현장에서 응용할 만큼의 수학 지식도 갖춘 상급 현장 감독이었다. 동료들보다 그런 능력이 뛰어난 사람은 차츰 발탁되어 결국 총감독으로서 새 사원의 공사를 맡았다. 그렇게 되면 다른 사람들보다 임금은 많이 받았지만, 사회적인 지위는 별반 다르지 않았다. 함께 바쁘게 일하는 석공, 슬레이트공, 납공(鉛工),[5] 유리장, 목수, 도장공들과 같은 신분이었다. 십장이나 인부들 모두 함께 일하고 함께 생활했다. 인부들이 십장의 명령에 기꺼이 따른

---

5) 고딕 사원의 지붕은 복잡해서 자질구레한 납 공사가 많았다.

것은 그가 어느 벽돌공보다 빨리 벽돌을 쌓았고, 지붕 위험한 곳에 페인트를 칠할 때 가장 안전하게 비계를 짜고 솔선수범하여 먼저 올라가 시험해 주었기 때문이다. 건축 실무에 관해 그는 누구보다도 소상하게 꿰뚫고 있었다.

르네상스 시대에 이 제도가 없어졌다. 건축가는 십장이라기보다 오히려 예술가였다. 건축 과정에서 건축가가 하는 육체 노동은 연필 깎는 정도였다. 이런 변화는 그리 중요하지 않다고 여러분은 생각할지 모른다. 그러나 그것은 그 뒤 건축의 발전에 지대한 영향을 미쳤다.

중세의 예술은 어린아이 같은 성격을 갖고 있었다. 일종의 무의식 및 자의식이 전혀 없다는 점이다. 그러나 르네상스 이후에는 달라졌다. 건축가가 짓고 있는 건물은 전능한 신을 예배하기 위한 장소였지만, 이제 신의 관점에서 생각하지 않게 되었다. 그보다도 훨씬 그들의 마음을 사로잡고 있었던 것은 '완전한 고전적 양식을 구현하기 위한 규칙과 통제'였다. 그것은 위대한 건축가 비트루비우스가 쓴 《건축서》(10권)에 적혀 있다. 비트루비우스는 아우구스투스 황제 시대에 로마의 많은 민간 건축과 군사 건축을 감독한 사람이다. 그는 1500년 동안 잊혔다가, 스위스의 장크트갈렌 수도원에서 그가 쓴 것이 발견되고부터 비로소 세상에 알려졌다.

미국 사람들은 중간색을 별로 좋아하지 않는다. 우리는 사물을 흑이냐 아니면 백이냐 하고 결정하고 싶어 한다. 회색은 좋아하지 않는다. 그래서 여러분은 르네상스의 예술에 대한 지금까지의 내 설명을 듣고 이렇게 질문할지도 모른다.

"참으로 재미있소. 그런데 당신은 사실상 어떻게 생각하고 있소? 그것은 좋은 예술이었소, 아니면 나쁜 예술이었소?"

대답은 다른 모든 건축, 음악, 그림 양식의 경우와 똑같다. 모든 것은 여러분이 어떻게 보느냐에 달려 있다. 참으로 위대한 사람들, 이를테면 이탈리아의 브라만테나 미켈란젤로, 프랑스의 쥘 아르두엥 망사르(Jules Hardouin Mansart)[6]나 자크 가브리엘(Jacques Gabriel)[7], 에스파냐의 후안 바우티스타 데 톨레도(Juan

---

6) 베르사유 궁전 정면 현관 건축.
7) 파리 콩코르드 광장 건축.

Bautista de Toledo),[8] 런던에서는 크리스토퍼 렌(Christopher Wren)[9] 네덜란드에서는 야코프 판캄펀(Jacob van Kampen)[10] 등의 손으로 르네상스 양식은 아주 조화롭고 만족스러운 표현을 얻었다.

그러나 이러한 건축들은 미적 결함이 아니라 수입품이라는 데서 결함이 있다. 프랑스 르네상스 건축가들은 비트루비우스의 원칙을 충실히 따라야 했기에 베르사유의 프티트리아농 궁전에서 보듯이 지붕을 평평하게 만들 수밖에 없었다. 이탈리아에서는 방구석에 조그만 화로만 놓으면 불과 며칠뿐인 겨울의 추위를 견디는 데 충분했으므로, 지붕이 평평해도 아무 상관이 없었다. 그러나 북유럽에서는 겨울의 추위가 심하고 또 4, 5개월이나 이어지므로, 벽난로를 만들고 굴뚝을 내야만 했다. 그래서 파리를 생각하면 금방 그 줄줄이 늘어선 굴뚝이 떠오를 정도이다. 그 굴뚝이 어딘가 어색해 보이는 것은 지붕의 모양이 잘못되어 있기 때문이다.

반면에 네덜란드나 런던에서는 굴뚝이 뾰족지붕에 가려 잘 보이지 않는다. 일 주일에 나흘이나 비가 오는 나라에 꼭 필요한 뾰족 지붕은 굴뚝과 조화를 잘 이룬다. 그러나 비트루비우스 시대에는 북유럽이 아직도 미개의 황야였으므로 평평한 지붕이 어울렸지만, 빈의 힐데브란트(Hildebrandt)나 피셔 폰 에를라흐(Fischer von Erlach), 드레스덴의 푀펠만(Pöppelmann) 같은 건축가들은 비트루비우스가 그렇게 주장했으므로 궁정 도서관이나 궁전 지붕을 똑같은 평평한 지붕으로 만들어야 했다.

그리고 장식 문제도 있었다. 널리 알려진 예를 들어 보자. 파리의 개선문이 있다. 기원후 70년 티투스 황제가 예루살렘을 무찌른 뒤 로마에 개선문을 세우고부터, 전 세계에 수많은 개선문이 생겼다. 더욱이 대개는 건축가의 욕심이 지나치다는 느낌이 든다. 그런 기념물 하나에 주인공의 모든 생애를 표현하려다 보니 불필요하고 자질구레한 것이 너무 많이 들어갔다. 병사들이 칼과 창으로 서로 싸우고, 늠름한 가슴에 몇 개나 창을 맞아 장렬히 죽어간다. 말이 뛰어오르고 악대가 연주를 한다. 기념할 만한 사건은 원형 돋을새김으로 특별히 그려

---

8) 에스코리알 수도원 건축.

9) 세인트폴 대성당 건축.

10) 옛 암스테르담 시청 건축.

져 있다. 얼마 남지 않은 공간에 나중에 꽃이나 종려 잎사귀[11] 같은 적당한 장식을 덧붙였다. 별로 적합하지 않은 장식도 많았으나 아무튼 이것저것 끌어모아 화려하게 꾸몄다. 개선문의 참된 목적은 눈이 휘둥그레진 구경꾼들의 감탄을 자아내는 데 있었기 때문이다. "굉장히 훌륭한 인물이구나, 존경할 만한 인물이야."

그런 방법 때문에 예술적인 효과는 손상되었는지 모르지만, 그 위대한 장군이나 정치가의 자손들로서는 건축 따위는 아무래도 좋았다. 그들이 바란 것은 다만 대리석을 통해 사람들에게 조상의 생애를 널리 알리는 일이었다.

대중을 감동시키고 싶은 욕구 때문에 로마 제정시대의 많은 건축물과 기념비가 희화화되었다. 그런데 똑같은 욕구가 이제 다시 새로운 양식에 강하게 반영되어 그 뒤 수 세기 동안 세계를 지배하게 된다. 이 새로운 양식은 르네상스 양식의 직계 후손이고 늘 르네상스 양식과 밀접한 관계를 가졌으며, 오늘날에도(약간 수정되어 모습이 바뀌어져 왔다지만) 정말 뜻밖의 곳에 남아 있다. 그것은 바로 바로크 양식이다.

본디 에스파냐어로 바로코(barroco)는 큰 진주를 뜻한다. 값은 매우 비싸지만 형태가 별로 균형이 잡혀 있지 않아 아름답다기보다는 오히려 기묘하다. 17세기에 바로크라는 명칭이 붙은 새 궁전이나 사원은 기본적으로는 위대한 고전적 거장들의 건축 원칙에 충실하면서도 시대의 영향을 받아 엉뚱한 요소가 추가되었다. 그래서 바로크 시대는 뭔가 거칠고 통속적인 느낌을 주며 오늘날로 치면 할리우드를 연상케 한다. 바로크와 할리우드는 확실히 공통점이 많다. 둘 다 대중을 깜짝 놀라게 하려는 실용적 목적에서 생긴 것이기 때문이다. 사람들은 다소 불필요하고 값비싼 번드르르한 장식에 입을 다물지 못하고 감탄하며, 더없이 하찮은 것에 엄청난 돈을 들이는 그 낭비를 보며 경외감으로 한껏 들떠 오른다.

이 유사성에는 하나의 이유가 있다. 17세기의 교회와 20세기의 영화 산업은 같은 곤경에 빠져 있었다. 그 명성을 유지하기 위해서는 수백만 대중의 마음을 휘어잡아야 했다. 사람들은 돈을 얼마큼 쏟아부었는지로 사물을 판단하려는

---

11) 승리의 상징.

경향이 있다. 할리우드는 대량 생산에 투자한 수백만 달러를 회수해야 한다. 교회는 프로테스탄트라는 커다란 이단의 위험에 맞닥뜨린 유럽 세계를 정신적으로 지배해야 했다. 16세기 초에 교회를 위협한 위기는 일찍이 겪은 적이 없을 만큼 중대했다.

방약무인한 독일의 한 선교사[12]가 로마 교황 당국에 항의했다. 그런데 그전까지

티투스 개선문 70년 티투스가 이끈 로마군을 예루살렘 성전을 함락하고, 성물을 약탈해 갔다. 로마에 있는 이 개선문에 메노라와 같은 성물을 약탈해 가는 로마군의 모습이 새겨져 있다.

잘 통하던 자비로운 설득과 무자비한 폭력을 조합한 처방이 이번에는 듣지 않았다. 종교 개혁은 그리스도권 통일이라는 중세의 꿈을 무참히 뒤집어 버렸다. 세계의 한 부분을 영원히 상실한 듯했다. 다른 나라들도 여전히 위태위태한 상태에 있었다. 교회는 이런 나라들을 양 우리 안에 가두어 버려야 했는데, 종교 재판과 고문과 사형집행인의 도끼가 실패로 돌아간 이상, 이 인간의 마지막 구원을 위한 대투쟁에서 의지할 것은 이제 예술밖에 없었다. 예술을 무기로 삼아 인간의 궁극적인 구원을 위한 거대한 투쟁에 승리해야 했다. 건축·음악·조각·그림 등 모든 예술을 동원해 교구민에게 옛 어머니 교회의 미와 힘과 매력과 영광을 각인시켜야 했다. 그래서 아름답고도 간소한 르네상스 양식을 완벽하게 다듬고 온갖 형식과 모양으로 변형하여, 끝내는 아무리 완고하고 고루한 이단

---

12) 루터를 말한다.

자라도 찬탄하지 않을 수 없는 감동을 주어야 했다.

　반항하는 가엾은 이단자들은 달아날 길이 없었다. 그들은 다른 방면으로부터도 공격당하고 있었다. 종교 개혁에 이어서 일어난 종교 전쟁의 끝없는 세월 동안, 패권을 다투고 있던 소수 왕조가 중세 후반부터 늘 고대하던 좋은 기회를 잡아 가고 있었다. 그들은 영지를 넓히고 합병하려고 했다. 조그만 영지를 다스리는 것으로는 이제 만족할 수 없었다. 그들은 더 규모가 큰 지배자가 되려고 했다. 마침내 그것을 대규모로 실현할 수 있는 좋은 기회가 찾아온 것이다.

　그러나 목적을 이루려면 매우 중대한 위험을 무릅써야 했다. 우선 예부터의 봉건 귀족 세력과 반 독립된 도시국가의 세력을 무너뜨려야 했다. 그리고 또 옛 로마시대의 세계 제국 이념과 싸워야 했다. 이 이념은 세계 제국이 실패로 돌아가고 수백 년이나 지난 뒤에도, 여전히 수많은 선량한 사람들의 가슴속에 남아 있었다. 사람들은 지고(至高)의 신이 없는 세계를 상상할 수 없듯이, 권위의 중심이 없는(적어도 겉보기로는) 세계를 상상할 수가 없었다.

　그래서 성공을 위해서는 먼저 그들 왕조의 이념을 대다수 국민들에게 '팔아먹는' 일부터 시작해야 했다. 리슐리외(Richelieu)나 마자랭(Mazarin)처럼 교회와 정치를 모두 지배한 저명한 역사적 인물들과 관련된 일을 '팔아먹는다'라고 한다면 품위가 떨어진다고 여러분은 생각할지 모른다. 그러나 그들 자신이 들으면 이것을 아첨으로 들을 것이다. 그들은 특히 정치적 이념에 대해서는 아무런 환상도 가지지 않은 현실적인 사업가였다. 그들은 가장 뻔뻔스러운 방법으로 자기들의 주인인 국왕을 국민에게 팔아먹었을 뿐 아니라 그것을 자랑으로 삼았다. 선전 같은 속임수는 경멸하여 쓰지도 않았다. 개인적인 적들은 군대·간첩·뇌물이나 비밀 지하 감옥에서 처리할 수도 있었지만, 국민 전체를 휘어잡기 위해서는 교회와 마찬가지로 더 교묘한 방법을 써야 했다. 그리하여 그들은 교회와 똑같이 예술가 한 무리를 앞장세워 "열심히 하라, 돈은 걱정 말라" 하고 말했다.

　건축가·화가·음악가에게 "돈은 걱정 말라" 만큼 감미로운 말은 없다. 그들은 사람들에게 공짜 구경거리를 만들어 보여 주어 땀 흘려 낸 세금의 대가로 뭔가 얻는다는 느낌을 가지게 하여, 왕조의 번영을 위한 과대한 비용을 국민들이 잊어버리도록 만들라는 명령을 받았다. 이런 목적에서 유럽 각국 수도마다 베르사유를 흉내낸 조그만 궁전이 세워졌다. 그리고 17세기 후반 유럽에는 300곳이 넘는 수도가 있었다는 것에 유념하기 바란다. 그 중요성이 다 똑같았던 것은 아니지만, 그런 것은 아무래도 좋았다. 크라우젠부르크, 존더스하우젠, 딩켈스뷜의 하인리히 35세의 영지는 퐁파두르 부인의 애인 샤를왕의 사유지보다 작았지만, 인구가 8천 734명에 불과한 수도 플라우멘슈타트를 태양왕의 수도 못지않은 문명 중심지로 만들기 위해 농민들의 희생까지 불사했다.

미국 사람들은 다른 어느 민족보다 이것을 잘 알아야 할 이유가 있다. 그 까닭은 이렇다. 독립 전쟁 때 그 가엾은 헤센인[13]들은 약 1천 600만 달러에 영국군 용병으로 팔려 미국에 끌려왔다. 그런데 그들의 친애하는 영주는 그 돈의 대부분을 카셀의 자기 궁전을 11세기의 명소로 만드는 데 써 버렸다. 그 궁전을 보고 감탄을 보내려면, 토성(土星)에서 벌어진 전쟁만큼이나 자신들과 무관한 다른 나라의 전쟁에서 죽어 간 그 가엾은 척탄병들의 시체 위에 아름다운 대리석 홀과 수영장이 세워졌다는 것을 잊어야 한다. 그러나 그런 것은 예술의 일면이며, 너무 꼬치꼬치 캐지 않는 편이 좋다. 그렇지 않으면 충격적인 발견을 하는 수가 흔히 있기 때문이다.

역사책을 보면 알 수 있듯이 마침내 종교 개혁을 불러일으킨 많은 불만 가운데 하나는, 그 무렵의 은행가 푸거 집안[14]이 면죄부를 대량으로 팔아치우려고 고압적인 강매 운동을 벌였으므로 일어난 깊은 분노였다. 면죄부는 새삼스런 것은 아니었다. 그것은 11세기 제1차 십자군 무렵부터 팔리고 있었다. 그런데 1506년 4월 18일 교황 율리우스 2세는 새로운 성 베드로 성당의 건축을 선포하고 주춧돌을 놓았다. 이 성당은 4세기 초에 교황 실베스테르 1세가 초대 교황인 베드로의 무덤 위에 세운 옛 건물을 대체할 예정이었다. 옛 건물은 몹시 낡아 보수가 어려운 형편이었으므로, 이미 반세기 전에 교황 니콜라우스 5세가 피렌체의 건축가 로셀리노(Rossellino)에게 명령하여 신축 설계를 명령했었다. 그러나 외벽 공사에 착수하기 전에 교황이 죽었고, 그 뒤 50년쯤 방치되어 있었다. 교황의 금고가 텅 비었기 때문이다.

---

13) 독일 서남부의 헤센 사람들인데, 용병으로 끌려 나갔다.
14) 15~16세기 유럽 경제에 영향력을 행사했던 집안. 이들이 탈레르, 즉 '달러'라는 말을 처음 만들었다.

율리우스 2세는 위대한 건설자로서 특히 장려한 바티칸 박물관을 세운 것으로 유명한 교황이다. 그는 거장 브라만테를 불러, 로셀리노의 옛 설계를 시대에 맞도록 수정하게 했다.

도나토 다뇰로(Donato d'Augnolo)는 라파엘로와 마찬가지로 우르비노 태생이었다. 그가 북이탈리아 각지에서 도제수업을 마치고 이름을 브라만테라고 바꾸었는데, 그 뒤 교황 알렉산데르 6세는 그를 로마 교황청 건축의 총감독으로 임명했다. 알렉산데르 6세에 이어 1503년에 교황이 된 율리우스 2세는 브라만테에게 성 베드로 성당 건축을 재개하여 되도록 빨리 완성하라고 명령했다. 브라만테는 기꺼이 따르겠다면서 돈만 있으면 당장에라도 모르타르 작업을 할 수 있다고 했다. 그러나 교황이 은행가들과 의논해 보니 현재 교황청은 파산 상태였다.

현대 건축가들에게도 익숙한 일이다. 현재 미국의 교회도 저당잡힌 건물이 많다. 그러나 보르자 집안[15] 이후로 교황청의 신용도 바닥이 났다. 결국 교황은 위기를 극복하기 위해 면죄부를 대량으로 팔아 필요한 자금을 조달하기로 했다.

이리하여 교회 역사상 가장 기묘한 판매 회사가 설립되었다. 독일인은 복종에 익숙해 저항할 위험성이 적다고 예상되어 이 불행한 나라에 온 힘을 기울이기로 했다. 아우크스부르크의 유명한 은행가 푸거 집안이 독일 전역의 면죄부 판매권을 따냈다. 푸거은행은 테첼(Tetzel)이라는 도미니쿠스 수사에게 면죄부 판매를 맡겼다. 이 사람은 상상력이 뛰어나고 부지런한 사람이었다. 그의 부하들은 멀리까지 여행하면서, 돈을 내면 죄를 용서받을 수 있다고 선전했다. 배우자 몰래 다른 가정을 꾸린 비교적 가벼운 죄인에게는 6길더, 살인자에게는 8길더, 신성모독자에게는 9길더 등 이미 저지른 죄 혹은 먼 장래에 언젠가 저지를 것 같은 죄의 성질에 따라 값을 정하여 면죄부를 팔았다.

사람의 공포심과 고지식함을 이와 같이 뻔뻔스럽게 이용하는 행위는 격렬한 분노를 일으켰다. 이것이 바로 종교 개혁의 주된 원인의 하나가 되었다. 그러나 로마 당국은 이 정신적 반란의 참된 성질을 전혀 이해하지 못하고, 또다시

---

15) 알렉산데르 6세는 이 저명한 에스파냐 가문의 한 사람이었다.

미켈란젤로의 성 베드로 대성당 대성당에 높이 솟은 거대한 큐폴라(돔)는 스스로 하늘로 솟아오르고자 했던 미켈란젤로의 영광스런 마지막 시도가 아닐까. 높은 원통 부분—거기에 원기둥이 두 개씩 딸린 부벽이 튀어나와서 빛과 그림자의 율동적인 효과를 자아내고 있다—에서 대담한 큐폴라가 쑥 솟아올라 있는데, 이는 미켈란젤로에 의해 반구형으로 상정됐다가 나중에 살짝 길어진 형태로 제작된 것이다.

라이벌 관계의 두 교단이 이해관계 때문에 볼썽사납게 다투는 것으로만 생각하고 있었다. 심지어 로마 당국은 북유럽의 대도시들이 보낸 경고의 편지를 읽으려 하지도 않았다. 테첼 수사가 수고한 덕분에 금화가 산더미처럼 쌓이고, 브라만테도 마침내 그리스도교권에서 가장 웅장한 성당 건축에 착수할 수 있었기 때문이다.

브라만테는 중앙의 돔 지붕을 받치는 네 개의 거대한 기둥 공사를 감독했으나, 그 기둥들과 연결될 아치를 건설할 무렵에 죽었다. 주임 조수 두 사람은 노인이었으므로, 앞으로 적어도 100년은 더 걸릴 공사를 굳이 서둘지 않았다. 그래서 교황은 그 무렵 최고 명성을 날리던 화가 라파엘로에게 공사를 맡겼다. 그는 브라만테와 같은 우르비노 태생이었다. 건강이 좋지 않았던 라파엘로도 6년 이상 격무를 견디어 내지 못하고 37세의 젊은 나이로 1520년에 세상을 떠났다.

그 뒤 많은 건축가들이 초빙되었는데, 흔히 그렇듯 저마다 취향이 달라 일하기보다 싸우는 편이 많았다. 결국 교황은 안토니오 다 상갈로(Antonio da Sangallo)를 발탁해 모든 일을 맡겼다. 이 사람은 브라만테도 라파엘로도 모두 틀렸으며, 성당은 라틴식 십자형으로 지어야 한다고 주장했다. 그러나 다 상갈로는 그런 계획을 소화해 낼 만한 실력이 없는 인물이었다. 공사는 도무지 진척되지 않았다. 결국 미켈란젤로 이외에는 건축 주임의 자리에 앉힐 사람이 없었다. 교황은 미켈란젤로를 방해하는 자는 누구든 파면하겠다고 으름장을 놓았다. 그것은 1547년의 일이었으며, 교황 니콜라우스 5세가 이 건물의 건설을 결심하고 로셀리노의 예비 설계에 동의한 지 무려 1세기나 지나 있었다.

미켈란젤로에 대해서는 따로 한 장을 마련했으므로 여기서는 아주 간단히 언급해 둔다. 그는 30년 전에 죽은 브라만테의 설계로 돌아가서 거기에 약간의 수정을 가했다. 특히 성인들의 조각상으로 장식된 박공과 열주가 딸린 넓은 현관(포치)이 그의 작품이다. 그는 대형 돔에 관심이 많아, 중앙의 기둥을 보강한 다음 돔(둥근 지붕)을 완성하는 공사에 착수했다. 지름 약 42미터, 높이 133미터에 이르는 거대한 돔이었다. 그 밖의 공사가 모두 미켈란젤로적인 규모를 자랑했다. 중세 초기의 가장 중요한 건조물인 성 소피아 사원은 넓이가 6898m였다. 런던의 세인트폴 대성당은 로마의 성 베드로 대성당의 절반 크기밖에 안 되며, 퀼른 대성당은 6137m밖에 안 된다.

미켈란젤로는 1564년 죽을 때까지 공사를 마무리하지 못했다. 건물 내부를 쓸 수 있게 된 것은 그 뒤 반세기나 지난 1606년이다. 그러나 그 무렵 종교 개혁은 교회를 거의 파멸의 위기로 몰아갔다. 교회는 방황하는 양들을 우리로 돌려보내려고 혈안이 되어 있었다. 그래서 르네상스 건축가들의 고지식한 설계는 시대의 요청에 제대로 부응한 것으로 볼 수 없다. 그 무렵 교황은 파울루스 5세였다. 그가 속한 보르게세 가문은 본디 시에나라는 조그만 마을의 천한 태생이었는데, 몇 세기 뒤에는 온 로마에서 가장 훌륭한 미술품 컬렉션을 갖게 되었다.

아울러 말하지만, 이 컬렉션은 그 뒤 묘한 운명을 걸었다. 19세기 초에 보르게세 집안의 카밀로는 나폴레옹 황제의 누이 폴린 보나파르트와 결혼한 뒤, 이 컬렉션을 황제에게 팔아치웠다. 그 뒤 이 컬렉션은 1815년의 빈 회의에서 원 소유자에게 돌아갔다. 지금도 로마 교외에 있는 아름다운 보르게세 저택에서 17세기 이탈리아 건축가들이 조성한 멋진 정원과 함께 그 컬렉션을 볼 수 있다. 지금은 저택과 컬렉션 모두 국유로 되어 있다.

그러면 파울루스 5세로 되돌아가자. '현대적인' 교황이었던 그가 보기에 미켈란젤로의 설계는 그다지 인상적이지 않았다. 그 무렵 사람들의 말을 빌리면 바로크풍이 아니었다. 그는 100년 전의 라틴식 십자형으로 되돌아가기로 결정했다. 그래서 특별한 재능도 없으면서 예술가를 자처하며 본당을 매우 길게 늘이고, 미켈란젤로가 만든 현관 전체에 새로 바로크식 파사드를 붙이게 했다.

오늘날 볼 수 있듯이 그것은 잘못이었다. 돔이 건물 전체를 지배하지 않게 된 것이다. 오히려 돔은 새 정면과 기묘하게 균형을 이룬 대리석 조각에 가려져서 거의 보이지 않는다.

17세기 사람들은 이런 건물을 좋아한 모양이지만, 우리는 그 무렵의 조상보다 초기 르네상스 양식의 소박함에 오히려 친밀감을 느끼므로, 이렇게도 노골적으로 민중에 영합한 것을 보면 감탄하기보다 먼저 화가 난다. 이 불쾌한 효과는 반원형의 긴 주랑(柱廊)으로 얼마간 완화되었다. 이 주랑은 성베드로 성당의 마지막 조각을 맡은 나폴리 출신 조각가 베르니니(Bernini)가 건물이 완성된 지 몇 해 뒤에 덧붙인 것이다. 갈릴리의 어부였던 베드로의 분묘에 참배하러 온 군중을 맞이하기 위해 두 팔을 뻗고 있는 듯한 모습이다.

1626년 11월 8일, 최초의 성 베드로 성당이 세워진 것으로 추정되는 날부터 꼭 1300년째 되는 해에 교황 우르바누스 8세는 이 성당을 정식으로 헌납했다. 덧붙이면 이 교황은 피렌체의 유명한 바르베리니 집안 사람인데, 이 집안은 고대 로마 유적에서 유물을 약취하여 자기 저택을 꾸미는 데 악명 높았다. 그 때문에 "야만인들이 다 파괴하지 못한 것을 바르베리니 집안이 파괴했다(Quoi non fecerunt barbari, fecerunt Barberini)"는 말이 나돌았다.

교회가 자랑하는 대성당 가운데 하나인 이 성 베드로 대성당의 이야기를 지나치게 상세하리만큼 이야기한 까닭은, 과거의 거의 모든 건축물을 설명하는 데 표본이 되기 때문이다. 또 그것은 예술을 어느 유파나 시대에 따라 분류할 때 얼마나 신중을 기해야 하는가를 가르쳐 준다. 성 베드로 대성당에는 4세기 옛 바실리카 시대의 부분이 있고, 12세기에 만들어진 몇 개의 제단도 있다. 로마가 아직 서로마 제국의 수도였던 시대에 로마의 장인이 조각한 많은 석관이 있으며, 르네상스 초기의 영향 아래 있던 건축가의 작품도 있다. 그런가 하면 갑자기 바로크식이 나타나 그 효과가 엉망이 되고, 이번에는 다시 바로크식이 쇠퇴하여 훨씬 즐거운 로코코식으로 변하는 형편이다. 로코코식은 종교전쟁이라는 큰 병이 낫고 마침내 더 합리적인 삶의 철학으로 되돌아간 18세기의 산물이다.

어떤 양식이란 건축이건 음악이건 혹은 그림이건 언제나 그 시대의 사고방식과 생활양식을 표현하는 것이다. 그러나 인류는 한 줄로 서서 전진하지 않고 멋대로 불규칙적으로 진행하므로, 언제나 소수의 용감한 선구자가 선두에 서고 맨 뒤에는 낙오자들이 따른다. 이 두 그룹의 중간에 있는 대중은 방향이 확실하고 곧 배불리 먹을 수 있으며 잠잘 곳이 있으면 어느 길로 가든 신경 쓰지 않는다.

사람들은 자기가 살고 있는 시대가 어떻게 나아가고 있는지 알기 어렵다. 마치 전투에 참가하고 있는 병사들이 전장의 전체적인 형세를 알지 못하는 것과 같다. 우리는 우리가 속하는 조그만 영역밖에 알지 못한다. 그러나 100년 뒤의 사람들은 전진과 후퇴의 모든 것을 환히 알 수 있다. 그들은 '그 전투가 마땅히 그렇게 진행되어야 한다고 생각되는 방법으로 치러졌'든가 또는 그 반대라든가 하고 말할 수 있다. 예술도 마찬가지이다. 우리는 과거의 예술을 높은 곳에 앉아 내려다보고 그것을 하나의 전체, 하나의 실체로서 판단할 수 있다. 그러나 우리는 그 예술이 창조된 그 무렵의 사람들이 매우 다른 견해를 갖고 있었다는 사실을 잊어서는 안 된다.

지금까지는 언제나 그러했고, 앞으로도 아마 언제나 그럴 것이다. 우리 자신이 후세 사람들에게 매우 엄격한 비판을 받지 않기 위해서 우리가 할 수 있는 일은 연구하고 비교하는 것, 그리고 너무 성급히 결론을 내리지 않는 것이다. 그것은 너무 성가셔서 여러분은 별로 마음에 안 들지도 모른다. 하지만 커다란 장점이 있다. 나란히 늘어놓으면 선택의 폭이 무척 넓어지고, 누구든 자기의 예술적 욕구에 꼭 맞는 것을 찾아내기 쉬워진다.

그러나 박물관을 찾아갈 때는 반드시 관용과 이해라는 가장 따뜻한 외투를 입어야 한다. 그러지 않으면 실망이라는 감기에 걸릴지도 모른다. 모처럼 과거의 미술품을 진정으로 즐기고 싶다면, 그 감기는 피해야 할 대상이다.

22장
피렌체

아르노 강변의 유명한 옛 도시에 들러 아시시의 성 프란체스코에게 경의를 표하고, 조토라는 비범한 예술가의 생애와 작품을 살펴본다.

"모든 길은 로마로 통한다."

이것은 중세 사람들이 흔히 한 말인데, 옳은 말이었다. 로마는 이제 세계제국의 중심지는 아니었지만, 여전히 정신적인 수도로서 사람들의 마음을 지배하고 있었기 때문이다. 그래서 황제나 왕, 주교나 사제나 수도사 그리고 평범한 시민들까지도 교황에게 도움을 청하거나 불만을 호소하려면, 4세기 이후 교황청의 공식 소재지였던 해묵은 라테란까지 멀고 위험한 여행을 해야만 했다. 그것은 피렌체에서 한참 동안 묵어야 한다는 것을 의미했다. 피렌체는 북쪽과 동쪽과 서쪽에서 오는 길이 모두 모여드는 곳이었다. 사람들은 여기서 여행의 마지막 채비를 하며, 변호사 및 은행가와 필요한 마지막 의논을 했다.

피렌체는 가까운 언덕 위에 있는 피에솔레만큼 오래된 도시는 아니었지만 제조업에는 더없이 알맞은 고장이었다. 11세기에는 벌써 모직 산업과 비단 교역의 중심지로서 널리 알려져 있었다. 비단은 본시 중국에서 건너왔다. 전하는 바에 따르면, 중국에서는 기원전 수천 년 전부터 비단옷을 지었다고 한다. 비단은 이 중국에서 일본과 인도로 건너갔으며, 인도에서 코탄[1]과 페르시아를 거쳐 유럽에 이르렀다. 마침 아리스토텔레스가 활동할 무렵이어서, 그는 처음 본 이 기묘한 '뿔을 가진 벌레'[2]를 연구 목록에 추가했다. 그러나 비단옷은 로마에서는 제정 말기까지 보급되지 않았다. 완고한 로마 귀족 노인들은 이 새로운 옷

---

1) 허텐, 실크로드의 하나.
2) 누에를 말한다.

감을 몹시 싫어하여 '나약한' 옷을 입지 못하게 하는 몇 가지 엄중한 법을 만들었다. 이 법률들은 으레 그러하듯이 비단 값만 비싸게 했을 뿐, 부자들은 너도나도 비단옷을 입겠다고 나섰다. 그래서 로마 행정관들은 이런 상황을 이용하여 공정한 이익을 좀 볼 생각으로 견직업을 국유로 만들었다. 그 때문에 콘스탄티노플의 궁전 일부가 견직 공장으로 개조되었다. 누에는 다행히 서방의 뽕잎을 잘 먹었지만, 비잔티움 사람들은 실을 잣고 짜는 일에 서툴렀다. 십자군 시대까지 최고급 비단은 이슬람권에서 만들어져 시칠리아를 통해 공급되었다.

그것은 교회 당국으로 봐서는 곤란한 일이었다. 당국은 대체로 신도들과 무슬림 적들 사이의 통상에 이맛살을 찌푸리고 있었기 때문이다. 그러나 그 무렵 교회는 옛 로마네스크 사원의 차갑고 약간 엄숙한 석벽을 장식하는 데 알맞은 것으로서 견직물의 가치를 차츰 인정하고 있었다. 십자군 참가자들도 동방의 기분 좋은 사치품에 길들어, 단순한 리넨(linen)[3]이나 무명보다도 좀 더 화려한 것을 여자들에게 입히고 싶어 했다.

견직업의 전망이 밝아지자 피렌체·밀라노·베네치아·제노바 등지에서 많은 제조업자들이 이 새로운 사업에 여분의 자금을 투자했다. 북이탈리아 평원에 뽕나무를 심어 누에를 치고, 많은 소녀들이 베 짜는 법을 배웠다. 이리하여 견직업과 모직업 덕분에 피렌체는 중세 유럽에서도 가장 부유한 도시로 발전했다.

금·은이 남아돌자 약삭빠른 사람들이 외국 화폐를 사고팔아 한몫 챙기겠다고 나섰다. 날마다 세계 각지에서 수백 명이 넘는 순례자들이 몰려와 피렌체를 거쳐 갔는데, 그들은 모두 로마에서 쓸 수 있는 화폐가 필요했다. 곧 로마로 통하는 거리거리에 극성스러운 환전꾼들이 늘어섰다. 그들은 나지막한 책상을 앞에 놓고 앉아, 신앙심 깊은 순례자들이 지나갈 때마다 온갖 재주를 부리며 환전을 해 주겠다고 꼬드겼다.

그 사업은 아주 안전했다. 그들은 토박이였고 시 관리들과도 잘 아는 사이였다. 외지 사람인 순례자는 바가지를 씌우기에 더없이 알맞았으므로, 환전상들은 지방 관리들의 적극적인 도움을 받아 막대한 이익을 거두어들였다.

---

3) 아마사로 짠 직물.

피렌체 경관(1490) 피렌체 선사박물관 소장.

해를 거듭하고 세기를 거듭하여 묵묵히 쌓여간 이윤은 피렌체를 유럽 최대의 금융 시장, 13세기의 런던으로 만들었다. 그 무렵 교회는 이자를 받는 행위를 사형에 처할 만한 고리대금업의 일종으로 여기고 있었으므로, 이 급속히 축적되어 가는 자금을 오늘날 번영의 원천인 '증권 투자'에 쓸 수가 없었다. 잉여 자금을 쓸 수 있는 길은 두 가지밖에 없었다. 땅을 사거나 공장 건설에 투자하는 일이었다. 그러나 매우 원시적인 중세의 기계를 가동하려면 수천 명의 일손이 필요했으므로 노동자의 수를 급격히 늘릴 수밖에 없었다. 이 노동자들은 자기네들의 이익을 지키기 위해 노동조합과 동업조합[4]을 조직했다. 이런 동업조합은 자연스럽게 지방 정치에 깊은 관심을 갖게 되었다. 선거나 치열한 싸움에서는 무엇보다 조합원의 수가 중요했다. 이윽고 공장 노동자들은 혈통보다 돈이 성공의 척도가 되어 있던 사회의 시민 생활에서 가장 중요한 요소가 되었다.

---

4) 길드, 지방 사람들은 '예술가들'이라고 불렀다.

그러나 유감스럽게도 노동자들은 바라던 대로 정치권력을 손에 넣자, 자신들이 몰아낸 귀족들보다 무능하고 또 훨씬 더 부도덕하다는 결함을 드러냈다. 곧 극심한 혼돈이 모든 것을 지배했다. 그것은 이탈리아가 두 개의 당파로 분열된 시대였다. 즉 교황이 나라를 지배해 주기를 바라는 교황파와, 황제의 승리로 구원을 기대하던 황제파들이었다. 이 내란이 얼마나 심한 것이었는지 알고 싶으면, 피렌체에서 가장 유명한 시인이자 정치가였던 단테 알리기에리(Dante Alighieri)의 작품을 읽어 보면 된다. 그의 〈지옥〉편에는 어느 한쪽이 승리하면 그 순간에 500~600세대의 가족이 추방당하거나 굶어 죽거나 이웃 사람의 자비에 매달려서 여생을 보내야 하는 이야기가 나온다. 감히 고국으로 돌아가려고 하면, (단테의 경우처럼) 승리한 일파에게 산 채로 화형당하는 위험을 각오해야 했다.

이런 상태에서 사업과 장사가 어떻게 되었을지는 새삼 말할 것도 없다. 극심한 절망을 겪은 뒤에 마침내 피렌체인들은 구엘프파(교황파)와 기벨린파(황제파)를 모두 몰아냈다. 시의 정치는 동업조합이 맡았다. 길드는 '모두의 이익'을 도모한다는 구호를 내걸었다.

그러나 의도만 좋다고 정치가 잘 되는 것은 아님을 깨닫는 데는 몇 년이면 충분했다. 새로운 민주사회의 야심 가득한 정력적인 사람들은 경우가 바르지도 정직하지도 않았고, 수지 맞는 자리는 모두 독점해 버렸다. 반면 다른 사람들은 가진 것을 모두 잃고 불안과 불만 가득한 프롤레타리아로 전락해 버렸다. 그 결과 처음에는 불만의 폭발, 다음에는 거리에서의 싸움, 마지막에는 진짜 전투로까지 발전했다. 물론 유럽 세계에서도 가장 중요한 금융의 중심지가 한 무리 부하들을 거느린 정치 깡패 십여 명의 손아귀에 놀아나도록 놔둘 수는 없었다. 피렌체가 보기 드물게 행운을 잡은 것은 이때였다. 중심이 될 만한 집안이 출현한 것이다. 이 집안은 도당들을 화해시키는 힘을 가졌을 뿐 아니라, 국가의 안전을 위협할 정도로 야심이 크다는 의심을 사지 않을 만큼 영리했다.

이 집안의 이름은 바로 데 메디치(De' Medici, 혹은 Dei Medici)였다. 그들이 자칭하는 족보를 믿는다면 매우 오랜 전통을 자랑하는 집안이다. 피렌체시의 한가운데에 괴물 메두사의 무서운 머리를 높이 쳐들고 있는 영웅 페르세우스의 커다란 조각상이 있다. 그 조각상은 지금도 그 무렵 동업조합 대표자들이 집회

환전상과 그의 아내
(1540) 신용사업의 증가로 16세기에는 이미 화폐가 널리 보급되어 있었다. 환(換)을 이용한 신용 거래가 늘어났고, 은행업·환전상 등이 탄생했다. 그러나 한편으로는 무모한 투기나 협잡, 사기 따위도 성행했다. 마리누스 반 레이메르스발레 작(1540년 무렵).

를 연 장대한 건물의 정면에 서 있다. 그것은 벤베누토 첼리니(Benvenuto Cellini)의 작품이다. 첼리니는 희대의 악당이자 예술의 거장이었으며, 싸움터에서 명성을 떨치는 동시에(전쟁에 대해서는 적어도 그는 할 말이 있다), 친구 부인들의 방에서도 활약이 대단했다(그 일에 대해서는 할 말이 없다). 그는 보기 드문 인물이었으며, 만능의 천재였다. 그의 작업장에는 실물의 3배나 되는 대형 조각상에서부터 교황의 옷에 다는 조그만 쇠붙이에 이르기까지 없는 것이 없었으며 모두 대단한 값어치가 있는 것이었다. 뛰어난 예술품 감식가였던 나폴레옹은 프랑스의 한 관리가 교황청이 있는 거리에서 살해되었을 때, 교황의 책임을 면제해 주는 대가로 첼리니의 예술품을 받기도 했다.

거장 첼리니는 돈만 받으면 될 뿐 역사적 사실 따위에 그다지 얽매이지 않았으므로, 그의 의뢰인이었던 메디치 집안을 제우스 신과 가엾고 불행한 신 다나에[5]의 자손으로 만들어 주었다. 그리하여 페르세우스 상은 바로 메디치 집안의 시조라는 이유에서 세워졌다. 오늘날 역사 연구에 따르면, 유감스럽게도 메디치 가문의 조상은 기껏해야 의사였다는 것으로 추측된다. 할아버지한테서 물려받은 시계를 인근 '롬바르드(Lombard)', 즉 전당포에 맡겨 본 적이 있는 작

---

5) 아크리시우스의 딸인데 아버지에 의해 청동에 갇혀 있을 때, 황금 소나기로 변신한 제우스신이 나타나 그 사랑을 받아 페르세우스를 낳았다고 한다.

가나 예술가에게 메디치 집안 문장인 환약 세 알이 지금도 친근하게 여겨지는 이유는 그 때문이다.

재산과 권력을 얻고 나서 수백 년 동안은, 메디치 집안 사람들은 집안의 토대를 구축한 뛰어난 기술자들의 지혜를 잃지 않았다. 메디치 집안은 교황이나 추기경을 배출할 만큼 세력을 떨친 뒤에도, 여전히(적어도 표면상) 고국 피렌체의 평범한 시민으로 머물러 있었다. 그로부터 수백 년이 지난 16세기 후반에야 메디치 집안은 토스카나 대공이 되었다. 가문의 딸들은 여러 나라의 왕조에 시집가서 왕비나 국왕의 어머니로서 지대한 영향력을 행사했다.

메디치 집안은 미처 알지 못했지만 그것은 몰락의 시작이었다. 1737년 메디치 집안의 마지막 후손이 죽었을 때, 아름다운 토스카나는 가난하고 황폐한 지방으로 변해 있었다. 거기서는 쓸모없는 귀족과 게으르고 무지한 사제들이 농민을 등치면서 내일이 없는 생활을 즐기고 있었다. 농민들의 삶 또한 밤이면 집 밖에서 울어대는 이리떼와 별반 다르지 않았다.

그러나 우리는 이 마지막 200년의 쇠퇴에 눈이 멀어, 이 비범한 집안이 그 태생지인 피렌체뿐 아니라 예술에 관심을 가진 세계 전체에 지대한 공헌을 한 사실을 지나쳐서는 안 된다. 어느 시대나 부자들은 그림과 조각을 샀으며, 가장 널리 알려진 작업장에서 나온 작품으로 신변을 장식할 필요가 있다고 생각했다. 그것은 자신의 재산을 과시하는 데 더없이 좋은 방법이었다. 그들 가운데는 그렇게 손에 넣은 예술품에 애착을 보인 사람들도 있었지만, 대다수는 새로운 티치아노(Tiziano)의 작품조차 자기 아내가 오페라극장에서 다른 부인들의 부러움을 사는 담비 코트쯤으로만 여겼다.

'큰돈은 예술을 타락시킨다'는 해묵은 규칙에도 예외가 있다. 아주 이따금 예술의 후원자가 실제로 예술을 사랑하는 사람인 경우도 있다. 3세기 동안이나 메디치 집안에서 예술을 사랑하고 예술적 안목을 지닌 사람들이 계속 배출되었다는 것은 행운이었다. 덕분에 피렌체는 즐겁고 살기 좋은 곳이 되었고, 이 도시에서 쫓겨나는 것은 (가엾은 단테처럼) 사형보다 참혹한 형벌로 여겨졌다.

비범한 재능으로 고향 피렌체의 영광을 드높인 메디치 집안에는 충분한 경의를 표했으니, 이번에는 이 장의 또 다른 주인공을 소개하겠다. 이 사람은 매우 색다른 유형의 인물이었다. 그의 출신 배경도 메디치 집안 못지않다. 그의 집안 역시 많은 위인을 배출한 유능한 중산층이었다.

그 이름은 프란체스코 베르나르도네(Francesco Bernardone)였다. 그의 아버지는 아시시의 부유한 상인 피에트로 베르나르도네였다. 아시시는 메디치 집안의 토스카나 바로 남쪽에 있는 움브리아 언덕의 매우 쾌적한 곳에 있었다. 부잣집 아들이었던 프란체스코는 자신의 고귀한 혈통을 분명하게 의식하며 자랐다. 그러나 1202년 스무 번째 생일을 맞이한 지 얼마 뒤 그는 중병을 앓았다. 건강을 회복하자 아버지는 원정군에 참가시켰다. 그러나 행군 하루 만에 병이 재발했다. 마침내 건강을 되찾았을 때, 그는 사람이 달라져 있었다. 그는 이제 부자 아버지를 둔 고고하고 고집 센 아들이 아니었다. 그는 가난

첼리니 〈페르세우스 상〉　첼리니는 뛰어난 금세공사로 이름을 날렸다. 주문자 코시모 1세는 주조하기 어려운 이 등신대 청동상이 과연 무사히 완성될 수 있을지 의문을 품었다고 한다. 시뇨리아 광장, 로자 데이 란치.

한 사람들 가운데에서도 가장 가난하고 겸허한 수사가 되어 있었다.

이 책은 예술에 관한 책이므로, 여러분이 성 프란체스코의 생애에 대해서 더 상세하게 연구하고 싶다면 다른 책을 참조해 주기 바란다. 그러나 피에트로 베르나르도의 이 기묘한 아들이 중세 문명에 끼친 그 광범위한 영향에 상당한 페이지를 할애하지 않고는 중세 예술사를 도저히 쓸 수 없다.

프란체스코 베르나르도네는 역사상 '예외적인 인물'로 분류할 수밖에 없는 (어느 구분에도 해당되지 않으므로) 사람이다. 어린 시절에는 장래 위인이 될 만한 싹이 전혀 보이지 않았다. 모든 중세의 아이들과 마찬가지로, 그도 죽음을 싫어하는 동시에 삶을 경시하던 시대에 태어났다. 그 무렵 부잣집 청년들이 대개 그랬듯이 그도 그저 되는 대로 길러졌으므로, 학문이라고는 이따금 찾아오는 문인들에게 주워 들은 토막 지식밖에 없었다. 그런데 불과 스물네 살의 생애(그 가운데 20년은 여느 이탈리아 소년들과 전혀 다를 게 없었다)를 마쳤을 때는 이미 다른 사람들의 삶에, 나아가 우리 모두의 삶에 어떤 새로운 것을 가져다 주었다. 그는 칼뱅주의의 박해를 견디어 내고 가톨릭 정신에서 프로테스탄트 정신으로 기꺼이 개종한 보기 드문 성자일 뿐 아니라, 그의 인격은 모든 일에 깊이 스며들어 그 가르침은 우리 모두를 사로잡았다.

그러면 그는 대체 무엇을 가르쳤던가. 여기서 나는 매우 조심스럽게 말을 이어나가야 한다. 나는 속인이고 또 별로 훌륭한 그리스도 교인도 아니다. 그러나 종교의 정신보다는 율법이 더 중시되었던 시대에 프란체스코는 홀연히 나타나서, 신선한 힘으로 이렇게 가르쳤다. "그리스도 교인이냐 아니냐 하는 것은, 실은 무엇을 믿고 있느냐의 문제라기보다 오히려 무엇을 행하고 있느냐의 문제다." 그래서 그는 억지로 그렇게 해야 하는 엄격한 의무 대신, 믿음이 허용되어 있는 기쁨을 설교했다. 요컨대, 그는 인류의 가장 빛나는 은인이었던 소수 사람들에 속하는 웃음의 철학자였다.

그가 태어난 시대의 인생관 전체를 어떻게 바꾸었느냐 하는 것을 상세하게 설명할 여유가 없으므로, 예술에 대해서 그가 한 일을 설명하는 데 그친다. 그는 예술을 그것이 언제나 있었던 자리로, 즉 도시의 거리로, 산꼭대기로, 들과 숲 속으로, 사람들의 방 안으로 되돌려 놓았다. 그는 의심할 나위 없이 중세의 참된 아들이었으며, 마지막 날까지 변하지 않았다. 현세의 삶은 내세에서 누릴 더 큰 축복을 위한 짧은 준비 기간에 지나지 않았다. 그러나 그는 이것을 미리 내다보고, 지혜로운 신이 변덕스러운 인간을 위해 너그럽게 베풀어 준 이 세상의 좋은 것들을 얼마든지 즐기는 것이 좋다고 가르쳤다.

이것을 예술의 관점에서 옮겨 보면, 화가들은 1000년 동안이나 굳게 닫혀 있던 창문을 다시 활짝 열고 어린아이 같은 탄성을 지를 수 있다는 뜻이다. "아,

조반니 치마부에 〈4천사에 둘러싸인 성모자와 성 프란체스코〉 성 프란체스코의 모습은 이 '아시시의 가난한 자'의 정신적 분위기를 가장 잘 표현했다고 평가받고 있다. 후세 사람이 가필한 흔적이 그림 전체에 남아 있다. 1285년 무렵, 프레스코화. 성 프란체스코 성당.

이 찬란하게 빛나는 아름다운 날이여, 세계가 이렇게도 아름다울 줄은 미처 몰랐네."

음악가들은 다시 새들의 노랫소리며 흘러가는 냇물 소리에 귀를 기울이고, 이 소리들이 수백 년 동안이나 오직 그것만 들어야 했던 음울한 그레고리오 성가보다 훨씬 마음을 움직인다는 것을 깨달았다. 조각가들은 신의 엄숙한 얼굴을 명상하기보다는, 정원에서 춤을 추고 있는 어린아이들을 구상하는 편이 훨씬 즐거움을 준다는 것을 알았다. 다시 말하여 수백 년 동안이나 집을 비운 인류가 다시 지상에 돌아와, 이 세상은 좋은 곳이라는 것을 알게 된 셈이다.

그러면 이번에는 이 장 첫머리에서 언급한 두 번째 인물, 즉 화가 조토에 대해서 이야기하기로 하자. 모든 선량한 피렌체인이 굳게 믿었던 이야기에 따르면, 조토는 피렌체 북쪽 수 킬로미터 떨어진 조그만 마을 베스피냐노의 가난한 농민의 아들이었다. 어느 날, 양 떼를 지키면서 바위 위 어린 양을 스케치하고 있었다. 마침 지나가던 사람이 소년의 그림을 보고 걸음을 멈추었다. 그는 소년의 천재성을 알아보고 팔을 잡아 일으켜 그를 껴안았다. 그리고 소년의 아버지에게 아들을 화가로 만들라고 권했다. 이리하여 조토는 명성과 돈을 가져다 준 화가의 삶을 살게 되었다.

실제로 이렇게 극적인 일이 일어나지는 않았을 것이다. 중세의 화가 아틀리에에서는 언제나 재능 있는 청년을 구하고 있었다. 그림을 준비하는 일은 대개 도제가 맡았는데, 솜씨 좋은 도제를 좀처럼 구할 수 없었기 때문이다. 그래서 그들은 마치 오늘날 대학이 우수한 축구 유망주를 찾기 위해 그러는 것처럼 매우 많은 스카우트를 동원했다. 조토를 이끌어 준 사람은 아마도 당대의 거장 치마부에(Cimabue)였을 것이다. 어느 조그만 마을에 사는 농민의 아들에 관한 이야기를 듣고 얼른 달려가 그의 부모에게 돈을 주고 소년을 샀을 것이다. 그리하여 벽화가(壁畫家)였을 뿐 아니라 건축가이자 모자이크 제작자이기도 했던 이 위대한 피렌체의 스승 밑에서 조토는 일을 배우게 되었다.

도제생활은 쉬운 일이 아니었다. 스승은 (대개 매우 변변찮은 것이었지만) 그들을 먹이고 입히면서 기술을 가르쳤다. 그 대신 노예나 다름없는 생활을 10년 넘게 해야 했다. 제자는 스승의 다음 걸작을 위해 초벌칠을 하고 물감을 섞는 데 바빴으며, 스승의 식사도 장만하고 아이도 돌봐야 했다.

여기서 그의 스승에 대해서 두어 마디 덧붙여야겠다. 치마부에는 당대의 거장으로 손꼽히는 화가였다. 유감스럽게도 피렌체 사람들이 이탈리아 화가의 아버지라고 추대한 이 사람의 확실한 작품은 별로 남아 있지 않다. 그가 명성을 얻은 주된 이유는 '세계에서 가장 큰 그림'을 그렸기 때문인 듯하다. 이것은 대중의 기호가 지난 250년 동안 거의 변하지 않았다는 것을 나타내는 흥미 있는 사실이다. 페이디아스가 그리스인들에게 명성을 얻은 것도 '세계에서 가장 큰 조각상'을 만들었기 때문이다. 그리고 네로가 지금까지 기억되는 이유도 그의 거대한 조각상이 당대의 스퀘어가든, 후대에 콜로세움으로 알려진 광장에 서 있었기 때문이다.

치마부에가 손수 만든 작품은 거의 남아 있지 않지만 모사품이나 제자들의 작품은 많이 남아 있다. 여기에는 흥미로운 점이 있다. 이 예술가는 1302년 피렌체에서 세상을 떠났으나, 오늘날 러시아 성상화가(聖像畵家)의 작품에 남아 있는 중세 초기 화파에 속했다. 다시 말하여 그는 자연을 직접 관찰한 것이 아니라 전통에 따라 그렸다. 그의 경우 전통은 모자이크 제작 전통이었다.

그런데 모자이크는 14세기에는 이미 한물 간 분야가 되어 있었다. 첫째, 너무 값이 비싸서 실용적이지 않았다. 둘째, 너무 시간이 걸렸는데(높이 3미터, 폭 5미터 그림 맞추기를 한다고 생각해 보라), 예나 지금이나 시간은 돈이다. 셋째로, 재료가 예술가의 재능을 크게 제한했으므로 자유로운 표현을 위해서는 다른 방법을 찾아야 했다.

예술가는 마침내 알프레스코(al-fresco) 기법에서 그 해결책을 발견했다. 이 알프레스코는 신선하고 친밀하다는 이탈리아어 프레스코에서 나온 말로, 회반죽이 젖어 있는 상태를 뜻한다. 화가는 물에 탄 물감을 젖어 있는 회반죽에 칠한다. 물이 증발하면 물감은 회에 단단히 달라붙어 반영구적으로 단단해진다. 프레스코 화법은 모자이크보다 훨씬 싸고 쉬웠으므로, 처음에는 낮게 평가되었다. 마치 오늘날 많은 사람들이 일류 사진보다 삼류 그림을 좋아하는 것과 같다.

조토도 처음에는 모자이크 제작가였던 것으로 추측된다. 그러나 우리는 그를 화가 및 건축가로만 알고 있다. 실제로 그는 건축에도 솜씨가 있었지만, 그보다 뛰어난 건축가는 얼마든지 있었다. 그러나 화가로서는 아주 보기 드문 존재였다. 그때까지 화가가 가는 길은 좁고 단조로웠으나, 조토는 훌륭하고 넓은 큰 길을 걸었다.

그런데 미리 말해 둘 것이 있다. 조토의 작품을 본 적이 없는 사람이 기대를 품고 사진으로라도 보기 위해 도서관에 달려간다면 크게 실망할지도 모른다. 아마 이렇게 중얼거릴 것이다.

"이런 바보스러운 인물, 이 우스꽝스러운 집과 나무 모두 비례가 맞지 않고, 케이크처럼 납작하군. 겨우 이 정도였구나."

그러나 그뿐이 아니다. 더 많이 있는데, 그것을 알게 되려면 오랜 세월이 걸린다. 우선 그의 작품에는 뚜렷한 특징이 있다. 조토는 근대적인 의미의 화가가 아니었다는 점을 잊지 말아야 한다. 그는 벽화가였다. 화가의 작품은 어디로든 옮길 수 있는 하나의 물건이다. 여러분은 그것을 로마에서 사서 리오로 가지고 갈 수 있다. 그리고 적당한 조명 아래 배치하면 어디서나 똑같이 보일 것이다. 그러나 벽화의 역할은 일반 회화작품과는 전혀 다르다. 그것은 문자 그대로 벽에 그려진 그림이다. 그것은 벽화의 한 부분, 벽에서 떼어낼 수 없는 것으로서 건축상의 목적과 미학적인 목적을 겸하고 있다. 오늘날 좋은 벽화가 별로 나오지 않는 까닭은 바로 이 점에 있는 것 같다. 벽화가들은 자기를 화가라고 생각하고 있을 뿐 벽돌과 모르타르 대신 물감으로 작업하는 기술자의 한 부류라고는 생각지 않는다.

만일 조토가 '자연주의 양식'을 받아들여 풍경이나 풍경 속의 것을 있는 그대로 묘사하려고 했더라면, 아마 목적을 이루지 못했을 것이다. 그럴 경우 그림에 깊이가 더해져, 예배드리러 온 신도들이 교회 자체보다 그림에 눈과 마음을 빼앗기게 될 것이다. 그렇다면 교회가 아니라 미술관이 되어 버린다. 조토는 그런 자연주의적 표현 형식에 손을 댄 적이 없다. 어느 선배보다도 자연주의에 가까웠지만, 그는 교회의 좋은 아들이었으며 자신이 속한 길드의 전통에 어디까지나 충실했다.

여러분이 트집을 잡고 싶은 두 번째 특징으로 옮기자. 인물 표현이 딱딱하고 촌스럽다. 여성의 드레스와 남성의 외투도 뻣뻣한 느낌이다. 근대 회화에서처럼 옷이 자연스럽게 어깨에 걸쳐진 것이 아니라, 마치 몸 '바깥쪽에' 덮여 있는 것처럼 보인다. 여기서 다시 조토가 극복해야만 했던 어려움을 생각해 보자. 그는 진정한 개척자였다. 그는 오랫동안 잊히고 단절되었던 것을 다시 시도한 최초의 예술가였다.

만일 내가 17세기 해전 장면을 그려달라고 부탁을 받았다면, 나보다 훨씬 잘 그리는 사람이 그린 해전 그림에서 몇 가지 구상을 적당히 빌려다 쓸 수도 있다. 그러나 조토는 가엾게도 '영감을 주는' (이것을 예술의 영역에서는 '표절'이라고 부른다) 사람이 아무도 없었다. 그는 무엇이나 자기 힘으로 연구해야 했다. 그는 모든 구상을 자기의 상상력에서 얻어내야만 했다. 물론 예수나 성인의 생애를 그린 종교화는 얼마든지 있었다. 그러나 그것들은 전통이라는 무거운 껍질로 겹겹이 싸여 있는 세계를 묘사한 작품들이었다.

한편 성 프란체스코는 수백 년 전에 죽은 성자가 아니었다. 조토와 거의 같은 시대의 사람이었다. 어릴 때 그를 본 사람이 아직도 상당수 살아 있었다. 그래서 조토는 성 프란체스코를 성 베드로나 성 루가처럼 다룰 수가 없었다. 그가 벽면에 묘사하고자 하는 장면에 사실다움과 생생함이 있어야 한다. 또 성 프란체스코가 모든 이야기의 주인공이므로, 조토는 그에게 요샛말로 스포트라이트를 비추어야 했다. 그러자면 알맞은 배경이 필요했다. 그 배경은 이 주인공과 그 무렵 그가 한 일을 결부하여 생각할 수 있게 해 주는 것이어야 했다. 또한 그 배경에 주인공이 묻혀 버릴 정도로 도드라져서는 안 되었다.

조토 디본도네 〈성흔을 받는 성 프란체스코〉(14세기 초)

성흔(聖痕, stigmata)이란 십자가에 매달린 그리스도의 몸에 생긴 다섯 개의 상처가 어느 날 갑자기 인간의 몸에 나타나는 현상을 말한다. 이를 최초로 경험한 사람이 아시시의 성 프란체스코이다. 전설에 따르면 1224년 43세가 된 이 성인(聖人)이 라 베르나 산에 들어가 기도를 하고 있었는데 어느 날 새벽에 갑자기 빛나는 날개 여섯 장을 단 천사 세라핌이 하늘에서 내려왔다고 한다. 그가 정신을 차려 보니 몸에는 다섯 개의 상처가 나 있었다고 한다.

여러분이 이런 그림을 몇 해 동안 연구한다면(나는 이런 방법을 쓰고 있다. 좋은 복제품을 침실이나 거실 벽에 걸어 두고, 무슨 특별한 일을 하고 있다는 의식 없이 아무 때나 바라보는 방법이다), 조토가 그 까다로운 문제들을 어떻게 완전히 해결했는지 깨닫게 될 것이다. 그 바보스러워 보였던 인물들이 어느 날 갑자기 전혀 그렇지 않다는 것을 발견하게 된다. 화가가 할 수 있는 방법의 한계 안에서 이 그림은 대단히 생생하게 묘사되었으며, 그림의 목적을 충실하게 구현하고 있다.

성 프란체스코가 되살아난다. 병자를 문병하러 가는 그를 여러분도 따라간다. 들판의 형제 자매들에게 전도하는 그의 말이 들린다. 모든 것이 바로 그랬어야 하는 그대로 그려져 있다. 조토의 시대에는 책도 거의 없었고 이야기를 전해 주는 그림도, 판화도, 영화도 없었다. 얼마 안 되는 대사원의 조각과 벽화나 창 이외에 그림으로 전하는 방법이 전혀 없었다. 프란체스코회 사제들은 동문(同門)의 신도가 하는 설교(대 프란체스코가 개혁한 일의 하나)를 들으러 교회에 찾아오는 대중을 위해서, 조토에게 이 수도회 창설자인 성 프란체스코의 생애를 묘사해 달라고 부탁했다. 신도들의 귀만이 아니라 눈에도 호소하고 싶었다. 조토는 이 과제를 아주 훌륭하게 해냈다.

조토의 걸작은 아시시 상부와 하부의 여러 사원에 있다. 그 밖에 피렌체에도 있고, 유명한 고리대금업자의 아들이 세운 파도아 사원에도 많이 남아 있다. 이 고리대금업자는 단테가 마지막에 만났을 때, 제7지옥[6]에서 서글픈 나날을 보내고 있었다. 그 그림들의 대부분은 오랜 세월을 거치며 훼손된 상태이므로, 앞으로 400~500년만 지나면 물감 자국만 남을 것이다. 그러나 우수한 복제품이 많이 있다. 복제품으로도 얼마든지 즐길 수 있으며 올바르게 연구하면 지식을 쌓는 데 큰 도움이 된다. 그것을 보면 일류 예술가가 자신이 원하는 효과를 내는 데는 많은 것이 필요 없다는 것을 알 수 있다. 두세 사람의 인물, 침대나 의자 한 개, 창과 문과 벽이 각각 하나, 그리고 나무그늘만으로 누구나 알 수 있는 그림을 그려낸다.

이런 능력을 지닌 사람은 결코 많지 않다. 중국인들은 조토가 태어나기 수백 년 전부터 이런 재능이 매우 뛰어났다. 그러나 조토는 중국인에 관해서 들은 적도 없고 그들의 작품을 본 적도 없으므로, 그 영향을 받았다고 의심할 수는

---

6) 단테의 《신곡》 지옥편 제17곡, 제7지옥의 제3절 '고리대금업자'에 나온다.

산타 마리아 델 피오레(꽃의 성모 마리아) **대성당**(두오모) 13세기가 끝날 무렵부터 건설되기 시작한 두오모는 로마의 판테온을 뛰어넘는 것이 될 예정이었다. 처음에는 아르놀포 디 캄비오, 조토, 탈렌티 등이 건설을 맡았다. 브루넬레스키가 설계한 이 거대한 돔(쿠폴라)이 1436년에 완성되기까지는 무려 150년이 걸렸다. 붉은 꽃봉오리를 떠올리게 하는 우아한 삼각돛처럼 생긴 여덟 개의 측면과 풍부한 질감, 창공을 향해 솟아오른 그 웅장한 모습은 그야말로 피렌체의 상징이다.

없다. 그는 그것을 자기 힘으로 발견했다. 그만큼 그는 뛰어난 인물이었다. 조토는 라파엘로나 다빈치만큼 유명하지는 않지만 그들 못지않게 주목할 만한 가치가 있다. 사실 이 거장들은 다만 조토가 이끈 곳으로 그저 따라가기만 했을 뿐이다.

조토는 1337년에 죽었다. 친구 단테가 죽은 지 16년째 되는 해였다. 조토가 아레나의 사원[7]에서 프레스코화를 그리고 있을 때 그의 친구 단테가 찾아온 적이 있었다. 조토를 아는 모든 사람, 그를 매력 있는 인물로 기억하고 역사상 가장 중요한 예술가의 반열에 올리는 데 조금도 이론이 없던 모든 사람이 조토

---

7) 고대 로마의 아레나(투기장) 자리에 세워져 이런 이름이 붙여졌다.

의 죽음에 애도를 보냈다. 그러나 그는 세상을 떠나기 얼마 전에 그림에서 건축으로 전환했다.

그는 이웃 사람들의 요청에 따라 피렌체 영내 모든 공공 건축물의 총감독을 맡았다. 피렌체는 그때 호화로운 대성당을 건축하고 있었으며, 전 세계에서 가장 훌륭한 사원을 만들고자 했다. 이 유명한 '꽃의 성모 마리아' 대성당[8]은 지금도 남아 있다. 조토가 그 건축을 맡았을 때, 첫 삽을 뜬 지 40년이나 지났는데도 완공은 끝이 보이지 않았다. 또 피렌체 사람들은 이 가장 중요한 성당에 걸맞은 탑을 원했지만, 아직 손도 대지 않은 상태였으므로 신임 감독에게 모든 설계를 위임했다.

그 탑은 거장이 죽은 뒤 50년이나 지나서야 완성되었다. 그러나 그는 죽는 순간까지도 이 탑은 영원히 자기 것이며, 자기가 무대에서 떠나도 젊은 건축가가 손을 대거나 변형하거나 다시 세우는 일은 없으리라 굳게 믿었다.

이 책에는 벌써 많은 사람들의 이름이 나왔으니 조토에 대해서는 이쯤 해 둔다. 조토에게 페이지를 너무 할애한 것 같으나 어쩔 수 없는 일이다. 조토는 다른 면에서도 주목할 만한 사람이었다. 그는 작품으로뿐만 아니라, 그에 못지않게 인격과 사생활의 품위로서도 예술가의 사회적 지위를 다시 높이는 데 크게 공헌했다. 그는 색채와 선과 소리의 관점에서 사색한 철학자였으며, 그가 한 일 자체로서 높은 사회적 지위를 가질 자격이 충분했다.

---

8) 피렌체의 문장인 백합에서 따 온 명칭.

23장
프라 안젤리코

화필을 쥔 성 프란체스코

조토에게는 매우 많은 제자가 있었으나 큰 명성을 얻은 사람은 없다. 그들은 모두 충실하게 스승의 방식을 흉내냈으나, 그 유파의 양식에서 스승에 미치지 못했다. 이탈리아에는 조토 양식의 그림이 많다. 대부분 영국 왕실이 12월 25일에 지인들에게 보내는 크리스마스 카드처럼 따분하다. 또 그 양이 엄청나게 많아 이탈리아의 어느 미술관에나 쌓여 있다. 그것들을 보다가 정작 조토의 작품마저 싫증나게 만들 우려가 있다. 그러므로 별 볼 일 없는 제자들을 그냥 지나치고, 곧장 '프라 안젤리코'라는 명찰이 걸려 있는 방으로 들어가자. 그러면 또 한 사람의 매우 흥미로운 인물을 만나게 된다. 여러분이 존경과 이해를 가지고 그를 대한다면, 진짜 엔젤처럼 여겨지는 한 형제로서 프라 안젤리코와 친해질 것이다.

조토는 성 프란체스코의 정신에 매우 가까이 다가갔지만, 피렌체의 부유하고 지위 높은 시민이었으며 세 아들과 세 딸을 둔 세속의 사람이었다. 프라 안젤리코는 다른 각도에서 문제에 다가갔다. 그는 육체의 모든 유혹에서 멀리 떨어져 살았다. 그의 삶은 병자를 돌보는 일과 그림을 그리는 일로 단순하게 나뉘었다. 그리고 마침내 조토도 할 수 없었던 일을 해냈다.

조토는 언제나 인물을 외면에서 그렸다. 안젤리코는 한 걸음 더 나아갔다. 그는 인물을 외면에서뿐 아니라 내면에서도 그렸다. 그는 또 하나의 성 프란체스코, 다시 말해 화필과 캔버스와 물감 통을 만든 프란체스코가 되기 위해 자신을 단련함으로써 그 일을 해냈다. 교회가 이 훌륭한 프라(fra, 수사)에게 성스러운 명예를 부여하고 화가로서는 유일하게 성자들의 대기실에 들어올 수 있도

프라 안젤리코 〈성모 대관(戴冠)〉 성모 마리아가 천국에서 천사, 사도, 성인에 둘러싸여 그리스도 (또는 하느님 아버지)에게서 관을 받는다는 이 주제는 고딕 후기 이래로 인기를 얻었다. 이에 앞서 안젤리코는 가운데에서 금빛 광선이 방사형으로 뻗어 나가는 추상적·초월적 배경 위에다가 같은 주제를 그려서 완성했다(우피치 미술관 소장). 그런데 여기서는 원근법을 이용하여 높은 단상에다 옥좌를 설치하고 그에 맞춰 사람들의 크기를 조절함과 동시에, 그림을 감상하는 우리의 시점을 바닥으로 끌어내림으로써 이 장면을 고귀하고 기념비적인 것으로 만들었다. 그런데 여기에 묘사된 것은 화려하고 깨끗한 색채가 눈부시게 어우러진 천상계이다. 그 시대 사람들은 그들이 꿈꾸는 천국을 눈으로 직접 보는 기분이었을 것이다(1430년대 후반).

프라 안젤리코 〈수태고지〉(1435~45) 피렌체 소재 산마르코 수도원 내의 프레스코화.

록 허락한 것도 이 때문이었다. 우리로서는 그런 고상한 판단을 내릴 자격이 없으므로 다른 판단 근거를 마련해야 한다. 그저 이 성실한 수사의 작품만 연구하면 된다. 그러면 이윽고 여러분은 말할 것이다. "이 사람은 상상으로만 그림을 그린 게 아니군. 틀림없이 모든 사건의 현장에 있었을 거야. 자기 눈으로 보지 않고서야 어떻게 이런 현실감을 보여 줄 수 있겠어?"

그러나 15세기[1]의 '현실성'은 오늘날 사실주의 화가들이 말하는 현실성과는 달랐다. 그것은 실제로 일어난 일의 현실성이라기보다 상상의 현실성이었다. 결코 실제로 존재하지 않았다는 것을 잘 아는데도 구체적이고 생생한 인물로 여겨지는 원탁의 기사와 같은 '현실성'이다.

조토와 마찬가지로 프라 안젤리코도 본디 신분은 미천했다. 그는 피렌체의 이웃 마을 비티오에서 태어났다. 스무 살 때 피에솔레의 도미니쿠스 수도회 견습수사가 되었다. 피렌체 부근의 고지에 자리잡은 조그만 도시 피에솔레에는

---

1) 안젤리코는 1387년에 태어나 1455년에 죽었다.

북이탈리아에서 가장 오래된 로마네스크 사원이 있었다. 그가 수사 선서를 하기 전부터 그림을 그렸는지는 알 수 없으나 그의 화법으로 미루어 볼 때, 피렌체에 회화가 유행하기 훨씬 전부터 회화의 중심지였던 시에나의 거장에게서 그림을 배운 듯하다.

여느 신인들과 달리 그는 명성을 얻을 때까지 그리 오래 고생하지 않았다. 그의 작품은 처음부터 칭찬받았으며, 그는 반세기 가까이나 이 도시에서 저 도시로 즐거운 여행을 하면서 제단 장식 그림이나 주문받은 그림을 그렸다. 그 보답이라고는 온 힘을 다하여 신의 더 큰 영광을 찬미했다는 확신이 전부였다.

그의 사심 없고 겸허한 성품은 속담이 되었을 정도였다. 교황 유게니우스 4세는 그를 피렌체의 대주교에 임명하려고 했으나 안젤리코는 사양했다. 자기는 그런 명예를 가질 자격이 없다고 단호히 거절하고, 계속 그림 그리는 일과 죽어가는 병자를 돌보는 데 정성을 바쳤다.

그의 작품에서 가장 큰 특징은 풍부한 색채 감각이다. 물론 중세에도 색채가 없었던 것은 아니다. 채색 사본이나 스테인드글라스의 창을 보면, 마치 총명한 아이들에게 무지개를 주고 마음대로 뛰놀게 놓아둔 것과 같은 느낌을 받는다. 그러나 프라 안젤리코의 그림에서 보는 풍부한 색채는 스테인드글라스 창처럼 요란하지 않다. 스테인드글라스는 음식을 탐하듯 예술을 즐기던 천한 시대, 고기에서 푸딩에 이르는 모든 음식에 향료를 섞고 겨자와 후추와 계피를 언제나 빠뜨리지 않았던 조잡하고 거친 시대의 산물이었다.

보고 들은 모든 것을 말로써 나타내는 것은 늘 어려운 일이다. 그러나 이 거장의 그림을 보면 안젤리코는 흔히 잊고 있는 사실을 명확히 자각하고 있었다는 느낌이 든다. 그것은 바로 신이 너그러운 존재이며, 따라서 천국에는 온화한 본능과 취미를 가진 사람들이 살고 있다는 것이다. 그런 점 때문에 안젤리코는 오랜 세월 동안 숱한 경쟁자들을 물리치고 자신의 자리를 지켜냈으며, 오늘날 가톨릭 교도들뿐 아니라 프로테스탄트에게도 매우 큰 호소력을 가지고 있다.

24장
니콜로 마키아벨리

예술의 새로운 후원들

아시시의 성 프란체스코와 피렌체의 니콜로 마키아벨리, 두 사람은 전혀 관련이 없어 보인다. 그러나 역사와 예술은 묘하게 사이가 좋은 법이므로 근대적 국가 개념의 창시자 마키아벨리에 대해서도, 민중을 경건한 그리스도 교도로 만들어 마키아벨리적 국가의 필요성을 없애려 했던 성 프란체스코에 못지않은 페이지를 할애해야 한다.

오늘날 마키아벨리는 평판은 그다지 좋지 않다. 그러나 그는 매우 행실이 바른 시민이었고 이웃에게서도 크게 존경을 받았으며, 교황과는 친교를 맺고 있었다. 그러나 마키아벨리는 국가 권력에 기묘한 관심을 갖고 있었으며, 국가는 일반 법률에 구애되지 않고 살인이건 도둑질이건 사기건 조금도 양심의 가책 없이 저지를 수 있는 일종의 초인간적인 괴물이라고 생각했다. 그의 이 국가 개념 때문에, 지난 2세기 동안 자유주의자들은 마키아벨리라는 이름을 사악하고 불법적인 것의 대명사처럼 여겼다.

이 학식과 교양이 넘치며 매우 너그럽고 온화한 이탈리아의 신사, 예술을 더없이 사랑하며 그 풍모만큼이나 독특한 문체를 가진 사람이 어째서 앨커트래즈섬에 갇혀 있는 악당 두목이나 반길 듯한 학설을 폈을까. 우리는 먼저 그가 살던 시대를 알아야 한다. 언뜻 믿기 어렵겠지만 그의 시대는 지금 우리 시대와 매우 비슷했다.

중세 사람들은 세계 국가에 의한 구원을 기대하고 있었다. 1천 년 동안 사람들은 이원적 지배 체제의 아름다운 꿈을 갖고 있었다. 교황은 정신상의 모든 일에 대한 최고 권력자여야 하고, 신성 로마 제국의 원수는 로마 황제의 논리적인 계승자로서 그 권력을 행사해야 한다고 보았다. 샤를마뉴 같은 강력한 인물이 세계를 지배하고 있을 때는 이 제도가 바람직해 보였지만, 그가 죽자 곧 권력과 이권을 에워싼 추악한 싸움에 휘말리고 말았다. 그 때문에 교황과 황제는 불구대천의 원수가 되었으며, 그 뒤부터(정확히 말하면 10세기 중엽부터) 서로 최대의 수입원인 대도시가 모여 있는 중부 및 북이탈리아 지방을 손에 넣으려고 싸움을 그치지 않았다. 상공업으로 부를 얻고 있었던 그 도시 대부분은 독립된 단위로 행동할 때만 스스로를 유지할 수 있었다. 이것은 매우 뚜렷이 알려져 있었지만 운이 나빴다. 그 도시들은 겉으로는 적어도 '민주정치'였으나, 마키아벨리 시대의 민주적 정치 형태란 무정부 상태를 의미했다.

니콜로 마키아벨리는 지금도 많은 사람들이 생각하듯 그런 악당은 아니었다. 그는 정직한 사람이었으며, 그 나름으로 진지하고 사심 없는 애국자였다. 민족주의라는 개념이 아직 없던 시대였으므로 그의 조국애는 태어난 고장 피렌체에 대한 애정이었다. 그런데 그는 여행을 한 적이 있었다. 그는 토스카나의 좁은 테두리를 넘어서 멀리까지 사물을 볼 수 있었다. 그는 끊임없는 불화와 질시로 으르렁거리고 있는 하찮은 민주정치나, 캐플렛 집안이니 몬터규 집안이니 하는 지방 호족이 조그만 도시를 손에 쥐고 흔드는 쩨쩨한 전제 정치에는 어떤 구원도 기대할 수 없다는 것을 깨달았다. 이탈리아에 필요한 것은 강력한 지도자였다. 그래서 마키아벨리는 몸소 이상적인 군주를 찾아 여행을 떠났다. 무의미한 분쟁에 종지부를 찍고, 자기의 고향 도시뿐 아니라 이탈리아 전역에 안전과 평화를 가져다 줄 이상적인 군주를 찾아내기 위해서. 안전과 평화야말로 마지막 로마 군대가 성문을 나간 채 돌아오지 않은 이후로 한 번도 실현되지 않았던 소망이었다.

2천 년 전, 온화하고 인자한 공자 역시 이상적인 군주를 찾아 여행을 떠난 적이 있다. 유감스럽게도 두 사람 다 성공하지 못했다. 그래서 이 위대한 중국의 개혁자는 노나라에서, 나중에는 제나라에서 이상적인 군주를 발견하기를 기대했고, 마키아벨리는 더 고향 가까이에서 걸음을 멈추기로 했다.

피렌체의 정치 활동이 실패로 끝난 뒤 그는 이웃 도시 시에나로 눈길을 돌렸다. 이 도시는 오랜 세월 끊임없는 내란이 이어지고 있었으나, 마침내 모든 혼란이 끝나고 전제정치가 자리를 잡으면서 만사가 잘 되어 나가고 있었다. 그 중심 인물은 판돌포 페트루치(Pandolfo Petrucci)라는, 거침없고 냉철하면서도 매우 교양 높은 신사였다. 마키아벨리는 이 인물을 이상적인 정치가의 본보기로 삼고, 망명 중이던 1513년에 유명한 《군주론 Il Principe》을 썼다.

여기서 잠깐 걸음을 멈추고, 왜 내가 성자와 정치가를 당시의 예술에 심대한 역량을 미친 인물로 들었는지 그 이유를 밝히겠다.

이탈리아 정치가이자 역사가였던 니콜로 마키아벨리
그는 한때 피렌체 정부를 위해 일했던 경험을 바탕으로 '목적이 수단을 정당화한다'는 철저한 현실주의 정치론을 펼치게 되었다.

화가는 그림을 그리는 것으로 끝이 아니라, 먹고살려면 그림을 팔아야 한다. 성 프란체스코는 세계에 새로운 인생관을 가져다 줌으로써 그림의 내용을 변화시켰다. 마키아벨리는 군주를 이상적인 것으로 만듦으로써 예술가들에게 새로운 종류의 후원자를 붙여 주었다. 후원자란 북부나 중부 이탈리아 소도시의 독재자들이었다. 그들은 궁전과 그림과 조각에 돈을 마구 뿌렸고 사설 합창단과 오케스트라를 창설했는데, 이는 교회가 꿈도 꾸지 못한 행동이었다.

시에나는 이와 같은 변화를 보여 주는 가장 좋은 본보기이다. 이 도시는 아시시와 마찬가지로 로마시대 이래 문명의 중심지였던 나지막한 산맥의 산등성이에 있었다. 이 구릉 지방에는 음악과 명랑함이 있었으며, 그 때문에 화가와 조각가들은 그림과 조각 속에 리듬과 멜로디를 주입할 수가 있었다. 에트루리아 땅에 건설된 시에나는 초기 로마인이 무거운 몸을 이끌고 자갈밭을 경작하던 시대에, 이미 문명의 혜택을 받고 있었다. 피렌체가 새롭게 떠오르기 전에 시에나는 북이탈리아의 가장 중요한 금융과 제조업 중심지였다. 그러나 이 도시는 황제를 지지한 구엘프파와 교황편을 든 기벨린파의 주권 다툼으로 일어난 끊임없는 대규모 분쟁에 휘말려 모든 정치적 에너지를 낭비하고 있었다. 그러나 막대한 재물이 아직 남아 있었으므로, 문인과 화가와 조각가들은 여전히 시에나로 몰려들었다. 그들도 다른 사람들과 마찬가지로, 세 끼의 맛있는 음식과 쾌적한 집이 필요했다.

명랑한 도시에서 명랑한 사람들 사이에 살고 있던 그들은, 모두 그 작품에다 이 기분을 반영했다. 그 뒤부터 시에나의 '명랑파'는, 색채의 완벽함과 감성적 호소력으로 전 세계에 이름을 떨쳤다.

보통 명랑함이라고 하면 활기찬 장면을 떠올린다. 그러므로 이들 시에나의 그림에서, 후대의 네덜란드나 플랑드르의 대화가들이 흔히 다룬 화려한 풍경 장면을 보게 되리라고 기대할지도 모른다. 그러나 시에나의 화가들은 역시 모자이크 제작자의 피를 이어받고 있었다. 물감을 섞어서 젖은 사원 벽에 칠하는 그들의 솜씨는 역시 비잔티움과 라벤나 방식이었다. 그러므로 시에나가 자유를 지키지 못하고 급속히 세력을 넓히던 피렌체의 영지가 되어 다른 지역과 다소 격리되었을 때도, 시에나의 성벽 안에는 아직 중세의 흔적이 남아 있었다. 결국 이 도시는 르네상스의 실험이라는 광대한 바다에 버려진 중세적 전통의 섬 같은 처지가 되어 버렸다.

그런데 묘하게도 이 지역의 조각가나 목각가나 유명한 시에나 도기 제작자들이, 화가들보다 훨씬 빨리 시대의 변화를 읽었다. 특히 피사노(Pisano) 부자(니콜라와 조반니), 자코포 델라 퀘르차(Jacopo della Quercia), 로렌초 디 피에트로(Lorenzo di Pietro) 같은 조각가들이 유행에 민감했다. 성 프란체스코가 그들에게 재능을 시험해 볼 새로운 일거리를 주었던 것이다. 프란체스코 수도회는 설교를 정식 예배 절차로서 채택했다. 예전에는 교회나 사원에 가구류가 전혀 없었지만 지금은 중앙부에 긴 의자가 놓이고, 예배자들은 앉아서 설교단의 설교를 들을 수 있게 되었다. 이와 같은 새로운 예배에서 설교단이 중요한 역할을 했으므로 커다란 관심을 모았다. 교회는 귀만이 아니라 눈에도 호소하는 것이 중요하다 생각했다. 그런데 영감을 끌어낼 만한 당대의 본보기가 없었으므로(그때까지 설교단이라는 것이 없었다) 조각가들은 시대를 거슬러 옛 로마의 거장들에게 배우는 수밖에 없었다. 이리하여 여전히 중세적인 인생관이 지배하고 있던 교회 안에 르네상스적 요소가 도입되었다.

이 화가들 대부분은 이름만 전하고 있을 뿐이다. 프레스코화는 수출하기 쉬운 작품이 아니기 때문이다. 그러나 그 가운데 한 사람인 두초 디 부오닌세냐(Duccio di Buoninsegna)는 성모상을 우아하고 매력적으로 그려서, 보다 강한 면을 중시하는 피렌체 화파를 비롯한 동시대의 화가 전체에 큰 영향을 주었다. 시모네 마르티니(Simone Martini)와 그의 처남인 리포 멤미(Lippo Memmi), 로렌체티(Lorenzetti) 형제는 옛날의 채색 필사본에서 흔히 볼 수 있는 그림 이야기를 선보였다.

그러나 시에나가 풍부한 정치적·지적·예술적 생활을 유지하던 독립적 도시에서 피렌체의 식민지로 전락하자, 화가와 조각가들은 예전의 시장을 잃었다. 건축가들도 떠나지 않을 수 없었다. 돈이 없는 곳에서는 새 건물이 세워질 수 없었다. 전통 있는 집안만이 몇 해를 더 견뎠으나, 이윽고 조상들과 같은 방법으로는 이제 저택을 유지할 수가 없게 되었다. 결국 그들도 다른 도시로 이주해 가난하게 살거나, 아니면 시골로 물러가 자기들의 뿌리였던 소농민 계급으로 몰락해 버렸다.

2세기 동안 유럽에서 가장 흥미 있는 예술의 중심지였던 이 도시는 영원한 동면에 들어갔다. 버림받은 거리에는 잡풀이 무성해졌다. 웅장하고 화려한 옛 사원들은, 돈 몇 푼을 빼앗기 위해 통행인을 죽이거나 몇 군데 남아 있지 않은 수도원 인정에 매달려 겨우 목숨을 이어가는 거지들의 소굴이 되었다. 이 도시는 고딕 양식의 건축이나 그림이 여기저기 남아 있는 박물관처럼 변했다. 이 잠자는 마을, 400년 전에 오늘날 월스트리트처럼 세계 금융 시장을 지배하던 몇몇 콧대 높은 귀족들이 남기고 떠난 호화로운 저택의 폐허 속에, 중세의 망령들이 마지막 은신처를 찾았다.

25장
피렌체가 세계 최대의 예술 중심지가 되다

파올로 우첼로가 원근법을 발견하다.

널리 알려진 스포츠 스타나 영화배우들은 보통 친근하게 별명으로 불린다. 전 국민에게 별명으로 불린다면 그들이 하는 일은 무엇이든 관심사가 될 게 틀림없다.

피렌체에서 이 묘한 명예를 얻은 집단은 예술가들이었다. 누구나 그들을 알고 있었을 뿐 아니라 그들이 하는 일에 관심을 보였다. 그들이 어디에 살고 있으며 어떤 그림을 완성했는지(그림 값을 제대로 받았는지), 막 어떤 그림에 착수했는지(그림 값으로 얼마를 받을 것인지), 공처가인지(아니면 그 반대인지), 아내가 도제들을 잘 뒷바라지하는지(혹은 배를 곯리고 있지나 않은지), 이런 자질구레한 것까지 다 알고 있었다. 이것은 피렌체 사람들이 그런 일에 직접적으로 매우 개인적인 흥미를 갖고 있었음을 보여 준다. 오늘날 할리우드에서와 마찬가지이다.

이발사의 아들 파올로 디 도노(Paolo di Dono)가 좋은 예다. 그는 열 살 때 조각가이자 청동세공사였던 로렌초 기베르티(Lorenzo Ghiberti)의 도제로 들어갔다. 기베르티는 피렌체의 세례당, 다시 말하여 조토의 대사원 바로 가까이에 서 있는 저 기묘하고 조그만 팔각당의 유명한 문을 만든 사람이다. 그 뒤 그는 베네치아에서 모자이크 일을 하다가 화가가 되었다. 그런데 그의 취미는 새 기르기였으므로 피렌체 사람들은 그를 파올로 우첼로(Paolo Uccello), 즉 '새를 기르는 파올로'라고 부르게 되었다. 조반니 다 피에솔레가 어떻게 프라 안젤리코가 되었는지는 이미 설명했다. 그리고 메디치 집안과 마찬가지로 소모(梳毛) 길드에 속했던 니콜로 디 베토 바르디(Niccolò di Betto Bardi)의 아들로 도나토(Donato)라는 사람도 있다. 그는 소년 시절에 금세공사의 도제가 되었으나, 기베르티와 함께 로마의 유적을 견학하러 갔다가 그곳에 오랫동안 머문 뒤 피렌체로 돌아와 매우 인기를 얻었다. 널리 알려지면서 도나토라는 이름이 차츰 도나텔로 (Donatello, 꼬마 도나토)라는 애칭으로 바뀌었다.

마찬가지로 이름이 바뀐 (이유는 좀 다르지만) 유명한 화가로는, 피렌체 공증인의 아들 톰마소 구이디(Tommaso Guidi)가 있다. 행동거지도 굼뜨고 빵가게나 식료품 가게에 돈을 지불할 때도 치밀하지 못했다. 그래서 마사초 (Masaccio, 어수룩한 톰마소) 라고 불렀다. 피렌체의 브란카치 예배당을 찾는 선량한 사람들은 지금도 그를 위대한 최초의 자연주의자로 찬양하고 있다.

14~15세기의 이들 피렌체 시민들의 기분을 상상하기란 쉽지 않다. 낮에는

마사초의 프레스코화 〈낙원추방〉 그는 스물일곱에 요절한 천재 화가였다. 피렌체, 카르미네 성당 브란카치 예배당 벽화 (1427).

아틀리에의 문을 닫고, 오후에는 단테의 시를 낭송하거나, 아이들과 함께 거장 조토의 아름다운 종탑 공사 진행 상황을 보러 가면서 시간을 보내는 일종의

초인(超人)들이었다고 상상하면 착각이다. 그들은 오늘날 실업가들처럼 되도록 많은 돈을 버는 데 관심을 기울였다. 그들은 거래와 교역을 하고, 흥정하고 사기도 쳤으며, 조잡한 라파엘로의 모사품을 진품이라며 속여 팔아먹으려는 현대판 이탈리아 화상과 같았다. 그들의 정치적 활동은, 보스 트위드(Boss Tweed)[1] 시절의 미국의 감옥 정치나 다름없었다. 그들이 보기에 단테는 실수로 나쁜 후보자를 추천한 벌을 피해 달아난 탈주자에 불과했다. 그들은 이웃과 거래할 때 자기 지갑은 되도록 열지 않고 최대한 이익을 이끌어 내는 것을 원칙으로 삼았다. 그들이 만일 오늘날까지 살아 있었다면, 니콜로 마키아벨리의 가장 충실하고 가장 성공적인 제자인 무솔리니의 열렬한 지지자가 되었을 것이다. 요컨대 매력적인 15세기의 피렌체 시민들은 정치에서나 일상생활에서나 오늘날의 자손들과 조금도 다르지가 않았다. 그것은 마치 페리클레스 시대의 그리스인이 오늘의 그리스인과 마찬가지로 음모와 계략에 능하고 자신의 이익을 국가의 이익보다 중시했던 것과 같다.

그러나 그들의 마음속에는 이와 같이 지칠 줄 모르는 이기심과 더불어 모든 아름다운 것에 대한 매우 깊고 성실한 감정이 있었다. 만일 예술 교육의 참된 목적이 사람들로 하여금 완벽한 작품과 이류 작품을 식별할 줄 아는 심미안을 배양하는 데 있다면, 피렌체인(이 점에서는 그 무렵 이탈리아인 대부분)은 세계 역사상 가장 문명이 높은 국민이었다고 할 수 있다. 최고의 예술, 다시 말하여 삶의 예술을 일관적으로 추구했던 메디치 집안이 그 대표적 예이다. 어려서부터 바흐, 베토벤, 브람스의 가장 좋은 작품만을 들으면 달콤한 유행가 따위를 좇았을 때보다 훨씬 높은 음악적 안목을 기를 수 있다. 그러나 너무 독선적으로 생각하는 것은 금물이다. 만일 주위의 아름다움을 볼 줄 아는 눈이 없다면, 아름다움은 존재하지 않는 것이나 다름없다. 이탈리아인과 그리스인은 지금도 르네상스의 민중을 감동시킨 사원과 조각과 그림에 둘러싸여 있다. 그런데 오늘날 그들은 예술과는 가장 거리가 먼 인간이 되어 있다. 그들은 뉴욕이나 시카고 사람들이 쓰레기통에 처넣어 버릴 만한 것을 너그럽게 보고 있을 뿐 아니라, 실제로 칭찬까지 하고 있다. 왜 이렇게 되었는지는 앞으로 나보다 뛰어난 사람

---

1) 윌리엄 마시 트위드(1823~1878). 미국의 정치가로 '보스 트위드'라는 별명으로 뉴욕 시정을 지배하여 사리사욕을 채웠으며, 감옥에 수감된 상태에서 정치적 영향력을 행사했다.

베로키오의 〈바르톨로메오 콜레오니 기마상〉 도나텔로의 기마상과 함께 르네상스 최고의 걸작으로 알려지고 있다. 콜레오니는 포병 장군으로, 예술의 후원자였다. 이 작품은 베로키오가 콜레오니의 유언을 받들어 제작한 것이다. 베네치아 소재.

이 밝혀내야 할 매우 난처한 문제이다.

조토가 죽은 1337년부터 도메니코 기를란다요(Domenico Ghirlandajo)가 죽은 1494년까지, 로마는 막대한 부를 바탕으로 피렌체에 이어 모든 예술가들이 모여드는 일종의 '수용소'가 되었다. 아르노 강변에 있는 이 도시에는 화가, 조각가, 보석·금·은·주석·동세공사, 유리장이 등 모든 종류의 예술가들이 모여 있었다. 저마다 자신이 맡은 분야에서 부지런히 일한 그들의 이름이나 그들이 한 작업을 상세하게 늘어놓기란 불가능하다. 일단 여러분의 관심을 끌 만한 몇 사람만 언급하기로 한다.

먼저, 마사초. 그의 가장 중요한 작품은 브란카치 집안이 피렌체의 산타마리아 델 카르미네 성당 안에 세운 예배당에서 볼 수 있다. 원래 약제사 길드(그 무렵엔 화가가 자기 손으로 물감을 만들었으므로 이 길드에 속해 있었다)의 유력 멤버였던 마솔리노 다 파니칼레(Masolino da Panicale)가 제작을 의뢰받은 것이었으나, 마솔리노가 완성하지 못한 탓에 그 제자인 마사초에게 맡겨졌다. 도시 이야기를 묘사한 마사초의 이 프레스코화는 화젯거리가 되었다. 그것은 아주 새로운, 조토의 작품과는 전혀 다른 것을 보여 주었기 때문이다. 무엇보다도 그 그림들은, 벽화란 건축의 한 부분이어야 하며 그림으로서의 독자적인 역할을 해서는 안 된다는 전통에서 완전히 벗어났다. 그것은 순수하고 소박한 그림이었으며, 회화로서 그 무렵 예술계에 깊은 인상을 주었다. 그리하여 브란카치 예배당은 수백 년 동안 숱한 청년 예술가들이 그림을 배우기 위해서 몰려드는 학교가 되었다. 이 예배당은 오늘날의 미술학교가 맡고 있는 역할을 했다.

마사초는 스승 마솔리노가 죽기 20년 전에 서른 살이 채 안 되어 죽었으므로, 그도 예배당을 완성하지 못했다. 후속 작업은 필리피노 리피(Filippino Lippi)가 맡았다. 필리피노의 아버지 프라 필리포 리피(Fra Filippo Lippi)는 수사가 되겠다고 서원해 놓았으나, 그의 동료 수사인 프라 안젤리코처럼 교단(그는 카르멜회[2]에 속해 있었다)의 규율을 별로 지키지 않았다. 그 결과 아들 하나를 두었는데, 그 아들이 나중에 아버지 못지 않은 명성을 얻게 되었다.

그 소년의 어머니도 프라 필리포 리피가 가장 자랑으로 삼은 매력적인 성모상의 모델이 되었기에 잘 알려져 있다. 물론 성모를 매력적으로 묘사하는 것은 오늘날 우리가 보기에는 그다지 바람직스러운 일이라고 할 수는 없지만, 풍속 및 도덕에 관한 모든 사건의 최고 재판관이었던 대법관 로렌초 일 마니피코(Lorenzo il Magnifico)[3]는 그런 하찮은 무질서 행위를 문제 삼지 않았다. 그래서 1469년에 필리포가 죽었을 때 로렌초는 그의 무덤에 장대한 기념비를 세우도록 지시했다. 지금도 그 죄인이 그곳에 누워 있는 셈이다. 그는 또 야만족 해적

---

2) 1155년 십자군 병사 베르톨드가 팔레스티나의 중앙부에 있는 카르멜 산에서 시작한 탁발 수도회.
3) 15세기 메디치 집안 지배자.

선에 붙잡힌 적이 있었으
나 해적들의 그림을 그려
주고 목숨을 건졌다. 그는
의심할 여지 없이 15세기
최고의 색채화가이며, 또
천국의 정경을 즐겁고 인
간적으로 묘사하여 많은
사람들에게 살면서 처음
으로 천국이란 가볼 만한
곳이라는 생각이 들게 해
주었다.

두어 사람 예를 더 들
어 보자. 안드레아 델 카
스타뇨(Andrea del Castagno)
라는 사람이 있었다. 이
사람은 피렌체 동료들에
게 안드레아 델 임피카티
(Andrea degl'Impiccati, 교수
형당한 사람들의 안드레아)
라는 이름으로 불렸다. 피
렌체의 끊임없는 내란이
1453년 끝난 뒤, 교수형에
처해진 지도자들의 초상
화를 의뢰받았기 때문이

보티첼리 〈봄〉(부분) 서풍의 신 제피로스(오른쪽)에게 쫓겨 달
아나는 님프 클로리스(가운데)의 입에서 흘러나오는 꽃들이 여
신 플로라(왼쪽)의 옷 무늬 속으로 녹아든다. 로마 신화에서 꽃
의 여신 플로라는 클로리스가 변신한 모습이다. 1482년 무렵, 피
렌체, 우피치 미술관.

다. 그 그림은 팔라초 델 포데스타, 즉 최고 법관의 저택(오늘날에는 바르젤로 미
술관)에 장식되었다. 이것도 그리 즐거운 작업이 아니었지만 그의 생애는 비극
으로 가득했다. 그는 경쟁자 도메니코 베네치아노(Domenico Veneziano)를 살해했
다는 중대한 혐의를 받았다. 그 무렵 반에이크 형제의 유명한 유화 물감을 만
드는 비법을 베네치아노가 알고 있는 것이 아닐까 의심했다는 이유였다. 이 이

야기는 무척 흥미롭다. 한 재산 모을 수 있는 기법을 독점하기 위해 살인까지 생각했다니, 이 플랑드르인 반에이크의 발명이 이탈리아 화가들 사이에 얼마나 무서운 센세이션을 불러일으켰는지 알 수 있다. 유감스럽게도 이 이야기는 사실이 아니다. 도메니코 베네치아노는 카스타뇨가 죽은 지 4년째 되는 해에 조용히 침대에서 죽었다. 그 무렵 그곳에 베노키오 디 레세(Benozzo di Lese)가 있었다. 그는 베노초 고촐리(Benozzo Gozzoli)라는 이름으로 더 알려져 있는데, 아마 갑상선종(gozzo)을 앓았으므로 그렇게 불렸을 것이다. 처음에는 프라 안젤리코의 조수였다. 그의 대표작은, 피사의 묘지에서 그리기 시작했으나 완성하지는 못한 무한벽화(별로 즐거운 것은 아니지만)다.

또 안드레아 베로초(Andrea del Verrochio)가 있었다. 이 사람은 화가·조각가이자 금세공사이며, 레오나르도 다 빈치의 스승이었다. 그는 유명한 바르톨로메오 콜레오니(Bartolommeo Colleoni)를 모델로 삼아 현존하는 가장 뛰어난 기마상으로 꼽히는 베네치아의 콘도티에레(Condottiere, 용병대장)를 만들었다. 다른 어느 작품에서도 볼 수 없는 대장의 높은 품격과 훌륭한 말이 잘 어우러진 걸작이다.

마지막까지 남겨 둔 이 사람은 모두가 잘 알고 있다. 그는 알렉산드로 디마리아노 데이 필리페피(Alessandro di Mariano dei Filipepi)이며, '보티첼리(Botticelli, 작은 통)라는 이름으로 알려져 있다. 이것은 그의 형 조반니의 별명이었다. 이 사람은 정직한 중개업자였으며 알렉산드로를 돌봐 주고, 아버지가 죽은 뒤에는 그를 공부시켰다. 보티첼리는 몸이 건강하지 않아, 그리 힘이 들지 않는 일을 찾아 처음에는 제본소의 도제가 되었다. 그러나 단테의 《신곡》의 삽화에서 볼 수 있듯이, 데생화가로서 뛰어난 재능을 보였으므로 프라 필리포 리피 화백의 도제로 입문하게 되었다. 그는 스승의 화법을 많이 받아들여 자기 작품에 반영했다. 바이올린 연주자들의 표현을 빌린다면, 그 무렵 어느 화가보다도 그림에 비브라토(vibrato)[4]를 많이 썼다. 그런데 비브라토는 너무 길지만 않다면 이따금 필요하고 또 매우 유쾌한 것이다. 음악에 정서적 느낌을 지나치게 주기 때문에 비브라토를 많이 들으면 자연히 강건한 느낌을 원하게 된다. 그 점에서 비브

---

4) 소리를 떠는 것.

라토는 보티첼리의 신경질적이고 불안정한 기질에 꼭 맞았다. 그는 언제나 골골 앓았지만, 연약한 사람들한테서 흔히 보듯이 천수를 다하여 1510년 예순여섯에 죽었다. 만년에는 신비주의로 흘러 점점 더 종교적 명상에 잠겼다. 빅토리아 시대의 영국과 미국에서 큰 인기를 얻은 것은 아마 그 때문일 것이다. 그러나 앞으로 25년이 지난 뒤에도 그의 〈비너스의 탄생 *Birth of Venus*〉이라든가 〈봄 *Primavera*〉의 복제품을 지금처럼 많이 볼 수 있을지는 매우 의심스럽다. 그러면 이쯤에서 우리가 잘 아는 우첼로, 즉 새 기르는 파울로에게로 돌아가자. 그의 이름은 원근법의 발견과 뗄 수 없는 관계가 있다. 다들 알다시피 원근법은, 그것으로 '어떤 물체를 일정한 시점에서 보이는 대로 그려서, 2차원 평면에서 3차원의 효과를 낼 수 있는' 과학적인 방법이다. 수천 년 동안 예술가들이 원근법 없이도 오늘날까지 우리의 눈을 즐겁게 해 주는 작품을 얼마든지 그려낸 것을 사람들은 이상하게 생각할는지도 모른다. 그러나 방금 한 말에는 약간의 수정이 필요하다. 원근법을 모르던 시대의 많은 예술가들은 흔히 풍경이나 인물을 그릴 때 의식하지는 못했어도 직관적으로 나름의 원근법을 구사했다. 다만 소실점(消失點)이나 원근의 개념을 조금만 알았더라면 저지르지 않았을 실수가 꽤 많았던 것은 유감스러운 일이다. 물론 원근법을 너무 잘 아는 탓에 풍경이나 양파 담은 바구니를 단지 수학적으로 표현하는 사례도 있다. 이 경우도 원근법을 모를 때와 마찬가지로 비참한 결과를 낳는다.

그러므로 우첼로 시대 이후, 최고의 화가들은 자기들의 작업에 일류 선장과 마찬가지로 이용할 수 있는 모든 과학적 수단을 이용하면서도, 자기의 천재를 약간 보태어 결과를 수정해 왔던 것이다. 이 비밀이 알려지자 모든 화가들, 특히 독일인 알브레히트 뒤러(Albrecht Dürer) 같은 수학을 잘하는 사람들은 이 재미있는 원근법의 수수께끼에 넋을 잃었다. 마침내 오늘날에는 물구나무서는 코끼리부터 비행기의 급강하에 이르기까지, 아무리 복잡한 것이라도 원근법의 갖가지 규칙을 지키기만 하면 표현하지 못할 것이 없다.

오늘날 원근법에 관심이 없는 것은 중국인과 어린아이들뿐이다. 아마도 그것이 그들의 그림을 매력적으로 만들고 있는지도 모른다.

26장
푸토

피렌체의 조각가들이 소생시킨 즐겁고 귀여운 소아상 푸토

로마가 멸망한 뒤 600년 동안, 조각은 세상에서 거의 자취를 감추었다. 석수가 다시 등장한 것은 11세기 중반이었다. 그러나 그들에게 의뢰된 일은 자연을 연구하여 관찰한 것을 대리석이나 화강암으로 표현해 달라는 것이 아니었다. 그들은 콘스탄티노플 회화나 모자이크를 본떠 작품을 만들어 달라는 주문을 받았다. 비잔티움의 장인들이 따라야 하는 전통적인 엄격한 규칙에서 조금이라도 벗어나는 것은 절대 금물이었다.

중세 사람들이 점점 고딕적인 느낌을 알아가고 도시 주민들이 고된 농민의 삶에서 벗어나자, 내가 조금 앞의 장에서 설명한 그 '잔혹한 세계에서 이야기된 아름다운 동화'에 귀를 기울이기 시작했다. 로마네스크 사원의 딱딱하고 무뚝뚝한 조각이 차츰 새로운 형태의 조각으로 바뀌었다. 그 상은 인간적인 특징을 띠고 있었으며, 불과 얼마 전까지 동방으로 떠나는 십자군 전사를 내려다보고 있던 조각상에서는 찾아볼 수 없는 것이었다.

새로운 형식의 고딕 사원도 이 변화를 일으키는 데 공이 컸다. 로마네스크 사원은 벽이 두꺼워서 조각가가 솜씨를 발휘하기에 마땅치 않았다. 그러나 기둥과 파사드가 많은 고딕 사원은 아름다운 천국의 모습을 정교하게 새겨 사람들의 주목을 끌고 즐거움을 줄 수 있으며, 꼭대기서부터 기둥 밑까지 크고 작은 조각으로 뒤덮을 수 있었다. 랭스나 아미앵의 대사원들은 이 '돌의 노래'가 얼마나 완벽한 수준에 닿을 수 있는가를 지금도 우리에게 보여 주고 있다.

그리고 13세기에는 그리스도교의 일대 부흥이 시작되었다. 성 프란체스코가 그 무렵의 그림에 가져다 준 어린아이 같은 쾌활한 정신이 조각에도 나타나기

도나텔로 〈칸토리아(성가대석)〉의 푸토(1433~39) 피렌체 대성당 미술관.

시작했다. 그리고 매우 당연한 일이지만, 이와 같은 새로운 유형의 조각이 정점
에 이른 곳은 피렌체였다. 나는 지금 말하는 게 미켈란젤로나 그 밖에 르네상
스 후기 거장들의 작품에 관해서 말하는 게 아니다. 그들이 돌로서 기적을 이
루어 놓은 홀에 처음 들어가면 문자 그대로 숨이 꽉 막힌다. 내가 지금 마음에
그리고 있는 것은 그보다 훨씬 소박하지만 우리의 마음에 직접 호소해 오는 것
이고, 젊은이들이 즐겁게 춤을 추며 행진하던 로마시대 후로는 볼 수 없었던
것이다. 그것은 바로 루카 델라 로비아(Luca della Robbia), 데시데리오 다 세티냐노
(Desiderio da Settignano) 그리고 다재다능한 도나텔로의 소아상과 성도상 등이다.
이 조각가들은 선조들의 독단적인 엄격함에서 벗어나, 10세기 동안이나 쓰이지
않았던 재료인 테라코타, 즉 구운 점토로 작업했다.

테라코타는 10세기에 북유럽에 다시 등장했다. 그곳은 점토가 매우 풍부했
으나 다른 건축 재료는 매우 부족했으므로 사원 건축에도 점토가 쓰였다. 그
런데 15세기 이탈리아 조각가들이 건축가로부터 착상을 얻어, 옛날 그리스인과
로마인이 한 것처럼 테라코타 초상을 만들기 시작했으며 그들은 옛 기술을 꽤
재미있게 개량했다. 그들은 테라코타에 유약을 칠하고 그림을 그렸다. 그러나
어떤 방법으로 했는지 나는 모른다. 본 적이 없기 때문이다.

27장
유화의 발명

반에이크 형제가 겐트 동업자들에게 아주 새로운 물감 섞는 방법을 소개한다.

대개의 발명이 그러하듯 유화도 갑자기 생겨난 것은 아니다. 일단 발명한 뒤에는 거의 개량되지 않았다. 그리스 화가들은 물감이 본디의 색을 오랫동안 유지할 수 있도록 해 주는 적당한 매질(媒質)을 찾기 위해 애를 썼다. 식초나 달걀 흰자 등 온갖 기묘한 혼합물을 만들어 보았으나 모두 실패였다. 실험이 이어진 수백 년 동안 화가들은 불편한 알프레스코 기법에 묶여 있어야만 했다.

그 기법은 정말 불편했다. 벽에 직접 그리는 것이 아니라 다른 데서 그린 뒤 옮겨야 할 때는 특히 그러했다. 먼저 나무판에 리넨을 씌운다. 그리고 그 리넨 위에 질 좋은 파리산 석고와 갓풀[1]을 섞어서 두 겹 바른다. 그런 다음 도제가 회반죽 표면을 오랫동안 문질러 대리석처럼 매끄럽게 만든다. 마치 연필화를 석판에 옮기듯이, 이 표면에 밑그림을 옮긴다. 보통은 초록 혹은 갈색 안료로 초벌 칠을 한다. 그것이 끝나면(매우 많은 시간이 걸린다), 달걀을 섞은 물감으로 그림을 그린다. 그러나 유화의 경우와 달리 그림 전체를 단번에 그려야 한다. 표면이 단단하므로 물감을 긁어 낼 수도 없고, 잘못 그려도 개칠하여 없앨 수도 없다.

또 다른 결점은 초록색과 갈색의 초벌 칠이었다. 오랜 세월이 지나 색깔이 빛을 잃기 시작하면 그림 전체가 초록색이나 갈색을 띠게 되고, 우울하고 불쾌한 느낌을 준다. 그러나 어찌할 도리가 없었다. 그러다가 마침내 1430년대에 먼 플랑드르 지방에서 아주 새로운 기법이 발명되었다는 소문이 이탈리아의

---

1) 아교풀, 이탈리아인들은 제소(gesso)라고 불렀다.

반에이크 형제의 〈겐트 제단화〉(1432) 겐트의 성 바보 성당에 있는 이 제단화는 형 휴베르트가 완성하지 못하고 죽자 동생 얀이 완성했다.

화방에 퍼졌다. 그 기법을 쓰면 나무판에 리넨을 씌우고 그 위에 회반죽을 바르는 성가신 단계가 필요 없어진다. 그런데 새 기법은 한동안 알려지지 않았다. 그런 비법은 예술가 개인이나 그가 속한 길드의 소유였으며, 길드는 그런 직업상의 비밀을 매우 엄격하게 지켰다.

그러나 마침내 발견자들의 이름이 밝혀졌다. 그들은 후베르트(Hubert)와 얀(Jan)이라는 이름의 반에이크 형제로, 벨기에의 마세이크 출신이었다. 후베르트가 형이고(1366~1426), 얀은 열다섯 살 어린 동생이자 도제였다. 문헌 기록이 전혀 남아 있지 않아 그들이 어디서 그림을 배웠는지는 알 수가 없다. 그러나 이탈리아의 대예술가들을 낳은 유파와는 전혀 다른 출신임은 분명하다.

이탈리아의 화가들은 모자이크 제작자 출신이지만, 플랑드르의 화가들은 원래 채색 필사본을 만드는 일을 했다. 그러한 사본은 저지대 나라인 남부에서는 수요가 많았다. 그런 책은 매우 비쌌지만, 겐트나 브뤼헤는 유럽에서 피렌체 다음으로 부자들이 많이 사는 도시였기에 별 문제가 되지 않았다. 이 도시들은 바닷길과 이어져 있으면서도 해적의 습격을 피하기 위해 내륙으로 꽤 들어가 있었다. 또한 많은 큰 강들을 통해 유럽의 배후지와 이어져 있어서, 영국제도와 북유럽의 중개자로서 활동하는 데도 더없이 알맞은 위치에 있었다.

그 무렵 잉글랜드는 다른 세계와 매우 멀리 떨어져 있었다. 수백 년 동안 잉글랜드는 북해를 건너온 스칸디나비아인과 북부 게르만족의 지배를 받고 있었다. 그러다가 마침내 노르망디 공작에 의해 정복되고 말았다. 그는 새 왕국의 백성들에게 자신의 모국어와 법률을 강요했을 뿐 아니라, 대륙에 있는 자기 영지의 건축과 예술을 옮겨 놓았다. 그러므로 헤이스팅스 전투[2]가 끝나고 27년이 지난 1093년에 착공된 더럼 대성당은 처음에는 로마네스크 양식이었으나, 1세기 뒤에 완성되었을 때는 그 무렵 유행의 변천에 따라 고딕 건축이 되었다. 그리하여 그 뒤 웰스·피터버러·웨스트민스터 등 대규모 교회들은 모두 고딕 양식으로 세워졌다. 다만 현지 건축가들의 특별한 재능으로 많은 부분이 변형되었는데, 그것은 잉글랜드가 오지인 이상 피할 수가 없었다.

노르만의 정복 이후 잉글랜드는 예술면에서는 꽤 번성했으나, 상업에서는 훨씬 뒤떨어져 있었다. 봉건적인 분쟁이 그칠 날 없던 나라에서는 산업의 발달은 불가능했다.

대체로 말해서 중세 잉글랜드는 수출품이 하나밖에 없었다. 그것은 양모였다. 그 무렵 플랑드르는 비교적 국내가 평온한 시대였으므로, 곤경에 빠져 있는 잉글랜드를 십분 활용했다. 플랑드르는 잉글랜드에서 수입한 양모로 짠 담요나 양복지를 멀리 북유럽과 서유럽에 팔면서 모직물 교역을 독점했다.

제1차 세계대전으로 파괴되었다가 재건된 이프르의 고딕식 모직물 회관, 브뤼헤의 모직물 회관, 그 밖에 벨기에 서부 여러 곳에 있는 공공 건축물은 그 무렵 모직물 산업이 얼마나 중요했는지를 말해 주고 있다. 피렌체의 경우와 마찬가지로 자본이 축적되고 자본가가 등장하자, 여러 분야에 자본을 투자해야 할 필요성이 생겼다. 돈을 그저 쌓아놓고만 있으면 아무 소용도 없다.

국제 정치도 플랑드르 지역의 운명을 결정하는 데 큰 역할을 했다. 유럽의 중심부에는 오래전에 사라져 버린 묘한 나라가 있었다. 샤를마뉴 대제의 아들

---

2) 1066년 노르망디 공작 윌리엄의 잉글랜드 정복을 확정지은 전투.

이 아버지의 유산을 자신의 세 아들에게 나누어 주었을 때는 중요한 나라였는데 그것은 부르고뉴다. 이 나라는 어떤 매우 유능하고 당돌한 공작 집안의 수중에 들어갔는데, 그는 부르고뉴를 지중해에서 북해에 이르는 대규모 왕국으로 만들려고 했다. 그런 왕국이 생기고 독립을 유지할 수 있었더라면, 온 유럽에 커다란 축복이 되었을 것이다. 실제로 부르고뉴가 프랑스와 독일 사이의 완충 역할을 했다면 수백 년간 끊임없이 벌어진 전쟁으로부터 우리를 구해 주었을 것이다. 그 계획은 실현되지 않았다. 그러나 대략 14~15세기의 황금시대에 부르고뉴 시민은 유럽에서 제일가는 풍요한 생활을 누렸으며, 지배자들도 재정이 허락하는 한 마음껏 사치를 즐겼다.

이런 경향은 지역에 따라 다르다. 유럽의 몇몇 왕가들은 세계의 재물을 모두 쥐고서도 검소하고 따분한 생활에 익숙했으므로 늘 그렇게 살았다. 반면에 어떤 왕들은 재산이 변변치 않은 데도 고상한 취미와 심미안을 가지고 모든 예술에 진정한 흥미를 가졌으며, 친구인 예술가들에게 둘러싸여 있을 때를 가장 행복하다고 느꼈다. 부르고뉴 왕가는 오늘날로 말하자면 매우 '사교적'이었던 것 같다(다만 이 말은 흔히 오용되고 있는데, 그 가장 좋은 뜻으로 하는 말이다). 그들은 색채와 자극을 좋아했다. 그들은 정말로 매혹적인 생활을 보낸, 얼마 안 되는 중세 집안의 하나였다. 결국 그들은 일찍이 프랑스 왕들 가운데서 가장 혐오스럽고 비열한 인물에게 속아 패망했다. 그러나 한창 번영할 때 그들은 많은 일을 이룩해 놓았다. 여러분이 만일 브뤼헤나 겐트를 찾아간다면, 몇 세기 동안 동면 상태를 거친 오늘날에도 그 왕족들이 중세 상류 사회를 주도하던 장대한 배경을 쉽게 확인할 수 있을 것이다.

바로 이러한 15세기 초에 반에이크 형제는 등장했다. 이미 말했듯이 그들은 마세이크에서 태어났으나 생애의 대부분을 플랑드르에서 보냈다. 그들은 천천히 세밀하게 제작했으므로 작품 수는 많지 않다. 형제는 화법이 거의 똑같았다. 형이 겐트의 오랜 성 바보 성당의 제단화를 완성하지 못하고 죽은 뒤 동생이 그 일을 맡았는데, 어디까지가 형의 작품이고 어디부터가 동생의 작품인지 알 수 없을 정도이다. 그들의 재능은 적어도 그 무렵에는 사람들에게 충분히 인정받고 있었다. 형인 후베르트는 브뤼셀에 궁정을 갖고 있던 부르고뉴 공작의 궁정 화가가 되었고, 동생 얀은 처음에 홀란트 백작의 궁정 화가가 되었다가(홀란트 백작은 생애의 대부분을 사냥터에서 보낸 사람인데, 그 사냥터는 나중에 헤이그시로 발전했다) 형이 죽자 그의 뒤를 이어 부르고뉴 공작의 전속 화가가 되었다. 얀은 한 번 긴 항해를 한 적이 있다. 선량공 필리프가 포르투갈의 왕녀 이사벨에게 청혼하기 위해 대사를 파견할 때 함께 리스본으로 따라가서, 앞으로 프랑스 왕비가 될 사람의 초상화를 그렸다. 후베르트는 1426년에 겐트시에서 죽었다. 그가 묻혀 있는 성당에는 지금도 그가 요도크스 비츠라는 사람을 위해 그린 유명한 걸작 〈어린양의 예찬 *Adoration of the Lamb*〉을 볼 수 있다. 얀은 1441년에 브뤼헤에서 죽었으며, 이 시의 성 도나트 사원에 묻혀 있다.

이것이 반에이크 형제에 대해서 알려져 있는 전부이다. 그러나 이것만으로도 그들을 똑똑히 아는 데 충분하다. 그들은 과거의 거장들과 마찬가지로 자기 일의 가치를 스스로 깨닫고, 자기 분수에 맞는 존경을 자각하며 삶으로써 만족하고 있었던 아주 정직한 장인이었다.

여기까지는 좋다. 그런데 뭔가 빠뜨린 것은 없을까? 이를테면 그들이 그림 실력을 다지는 데 그리 긴 세월을 허비하지 않고, 곧장 새로운 화법을 발명하고 새로운 매질을 써서 절정의 솜씨로 누구 못지않은 걸작을 남길 수 있었던 것은 무엇 때문일까? 거기에는 단 하나의 설명만이 가능하다. 그것은 앞서 이미 말한 바 있다.

14세기에 부르고뉴 공작은 유럽에서 가장 크고 아름다운(아울러 가장 비싼) 채색 필사본 컬렉션을 소장하고 있었다. 또 15세기의 첫 15년 동안에 프랑스가 몇 차례 전쟁에서 패배한 뒤, 플랑드르 지방에는 값비싼 프랑스의 필사본이 대량으로 흘러들어 왔다. 그것은 프랑스 대귀족 부인들이, 포로가 된 남편들을 석방시키기 위해서 팔아치운 것들이었다. 그 결과 필사본 제조업은 모두 프랑스에서 벨기에로 옮겨졌다. 이러한 분위기 속에 반에이크 형제는, 그림이란 곧 단순히 확대한 필사본 삽화에 지나지 않는다는 생각을 하게 되었다. 아무튼 그와 같이 중대한 시기에 구식의 달걀흰자나 식초 대신, 린시드 기름(아마씨유)을 쓰는 법을 착안했다는 것은 다행한 일이었다. 이 설명은 너무 단순할는지는 모르지만, 본디 중요한 일은 매우 단순한 법이다. 처음에 반에이크 형제는 종교화만 그렸다. 그러나 곧 좁은 분야에서 빠져나와 초상화에서도 큰 성공을 거두었다. 유명한 〈패랭이꽃을 든 남자 *Manwith the pinks*〉라든가 〈아르놀피니 부

얀 반에이크 〈아르놀피니 부부의 초상〉(1434) 부유한 이탈리아 상인 아르놀피니는 그 무렵 고개를 쳐들던 도시 중산계급에 속했다.

부의 초상〉같은 작품에는 세부 묘사를 좋아하는 사람이 구상한 흔적이 뚜렷한데, 이는 세밀 화가의 공방에서만 습득할 수 있는 기술이다. 그들의 그림에서 풍경과 정물은 아직도 전체 구도의 한 부분에 그치고 있지만, 배경의 작은 각 부분들까지도 자세한 관찰을 바탕으로 큰 애정과 이해와 세심한 주의를 기울여 그린 것이다. 그래서 책 몇 권을 읽는 것보다 중세 후기의 생활상을 훨씬 생생하게 이야기해 준다.

같은 시대 또는 조금 뒤에 플랑드르에서 그림을 그린 다른 화가들도 비슷했다. 로히어르 판데르 베이던(Rogier van der Weyden)은 브뤼셀의 시민 화가였으며, 플랑드르 화가로서 처음으로 이탈리아를 찾은 사람이다. 휘호 판데르 휘스(Hugo van der Goes)는 고블랭 직물 공장과 브뤼셀, 겐트의 스테인드글라스 공장에서 일했다. 헤라르트 다비트(Gerard David)는 네덜란드 화가로서 처음으로 명성을 얻었다(플랑드르 화파의 마지막 거장이었다). 그리고 독일계 이주민으로서 재능이 풍부한 한스 멤링(Hans Memling)도 있다. 그는 쾰른에서 짧은 도제생활을 한 뒤 브뤼헤로 옮겨 그곳에서 여생을 보냈는데, 그 지역 병원[3]을 위해 아름다운 〈성 우르술라 유골함〉을 그렸다. 그것은 지금도 1480년에 그려진 당시처럼 신선하게 보인다.

단 한 가지만은 분명하다. 이들 초기 유화가들은 수백 년 뒤에 그려진 그림보다 훨씬 세월과 기후에 잘 견디도록 물감을 만드는 법을 알고 있었다. 물론 그들은 가능한 가장 좋은 여건에서 일하고 있었다. 필요한 도제는 얼마든지 있었고, 시간도 충분히 가질 수 있었다. 그림이 아직 안 되었느냐고 하루에 다섯 번씩이나 전화로 재촉당하는 일도 없었고, 그림을 충분히 말릴 수도 있었다. 그리고 그들은 역시 도제 시절부터 몸에 익힌 완벽한 솜씨의 전통에 대한 존경을 갖고 있던 장인들이었다.

이 플랑드르 선구자들의 명성은 곧 온 세계에 퍼졌다. 그 결과 독일, 특히 라인강 유역에서 회화에 대한 정열을 불러일으켰다. 그리하여 네덜란드에서 첫 그림이 그려졌고, 그 뒤 이 지방은 회화 분야에서 매우 중요한 역할을 하게 되었다. 이탈리아에서도 대규모 회화 붐을 일으켰는데, 그에 대해서는 다음 장에

---

3) 성 요한네스 병원.

한스 멤링 〈성인들 및 기증자와 함께 있는 성모와 아기 예수〉(1468) 후원자였던 존 돈 경을 위해 그린 3폭의 제단화. 영국 런던, 국립미술관 소장.

서 설명하기로 한다.

플랑드르에서 시작된 위대한 초기 화파는 탄생했을 때처럼 갑자기 종말을 고했다. 물론 그 뒤에도 플랑드르는 브뤼헐(Breughel) 부자, 루벤스(Rubens), 반다이크(Van Dyck) 등 뛰어난 화가들을 많이 배출했다. 그러나 뮈즈강과 북해 사이에 있는 이 조그만 지방의 예술 생산은, 한참 동안 활동을 멈춰야 했다. 그 까닭은 그 무렵 이탈리아의 사정을 살펴보고 나서 이야기하기로 한다.

28장
이탈리아의 그림 제작 공장

"피렌체 최상품으로 10여 점, 베네치아 중등품으로 대여섯 점 보내주시오."

이 장의 표제는 약간 오해의 여지가 있다. 자칫 이탈리아 황금시대의 모든 거장들, 그 모든 위대한 이름들, 위대한 유파, 그리고 더 위대한 전통을 내가 그다지 존경하지 않는 것처럼 보일지도 모른다. 그러나 모두 내가 더없이 존경하는 것들이다. 그중에는 여간 좋아하지 않는 것도 있고 매우 좋아하는 것도 있다. 그러나 솔직히 말하면 그 대부분은 몹시 지루해서 그다지 생각하고 싶지 않다.

초심자에게 권할 만한 태도는 아니지만, 높은 곳에만 눈을 돌리고 있다가는 결코 일을 터득하지 못한다. 어떤 예술이나 평범하고 판에 박은 듯한 작품들이 엄청나게 쌓여 있다. 지름길은 없다. 피아노 연주든 작곡이든 조각이든 작문이든, 정말 잘하고 싶으면 오직 같은 것을 몇 번이나, 몇 시간이나, 며칠이나, 몇 해나 끊임없이 되풀이하는 과정을 거쳐야 한다. 한평생이 걸려도 절대적인 완성에 이르기에는 모자란다. 그리고 취미라는 것은 감상하는 능력에 지나지 않으므로, 여러분이 정말로 일류 예술가가 되고 싶으면 보고 들어야 할 모든 것을 보고 들어야 한다. 그런 뒤에 신이 은총을 내려 주신다면 앞으로 위대한 예술가를 꿈꿀 수도 있다. 그러나 그렇게 되려면 석탄 하역 인부나 하수도 인부들조차 고개를 절레절레 흔들 힘든 작업이 뒤따른다.

그 작업에는 선배의 일을 보고 듣는 것도 포함된다. 다른 길은 없으며 반드시 헤쳐 나가야 한다. 그리하여 여러분이 내 나이쯤 되면 평생의 일을 마치고 편안한 마음으로 박물관이나 미술관을 찾아, 많은 추억에 잠기면서 행복한 생활을 시작할 수 있을 것이다.

다행히도 대개는 가장 좋은 것만이 살아남는다. 그렇지 않으면, 이 세상의 삶은 불가능할 것이다. 형편없는 그림과 심포니가 모두 알뜰히 보존되어 있는 세계를 상상해 보라. 생각만 해도 소름 끼친다. 그러나 어느 시대에 예술 작품이 많이 만들어졌을 경우 흔히 공공 건축물이나 박물관마다 그림으로 더덕더덕 차게 되는데, 그 가운데 4분의 3은 다락방이나 쓰레기통에 들어갈 수밖에 없다.

이탈리아는 언제나 미술 애호가들의 절호의 사냥터이며, 오늘날에도 관광사업에서 많은 수입을 얻고 있다. 이 부지런한 이탈리아반도의 빈틈없이 약은 국민은 날짜나 이름을 붙일 수 있는 것은 무엇이나 소중히 간직해 두었다. 그결과 질릴 만큼 많은 것들이 보존되어 있다. 그러나 그 책임은 조상들에게 있다. 그중에서도 특히 예술을 단순한 산업으로, 온 유럽에 진짜 이탈리아 미술의 걸작을 공급하는 하나의 산업으로 전락시킨 그들의 조상에게 책임을 물어야 한다.

물론 많은 작품들이 오늘날 우리가 이해하고 있는 것만큼 '진품'이 아니다. 진품에는 서명이 있으며, 그 이름을 보고 현대의 화가라면 누구나 숨을 죽이고 "아아 어쩌면 이렇게도 훌륭한가!" 하고 소곤거린다. 그러나 진품이라 해도 반드시 거장이 손수 그렸다는 것을 뜻하지는 않는다. 왜 그런가? 그 무렵 관습이 그러했기 때문이다. '신이 내린 화가(divino pittore)'로 존경받던 위대한 라파엘로의 경우처럼, 그 무렵 장인은 스케치와 초벌 그림을 그리고, 완성하는 일은 화방 가득히 누구 못지않게 열심히 일을 배우고 있던 '도제'들에게 맡겼다. 하나의 대작(代作)인데, 그 대가로 도제들은 철저한 마무리 작업으로 그림을 익혔다.

그런 방식으로 그린 데는 여러 가지 사정이 있었다. 첫째, 재래식 템페라화[1]는 로마시대부터 유행했는데, 역시 단순한 하나의 '칠하는 그림'(Drawing with colors)에 지나지 않았다. 여러분이 처음으로 그림 물감과 색칠공부 책을 손에 쥐었을 때를 회상한다면, 내가 말하고자 하는 뜻을 알 수 있을 것이다. 그 색칠공부 책에는 한쪽에 윤곽선이 깨끗이 인쇄되어 있고 맞은편에 견본 그림이 있다. 그견본을 보고 윤곽선 안 흰 부분에 색을 칠했다. 나무는 초록으로, 지붕은 아주좋아하는 빨강으로, 하늘은 물론 파랗게 칠했다. 조심하지 않으면 하늘의 파랑

---

1) 그림 물감을 고착시키는 매질로 기름 이외의 재료를 사용하는 화법의 전부를 말한다.

이 지붕의 빨강과 섞여서 자주색이 되어 버린다. 이는 보는 사람이 하늘이라는 것을 알기만 한다면 어떤 색이 되든 상관하지 않았던 빈센트 반 고흐의 그림을 떠올리게 한다.

또 하나의 화법은 뚜렷한 윤곽을 쓰지 않고 전체를 색채만으로 그리는 방식이다. 그것은 이미 말했듯이 플랑드르 기법으로, 이탈리아에서는 베네치아 화가들이 먼저 그 화법을 배운 뒤부터 쓰였다. 기름이 매질로서 널리 쓰게 된 뒤부터 이 화법이 성행했다. 그 과정은 오랜 세월이 걸렸다. 반에이크 형제가 죽은 지 백 년이 지나도록 이탈리아 화가들은 여전히 템페라화를 그리고 있었다. 색채를 고정하는 매질로서 보통 달걀흰자위를 썼고, 기름은 전체의 효과를 높이기 위해 작품 위에 조금 쓰는 정도였다. 기름을 칠하면 템페라보다 훨씬 윤이 나고 그림에 광채가 더해져 고객들의 마음을 확 끌어당겨 비싼 값을 받을 수 있었기 때문이다.

그 무렵 화가들의 작품을 다루던 시장은 오늘날처럼 체계가 잡혀 있지 않았다. 이탈리아 회화가 유행하자 사람들은 이름 있는 화가의 작품을 찾았다. 소수의 유명 화가들은 세계 각지에서 밀려드는 주문에 다 응할 수 없었다. 오늘날 재즈 작곡가들 대부분은 너무 바쁘거나 편곡 능력이 없어(그들 대부분은 간단한 곡에도 화음을 넣지 못한다), 전문가를 고용하여 자신의 곡에 피아노나 오케스트라 반주를 달게 한다. 그와 마찬가지로 16세기의 공방 주인들도 세세한 부분은 죄다 조수에게 맡기고, 자신은 고객이 그림값에 불만을 품지 않도록 감독하는 것만으로 만족했다.

마치 르네상스 시대에 다른 예술 형식은 없었다는 듯이 너무 회화와 조각 이야기만 하는 건 아니냐고 묻는 독자도 있을 것이다. 그 시대에는 그 밖의 예술은 별로 두각을 나타내지 않았다. 예술의 부흥은 새로운 사회가 탄생하면서 생겨난 직접적인 산물인데, 새로운 사회에서는 으레 사람들의 관심이 회화 예술에 집중되는 시기를 거치게 마련이다.

남자에게는 물론 집이 필요하고 여자에게는 장신구가 필요하다. 그러므로 건축가와 보석세공사가 첫 예술가로서 등장한다. 그 바로 뒤에 화가와 조각가가 나타난다. 그리고 이들이 사회의 행복에 충분히 공헌하고 난 뒤에야 겨우

음악가, 배우, 작가들이
발언의 기회를 얻게 된다.

15~16세기 전반의 이탈
리아인들은 여전히 정말
로 '회화 팬'이었다. 음악
가가 중시되기 시작한 것
은 대작곡가 팔레스트리
나(Palestrina)가 나타난 16
세기 중엽 이후부터다. 그
동안 문학에서는 페트라
르카와 보카치오가 나왔
다. 그들은 단편 소설을
쓰기도 하고, 1천 년 동안
이나 잊혔던 호메로스를
서방 세계에 다시 소개하
기도 했다. 그러나 그들을
포함해 어떤 학자도, 화

티치아노(1485~1576) **자화상**   미드리드, 프라도 미술관 소장.

가들이 대중에게 호소한 것과 같은 방법으로 고대의 학문을 부흥하는 원대한
작업을 시도하지 않았다. 이 책에서 그런 화가들을 모두 다루는 것은 불가능하
다. 여기서는 가장 유명한 화가들만 소개하고, 나머지는 여러분에게 맡긴다.

티치아노

그의 아버지는 군인이자 정치가인 그레고리오 베첼리(Gregorio Vecelli)였다. 그
의 이름은 티치아노 베첼리였는데, 베첼리를 빼고 세상에서는 다만 '티치아노'
라고 불렀다. 그가 어느 해에 태어났는지는 알 수 없다. 일흔 나이에 말을 타고,
1,6킬로미터나 뜀박질하며, 저녁 식사에 고기 파이를 먹고, 안경 없이 글을 읽
을 수 있는 사람들이 대개 그러하듯 티치아노도 노년을 열렬히 예찬했다. 당
대의 누구보다도 오래 산 그는 쉰 살 중년보다 이젤 앞에 더 오래 앉아 작업할
수 있다는 것을 크나큰 자랑으로 여겼다. 그래서 그는 의뢰인에게 나이를 한두

살 올려 말하곤 했다. 1571년 에스파냐 왕 펠리페 2세에게 보낸 편지[2]에서, 그는 아흔다섯 살이 되었다고 알리고 있다. 오늘날 베네치아의 옛 기록을 살펴보니, 이 거장은 자기 나이를 열 살쯤 늘려서 말한 것 같다. 그렇기는 하나 정말 부러울 만한 장수이므로, 이 노인의 악의 없는 허풍쯤은 너그럽게 보아주도록 하자.

그는 아흔아홉 살까지 산 것으로 추측된다. 전염병만 아니었다면 그의 희망대로 100회 생일에 화필을 쥐고 그림을 그렸을 것이다. 전염병은 그의 목숨만 앗아간 것이 아니라 그의 집안까지 끝장내 버렸다. 티치아노는 늘 그림값을 많이 받았다. 그는 신성 로마 제국 백작이자 황금 박차 기사단의 한 사람이었고, 프랑스 국왕과 만찬을 함께한 예술가였으며, 일생의 대부분을 그런 신분에 걸맞은 대저택에서 살았다.

그가 전염병으로 죽은 뒤 아들도 곧 그의 뒤를 따랐다. 저택이 한동안 빈 사이에 베네치아의 폭도들이 이때랍시고 침입하여 들고 나갈 수 있는 것은 깡그리 훔쳐갔다. 그 무렵엔 이런 일이 흔했으므로 사람들은 대수롭지 않게 여겼다. 부모가 세상을 떠나면 그 집에 들이닥쳐 재산의 70퍼센트를 마음대로 가져가 버리는 미국의 미풍양속과 같다.

티치아노는 여행을 많이 했지만, 어릴 때부터 집은 줄곧 베네치아에 있었다. 그는 이 도시의 생활과 완전히 일체가 되었으므로, 지금은 티치아노 없는 베네치아는 베네치아 없는 티치아노와 마찬가지로 생각하기 어렵다. 이 거장은 그가 살고 있던 도시의 외향적 문화를 완벽하게 묘사했으므로, 예컨대 16세기의 베네치아 역사에 대한 문서가 다 없어지더라도 카날 그랑데(Canal Grande)[3]에 위치한 화방에서 그려진 초상화나 제단화로부터 이 도시의 당시 생활상을 매우 쉽게 재현할 수 있다.

티치아노의 생애 이야기는 여러 면에서 흥미가 깊다. 베네치아는 이탈리아 대도시 가운데 가장 마지막으로 르네상스의 영향을 받았다. 베네치아의 귀족들은 이 사랑하는 도시를 중세 최대 식민제국의 중심지로 만들었다. 그들은 15세기 말경까지도 아무런 저항 없이 권력을 유지할 수 있었다. 총독은 리

---

2) 독촉장이다. 이 국왕 전하는 걸핏하면 돈을 지불하지 않았다.
3) 베네치아의 대운하.

카날레토의 〈리알토〉 베네치아 중심부 그랑데 운하에 위치하며, 16세기 말 르네상스 시대에 세워진 토목술로 유명한 다리.

알토교[4] 바로 옆에 있는 광대한 저택에 살았다. 그는 대중의 낙천적인 성격을 알고 있었으므로, 날로 번영하는 이 물의 도시 시민들이 머잖아 날마다 축제를 벌일 것이라고 우려했다. 그래서 총독은 전통의 수호자가 되리라는 각오에서 매우 엄격하고 잔인한 법률을 많이 만들었다. 그런 체제 아래서 시내의 민중 생활은 300년 동안이나 침체되었다. 그리고 리바 델리 스키아보니(Riva deli Schiavoni)[5]의 가장 게으른 깡패들과 전혀 다를 바 없는 총독의 비밀경찰을 무서워한 예술가들은, 당국이 권장하는 비잔티움풍의 전통을 고분고분 따를 수밖에 없었다. 이 옛 전통은 콘스탄티노플이 이미 그리스도교의 손을 떠난 뒤에도 아드리아 해안가의 베네치아에서 한동안 명맥을 유지했다.

유명한 무라노섬은 지금도 베네치아 유리 공업의 중심지이며, 중세의 흥미로

---

4) 814년에 세워진 것.
5) 총독 관저가 있는 구역.

운 예술가 집안인 비바리니(Vivarini) 집안을 낳았다. 이 섬에서 탄생한 화파는 그 무렵 예술계 전체에 군림하여 모든 혁신에 반대하고 있었다. 그러므로 베네치아는 근대적인 것을 받아들일 가망이 없었다. 파도바 같은 훨씬 조그만 도시가 도나텔로나 만테냐(Mantegna) 같은 우수한 청년을 초빙할 수 있었던 것은 이 때문이며, 그렇지 않았더라면 의심할 것도 없이 베네치아에 가서 화방을 열었을 것이다.

그 반동이 당연히 일어났다. 그것은 15세기 후반의 일이었다. 낡은 세대가 사라지기 시작했다. 이윽고 옛 사상의 마지막 폭군들 가운데 이 도시를 이룬 117개의 조그만 섬에 산재하는 무수한 사원들 가운데 하나에 묻혔다. 그러자 후손들은 곧바로 환호성을 올렸다. 그들은 싸움터가 아니라 침대 위에서 죽은 총독을 곁눈질하면서, 꽤 까다로운 아버지와 조부들이 교황이나 술탄의 명령대로 움직이면서 수백 년에 걸쳐서 모은 재산을 천천히 음미했다.

그 무렵부터 이 가장 아름다운 도시는 유럽의 유행과 환락의 중심지가 되었다. 이후 250년 동안, 다시 말하여 프랑스 혁명군에 의해 공화정이 해체될 때까지 베네치아는 지난 200년 동안의 파리처럼, 또 미래의 뉴욕처럼 환락을 좇는 사람들이 갖고 싶은 것을 얼마든지 찾을 수 있는 도시가 되었다.

이와 같은 소문이 빠르게 널리 퍼지자, 유럽의 예술가들과 예술가로 행세하는 인간들이 한꺼번에 이 물의 도시로 몰려왔다. 화가와 조각가, 오페라 가수, 직업 도박사나 그 밖에 이럭저럭 상류사회의 환락에 기여한 모든 사람들이 짭짤하게 수익을 올렸다.

초기에 행복의 땅 베네치아에 온 사람들 가운데, 시칠리아 태생의 안토넬로다 메시나(Antonello da Messina)라는 젊은이가 있었다. 어쩌다가 된 일인지 플랑드르에 흘러들어가 새 유화법을 배운 그는 그 기법을 베네치아에 전했다. 이윽고 이 도시의 토박이 화가가 등장했다. 그것은 유명한 벨리니(Bellini) 집안이다. 이 집안은 2대에 걸쳐서 일류 화가들을 배출했다. 그중 가장 이름 높은 젠틸레 벨리니(Gentile Bellini)는 매우 경쾌한 색채 감각을 가진 화가였다. 그는 조르조네(Giorgione)와 카르파초(Carpaccio) 등 많은 베네치아의 대가들처럼 그리스도교 성인들을, 영혼을 구제하는 따분하고 쓸쓸한 일을 하기보다 도시의 조망을 즐기는 명사로 묘사했다.

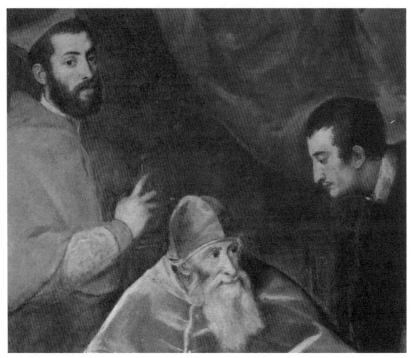

티치아노 〈교황 파울루스 3세와 그의 손자들〉 심리적 통찰력 있는 분석과 정확한 묘사를 통하여 티치아노는 이 등장인물들의 심오한 성격을 표현해 냈다. 나폴리 국립미술관.

베네치아에서는 성인들을 그런 식으로 묘사해도 괜찮았다. 베네치아 공화국 영내에서는 종교재판이 허락되지 않았다. 풍기 단속을 할 필요가 있으면 총독이 스스로 나섰고, 총독은 교황의 노여움을 무시할 만한 실력이 있었다. 이리하여 베네치아에서는 즐거운 생활이 이어졌고, 예술가들은 풍부한 수확을 거둬들였다. 그랜드 투어[6]를 떠나는 청년들은, 누구나 이 아드리아 해변의 도시에서 베네치아 화파의 유쾌한 작품을 한두 점씩 사들고 돌아갔다. 오늘날 미국의 박물관에 근대 프랑스 회화를 제외하고 베네치아 거장들의 위작이 가장 많은 이유도 그런 방식으로 수입된 탓이 크다.

이런 상황에서 티치아노는 길고 바쁜 생애를 보냈다. 처음에는 그 무렵 관례대로 먼저 모자이크 제작자의 공방에서 도제로서 일하고, 다음에는 벨리니 집

---

6) 그 무렵 상류 청년들이 사회 공부를 위해서 하던 외국 여행.

안의 두 사람에게서[7] 그림을 배웠다. 원하는 만큼 공부한 뒤에 그는 조르조네와 손을 잡고 일했다.

조르조네는 티치아노와 비슷한 연배였으나 젊은 나이에 죽었다. 그들은 함께 베네치아에 사는 독일인 상인의 상점을 위해서 일련의 프레스코화를 그렸다. 조반니 벨리니가 죽은 뒤 티치아노는 스승이 궁정에서 손을 대고 있던 그림도 완성했다.

이것이 그의 생애의 시작인데, 그 무렵으로서는 아주 보기 드문 일이었다. 티치아노는 일정한 후원자 없이 독립한 최초의 대예술가다. 그에게는 물론 이따금 작품을 의뢰하는 고객들도 많았다. 그러나 교황이나 영주에게 몇 해 동안이나 고용되어 '궁정 화가' 노릇을 한 적은 한 번도 없었다. '궁정 화가'라고 하면 그럴듯해 보이지만 실은 궁정 요리사나 어릿광대, 악사와 별로 다를 것이 없었다. 반면에 티치아노는 자기 화방을 갖고 있었으므로, 다양한 신분의 고객들이 이곳에 그림을 보러 와서 마음에 드는 것을 살 수가 있었다. 그도 자기의 독립된 지위에 자부심을 가지고 있었다. 그러나 프랑스 왕 앙리 3세가 몸소 공방을 찾아왔을 때 감격한 나머지, 왕이 값을 물어 본 그림들을 모두 헌정하면서 선물로 받아 달라고 청했다.

그러나 이것도 젊은 시절의 일화에 지나지 않는다. 그 뒤 평생토록 그는 자신의 마음에 드는 대상과 인물을 그렸으며, 의뢰인이 만족하건 않건 개의치 않고 자기 생각을 고집했다. 그 무렵에는 몇 안 되는 예술가들만이 이런 독립을 즐길 수 있었다.

그는 현세와 내세에서 이루어지는 삶의 모든 측면을 그림 주제로 다루었다. 그의 모든 작품에는 르네상스 시대 사람들의 삶에 대한 열렬한 애정이 드러나 있는데, 이것이 고딕 시대의 조상들과 확연히 다른 점이다. 게다가 티치아노는 아주 새로운 것을 덧붙였다. 나는 그것을 심리적 요소라고 부르고 싶다. 그가 그린 얼굴이 실제 인물과 닮았는지 아닌지는 수백 년 전에 그린 그림이니 뭐라고 말할 수 없다. 그러나 티치아노가 묘사한 의뢰인의 얼굴은 숨은 특징까지 참으로 정교하게 드러내고 있으므로, 그 무렵 문헌 기록 같은 적당한 판단 기

---

7) 처음에는 젠틸레에게 배우고 이어서 조반니에게 배웠는데, 둘 다 자코포의 아들이다.

티치아노가 그린 〈신성로마 황제 카를 5세 기마상〉 파울루스 3세와 카를 5세의 표정을 비교해 보라.

준이 없더라도 이 역사적인 인물의 진면모를 충분히 알 수 있다.

이를테면 교황 파울루스 3세와 두 손자의 초상을 보자. 교황의 얼굴에는 걱정스런 심경이 그대로 나타난다. 이 노인은 교황청의 외면적인 영광을 더욱 증대할 수만 있다면 무슨 짓이든 하려는 무서운 야심을 갖고 있으며, 다른 한편으로는 여생이 얼마 남지 않은 상황에서 자기가 빈틈없이 쌓아올린 모든 것을 못된 손자들이 파괴해 버리지 않을까 걱정하고 있다. 또 황제 카를 5세의 기마상을 보자. 그 상은 그 무렵 최강의 군주였고 동시에 수백만 백성을 거느리고 있으면서도 가장 고독한 인간의 모습을 표현하고 있다. 그리고 〈아레티노의 초상〉은 불한당 바로 그대로이다.

요컨대 티치아노는 단지 위대한 예술가에 그치지 않고, 자신의 이름으로 작품 활동을 하게 된 뒤 평생토록 자신의 명성을 높이고 존경을 받은 신사였다. 어쩌면 내가 티치아노를 완전히 잘못 본 것일지도 모르고, 그보다도 위와 같은 찬사가 더 어울리는 사람이 있을지도 모른다. 그러나 나는 늘 티치아노를 회화의 '프란츠 리스트'라고 부르고 싶다. 다만 여자를 대하는 면에서는 티치아노가 훨씬 뛰어났다. 그는 그림의 모델이 된 여성은 물론 다른 여성들도 능숙하게 다루었다.

묘하게도 사람들은 유명인의 다른 점은 다 잊어버리면서도 사소한 점은 잘 기억한다. 이를테면 '티치아노의 빨강'은 그가 많은 여성들의 머리카락을 불그스름하게 그렸기에 생긴 말이라는 것은 누구나 알고 있다. 그러나 그 특별한 빨강은 티치아노와는 관계 없는 일이며, 그는 그저 본 대로 그렸을 뿐이다. 그것은 그 무렵 유행하던 빛깔이었다.

베네치아는 16~18세기의 환락과 사치의 중심지였으므로, 물론 세계의 유행을 선도했다. 그런데 베네치아인들은 빨강 머리의 여자를 무척 좋아했던 것 같다. 마치 약 20년 전에 우리가 금발을 좋아하여 플래티넘 블론드(백금색)까지 발명하게 된 것과 같다.

그 무렵 미용사들이 어떤 로션을 써서 그런 효과를 냈는지는 알려져 있지 않다. 그 비법은 전해지지 않는다. 아마 햇볕과 관계가 있었을 것이다. 그 무렵의 숙녀들은 큼직한 밀짚모자를 쓰고 얼굴이 타지 않도록 가리면서, 모자 꼭대기에 뚫린 구멍으로 긴 머리카락을 늘어뜨린 채 햇빛 아래 몇 시간이고 앉아 있었다. 햇빛에 탄 밀 빛깔의 얼굴은 그 무렵 유행에 맞지 않아 얼굴은 태우지 않았다. 빨간 머리에는 크림색 얼굴이 가장 잘 어울린다고 여겨졌다. 그래서 모두 크림색으로 화장하거나 화가에게 돈을 더 쥐어 주고 크림색으로 그려 달라고 부탁했다. 오늘날 같으면 서인도 제도에서 한 달 동안 햇볕을 쬐고 온 것처럼 보이게 해달라고 천 달러쯤은 더 쓰겠지만.

레오나르도 다 빈치

이탈리아 요리의 다음 성찬은 레오나르도 다 빈치이다. 이 사람 이야기는 훨씬 마음 편하게 이어갈 수 있다. 우리는 이 존경할 만한 예술의 마술사를 너무나 잘 알고 있거나 혹은 거의 알지 못하므로, 오히려 우리의 마음에 들도록 자유로이 상상의 나래를 펼칠 수 있다. 이제부터 소개할 그의 업적은 다 빈치 자신이 부유한 예술 후원자인 밀라노 공 루도비코 일 모로(Ludovico il Moro) 앞으로 보낸 취직 지원서에 바탕을 두고 있다.

루도비코는 15세기 이탈리아의 독재자 가운데서 가장 흥미로운 인물이며, 유명한 스포르차 집안의 일원이다. 이 집안의 시조인 자코모 아턴돌로는 14세기에 루마니아의 척박한 농장에서 양이나 염소를 몇 마리 기르는 것보다는 차라리 산적질을 하는 게 더 돈벌이가 되리라고 생각했다. 그는 그 일

레오나르도 다 빈치(1452~1519) **자화상** 토리노, 레알레 궁전 소장.

에 재능을 발휘하여 급격히 세력을 뻗었다. 스포르차 집안은 이렇듯 혼자 힘으로 성공했으나, 루도비코는 프랑스 왕의 원조를 받아 밀라노의 공인 영주가 되었다. 그러나 새로운 영주로서 그의 실권은 그리 확고하지 못했으므로, 새 대중으로부터 충성과 인기를 얻는 방법을 여러 가지로 궁리했다.

대가를 바라지 않고 사람들에게 무엇을 주는 것(혹은 적어도 사람들이 공짜로 받고 있다고 생각하도록 만드는 것)은, 언제나 민중의 은인이라는 평을 들을 수 있는 매우 좋은 방법이다. 그래서 루도비코는 어느 날 도시 미관을 해치는 빈민굴을 철거하고, 아름다운 새 주택을 대대적으로 짓겠다고 포고했다. 그는 유능한 도시 설계가와 토목 기술자를 모집했다. 레오나르도는 재빨리 지원서를 제

출했다. 지원서를 포함해서 비슷한 내용의 여러 가지 문서를 통해 앞서 말한 그의 업적을 파악할 수 있다.

거장 레오나르도는 회화·건축·철학·시·작곡·조각·육상경기(넓이뛰기와 높이 뛰기를 잘했다)·물리학·수학·해부학 등 다양한 분야에 능했다. 여러 가지 악기 (특히 류트)를 다룰 줄 알았으며 직접 악기를 만들 줄도 알았다. 외국 손님에게 주인의 재산과 취미의 고상함을 과시할 필요가 있을 경우 언제나 매우 슬기롭게 정식 파티와 만찬회를 주관하는 솜씨를 발휘했다. 그는 토목에도 손을 대어, 스스로 고안한 수차와 수문으로 넓은 영지를 관개하는 새로운 방법을 개발했다. 그러나 그가 가장 흥미를 갖고 있었던 것은 비행기와 잠수함이었으며, 그것을 설계하는 과정에서 기중기와 자동 드릴 제작 방법을 고안했다. 그 밖에도 이 대단한 인물이 할 수 있었던 일은 더 있겠지만, 생각이 나지 않는다.

전문가를 존중하고 만능 인간(homo universalis)을 오히려 의심쩍어하는 요즘에는 재능 많은 사람이 일을 구하기란 쉽지 않다. 한 사람의 능력으로는 그 많은 일의 절반도 손을 댈 수 없을 것이며 그마저도 제대로 해내지 못하리라는 생각이 일반적이다. 그러나 레오나르도에게도 그런 생각을 품는다면 큰 잘못이다. 그는 화가·조각가·음악가·토목기사였을 뿐 아니라 회화(아마 이것이 그의 가장 큰 약점이었을 것이다)를 제외한 모든 예술과 과학에 정통했다. 어떻게 그 많은 일들을 모두 훌륭히 해낼 수 있었는지는 그와 관련된 수많은 수수께끼 가운데 하나이다. 그는 물론 모든 만능 천재와 마찬가지로 피로를 모르는 일꾼이었다. 그는 화방에서 먹고 자는 생활을 했는데, 불과 두세 시간만 쉬면 몸이 거뜬해지는 타고난 체질이었다. 그 덕분에 날마다 20시간을 끊임없이 수학을 연구하고, 기하학 문제를 풀고, 비행기(발동기만 있으면 공중에 떴을 성싶은 대단한 것이었다)를 설계하고, 여러 가지 물감과 건축 재료를 실험할 수 있었다.

이 뛰어난 재주꾼의 한 가지 결점은 너무나 부족한 끈기였다. 거대한 기마상을 만드는가 싶더니 곧바로 신형 대포를 만들어야 한다는 생각이 떠올라서 그 일을 옆으로 밀쳐 버린다. 대포에 손을 대고 얼마 되지도 않았는데 이번에는 그 무렵에 널리 쓰이던 플랑드르 물감보다 더 나은 유화 물감을 만들고 싶어진다. 이렇게 쉴 새 없이 두뇌 활동에 쫓겨 레오나르도는 한 번 시작한 일을 끝까지 마무리한 경우가 드물었다. 그는 예순일곱 살까지 살았지만 막상 완성한 일은 더 젊은 나이에 죽은 사람보다 적다.

〈모나리자〉 그림이 있다. 이것은 하노비 델 조콘다(Zanobi del Gioconda)의 아름다운 아내(그래서 흔히 라 조콘다라고 부른다)의 초상이다. 이 그림은 영원한 여성의 이상적인 본보기로 꼽힌다. 꿈꾸는 듯한 부인의 미소는 완벽한 여성성의 모든 비밀을 알고 있다는 분위기를 풍긴다. 그럴지도 모른다. 그러나 그녀가 미소를 지은 까닭은 늙은 남편이 세 번째 아내인 자신에게 전 재산을 물려주겠다는 유언을 남겼기 때문일지도 모른다. 막대한 유산을 가진 아름다운 미망인으로서 고향 나폴리로 금의환향하게 되었다는 득의에 찬 미소일 것이다. 혹은 레오나르도가 입술을 잘 그리지 못해 그 미소가 생겼는지도 모른다. 그는 해부학에 관한 지식은 풍부했으나 얼굴은 잘 알지 못했다. 고대 이집트와 그리스의 조각상에서 흔히 보는 그 고대적 미소는 거장이 까다로운 입을 그리다가 실패한 결과일 것이다.

이유야 어쨌든 그 얼굴은 그려진 무렵에도 대단한 인기를 끌었다. 15세기의 칼럼니스트인 피에트로 아레티노(Pietro Aretino)는 오늘날의 사이비 기자들처럼 가십거리나 찾아다니며 미켈란젤로를 등치려 했던 인물이다. 그는 마치 지금 사람들이 할리우드의 새 영화에 열광하는 것처럼, 레오나르도의 그림을 보자 너무나 기뻐서 열렬한 찬사를 보냈다. 그는 레오나르도가 이 그림을 구실 삼아 아름다운 부인에게 4년 동안이나 모델 노릇을 하게 했다고 썼다.

그는 이 예술가가 부인의 마음을 부드러운 행복감으로 채우기 위해 음악가를 고용했으며, 그 행복감이 그녀의 수그린 눈빛에 깃들어 있다고 말했다. 그럴듯한 주장이지만 이 그림과 관련하여 우리가 알고 있는 분명한 오직 하나의 사실은 4000플로린이라는 그림의 가격뿐이다. 이 금액이 프랑스 왕 프랑스와 1세(티치아노가 그린 초상화가 있다)가 〈모나리자〉를 파리에 갖고 갔을 때의 값이다. 다 알고 있듯이, 그때부터 이 그림은 줄곧 파리에 있다. 몇 해 전 애국적인 이탈리아인이 이 걸작을 외투에 감추어 사랑하는 조국에 되찾아가려고 한 적이 있었다. 그러나 불안한 몇 주일이 지난 뒤 이 사람의 트렁크에서 발견되어 루브르 미술관에 되돌아갔다. 이제 도난당하는 일은 없을 것이다.

루브르에는 레오나르도의 〈암굴의 성모〉와 〈성모자와 성 안나〉도 있다. 그에게 가장 큰 명성을 안겨 준 〈최후의 만찬〉은 1494년에 밀라노의 산타마리

레오나르도 다빈치 〈모나리자〉 루브르의 보물 〈모나리자〉는 레오나르도의 예술뿐만 아니라, 전성기 이탈리아 르네상스 회화 전체를 대표하는 명작으로서 너무나 유명한 작품(1503~05).

아 델라 그라치에 수녀원에 그린 것이다. 유화가 들어온 지 70년이나 지났는데도 레오나르도가 왜 템페라로 그리기로 마음먹었는지는 하느님만이 아신다. 짐작건대 그는 회반죽 위에 그림을 그리는 훌륭한 새로운 기법을 자신이 발견했다고 생각한 듯하다. 확실히 새로운 기법이었는지는 모르지만 효과는 영 아니었다. 완성 뒤 50년도 안 되어 색깔이 바래기 시작하더니 마침내 곰팡이 핀 것처럼 얼룩덜룩해졌다. 늘 자신을 신비주의로 포장했던 레오나르도는 어떤 매질을 썼는지 밝히지 않았다. 그 수리를 부탁받은 17~18세기의 전문가들은 그것을 유화로 취급하여 본디 색깔을 재생하려고 기름을 칠했다. 당연한 일이지만, 기름은 그림을 더 나쁘게 만들었을 뿐이었다. 그래서 이번에는 바니스 전문가가 초빙되어 잔뜩 바니스를 칠해 놓았다. 이렇듯 온갖 돌팔이들이 번갈아 드나들면서 이 그림을 못살게 군 끝에, 1908년에야 마침내 카베나기(Cavenaghi) 교수가 레오나르도가 쓴 진짜 매질을 밝혀냈다. 그 덕분에 적어도 레오나르도 무렵의 사람들이 왜 이 그림을 세계 7대 불가사의의 하나로 여겼는지 이해할 수 있을 만큼 복원이 가능해졌다.

레오나르도에 관한 것을 쓰기 시작하면 자꾸만 책 한 권의 분량으로 만들고 싶은 욕심이 생긴다. 그러므로 여기서는 그의 숨 가쁜 생애에 대해서 아주 간단히 언급하기로 한다. 피렌체의 한 공증인의 사생아로 태어난 그는 1470년 열여덟 살에 베로키오의 제자가 되었다. 거기서 일을 익히고 나서는 로렌초 일 마니피코를 위해 일했다. 그러나 곧 싫증을 느끼고 토목을 해보기 위해 밀라노로 옮겨 거기서 16년 동안 머물렀다. 여기서 그는 아틀리에를 열고 설계와 제도작업을 하는 한편 그림과 조각을 가르쳐 크게 성공했다.

그는 심심풀이 삼아 전례 없이 큰 기마상의 제작에 착수했다. 하지만 그것을 완성하기 전에 교황과 프랑스 국왕이 동맹을 맺고 밀라노 공국을 점령하여 분할하려 했다. 레오나르도는 이 도시에서 떠나야 했다. 그는 모은 돈을 피렌체의 메디치 집안에 보내어 투자를 부탁했으나, 기마상은 미완성인 채로 그 자리에 두고 올 수밖에 없었다. 루이왕의 궁수들이 이국 땅에 온 심심풀이로 이 기마상을 활 연습의 과녁으로 삼았다. 그 덕분에 지금의 우리들은 그 무렵 사람들이 남긴 어렴풋한 몇 가지 기록으로 기마상 모습을 상상하는 도리밖에 없다.

레오나르도는 밀라노에서 베네치아로 갔는데, 거기서 수학 연구에 전념할 참이었다. 그러나 옛 후원자였던 루도비코가 불행히도 스위스 용병들의 배신으로 프랑스 왕의 포로가 되어 옥중에서 죽음을 맞이할 신세가 되었다. 이 소식을 듣고 레오나르도는 언젠가는 밀라노에 들어가겠다는 모든 희망을 버리고 피렌체에 영주하기로 결심했다. 3년 동안 피렌체에서 그림을 그리면서, 근처의 골짜기 마을을 위협하던 산사태를 막는 방법과 같은 간단한 토목공사에 관여했다. 이 시기에 조각 하나를 제작할 기회가 있었다. 피렌체에 거대한 대리석이 있었는데, 시에서는 달리 쓸 데가 없어 그것을 레오나르도에게 넘겨주었다. 그리고 그가 마음대로 써도 좋다는 허가도 내려졌다. 그러나 그의 머리는 언제나 여러 가지 아이디어로 가득 차 있었으므로 생각을 정리할 수가 없었다. 그래서 대리석은 손도 대지 않은 채로 남게 되었는데, 오히려 그 편이 잘 되었다고 할 수 있다. 3년 뒤 미켈란젤로가 그것으로 〈다비드 *David*〉 상을 만들었기 때문이다.

레오나르도가 이렇게 지내고 있을 때, 교황 알렉산데르 6세의 아들 체사레 보르자(Cesare Borgia)는 로마냐에 자신의 왕국을 세우려고 안간힘을 쓰고 있었다. 그는 닥치는 대로 영지를 빼앗아 곧 막강한 세력을 갖추었다. 그는 솜씨 좋은 군사 토목기사를 한 사람 채용하고 싶어 했다. 피렌체에서 따분하게 살고 있었던 레오나르도는 옳다구나 즉각 그 일을 맡았다. 그는 새로운 일 때문에 중부 이탈리아 각지를 찾아다녔다. 라파엘로와 브라만테의 고향인 우르비노에도 갔다. 그곳에서는 레오나르도 자신도 몇 가지 스케치와 회화에 손을 댈 마음이 들었다. 그러나 갑자기 체사레의 아버지가 죽고 사업의 전망도 어두워지자 레오나르도는 조용히 고향으로 돌아갔다. 그가 도착했을 때 피렌체에서는 1440년에 용감한 피렌체군이 거둔 승리를 기념하기 위한 대규모 전쟁화 경연회가 열렸다. 레오나르도의 주된 경쟁자는 미켈란젤로였다. 레오나르도는 여느 때와 다름없이 꼼꼼하게 준비했다. 먼저 그는 전쟁 장면을 어떻게 그려야 하는가를 다룬 장황한 대논문을 쓰기 시작했다(물론 완성하지 못했다). 그런 다음 2년에 걸쳐서 전쟁화 밑그림을 그렸다. 마침내 피렌체 사람들은 두 점의 스케치를 비교할 수 있게 되었다. 하나는 레오나르도의 것, 또 하나는 미켈란젤로의 것이었다.

한편 레오나르도는 또 다른 회화 기법을 실험하고 있었다. 그것은 가열하여 벽 속에 스며들게 하는 일종의 템페라였던 것 같다. 그는 이 그림 물감을 의사

레오나르도 다빈치 〈동굴의 성모〉 밀라노, 성 프란체스코 대성당(1483~89).

당 벽에 칠하고 열을 가했다. 그러나 잘되지 않았고, 물감은 녹아서 흘러내렸다. 그 뒤 50년 동안 의사당의 벽 하나는, 너절한 갈색 수프를 흘린 것처럼 지저분한 상태로 남았다. 그것이 보기 싫어진 피렌체 사람들은 바사리에게 그 위에다 벽화를 그려 달라고 부탁했다. 그는 대화가들의 전기를 쓴 유명한 사람이다.

레오나르도의 전투 장면 스케치에는 사투를 벌이는 병사들과 말의 거칠고 사나운 기세가 충격적일 만큼 생생하게 표현되어 있었다고 한다. 라파엘로는 그것을 면밀히 연구하여 많은 것을 배웠다고 말했으며 다른 많은 젊은 화가들도 마찬가지로 좋은 본보기로 삼았다. 그러나 이 시대에도 지금처럼 기념품 사냥에 혈안이 된 인간들이 있었다. 결국 그 훌륭한 스케치는 토막토막 잘려 행방을 알 수 없게 되어 버렸다.

1506년 봄, 레오나르도는 피렌체의 고용주로부터 석 달의 휴가를 얻어 밀라노로 돌아갔다. 그 무렵 프랑스 왕의 이름으로 롬바르디아를 지배하고 있던 총독의 의뢰를 받아서 일했다. 이 휴가는 몇 번이나 연장되어, 결국 1507년 이탈리아의 영지를 방문한 루이 12세는 피렌체 장관의 동의를 얻어 레오나르도를 정식 궁정화가 겸 토목기사장에 임명했다. 그러나 끊임없이 새로운 것을 찾는 레오나르도의 탐구 정신은 공무에 의한 구속을 견디지 못했다. 결국 그는 로마로 옮겼다. 그곳에서는 교황 율리우스 2세가 마침내 성베드로 대성당의 공사에 착수하고 있었다. 이 대공사는 그리스도 교단의 모든 건축가·화가·조각가에게 확실한 일자리를 주었다. 라파엘로, 브라만테, 미켈란젤로가 이미 와 있었으며, 레오나르도도 참가했다. 율리우스 2세는 1513년에 죽고 레오 10세가 뒤를 이었는데, 이 사람은 메디치 집안 사람이며 레오나르도의 고향인 피렌체 태생이었으므로 레오나르도의 장래는 보장된 것처럼 보였다.

그러나 안타깝게도 레오나르도는 곧 좌절하게 된다. 그는 이미 예순하나, 미켈란젤로는 서른여덟, 라파엘로는 서른 살이었다. 세대 간의 갈등은 불가피했다. 레오나르도는 자기가 이제 필요하지 않다는 것을 느꼈다. 젊은 동료들은 진심으로 그를 존경했지만, 그의 충고는 아랑곳없이 자기들 마음대로 일을 했다.

다행히도 마침 그 무렵 레오나르도는 프랑스 왕 프랑수아 1세를 만난다. 이 현명하고 호기심 많은 국왕은 이 피렌체인의 다재다능에 감탄하여, 로마를 떠나 프랑스 궁전으로 온다면 바라는 것은 무엇이든 들어 주겠노라고 약속했다.

레오나르도 다 빈치 〈**최후의 만찬**〉(1465~97, 부분)

이리하여 레오나르도는 동년배들이 대부분 세상을 떠난 나이에 이국 땅에서 새 생활을 시작했다. 그는 전부터 중풍에 걸려서 오른팔을 쓸 수 없었으나, 왼손으로 그리는 기술을 익혔으므로 문제가 되지 않았다. 레오나르도는 자신이 모시는 왕을 위해서 호화로운 연회 준비를 도맡았다. 덧붙이자면, 이 왕은 유흥을 좋아하며 누구보다도 손님 접대에 능했다. 레오나르도는 수학 실험과 해부학 연구를 계속하다가 1519년 5월 2일, 은인의 팔에 안겨 편안히 숨을 거두었다. 왕은 생전에 레오나르도의 유언에 따라 그의 유해를 생플로랑탱 수도원에 묻어 주었다.

그의 방대한 유고(遺稿)는 유언에 따라 젊은 제자 프란체스코 멜치(Francesco Melzi)에게 보내졌다. 이 훌륭한 청년은 원고를 매우 조심스레 보관했으나, 그의 자손들은 잃어버리고 도둑맞아도 전혀 신경 쓰지 않았다. 회화 예술에 관한 레오나르도의 소견을 발췌한 글 몇 편이 출간된 게 고작이었다.

프랑스 혁명이 일어나고 나폴레옹 보나파르트라는 장군이 이탈리아 평원을 남하하여, 오랫동안 합스부르크 집안에 억눌려 고통당하던 민중에게 자유·평등·박애의 복음을 가져다 주었다. 보나파르트 장군은 브리온 사관학교 포병과 출신이었다. 예술에 관해서는 별로 알지 못했으나 대포에 관해서는 잘 알고 있었다. 그는 압착증기로 발사할 수 있는 대포를 발명했다고 알려진 레오나르도에게 깊은 관심을 가졌다. 그래서 보나파르트는 레오나르도의 원고로서 남아 있는 것은 모두 파리에 보내라고 명령했다. 이리하여 1796년 다양한 분야에 걸친 레오나르도의 유고는 모두 파리에 보내져서 프랑스 학사원이 관리하게 되었다. 시대를 통틀어 가장 유명한 왼손잡이 레오나르도가 오른쪽에서 왼쪽으로 쓴 기록을 몇 해에 걸쳐 해독하고 분류하고 편집한 끝에(역시 신비스러운 점이라고는 전혀 없었다), 이 피렌체인이 실제로 어떤 인물이었는지 밝혀졌다. 그는 역사상 가장 위대한 설계가였다. 증기기관에서 항공기에 이르기까지, 이 노인의 머릿속에서 꿈틀거리던 모든 것들은 수백 년 뒤에야 현실화되었다. 그 자신이 언젠가 말했듯이, 그는 자신의 상상력이 만들어 낸 결과에 아름다움을 더할 수 있도록 우주 전체를 탐험하려 한 사람이다.

라파엘로

예술가를 쓸데없는 사치가 아니라 사회적으로 꼭 필요한 소중한 존재로 여겼던 시대를 이해하기 위해 주목해야 할 인물이 또 있다. 1520년 그리스도 수난일 전날의 일이었다. 그 전 주부터 무서운 소문이 시내에 퍼지고 있었다. 라파엘로, 유명한 라파엘로 산치오(Raffaello Sanzio), 신이 내린 화가가 원인을 알 수 없는 열병에 걸려서 의사도 두 손을 들었다는 것이다. 그의 폐가 약하다는 것은 잘 알려져 있었는데, 감기에 잘 걸리는 사람에게 성도(聖都) 로마의 기후는 아주 위협적이다.

이 도시에 유명한 예술가들이 많이 몰려든 데는 까닭이 있었다. 북유럽에서는 온갖 이단이 오랜 세월 동안에 만연하여, 한 독일인 수사[8]는 무엄하게도 정신계(精神界)의 추장[9]의 권위를 마구 짓밟고 있었다. 이 소식에 조바심이 나 있던 교황은 이렇게 결의했다.

"이 그리스도교의 수도를 진정한 신의 도시로 만들면, 이곳을 찾는 진지한 순례자들은 이미 천국의 문에 들어섰다는 느낌을 가질 것이다. 그리하여 급속

---

8) 마르틴 루터.
9) 교황 레오 10세.

히 멀어져 가는 민심을 다 잡고 인간의 상상력을 장악해야 한다."

그리스도교 중심지의 명예와 영광을 구현하기 위해 초빙받은 거장들의 이름을 보라. 유명한 토목 기사이자 화가인 페루치(Peruzzi)는 이미 성 베드로 대성당의 한 부분을 맡아 땀을 뻘뻘 흘리고 있었다. 라파엘로가 존경하는 스승 페르치노(Perugino)도 잠시 등장했다. 그러나 그는 너무 노쇠하여, 교황 율리우스 2세의 새 집무실(이른바 스탄체)의 벽과 천장에 그림 그리는 일을 제자

라파엘로(1483~1520) **자화상**

들에게 맡기고 페루자로 돌아가 일흔여덟의 고령으로 세상을 떠났다. 그의 뒤를 이은 사람은 제자이자 조수였던 베르나르디노 디 베티(Bernardino di Betti)이며, 핀투키리오라는 이름으로 더 잘 알려져 있다. 이 사람도 비범한 재능의 소유자였지만, 오랫동안 별로 두각을 나타내지 못했다. 심지어 바사리(이 사람의 전기는 자료로서는 신빙성이 없지만, 당시 화가들의 생애를 아는 데는 중요한 문헌이다)는 시에나 사원의 도서실 프레스코화의 인물을 베티가 아니라 라파엘로가 그렸다는 소문을 퍼뜨린다.

베네치아 화가로는 로렌초 로토(Lorenzo Lotto)가 와 있고, 롬바르디아에서는 조바니 바치(Giovanni Bazzi)가 파견되어 있었다. 이 사람은 일 소도마(Il Sodoma, 소돔 사람)라는 별명이 더 유명하며, 위대한 레오나르도의 제자였다고 한다. 레오나르도 자신도 잠시 로마에 와 있었으나, 많은 젊은이들이 일하고 있는 것을

보고는 자기가 나설 자리가 아니라는 것을 알고, 옛집으로 되돌아갔다. 루카 시뇨렐리(Luca Signorelli)도 재능 있는 젊은이들과 함께 일하기에는 너무 늙었다는 것을 알고 로마를 떠났다. 더욱이 자기가 그 직전에 바티칸에서 착수한 그림을 교황이 라파엘로에게 다시 그리게 했다는 말을 듣고 기분이 상했다.

그리고 미켈란젤로도 있었다. 사실은 조각을 하고 싶은데 그림을 그리게 했으므로, 시스티나 예배당의 천장 가득히 고대의 영웅과 현자들을 섞어서 마구 그려댐으로써 실망과 분노를 표출했다. 이 그림은 지금도 신도들의 머리 위에 있다. 신도들은 그곳이 하느님의 집이 아니라 이교의 사원 같은 기분이 들어 꺼림칙하게 생각하고 있다.

이 사람들은 기간의 장단은 있으나 모두 라파엘로와 평소에 사귀던 동료였는데, 그 젊은 화가 라파엘로가 알 수 없는 병에 걸려 누워 있다. 만일 16세기에 신문의 예술평론이 있었더라면, 1520년의 부활제 전야에 현지 기자들은 땀깨나 흘렸을 것이다. 혹시라도 그가 곧 죽을 경우를 대비하여 이 위대한 인물의 생애에 관한 모든 사실들을 찾아내려고 각종 서류를 뒤지고 있었을 것이다. 그 기자는 기사를 쓰기 위해 이런 것을 수첩에 적었는지도 모른다.

'라파엘로 산치오, 산티의 아들…… 아버지 역시 화가이기도 했지만…… 크게 성공하지 못했으나……, 태어난 고향 우르비노에서는 상당한 일을 했다. 1483년 4월 6일 태생, 아버지는 그 무렵 도시의 지배자 몬테페르트로 후작집안 궁정에서 근무하고 있었다. 아버지가 죽었을 때 소년은 열한 살이었는데, 화필을 쥐자마자 곧 그림에 재질을 보였다. 소년은 계모와 사제였던 숙부의 후견을 받았다. 그들은 라파엘로가 재능이 있고, 뒷날 아버지만큼은 되지 않을까 하고 인정.

그는 열여섯 살 때 페루자로 가서 페루지노 밑에서 그림을 배웠다. 페루자는 그 무렵 젊은이들이 그림을 그리는 데 가장 좋은 곳이었던 것 같다. 움브리아 화파의 중심지이다. 창립자는 페루지노인데, 본명은 바누치(Vannucci)이다. 라파엘로는 1500년경부터 독립적으로 일하기 시작했다. 특기는 마돈나. 잠시 우르비노에 귀향.

1504년, 피렌체로 갔다. 마침 레오나르도와 미켈란젤로 사이에 전쟁화 경쟁이 벌어지고 있을 때였으며, 온 시내의 화제가 되어 있었다. 그는 오래된 예배당에서 마사초 작품을 주로 관람했다. 두 달 만에 배우고자 한 것을 다 배우고 페루자로 돌아갔다. 이어 시에나로 가서 빈트리키오를 도와 지방 도서관을 위한 스케치 작업을 한다. 여전히 종교화 전문이지만, 조금씩 초상화를 그리기 시작한다.

1506년, 피렌체로 돌아갔다. 몇 해 동안 체재하며 많은 성모상을 그린다.

1508년, 브라만테가 로마에 오지 않겠느냐고 권한다. 이 두 움브리아인은 실제 작업에서 여러모로 손발이 잘 맞는 듯하다. 이 무렵 교황은 대성당을 짓느라 정신이 없었다. 공사는 2년 전에 시작되었다. 재능 있는 젊은이들에게는 좋은 기회이므로 빨리 와 보라는 것이다.

브라만테는 그를 교황에게 소개했다. 교황은 마음에 들어 즉석에서 채용했다. 만사가 잘되어 갔다. 이윽고 상류층 만찬에 초대도 받고 그들의 그림을 그려서 크게 수입도 있었다. 그러나 처음 맡은 일은 신통치 않았다. 보르자 집안이 세운 바티칸 교황 집무실 벽에는 시뇨렐리와 그 밖에 많은 화가들이 그린 프레스코화가 있었다. 그 무렵 교황은 이것이 마음에 들지 않았다. 그래서 새로 고용한 화가에게 명령하여 그 위에다 그림을 다시 그리게 했다. 젊은 라파엘로는 교황의 명령대로 했으나, 예의바른 인물이었으므로(그처럼 공정한 젊은이도 드물 것이다) 자기 스승 페루지노가 그린 구석방은 그대로 두었다.

이 작업이 끝나자 많은 일이 기다리고 있었다. 바티칸은 이윽고 그의 작품으로 가득 찼는데, 그동안 짬짬이 이탈리아의 거의 모든 교회를 위해서 성모상을 그린다.

1513년 1월, 그의 첫 후원자였던 교황 율리우스 2세 서거. 그 후임자는 피렌체의 메디치 집안 사람으로, 율리우스보다 몇 배나 라파엘로를 마음에 들어했으며 위대한 로렌초의 아들이라 지불도 후했다.

돈 많은 은행가들도 라파엘로에게 틈만 나면 작품을 의뢰했다. 파르네세 저택의 그림이 그 한 예이다.

1514년 브라만테가 죽었다. 교황 레오 10세는 라파엘로를 그 후임자로 앉히고, 성 베드로 대성당의 건축 주임에 임명한다. 이제 세계 최고의 지위에 있는 그가 죽어야 한다는 것은 너무나 불행한 일이다. 더욱이 하필이면 아무도 그런 일에 정신을 쓰지 않는 부활제날에. 그렇다, 토요일까지 보류해 두자. 그동안에 미술부는 사진을 찍을 수 있다. 많은 사진을 곁들여서 일요판에 낼 수 있을 것이다.'

400년 전 우르비노의 조반니 산티의 아들 라파엘로 산치오의 유해가, 그의 미완성 작품인 〈그리스도의 변용 *Transfiguration*〉 앞에 묻혔다. 로마 사람들은 모두 관 옆을 지나면서 그의 아름다운 얼굴에 작별을 고하고, 그와 약혼하고도 아내가 되지 못한 처녀를 생각하고는 눈물을 흘렸다. 천재가 흔히 그렇듯 지난 4세기 동안 그의 명성은 시대에 따라 오르락내리락 했다.

그의 친구로 동시대인이었던 미켈란젤로는, 라파엘로가 성공한 것은 뛰어난 재능이라기보다 오히려 그 무서운 근면 때문이라고 말했다. 제법 정중한 칭찬처럼 들리지만, 실은 은근히 힐뜯는 말이다. 약 100년쯤 뒤에 성 베드로 대성당의 정면에 유명한 열주(列柱)를 세운 건축가 조반니 베르니니는 젊은 화가들에게 신이 내린 화가 라파엘로를 흉내내지 말라고 타일렀다. 사실 그럴 필요도 없었다. 이미 라파엘로는 과거의 유물이 되어 아무도 그의 그림에 관심을 갖지 않았다. 에스파냐의 벨라스케스(Velazquez)도 같은 의견을 말했다.

〈시스티나의 마돈나 *Sistine Madonna*〉가 작센 왕에게 팔렸을 때 드레스덴의 감정가들은, 어머니 품에 안겨 있는 아기예수가 '저속'하게 보인다고 트집잡았다. 고고학의 시조라 일컬어지는 중후한 독일인 빙켈만은, 박물관을 그리스와 로마 조각의 복제품으로 가득 채워 고전 조각이라면 진절머리 나게 만든 사람으로 유명하다. 그는 라파엘로가 조각가로서는 조금 재능이 있으나 화가로서는 그 무렵 독일의 거장들보다 훨씬 못하다고 평했다. 그러나 그가 말한 그 무렵 독일 거장의 작품 따위는 굳이 찾아 볼 필요조차 없으며 남아 있지도 않다.

그러나 19세기 초 낭만주의가 일어나고부터 모든 게 변했다. 불행한 젊은 베르테르에 대한 괴테의 감상적인 군소리 이후, 젊어서 아름답게 죽는 것이 크게 유행했다. 라파엘로가 바로 젊어서 그렇게 죽었고, 그가 그린 가녀린 마돈나는 그 무렵 독자들에게 헤르만의 연인 도르테아와 같은 여성의 매력의 정수라고 여겨졌다. 사람들은 라파엘로가 묘사한 차분한 표정의 성인들을 동시대의 미켈란젤로가 묘사한 야만인 같은 표정의 예레미야나 요나와 비교해 보았다. 그 비교는 반드시 시스티나 천장의 사려 깊은 예언자들에 대한 아첨이라고만은 할 수 없다. 가정 도덕에 대한 모든 문제를 선도하던 빅토리아 여왕은 라파엘로를 '즐겁고' 세련된 화가라고 생각했으며 그의 복제화를 즐겨 걸어 두었다. 사실 라파엘로를 비판한 사람들은 '라파엘로 전파(前派)'라는 기묘한 미술가 집단밖에 없었다. 그들은 열심히 노력하면

라파엘로 〈교황 레오 10세〉(1518~19)   피렌체, 우피치 미술관.

역사의 시곗바늘도 거꾸로 돌릴 수 있다고 진심으로 믿었으며, 라파엘로의 '공허한 기교'는 아무 쓸모가 없다고 생각했다. 그들은 매우 뜻밖에도 존 러스킨(John Ruskin)의 지지를 얻었다. 러스킨은 언제나 도덕성을 옹호했으며, 고딕 시대에 활동하지 않았던 예술가를 용납하지 않았다. 러스킨은 성서를 주제로 한 라파엘로의 그림이 사실과 다르다고 반대했다. 라파엘로가 그린 미인이나 고상한 신사는 히브리인의 본디 모습과 전혀 공통점이 없으며, 그것들은 영혼 없는 아름다운 인형에 지나지 않는다고 비난했다. 루브르에 있는 유명한 〈올랭피아 *Olympia*〉를 그린 마네는 화가들이 대개 그렇듯이 도덕가와는 인연이 없는 사람이지만, 좀 더 노골적으로 비평한다. "라파엘로를 보면 속이 메스꺼워진다"는

라파엘로 〈그리스도의 변용〉(1517~20) 바티칸 미술관.

라파엘로 〈시스티나의 마돈나〉 드레스덴 국립미술관.

말은 그의 기분을 정말 잘 나타낸다.

그리고 오늘날은 어떠한가? 나는 모른다. 라파엘로의 작품은 믿을 수 없을 만큼 뛰어난 기교와 데생 솜씨, 매력적인 색채 감각을 보여준다. 깊이는 별로 없다. 그러나 멀찍이 떨어져서 보도록 그려진 그림에 감정의 깊이를 준다는 것은 매우 어려운 일이다. 간단히 말해서, 드넓은 뉴욕 중앙역에서 음악회를 연다면 어느 누구도 가장 알맞은 악기로 하프시코드를 택하지는 않을 것이다. 라파엘로는 그리스도교 새 수도에서 무대 장치의 일부가 될 그림을 그려 달라는 의뢰를 받은 것이다. 그것의 목적은 오로지 교회의 권능과 영광을 신도들의 머릿속에 깊이 심어 주는 데 있었다. 그는 그 과제를 충실히 수행했을 뿐이다. 그것만으로도 충분히 칭찬받을 만하지 않은가.

미켈란젤로

또 하나의 이름은 미켈라니올로(Michelagniolo). 그는 어느 누구보다도 자존심 강하고, 대담하고, 극도로 고독했던 인물이다. 그에 대해서 이야기하기란 쉽지가 않다. 이 유례 없는 천재에 대해서 이러쿵저러쿵 늘어놓아 봤자 오히려 빛바래고 무의미한 말일 뿐이다. 그렇다고 해서 미켈란젤로 화파에 대해서 쓸 수도 없다. 그런 화파는 있지도 않았고, 있을 수도 없었기 때문이다. 그렇다고 '미켈란젤로 시대'라는 별도의 장을 구성해 그를 다룰 수도 없다. 미켈란젤로의 시대 같은 것은 없었기 때문이다. 그는 고립해 있었다. 평원에 홀연히 치솟은 거대한 산봉우리와 같아서, 그 시대 사람들을 굽어보는 존재였다.

보통 사람에게 해당되는 '위대함', '완벽함', '탁월함' 같은 예부터의 용어(사전에는 얼마든지 있다)는 그 앞에서는 갑자기 힘을 잃고 우스꽝스러워진다. 가엾은 멍청이가 타지마할 앞에 서서 기쁨에 손뼉을 치며, '어쩌면, 이렇게도 잘 지었을까!' 하고 소리 지르는 것과 같다. 미켈란젤로 작품에 대해서도 마찬가지다. 그것이 어떤 것인가를 알려면, 무슨 일이 있어도 자기 눈으로 직접 보아야 한다. 말만으로는 표현이 불가능하다. 말로써 나타내기 위해서는 무언가와 비교해야 하는데, 비교할 것이 없기 때문이다. 굳이 비유한다면, 만일 여러분이 미완성 작품이 너절하게 널려 있는 피렌체의 미켈란젤로 아틀리에에 처음 발을 들인다면 티탄(Titan)의 여러 신들의 오케스트라가 연주하는 베토벤의 〈장송행진곡)¹⁰)을 듣는 기분이 들 것이다. 그러나 그런 연주를 들어본 적이 없으니 콕 집어서 그 기분을 설명할 수가 없다. 우리는 그저 평범한 사람들이며, 음악가 협회의 회원들이 연주하는 오케스트라만 들을 수 있을 뿐이다.

그러므로 여기서는 그의 생애와 작품에 대해서 짤막한 개요를 쓰는 데 그칠 수밖에 없다. 참으로 위대한 인물의 경우 으레 그렇듯이 그의 생애와 작품은 일치한다. 미켈란젤로는 예순이 지나서도 몇 번이나 열애의 감정에 빠졌다. 우리 같은 보통 사람들은 한 번 열애에 빠지면 다른 일이 눈에 들어오지 않는다. 그러나 비토리아 콜론나(Vittoria Colonna)에 대한 누를 수 없는 사랑도 그로서는 단순히 활동 범위를 바꾼 데 지나지 않았다. 사랑에 빠진 시기에 그는 그림과 조각을 멀리하고 전혀 새로운 형식의 예술, 즉 시에 몰두했다. 그는 거대한 대리석 덩어리를 깎아 〈모세 Moses〉 상을 새길 때의 늠름한 힘으로 소네트(14행시)를 지었다. 그가 표현한 정서는 여느 시에 드러난 것보다 훨씬 고결했다. 마치 시스티나 예배당 천장에 그린 그림이 관람객들을 높은 곳에서 내려보는 것 같다고 할까.

그가 이 세상에서 보낸 90년 동안에 한 일 몇 가지를 설명해 보자.

그는 1475년에 태어났다. 가족은 이탈리아의 평범한 계층에 속했다. 집안은 좋았으나 살림이 넉넉지 못했다. 생계를 위해서 일하려고 마음을 먹는다면 그런대로 살아나갈 수 있었겠지만, 신분에 어긋난 짓이라는 생각에 그러지 못했다. 미켈란젤로의 아버지는 비천하게 임금을 받고 노동을 하느니 차라리 굶어 죽는 편이 낫다고 생각한 그 무렵 신사의 표본 같은 사람이었다.

아버지의 이해할 수 없는 태도에도 미켈란젤로는 이 무능한 아버지를 진심으로 사랑했다. 그는 돈을 받고 일할 수 있는 위치에 이르자 젊은 시절의 모든 어려움을 잊고 온 가족을 부양했다. 가족은 아버지와 두 형제였다. 어머니는 그가 태어나자 곧 죽었다. 그래서 가까운 마을 석공의 아내가 미켈란젤로를 젖을 먹여 길렀다. 조각을 좋아하게 된 것은 그 때문이었을 것이다. 그 자신도 흔히 그런 말을 했다. 아마도 농담이었겠지만 그렇다면 미켈란젤로가 평생에 단 하나의 농담일 것이다. 그는 너무 바빠서 농담할 시간이 없었다.

---

10) Death March, 3번 영웅교향곡 2악장.

본격적인 예술의 삶은 열세 살 때 도메니코 기를란다요의 도제로 들어가면서 시작되었다. 이 사람은 보석세공사 출신 화가로, 피렌체에서 가장 인기 있는 공방을 소유하고 있었다. 그러나 그보다 훨씬 전부터 미켈란젤로는 재능을 나타내고 있었으며, 코흘리개 때부터 벌써 대예술가가 되겠노라고 공언했다. 언제나 뼈대 있는 가문임을 의식했던 아버지는, 예술가가 된다는 것은 부오나로티(Buonarroti) 집안의 이름을 더럽히는 일이라고 분개했다. 그러나 스스로 더 나은 직업을 가진 적도 없고 아들에게도 그보다 좋은 직업을 마련해 주지 못했으며, 또 하늘이 그런 직업을 내려주는 것도 아니므로 아버지로서 자존심이 상해도 참는 도리밖에 없었다. 아마 그는 이렇게 자위했을 것이다. 예술가 가운데에도 매우 훌륭한 인물은 있으며, 성공하면 큰돈을 벌 수 있겠지. 아들이 유명해져서 집안을 일으킨다면 이보다 더 기쁜 일이 어디 있겠는가?

그러나 그것은 먼 장래의 일이다. 우선 이 젊은 천재는 일을 배워야 했다. 피렌체의 여느 미술학생들과 마찬가지로, 미켈란젤로도 브란카치 사원에 있는 마사초의 작품을 모사하는 일부터 시작했다. 어느 날 그는 다른 학생과 싸우다 코뼈가 부러졌다. 부러진 코뼈는 본디대로 회복되지 않았다. 그 때문에 미켈란젤로의 표정이 이상해졌는데, 그것을 두고 그의 적들은 그에게 흑인의 피가 섞여 있다는 소문을 퍼뜨렸다.

얼마 뒤 그는 기를란다요의 공방을 나와 메디치 집안이 세운 예술 아카데미로 옮겼다. 아카데미가 위치한 메디치 저택 정원에는 많은 고대 조각상들이 있었다. 아카데미 운영을 맡은 덕망 있는 노신사는 일생을 고대의 여러 신들 속에서 보냈으므로 그만 완전히 이교도가 되어 있었다. 이 사람은 미술아카데미를 문학아카데미처럼 만들어 버려서, 거기서는 성 바울이나 성 아우구스티누스보다 플라톤의 이름이 훨씬 많이 화제에 올랐다. 이것은 인문주의 사상이 르네상스 사람들의 마음속에 얼마나 깊이 뿌리박혔는지 보여 주는 좋은 예이다. 아무도 이런 변화에 놀라지 않았다. 바티칸도 로마 황제의 궁전처럼 바뀌어 가고 있었다. 이런 배경이 있었기에 미켈란젤로는 플라톤과 아낙사고라스의 제자로서 70년 동안이나 노골적으로 이교도적 신앙을 선전하는 그림을 그렸으면서도 이단의 혐의는커녕 교회의 대들보로 숭앙되었으며, 사람들의 슬픔 속에서 여든아홉의 고령으로 편안히 눈을 감을 수가 있었다.

불행하게도 그 위대한 로렌초 데 메디치는 1492년에 죽었다. 그의 아들 피에로는 우둔했다. 이 사람의 무능한 통치 아래 피렌체의 상황이 불안해지자 미켈란젤로는 거리에 바리케이드가 구축되기 전에 이 도시를 떠나기로 했다. 왜 그렇게 서둘러 떠날 결심을 했을까? 이 기묘한 모순덩어리 같은 인물은, 자신이 천리안을 가졌다고 굳게 믿고 있었다. 그는 갑자기 별다른 이유도 없이 두려움에 떨며 망치와 끌을 내던지고

마켈란젤로(1475~1564) 초상화

는 땀을 뻘뻘 흘리면서 이렇게 중얼거렸을 것이다. '곧바로 여기를 떠나지 않으면 큰일이 벌어질 거야!' 그래서 얼마 안 되는 재산도 내동댕이치고, 말을 사서 전속력으로 달려 한참 떨어진 도시에 닿은 뒤에야 겨우 안도의 숨을 내쉬었을 것이다.

이와 같은 일은 1492년이 처음이지만, 그 뒤에도 몇 번이나 되풀이되었다. 70년에 걸친 그의 활동을 간략히 살펴보는 가운데서도, 이 거장이 조합이 정한 시간 따위는 아랑곳하지 않고 자기 마음대로 일하면서 그런 도피 생활을 감행하는 사례를 보게 된다.

공포에 사로잡혀 피렌체를 떠난 그는 볼로냐로 갔다. 거기서 그 도시의 교회를 위해 조각상 두 개를 만들었다. 그러나 1년 뒤 그는 피렌체의 시의회 의사당 건설을 맡을 예술가의 한 사람으로 초빙되었다. 그래서 고향으로 돌아갔는데, 그가 사기극에 관여한 것은 이 무렵의 일이다. 그런 사건은 오늘날에도 얼마든

지 일어날 수 있으므로 바로 어제 일처럼 생생하다.

　과거에도 지금처럼 옛것은 무엇이든 새것보다 좋고, 멀리서 온 것은 가까이에서 온 것보다 좋다는 생각이 널리 퍼져 있었다. 2천 년 전의 하찮은 조각상이 당대에 만들어진 걸작보다 훨씬 더 사람들의 관심을 끌었다. 짓궂은 미켈란젤로는 이 점을 이용하여 큐피드상을 철저히 로마 양식으로 만들었다. 그것이 가짜 골동품 가게에 진열되자 사람들은 탄성을 지르며 큰 관심을 가졌고, 이윽고 고대미술에 정통하다고 우쭐대던 어느 추기경에게 막대한 값으로 팔렸다. 그러나 사기극이 흔히 그렇듯 그만 사실이 탄로나고 말았다. 추기경은 화가 나서 편지를 보내 돈을 돌려 달라고 요구했다. 이리하여 사건은 무마되었으나, 미술상은 16세기나 20세기나 변함이 없다는 점을 확실히 알 수 있다.

　그 뒤 곧 미켈란젤로는 다시 공포에 사로잡혀 피렌체에는 이제 한시도 머물러 있을 수 없다고 생각했다. 그는 로마에 가서 전에 가짜 큐피드를 팔아먹은 추기경을 찾아가기로 했다. '만일 그 사람이 정말로 예술을 안다면, 누구나 기원전 3세기의 진품으로 볼 만한 물건을 만든 내 솜씨를 인정하고 나를 크게 존경하면서 맞이해 줄 것이다.'

　그리하여 로마에 갔으나, 기대한 환영은 받지 못했다. 부오나로치(미켈란젤로)가 찾아갔을 때 추기경은 집에 없는 척하며 만나 주지 않았다. 자기의 안목을 우롱당한 감식가의 분노를 달랠 길은 없었다.

　그러나 로마에서 예술에 흥미를 가진 사람이 그 추기경밖에 없는 것은 아니었다. 곧 다 응하지 못할 만큼 주문이 쏟아졌다. 1496년부터 1501년까지 그는 로마에 머물렀다. 그 뒤 아버지가 생활비를 얻고 있던 관직(세관의 한직)을 잃어 생계가 곤란해지자, 미켈란젤로는 곧 피렌체로 돌아갔다. 그는 부모 형제를 지극히 생각하는 사람이었다. 그는 놈팡이 가족들을 죽을 때까지 돌봐 주었으며, 뒷날 베토벤이 그랬듯이 무능한 젊은 조카에게 애정을 쏟았다.

　얼마 뒤 곧 시에나에 초빙을 받아 시에나 대성당에 교황 피우스 2세의 기념비를 제작해 달라는 부탁을 받았다. 그는 주요 인물상 두 점을 완성했다. 그러나 나머지 두 점을 완성하기 전에 피렌체로 돌아가, 지금도 남아 있는 그 훌륭한 〈다비드〉상에 착수했다. 나중에 이 상은 비바람을 맞지 않도록 실내에 옮겨졌는데, 바깥에서 보아야 그 진가를 알 수 있기에 유감스러운 일이다. 어쨌든 〈다비드〉는 경탄할 만한 걸작이다. 재료가 된 이 거대한 대리석은 40년 전에 피렌체 시가 아고스티노 단토니오(Agostino d' Antonio)라는 조각가에게 사 준 것이었다. 그런데 가엾은 단토니오가 엄청난 크기에 그만 주눅이 들어 포기해 버렸다. 한동안 방치되어 있던 쓸모없는 돌덩어리에 마침내 미켈란젤로가 형태를 주고 숨을 불어 넣은 것이다.

그동안에 미켈란젤로는 성모상도 만들었는데, 그것은 나중에 플랑드르로 건너가 지금도 브뤼헤의 성모마리아 교회에서 볼 수 있다. 그러나 초기 플랑드르의 성채 안에 외로이 르네상스 조각상이 한 점 섞여 있어서 왠지 어색한 기분이 든다.

그가 그림으로 되돌아가서 레오나르도와 새 의

미켈란젤로 〈다비드〉(1501)
높이가 4m에 달하는 대형 조각상. 피렌체, 아카데미아 미술관.

사당 벽에 그릴 전쟁화를 놓고 경합을 벌인 것도 이 무렵이다. 앞에서도 말했듯이 그 그림은 마무리되지 못했으나, 미켈란젤로의 스케치는 남아 있다. 피렌체 병사들이 냇물에서 목욕하고 있을 때 적에게 습격당하는 장면이 그려져 있어서 〈수영하는 사람들 Bathers〉이라는 제목이 붙었다.

그때 로마에서 편지가 왔다. 로마로 와서 방대한 기념상을 제작해달라는 교황의 의뢰였다. 교황은 자기가 살아 있는 동안에 완성을 보고 싶다는 희망도 덧붙였다.

그러나 로마에는 화가들의 책략이 횡행하고 있었다. 성 베드로 대성당의 건축가 브라만테는 적어도 위대한 예술가가 자기 곁에 있는 것을 좋아하지 않았으며, 특히 교황 율리우스 2세가 편애하는 피렌체인 미켈란젤로를 매우 질시하고 있었다. 그래서 그는 교황에게, 미켈란젤로에게 시스티나 예배당 천장화를 그리게 하는 편이 더 좋을 것이라고 권했다. 그의 복안은 따로 있었다. 첫째, 미켈란젤로는 누구나 다 알듯이 그림보다 조각을 더 좋아하므로 거절할 가능성이 있다. 둘째, 응낙하더라도 적어도 5, 6년은 그를 멀리 떼어 놓을 수 있다. 셋째로 이것은 순전히 나의 상상이지만, 건들거리는 비계 위에서 일을 하다보면 떨어져서 목이 부러질 수도 있다. 나는 뮤즈의 추종자들[11]과 오랜 세월 함께 지냈으므로 그들이 서로 얼마나 '사랑'하는지 잘 알고 있다.[12] 미켈란젤로도 그런 의심을 한 것이 틀림없다. 그는 또다시 겁에 질렸다. 교황이 그를 불렀을 때는 이미 피렌체로 돌아간 뒤였다.

교황이 그런 계략을 꾸민 것은 아니었다. 교황은 까다로운 미켈란젤로의 천재성을 매우 잘 알고 있었던 듯하다. 사람들은 흔히 이 피렌체의 거장 미켈란젤로에 대한 교황의 경의는 별것이 아니었으며, 대금 지불을 자주 잊었다는 이유를 들어 그가 미켈란젤로의 재능을 진심으로 알아주지 않았다고들 말한다. 그러나 그런 증거는 아무것도 없다. 학자나 예술가(문인을 포함한)는 흔히 까마귀가 먹는 음식이라도 먹고 살 사람들이라고 말한다. 굶어 죽을 것 같지도 않은데 돈을 지불해야 할 이유가 어디 있는가? 미켈란젤로는 두려움을 느끼면서도 결국 마음을 바꾸어 돌아가기로 했다. 모든 안전조치를 보장받은 뒤 그는 로마로 향했다.

그를 기다리고 있는 첫 번째 일은 교황 자신의 커다란 조각상을 만드는 일이었다. 그것은 청동으로 만들어 볼로냐의 중앙 성당 문 위에 세워졌다. 볼로냐는

---

11) 예술가를 말한다.
12) 실은 서로 사랑하고 있지 않다는 뜻.

미켈란젤로 〈로렌초 데 메디치의 묘비〉 피렌체, 산 로렌초 교회.

전쟁이 끝나고 곧바로 교황의 영토가 된 탓에 주민들은 심한 고통을 겪고 있었다. 이 조각상이 없어진 까닭도 거기에 있다. 볼로냐인들은 주권을 회복하자마자 교황 수비대를 시에서 쫓아내고, 과거를 생생하게 떠올리게 하는 그 조각상을 파괴해 버렸다.

그러나 미켈란젤로는 다시 한 번 볼로냐를 방문해야 했다. 시스티나 천장화는 4년이나 걸렸으며, 그 때문에 목이 굽어 평생 고생했다. 천장화를 그리는 도중에도 재료 살 돈을 받기 위해 몇 번이나 교황청으로 달려가야만 했다. 마침내 율리우스가 죽기 넉 달 전에 마무리되었다. 곧바로 미켈란젤로는 살아 있는 사람의 조각상으로서는 유례 없는 엄청난 규모의 조각상을 제작하기 시작했다.

예술가의 삶이 화려하다는 신화를 아직도 믿고 있는 사람이 있다면, 지금부터 펼쳐지는 미켈란젤로의 생애를 잘 보기 바란다. 교황이 죽자 친족들이 곧바로 자질구레한 일까지 참견하기 시작했다. "제작비를 줄여야 하오" "크기를 줄이면 비용을 절반으로 줄일 수 있소" 등등 잔소리를 했다. 결국 미켈란젤로는 조각상 세 점만 만들었을 뿐이다. 지금 루브르에 있는 〈벌거벗은 노예상〉 두 점과, 로마 빈콜리의 산 피에트로 성당에 있는 장대한 〈모세상〉이다.

그러나 미켈란젤로는 그 세 점 모두 마무리하지 못한 채 플로렌스로 돌아갔다. 새로 선출된 교황은 메디치 집안 사람이었으며, 동향인 미켈란젤로에게 고향으로 돌아가 산로렌초 사원의 정면에 장식할 작품을 만들어 달라고 부탁했기 때문이다. 율리우스의 상속인들도 승낙하여 그와의 계약을 일시적으로 해제해 주었으므로, 그는 적당한 대리석을 손에 넣기 위해 부랴부랴 카라라[13]로 갔다. 그런데 그곳에서 정신없이 일에 착수하고 있는데, 지방 장관이 피에트라 산타의 돌산과 덜컥 계약을 맺어 버렸다. 이리하여 계획은 모두 수포로 돌아가고 큰 고생도 헛수고가 되고 말았다.

그 무렵 그는 프랑스 왕이 매우 좋은 조건을 제시하며 파리에 와 달라는 것도 거절했고, 볼로냐 행정장관이 이번에는 자기가 몸이 달아 새 조각상을 만들어 달라고 요청해도 받아들이지 않았다. 게다가 교황은 그에게 로마로 돌아와

---

13) 예부터 유명한 채석장이 있는 곳.

미켈란젤로 〈천지창조〉(1508~12) 신이 아담을 창조하는 부분. 바티칸, 시스티나 예배당 천장화.

라파엘로가 죽어서 끝내 마치지 못한 일을 마무리해 달라고 부탁해 왔다. 미켈란젤로가 어느 쪽의 주문을 받을까 망설이고 있을 때 이탈리아는 갑자기 큰 내란의 소용돌이 속에 휘말려 들어갔다. 황제의 군대가 로마를 공격하는 사이에, 피렌체인은 은밀히 메디치 집안을 축출했다. 그러나 곧 교황과 황제가 화약을 맺었으므로, 이번에는 피렌체가 공격을 받는 차례가 되었다. 모든 피렌체인은 부랴부랴 시의 방위에 나섰다. 미켈란젤로는 방위 계획의 총책임자가 되었다. 그는 성벽을 강화하기 위한 온갖 새롭고 독창적인 방법을 연구했다. 그러나 또다시 공포에 사로잡혀 달아났다. 모든 일이 끝난 뒤(혁명가들은 끊임없이 내분을 일으키므로 효과적인 방위가 불가능했다) 그는 피렌체로 돌아가 메디치 집안이 주문했던 기념비 제작을 속개했다. 산로렌초 성당에 설치된 납골당을 장식하는 일이었다. 그중 세계적으로 널리 알려진 것은 〈낮과 밤〉이라고 부르는 유명한 와상이다.

그 밖에도 많은 일거리가 있었으나, 그 전에 미켈란젤로는 로마로 돌아가 율리우스 2세의 유족과 맺은 계약을 완수하기로 했다. 그러나 유족들은 더 기다려야만 했다. 그가 영원의 도시 로마에 발을 들여놓자마자 교황은 시스티나 예배당의 제단 바로 윗벽에 그려져 있던 페루지노의 프레스코를 지우고 그 위에 새것을 그려 달라고 부탁했다. 페루지노의 그림은 이제 교황의 취미에 맞지 않았던 것이다. 미켈란젤로는 승낙했다. 이리하여 〈최후의 심판 *Last Judgment*〉이 세상에 모습을 나타냈다. 그런데 이 그림은 완성도 채 되기 전부터 바티칸에 있는 일부 경건한 신자들의 엄격한 비판을 받았다. 특히 교황의 의전장은 몹시 분개했다. 이 의전장이 어떤 모습을 하고 있는지는 이 그림의 맨 밑을 보면 잘 알 수 있다. 미켈란젤로는 그를 저승에서 죽은 자를 심판하는 미노스로 그려 놓았으며, 바로 카론(Charon)[14]의 배를 타고 있는 인물이다.

그러나 훨씬 유력하고 따라서 더 무서운 사람들이 있었으며, 그들 역시 이 티탄들이 싸우는 그림은 그리스도교 신의 성채에는 적합하지 않다고 생각했다. 사실 교황 파울루스 3세도 그 그림을 싹 지워 버리라고 명령을 내리려 했다. 그러나 벌거벗은 인물들에 옷을 입히면 그림 전체를 새로 그리는 것보다 돈이 훨씬 적게 들 것이라는 말에 수긍하고 명령을 거두었다. 아주 평범하기 짝이 없는 화가 다니엘레 다 볼테라(Daniele da Volterra)가 최초의 모독을 가했고, 약 200년 뒤에 누드로 남아 있는 몇몇 인물에 또다시 옷이 그려졌다. 지금은 경건한 신자들이 놀라지 않아도 된다. 수백 년 동안이나 촛불의 그을음과 향의 연기로 그림에 검댕이 두껍게 내려앉아 누가 성자이고 누가 죄인인지 거의 가릴 수 없기 때문이다.

〈최후의 심판〉은 1541년에 완성했다. 미켈란젤로는 그 뒤에도 23년을 어떤 때는 조각가, 어떤 때는 화가, 어떤 때는 토목기사나 건축가로서 밤낮 없이 일했다. 만년이 되자 그는 매우 쓸쓸해졌다. 같은 시대의 사람들은 모두 세상을 떠나 버렸다. 가까운 친척들도 죽었다. 조카 로렌초가 유일한 상속인이었으며 이 조카에게 그는 모든 애정을 쏟았다. 나이 예순에 이르러 그의 생애에서 단 한 번의 사랑이 싹텄다. 그러나 그것은 지적인 사랑이었다. 그의 헌신의 대상이었던 비토리아 콜론나는 깊은 종교적 정서를 가진 여성이었다. 그러므로 이 여

---

14) 어둠의 신 에레보스와 밤의 여신 닉스의 아들로 죽음의 강에서 망령을 건네주는 뱃사공.

미켈란젤로 〈최후의 심판〉(1536~41)　제단 위 벽화가 최후의 심판이고, 천장화는 천지창조이다. 바티칸, 시스티나 예배당.

성이 플라톤의 지혜, 그리스도교 신앙의 진리, 예술의 신비를 똑같이 열렬하게 찬미했던 미켈란젤로의 많은 작품들을 어떻게 생각했을지는 무척 궁금한 일이다. 미켈란젤로는 아흔이 다 된 나이에도 건강을 도외시한 채 일손을 놓지 않았다. 1564년 그는 디오클레티아누스 황제의 옛 목욕탕을 그리스도 교회로 개축하는 헤라클레스적인 대사업과 씨름하다가 뇌졸중으로 쓰러져 며칠 뒤에 죽었다. 그는 죽음을 바라고 있었을 것이다. 죽을 때까지 일을 그만둘 수가 없었기 때문이다.

그런데 예술의 책을 쓰고 있는 것이니, 이 사람의 노작을 요약하는 말 몇 마디를 덧붙이고자 한다. 이 사람의 작품 앞에 가까이 가면 나는 묘하게 무릎의 힘이 빠지는 듯한 느낌이 들고, 맹세코 내 영혼과는 아무 관계도 없는 겸양의 감정이 생긴다. 어쨌든 나는 한 가지는 말할 수 있다. 그 노인도 내 말을 이해할 것이다.

미켈란젤로의 위대함은 고상한 불만에 있었다. 남에 대해서가 아니라 자기 자신에 대한 불만이다. 이 세상의 모든 위대한 사람들, 베토벤·렘브란트·고야·요한 제바스티안 바흐처럼, 미켈란젤로도 '완벽'이라는 말의 뜻을 알고 있던 거인이었다. 그리고 아득히 가나안의 땅을 바라보고 있던 모세처럼, 그는 우리 인간이 결코 뛰어넘을 수 없는 장벽이 있다는 것을 깨닫고 있었다. 그러기에 그것은 고상한 불만인 것이다. 그것은 참된 지혜의 시작일 뿐 아니라 모든 위대한 예술의 시작이자 끝이기도 하다.

29장
아메리카

구세계는 신세계를 발견했다. 신세계는 구세계의 예술에 직접적으로 공헌은 하지 않았지만, 간접적으로는 엄청난 부로 새로운 예술 애호가를 낳았다. 그 영향으로 중세라는 시대는 드디어 종지부를 찍는다.

1493년 봄에 콜럼버스가 인도 제도의 첫 항해에서 돌아왔다. 이 유명한 제노바 공화국 시민은 보통 탐험가나 발견자로 알려져 있다. 그러나 그는 본디 사업가이면서 기묘한 몽상가였으며, 반은 신비가이자 반은 탐험가라고 할 만한 인물이었다. 그는 왕 앞에 나아가, 자신의 묘안을 실천에 옮기면 큰돈을 벌 수 있고 고갈된 에스파냐의 국고를 채울 수 있다고 말했다.

바마 제도에서 돌아왔을 때까지도 그는 자신이 뜻밖에도 새로운 대륙을 발견한 것을 전혀 깨닫지 못하고 있었다. 그가 함께 데리고 온 원주민들은 확실히 중국인이나 일본인이나 인도인과는 그다지 비슷하지 않았다. 그들에 관해서는 마르코 폴로나 그 밖의 중세 여행가들이 쓴 책으로 유럽인들도 이미 알고 있었다. 그런데 콜럼버스가 데려온 사람들은 누구도 아직 본 적이 없는 종족이었다. 유럽인들은 훨씬 뒤에야 비로소 콜럼버스가 발견한 섬이 아시아와는 아무 관계도 없을지 모른다는 불쾌한 사실을 깨닫고, 서쪽으로 키를 잡아 항해함으로써 환상의 나라 지팡구(일본)에 닿을 수 있으리라는 희망을 버렸다. 따라서 콜럼버스 무렵의 사람들 대부분은 신대륙의 존재를 알지도 못하고 살았다. 예컨대 신대륙의 존재를 알았다 해도 큰 차이는 없었을 것이다. 우리가 뉴기니아 한가운데에서 수천 평방마일의 숲을 발견했다는 뉴스를 읽는 거와 같다. 흥미롭기는 하지만 그것이 대체 어쨌다는 것인가?

그런데 30년쯤 지나자 정세는 달라졌다. 이 무렵 코르테스가 멕시코를 정복했는데, 멕시코에는 황금이 엄청나게 많았다. 그것이 무엇을 의미하는지 유럽인들은 너무나 잘 알고 있었다.

다시 10년쯤 뒤에 모든 정복자 중에서도 가장 비열한 인물 피사로가 페루를 정복했다. 유럽인들에게는 환영할 만한 소식이었다. 가난에 찌든 수많은 모험자들이 부랴부랴 대양을 건넜다. 그들은 여기서 약탈로 주머니를 가득 채워 고향으로 돌아왔다. 그 뒤 수백 년이 지나서 비로소 유럽인들은 그동안 '두 다리 가진 벌레의 일종'이라고 기록했던(또 그런 벌레로 취급했던) 유색 야만인들이 실은 고도의 기술을 가진 장인들이었다는 것을 알게 되었다. 금은에 정신이 팔렸을 때는 미처 몰랐지만 알고 보니 신대륙에는 흥미로운 기념물이 무척 많이 있었다.

또한 그들이 만든 바구니나 도기도 이집트인이나 바빌로니아인의 작품에 못지않았다. 유감스럽게도 그것은 거의 남아 있지 않다. 중남미는 기후가 습해서 집 밖에 놓아 둔 것은 금방 못쓰게 되어 버린다. 북아메리카에선 빙하가 유럽보다 훨씬 오래 남아 있었으므로, 후세에 남을 만한 것을 만들 만큼 인구가 충분치 않았다.

그러나 중요한 예술 형식의 발달을 가로막는 요소는 기후 말고도 또 있다. 몇몇 지역을 제외하고, 인디언은 유목생활을 벗어나지 않았다. 그들은 말도 낙타도 없었고 수레도 알지 못했으므로, 여자들이 등에 짊어지고 나를 수밖에 없었다. 남자는 전사(戰士)이며 신분이 높았으므로 짐 같은 것은 나르지 않는다. 그래서 약간의 무기와 낚시 도구 이외는 모두 불필요한 짐으로 생각되었다. 이런 까닭으로 콜럼버스 이전, 정말로 선사 시대의 것이라고 할 만한 예술의 유물은 조금밖에 남아 있지 않다. 바구니나 항아리, 쟁반 같은 것은 갈대와 점토만 있으면 어디서나 만들 수 있었는데, 이 두 가지 필수적인 재료는 대륙 어디에나 있었다. 그래서 인디언은 이동할 때도 부엌 살림도구를 챙겨 갈 필요가 없었다. 쓰던 항아리나 쟁반은 야영했던 자리에 남겨 두고, 다른 곳에 도착하면 곧 새 것을 만들었다. 그래서 바구니나 도자기는 약 2만 년에 걸쳐서 완전히 아메리카 대륙을 지배했던 알공킨족, 모호크족, 그 밖에 모든 인디언 부족의 초기 역사에 대해서 거의 아무것도 말해 주지 않는다. 우리는 그 상황 증거로서 중남미의 인디언이 세운 건조물에 의지하

콜럼버스 신대륙 발견 1493년 피렌체에서 발간된 책에 수록된 목판화. 에스파냐 왕이 인도에 상륙하는 콜럼버스를 바라보는 장면, 그 무렵에는 인도인 줄로만 알았지 아메리카인 줄은 아무도 몰랐다. 근대사의 막을 올린 이 사건은 로렌초 메디치가 세상을 떠난 지 여섯 달 지난 1492년 10월 12일에 일어났다.

는 도리밖에 없다. 그들이 능숙한 기술로 세운 건축물은 열대식물(모든 자연력 가운데 가장 파괴적인 것)의 거센 공격도 견뎌내어 지금까지 남아 있다.

그러나 이미 말했듯이 그런 피라미드나 사원은 기후와 토양이 좋고 사냥터를 찾아 이동하지 않아도 살아갈 수 있는 지역에서만 볼 수 있다. 그런 지역의 정치 발전은 이집트나 메소포타미아, 지중해 연안 지방과 매우 비슷했다. 강자가 약자를 정복하여 중앙집권적 제국을 세우고, 피정복 종족은 일을 하고 정복자들은 일종의 귀족으로서 호화로운 생활을 했다. 설령 에스파냐인들이 그런 제국 체제를 보지 못했다 하더라도 우리는 알 수 있다. 멕시코와 페루의 신전들은 매우 세밀한 계획과 풍부한 인적 자원 없이는 도저히 건설할 수 없는 것들이다.

멕시코의 신전들이 정확히 언제 세워졌는지는 알 수 없지만 비교적 근세라는 것은 확실하다. 프랑크족이 왕국을 형성한 무렵(6세기)까지 마야족은 유카탄반도를 차지하지 않았던 것 같다. 아즈텍족[1]이 멕시코를 정복한 것은 아마 정복왕 윌리엄과 같은 시대(11세기)였을 것이다. 잉카족, 다시 말하여 태양의 민족이 안데스산맥 속에 대제국을 건설한 것은 틀림없이 성 프란체스코가 이탈리아에서 그 자신의 색다른 제국(프란체스코 수도회)을 건설하고 있을 무렵(13세기)일 것이다.

돼지치기 출신의 피사로 같은 인간이 고고학상의 세밀한 일에 깊은 관심을 가졌을 리 만무하다. 그러므로 그의 부하들이, '우리는 수천 년이나 되는 오랜 제국'을 멸망시키고 왔다고 큰 소리로 우쭐댄 것도 무리가 아니다. 만약 그들이 조금만 더 정확한 지식을 얻고 싶어 했더라면 마야인의 달력이 큰 도움이 되었을 것이다. 마야인 사제들은 우리가 로마인들로부터 물려받은 것보다 여러 가지 면에서 훨씬 뛰어난 달력으로 한 해를 구분했다.

불행하게도 에스파냐 정복자들 가운데는 약간의 성직자들이 섞여 있었는데, 영혼을 구하겠다는 그들의 욕망은 약탈자들의 황금에 대한 탐욕 못지않게 강렬한 것이었다. 이들 광적인 수사들은 신세계의 가엾은 이교도들을 사악한 미신에서 구하기 위해, 오랜 토착 문명의 증거품인 모든 문서와 그림을 알뜰히 긁어 모아 찬송가를 부르면서 모조리 태워 버렸다. 이때 귀중한 필사본들을 조금이라도 에스파냐에 보냈더라면 지금쯤은(최근 이들 상형문자를 해독하는 데 성공했으므로) 신세계의 초기 역사를 상당히 알 수 있었을 것이다. 그러나 그 광적인 수사들의 난폭한 파괴를 면한 마야족의 필사본은 얼마 남아 있지 않다. 따라서 앞으로도 오늘날 알고 있는 것 이상으로 알 수는 없을 것이다.

공교롭게도 마야인이나 멕시코인은 로마인과 마찬가지로 진짜 아치를 만드는 방법을 알고 있었지만, 아치를 쓰지 않고 만들어야 했다. 그들은 묘한 방법으로 지붕을 만들었다. 돌들을 겹겹이 쌓아올려서, 맨 위에 석판을 얹는 방식이다. 이 방식에는 로마네스크 사원을 세울 때와 똑같은 곤란이 따랐다. 즉 무거운 지붕이 바깥쪽으로 밀려나는 것을 막기 위해 벽을 매우 두껍게 쌓아야

---

1) 1519년 코르테스가 멕시코를 정복했을 때 있었던 원주민.

했다. 그러나 이 벽은 조각가들이 솜씨를 발휘하는 데는 더없이 알맞은 공간이었다. 고대 마야 신전의 프리즈는, 우리가 고대 그리스나 이집트의 신전에서 보는 프리즈 못지않게 흥미롭다.

보통 이런 사원에는 기둥이 없다. 벽이 기둥을 겸하고 있으며, 벽 가운데 어떤 것은(폭이 너무 넓지 않을 때는 언제나) 여상주(女像柱)를 비롯한 여러 가지 장식을 했다. 다만 이 경우 장식은 그리스 여신이 아니라 마야족이 신성시한 동물로 여겨지는 뱀이었다.

건축재로 모르타르를 쓰지 않아, 건물 대부분은 길게 뻗은 나무뿌리에 큰 손상을 입었다. 나무뿌리는 화강암 덩어리 이외에는 무엇이나 뚫고 들어간다. 원시종교의 신자들이 죄다 그리스도교로 개종해 버리자, 신전은 완전히 방치되어 버려졌다. 지금은 마치 보로부두르나 앙코르와트 유적처럼 원시림 속에서 신전을 발굴해야 한다.

인디언들이 그렇게 무거운 돌을 어떻게 움직일 수 있었는지, 또 어떤 방법으로 그렇듯 섬세한 조각을 했는지는 거의 알려져 있지 않다. 그것을 우리에게 이야기해 줄 수 있는 사람들은 모두 죽었거나, 아니면 조상의 화려한 과거를 까맣게 잊어버렸다. 백인이 들어오자 그들은 백인의 기술을 받아들였다. 그들은 백인의 양식을 본떠 바구니와 도자기를 만들고 때로는 그것을 개량했으나, 이미 순수한 토착예술은 아니었다. 원주민은 이제 그 집의 주인이 아니었다. 원주민은 계속 그곳에서 살아왔지만, 지금은 백인들의 자비에 의지해 살아가는 일종의 천민과 같은 신세가 되었다. 수용소는 활기차고 독자적인 예술을 발전시키기에는 이상적인 장소가 못 된다.

신세계는 예술 분야에서 유럽 사회에 아무런 공헌도 하지 못했다. 그러나 아메리카는 구대륙의 경제 구조를 완전히 변화시킴으로써 16세기의 위대한 문화적 변혁에 간접적으로 영향을 미쳤다. 그 뒤부터 예술의 모든 분야에서 광범위한 변화가 잇따라 일어났다.

물론 콜럼버스가 항해하지 않았다 해도 회화·노래·음식·복식·생활습관 등이 중세 방식대로 변함없이 남아 있지는 않았을 것이다. 고딕 시대는 이미 그 효용성을 상실했다. 그리고 그런 경우에는 대개 영광스런 전성기를 그대로 답습하는 현상이 일어나기 마련이다.

고딕 예술은 수직 유선형(垂直流線型)의 예술이다. 고딕이라는 말을 들으면 직관적으로 머리에 떠오르는 그 뾰족한 아치는 모든 것을 바늘처럼, 송곳니처럼, 갈대처럼 뾰족하게 만들고 싶어 하는 욕망의 한 표현에 지나지 않았다. 그 욕망은 마침내 모자와 주방기구에까지 나타났다. 이런 추세가 수백 년 동안이나 진행되면서 너무나 많은 것들을 갈대처럼 뾰족한 양식으로 탐닉한 나머지 더는 손댈 것이 없어져 버렸다. 말기에 이르러 아치형 창문은 너무나 높고 뾰족하고 좁아져서 마치 벽의 갈라진 틈바구니처럼 보였다. 여자의 머리 모양은 그 높이나 돈이 많이 드는 점에서 샤르트르 대성당의 첨탑에 비길 만했다. 이 지경에 이르자 마침내 고딕 양식은 무대에서 사라지지 않을 수 없었다.

무언가 새로운 것이 나타나야만 했다. 그러나 그것은 다른 일과 마찬가지로 경제적인 조건에 달려 있었다. 페이디아스나 미켈란젤로 같은 사람이라도 그린란드에 추방된다면 대리석 조각상을 제작할 수 없다. 첼리니 같은 사람도 조그만 시골마을에 처박혀 고객이 원하는 보석을 제공하지 못한다면 아무리 잘해야 이류일 뿐이며, 세계 최고의 보석세공사로서 명성을 떨치지는 못할 것이다. 신세계가 결정적인 역할을 한 것은 바로 이 점이었다. 신세계는 그때까지 가난했던 대중 계급의 손에 돈을 쥐어 주었고, 그들은 이 돈으로 예술 후원자로서 중세의 교회나 르네상스 시대 군주들과 어깨를 나란히 할 수 있었기 때문이다.

이와 같은 변혁은 하루아침에 일어나는 것은 아니다. 이 경우도 꽤 오랜 시일이 걸렸다. 또 같은 시기에 여러 곳에서 나타난 것도 아니었다. 어떤 나라에서는 왕궁의 권력이 강해서 쉽게 무너지지 않았다. 또 다른 나라에서는 새로운 경제가 도입된 뒤에도 수백 년 동안 교회가 지배했다. 그러나 결국은 새로운 시민계급의 수중에 들어간 새로운 돈이 사회의 양상을 완전히 일변시켰다. 옛 봉건시대에는 불가능했던 경제적 독립을 이룬 시민계급은 이제 대담해져서, 예술가들에게 자기들도 즐길 수 있는 것을 만들어야 한다고 주장하고 나섰다.

그때까지 그들도 예술을 다른 모든 것과 마찬가지로, 말하자면 '잘난 사람'들만 누릴 수 있는 것으로 여겼다. 그런데 은행에 그들의 돈이 쌓이자 그 '잘난 사람'들의 태도가 달라졌다. 이리하여 세계 역사상 처음으로 예술가는, 대중의 취미를 만족시켜야 한다는 요구를 받게 되었다.

▲**마야 미술**(고전기) **태양의 신전**
이 신전은 드넓은 팔렝케 성역 한
구석에 세워져 있다. 유사(類似)
반원지붕을 씌운 두 개의 방이 내
부에 있으며, 지붕에는 아름다운
조각이 장식돼 있다. 고전기 마야
건축물 가운데에서 가장 보존 상
태가 좋다. 팔렝케.

▶**태양의 신전에 새겨진 돋을새김**
부분

이런 변화가 예술에 반드시 유리하다고 주장하는 사람은 없을 것이다. 그 무렵 대중의 취미란 형편없었기 때문이다. 실제로 수백 년 뒤에도 변하지 않았다. 그러나 그것은 다른 문제이다. 이 발전 속에서 흥미로운 점은 예술의 후원자가 될 수 있는 제3의 요소가 나타났다는 것이다. 해외 무역으로 상상도 못했던 재산을 쌓은 상인과 실업가들이 화가나 건축가의 작업장을 찾아가, "돈은 얼마든지 낼 테니 내가 원하는 것을 만들어 주시오" 하고 의뢰하는 시대가 온 것이다.

이러한 '새 풍조'가 그 흔적을 더듬어 갈 수 있을 만큼 뚜렷이 나타난 것은 르네상스 말기, 즉 16세기 후반이다. 그 무렵 새로운 구매자는 값비싼 재료를 주문할 수 있는 돈을 가졌을 뿐 아니라, 이전 세대로부터 계승된 일류 장인들이 많았으므로 고급 재료로 의자·책상·침대·촛대·옷장 같은 것을 만들게 했다. 그런 물건들은 상인의 가정에 없어서 안 되는 당연한 일부분이 되었고, 그 집에 사는 사람들과 자연스럽게 어울렸다.

우리가 르네상스식 주택에 살아야 한다면 가장 마음에 들지 않는 것은, 건물 곳곳에 배어 있는 장중한 분위기일 것이다. 이 위엄은 방과 계단마다 흠뻑 배어 있어, 앞으로 한 시간쯤 뒤에 프랑스 왕이 신하 4만 명을 거느리고 이 '중산 계급'의 저택을 공식 방문할 것만 같은 느낌을 준다. 바로 이것이야말로 이 집을 세운 '시대 정신'이었던 것이다. 그 시대에는 모든 집이 궁전처럼 꾸며져 모든 하인들은 장중하게 수프그릇을 들고 다니고, 젊은 공작은 국왕에게 맘지 (malmsey) 한 잔을 바치는 분위기였다.[2]

1937년의 미국인이 1537년의 사람들의 마음을 짐작한다는 것은 불가능에 가깝다. 그 시대의 사람들에게는 형식적인 생활이 삶의 중요한 부분이었다. 그런데 우리는 모든 형식주의를 철저하게 혐오하여 약식 자체를 정식으로 삼고 있을 정도이다. 유럽에서는 반드시 그렇지는 않다. 유럽에서는 전통적인 관례, 식사나 결혼이나 접대의 관습이 지난 2백 년 동안의 많은 격변과 혁명 속에서도 유지되어 왔다. 흔히 그 까닭은 루이 14세와 프랑스 궁정이 17세기 위대한 바로크 시대 사람들의 마음에 지대한 영향을 주었기 때문이라고 말한다. 나는 그것이 훨씬 더 거슬러 올라가 르네상스 시대에서 내려왔다고 본다. 짧은 기간

---

2) 카나리아 제도, 마데이라 제도, 에스파냐, 그리스 등에서 나는, 농후하게 단맛이 나는 포도주.

16세기 프랑스 왕 앙리 3세 궁정의 무도회　프랑스 역사에서 16세기는 절망과 고난의 시대였다. 국가 재정은 파탄이 나고 극심한 인플레이션이 발생하고 종교전쟁까지 벌어져서 사람들의 마음은 몹시 황폐해졌다. 그런데 이처럼 암울한 시대에도 이 그림(1581년 작품)에서 보듯이 프랑스 궁정에서는 사치스런 행사가 계속 벌어졌다. 귀부인들의 복장에서 버슬을 볼 수 있다.

이기는 했지만 그 무렵 사람들은 마치 행렬 지어 누비고 다니는 듯한 생활을 했다. 늘 남들의 이목이 자신에게 집중되어 있어, 조금이라도 에티켓을 어기면 (에티켓은 '티켓' 즉 프랑스어로 공인증서라는 뜻이다) 다음 날 온 시내 살롱에서 쑥덕공론의 재료가 될 거라고 생각했다.

이러한 무서운 살롱 즉 '응접실'은 지금도 유럽 대다수의 가정에서 볼 수 있다. 통풍이 잘 안 되며 창문은 좀처럼 열지 않고, 루시 아주머니는 아름다운 수를 놓은 소파의 베개 커버가 햇빛에 바래지 않도록 커튼을 걷지 않는다. 누군가가 처음으로 방문한다면 온갖 격식과 예의 범절에 따라야 하는 그런 방이다.

물론 폴란드 대사가 베네치아 공화국의 의원 콘테 디 카사 엡실론을 방문한 시절에는 대운하의 물가에 있는 저택의 넓은 응접실에서 리셉션을 여는 것도 의미가 있었다. 그것은 고상하고 허식적인 연극과 같았다. 모든 사람은 대사를 알고 있었고, 맡은 역을 되도록 엄숙하게 수행하면서 멋진 구경거리를 연출해

냈다. 현대의 아파트에는 전혀 어울리지 않겠지만, 그 무렵엔 그 묵직한 의자며 장식을 한 소파가 매우 중요했으므로 그것을 제작하는 데 온갖 정성과 엄청난 비용을 들였다. 정교한 거울은 당대 최고의 예술가가 만든, 가지가 벋어나간 커다란 촛대의 불빛을 반사하고 있다. 의상은 이 연극의 배우에게 최대의 자신감을 주기 위한 뚜렷한 목적으로 디자인되었다.

날씬한 고딕식 복장 시대는 지나갔다. 중세의 수직 유선형 대신 르네상스의 수평 유선형(水平流線型)이 등장한다. 남녀 모두 묵직한 비단과 벨벳으로 수놓은 옷을 어깨에서 치렁치렁 늘어뜨렸다. 여성들은 더 한층 장중한 모습으로 보이고 싶어서, 허리에 두꺼운 무명롤을 둘렀다.

나는 이런 것들을 설명하는 데 익숙하지 않다. 혹시 여러분은 어릴 때 할머니 방을 뒤지다가, 철사 옷걸이에서 묘한 모양의 패드를 보았을지 모르겠다. "이건 뭐야?" 하고 물으면, "그건 할머니의 허리에 대던 거야. 1870년대, 아직도 처녀 시절에 허리 언저리를 두툼하게 만들려고 이런 것을 댔단다. 지금은 될 수 있는 대로 가늘고 날씬하게 만들려고 애쓰지만" 하고 가르쳐 주었다. 허리에 두른 롤빵 같은 이 어이없는 장식이, 16세기의 버슬(bustle)이다. 그것을 만들기 위해 재단사들은 많은 재료를 써야 했는데, 그 덕분에 큰 이익을 챙긴 견직공장 소유주는 당대의 최고 부자 반열에 올라 유력한 정치적 영향력을 행사했다. 몇 해 전 프랑스의 의상실에서 리옹의 견직산업을 지원하기 위해 이 유행을 다시 한 번 퍼뜨리려고 한 적이 있었다. 그러나 다른 나라 사람들은 다시 그런 성가신 디스크(원반)를 달려고 하지 않았다. 무명으로 만든 그 디스크를 달면 소매가 보통 치수의 네 배로 부풀어 평범한 여성이라도 훨씬 돋보일 수 있으나 착용이 너무 번거로웠다.

그런 성가신 것을 거부한 것은 아주 당연한 일이다. 지금은 처녀와 젊은 부인이 중심인 시대이다. 르네상스와 바로크 시대에는 더 성숙한 30대 부인이 흥미의 중심이 되어 있던 시대였다. 그들도 그 점을 잘 알고 있어서, 주어진 역할을 충실히 수행했다. 여성이 아내로서, 사회 지도자로서 성공하기 위해서는 지금 우리로서는 믿을 수 없을 만큼 위엄과 품위를 중시해야 했다. 그러나 그런 부류는 이제 도도새라든가 모아새 같은 고대 동물처럼 거의 멸종해 버렸다.

라디오 아나운서는 '신사 숙녀 여러분'을 입에 달고 살지만 그들은 그 프로그램을 어떤 청취자들이 듣고 있는지 잘 알지 못한다. 티치아노 등 16세기 화가들이 그린 금발의 유노(Juno)[3]는 옛날의 그녀 자신의 희화가 되었고, 통속 영화의 여주인공으로까지 타락했다.

실제로 르네상스 세계는 모두가 지상에서 완전히 모습을 감추어 버렸다. 심지어 그런 시대가 존재하지 않았던 것 같은 기분마저 든다. 그러나 그 무렵 거장들의 작품 일부는 살아남아 있다. 그리고 역사의 장난으로, 그 그림과 보석들은 (판매가 법으로 금지되지 않는 한) 이제 신세계 아메리카까지 건너오고 있다.

유럽은 신세계의 황금 덕분에 이런 사치를 즐길 수 있었다. 오늘날에는 그 황금이 그것들을 예전에 있던 장소에서 끌어내 아메리카 오지에까지 옮겨주고 있다.

---

3) 결혼과 출산의 여신으로, 제우스의 아내.

30장
눈이 열리면 귀도 트인다

팔레스트리나와 위대한 네덜란드 악파의 시대

음악에 대해서 쓸 때 매우 곤란한 일이 하나 있다. 파르테논과 보로부두르의 조각을 비교할 때는 먼저 설명한 다음 사진을 보이고, 그래도 믿지 않을 때는 "좋소, 배를 타고 직접 가 보고 오시오" 하고 말하면 된다.

그러나 음악은 연주되기 전에는 죽은 예술이다. 물론 야구팬이 1879년에 이름을 날린 투수의 기록만 보고도 만족을 얻듯이, 도서관에 가서 베토벤의 교향곡이나 슈트라우스의 소품에 나온 악보를 읽고 얼마든지 즐길 수도 있다. 그러나 그런 사람은 매우 드물다. 대개의 사람들은 음악을 실제로 듣고 나서야 비로소 독자적인 판단을 내릴 수 있다.

요새는 고대와 중세 음악을 녹음한 훌륭한 레코드 모음집이 많이 있다. 나는 그리스와 히브리 음악을 옛 멜로디에 가깝도록 최선을 다해 소생시킨 학자 여러분의 노고를 의심하는 것은 아니다. 그렇다고 그 음악이 3천 년 전에 델포이나 예루살렘 사람들이 듣던 것과 똑같다고는 말할 수 없다.

어느 시대나 노래, 회화, 건축 등을 표현하는 나름의 방식이 있다. 아무리 열심히 노력한다 해도 (그리고 실제로 노력했지만) 옛 시대의 예술 정신을 되살릴 수는 없다. 내가 하고자 하는 말의 뜻을 알고 싶으면 그 예를 얼마든지 들 수 있다. 중세 사원의 완벽한 설계도가 몇몇 남아 있다. 설계도가 없더라도 본래의 건축물들을 찾아가서 2년만 정밀하게 측량하면 목재와 석재를 남김없이 알아낼 수 있다. 그리고 그 결과를 가지고 목재와 석재를 짜맞추면 완벽한 재현이 가능하다. 그런데 겉보기에는 고딕 사원 양식일 뿐 내면은 현대의 것이므로, 할리우드에 네덜란드식 풍차를 세운 것처럼 어울리지 않는다. 돈만 있으면 미국 어느 평원 한가운데에 옥스퍼드나 케임브리지 전체를 똑같이 지어 낼 수도 있다. 그러나 그 결과는 세계박람회나 브로드웨이의 식당에서 흔히 보는 그 '어설픈 파리'의 모방처럼 우스꽝스러울 것이다.

음악은 미술보다 훨씬 깊게 시대와 장소의 영향을 받는 것이 아닐까? 나는 기대 반 걱정 반의 마음으로 헝가리 악단에 미국 재즈를, 미국의 댄스 오케스트라에 차르다시(czardas)[1]를 연주해 달라고 부탁한 적이 있다. 슬프게도 양쪽 다 완전한 실패였다. 악보는 눈앞에 있고 박자도 지정되어 있으므로, 적어도 이론상으로는 쉬운 일이다. 연주자들은 현대 무용악단의 악사들과 마찬가지로 악기를 완벽하게 다룬다. 그런데 〈딕시의 진실〉은 마치 〈부다페스트의 거짓〉이 되고, 〈부서진 바이올린〉은 〈울부짖는 낡은 색소폰〉으로 변해 버린다.

그러므로 진짜 중세 음악을 다루는 데는 여러 예상하지 못한 어려움이 따른다. 우선 1937년의 우리 '현대인'들은 기악이 지배적인 시대에 살고 있지만, 1377년 기욤 드 마쇼(Guillaume de Machaut)가 아르스 노바[2]를 주창하던 때의 '현대인'들은 음악이란 말이 노래와 동의어인 시대에 살았다.

그때는 악기가 별로 없었다. 그 무렵 오르간은 주먹으로 두드려 한 번에 한 음만 내는 악기에 지나지 않았다. 거리의 악사, 즉 바이올린 연주자, 허디거디,[3] 류트 연주자, 그 밖에 잡다한 방랑자들의 즉흥 연주곡 말고는 기악곡이라고 부를 만한 것이 없었다. 가곡은 매우 많았으나, 오늘날 그것을 부활시키려고 모든 노력을 기울였음에도 서방 세계에서는 대부분 사라져 버렸다.

중세 사람들은 하나의 종교를 갖고, 어디서나 사회적, 경제적 처지가 비슷했다. 그래서 그들은 감정을 공유할 수 있었으며, 그 감정을 사원의 형태나 그림 또는 가곡의 형태로 표현할 수 있었다. 그들은 현대 생활의 병폐인 거짓된 수치감 없이, 그들의 감정에 대해서 솔직할 수 있었다.

앞서 언급한 기욤 드 마쇼는 룩셈부르크의 얀(명성은 높지만 균형감각이 조금 모자랐던 룩셈부르크 가문은 중부 유럽에 왕국을 세워 독일과 오스트리아까지 지배할 뻔했다)의 비서였는데, 이 사람은 벌써 1350년에 이것을 인정하고 있었다. 정확

---

1) 헝가리의 민속 음악.

2) ars nova, 신예술.

3) hurdy-gurdy, 바퀴를 활처럼 이용해 현을 마찰시키는 중세의 현악기.

히는 옮기기 어려우므로 프랑스의 원문을 그대로 적는다.

Qui de sentiment ne fait
Son dit et son chant Contre fait.

말하자면, '참된 내적 정열이 없이, 그리고 표현하려는 감정을 직접 느끼지 않고 글로 쓰거나 작곡하는 것은 거짓된 행동이므로 차라리 아무것도 하지 않는 편이 낫다.

그러나 중세인들은 이 점에서는 신경 쓸 필요가 없었다. 그들은 매우 진지하고 깊은 감동에 차 있었다. 거의 누구나 노래로 감정을 표현할 수 있었지만, 그림 물감과 돌로 표현할 수 있는 사람은 얼마 없었다(그것은 무척 오랜 고도의 전문 교육이 필요했다). 그래서 중세 사람들은 언제나 우렁차게 노래를 불렀다.

그것은 우리 현대인의 귀에 크게 호소하는 노래는 아니었다. 우리는 18세기 후반에야 겨우 발명된 화음에 지난 2세기 동안 완전히 익숙해져 버렸기 때문이다. 그러나 그들에게는 자신들의 노래가 있었고 그것을 좋아했다. 마치 발리섬의 주민들이 우리에게는 조금도 재미없는 가믈란[4]을 좋아하듯이.

교회에서 부르는 공식적인 노래의 경우에는 그들에게 선택의 여지가 없었다. 교회 당국이 허락한 유일한 음악은 옛 그레고리오 성가, 즉 초기 그리스도 교회의 단순한 영창이었다. 그러나 거기에조차 아무도 깨닫지 못하는 가운데 새로운 바람이 밖에서 스며들기 시작했다. 오늘날 재즈가 교향악 속에 스며들고 또 감성이 풍부한 흑인의 종교음악을 완전히 장악한 것처럼, 민속적 요소가 교회음악에 파고들었다. 예부터의 단순한 그레고리오 형식의 성가는(적어도 세속적인 곡에서는) 이미 다성음악으로 대체되었다. 아레초의 구이도가 발명한 악보 기보법이 공통적으로 채택되고, 꽤 까다로운 옛 명칭들은 폐기되었다. 이제 악보는 음악의 국제공용어가 되어 모든 유럽인이 매우 쉽게 읽을 수 있었다. 또한 이때부터 음악과는 전혀 무관한 여러 가지 상황들이 음악 발전에 영향을 미치기 시작했다.

---

4) gamelan, 타악기 위주의 자바음악.

유력한 봉건 영주들이 독립적인 군주로 자처하는 시대가 왔다. 그들은 궁정의 권위를 높일 수 있는 것이라면 무엇이나 필요했다. 그래서 전문학교를 세우고 유망한 젊은 가수를 키워 왕립교회의 가수로 만드는 것이 현명한 방법이라고 생각했다. 그와 함께 트루바두르나 미네징거의 성공으로 음악의 길이 활짝 트였다. 그때까지 장엄하고 엄격한 교회 음악을 경원하던 대중은 점차 음악에 관심을 갖기 시작했다.

최초의 악보 기보법(13세기) 손가락을 이용해 각 음들의 관계를 기록하는 기보법으로, 구이도가 처음으로 고안했다.

과학이나 인문학도 그렇지만, 예술에서도 열성적인 교사와 이해력 있는 학생으로 구성된 학교야말로 참으로 좋은 학교이다. 교사의 교수 능력과 학생의 배우려는 의지와 재능에 모든 것이 달려 있다. 좋은 학생은 꽤 많지만, 불행하게도 영감에 찬 교사는 아주 드물다. 좋은 교사가 있다는 소문이 퍼지기만 하면, 설령 에머슨(Emerson)이 말한 '쥐덫 만드는 사람'처럼 찾기 어려운 곳에서 산다 하더라도 순식간에 문전성시를 이루게 마련이다.

그런 영감에 찬 중세 최초의 음악 교사는 존 던스터블(John Dunstable)이다. 이 사람에 대해서는 1453년에 죽어서 런던에 묻혔다는 사실 말고는 아무것도 알려져 있지 않다. 그의 명성이 영국에서보다 대륙에서 훨씬 높은 것을 보면 아마 주로 대륙에서 가르쳤던 것 같다. 1415년 아쟁쿠르 전투에서 프랑스가 패배하고 영국의 정치 중심이 다시 영국 본토에서 유럽으로 옮겨지자, 던스터블은 많은 영국인과 함께 군주를 따라 프랑스로 간 듯하다. 영국 왕은 프랑스 왕의 딸을 아내로 맞이하고 프랑스 왕의 후계자가 되었다.

오늘날 역사가들은 던스터블을 흔히 작곡가의 시조라고 말하지만, 예술 분야에서 무엇의 시조라고 할 때는 매우 의심스러운 법이다. 같은 시기에 같은 일을 한 사람이 매우 많으므로, 그 가운데 하나를 가리켜 '다름 아닌 이 사람이야말로 이러이러한 발명을 한 사람이다'라고 단정할 수는 없는 노릇이다. 그러나 던스터블은 새 가창법의 선구자로 볼 수 있다. 그 가창법은 근대적인 다성음악을 낳았으며, 중세 초기 가창의 특징인 단음으로 울부짖는 가창법을 대체했다. 그 무렵 사람들도 그를 인정했고, 멀리서 찾아와 그의 레슨을 받았다. 그러므로 그를 우리 시대까지 이어지는 영국식 가창법의 창시자라고 불러도 틀림이 없다.

나는 기악에 관해서 말하고 있는 것은 아니다. 영국인은 단순한 기악의 아름다움에 크게 주의를 기울이지 않고 언제나 뛰어난 교회의 성가대를 구성하려고 노력했다. 지금도 그렇다. 이것은 아마 기후와 무슨 관계가 있는지도 모른다. 이탈리아에는 위대한 가수가 많으며, 그들의 기량은 북방인이 도저히 미치지 못하는 성악의 명인이다. 언어도 크게 관계가 있다. 라 돈나 에 모빌레(la donna e mobile)라는 구절이나 심지어 담배 한 갑을 산다는 말도 이탈리아어에서는 노래가 된다. 이탈리아어에 맞는 성대(聲帶)는, 추운 북쪽에서 태어나 네덜란드어 또는 핀란드어에 익숙한 사람들의 성대보다 훨씬 고상한 아리아에 적합하다.

그러나 한편 북방인은 남방인보다 훨씬 규율을 잘 따르는데, 이것이 남방인보다 코러스를 훨씬 잘하는 이유의 하나인 것 같다. 솔직히 말하여 이것은 나의 억측에 지나지 않는다. 그러나 〈마태 수난곡〉은 밀라노나 로마보다 스웨덴이나 독일 또는 네덜란드의 시골에 가서 듣는 편이 훨씬 낫고, 〈팔리아치〉는 북유럽의 왕립 오페라 하우스에서 듣는 것보다 볼로냐 같은 몰락한 도시의 오페라 하우스에서 듣는 편이 훨씬 감동적이다.

15세기의 이탈리아인도 이것을 깨닫고 있었던 것이 분명하다. 왜냐하면 1400년에 이미 저지대의 여러 나라에 사람을 보내어 합창 지휘자를 초빙해 오고 있었기 때문이다. 처음에는 프랑스에서 교사를 초빙해 왔다. 그 무렵 프랑스에는

트리엔트 공의회를 묘사한 16세기 베네치아파 그림 사람들은 로마가톨릭 교회가 주최한 이 공의회
에서 모든 그리스도 교도의 지지를 받는 평화적 해결책이 발견될 것이라고 기대했다. 그러나 그 희
망은 순식간에 사라지고 말았다.

기욤 뒤페(Guillaume Dufay)가 지도하는 훌륭한 음악 학교가 캉브레 수도원 옆에
있었다. 이탈리아인은 이 뒤페를 초빙해 교황 직속 성가대의 지도를 맡겼으나,
1437년 그는 향수병으로 고국에 돌아가 1474년까지 살았다.

뒤페의 뒤를 이은 것은 저지대 나라[5] 사람 장 드 오케켐(Jean d'Okeghem)이었
다. 이 사람은 안트베르펜에서 태어났으나 오랫동안 파리에서 왕립 교회 성가
대를 지휘했다. 오케켐은 거의 1세기 반이나 유럽 음악을 지배한 이른바 네덜
란드 악파에 속하는 최초의 교사 가운데 한 사람이었다. 이 악파의 사람들은
벨기에와 홀란트 출신이거나, 조스캥 데 프레[6]처럼 북프랑스 출신이었다. 이 지
역에 사는 플랑드르계의 프랑스인들은 문법이나 발음의 까다로운 문제를 무시
하고 두 언어를 함께 썼다.

그러나 그들은 대개 고향 마을에서 교육을 마치면, 플랑드르나 홀란트의 소

5) 중세에는 벨기에와 홀란트를 다 네덜란드라고 불렀다.
6) Josquin de prés, 오케켐의 수제자.

도시보다 더 넓은 활동 무대를 찾아서 떠나갔다. 그리하여 15~16세기에 그들은 로마·나폴리·베네치아·아우크스부르크·님·파리, 나아가 에스파냐의 주요 도시에서도 활동했다.

17세기에 들어서자 곧 그들의 전성시대는 막을 내렸다. 아직 여기저기서 왕립 합창단과 대공 소속 합창단의 지휘를 맡은 네덜란드 거장들이 남아 있었지만, 이들이 죽자 이탈리아인이나 독일인들이 그 자리를 차지했다. 연이어 천재들을 배출하던 네덜란드 인재의 샘은 고갈되었고, 그다음에는 화가로서 예술사에 등장했다. 그러나 그들 네덜란드인은 2세기 동안 모든 민족의 음악 교사를 도맡아 몇 가지 매우 중요한 공헌을 했다.

그 공헌이 무엇이었던가. 그것은 역시 피아노를 쓰지 않고는 설명이 매우 어렵다.

초기 네덜란드인들은 법률이나 질서의식이 몸에 밴 깔끔한 사람들이었으므로, 음표를 어느 누구보다 정확하게 나타내려고 노력한 것은 아주 자연스러운 일이었다. 그들은 화성(和聲)을 위한 다성음악을 버리지 않았다. 오늘날 의미의 화성은 아직 발명되어 있지 않았다. 오히려 그들은 음악 속에 새로운 요소를 도입했다. 아니 더 정확히 말하면 어떤 해묵은 아이디어를 완성한 것이다. 중세의 몇몇 민요 작곡가들은 오래전부터 무의식적으로 대위법(counterpoint) 관념을 가지고 있었다.

대위법은 문자 그대로 '푼크투스 콘트라 푼크툼(punctus contra punctum)', 즉 '음표 대 음표'라는 뜻이다. 대위법에서는 여러 가지 소리를 내야 하는 멜로디가 수학적으로 규정된다. 첫째 성부가 특정한 음으로 시작되면, 둘째 성부는 같은 음이나 또는 5도 높은 음으로 몇 박자 뒤에 나온다. 셋째 성부는 다시 첫째 성부와 같은 음으로 시작된다는 식이다.

이것은 너무나 서툰 설명이지만 그 뜻은 어렴풋이나마 알 수 있을 것이다. 내가 말하고자 하는 것은 이렇다. 이러한 음악은 정서라는 측면보다 수학적인 측면과 관계가 깊으므로, 네덜란드인이나 독일인, 그 밖에 북유럽인의 취미에 더없이 알맞았다. 이런 수학적 문제는 학자인 체하는 작곡가에게는 끝없는 즐거움의 샘이었다. 이제 작곡가는 건축가가 사원을 세우거나 토목기사가 다리를 놓듯이 곡조를 '세울' 수 있게 되었다. 다른 점이 있다면 건축가나 토목기사는 견고한 재료로 일을 하지만, 작곡가는 불후의 기념비를 만드는 데 쓰인 재료들 가운데 가장 연한 재료인 사람의 목소리를 쓴다는 점이다.

지식인이 으레 그렇듯 네덜란드 악파의 거장들은 결국 자신의 뛰어난 능력에 발목이 잡히고 말았다. 누구나 다 아는 미사곡 〈무장한 사람 *Homme armé*〉(1500년의 〈음악은 빙글빙글 돌고 *Music Goes Round and Round*〉)이 좋은 예이다. 16세기의 이 유명한 곡조는 작곡가들이 반복해서 써먹고 변형한 탓에 본래의 곡과는 전혀 다른 것이 되어 버렸다. 제목은 여전히 〈무장한 사람들〉이었으나 완전히 뒤집혀 버렸다.

이러한 노래들의 가사는 형편없는 것이 많았다. 그 작곡가들은 수학에 정신이 팔려 노래의 의미 같은 것은 신경 쓰지 않았다. 그들은 편의에 따라 음절을 마음대로 늘이거나 줄였다. 이것이 모든 진지한 신자들의 큰 노여움을 샀다. 그들에게는 음악보다 성서의 문구가 더 중요한데, 원문의 가사를 찾아볼 수 없게 된 것이다. 그러나 따분한 가사보다 좋은 곡을 더 소중히 여기는 사람들은 이 새로운 혁신을 크게 반겼다. 그들은 작곡가가 주요한 곡조 속에 삽입한 통속적인 곡조를 인정했다. 아름다운 성가대가 〈하늘의 영광 *Gloria in Excelsis*〉을 부르는 동안에도 불경스런 신도들은 〈파크 애비뉴를 거닐며 *Slumming on Park Avenue*〉를 흥얼거렸다.

어떻게 그렇게 할 수 있는가? 여러분은 오케스트라 연주에 참여해 본 적이 있는가? 있다면 루빈스타인(Rubinstein)의 유명한 〈F조의 멜로디 *Melody in F*〉를 〈올드 랭 사인 *Auld Lang Syne*〉 위에 겹칠 수도 있고, 〈스와니강 *Swanee River*〉 속에 드보르자크의 〈유모레스크 *Humoresque*〉를 넣어서 연주할 수도 있으며, 또 〈오, 사랑하는 아우구스틴 *Ach du lieber Augustin*〉 반주에는 카를 마리아 폰 베버(Carl Maria von Weber)의 〈마탄의 사수 *Freischütz*〉의 변주곡이 쓰일 수 있다는 것을 알 것이다.

그러므로 1545년부터 1563년까지 교회 개혁을 위해 소집된 트리엔트 공의회가, 신성한 예배를 떠들썩한 극장으로 만들 우려가 있는 이러한 음악 혁신을 강하게 반대한 것은 당연한 일이다.

그 무렵 성실한 음악 애호가들은, 수학적 경향을 가진 그 무렵 작곡가들이 매우 좋아하는 또 하나의 장난스런 기법 때문에 심기가 불편했다. 그것을 그대로 놔두면 장차 음악의 발전에 매우 좋지 않은 영향을 미칠 것이 뻔했다. 다시 말하여 15세기의 합창 지휘자들은 깔끔하고 아름다운 곡조를 전혀 깔끔하지 않고 아름답지 않은 곡조로 만들어 버리기를 좋아했다. 예를 들어보자.

〈세 마리의 눈먼 쥐〉라는 저 그리운 자장가를 누구나 알고 있을 것이다. 16세기의 네덜란드인이라면 이 곡을 거꾸로 해서 〈눈먼 세 마리 쥐〉로 만들어 버렸을 것이다. 그러면 이웃 동네의 새로운 친구들은 한술 더 떠서 대담하게 가운데서부터 시작하여 〈눈먼 세 마리 쥐〉로 만든다. 그러면 다음 사람은 이 두 경쟁자에게 질세라 대 작곡가로서의 재능을 과시하기 위해 〈쥐 눈먼 세 마리〉로 만든다. 그러면 당장 또 다른 영리한 작곡가가 나타나서 전체를 새로 써서는, 끝에서부터 시작하여 거꾸로 불러도 좋고 처음부터 불러도 좋은, 아무 데서나 시작해 음악으로 들리는 곡으로 만들어 인기를 차지한다는 식이다.

이 같은 장난은 18세기까지 이어졌다. 나도 어릴 때 그런 경험이 있다. 내가 한 달 동안 바이올린을 열심히 연습하자, 선생님은 상으로 하이든인가 모차르트(하이든이었던 것 같다)의 악보를 주었다. 나는 한 친구와 테이블을 가운데에 두고 이중주를 했다. 한 사람은 위에서부터, 또 한 사람은 아래에서부터 시작하여 서로 상대편이 시작한 곳에서 끝을 맺었다. 썩 좋은 이중주는 아니었지만 열 살쯤 먹었을 때의 일이라 매우 재미있었다.

결국 가엾은 〈눈먼 쥐〉는 완전히 엉망이 되어 노래 제목만 남았다. 이쯤 되자 그 '신예술'에 열광했던 사람들도 너무 지나치다 여기게 되었고, 그 순간 신예술은 끝이 났다. 그런 예술로 명성을 얻은 사람들에게는 타격이었지만, 적어도 한 사람은 이 역풍에도 끄떡없었다. 그의 이름은 팔레스트리나였다. 이제야말로 그는 음악이란 엄숙하거나 즐겁거나 둘 가운데 하나가 아니라 이 두 성질을 함께 가져야 한다는 것을 세상에 보여 줄 수 있었다.

팔레스트리나의 본명은 조반니 피에를루이지(Giovanni Pierluigi)이지만, 1526년에 로마에서 그리 멀지 않은 팔레스트리나 마을에서 태어났으므로 그 이름으로 널리 알려졌다. 고향의 교회에서 교육을 받고, 스물다섯 살 때 성베드로 대성당 줄리아 교회 소년성가대의 지휘자가 되었다. 1555년에는 시스티나 예배당의 교황 전속 가수 자리를 얻었으나, 나중에 기혼자라는 것이 알려져 교황 파울루스 4세는 곧바로 그를 해고했다. 이 사건은 그에게만이 아니라 교황청 성가대에도 치명적이었다. 그래서 결혼 여부에 상관없이 그를 복귀시키자는 요망이 있어, 산조반니 라테라노 교회의 합창지휘자로 임명되었다. 거기서 이윽고 성베드로 대성당 성가대의 지휘자로 승진했다.

16세기의 여느 위인들처럼 팔레스트리나는 피로를 모르는 활동가였다. 그는 그 무렵 네덜란드의 유명한 음악가였던 롤랑 드 라트르(Roland de Lattre)만큼 많은 작품을 만들지는 못했다. 오를란도 디 라소(Orlando di Lasso)라는 이름으로 더 알려진 그는 바이에른 대공 알브레히트 5세의 음악학교 교장이었다. 작품은

팔레스트리나 〈제1미사곡〉 표지(1554) 팔레스트리나가 교황 파울루스 3세에게 악보를 바치는 장면.

큰 책으로 60권이 넘는다. 그러나 팔레스트리나는 위기에 처한 음악을 구했다는 점에서 라소보다 훨씬 중요한 사람이다. 그 무렵 로마의 보수적인 에스파냐 악파는 트리엔트 공의회에 압력을 행사하여, 네덜란드 악파를 그레고리오 형식에 대한 위협으로 간주하고 모든 교회에서 추방하려 했다.

이러한 음모에는 전례가 있다. 14세기 교황 요한네스 22세 치하에 그 시대 작곡가의 작품 전부가 예배에서 추방된 적이 있었다. 그러나 그 포고는 그다지 엄격히 시행되지 않았으며 한 세기도 지나기 전에 흐지부지되어, 생존한 거장들이나 옛 거장들이나 대등한 대우를 받았다.

이번에는 에스파냐 악파도 벼르고 별렀다. 그들은 자기들의 주장을 증명하기 위해 교황청 성가대의 에스파냐인들을 전부 트리엔트로 데려갔다. 공의회

참석자들에게 자기들이 증명하고자 하는 것, 다시 말하여 새 음악에 어떤 문제가 있는지 직접 들려 주려는 의도였다. 다행히도 피우스 4세는 요한네스 22세와는 매우 다른 인물이었다. 새 음악을 좋아했던 그는 자기 독단으로 그런 대담한 처분을 할 수는 없다면서 추기경단에 문제를 회부했다. 추기경들은 몇 해 동안 심의한 끝에, 예배 중에는 라틴어 노래만 허용되며 '음란하고 불순한' 것은 모든 교회 음악에서 엄중히 배제한다고 결의했다. 그래서 교황은 하나의 타협안을 내놓았다. 그는 추기경들을 초대해 옛 음악과 새 음악을 매우 즐겁게 결부한 곡을 들려주었다. 그 곡은 팔레스트리나의 유명한 〈교황 마르켈루스의 미사 *Missa Papae Marcelli*〉였다. 그것은 양측의 요구를 모두 만족시켰다. 그래서 그 미사곡이야말로 앞으로 교회가 작곡자에게 기대할 수 있는 가사와 음악의 이상적인 모범으로 삼아야 한다는 결정이 내려졌다.

이 결정은 크리스토발 모랄레스(Cristobal de Morales)와 루이스 토마스 데 비토리아(Luis Tomas de Vittoria)가 로마에서 창립한 에스파냐 악파의 패배를 뜻했다. 또한 그 결정은 교회 음악과 세속 음악을 확연하게 갈라놓았다. 그 뒤부터 종교에 관심 없는 세속 작곡가도 뛰어난 교회 음악을 지을 수 있었으며, 교회는 현명하게도 그들의 작곡을 받아들여 노래도 부르고 연주도 함으로써 음악가와 신도 양쪽을 두루 만족시켰다. 교회는 오로지 미적 감각에만 호소하는 종류의 음악에는 두 번 다시 간섭하지 않았다.

지혜로운 해결책이었다. 교회는 이제 콘서트 홀이 되어 버릴 위험을 겪지 않아도 되었다. 또 콘서트 홀도 성직자들의 감독을 받지 않고 자체의 즐거움을 마음껏 누릴 수 있었다. 전반적으로 볼 때 세속 음악과 교회 음악의 분리는, 같은 무렵에 일어나기 시작한 교회와 국가의 분리와 마찬가지로 양쪽 모두에게 유익했다.

31장
새로운 번영이 유럽 중심부에 찾아오다

두 거장, 뉘른베르크의 알프레히트 뒤러와 바젤의 한스 홀바인은 알프스 이북
의 야만족들도 시대의 조류에 뒤떨어져 있지 않다는 것을 이탈리아인들에게 깨
우쳐 준다.

짐을 산더미처럼 실은 묵직한 목제 마차가 북이탈리아의 흙먼지 길을 느릿느
릿 지나가고 있었다. 노새는 이따금 풀을 뜯으면서 조심스런 걸음으로 돌과 풀
을 밟고 나아가 알프스의 좁은 고개를 오르더니 활기찬 티롤의 마을길을 경쾌
하게 걸었다. 이윽고 귀중한 짐은 북방에서 온 수염이 덥수룩한 남자들에게 넘
겨졌다. 이탈리아인 마부들은 그들의 사투리를 몹시 경멸했지만, 그들은 운송비
로 보헤미아의 요하힘스탈에서 제작된 은화를 지불했다. 이 은화는 탈러(또는
달라)라 했으며, 문명 세계 어디서나 통용되는 참된 가치가 보장되는 것이었다.

이런 교역에서 얻는 이익이 차츰 많아지자, 남쪽에서 북쪽으로 통하는 도로변
에 사는 사람들은 상인들이 자기 마을 산길을 지나가게 하려고 끊임없이 길과
다리를 개량했다. 마치 오늘날 철도회사가 서로 쾌적함과 서비스를 다투듯이.

브레네르 고개는 선사 시대부터 북유럽과 이탈리아를 잇는 주요 통로였다.
매우 높지만 길이 평탄해서, 샤를마뉴 황제 시대부터 잔 다르크 시대에 이르는
약 600년 동안 신성 로마 제국 통치자들이 70여 차례나 오갔다. 이제 북에서 남
으로 통하는 이 지름길도 수천 년 동안의 독점적 지위를 유지할 수 없게 되었
지만 그래도 역시 가장 쉬운 길이라고 알려져 있었다. 인스부르크나 아우크스
부르크[1]를 비롯해 이 통상로 주변의 도시들이 중세 후반기에 얼마나 많은 재

---

1) 중세 최대의 금융업자 푸거 집안이 있던 도시.

물을 쌓았는지는 건축물과 수집된 미술품을 보면 알 수 있다. 뉘른베르크는 막대한 부를 바탕으로 북독일 전체의 대 중심지로 떠올라, 새로 선임된 황제는 반드시 이 프랑크국의 전통적인 수도에서 첫 번째 의회를 개최한다는 황금칙령까지 얻어냈다.

그러나 10세기 말에 망통의 성 베르나르두스가 고개 꼭대기에 산사를 지었으며, 그 뒤부터 이 길을 성 베르나르 고개라고 부르게 되었다. 이 새 길은(이 고개의 모든 길들은 나폴레옹이 군사작전에 쓴 뒤부터 정식 도로가 되었다) 론강 유역과 제네바호를 거쳐 프랑스와 이탈리아를 직접 잇는 교통로가 되었다.

스위스 중부의 4개 주는 독립된 정치 단위로서 자립하자마자 이 수지맞는 사업에 뛰어들어, 생고타르 고개의 능선을 가로지르는 옛 길을 재건하기 시작했다. 이 길은 눈사태가 많아서 통상로로서는 좀 위험하다고 생각되고 있었다.

이 길이 완성되자 라인강 유역의 여러 도시들은 티롤과 스위스 남부 도시들과 경쟁하지 않고 독자적으로 발전할 수 있었다. 라인강이 북해를 향해 급히 방향을 꺾는 곳에 위치한 바젤 시는 북해 주변의 여러 나라로 운송되는 동방과 지중해의 산물이 모이는 집산지로 발전했다.

그런데 상품이 한 곳에서 다른 곳으로 옮겨갈 때는 사상도 그 뒤를 따르게 마련이다. 책이나 그림은 향료 꾸러미나 페르시아 양탄자보다 훨씬 자리를 덜 차지한다. 중세의 수공업 제도는 오랜 세월 매우 철저한 도제수업을 고수하고 있었으므로 청년들은 끊임없이 게르만의 북쪽에서 라틴의 남쪽으로, 또 그 반대로 발을 질질 끌며 찾아다니고 있었다. 그들은 베네치아나 제노바에서 4, 5년 일을 배운 다음, 고향에서 아버지의 가게나 일을 물려받아 평화롭게 여생을 보냈다. 고향에 돌아올 때 그들은 세관 관리도 막을 수 없는 많은 무형의 짐을 갖고 왔다. 그것은 먼 나라의 여행에서 갖고 들어올 수 있는 가장 유용한 기념품이었다. 그들이 고향에 정착해 결혼하고 복잡한 복식부기(이 훌륭한 신식 기장법은 온 유럽에 퍼졌다)를 배우며 가장 즐겁게 지냈던 시절에 본 이탈리아의 예술 형식이 어김없이 나타났다. 집안에 불행한 일이 생겨서 신의 노여움을 풀기 위해 성당에 그림이나 조각상을 바치려 할 때, 그들은 지난날 남유럽 대성당에서 본 예술품을 떠올렸다. 살림이 핀 덕분에 늘어난 아이들의 가정 교사를 찾을 때도, 아무리 교리문답에 해박해도 키케로의 글 한 줄을 옮기는 데 다섯 군데나 틀리는 사람보다는, 조금 이단적일지라도 호메로스나 베르길리우스의 고상한 말[2]에 정통한 사람을 택했다.

그러나 정신적, 예술적 물자 교류는 결코 일방적인 것이 아니었다. 이탈리아인들은 우아한 생활이라는 면에서는 훨씬 앞서 있었다. 그러나 많은 점에서 북유럽인들은 훨씬 기술이 뛰어났고 일을 준비하는 자세도 더 세심했으며, 다소 격식에 치우치고 현학적이기는 했으나 매우 철저했다. 그러므로 양쪽

알브레히트 뒤러(1471~1528) 자화상

모두 그런 교류를 단순히 돈벌이가 될 뿐 아니라 서로를 위해서 좋은 일이라고 생각했다. 교류는 수백 년 동안 이어졌으나, 17세기에 종교 전쟁이 터지면서 마침내 이 행복한 시대는 끝났다. 중부 유럽은 식량 부족으로 사람들이 서로를 잡아먹는 식인종(食人種) 시대가 되어 버렸다.[3]

그러나 이 장의 첫머리에서 말한 두 대가가 활동할 무렵까지만 해도 유럽에서 가장 문명화된 지역에 머지않아 그러한 재앙이 닥치리라고는 아무도 예상하지 못했다. 이 두 사람은 여유로운 시대에 살았다. 그 '여유'는 흔히 낭비와 같은 뜻을 가리키는 현대의 의미가 아니었다. 절약하며 열심히 일하고 소박한 음식과 최소한의 사치품에 만족할 줄 아는 사람이라면 누구에게나 보장된 여유였다.

---

2) 그리스어와 라틴어.

3) 30년 전쟁의 약탈의 결과로 일어난 식인종적 향연을 말한다.

두 사람 가운데 뒤러가 연장자였다(유명한 한스 홀바인 2세의 아버지인 한스 홀바인과 같은 시대였다). 그러므로 뒤러에 관한 이야기부터 시작하기로 한다.

알브레히트 뒤러는 건실한 집안에서 열여덟 형제의 둘째로 태어났다. 헝가리 출신인 그의 아버지는 마흔을 넘긴 나이에 집안을 일으키겠다고 마음먹고, 스승의 열다섯 살 난 딸과 결혼했다. 그 소녀의 이름은 바르바라 홀퍼(Barbara Holper)였으며, 그녀의 아버지 히에로니무스 홀퍼(Hieronymus Holper)는 뉘른베르크 제일가는 금세공사였다.

뒤러 아버지의 초상화는 전해진다. 그 무렵은 초상화가 중요한 시대였다. 화법은 새로운 르네상스 양식을 나타내고 있으나 얼굴은 아직도 완전히 중세적이다. 예순셋의 어머니를 그린 데생은 그 무렵 여성들의 희생이 어느 정도였는지를 이야기해 준다. 이 가엾은 어머니는 자식들을 낳고 기르는 고생으로 앙상하게 여위어서 뼈와 가죽만 남은 모습이다. 남자들도 무수한 공포에 사로잡힌 사람처럼 험하게 일그러진 얼굴들이다. 앞으로 그들을 기다리고 있을 운명의 환영이 끊임없이 그들의 눈앞에 어른거리고 있었던 것이 분명하다.

초상화는 그 시대의 변화를 무엇보다도 뚜렷하게 말해 준다. 뮌헨 미술관에 있는 '뒤러의 사도' 그림을, 그가 죽은 지 50년이 안 되어서 태어난 '루벤스의 성자' 그림과 비교해 보라. 그러면 내 말이 무슨 뜻인지 알 수 있을 것이다. 이 초기 거장의 작품이 매우 흥미로운 이유는 바로 이 점에 있다. 그는 옛 것과 새 것 사이를 잇는 살아있는 가교였다. 그는 지나간 것에 대한 배신자는 결코 아니었으며, 가까운 장래에 다가올 일을 무의식적으로 예견한 예언자였다.

그는 어릴 때부터 중세의 아들로서 철저한 훈련을 거쳤다. 아버지는 귀여운 아들의 재능을 일찍 알아차리고, 열다섯 살 때 뉘른베르크의 많은 예술가 가운데서도 가장 유명한 미하엘 볼게무트(Michael Wohlgemuth)의 제자로 보냈다. 세계적 거장 볼게무트는 단순한 화가 이상의 인물이었다. 그는 예술의 각 분야를 가르치는 완벽한 시설의 교육기관을 운영하면서 많은 예술작품을 만들기도 하고 가르치기도 했으며, 굶주린 도제들은 스승의 작품을 시장에 내보내기 위해 밤낮으로 일했다. 볼게무트는 비범한 인물이었으며 성 루가 길드의 매우 유능한 회원이었다.

위대한 예술은 일류 대가 혼자만의 일이 아니다. 그것은 영원히 완벽한 천국으로 들어가지 못하리라는 것을 알면서도 자기들이 하는 일을 세상 어느 것보다 소중하게 여기며 최선을 다한 수많은 성실한 장인들의 노력이 어우러진 결과다. 그들은 진정한 농부와 같다. 그들의 노력에서 맺어지는 결실은 끈기 있게 고된 일을 해 온 삶에 대한 충분한 보상인 것이다.

나는 지난 2백 년

뒤러 《네 사도》(1528) 왼쪽부터 요한·베드로·마르코·바울이 그려졌다.

동안의 독일 음악에 대해서 이야기할 때 다시 한 번 이 참을성 있는 고역에 대해서 말할 것이다. 뒤러의 시대에는 음악은 아직 성숙해 있지 않았다. 그러나 시각예술은 큰 인기를 얻고 있었다. 중세 말기 독일의 화실과 공방에서 우수하고 아름다운 작품이 많이 제작된 것은 볼게무트처럼 훌륭한 팔방미인 덕분이다. 오늘날의 예술가와 비교하면 그들은 아주 이상한 사람들로 여겨진다. 지금과 달리 그때는 예술가와 현실 세계를 갈라놓는 깊은 골은 없었다. 일류 시인이면서 한편에서는 남의 신발을 고쳐주며 생계를 이어나간 한스 작스(Hans Sachs) 같은 사람도 있었다. 내가 존경하는 선배 제바스티안 프랑크(Sebastian Frank)는 1531년에 최초로 대중적인 세계사 책을 쓴 사람이지만 직업은 비누 제조업자였다. 뒤러와 동시대의 뉘른베르크 사람인 루카스 크라나흐(Lucas

Cranach)는 약제사였는데, 최근에 그의 판화가 발견되면서 때로는 그림을 그렸다는 것이 밝혀졌다.

반면에 뒤러는 세상의 인정을 받기 위해 안달복달할 필요가 없었다. 그는 여느 이탈리아인 화가보다 훨씬 많은 보수를 받고 있었으므로, 이발소나 도살장이나 법률사무소의 사무원 노릇을 하며 돈을 벌 필요도 없었다.

그는 유화에서 목각에 이르는 모든 예술 기법에 정통했다. 그와 같은 다양한 기술을 익히는 데는 꽤 오랜 세월이 걸렸으나 그는 결코 서둘지 않았다. 부자가 된 그의 아버지는 아들의 위태위태한 모험에 돈을 아끼지 않았다. 그 덕분에 이 젊은 학도는 몇 해에 걸친 유학 시절 동안 유럽 각지를 두루 돌아다닐 수 있었다.

오늘날 미술가나 음악가는 미국의 대학에서 몇 년 공부한 뒤 런던이나 뮌헨으로 유학을 가거나, 파리의 미술대학이나 베를린의 음악대학에 들어가면 훌륭한 성취를 이룬 것으로 여겨진다. 그러나 이것은 중세의 학생들이 끊임없이 떠돌아다니면서 공부한 것과 비교하면 어린애 장난이나 다름없다.

책은 거의 없었다. 그래서 딱하게도 무엇이나(정말로 모든 것을 배울 작정이었으므로) 일류 선생에게 직접 배워야만 했다. 그들은 마치 뛰어난 교사들이 가르치는 곳을 알아내는 민감한 후각을 갖고 있었던 듯하다. 한 번 그 대가 밑에서 배우겠다고 마음먹으면 누구도 막을 수 없었다. 거리가 먼 것은 문제가 되지 않았다.

떠돌이 학생들은 교회의 쥐처럼 가난했으나 가난은 고생의 일부에 지나지 않았다. 스케치북이나 공책과 함께 일용품을 조그만 짐으로 꾸려서 짊어지고 다녔다. 발길 닿는 곳이 곧 잠자리였다. 건초더미 속에서도 자고, 자신의 유학 시절을 떠올린 친절한 시민이 다락방을 내주기도 했다. 교회는 내세에 구원을 받는 방법으로서 '선행'의 중요성을 여전히 강조하고 있었으므로, 어느 도시에서나 이런 허기진 젊은이들에게 흔쾌히 도움을 주었으며 때로는 노잣돈을 보태주기도 했다. 그 돈은 신발을 수선하는 데 요긴하게 쓰였다.

사원을 건축하고 있는 도시나 또는 유명한 화가, 금세공사, 동세공사 등이 개업하고 있는 도시에 가면 젊은이들은 벽돌공이나 석공 노릇을 하기도 하고, 몇 달쯤 스승의 그림물감을 섞거나 붓을 씻는 일을 했다. 그러면서 보고 들은 것을 남김없이 공책에 적었다. 이 공책은 나중에 자신이 '보스'(그때는 이 말이 정치적인 의미로 더러워져 있지 않았다)가 되었을 때 그의 교과서이자 지침서가 되었다. 그것을 참고로 석조 돔을 지탱하는 목조 들보의 강도를 비교하는 계산을 하고, 가로 4미터 세로 3미터짜리 그림을 그리려면 카민(carmine)과 금을 얼마나 주문해야 하는가 계산할 수 있었다.

체계적인 성격이었던 뒤러는 모든 사항을 꼼꼼히 기록했다. 그의 기록은 몇 권의 여행기로 전해지는데, 오늘날의 야심찬 젊은 화가들에게 한번 읽어 보기를 권한다.

대가 볼게무트 아래서 기초를 다진 뒤 뒤러는 곧 아버지의 슬하를 떠나 객지로 나갔다. 독일인과 프랑스인이 섞여서 사는 국경 지대인 알자스의 콜마르에 가서, 마르틴 숀가우어(Martin Schongauer) 집에서 잠시 묵을 참이었다.

숀가우어의 아버지는 이탈리아에서 북독일로 통하는 주요 도로변에 위치한 아우크스부르크의 금세공사였다. 1455년에 태어난 숀가우어는 마침 플랑드르 화가들의 작품이 그 지방에 들어오기 시작할 때 일을 배웠다.

콜마르는 스트라스부르에서 바젤에 이르는 길목에 자리잡은 도시로, 이미 14세기에 길드가 시의 정치에 참여할 만큼 강력한 길드 도시가 되어 있었다. 그것은 곧 높은 기술 수준을 뜻했다. 저급한 기술자들이 이윤을 채가지 못하도록 길드 지도자들이 엄격히 감독했기 때문이다. 이 점은 마르틴 숀가우어가 당대의 뛰어난 화가들 가운데 처음으로 판화에 관심을 갖게 된 까닭을 설명해 주는 배경으로서 중요하다. 한 번 동판과 뷔랭[4]을 써 본 그는 유화보다 동판화가 장래성이 있을지 모른다고 판단했다.

여기서 한 가지 짚고 넘어가야 할 점은, 그 무렵에 인쇄술이 발명되었다는 사실이다. 요하네스 구텐베르크는 콜마르에서 걸어서 갈 수 있는 거리에 위치한 마인츠의 시민이었다. 헨네 겐스플라이슈(Henne Gensfleisch)[5]는 시장과 금전 관계로 쩨쩨한 다툼을 벌였으나, 대부분의 발명가가 그렇듯이 돈 문제는 밝지가 못해 스트라스부르로 이주했다. 그러나 곧 이 바쁜 사나이는 옛 집으로 돌아와 1454년에 첫 인쇄물을 세상에 내놓았다. 공교롭게도 그것은 면죄부였다.

---

4) burin, 동판용 조각 연장.
5) 구텐베르크의 본명.

지불 금액과 구매자·판매자의 이름을 적는 난이 비어 있는 공식 문서로서, 공익(이 경우는 투르크에 저항하는 키프로스에 십자군을 파견하기 위한 목적)을 위한 모금 방법으로서 중세에 널리 통용되었다. 곧이어 구텐베르크는 2절판 라틴어 성서의 출판에 착수했다.

그러므로 손가우어는 15세기에서도 가장 감동적인 실험이 이루어지던 한가운데에 살고 있었던 셈이다. 이런 발명이 로마시대 이래 동과 서의 커다란 도가니였던 이 지방에서 이루어졌다는 사실은, 현재 '인종의 순수성'을 광적으로 믿는 사람들에게 악용되고 있다.[6] 그들은 구텐베르크가 발명한 인쇄를 이용하여 자신들의 해괴한 사상을 선전하고 있다. 그 무렵 사람들은 소수의 부자만 누리는 값비싼 기호품이었던 책을 대량 생산할 새롭고 수지맞는 사업에 너도나도 뛰어들었다(구텐베르크 자신은 빈민수용소에서 죽었다). 손가우어는 이런 투기에는 별 흥미가 없었지만, 인쇄술이 활자에 잉크를 묻혀 종이에 찍는 것이라면 화가가 동판에 그림을 새겨 인쇄할 수도 있다는 점에 착안했다.

그때까지 판화는 목판화밖에 없었다. 목판화라면 인쇄기가 필요 없었고 손과 나무 롤러로 충분했다. 한편 인쇄기는 금속을 다루도록 만들어진 것이므로 목판은 쓸 수 없었다. 그래서 다른 재료를 찾아야 했다. 금은 값이 너무 비싸고, 은은 너무 연했다. 그래서 동이 선택된 것이다.

최초의 동판은 트럼프를 대량으로 인쇄하려는 매우 실용적인 목적에서 만들어졌다. 가장 오래된 동판은 1446년으로 거슬러 올라간다. 그것은 구텐베르크가 이익 분배 문제로 동업자 세 사람 안드레아스 드리첸(Andreas Drizehn) 및 하일만(Heilmann) 형제와 소송을 벌였을 때 구술서에 '인쇄'라는 말을 쓴 지 8년째 되는 해였다. 그 뒤 갑자기 온 독일뿐 아니라 저지대 여러 나라의 많은 도시에도 동판화가들이 나타났다.

그런데 이탈리아인은 적어도 처음에는 이 새 방법에 거의 흥미를 느끼지 않았다. 그럴 수밖에 없는 것이, 고객의 질이 독일과 달랐기 때문이다. 이탈리아의 부자들은 드넓은 저택에 살며 그 집에 걸맞은 재력으로 벽에 얼마든지 그림을 걸 수 있었다. 게다가 난방을 걱정할 필요도 없었다. 12월과 1월에도 유달

---

6) 나치스를 빈정대어 한 말이다.

리 추운 하루 이틀 말고
는 불을 피우지 않았다.
그러나 북유럽에서는 온
가족이 조그만 방에 함
께 틀어박혀 있어야 했
고, 일 년에 적어도 다섯
달은 난로를 끼고 지내
야 했다. 그런 집에는 뉴
욕의 셋집처럼 그림을 걸
기에 알맞은 방이 없었
다. 그러나 판화라면 달
랐다. 접는 가방에 넣어
갖고 다니면서 겨울 밤에
얼마든지 들여다볼 수 있
다. 혹은 거실 벽의 단조
로운 거울 기둥에 몇 장
끼워 놓을 수도 있다. 게
다가 판화는 유화나 템페
라화보다 훨씬 싸서, 벤저
민 프랭클린 시대보다 훨

마르틴 숀가우어 〈동정녀의 죽음〉 동판화(1470)

씬 오랜 옛날부터 '한 푼 절약이 한 푼 버는 것'임을 알고 있던 성실한 시민들도
몇 점쯤은 구입할 수 있었다.

그래서 동판화는 이탈리아인이 관심을 갖기 훨씬 전부터 독일과 네덜란드에
서 아주 높은 수준으로까지 발달했다. 그러나 이탈리아에는 매우 오래전부터
전해 내려오는 일종의 동판화가 있었다. 그것은 에칭으로 알려진 판화였다.

에칭(영어의 '먹는다 eating'와 같은 어원이다)은 산(酸)을 이용한다. 먼저 동판이
나 아연판에 왁스와 송진과 호박(琥珀)을 혼합한 '바탕'을 칠한다. 왁스가 녹을
만큼 가열한다. 그것이 끝나면 끝이 뾰족한 연장(나는 축음기의 헌 바늘을 쓴다)
으로 보통 종이에 그리듯이 그 '바탕'에 그림을 그린다. 그리고 그 판을 산성 용

액, 말하자면 염산과 염소산칼륨의 혼합액에 담근다. 이 작업을 하다 보면 눈과 손가락에 통증이 생기는데, 부식 과정은 시간이 걸리므로 숙련과 인내가 필요하다. 산은 동판의 왁스가 안 묻은 부분을 먹어 들어간다. 바꾸어 말하면, 도구로 새긴 선을 부식시키는 것이다. 선이 충분히 부식되었다고 생각되면, 판을 씻어서 왁스를 없애고 거기에 잉크를 칠하여(이것에 능숙해지는 데도 20~30년은 걸린다) 인쇄를 시작한다.

이탈리아 예술가들은 이 방법을 잘 알고 있었으나 1세기 동안 다만 문장(紋章)에 세밀한 장식을 새기는 데 썼을 뿐이며, 그 기법으로 그림을 100장이나 복제할 수 있다고는 미처 깨닫지 못했다.

15세기가 되자 이 새로운 에칭 기술은 마침내 알프스를 넘어, 숀가우어의 아버지가 태어난 아우크스부르크의 문장 장식가들에게 큰 환영을 받았다. 보석 세공사는 그것을 귀금속에 응용했으며, 한스 부르크마이어(Hans Burgkmair)라는 사람 혹은 아우크스부르크 화파의 한 사람은 선을 새기지 않고 산(酸)을 이용하여 선을 부식시키면 어떤 결과가 나오는지 실험했다. 그 뒤부터는 뾰족한 철제 도구와 팔의 힘을 쓰지 않아도 원하는 선을 만들어낼 수 있었다.

숀가우어는 아버지로부터 이 기술을 배웠으나, 그 무렵엔 화학 지식이 발달하지 않은 시절이라 적절한 부식액, 즉 산성 용액을 만들기가 매우 어려웠다. 그래서 그는 단순한 판화를 충실히 계속했다. 1492년에 알브레히트 뒤러가 콜마르에 왔을 때는, 숀가우어는 세상을 떠났고 세 동생이 일을 이어받아 작업하고 있었다. 젊은 알브레히트는 여기서 당대 으뜸가는 예술 기법을 배운 것이 틀림없다.

동판화는 데생과 마찬가지로 마음보다는 머리로 하는 작업이므로 가장 독일적인 감정 표현 방법이었다. 독일인 화가 가운데 뛰어난 색채 화가를 꼽으라면 언뜻 떠오르는 사람이 없다. 색채는 독일인의 피 속에 흐르고 있지 않았던 것이다. 그러나 동판화는 대단한 인내와 면밀한 설계가 필요하다. 그러면서도 일은 간단하고 넓은 작업장도 필요없이 집 안에서 할 수 있다. 부엌의 불 옆에서 하면 판을 가열하는 데 따로 화로를 만들지 않아도 된다.

뒤러는 에칭을 철판으로 시도해 보았다. 그러나 에칭은 숙련도와 상관없이 운에 좌우되는 경우가 많아 만족스러운 결과를 얻지 못했다. 그래서 그 뒤로 한평생 동판화에 매달렸다. 사람들은 그의 회화 작품보다 선화(線畫) 및 동판화를 더 좋아한다. 그의 색채는 거친 느낌이 강하고 기품이 결여되어 있다. 그러나 그의 동판화를 보면 제비꽃 한 송이나 풀잎 하나도 마치 친한 친구처럼 여기며 그 깊은 마음속까지 잘 알고 있는 듯이 보인다.

그의 동판화는 대량으로 복제되었다. 아름다운 판화를 매우 싸게 구입할 수 있다. 기회가 있으면 몇 장 사서 언제나 볼 수 있는 곳에 걸어 두라. 예술적인 동기는 제쳐두고라도 역사적 자료로서 중요한 가치가 있다. 그의 동판화는 중세의 정신으로 안내하는 좋은 길잡이다. 라벤나라는 명칭이 비잔티움적이고 거슈인(Gershwin)의 재즈에서 현대성이 감지되는 것처럼, 뒤러의 동판화는 바로 고딕적이다. 그의 동판화들은 지나간 한 시대의 정신을 내뿜고 있다. 우리가 살아가고 있는 현대사회는, 결코 되돌릴 수 없는 그 시대를 밑거름으로 발전하고 있다. 과거를 철저하게 알지 못하면 미래에 확고히 대처할 수 없다.

바젤의 홀바인(Holbein) 가문은 북독일의 바흐 가문과 마찬가지로 위대한 예술가 한두 명을 배출했다는 것 이상의 의미를 갖는다. 이 가문은 거의 한 세기 내내 그들 분야에서 독보적인 지도자로서 인정받고 있었다. 아버지 한스 홀바인(Hans Holbein)은 1460년에 태어났으며 아우크스부르크가 고향이었다. 그의 아버지는 가죽 다루는 무두장이였다. 중세의 문명은 피혁의 문명(마치 근대 문명이 비단과 무명의 문명이듯이)이었으므로, 그 무렵 가죽 다루는 장인이면 지금의 견직 공장장처럼 중요한 인물이었다. 그의 아버지는 동료들로부터 큰 존경을 받았으며, 황제가 이탈리아 여행 도중 이 도시를 공식 방문했을 때 정식 환영 위원회의 한 사람으로서 접대를 맡기까지 했다. 상급 위원은 시장, 시 참사위원, 지방귀족 회원 등의 몫이었으므로 아마 '유력한 시민'이자 유명 인사로서 발탁되었을 것이다.

이 늙은 무두장이에게는 한스와 지기문트라는 두 아들이 있었다. 두 사람다 유명한 화가가 되었으며, 형 한스의 두 아들 암브로시우스 홀바인(Ambrosius Holbein)과 한스 홀바인도 일류 예술가가 되었다. 뒷날 아들의 명성이 아버지를 훨씬 능가한 탓에 자칫 아버지 한스 홀바인의 업적을 그냥 지나치기 쉽다. 마치 세 사람의 바흐가 워낙 명성이 높은 탓에 수백 명의 바흐가 각자 나름대로 독일 음악 발전에 공헌한 것을 잊기 쉬운 것과 같다.

그 뒤 한스 홀바인은 경제적으로 어려운 형편에 빠졌다. 아들들이 아우크스부르크를 떠나 바젤로 옮긴 것은 아마도 그 때문일 것이다. 그것은 1515년의 일이었다. 그 4년 뒤에 에라스무스는 위험한 사회풍자가 어떤 반응을 얻을지 전혀 확신하지 못한 채 《우신 예찬 *Moriae encomium*》을 출판하기 위해 런던에서 파리로 갔다. 그 책은 굉장한 성공을 거두었다. 그래서 바젤의 출판업자 요한 프로벤(Johann Froben)은, 누구나 쉽게 접할 수 있도록 재미있는 삽화를 넣은 신판을 내기로 했다. 이 일에 꼭 알맞은 화가로 아들 홀바인이 낙점되었다. 마치 크룩생크의 삽화가 찰스 디킨스 소설의 일부가 된 것처럼, 그의 삽화는 에라스무스 작품의 일부가 되었다.

그 일은 홀바인의 실용적인 성격을 뚜렷이 보여 준다. 그는 사실에 충실한 초상화가였다. 그의 눈은 어느 것도 놓치지 않았다. 그는 의뢰인의 얼굴과 옷에 드러난 아주 미세한 부분까지 꼼꼼히 그렸다. 홀바인은 예술을 위한 예술을 믿는 몽상가가 아니었다. 그는 아내를 맞이했고, 많은 아이를 낳았다. 그는 힘이 닿는 한 최선의 행복한 가정과 교육을 제공하고자 했다. 그래서 바젤이나 이웃 도시에서의 온갖 잡일을 맡았으며, 특히 개인 집이나 공공 건물의 벽장식을 전문으로 삼았다. 또한 그는 오늘날의 멕시코 벽화처럼 그 무렵 호평을 얻은 섬뜩한 작품 〈죽음의 무도 *Dance of death*〉(죽음이 교황이나 황제에서 마을의 바보에 이르기까지 모든 시민과 함께 즐거운 듯이 춤을 추고 있는 광경을 그린 것)로 이름을 떨치기도 했다. 그러나 지역 시장이 바닥을 드러내자 좀 더 수지맞는 주문을 받을 수 있는 곳을 찾기로 마음먹었다.

이런 결심에는 1520년경 유럽을 덮친 무서운 불경기가 크게 영향을 미쳤다. 에스파냐가 신세계 아메리카의 금광에서 채굴한 막대한 양의 금은이 유럽으로 유입되자 유럽의 단순 경제가 완전히 뒤집어졌다. 도처에서 물가는 하늘 높은 줄 모르게 뛰었지만, 화폐로 지불된 임금의 구매력은 감소하거나 그대로 머물러 있었다. 농업은 가장 심한 타격을 받았으며, 굶주린 농민의 불만은 마르틴 루터(Martin Luther)의 계획을 크게 도왔다. 사원과 수도원의 재산을 몰수하는 종교 개혁은 이들 불행한 빈민들에게는 횡재였다. 그들은 비텐베르크에서 온 이 유명한 반역자를 열렬히 추종했다.

지중해에서 오는 상품의 집산지였던 바젤은 곧바로 불경기의 영향을 받았다. 예술가들은 살아남기 위해 후원자를 찾아야 했다. 남독일의 모든 도시가 곧 굶주리게 되리라고 정확히 내다본 홀바인은 실버포인트(silverpoint)와 그림 물감을 싸들고 영국으로 건너갔다. 유럽은 어디나 무정부 상태였지만 영국에는 법과 질서가 있었다. 영국 왕은 대대적인 교회 개혁을 이끌고 있었으므로 내란의 위험을 피할 수 있을 터였다.

한스 홀바인(1497~1543) 자화상(아들)

홀바인의 첫 영국 여행은 뜻밖에도 성공이었다. 지금도 윈저 성에는 홀바인이 이때 그린 87점의 선화(線畵)와, 헨리 8세 시대에 활약한 남녀 초상화가 고스란히 남아 있다.

1528년 홀바인은 고향으로 돌아왔다. 그의 짐 속에는 토머스 모어 경을 그린 스케치가 들어 있었다. 모어는 그것을 그 무렵 바젤에 살고 있던 옛 친구 에라스무스에게 전해 달라고 부탁했다. 바젤은 이 취미가 풍부한 사람이 편안히 살 수 있는 유럽의 유일한 도시였다. 에라스무스가 관대한 후원자의 얼굴을 본 것은 그 그림이 마지막이었다. 몇 년 뒤 현명하고 너그러운 토머스 모어는 충심을 다해 섬긴 왕의 명령으로 목이 잘려 흙으로 돌아갔다.

그러나 우리의 스위스의 산 사나이[7]는 정치에 관심이 없었다. 그는 왕의 노여움을 살 만한 일을 조심스레 피했다. 그래서 1530년에 그는 다시 영국으로 건너가 비버처럼 바쁘게 일했고, 영광스럽게도 왕의 총애를 받았다. 헨리 8세는

---

7) 홀바인을 말한다.

한스 홀바인(아들)의 〈죽음의 무도〉 목판화

잔혹한 불한당이었으나 꽤 인간미도 있어서, 그 점이 매우 친근해질 수 있었다.

이 두 번째 영국 방문 중에 홀바인은 첫 번째보다 훨씬 많은 그림을 그렸다. 그의 기교는 누구도 따르지 못할 만큼 완성되어 있었다. 그의 그림을 들여다보면, 거기에 그려져 있는 인물이 실제로는 그런 얼굴이 아니었다 하더라도 그런 모습이었을 것처럼 느껴진다. 그 시대 사람들은 그의 작품이 지닌 진가를 인정했다. 홀바인은 이 위험한 여행을 떠날 때 기대한 대로 아내와 아이들을 위해 집과 신발을 사 줄 수 있었다. 그를 낳은 도시는 그를 시의 공식 화가로 추대함으로써 그에게 명예를 주었다. 영국 유력자들의 저택이 그에게 문을 활짝 열었다. 그러나 그는 자기 일에서 추호도 부주의하거나 불성실한 태도를 보이지 않았다. 무두장이였던 할아버지가 언제나 황산으로 잘 처리한 가장 좋은 가죽을 손님에게 제공했듯이, 죽을 때까지 그는 고객에서 최선을 다하려 했던 충실한 장인이었다.

1543년 가을, 한스 홀바인의 매우 인기 있는 목판화집(木版畵集) 가운데 하나가 갑자기 현실로 바뀌었다. 런던에 흑사병이 발생한 것이다. 그 〈죽음의 무도〉

가 절정에 이르렀을 때, 젊은 한스(아직 45세였다)는 죽음의 축제에 초대받았다. 미처 정신을 차릴 새도 없이 해골 모습의 저승사자를 따라 무덤으로 뛰어들어 가 버렸다.

32장
내 주는 강한 성이요

프로테스탄티즘(신교)과 예술

1517년 10월 31일의 일이었다. 유럽인들조차 잘 모르는 작센의 시골 도시 비텐베르크에서 많은 시민들이 미사에 참석하러 가고 있었다. 그런데 옛 영주 저택의 일부였던 교회 현관에 닿았을 때 그들은 깜짝 놀라 웅성거렸다. 그들의 저명한 신학 교수가 로마에서 돌아온 뒤로 많은 사람들이 예상하고 두려워하던 일이 현실로 나타났기 때문이다. 종이 쪽지 두 장이 나무 문짝에 붙어 있고, 거기에는 누구나 알고 있지만 감히 입 밖에 내지 못했던 교회의 폐단에 반대하는 95개조의 항의문이 씌어 있었다. 이 종이 쪽지 두 장이 모든 선량한 비텐베르크 시민들에게 어떤 감정을 불러일으켰는지 알고 싶으면, 예를 들어 하버드나 예일 대학교 총장이 워싱턴에 가서 대법원에 우리의 헌법과 정체를 전면적으로 뜯어 고쳐야 한다고 선언할 경우 우리 기분이 어떨지 상상해 보면 된다.

마르틴 루터 박사의 이 돌 한 개가 역사의 걸음걸이를 얼마나 바꾸어 놓았는지는 전에도 말한 바 있다. 그러므로 이 장에서는 그 완고한 독일 수사의 공개적 반역 행위가 예술에 어느 만큼 영향을 미쳤는가 살펴보자. 그는 신과 양심을 자기 편으로 삼으면 한 개인이라도 교회나 국가의 모든 기성 권위에 충분히 항거할 수 있다고 굳게 믿었다.

인간 본성을 깊이 이해했던 독일의 철학자 프리드리히 니체(Friedrich Nietzsche)에 따르면, 루터는 교회가 만들어 낸 모든 미술·조각·그림·대사원의 건축물을 전반적으로 혐오했으며, 교회 내부의 폐단에 대한 노골적인 증오는 일부분에 지나지 않았다고 한다. 그것이 적어도 부분적으로 사실이라는 데는 의심의 여지가 없다. 유럽의 농민은 자기가 이해하지 못하는 것이면 무엇이든 깊은 의혹을 품었다. 루터는 (죽는 날까지) 선량하고 붙임성 없는 소박한 독일 농민이었다.

믿을 만한 증거에 따르면 루터는 전도사 타입의 웅변가였다. 그는 일생 동안 설교사로서 큰 인기를 끌었다. 그는 틀림없이 그 시대의 많은 성당 내부를 보았겠지만 스테인드글라스 창이나 그림, 조각의 아름다움에 대해서는 한 마디도 언급하지 않았다. 그가 눈여겨본 것은 단지 어느 교회가 다른 곳에 비해서 음향 효과가 좋다든

루카스 크라나흐(1472~1533) **자화상**
작센 선제후 궁정화가. 피렌체, 우피치 미술관.

가 사람들이 잘 모인다든가 하는 정도뿐이었다.

그는 여행을 많이 했다. 1511년에는 교황을 만나기 위해 알프스를 넘어 로마로 갔다. 도중에 그리스도교권 가운데에서도 가장 아름다운 도시 피렌체를 보았다. 그러나 이 실제적인 독일 농민이 눈여겨본 것은 오직 하나, 이 도시의 공중 위생 시설이 잘 되어 있다는 것뿐이었다. 특히 그는 다른 도시보다 병원이 잘 운영되고 있는 것은 대중을 위해서 훌륭한 일이라고 생각했다. 그가 도착했을 때 로마는 마침 교황의 건축과 미화 사업으로 빠르게 변하는 중이었다. 오두막집이 다닥다닥 붙은 중세 도시가 르네상스 최고 예술가들이 설계한 도시로 모습이 바뀌어 가고 있을 때였다. 이 성실한 독일인 수도사는 성베드로 대성당 건축 자재로 쌓여 있는 대리석 더미에 걸터앉아, 이 광대한 성당의 건설을 위해 독일 농민들의 주머니에서 털어내야 하는 금액은 얼마나 될까 하고 속으로 계산하고 있었다.

마틴 루터(1483~1546) 루카스 크라나흐 작. 독일 종교 개혁의 지도자인 루터는 〈95개조 논제〉를 써서, 면죄부 판매로 이익을 얻고 있던 로마가톨릭 교회를 강하게 비판했다.

그의 주위에는 뛰어난 독일인 화가들이 많았다. 루카스 크라나흐는 오랫동안 작센 선제후의 궁정 화가로 비텐베르크에서 활동했다. 그의 아들 하나는 비텐베르크 시장까지 되었으며, 시장의 아버지는 루터의 부모 초상화뿐 아니라 위대한 종교 개혁자 루터의 초상화를 그렸다. 그 초상화를 보면 "여기에 나는 섰노라. 어찌할 수 없이. 신이여, 도와 주소서. 아멘"이라는 말이 생생히 들려오는 듯하다.

마티아스 그뤼네발트는 가까운 브란덴부르크의 궁정 화가였는데, 대중에 대한 직접적이며 감성적인 호소력은 루터 못지않게 반역적이었다. 그러나 루터는 이 두 화가의 중요성을 전혀 깨닫지 못했다.

루터의 독서는 그 폭이 아주 좁았다. 역사에 무지했던 점으로는 아돌프 히틀러와 다름없었으며, 아울러 말하자면 이 두 사람은 공통되는 점이 많았다. 루터가 보기에 아리스토텔레스는 인간의 얼굴을 한 노새에 지나지 않고, 진짜 노새가 길가의 엉겅퀴를 모으듯이 아무 소용도 없는 지식을 모았을 뿐이다. 반면에 키케로는 매우 좋아했는데, 그는 키케로의 저작이 독일 아이들에게 라틴어 문법을 가르치는 데 아주 적합하다고 주장했다. 카이사르는 길들인 원숭이였으며, 이 위대한 종교 개혁자가 쓸 만한 로마의 시인이라고 여긴 사람은 어린 아이들이 올바르게 살아가도록 계도하는 우화를 쓴 이솝 같은 도덕적인 작가뿐이었다.

그런데 눈에 호소하는 예술에는 까막눈이었던 루터도 귀에 호소하는 예술은 열렬히 사랑했다. 그는 음악을 좋아했다. 그는 신학 다음으로 이 세상에서 중요한 것이 음악이라고 흔히 말했다. 음악은 "하느님의 많은 은총 가운데서도 가장 훌륭한 것"이었다. 그는 플루트와 류트를 연주할 줄 알았으며, 때로는 펜과 종이를 들어 찬송가 작곡까지 했다. 〈내 주는 강한 성이요 *Ein' Burgistunser Gott*〉라는 그의 곡은 모든 신교도의 찬송가가 되어 있다. 음악을 옛 그리스도교회 시대의 명예로운 지위에까지 회복시킨 것이 루터였다. 옛날에는 회중 가운데 누구든지 집단 가창의 형식에 참가할 수 있었다. 마르틴 루터에 대해서는 이쯤으로 해 둔다.

그는 예술가가 아니라 종교 개혁자였다. 그러나 기묘한 인연으로 그는 이 독일 예술의 대변화에 영향을 미친 것 같다. 독일 전역에서 그토록 유망하게 출발했던 회화 예술은 16세기 초부터 쇠퇴하여 마침내 거의 완전히 사라져 버렸다. 훌륭한 화가와 건축가들이 없지는 않았으나 독창성이 거의 없었다. 그들은 외국에서 만들어진 것을 본뜰 뿐이었다.

그러나 독일의 화가들이 무대에서 사라진 그 순간에 음악가가 대신 나타났다. 그 뒤 음악은 독일인의 장기가 되고, 독일어는 음악의 국제공용어가 되었다.

어떻게 하여 이렇게 되었는지 나는 알 수 없다. 그래서 사실만을 말하고 있을 뿐이다.

33장
바로크

교회와 국가가 반격을 시작했다. 이것은 예술의 발전에 어떤 영향을 미쳤을까

　종교 개혁이 발생한 이후 150년간을 이해하고 싶으면, 그 시대에 그려진 초상화를 보라고 권하고 싶다. 그 초상화들은 대규모 종교 전쟁 시대를 어떤 책보다도 잘 설명해 줄 것이다.

　그 까닭은 여러 가지가 있다. 우선 비바람에 견디는 새 기술이 유화를 가능하게 만들었다. 중세 전반의 프레스코 화가들은 금세 말라 버리는 회반죽 위에 그림을 그려야 했으므로, 정말로 좋은 작품을 그리려면 허둥지둥 서둘러서 작업해야만 했다. 그러므로 유화는 초상화가에게는 큰 도움이 되었다. 처음 교회는 이 방법을 못마땅해했으나, 초상화가는 이미 훌륭한 사회적 지위를 차지하고 있었고 성화 전문 화가들보다 훨씬 부자가 되어 가고 있었다.

　좋은 초상화를 위해서는 두 가지가 필요했다. 하나는 솜씨 있는 화가, 또 하나는 그 노력에 꼭 알맞은 모델이었다. 16세기는 초상화가가 소재로 삼고 싶은 얼굴이 많은 이상적인 시대였다. 다시 말하여, 매우 솔직하고 매우 강력한 인물의 시대였다. 그런 유형의 사람들만이, 전쟁과 페스트가 한 도시 또는 한 나라의 인구를 반년 안에 10분의 1로 줄여 버리는 일이 흔했던 폭력과 공포의 시대를 살아갈 수 있었다. 집안이나 교육 같은 것은 아무 소용도 없었다. 죽이느냐 죽느냐만이 문제였으며, 이런 비참한 상황에서는 생존에 꼭 알맞은 사람만이 자신을 지킬 수 있었다.

　오늘날에는 시대가 요구하는 인물이 중산 계급에서 많이 나오지만, 16세기의 지도자는 농민이나 하급 귀족 출신이 많았다. 그러나 그들도 이름만 지도자였을 뿐, 평생 함께 살아 온 동물들과 거의 다름없는 인간들이었다. 농민은 혁

명을 시작하고 세계를 정복했다. 농민은 용병대를 지휘했으며 제국을 세우고 허물었다. 그 시대의 군주들조차 매우 농민적인 심성을 지니고 있었다. 그들은 화약 냄새가 진동하는 성에서 태어나 말을 타고 생활했다. 어디를 가나 마구간 냄새가 따라다녔으며, 마을의 주막에서 듣는 농담을 즐겼다. 그들의 대화는 군대 분위기가 깔려 있었으며, 그들은 여자들이 있는 거실보다 병영을 더 편하게 여겼다. 100년 동안이나 끊임없이 이어진 전쟁으로 그들은 생애의 대부분을 병영에서 보내야

장 칼뱅(1509~1564) 다른 종교 개혁 지도자들과 마찬가지로 자기 자신의 신앙심도 올바르고 적대자의 신앙심은 거짓으로 가득 차 있다고 생각했다.

했다. 그것은 그들에게는 어울리는 생활이었다. 그들은 공단이나 비단보다 가죽을 좋아했다. 공식 행사가 있어서 차려 입어야 할 때에는 언제나 다른 모든 사람들과 구별하기 위해 수를 놓은 묵직한 무명옷을 입고 불쾌한 표정을 짓고 있었다. 바로 루카스 크라나흐가 그린 루터의 초상화, 두 다리로 당당하게 대지를 밟고 서 있는 장중하고 성실한 야인의 모습이었다. 여자라고 해도 남자보다 나을 게 없었다.

　바로크 시대는 뚱뚱한 사람에게는 이상적인 시대였다. 육중한 사람이라고 말하는 편이 더 좋을지 모른다. 그런 사람들은 대개 매우 활동적인 생활을 하고 있었기 때문이다. 그들의 과중한 체중은 게을러서가 아니라 오히려 많이 마시고 많이 먹고 깊이 잠자는 격렬한 생활의 결과였다. 이러한 사정이 이 시대의 초상화가에게 이상적이었던 것이다.

현대의 화가는 인물의 '복장'에 대단한 시간을 소비해야 한다. 16~17세기에는 인물이 스스로 이미 복장을 갖춰 입고 있었다. 그들은 그저 하인들과 이야기하고 있을 때도 초상화를 위한 포즈를 취하고 있었다. 무슨 일이든 느릿느릿 엄숙하고 진지하게 하는 생활 방식이 몸에 배어 있었다.

바로크식 저택을 찾아가서, 어떻게 하면 쾌적한 집으로 바꿀 수 있을지 생각해 보라. 중세의 방은 현대인이 아름답게 생활하는 데 꼭 알맞다. 위생 시설이 없는 것이 아쉽고 또 불편한 것만 참는다면, 그렇게 아름다움과 실용성이 완벽하게 조화된 집을 찾기는 어렵다. 로코코식 저택은 몇 가지 현대적인 설비만 갖추면 쾌적한 주택이 된다. 그것은 최상이라는 기분을 자아낸다. 그런 집에서는 따분한 사람에게도 유쾌하고 정중하게 대할 수 있고, 여러분을 낳아준 사람들에게 예의를 잃지도 않으며, 때로는 일찍이 없었던 재담까지 하고 싶어진다. 그러나 바로크식 저택은 그것을 세운 사람들에게만 적합한 것이며, 현대의 실내 장식가가 아무리 손질해 봐야 도무지 정서(Gemutlichkeit)가 없는, 휑하니 큰 살기 어려운 오두막에 그칠 뿐이다.

'바로크'라는 이름 자체가 르네상스 사람들이 덩치만 큰 석조 양식을 보고 경멸적인 의미에서 쓴 용어이다. 에스파냐어로 바로코(barroco)는 울퉁불퉁하고 괴상한 모양을 한 커다란 진주를 말한다. 따라서 그것은 절대 좋은 뜻이 아니며, 이탈리아인들이 북유럽에서 온 것을 두고 무엇이든 고딕스럽다느니 훈족의 것 같다느니 하고 놀리는 것 이상으로 비하하는 말이었다. 건축의 바로크 양식이 온 유럽에 퍼졌다는 것은 이미 말했다. 그러나 이 시대의 예술을 결정했으며 무엇보다 중대한 영향을 미친, 사물을 바로크적으로 보는 견해에 대해서는 말하지 않았다.

연대를 확정하기는 어렵지만 바로크는 16세기 중엽 종교 개혁과 동시에 시작하여 1700년 직후 루이 14세의 죽음과 더불어 끝났다. 일부 지역에서는 좀 더 이어졌지만 대부분 사라졌다. 그 150년 동안 그리스도교 세계는 직접적, 간접적으로 종교적인 성질의 문제들로만 몹시 시끄러웠다.

루터와 칼뱅은 종교적 심성을 해체했다. 이제 사람들은 구원을 주장하는 많은 예언가들 가운데 누가 미래의 행복을 가장 잘 보장해 주는가를 스스로 결정해야 했다. 이런 상황에서 가톨릭·루터파·칼뱅파·세례파·재세례파, 예정론

1548년 6월 30일에 열린 아우크스부르크 제국의회 장면 판화 가톨릭과 프로테스탄트의 투쟁은 1555년 '아우크스부르크 화의'까지 계속 이어졌다.

자·후정론자, 광교회파·제한론파, 삼위일체파와 그리스도 편재론자파 등 수많은 교파가 서로 대립하면서 인심을 지배하려고 겨루었다.

그 결과 100여 년간 역사상 유례가 없을 만큼 치열한 분쟁이 벌어졌다. 이 분쟁은 마침내 30년간의 비참한 전쟁으로 이어졌다. 어느 한 무리가 나머지 전체를 멸망시킬 수 없고 결국 타협하지 않으면 안 된다는 것을 확실히 깨달았을 때는 이미 유럽 전토가 드넓은 싸움터로 변한 뒤였다. 그리스도교권은 극도의 혼란에 빠졌다. 가톨릭 장군이 프로테스탄트 군대를 지휘하는가 하면, 프로테스탄트 장군이 가톨릭 군대를 지휘하기도 했다. 프로테스탄트 용병들이 프로테스탄트 나라를 약탈하고, 가톨릭 용병들이 가톨릭 나라를 짓밟았다. 가톨릭 사령관이 변절해 신교의 대의를 주창했고, 신교 왕이 로마 추기경에게 군자금을 얻어 썼다.

결론은 완전한 교착 상태였다. 30년간의 전쟁 끝에(그 가운데 8년은 외교관들이 강화를 준비한 기간이다) 양측은 휴전에 동의했다. 몹시 불행한 휴전이었다. 1555년 아우크스부르크 평화협정 제3조를 확인했기 때문이다. 그것은 군주가 백성들의 의사를 무시하고 자신의 신앙을 백성들에게 강제할 권리를 가지고 있다는 내용의 조항이었다.

그 결과 유럽 전역은 수많은 공국들로 나뉘었다. 저마다 자기의 종교를 갖고, 종교가 다른 이웃과는 원수가 되었다. 중세의 교회는 부득이 어느 때보다도 '전투적인 교회'라는 고전적 역할에 충실해야 했다.

그것은 유럽 문명사에서 가장 광범한 변화였으며 모든 예술에 깊이 영향을 미쳤다. 화가·조각가·건축가·음악가들은 이제 보편적인 신의 영광을 찬양하기 위해 열심히 일하며 조용히 살아가는 장인이 아니었다. 그들은 어떤 종족의 신을 위해 세계를 정복하려는 온갖 군대에 동원되었다. 그림은 단순한 그림이 아니라 선전 수단이 되었다. 교회는 예배와 명상의 장소가 아니라 같은 종파에 속하는 자들의 집회소가 되었다. 노래는 지배자들이 '참된 신앙'이라고 지정한 신앙의 수호자들이 부르는 군가만 허용되었다.

이 무서운 무자비한 투쟁에서 남유럽의 가톨릭 군대는 시각 예술의 도움을 받아서 싸우고, 북유럽의 신교 군대는 청각 예술에 의지했다. 한쪽은 그림과 건축, 한쪽은 음악으로 주도권을 잡으려는 이전투구였다. 바흐 대 벨라스케스가 벌이는 레슬링 10회전 경기라고 할까?

그러나 그것은 너무 간단하게 쓴 것이며, 실은 역사상 바로크 시대만큼 복잡한 시대도 없다. 양측이 경쟁하는 무대에 제3의 경쟁자가 등장했기 때문이다. 그것은 오직 한 사람, 즉 왕이나 그의 재상이 모든 권력을 쥐고 있는 왕조 국가였다. 왕조 국가는 그 무렵의 종교적 발전에서 태어난 것은 아니었다. 유럽, 아시아, 아프리카, 아메리카의 이권을 놓고 모든 나라들이 서로 싸우고 있던 시대였기에 강력한 중앙집권적인 정치 형태가 필요했던 것이다.

그러나 왕조국가의 군주들은 외부의 적만이 아니라 내부의 적도 늘 경계해야 했으므로 교회와 손을 잡지 않을 수 없었다. 내부의 적은 종교적 이단자나 잠재적 불만세력에 지나지 않지만, 되도록이면 그들도 충실한 지지자야 했다. 그래서 세속 군주들은 교회 운영 교서(敎書)를 좇아 웅장하고 화려한 것으로 사람들의 눈을 사로잡는 것이 가장 자기들의 목적에 도움이 된다고 생각했다. 그 결과 바로크 시대의 교회와 국가는 자신의 번영과 매력과 힘과 부를 백성들에게 각인시키는 데 몰두했다. 정신적 지배자와 세속적 지배자의 위용에 완전히 압도된 백성들은 자발적으로 세금을 내어 교회와 국가의 행사에 미력하나마 힘을 바치겠노라 결심했다.

그 장황한 파노라마의 자질구레한 것까지 일일이 설명할 여백은 없다. 그러므로 바로크의 비극에서 주연을 맡은 등장 인물에 대해서 간략하게 설명하기로 한다. 먼저 반종교 개혁의 선두에 섰으며, 그 시도에서 완전히 실패한 세력부터 살펴보자.

그 세력은 에스파냐였다. 에스파냐 사람들은 주권을 놓고 무어인과 800년이나 싸우는 바람에 종교적 광신에 빠져들었다. 교회는 그 긴 고난의 세월을 버티게 해 준 정

산 파블로 교회 측면 입구의 석조 장식 플라테레스코 양식. 에스파냐, 가톨릭 왕국의 문장이 가운데에 새겨져 있으며, '이새의 나무'를 본뜬 세밀한 석조 문양이 전체를 뒤덮고 있다. 16세기 말. 바야돌리드.

신적 지주였다. 그 교회가 새로운 사교(邪敎)에 위협을 받는 순간 그들은 당연히 신앙의 수호자로 나섰다.

르네상스는 이베리아 반도에 큰 영향을 주지는 않았다. 기존의 고딕 양식에 활발한 요소를 추가하는 정도였는데, 그것을 플라테레스코(Plateresco) 양식이라고 부른다. 바로크와 마찬가지로 이 명칭도 은세공사의 작업에서 나온 것이다. 플라테레스코는 고딕의 단순한 윤곽 위에 매우 복잡한 건축 장식이 첨가된 양식이다. 하지만 이 양식은 에스파냐에서는 그리 발달하지 못했다. 곧바로 바로크 양식이 도입되면서 기존의 고딕 양식과 더불어 힘을 잃었다. 그러나 플라테레스코 양식은 형태를 바꾸어 대서양 건너편 라틴아메리카에 이식되었다. 지금

마드리드 교외에 있는 엘 에스코리알 이궁(離宮)·수도원(1563~84, 남쪽 측면) 후안 바우티스타 데 톨레도가 착공하여 20여 년 뒤 후안 데 에레라가 완성한 엘 에스코리알 이궁·수도원은 16세기 에스파냐 건축을 통틀어 가장 장엄한 건축물이다. 여기서는 이전 시대의 플라테레스코 양식은 전혀 찾아볼 수 없다. 온갖 형식상의 우아함도 과도한 장식도 기교주의 효과도 철저히 배제되어 있다. 이 궁전의 크고 묵직한 사각형 모양—폭 208m, 길이 162m—은 반종교 개혁의 엄격함이 지닌 준엄한 힘을 상징한다.

도 라틴아메리카의 많은 교회에서 볼 수 있는 기묘한 파사드는 그 양식의 영향이다. 국왕 펠리페 2세가 즉위할 즈음에는 에스파냐에서 플라테레스코를 거의 찾아볼 수 없었다.

이 펠리페처럼 모든 권력을 한 손에 쥐면 예술 양식 전체를 만들 수도 있고 파괴할 수도 있다. 가톨릭의 장 칼뱅이라고도 할 이 가엾은 광신자는 엄청난 규모에 단조롭기 짝이 없는 건축물로 자신을 과시하고자 했다. 마드리드 가까이에 있는 거대한 회색 돌덩어리 엘 에스코리알이 그것이다. 그러나 그의 충직한 신하마저 거기까지는 주군을 따르지 않았으므로, 엘 에스코리알은 광신자의 고행(苦行)에는 적합했을지 모르지만 인간이 살 곳은 못되는 양식의 유일한 사례로 남았다. 그러므로 이 국왕 폐하가 먼저 간 아들에 이어 무덤에 눕자마자, 엘 에스코리알은 곧 잊히고 말았다(펠리페는 죽은 아들의 약혼녀와 결혼했는데, 이 괴상한 집안에는 불가능한 일이 없었다).

그렇다고 에스파냐가 바로크 양식을 선도했다고 말한다면 과장이다. 에스파냐인은 다른 민족보다 바로크 양식을 온 유럽에 보급하는 데 더 큰 공헌을 할 수도 있었으나, 안타깝게도 그들의 건축 시대는 끝났다. 건축에는 많은 돈이 드는데, 에스파냐는 파산했기 때문이다. 에스파냐는 외국의 자산 관리에 대해 아주 그릇된 사고방식을 갖고 있었고, 민족적인 자만심에 빠져 에스파냐인이 아닌 모든 사람

로욜라(1491~1556) 군인 출신 로욜라가 결성한 예수회는, 강력한 기독교 전사였다.

(무어인이나 유대인은 무슨 일이든 어느 민족보다도 잘 해냈다)을 배제했으며, 경제 구조에서 소농민의 중요성을 완전히 무시했다. 이런 나라는 설령 신세계의 금광을 다 갖고 있어도 도저히 살아남을 수 없었다.

경제적으로 몰락했어도 에스파냐는 종교 분야에서는 여전히 막강한 영향력을 휘둘렀다. 마침 에스파냐에 훌륭한 종교 지도자가 나타남으로써, 세계의 정신 생활에 커다란 영향을 미쳤다. 그는 이니고 로페스 데 리칼데(Iñigo López de Recalde)로서, 우리에게는 이그나티우스 로욜라(Ignatius Loyola)라는 이름으로 더 잘 알려진 인물이다.

앞에서 나는 바로크 시대를 농민 출신들이 이끌었다고 말했다. 엄밀히 말하여 이그나티우스는 에스파냐 귀족 출신이며, 페르난도와 이사벨의 궁정 시중 소년으로서 교육을 받기도 했다. 그러나 로욜라의 조상들이 대대로 살았던 성의 규모는 돈키호테 각하가 태어난 라만차의 성내 별장 정도였다.

청년 시절 팜플로나 전투에서 포탄에 맞아 불구가 된 이 국왕의 병사 리칼

데는, 세속적인 출세를 단념하고 십자가의 깃발 아래로 들어갔다. 얼마 뒤 그는 사람들의 영혼을 단일한 교회로 재통합하려는 영적 군대의 가장 강력한 지도자가 되었다. 그가 창립한 예수회는 종교 단체라기보다 오히려 군사 조직이었다. 따라서 이교도와의 전쟁에서 쓸 수 있는 무기는 어떤 것이라도 마다하지 않았다. 예술은 인간의 감정을 불러일으키고 지도하는 매우 유력한 수단이므로, 건축가·화가·음악가는 모두 신에 대한 봉사에 동원되었다.

로마의 성베드로 대성당을 바로크식으로만 장식하여 건축 분야에서 바로크 양식의 아버지로 여겨지는 건축가들은 모두 이탈리아인들이며, 아마도 위대한 로렌초 베르니니의 제자들이었을 것이다. 그러나 설계를 승인하고 자금을 제공한 것은 예수회였다. 오스트리아, 폴란드, 포르투갈, 바이에른의 도시를 찾아가 보면 어떻게든지 강렬한 인상을 주어 압도하려는 바로크의 뚜렷한 특징을 볼 수 있다. 그것은 제수이트(예수회 회원)의 공로였으며, 그 가운데 십중팔구는 지금도 '제수이트 교회'로서 널리 알려져 있다.

에스파냐는 이제 스스로 건물을 세울 여력은 없었으나 예술가에게 캔버스와 그림 물감을 사 줄 만한 돈은 아직 남아 있었다. 화가들도 조국을 망친 국왕의 대의명분을 선전하는 운동에 함께했다.

그 초기의 가장 뛰어난 화가는 크레타섬에서 온 그리스인 도미니코스 테오토코플로스(Dominicos Theotocopulos)였다. 로마(1570년에 로마에 도착했다)에서는 도미니코 테오토코풀리(Dominico Theotocopuli)로 알려졌다. 복잡한 그리스 철자를 잘 발음하지 못한 에스파냐 사람들은 그를 엘 그레코(El Greco, 그리스인)라고 불렀다. 이 이름에서 보더라도 그들이 이 사람을 계속 '외국인'으로 여겼다는 것이 드러난다.

그가 무슨 이유로 언제 이탈리아에서 에스파냐로 옮겼는지는 알려져 있지 않지만 1575년에 그는 톨레도의 사원에 그림을 그렸고, 그 뒤에는 마드리드에서 펠리페 2세를 위해 제단화를 그렸다. 그러나 국왕은 엘 에스코리알의 개인 예배당에 그것을 장식하지 못하게 했다. 엘 그레코는 이 일에 큰 희망을 걸고 있었다. 그는 톨레도에서 시련을 맞고 있었다. 교회 당국이 그의 그림 속에서 발견한 '온당치 못한 것' 때문에 늘 난처해 하고 있었다. 자칫 종교재판에 회부될지도 모를 일이었다. 이런 상황에서 왕이 그의 그림을 사 준 것은 큰 도움이 되었다. 그러나 펠리페가 왜 자기 예배당에 장식하지 않았는지는 알 수 없다. 아마도 왕은 그의 그림을 좋아하지 않았고, 그 점에서는 많은 사람들도 왕과 같은 감정이었다. 엘 그레코의 그림을 좋아하려면 아라비아나 중국 음악의 경우처럼 훈련된 안목이 필요했다. 그의 색채는 여느 화가들과 달리 단조로운 편이지만, 감상하다 보면 그런 느낌은 곧 떨쳐낼 수 있다. 그러나 그의 형상에 대해서는 매우 곤혹스러움을 느꼈을 것이다.

엘 그레코는 그리스인이므로 비잔티움의 영향을 받았음에 틀림없다. 비잔티움 제국은 엘 그레코가 등장하기 100년 전에 완전히 멸망해 버렸고, 그가 태어날 무렵 그의 고향 칸디아는 베네치아의 식민지였지만, 옛 비잔티움 전통은 아직도 몇 세기나 길게 꼬리를 끌고 있었다. 아마도 병 때문이겠지만 만년에 그레코는 붓놀림이 여의치 않아 어색한 세모꼴 인물밖에 그리지 못했는데, 그래서 그의 작품에서는 더한층 비잔티움의 전통이 두드러진다. 그의 작품 활동이 전형적인 귀인(貴人)의 도락 같으며 마치 마차 밖의 거지들에게 금화를 던져 주는 듯한 고고한 느낌을 주는 것도 그 병 때문일 것이다.

이런 자질구레한 이야기들이 단지 쓸데없는 잡담만은 아니다. 그런 것이 거장의 예술에 큰 영향을 준 예는 많다. 렘브란트는 갑자기 근시가 심해져 후년의 예술 활동에 큰 어려움을 겪었다. 베토벤의 청각장애는 1812년 뒤의 모든 작품에 영향을 주었다. 파스칼은 만일 그처럼 심한 안면 신경통을 앓지 않았다면 아마 훨씬 명랑한 철학자가 되었을 것이다.

엘 그레코는 붓놀림이 자유롭지 못했어도 건강을 잃지는 않았다. 그는 장수했으며 높은 존경과 부를 누렸다. 그 무렵 사람들은 그의 장례식이 '마치 화가가 아니라 귀족인 것처럼' 치러진 것을 의아해했으나, 그는 그럴 만한 자격이 충분히 있는 사람이었다.

그런 점에서 그보다 더 큰 행운을 누렸던 에스파냐 화가가 있다. 그는 장례식만 귀족처럼 치른 것이 아니라, 국가에 대한 귀중한 공헌을 인정받아 정말로 귀족이 되었다. 그는 바로 디에고 로드리게스 데 실바 이 벨라스케스(Diego Rodriguez de Silva y Velasquez)다. 벨라스케스는 그의 어머니의 결혼 전 성인데, 에스파냐의 유쾌한 옛 풍습에 따르면 아이를 낳는 데 어머니도 아버지와 똑같은 위치가 인정되었다.

벨라스케스(1599~1660) **자화상**

젊은 시절 벨라스케스는 세비야의 법률가였던 아버지의 뒤를 잇기 위해 법률을 공부했다. 그러나 그림에 재능이 있다는 것을 알게 되자, 부모는 그를 공방에 보냈다. 재능 있는 사람들이 흔히 그렇듯 거기서 많은 것을 배우지는 못했다. 굳이 말하자면 교사들은 그에게 그리 큰 도움은 주지 못했어도 예술의 기본에 대한 충분한 소양을 심어 주었다.

레오나르도나 미켈란젤로 등 모든 대예술가와 마찬가지로 그는 노새처럼 열심히 일했다. 그는 예순한 살까지 살았으며, 생애의 대부분을 궁정에서 보냈다. 그는 왕실의 거처를 관리하는 매우 바쁜 관직을 맡았다. 왕족이 궁전에 머물 때 관리 책임자였을 뿐 아니라, 왕이 많은 수행원을 이끌고 오랜 기간 여행할 때는 일행이 묵을 적당한 숙소를 마련해야 했다. 벨라스케스가 섬긴 왕은 여행이 무척 잦았다.

꽤 성가신 일도 있었다. 벨라스케스가 죽은 해인 1606년에 유명한 사건이 있었다. 에스파냐 왕의 딸이 프랑스의 루이 14세와 결혼하게 된 것이다. 두 군주는 양쪽이 다 상대편의 영지에 안심하고 들어갈 만큼 서로 믿고 있지 않았으므로, 결혼식은 프랑스와 에스파냐를 가로지르는 강 한가운데의 조그만 섬에서 치르게 되었다. 세기의 대사건인 이 의식을 위해, 왕실의 요리며 그 밖의 모든 필요한 준비가 벨라스케스에게 맡겨졌다. 그리고 세계는 그의 훌륭한 솜씨에 대한 찬탄의 소리로 가득 찼다. 심지어 그는 공식 만찬과 피로연에 초청까지 받았다.

17세기라는 시대를 잘 이해하고 있다면, 미천한 예술가가 받은 그 초대가 얼마나 큰 명예를 의미하는지 알 수 있을 것이다. 그것은 마치 리츠 호텔의 백만 달러짜리 파티에 참석한 인기 절정의 여배우가 호텔 급사를 만찬에 초대한 것과 같다. 물론 벨라스케스의 경우는 그럴 만한 사정이 있었다. 왕은 그에게 알맞은 때 작위를 주었다. 그러나 귀족 작위를 얻는 일도 쉬운 일이 아니었다. 본인만이 아니라 조상들 가운데 조금이라도 유대인이나 무어인의 피가 섞여 있으면 안 되었고, 가족과 친척들 가운데 이단의 혐의를 받은 사람이 하나도 없음을 증명해야 했다. 나아가—에스파냐 특유의 꼼꼼함이지만—그의 친척 가운데 무역이나 상업에 몸을 담은 자가 한 사람도 없다는 것까지 증명해야 했다. 이런 사안들이 누구나 납득할 수 있도록 해명되고, 더욱이 화가 본인이 실제로 그림을 판 것이 아니라 다른 궁정 대신들처럼 봉급을 받고 일했다는 것이 입증되고서야 비로소 귀족 작위를 받을 수 있었다.

　런던의 내셔널갤러리에 가면, 여러분은 이 기묘한 조그만 사건이 후대에 베푼 은혜를 볼 수 있다. 벨라스케스는 왕의 총애를 받았고 귀족이었으므로 〈거울 앞의 비너스 *The Rokeby Venus*〉라는 훌륭한 작품을 그릴 수 있었다. 그렇지

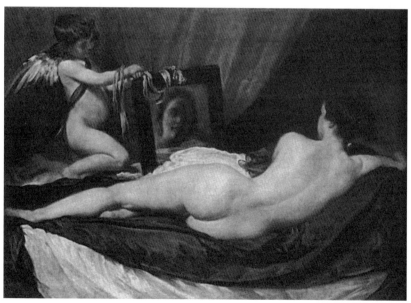

벨라스케스 〈거울 앞의 비너스〉(1651)　런던, 내셔널갤러리.

않았더라면 이 그림 때문에 몇 번이나 종교재판소 고관들과 매우 불쾌한 면담을 해야 했을 것이고, 설령 목숨만은 건졌다 하더라도, 그림은 파기되었을 것이다. 그러나 이제 그에게 손을 댈 수가 없었다. 왕의 총애가 그를 보호해 주어, 종교재판관이라 하더라도 그의 집 앞에서는 걸음을 멈추고 그를 정중하게 대해야 했다.

에스파냐 왕실용 조각상을 구입하기 위해 그가 두 번째로 이탈리아에 간 것도 왕의 배려 덕분이었다. 이유는 알 수 없지만, 에스파냐인 가운데서는 훌륭한 조각가가 없었다. 왕궁에 조각상이 필요하다고 여긴 펠리페 4세는 벨라스케스를 이탈리아에 파견하여 입수할 만한 것이 있는지 보고 오게 했다. 하지만 그는 화가였으므로, 티치아노와 틴토레토(Tintoretto) 등 이탈리아 대화가들의 작품을 많이 구입했다. 바티칸의 문이 그에게 매우 정중히 열렸을 때(에스파냐 왕의 친구라면 당연히 공손하게 접대해야 했다) 그는 그 기회를 이용하여 교황 인노켄티우스 10세를 그렸는데, 이 작품은 역사에 길이 남을 걸작 초상화다.

그의 그림은 대부분 궁정 또는 그것과 직접 관계가 있는 주제를 다룬 것이다. 궁녀들, 어릿광대 및 곱사등이(이들 가엾은 소인들은 오늘날 부자들의 개나 고양이처럼 살았는데, 대우는 개나 고양이의 절반도 못 되었다), 군주를 위해서 도시를 점령한 개선 장군(유명한 〈란사스 *Lanzas*〉 혹은 〈브레다의 할복 *Surrender of Breda*〉 등), 많은 왕비들(이 가엾은 부인들 상당수는 불행하게도 출산 때 죽었다), 왕자(〈돈 발타사르 카를로스의 기마상 *Don Baltasar Carlos on Horseback*〉), 왕실 조각가(〈마르티네스 몬타녜스 *Martinez Montañes*〉), 제독(提督), 대신(〈올리바레스 백작〉), 그리고 마지막으로 아마도 그의 작품 가운데 가장 귀중한 것이라고 할 〈실 잣는 여인들 *Las Hilanderas*〉 등이 그 예이다. 모두가 '왕실'의 것뿐인 것은, 날마다 왕궁 화실에 국왕이 방문했고, (관례에 따라서) 국왕에게 그림까지 가르쳤으니 당연한 일이다. 그의 그림 가운데에는 왕이 직접 손 댄 것도 있다. 벨라스케스는 왕의 어린 딸 마르가리타를 그리면서 자신의 모습도 그려 넣었는데, 왕은 그의 자화상에 산티아고 훈장을 그려 넣었다.

특히 이 그림은 벨라스케스가 어떤 환경에서 작업했는지 잘 보여준다. 펠리페 4세와 왕비의 모습이 마침 그곳에 있는 거울에 비치고 있다. 전경(前景)에는 귀여운 소녀들이 궁녀처럼 호화롭고 갑갑해 보이는 의상을 입고 공주의 비위

벨라스케스 〈실 잣는 여인들〉(1656) 마드리드, 무세오 델 푸라도.

를 맞추고 있다. 공주는 '에스파냐 왕비는 참을성이 없다'는 사실을 이미 알고 있는 듯한 얼굴을 하고 있다. 마지막으로 바로크 시대의 그림이라는 것을 확연히 깨닫게 해 주는 요소가 있다. 아이들 바로 앞에 서 있는 남녀 난쟁이이다. 이 난쟁이는 앞으로 세계의 절반을 차지하게 될 에스파냐 공주에게 훌륭한 놀이동무가 되어줘야 했다. 그 마지막 결과가 어떻게 되었는지는 날마다 마드리드나 빌바오에서 들어 오는 신문 기사를 읽으면 알 수 있다.

그러나 이와 같은 온갖 어처구니없는 현상 가운데서 바로크 시대의 대중에게는 매우 바람직스럽고 현실적이었던 사상을 찾아볼 수 있다. 무리요, 알론소 카노(AlonsoCano)·주세페 리베라(Giuseppe Ribera)는 교회의 영광을 대중의 마음속에 깨우치기 위한 일을 했다. 벨라스케스는 궁정과 관련 있는 모든 것에 아름다움을 주어 모든 국민이 국왕 전하의 매력에 사로잡히도록 만들고자 했다. 그런데 그의 그림은 이 목적을 이루는 데는 역부족이었다. 에스파냐가 지배하는 네덜란드 국민들은 정치적, 종교적 독립을 쟁취하기 위한 투쟁을 결코 단념하지 않았다. 그들은 이미 에스파냐의 육군과 해군을 무찌르고 네덜란드 북부를 프로테스탄트 세력의 가장 강력한 구심점으로 만들었다. 그러나 남부는 로

벨라스케스 〈공주와 시녀들〉(1656) 벨라스케스의 최고 걸작, 왕은 화가의 가슴에 훈장을 그려넣었다. 마드리드, 프라도미술관.

마 교회에 충성을 바치고 있었다. 이 분할은 두 지역의 예술에 큰 영향을 미쳤다. 그때까지 북부에는 예술가가 거의 없었고, 화가나 음악가가 되고 싶은 청년들은 모두 남부로 가서 플랑드르인 선생에게 배웠다. 그러나 16세기 중엽부터는 상황이 완전히 바뀌어 버렸다. 예술이란 이따금 묘한 수수께끼를 걸어오는 법이다.

15세기에는 네덜란드 예술은 없는 거나 마찬가지였고 플랑드르 예술이 지배적이었다. 16세기가 되자 양측이 거의 비슷해졌으나 그래도 플랑드르가 앞서고 있었다. 17세기에는 네덜란드가 남부를 훨씬 앞질러 버린다. 그런데 18세기에 들어서자 양측 모두 시들해졌다. 이 수수께끼의 답을 알고 있는 분은 가르쳐 주기 바란다.

유화를 발명한 플랑드르는 유럽의 이웃보다 한 세기나 앞섰다. 중세의 건축 열풍은 오래전에 식어 버렸다. 옛 고딕 성당은 차츰 근대 포병의 표적으로 쓰이기 시작했는데, 이것은 구대륙 모든 공공 건축물의 운명이었다. 브뤼헤나 겐트 같은 도시의 번영은 그저 흘러간 옛날이야기일 뿐이었다. 자본가와 노동자는 킬케니의 고양이처럼 상대가 완전히 쓰러질 때까지 싸우고자 했다. 그러나 중세 어느 가정에서나 자랑거리였던, 일곱 개의 자물통이 달린 장식 궤짝 속에는 여전히 대량의 축적된 자본이 숨겨져 있었다. 그림은 그 집안의 부유함을 나타내는 가장 구체적인 상징의 하나였으므로, 화가들은 여전히 제법 수지맞는 장사를 하고 있었다.

새로운 '기법'의 개척자들, 조금 예를 들자면 반에이크 형제나 멤링, 판데르베이던은 일찍이 교회에 불후의 명성을 남기고 교회 묘소에 정중히 묻혔다. 그들의 빈자리는 가장 많은 예술가를 배출한 한 집안이 차지했으며, 그들은 그 지위에 더없이 알맞은 사람들이었다. 그 무렵에는 기술이 하나의 전통으로서 아버지로부터 아들로, 또 손자로 이어지는 집안이 많았는데 그들 가운데 하나가 브뤼헐 집안이다. 그 대표자는 피터르 브뤼헐 1세와 2세, 얀 브뤼헐이다.

최근까지 많은 예술사가들은 이 소박한 플랑드르 농민 가족을 완전히 무시했다는 것을 나는 안다. 나는(가장 틀림없는 표현을 한다면) 특히 브뤼헐 1세를 예술사상 가장 위대한 거장의 한 사람으로 꼽는 데 주저하지 않는다. 그의 그림은 참으로 생동감이 넘치며, 마치 엊그제 완성된 작품처럼 현대적이다. 이 노인이 가장 이름을 날리던 시절의 작품을 보려면 빈에 가야 한다. 무슨 이유에서인지 합스부르크 집안이 그의 걸작들을 거의 다 사 모아서 빈으로 운반해 갔기 때문이다.

브뤼헐 1세는 1525년에 브레다 근처의 한 마을에서 태어났다. 브레다는 지금은 네덜란드 도시지만 그때는 홀란트라기보다 오히려 플랑드르에 속했다. 아버지는 농민이었고 어머니도 그랬으며, 그 자신도 그랬다. 마을의 결혼식을 애

피터르 브뤼헐 〈농부의 결혼식〉(1568) 혼례 축하연. 빈, 미술사박물관.

정을 담아 상세히 묘사하고, 계절의 변화를 섬세하게 바라보며, 음식물을 한없이 존중하는 그의 모습에서 그가 농부 출신임을 금방 알 수 있을 것이다. 그러나 재능은 출신과 상관없었다. 어릴 때부터 그림에 뛰어난 재능을 보인 피터르 소년은 후원자의 도움으로 프랑스와 이탈리아로 유학을 떠났다. 귀국하자 먼저 안트베르펜에 자리잡았다가 그 뒤 브뤼셀로 옮겼다. 브뤼셀은 옛날이나 지금이나 네덜란드 남부 수도이다. 거기서 그는 그림을 그리고, 에칭을 만들고 두 아들을 교육하면서 여생을 보냈다. 큰아들은 '지옥'의 브뤼헐로 유명하다. 그것은 그가 우스꽝스런 작은 악마, 저절로 울리기 시작하는 클라리넷이나 그 밖에 갖가지 허무맹랑한 것들이 나오는 공상화를 잘 그렸기 때문이다. 이런 그림은 같은 나라 사람인 히에로니무스 보스(Hieronymus Bosch)가 이미 유행시키고 있었는데, 브란반트 태생의 이 화가는 우리 시대의 아트 영(Art young)이 태어날 때까지 '악마화'의 거장이었다.

작은아들은 큰아들과 정반대로 '벨벳' 브뤼헐이라는 별명을 얻었다. 그가 그린 장미·복숭아·살구 그림은 벨벳처럼 부드러운 질감을 느끼게 했다. 이런 개인적인 특징을 제외하면, 브뤼헐 가족은 생업으로 삼았던 예술에 대한 모든 기법에 깊이 통달한 훌륭한 장인들이었다. 그래서 그들은 반에이크 형제 시대의 화가와, 자신들의 이후에 등장해 그 천재로 세계를 놀라게 한 플랑드르 화가들 사이의 교량 역할을 했다. 그 플랑드르 화가들이란 야코프 요르단스(Jacob Jordaens)(세 사람 가운데 재능이 가장 떨어진다), 페테르 파울 루벤스(Peter Paul Rubens), 그리고 안토니오 반다이크이다.

지난 50년 동안 루벤스의 평판은 좋지 않았다. 그의 작품에는 많은 비판이 따랐다. 그가 그린 여자들은 몸이 너무 뚱뚱하다느니, 천사들이 중력을 무시하고 공중에 떠다닌다느니, 여신들이 너무나 건장해 보인다느니 하는 비판이다. 그러나 그는 차츰 본래의 가치를 되찾을 것이다. 그가 그린 여성들은 다이어트라는 말을 들어본 적도 없을 테니 할리우드에 가면 비웃음과 퇴짜를 맞을 것이다. 그러나 그 할리우드와 미의 표준이 전혀 달랐던 시대가 있었다. 17세기에는 그림 속의 여성들이 오고 있는 것인지, 가고 있는 것인지 분명히 나타내

야코프 요르단스 〈사티로스와 농부〉(1618년 무렵, 부분) 성숙기에 접어든 요르단스는 기교주의 요소나 카라바조의 영향 대신에 루벤스의 화풍을 전면적으로 받아들였다. 그러나 그의 작품에는 늘 거친 면이 있었고, 플랑드르의 거장 루벤스의 영웅적인 활력이 모자랐다.

야 했다. 이상적인 바로크 예술가 루벤스는 거대한 사원이나 궁전에서도 잘 보이는 그림을 그려야 했으므로, 멤링이나 디르크 바우츠(Dirck Bouts), 캥탱 마시(Quentin Matsys)처럼 그릴 수는 없었다. 그들의 작품은 조그만 사설 예배당에 장식하기 위한 용도였으며, 소수의 예배자들은 그림을 마치 기도서에서 오려내어 액자에 끼운 세밀화처럼 잘 볼 수 있었다.

엄청난 양의 그림을 질적으로도 매우 우수하게 그려낸 루벤스의 정력은 참으로 놀랍다. 지금보다 젊었던 시절 '믿거나 말거나'에 빠져 있을 때, 나는 현재 전해지는 루벤스의 그림 수를 그가 독립된 화가로서 활동한 42년의 연수로 나누어 보았다. 놀랍게도 그는 20일에 한 장 꼴로 그림을 그려냈다. 초벌 그림을 대부분 제자들이 그렸다는 것을 감안하더라도 여전히 마무리 작업은 그가 직접 맡아야 했다. 더욱이 그의 작품 같은 거대한 캔버스의 경우에는 완성하는 데만도 조그만 초상화 대여섯 점 그리는 시간이 걸렸을 것이다.

그러나 그는 플랑드르인이었기에 생활력이 강했다. 많은 플랑드르인과 마찬가지로, 그는 인생에 대한 건강한 식욕을 갖고 있었다. 그런 식욕은 흔히 놀라운 재능을 수반하는 법이다. 음악가에게는 콘 브리오(con brio)라는 표현이 있다. 그것을 문자대로 옮기면, 열정적으로 활기차게 연주하라는 뜻이다. 베토벤은 이것을 많은 소나타에서 썼고, 차이코프스키도 나중에 몇 곡의 교향곡에 썼다.

활기차게, 이것이 바로 루벤스의 화법이다. 붓을 쥐고, 그것이 나아가는 대로 그려라. 이것은 초심자나 경험이 없는 사람에게 권할 만한 방법은 못 된다. 그러나 일일이 일에 신경을 쓰지 않아도 될 만큼의 기술을 가진 사람이라면, 콘 브리오 속도는 일상생활의 단조로움을 깨주는 즐거운 변주곡이 된다.

콘 브리오 화가는 그 밖에 또 있다. 프란스 할스가 그러했고 렘브란트도 이따금 그랬다. 고야도 더러는 그랬다. 루벤스는 그것을 언제까지나 계속할 수 있을 것처럼 보인다. 바로 그것이 그의 그림을 다른 많은 화가들의 작품과 확연히 다르게 보이도록 만든다. 그의 그림은 살아 있다. 때로는 격렬하게 살아 있다.

루벤스는 재미있는 경력을 갖고 있었다. 그는 하마터면 옥중에서 태어날 뻔했다. 그의 형은 실제로 감옥에서 태어났다. 거기에는 복잡한 사연이 있다.

루벤스의 아버지는 고향 안트베르펜의 칼뱅파 지도자의 한 사람이었다. 가톨릭이 다시 권력을 장악하자 독일로 망명해야 했다. 그는 쾰른에 정착하여 작센 후작의 안느(침묵공 빌렘에게 소박맞은 아내로, 미친 사람이었다)의 법률고문 겸 재정고문이 되었다. 그런데 이 플랑드르의 평민과 작센 선제후의 딸 사이에 엉뚱한 소문이 났다. 1568년 이것이 문제가 되어, 그는 당국에 체포되어 사형 선고를 받았다. 그런데 총명한 그의 아내는 남편 편을 들며 그와 함께 감옥에 들어가게 해 달라고 청했다. 이것이 그의 생명을 구했다. 마침내 그의 가족은 나사우 집안의 영지인 독일 소도시 지겐에 가

루벤스(1577~1640) **자화상**

서 살아도 좋다는 허가를 받았다.

루벤스의 아버지는 그곳에서 여생을 보내고 1587년에 세상을 떠났다. 그 뒤 그의 아내는 가톨릭으로 개종하고 네 아이들과 함께 안트베르펜으로 돌아갔다. 그때 페테르 파울 루벤스는 열 살이었다. 외가(어머니의 결혼 전 이름은 마리아 피펠링스였다)를 통해서 그는 어느 귀족의 소년 시중 자리를 얻었다. 그 뒤 루벤스가 그림에 관심이 있다는 것을 알게 된 귀족은 그를 인근에 꽤 알려진 아담 반 노르트(Adam van Noort)의 화방에 보냈다.

1598년에 루벤스는 버젓한 화가로 성공했으며 성 루가 길드의 유력한 회원이 되었다. 그의 명성은 순식간에 높아졌다. 대가가 된 것이다. 그는 용모와 거동이 참으로 훌륭한 신사로서 손색이 없었으므로, 섬세한 외교 활동이 필요한 때는 이 미남 청년이 대표 단장으로 선출되었다. 그것은 현명한 방법이었으며, 그에게는 수지도 맞았다. 따분한 각서니 공문서를 들고 유력자를 찾아가서 귀

찮게 구는 대신 초상화를 그려 주겠다고 제의하고는, 상대편이 모델로 앉아 있는 동안 용건을 이야기한다. 손님이 만족하면, 그의 작업에 대한 보수도 두둑해진다. 거의가 그의 예의바른 행동에 매료되어(그 무렵은 설득력보다는 예의가 더 중요한 시대였다) 그가 요구하는 것은 전부 내주려 했다. 나중에도 그들은 그를 잊지 않았다. 1637년과 1638년 사이에 안트베르펜에서 마드리드로 가는 배에 그의 대형 작품이 100점이나 실렸다고 씌어 있는 것을 보면, 에스파냐 왕이 루벤스의 그림을 얼마나 좋아했는지를 알 수 있다.

그 덕분에 그는 부자가 되었으나, 그렇다고 일을 대충 하는 법은 없었다. 화방에 남아 있는 작품은 모두 깨끗이 완성했으며, 그의 작품은 양만큼 질적인 면에서도 뛰어났다.

이 사람의 생활은 대부분의 플랑드르인 동료들과 마찬가지로 행복했다. 저지대 나라 북반부의 민족들을 늘 괴롭히는 심각한 내성적 회의가 그에게는 전혀 없었다. 큼직한 집에는 미술품이 가득했다. 두 아내(첫 아내는 젊어서 죽었다), 그가 아내들을 얼마나 순수하게 사랑했는지 특히 둘째 아내의 초상화를 보면 알 수 있다. 그리고 친구나 이웃들은 그의 작품의 진가를 알고, '자네는 굉장해. 꼭 출세할 걸세' 하고 말하곤 했다.

어떤 걸작은 다락방이나, 3년이나 방세를 못낸 5층 방에서도 태어났다. 또 어떤 걸작은 세 대륙의 전리품으로 가득 찬 화실에서 탄생했다. 여기에서 한 가지 교훈을 얻을 수 있다. 성공할 수도 있고 실패할 수도 있지만, 환경이란 스케치를 할 때 어떤 종이를 쓰느냐 혹은 앉아서 그리느냐 서서 그리느냐의 차이에 지나지 않는다.

이번에는 벨기에 화파의 가장 위대한 거장 안토니 반다이크를 보자. 그는 안트베르펜에서 태어나 오랫동안 이탈리아를 돌아다녔다. 서른세 살 때 고국을 영원히 떠나 여생을 런던에서 보낸 뒤 1641년에 마흔한 살의 아까운 나이로 세상을 떠났다.

그가 고국을 떠난 이유는 흔히 그렇듯 외국에서 더 잘 살 수 있는 기회가 왔기 때문이다. 홀란트가 에스파냐에 승리하자, 스헬데강 어귀가 네덜란드 영토가 되면서 안트베르펜 항구가 폐쇄되었다. 안트베르펜은 여전히 매우 웅장한 도시였으나, 전에는 번화했던 시가에 이제는 잡초만이 무성해졌다. 마침 그때

루벤스 〈마르세유에 상륙하는 마리 드 메디시스〉(1621~25) 루벤스는 마리 드 메디시스의 의뢰를 받아 뤽상부르 궁전을 장식할 연작(連作)을 만들었다. 파리, 루브르 미술관.

영국 왕이 반다이크에게, 궁정 화가가 되어 준다면 귀족의 특권과 200파운드의 연금을 주겠다고 제의했다. 반다이크는 승낙했다. 거절할 까닭이 없었다. 그리 넉넉하지 못한 상인의 열두 형제 가운데 일곱 번째로 태어난 이 미남 청년은, 아름다운 용모와 사치스러운 취미 때문에 학생 시절부터 친구들에게 '나리'라는 별명으로 불렸다. 건강은 좋지 않았고 특히 폐가 나빴다. 그래서 작품의 양으로는 루벤스 같은 사람을 도저히 따를 수 없었다. 그러기에 그는 가장 쉬운 길을 택하여, 영국으로 건너가서 북해 저편에 있는 쾌적한 섬에서 새 생활을 시작했다.

결국 이 선택은 매우 현명했다. 영국인은 그림에 식상해 있지 않아서(그때까지 좋은 화가가 거의 없었다) 그를 대단히 환영했다. 반다이크의 예의바른 태도는 고상한 것을 좋아하는 그들의 취향에 맞았다. 그는 모든 일을 깔끔하게 처리했다. 고객을 식사에 초대하여 품위 있는 안경 너머로 그 특징을 잘 파악하는 게 그의 습성이었다. 그는 여느 외국인 화가들처럼 손님을 불편한 의자에 오래 앉아 있게 하지 않았다. 얼굴만 완성하면 곧 돌려보냈다. 그 뒤에는 직업 모델에게 손의 포즈를 취하게 했다.

유감스럽게도 반다이크의 그림 가운데 손과 얼굴이 어울리지 않는 것이 매우 많은 까닭은 이 때문이다. 귀족 고객들은 사람의 손이란 얼굴보다 훨씬 더 그 성격을 잘 나타낸다는 사실을 아마 깨닫지 못했을 것이다. 반다이크는 그런 말을 그들에게 해 줄 필요가 없었다. 그들은 만족했고, 그는 시간과 수고를 아낄 수 있었다. 렘브란트 같으면 가당치도 않았으리라. 그러나 그는 렘브란트가 아니라 안토니 반다이크였다. 그는 모든 상류층의 환영을 받았다. 작위도 있었다. 벨기에에서라면 아마도 궁전이라고 부를 저택에 살았다. 귀족의 딸과 결혼도 했다. 그의 성공이 금방 해외에 널리 알려지자 배를 곯던 예술가들이 영국 해협 저편, 이 축복받은 섬의 성찬을 향해 몰려든 것도 무리가 아니었다.

그들 가운데 베스트팔렌에서 군인의 아들로 태어나 하를렘에서 공부한 피테르 판데르 파에스[1] 같은 화가는 성공을 거두어 마침내 피프스(Pepys)[2]의 일기에도 불후의 인물로서 기록되었다. 반다이크처럼 고상하게 거동하는 재능이나

1) Pieter van der Faes : 나중에 영국에서 기사 작위를 받아 피터 릴리 경이 된다.
2) 17세기 영국의 일기 작가.

안토니 반다이크 〈찰스 1세의 초상〉(1635) 이 그림이 그려진 10여 년 뒤에 찰스 1세는 처형되었다.

릴리처럼 나른한 표정을 짓는 재주가 없는 화가는 그저 그런 성과를 거두었다. 싸구려 화가가 되기도 하고, 에칭으로 전향한 사람도 있었다(에칭은 반다이크의 장기였다). 그러나 그들은 모두 매우 독특한 영국 화파의 성립에 밑거름이 되었다. 그 덕분에 약 1세기 뒤에 레이놀즈(Reynolds)·게인즈버러(Gainsborough)·컨스터블(Constable)·터너(Turner) 같은 화가들이 배출되었다.

이들 화필을 쥔 모험자들은 그 구성이 잡다했다. 그러나 그들은 새로운 고용주들이 베풀어 준 대우에 훌륭하게 보답했다. 양쪽 모두 만족하는 훌륭한 거래였으므로 아무런 유감도 없었다.

34장
네덜란드 화파의 그림

회화 열풍이 전국을 뒤흔들다.

우리는 눈에 보이지 않는 국경선(저지대 나라의 북반부와 남반부는 지리적인 구분이 없다)을 넘어 네덜란드로 들어간다. 17~18세기 사람들에게 이 나라는 가장 중요한 주였던 홀란트라는 명칭으로 더 알려졌다.

여기는 사정이 전혀 달랐다. 종교 개혁이 시작된 이후 100년 이내에, 이들 북방 여러 주는 파멸하리라 예상되었다. 상대가 너무 강했다. 여자와 아이까지 합쳐서 150만 뿐인 민족이 에스파냐 제국과 싸우는 것은 상대가 되지 않았다. 그런데 결국 홀란트인들은 방어에 성공했을 뿐 아니라 에스파냐에 회복할 수 없을 만큼 타격을 가했다.

이 같은 대승리를 이루어 낸 엄청난 에너지가 평화조약이 체결되었다고 하여 갑자기 사그라질 수는 없었다. 그 기세를 몰아, 성취 욕구는 생활의 거의 모든 면에서 나타났다. 홀란트는 하룻밤 사이에 경제적·지적·예술적인 벌집으로 변하여, 조그만 꿀벌들은 즐겁게 날아다니면서 온갖 전리품을 날라왔다. 그중에서도 화가만큼 바쁜 사람은 없었다.

그 이유가 무엇인지는 좀 설명하기 어렵다. 아마도 이 나라의 훌륭한 풍경 탓인지도 모른다. 물론 '풍경'이라는 말에 우뚝 솟은 산이나 졸졸 흐르는 시냇물을 떠올려선 안 된다. 홀란트에는 그런 '풍경'이 없다. 이 나라는 북해의 바다에 조용히 떠 있는 커다란 진흙 케이크이다. 그러나 거기에는 하늘이 있고 물이 있다. 여러분이 그것에 대하여 올바른 눈을 가졌다면, 이 두 가지만으로도 온갖 풍경을 형상화할 수 있다. 알고 보면 저지대 나라처럼 그림 그리기에 이상적인 풍경은 없다. 모든 창문은 작은 풍경화의 액자와 같다. 한편 간밤의 폭풍우에 씻긴 깨끗한 하늘을 가로질러 한 줄기 빛이 집 안에 스며들면, 쟁반·놋쇠 항아리·타일 바닥·정어리·맥주 깡통 등등까지도 평범해 보이지 않고 예사롭지 않은 사물이 되어 무지갯빛으로 반짝이기 시작한다.

어떻게 하여 그렇게 되는지 나는 모른다. 이곳 코네티컷에도 바다가 있고 하늘이 있지만 오렌지는 역시 오렌지이고, 쟁반 역시 쟁반다움을 조금도 잃지 않는다. 그러나 같은 오렌지나 쟁반을 홀란트의 옛집 주방으로 가져가 보라. 금방 싱싱하게 살아나기 시작한다. 그것은 이 나라를 사방에서 둘러싸고 있는 끝없는 물의 반사 때문인지도 모른다. 또 무더운 여름에 쟁반, 냄비, 사람, 짐승에 들러붙어 이 습한 나라의 풍토병인 류머티즘을 유발하는 두터운 수증기층 때문일지도 모른다. 어쨌든 그런 나라이며, 그것을 볼 줄 아는 사람이 많은 것도 사실이다. 게다가 사람들이 본 것을 기록으로 남긴 그림에 기꺼이 돈을 지불하는 이상, 참된 회화 열풍이 일어난 것은 당연한 일이다.

실제로 회화 열풍은 발생했다. 뛰어난 화가의 이름을 다 들 수 없을 정도이다. 17세기 내내 네덜란드인이 그림에 열중한 것은 19세기의 미국인이 발명에 열중한 것과 같았다. 그 시대의 미국 시민이 모두 에디슨이나 헨리 포드였다고 말할 생각은 없다. 그와 마찬가지로 17세기의 네덜란드인이 모두 렘브란트나 프란스 할스였던 것은 아니다. 그러나 그림이 보급되고 있었다. 마치 19세기 미국 어느 도시에나 말을 매지 않아도 움직이는 수레와 하늘을 나는 기계를 꿈꾸는 천재 기계공이 있었듯이, 17세기 네덜란드에는 어느 마을에나 화가가 있었다.

미국의 기계공들과 마찬가지로, 이들 화가들은 앞으로 벌어들일 돈보다는 일 자체에 더 흥미가 있었던 것 같다. 물론 크게 인기라도 얻게 되면 이야기는 달랐다. 그러나 대개는 본전을 건질 기회가 100만분의 1에 지나지 않는다는 것을 잘 알고 있었다. 그런데도 포기하지 않은 이유는 좋아하는 일을 하고 있는 동안 행복했기 때문이다.

이와 같은 생각 아래서는, 수백 명이나 되는 화가를 특정 유파로 분류하거나, 특성에 따라 구분한다는 것은 불가능에 가깝다. 뛰어난 재능에다 노력을 겸비한 사람도 있고, 재능만 있고 노력하지 않는 사람도 있었다. 그리 재능이 없는데도 노력을 많이 한 사람도 있다. 그러나 그들 모두, 심지어 평범한 화가들까지 아우르는 공통점이 있었다. 그들은 솜씨가 뛰어났으며 자기 분야의 전문가였다. 그들은 창조력이 모자랐을지 모른다. 또 이탈리아 화파의 특징이었던 고결함에 접근하려는 태도도 다소 부족했을지 모른다. 그들이 선택한 주제는 흔히 고상함과는 거리가 멀었다. 그러나 장인으로서의 솜씨는 완벽했다. 그럴 수 있었던 이유는 네덜란드 화가들의 시장이 매우 독특하다는 데 있다.

그들의 고객은 궁전을 장식하고 싶은 귀족들도 아니고, 교회에 값비싼 것을 기증하려는 군주도 아니었다. 그보다는 돈 많은 포목상(한때 렘브란트와 친교가 있었다는 이유만으로 기억되고 있는 식스 집안처럼), 부유한 주류업자, 목재상, 클로브·육두구·후추 같은 향료 견본을 조사하는 대규모 무역회사의 중역이 중요한 고객이었다. 그들은 자기 초상화가 갖고 싶거나 거실의 넓은 벽면을 장식하고 싶을 때, 마치 테이블이나 옷장이나 부엌용품을 사듯이 그림을 샀다. 그들은 돈을 치를 만한 값어치가 있는 질 좋은 것을 원했다. 고객이 이런 매우 실용적인 태도를 갖고 있었으므로 네덜란드 거장들의 사회적인 지위는, 대개 그들이 그리는 정물화의 소재인 꽃·채소나 생선을 파는 식료품 상인과 별로 다를 바 없었다.

그 인색한 고객들은 렘브란트(평범한 제분업자의 아들이었지만 삶을 대하는 태도는 귀족 못지않았다) 같은 대가와 거래할 때도 다른 자세를 보이지 않았다. 그들은 렘브란트를 돕는 데는 손가락 하나 까딱하지 않았으며 파산할 때까지 잠자코 내버려 두었다. 그것이 가장 편한 방법이었을 것이다. 그러나 예술가에게는 매우 고통스러웠는지 모르지만, 예술로 봐서는 나빴다고 할 수 없다. 격이 떨어지는 화가들의 진출을 좌절시켰다는 장점이 있었다. 그림으로 이름을 떨치거나, 아니면 포기하거나 둘 가운데 하나였다. 물론 사정이 몹시 나쁠 때는 호베마(Hobbema)나 할스같이 재능 있는 화가도 붓을 놓고 다른 살길을 찾아야 했다. 할스는 빈민구제원에 들어갔고, 호베마는 고향 세무서에서 서기로 일했으며, 렘브란트의 사위는 끝내 화가로서 가망이 없다는 것을 깨닫고 바티비아 시립 감옥의 간수로 취직했다.

그러나 보통 이 화가들은 너무나 그림에 깊이 빠져 있어 팔레트나 동판을 버리지 못했다. 그래서 궁핍한 처지에 개의치 않고 계속 그림을 그렸다. 그러다가 결국 빚과 술에 빠져 허우적거리다 조합 부담으로 엄숙하게 마지막 안식처를 찾는 게 보통이었다. 한두 가지 사례를 보면, 활력이 넘쳤던 화가들의 삶을 어느 정도 알 수 있다.

프란스 할스

프란스 할스는 위대한 초기 네덜란드 화가이지만 엄밀히 말하면 네덜란드 화파는 아니었다. 테니르스(Teniers), 아드리안 브라우어(Adrian Brouwer), 롬보우트 베르홀스트(Rombout Verhulst), 그 밖에 흔히 네덜란드 화파로 간주되는 사람들과 마찬가지로 그는 실은 플랑드르 태생이었다. 그러나 신교 네덜란드 북부가 가톨릭 남부에 승리를 거두자 그 역시 다른 사람들처럼 다른 곳으로 이주해야 했다. 그래서 그는 북부를 선택했는데, 그것은 고국에서보다 훨씬 좋은 시장이 있었기 때문이다.

1580년경에 태어난 할스는, 하를렘으로 옮기기 전에 고향인 안트베르펜에서 얼마간 교육을 받았다. 거기서 그는 카럴 판만더르(Karel van Mander)와 함께 공부했는데, 만더르는 네덜란드 화파의 바사리라고 할 만한 사람으로서 그 무렵 모든 유명한 화가들에 대한 책을 썼다. 공부를 마치자 그는 초상화가로서 세상에 나갔다.

벨라스케스의 그림과 마찬가지로, 그의 작품 대다수는 지금까지도 처음 그려진 그 자리에 있으므로 가장 좋은 상태로 볼 수 있다. 그러나 이 두 사람의 인생은 너무나 달랐다. 벨라스케스는 갈색과 흑색과 구릿빛의 수백만 백성을 지배하는 군주의 친주로서 궁전에서 살았다. 비록 궁전 주위에는 거지들이 파리 떼처럼 들끓었지만. 반면에 가엾은 할스는 평생토록 고되게 일했어도 일흔 두 살에 빚쟁이에게 재산을 모조리 빼앗기고 말았다. 그때 남은 재산은(믿을 만한 그 무렵 문서에 의하면) 테이블 하나, 옷장 하나, 매트리스 석 장, 그리고 낡은 담요 몇 장뿐이었다. 벨라스케스는 허약하고 섬세한 얼굴의 왕자를 그렸지만, 할스가 그린 인물은 식민지의 투자 수익률을 20퍼센트에서 30퍼센트로 끌어올리는 방법을 모색하는 건강하고 활력 넘치는 무역상이었다. 그러나 아무리 좋게 보려 해도 하를렘의 우직한 시민들에게 할스는 색다른 인물이었다. 할스는 에스파냐 신사가 아니었다. 그의 친구들이 갑자기 우르르 몰려와 파티를 벌이고자 하면, 할스네 집에는 당장 큰 소동이 벌어졌다. 부랴부랴 장을 보러 가서 연회장으로 부지런히 맥주를 날랐으나, 그 맥주값은 대개 갚지 못했다. 매월 1

일의 어음 부도가 살인이나 방화보다 더 중대한 범죄로 여겨지던 나라에서는 흔치 않은 일이다. 그러나 이들 유력자, 시장, 시의원들도 때로는 큰 아량을 보였다. 할스가 일흔두 살에 완전히 무일푼이 되었을 때 그들은 그에게 집세와 땔감을 대 주고, 여든두 살 생일에는 2백 길더나 되는 시민연금 수령자로 만들어 주었다. 늙은 할스는 그 은혜에 크게 감동했다.

프란스 할스 〈집시 여인〉(1628~30) 거칠고 대범한 붓놀림으로 쓱쓱 그린 옷이나, 초벌칠이 비쳐 보일 만큼 대충 칠한 배경은 할스의 초기 작품에 드러나는 특징인데, 넘치는 생명력을 지닌 분방한 여인을 묘사한 이 작품에는 그런 화법이 유난히 잘 어울리는 듯하다.

여러분이 만일 네덜란드를 찾을 때는(그렇게 되기를 바란다), 할스가 40~60대 시절에 특유의 거장풍으로 민병대 장교나 그 밖의 명사들을 그린 커다란 캔버스에 너무 정신을 빼앗기지 말고, 하를렘의 선량한 서민들이 늙은 할스를 위해 지은 쾌적하고 품위 있는 저택에서 오후 한나절을 보내주기 바란다. 이 거장의 마지막 작품이 놓여 있는 조그만 두 방의 정적 속에 앉아 있으면, 거의 기적 같은 느낌에 사로잡힐 것이다. '하느님의 집'(그 구빈원을 오늘날에도 이렇게 부른다) 운영진을 구성하고 있던 그 존경할 만한 신사숙녀들, 그들은 한 푼의 손실이라도 찾아내기 위해 장부를 뒤지는 모습으로 묘사되어 있지만, 당장에라도 액자에서 뛰쳐나와 집으로 가서 저녁식사 때 먹을 포도빵 푸딩에 요리사가 설탕을 너무 넣지 않았을까 하고 알아보려는 태도이다.

확실히 할스가 그 무렵 놀랍게도 여든넷의 고령에 그린 〈하를렘 구빈원 운영진〉만큼 생생한 그림은 찾아보기 힘들다. 보라, 그 손과 장갑, 노부인들의 그

프랑스 할스 〈하를렘 구빈원 운영진〉(1664) 만년의 여든네 살 때 그린 작품.

레이스 칼라를. 평범한 일상복 차림이지만, 너무나 생생하게 그려져 단순한 물질에 머무는 것이 아니라 색채의 노래를 힘차게 부르는 듯하다. 마치 할스와 같이 베토벤(이 사람도 안트베르펜 태생이다)이 머잖아 죽음을 예감하고 작곡한 제9교향곡의 그 마지막 찬가를 듣는 기분이다.

이런 걸작의 효과는 팔레트의 풍부한 물감으로 이루어진 것은 아니다. 그 그림을 그릴 무렵 할스는 물감을 칠하기보다 어떤 색인지를 살짝 내비치는 정도에 그쳤다. 그것은 이 노화가가 가난했기 때문이라는 말을 들은 적이 있지만, 나는 그렇게 생각지 않는다. 그 무렵에는 고객이 물감 값을 지불했고, 이런 특별 모델의 경우에는 그들의 마음에 들기만 하면 돈 따위는 문제가 아니었기 때문이다. 그러나 진정으로 위대한 예술 작품은 최소한의 노력으로 창조된다. 만일 바흐나 모차르트가 불과 대여섯 개의 음표만으로도 불후의 음악을 작곡할 수 있다면, 굳이 서른 개의 음표를 써야 할 까닭이 있겠는가? 마찬가지로 할스도 검은색과 흰색만으로 말하고 싶은 것을 다 말할 수 있는데 반드시 필요하지도 않은 초록이나 빨강이나 파랑에 돈과 시간을 허비할 필요는 없었다.

내가 너무 지나치게 열광적인 태도를 보인다고 여러분은 생각할지 모른다.

그러나 아무튼 그림은 그림이다. 그런데 왜 이렇게도 마음이 움직이는 것일까? 하여간 여러분이 이들 마지막 그림을 보고 난 뒤에 이야기하기로 하자. 그 그림을 그렸을 때 할스는 시력이 약해져서, 이제 인물을 올바른 비례에 맞춰 그릴 수가 없었다. 그 〈하를렘 구빈원 운영진〉을 그렸을 때 그가 팔순 노인이었다는 것, 심한 가난 속에서, 모든 슬픔과 실망을 겪었다는 것을 잊지 말아 주기 바란다. 그리고 내가 앞 장에서 모든 위대한 예술 작품의 밑바닥에 흐르는 삶에 대한 기쁨, 무언가 창조할 수 있다는 강렬한 쾌감에 대해서 쓴 것을 다시 한 번 읽어 주기 바란다. 할스가 그린 그림은 책을 몇 권 읽는 것보다 내가 하고자 하는 말을 훨씬 더 잘 설명해 줄 것이다.

렘브란트

할스는 1666년에 죽었다. 마침 그 무렵 또 한 사람의 위대한 네덜란드 화가가 암스테르담에 가까운 조그만 집에서 꾸준히 작업하고 있었다. 플랑드르인 특유의(말이건 인간이건) 활력은 없었으나, 온종일 그림을 그리고 동판화를 만들었다. 동판화에 너무 골몰하여 시력이 몹시 나빠져 있었다. 그는 빚을 갚지 못해 파산 상태였으며, 죽은 아내와 같은 병(결핵)으로 죽어가는 아들에게 아무것도 해줄 수 없었다. 그로부터 몇 해 뒤에는 어떤 여자와의 사이에서 딸이 태어났다. 게다가 파산하는 바람에 한바탕 소동이 일었고, 또 첫 아내가 아들에게 남긴 돈에 관련된 복잡한 문제로 정신을 차리지 못했다.

그의 자화상(종이에 아무렇게나 그린 것에 지나지 않지만)을 보면, 이 사람은 부유해진 뒤에도 참으로 평범하고 아무 데서나 볼 수 있는 중산층으로 살았다는 것을 알 수 있다. 그는 옛 네덜란드 공화국의 중요 공업 도시였던 레이덴에서 태어났다. 그곳에는 에스파냐와 벌인 그 유명한 전투를 겪은 사람들이 많이 살고 있었다(그 전투에서 시민들은 적을 공격하는 배를 보내기 위해 제방을 터서 인공호수로 만들었다).

그의 직계 조상에 대해서는 거의 알려져 있지 않다. 제분업에 종사한 보통의 중산층이었고 성벽 근처에 있는 제분소에서 곡식을 빻았다는 것만 알려져 있을 뿐이다. 렘브란트에게는 여러 형제가 있었으나 그 가운데 두각을 나타낸 사람은 없다. 예술가의 가족이나 친척들 가운데 뛰어난 사람들이 많다.

바흐·베토벤·모차르트 집안에는 상당한 재능을 가진 아버지나 할아버지, 삼촌이 있었다. 어찌 보면 예술가는 그 집안의 재능을 대표하는 존재이다. 화가들은 보석이나 금세공사의 자식인 경우가 많았고, 적어도 내년 수확량이나 어시장의 생선 가격 또는 그 밖의 다른 일을 화제에 올리는 집안에서 태어났다. 어릴 때의 환경에 따라 사람이 만들어진다고 생각하는 환경결정론자들은, 렘브란트 하르멘스존 판레인(Rembrandt Harmenszoon van Rijn)을 어떻게 다루어야 할지 난처할 것이다. 이 판레인(van Rijn, 레인은 라인강의 네덜란드 표기)은 이 집안의 제분소가 '옛 라인강'(로마시대에는 북해로 흘렀다)의 강둑에 있었으므로 나중에 덧붙여진 것이다.

렘브란트가 태어났을 무렵, 집안은 꽤 잘 살고 있었다. 형제들 가운데 그가 가장 영특했으므로 대학교육을 시키기로 했다. 그는 에스파냐에 맞서 용감하게 싸운 보상으로 세워진 대학에 입학했다. 그러나 그는 법률가가 되기를 싫어하여, 나중에 스와넨부르흐(Swanenburch)라는 화가의 화방에서 그림을 배웠다. 이 사람은 이탈리아에 유학을 다녀온 뒤 그 지방에서 제법 이름이 알려진 화가였다. 그는 스와넨부르흐 밑에서 3년 동안 공부했다. 그리고 다시 피테르 라스트만(Pieter Lastman) 밑에서 6개월 동안 배우고 나서 레이덴으로 돌아왔다.

재능을 인정받은 청년 렘브란트는 이탈리아에 연구생으로 가지 않겠느냐는 권유를 받았으나 사양했다. 후원자에게 보낸 편지를 보면, 훌륭한 화가는 국내에서도 모든 것을 배울 수 있으며 여행은 귀중한 시간의 손실에 지나지 않는다고 말하고 있다. 사실 그는 결혼하기 위해 프리슬란트에 갈 때 조이데르해를 건넌 것과, 가까운 도시 위트레흐트(자동차로 약 1시간 거리에 있다)로 소풍을 한 번 간 것 말고는 암스테르담 주변을 떠난 적이 없었다. 그는 1631년에 암스테르담에 정착하여 내내 거기서 살다가 1669년에 그곳에서 죽었다. 그의 무덤도 그곳에 있었으나, 지금으로부터 50년쯤 전에 그 무덤을 파보니 텅 비어 있었다. 그는 모차르트처럼 죽은 뒤에도 익명으로 남기를 바랐던 것 같다. 그 생애의 긴 세월을 무명으로 보냈듯이.

그러나 내가 '그 생애의 긴 세월'이라고 조심스러운 표현을 한 것은, 렘브란트가 생전에 명성과 부를 전혀 누리지 못한 것은 아니기 때문이다. 암스테르담에서 화가가 된 뒤 10년 동안은 이 도시에서 가장 인기 있고 유행을 선도하는 화

렘브란트 판레인(1606~1669) **자화상** 렘브란트는 가장 많은 1백여 점의 자화상을 남겼다.

가였다. 암스르담 시민들은 취향이 분명했을 뿐 아니라 그 취향을 충족시키는 것이라면 얼마든지 돈을 후하게 쓸 줄 알았다. 약 900만 길더나 들여 지은 야코프 판캄펀(jacob van kampen)의 새로운 시의회 의사당이건, 아주 적은 금액으로 지은 허드슨강 어귀의 부동산이건, 그런 시민의 성향이 잘 반영되어 있다.

그러나 '우리에게 나름의 취향이 있다. 마음에 드는 작품이라면 돈을 아끼지 않겠다'는 태도가 예술가에게는 별로 고맙지 않다. 왜냐하면 대개의 경우 지갑을 가진 사람이, 예술을 제대로 이해하지 못하면서 최종적인 판정의 권리를 가지고 있기 때문이다.

렘브란트는 슬픈 경험을 통해 그것을 깨달았다. 유행을 좇는 인간들의 자만심을 만족시켜 주는 그림만 그리면 주체하기 어렵도록 돈이 들어왔다. 그러나 그런 타협이 싫증이 나서, 고객들이 원하는 이상화된 모습이 아니라 실제 모습 그대로 그리기 시작하자 손님이 뚝 끊어졌다. 사람들은 렘브란트처럼 개성적이고 독립적인 그림을 원하지 않고 다른 화가를 찾아갔다. 그것이 첫 번째 좌절이었다. 그러나 그의 몰락을 부채질한 것은 두 번째 좌절이었다.

렘브란트는 한 소녀와 사랑에 빠졌다. 꽤 미인이었지만, 친구들은 그 결혼으로 그의 삶이 나아지지는 않는다고 말릴 수도 있었다. 우선 그녀는 몸이 너무 약했다. 네덜란드 같은 습한 나라에서(적어도 그 무렵에는) 결핵은 사형 선고나 다름없었다. 또한 그녀의 집안은 한때 잘 살았고, 그 덕분에 그럭저럭 사회적 지위를 갖고 있었지만 그 무렵 급속히 생활 기반을 잃어가고 있었다.

렘브란트 같은 단순한 중산층 청년에게 겉만 번지르르한 귀족은 어울리지 않았다. 아내의 형제와 사촌들이 사업을 한답시고 그에게서 몇 번이나 돈을 빌려가더니 결국 모두 날려 버렸다. 또 가엾은 렘브란트는, 아마도 처가의 사회적 지위에 크게 마음이 흔들린 탓이겠지만, 그런 환경의 똑똑한 젊은이들이 흔히 빠지기 쉬운 허영에 사로잡혔다. 그는 무리하여 크고 비싼 집을 샀다. 그러나 그는 유럽 제일가는 부유한 도시에서 그림 값을 가장 비싸게 받는 화가였으며, 그의 아내는 아버지에게서 400만 길더의 유산을 물려받을 예정이었으므로 돈을 빌리기란 식은 죽 먹기였다. 물론 그때까지는 한 푼도 받지 못했지만 재산이 정리되는 대로, 받게 되어 있었다.

그러나 막상 받고 보니 400만 길더는커녕 4천 길더도 못 되었다. 토지는 많았으나 그 무렵 토지는 별로 돈이 되지 않았다. 토지는 막상 팔려고 하면 값이 떨어지게 마련이다. 그러나 조금만 기다리면 틀림없이 오를 것이란 생각에서 렘브란트는 흥청망청 돈을 썼다. 그림, 동판화, 아름다운 페르시아 양탄자, 도자기 등등 모양이나 빛깔이 마음에 드는 것은 마구 사들였다. 그리고 아내를 마치 진짜 귀부인처럼 보석과 비단으로 감쌌다. 이제 그녀는 아버지가 한때 시장을 한 적이 있는 작은 도시의 수줍은 소녀가 아니라 진짜 귀족처럼 보였다. 거창한 꿈에 젖은 렘브란트는 제분소의 아들이라는 신분을 감추고 훌륭한 귀족인 체하면서, 아름다운 아내를 위해 라인의 포도주(샴페인이 이 무렵에 있었더라면 물론 그것으로 했을 것이다)로 건배하고 이 세상에 자기 아내만큼 아름다운 미인은 없다면서 우쭐댔다.

사람들은 고개를 내저으면서, 그런 생활이 오래 갈 리 없다고 수군거렸다. 그

렘브란트 〈야경〉(1642) 이 그림은 바닝 코크 부대장의 부탁을 받고 사수부대를 그렸는데, 엉뚱하게도 〈야경〉으로 제목이 붙여졌다. 그래서 '바닝 코크 대장의 대원들'이라는 부제가 붙는다.

런 이웃의 말은 흔히 놀랍도록 잘 들어맞는 법이다. 1642년에 렘브란트는 바닝 코크(Banning Cocq) 대장이 지휘하는 국민병 부대를 그려 달라는 부탁을 받았다. 렘브란트는 성찬의 식탁(17세기다운 호화로운 연회)에 앉아 있는 장교들의 모습이 아니라, 낮에 성벽 경계를 위해 막 병기고를 떠나는 장면을 그렸다. 이 그림은 빛과 그림자를 다룬 거장의 솜씨를 유감없이 발휘했다. 이미 경내를 떠난 장병들은 대낮의 햇빛이 스포트라이트처럼 비쳐서 훤하게 빛나고 있으나, 아직도 성문에 남아 있는 장교들은 그늘 속에서 움직이고 있다.

이 그림은 아직도 남아 있으나 원형 그대로는 아니다. 전시 장소인 홀에 어울리지 않게 그림이 너무 커서, 과감한 군인들은 렘브란트와 의논도 하지 않고 그림의 일부를 잘라서 태워 버렸다. 이 파괴의 결과 그림은 전혀 비례가 맞지 않는 것이 되어 버렸다. 그림이 걸린 곳에서 추울 때 큼직한 이탄(泥炭) 난로를 때는 바람에, 이탄의 연기로 그림에 그을음이 두껍게 덮여 마침내 새카맣게 변했다. 18세기 사람들은 한밤중의 역습을 그린 그림이라고 생각할 정도였다. 대낮을 그린 이 그림에 〈야경 *The Night Watch*〉이라는 해괴한 이름이 붙은 것은 그 때문이다.

이 그림은 지금도 그 자리에 그대로 걸려 있다. 렘브란트의 누드화와 피부 바로 밑의 혈관에 흐르는 피가 보이는 듯한 렘브란트의 누드화와 마찬가지로 생명감이 넘치는 그림이다.

렘브란트는 어떤 의도에서 그것을 그렸는지 말한 적이 없다. 아마 그는 예술사에 자주 나오는 '농담(濃淡, chiaroscuro)'이라는 말을 알지 못했을 것이다. 원래 이 키아로스쿠로(이 기묘한 말은 명암이라는 뜻으로, 음의 강약을 나타내는 피아노 포르테와 같은 의미)는 목판화의 용어로, 어떤 부분은 매우 어둡게, 다른 부분은 매우 밝게 인쇄해 명암의 대비로 보기 좋은 배색을 이루도록 하는 기법이다. 레오나르도 다 빈치 시대 이래 키아로스쿠로는 그림의 주제가 모든 방향에서 여백으로 둘러싸여 있는 느낌을 만들어내는 방법을 의미하게 되었다. 중세의 그림은 대개의 인물이 너무 단조로워서 만족스럽지 않았다. 그 인물들은 배경에 딱 붙여 놓은 것처럼 보인다. 레오나르도 이후의 모든 화가들은 인물을 배경에서 해방하여, 무대의 배우처럼(다만 이쪽은 연기를 가르쳐 주는 훌륭한 연출자가 있다는 점이 다르다) 공간에 둘러싸인 '자유'를 주려고 고심했다.

렘브란트는 이 방법에 능한 대가였다. 〈야경〉을 보고 있으면 그림 속으로 걸어들어가 깃발을 든 남자와 수탉을 든 소녀 사이를 거침없이 지나갈 수 있을 듯한 느낌이 든다. 참으로 훌륭하다. 다시 말하여 이 그림을 볼 줄 아는 안목을 지닌 사람들에게는 참으로 훌륭한 것이다. 그러나 렘브란트의 후원자들이 보기에는 조금도 훌륭하지 않았다. 그들은 똑같이 돈을 분담했는데 어떤 사람들은 그림의 정면에 뚜렷이 보이지만, 어떤 사람들은 잘 보이지 않았다. 기분이 상한 그들은 '대표가 없으면 세금도 없다'고 소리치며 지불을 거절했다.

이 사건은 많은 뒷말을 낳았다. 그 때문에 렘브란트는 이런 집단 초상화의 주문을 전혀 받을 수 없게 되었다. 이런 꼴사나운 분쟁의 와중에 아내 사스키아가 아들을 낳은 지 얼마 되지 않아 세상을 떠났다. 그녀는 허세에 가득 찬 남편을 깊이 사랑했다. 그래서 자기의 애정을 보여 주고 남편의 선량함에 대한 완전한 믿음을 증명하기 위해, 아들에게 물려 줄 재산을 맡을 유일한 유언 집행자로 렘브란트를 지정했다. 이것이 렘브란트를 그르치게 했다. 그는 어린 아들을 돌봐 줄 사람을 고용하지 않을 수 없었다. 그는 '그림에 미친 사람'이었다. 일에 신

렘브란트 〈직물제조업자 길드 이사들의 초상화〉(1662) 렘브란트의 마지막 집단 초상화로, 암스테르담 직물제조업자들의 주문에 따라 제작되었다. 그러나 이 그림은 주문자의 마음에 들지 않았다.

이 나면 일 주일 동안이나 아틀리에에 틀어박혀 나오지 않았으며, 옷을 갈아입거나 음식을 먹지도 않고 불과 몇 시간 소파에서 눈을 붙일 뿐이었다. 마침내 그는 농가 출신의 성실한 젊은 여자를 발견했다. 자기 이름도 쓸 줄 몰랐지만 해야 할 일은 본능적으로 아는 여자였다. 그녀는 요리사, 가정부, 그림 모델을 겸하다가 어느 날 갑자기 렘브란트와 정식으로 결혼하고 아이를 낳았다.

암스테르담 사람들은 경악하면서도 한편으로는 기뻐했다. 화가들이 즐겨 그리는 '간통한 여자'가 현실로 나타난 것이다. 그것은 대단한 화젯거리가 되었으나, 엄숙한 칼뱅파 나라에서 이런 일이 용인될 까닭이 없었다. 교회는 렘브란트의 새 아내인 헨드리키에 스토펠스(Hendrickje Stoffels)를 정식으로 비난했다. 그래서 큰 소동이 일어났다. 렘브란트는 이제 아무에게서도 주문을 받지 못할 게 확실했다.

채권자, 약속어음을 가진 고리대금업자, 1번·2번·3번 저당권자들이 맹렬하게 먹이를 덮쳤다. 1657년, 누구보다도 그림을 잘 그린다고 자신했던 거장 렘브란트의 집은 빚으로 넘어가고, 가구도 팔리고 그림과 동판화까지 모조리 팔렸다. 첫 아내 사스키아와 함께 명성을 누렸던 화려한 시절을 되새길 만한 것은 모두 팔렸다. 렘브란트와 아들 티투스, 그리고 헨드리키에 스토펠스와 그녀의 어린 딸 코르넬리아는 교외의 조그만 싼 집으로 옮겼다. 거기서 가족은 빚으로 생활하면서(렘브란트의 옷과, 헨드리키에의 쟁반과 냄비까지 경매되었으므로) 새롭게 시작했다.

렘브란트는 이제 그의 생애의 중요한 제3장에 이르렀다. 당사자가 불행에 굽히지 않을 만한 강인함만 갖고 있다면, 이 장은 거의 모든 위대한 예술가의 삶에서 매우 중요한 역할을 할 것이다.

제1장에서 그는 자기를 발견해 나간다. 세상에는 많은 일이 있지만, 희망하여 이룩하지 못하는 일은 없다. 제2장은 그를 명성의 절정으로 끌고 간다. 그는 성공하여 승리의 기쁨에 차서 외친다. '운명 따위에는 지지 않는다. 어디 한번 해 보자꾸나!' 그러나 운명의 여신에게 가장 쉬운 상대가 바로 우쭐대는 사람이다. 언제나 조심하지 않으면 운명의 여신은 생각하지도 못했던 수많은 방법으로 공격해 온다. 어느 맑은 날 느닷없이 거센 폭풍이 불어 닥치면 누구든 어찌할 줄 모르고 몸을 가눌 힘도 없이 그 자리에 주저앉아 버릴 것이다. 그러나 다시 일어나기만 하면, 둘도 없는 경험에서 좋은 공부를 하게 된다. 우선 허세가 없어지고 성공의 참된 가치를 알게 된다. 그때부터 모든 수치심과 체면을 벗어던지고 생애 최대의 일을 하게 된다. 이제 그가 기쁘게 해 주어야 할 사람은 오직 하나, 바로 그 자신이다.

이리하여 렘브란트 생애의 제3장이자 마지막 장은 당연하고 훌륭한 결론에 이르렀다. 이 시기의 12년 동안 그린 그림과 삶의 마지막까지 손을 놓지 않은 동판화는 그 전 작품에서 볼 수 없는 정신적 기품을 갖고 있다. 렘브란트는 16세기의 말로 한다면, 신앙심이 깊은 사람은 아니었다. 그는 교회에 나가지 않았고 어느 교파에도 가담하지 않았다. 그러나 가난한 사람, 파문당한 사람, 불구자와 절름발이와 장님들(80년에 걸친 오랜 전쟁으로 이 나라에는 이런 사람들이 많았다)이 그의 연필과 화필의 친한 친구가 되었다. 그들에게 적당한 배경을 주고 그들을 그 무렵 세태에 어울리도록 하기 위해, 렘브란트는 그들에게 성서의 옷을 입히고 레이덴의 어린 시절부터 익숙했던 구약과 신약의 인물같은 위엄을 주었다. 그러나 어느 초상화를 보아도, 그가 겪은 변화를 잘 나타내고 있다. 이

렘브란트 〈유대인 신부〉(1665) 〈야경〉과 마찬가지로 엉뚱한 제목이 붙었다. 아들 부부의 초상화였지만 렘브란트에게 중요한 것은 등장인물이 아니라 대상이 자아내는 느낌이다. 풍요로운 색채 속에서 즐거움과 정다움이 솟아나오고 있다.

제 주문은 아주 드물었다. 그가 죽기 5년 전에 그린 의복상 길드 조합원의 단체 초상화가 그중 하나였다. 이 그림도 의뢰자들을 만족시켜 주지 못했다. 그것은 기묘한 그림이었다. 비싼 돈을 주고 그림을 부탁하는 이상, 의뢰인은 '보기 좋은 모습'을 기대할 권리가 있다. 그런데 그 그림은 '훌륭한 포즈'를 하고 있는 것처럼 보이지 않았다. 〈야경〉과 마찬가지로 이 그림도 최근에 발견될 때까지 먼지에 파묻혀 내동댕이쳐져 있었다. 우리는 렘브란트가 말하고자 한 것을 다시 한 번 이해할 수 있게 되었다. 그 그림은 테이블을 둘러싸고 앉아 있는 다섯 명의 정직한 의복상을 묘사할 뿐이다. 그들은 그저 성실한 포목상으로만 살아갈 수 있는 세상에 만족하고 있다.

　그 뒤 렘브란트는 모델이 없어 자화상을 그리거나 딸과 아들과 아내를 자주 그렸다. 그 그림은 대개 지금도 남아 있다. 그는 왜 그런 처지가 되었을까. 그 까닭은 알 수 없다. 그 시대 사람들이 좋아할 만한 그림은 분명 아니었다. 아마 그 무렵 사람들은 그런 그림을 약간 두려워한 듯하다. 그런 일이 처음은 아니었을 것이다. 매우 개성이 강한 탓에 대개의 사람들이 약간 불쾌감을 느끼는 그림, 조각, 음악이 있다. 그 그림들은 그 이전이나 이후의 어느 누구도 그림물감과 캔버스로 도저히 창조할 수 없는 내면적인 기품을 갖고 있다. 그것은 흔히 '렘브란트의 빛'이라고 불리며, 이 거장이 발명한 어떤 종류의 교묘한 기법이라고 말한다. 그러나 그는 그 빛을, 나중에 아무도 흉내 내지 못한 단순한 화법(畵法)으로 만들었다.

그 유명한 화법의 비밀은 무엇이었던가? 그것은 다만 전부터 알려져 있었으나 아무도 실행에 옮기지 않았던 것이다. 즉, 어둠은 단지 빛의 다른 형식에 지나지 않으며 모든 빛이 바이올린 소리처럼 진동의 법칙을 따르는 것임을 실제로 나타내는 일이었다. 그가 만년에 그린 아들 부부의 초상화(《유대인 신부 *The Jewish Bride*》라는 엉뚱한 제목이 붙어 있다)는 이 문제에 대해 그가 남긴 마지막 말이 되었다. 그 작품은 그림이라기보다는 흐르는 빛이다.

이번에는 닥치는 대로 이름을 들어 보자. 작품과 생애에 관한 이야기까지 하다가는 너무 길어지기 때문이다. 데벤테르의 시의원을 지낸 헤라르트 테르보르흐(Gerard Terborch, 마드리드에 가서 벨라스케스의 작품을 보았으며 펠리페 4세의 환영을 받았다) 같은 일부 화가를 제외하고 그들 대다수는 단순한 장인들이었으며, 목수나 배관공처럼 날마다 일했다. 그들은 전에는 자체 길드를 만들 만큼 인원이 많지 않아 수가 없어서 나막신 제조 길드에 가입하고 있었으나, 이제는 수가 늘어나 그럴 필요가 없었다. 대장장이나 벽돌공 장인보다 부자가 되거나, 높은 사회적 지위에 오른 화가는 별로 없었다. 그러나 그들 작품들은 생산량도 많았고 품질도 뛰어났다.

이를테면, 저 유명한 델프트의 얀 베르메르(Jan Vermeer)가 그린 그림은 요한 제바스티안 바흐의 음악처럼 밝고 맑다. 그가 죽은 뒤 파산 지경에 이른 미망인이 남편의 아틀리에에서 팔리지 않고 남아 있던 그림 21점을 처분하려고 했다. 파산 재산관리인은 역시 델프트 시민이며 현미경의 발명자로 유명한 레이우엔훅(Antonie van Leeuwenhoek)이었다. 저명한 과학자이자 현실적인 상인이었던 그는 채권자들에게 그림들을 싼값에 사서 자식들에게 물려주라고 권했으나 헛일이었다. 가엾은 얀 베르메르는 완전히 잊혔다. 다음 세기에 그의 그림은 테르보르흐, 렘브란트, 피터르 더 호흐(Pieter de Hooch, 그도 실내 광선을 마술처럼 처리했다), 테르보르흐의 수제자 가브리엘 메추의 작품으로 잘못 알려지기도 했다.

적어도 한때 꽤 성공한 화가로는 판데르 헬스트(Bartholomeus van der Helst)가 있다. 그의 민병대 그림은 렘브란트의 〈야경〉보다 더 인기가 있었으며, 렘브란트가 명성을 잃은 뒤에는 암스테르담의 부유한 상인들이 선호하는 초상화가로 이름을 날렸다. 렘브란트보다 인기가 있었던 또 다른 화가로는 독일인

얀 요하네스 베르메르 〈레이스 뜨는 여인〉(1670) 상반신을 굽히고 정교한 레이스 뜨기에 열중해 있는 한 여인을 가까이에서 큼직하게 포착한 작품이다. 베르메르의 생애에 알려진 것보다 작품 수가 워낙 많은 탓에 그의 작품 중 상당 수가 진품이 아닌 것으로 유명하다.

이지만 평생을 암스테르담에서 보낸 고베르트 플링크(Govert Flinck), 가장 성공한 렘브란트의 제자들로 꼽히는 페르디난트 볼(Ferdinand Bol)과 니콜라스 마스(Nicolaes Maes) 등이 있다. 그리고 앞날이 밝은 젊은이였으나 안타깝게도 요절한 카렐 파브리티우스(Karel Fabritius), 아무도 성공하지 못한 인공 광선의 효과를 그리려 했던 헤라르트 도우(Gerard Dou)도 있다. 얀 스테인도 빠뜨릴 수 없다. 뛰어난 기교를 가진 그는 그 시대 사람들을 더없이 즐겁게 만든 라블레(Rabelais)[1]적인 정신을 갖고 있었다.

그러나 이 시대의 그림들 가운데 가장 우리의 마음을 끄는 것은 풍경화다. 우리의 응접실이나 식당에는 그 시대의 초상화가 적어도 하나씩은 꼭 걸

---

1) 풍자에 능했던 르네상스 시대 프랑스 인문주의자.

려있다. 대표적 풍경화가로는 하를렘 풍경을 아름답게 묘사한 야코프 판라위스달(Jacob van Ruysdael), 유명한 호베마 집안의 한 사람인 메인더르트 호베마(Meindert Hobbema), 네덜란드의 카날레토(Canaletto)에 해당하는 얀 판데르 헤이덴(Jan van der Heyden) 등이 있다. 앞의 세 사람은 가난하게 살았지만 얀 판데르 헤이덴은 운이 좋았다. 그는 소방펌프를 발명해 꽤 많은 재산을 모았다. 그는 자신이 발명한 새로운 소방펌프가 사람들이 죽 늘어서서 물을 채운 양동이를 차례로 전달하는 방법보다 얼마나 효율적인지를 동판화로 제작하여 광고했다. 그것은 발명품 광고와 더불어 뛰어난 화가로서 그를 널리 알리는 결과를 가져왔다.

바다와 하늘의 나라 네덜란드에서는 해양화가도 풍경화가와 마찬가지로 성공했다. 알베르트 코이프(Albert Cuyp)와 얀 반 호연(Jan van Goyen)은 고향의 바닷가만 그렸다. 그리고 펠더(van de Velde) 부자(이름이 빌렘이었다)는 앞바다를 그린 그림으로 외국에까지 이름을 날려 영국의 초빙을 받았다. 찰스 2세와 제임스 2세는 그들에게 각각 100파운드씩 연금을 주어, 영국 함대가 출동하여 일찍이 없었던 전과를 올린 해전 장면을 그리게 했다.

렘브란트가 1669년에 죽은 뒤 회화 역사의 찬란한 장의 막이 내리기 시작했다. 네덜란드 화파는 끝나가고 있었다. 한참 동안은 빌럼 판미리스(Willem van Mieris), 아드리엔 판데르 베르프(Adriaen van der Werff), 카렐 뒤자르댕(Karel Dujardin)[2] 등이 전통적 양식을 지키고 있었다. 그러나 네덜란드인들의 적절한 표현에 따르면, 그들의 작품에서는 이제 음악이 들려오지 않았다. 그 고상한 불꽃은 꺼져 버렸다.

처음에는 자유를 위한 투쟁이 매우 험난하여 침묵공 빌렘 같은 사람조차 때로는 마지막 결과를 단념하는 형편이었다. 이윽고 승리는 쟁취되었는데, 뜻밖에도 그에 따라 통상이 매우 확대되어 그 갑작스러운 부를 어떻게 처리해야 좋을지 모를 정도였다.

저항에 열정적이지 않았던 젊은 세대들은 애써 노력할 필요를 느끼지 않았

---

2) 파울루스 포테르의 제자로, 가장 뛰어난 동물 그림으로 평가되는 소 그림을 그렸다.

다. 그들의 아버지나 할아버지들은 회계사무소에서 배의 갑판, 화방에서, 먼 열대 지방 섬의 요새에서 최선을 다했다. 그들은 평범하고 정직한 상인, 착실한 서민에 만족했으며 두 다리로 굳건히 대지를 밟고 상식에 따라 살고자 했다. 임시변통으로 사는 것도 마다하지 않았고, 자기의 이익에 직접적으로 관련되지 않으면 그다지 인색하게 굴지 않았다. 그런데 후손들은 시골에 멋진 별장을 사들이고, 아내와 딸과 아들은 그 품위 있는 안토니 반다이크 경의 그림에 나오는 선남선녀를 흉내내려고 안달이었다. 마치 오늘날 동양인이 할리우드 영화에 넋을 잃고 배우가 되려고 애쓰는 것과 같다. 다만 그 무렵의 할리우드는 베르사유였으며, 영화의 갖가지 주인공 역할은 자기 세력을 과대평가하고 개인적인 사치로 나라 경제를 망쳐 결국 저 유명한 프랑스 혁명을 불러온 한 사람이 도맡았다.

그의 이름은 루이, 조상 대대로 왕위를 물려받은 열네 번째의 사람이었다.

35장
위대한 세기—루이 14세 시대

프랑스의 위대한 왕 루이의 깃발 아래 동원된 예술은 봉건 제도의 마지막 승리에 일조했다.

사람들은 보통 루이 14세 하면 과대망상증 환자처럼 생각한다. 또한 그는 사치한 생활로 경제 상황을 악화시켜 프랑스 혁명이란 대변혁을 불러온 인물로 기억된다. 그러나 큼직한 가발, 굽이 빨간 슬리퍼, 멋을 부린 우아한 풍채가 이 신사의 전부는 아니었다. 그렇지 않았더라면 그는 당대에 아무런 업적도 이루어내지 못했을 것이다. 그는 그의 시대, 이른바 '위대한 세기'를 근대 서양문명의 학교로 만들었다. 문명인을 자처하는 사람들은 모두 그 학교에서 예법과 생활양식을 배웠다.

루이는 1638년에 태어나 1715년에 죽었다. 무려 72년에 이르는 재위 기간은 단연 최고 기록이다. 시대는 다르지만 주변에 끼친 영향력의 측면에서 그와 이름을 나란히 하는 영국의 빅토리아 여왕도 실제로 정권을 쥔 것은 64년에 지나지 않는다.

물론 아무리 현명하고 조숙한 아이라도 왕위에 오른 네 살 때부터 나랏일에 깊은 관심을 가졌을 리는 없다. 그러나 철이 들자(그는 너무 일찍 철이 들었다) 그는 모든 일을 스스로 알아서 하겠다고 공표했다. 자신이 어릴 때 한 약속을 루이처럼 그토록 완벽하게, 더욱이 끈기 있게 지킨 군주는 거의 없다.

행운은 그것을 기다리는 사람이나 받아야 마땅한 사람에게 오는 게 아니라, 마침 그 자리에 있는 사람에게 온다는 말이 있다. 이 말에 큰 진리가 담겨 있다. 다만 성실하게 살아가는 여러분을 위해서 덧붙이자면, 평소에 만반의 준비를 갖춘 사람이 막연히 누워서 기다리는 사람보다 행운의 여신을 만날 가능성이

크다. 그러나 변덕스러운 여신이 지나갈 때 마침 바로 그 자리에 있는 것이 역시 가장 중요하다.

루이 14세의 경우는 모든 것이 딱 맞아 떨어졌다. 그의 아버지 루이 13세는 의지가 박약한 사람이며, 스스로 국정을 수상 리슐리외 추기경에게 맡겨 놓았다. 영리하고 책략에 능한 리슐리외는 봉건 귀족 세력을 분쇄하여, 일찍이 어느 왕조도 가진 적이 없는 권력을 프랑스 왕에게 안겨 주었다. 리슐리외가 죽자 마자랭 추기경이 뒤를 이었다. 스물세 살의 루이가 친정을 시작했을 때 이 나라는 번영하고 있었다. 군대는 무패를 자랑했고, 관리들은 왕에게 진심으로 충성을 바쳤다. 그러면서도 모든 이웃 나라 사람들이 부러워할 만큼 자연의 혜택을 입고 있었다.

프롱드당의 대궁전 혁명[1]이 실패한 뒤 귀족은 마침내 봉건제가 명분을 잃었다는 것을 인정했다. 앞으로 그들의 운명은 이 잘생긴 젊은 군주에게 달려 있었다. 그가 미소 지으면 출세를, 분노하면 죽음을 의미했다. 루이 14세는 피에 굶주린 전제 군주는 아니었다. 오히려 반대로 그의 선대에 비하면 부드럽고 온후한 사람이며, 자기의 사적인 적을 단두대에 보낸 적은 거의 없다. 그는 목적을 이루기 위해 다른 방법을 썼다. 그가 어느 관료에게 공개적으로 불만을 표시하면, 그 사람은 상심하여 시름시름 앓다가 죽었다. 루이 14세는 개인적인 매력을 십분 발휘해 사람들을 자신의 편으로 끌어들였다.

그러므로 그를 증오하는 적조차도, 왕이 사람을 다루는 데 능하다고 고백하지 않을 수 없었다. 역사는 그것을 증명했다. 루이는 대군주로서의 역할을 즐겼을 뿐 아니라, 그 역할에 뛰어난 재능을 발휘했고 천재에 걸맞게 노력했다. 물론 최고의 전제군주가 되는 천재는 바람직스러운 것이 못 된다는 주장도 있을 수 있다. 순수하게 민주적인 관점에서 본다면 바로 그렇다. 그러나 루이 14세의 시대는 민주적인 시대가 아니었다. 루이 14세가 연출한 모든 것을 중심으로 믿는 세계였다. 그는 그 시대의 누구보다도, 그리고 역대 왕 누구보다도 연출에 능했다. 다들 그를 두려워했을 뿐 아니라 숭배하고 존경했으며 마지막 날까지 헌신적으로 섬겼다. 한 개인이 그토록 추종에 가까운 찬사를 받은 일은 흔치

---

1) 1648~1653년 봉건 귀족들이 왕권의 제한을 위해 일으킨 반란.

않다.

그 무렵 정치적·사회적 생활 위에 자신의 존재를 뚜렷이 새긴 인물이라면, 그를 에워싼 예술에도 중요한 영향을 남기는 것은 어찌 보면 당연하다. 이 군주의 궁전에는 그림 몇 점이 걸려 있고 여기저기 의자와 소파가 놓여 있었으며 조상의 흉상이 두어 개 있었는데, 모두 아버지와 할머니에게서 물려받은 초라한 물건들이었다. 루이는 그런 곳에서 살고 싶지가 않았다. 궁내관들이 베푼 음악회나 연극을 가만히 앉아 지켜볼 마음도 없었다. 손님들은 열여덟 코스나 되는 만찬 뒤에 좌흥이 완전히 가라앉으면 바카라나 에카르테[2]로 돈을 얼마나 잃었는지나 기억할 따름이었다.

모든 것이 젊은 미남 루이의 마음에 들지 않았다. 그는 자신이 곧 국가라는 장대한 드라마의 스타라는 것을 깨달았다. 궁정은 온갖 장면이 연출되는 무대였다. 이 나라는 시인들이 구경거리를 보러 몰려드는 극장이었다.

그런데 국왕 루이는 아주 능숙한 흥행사였다. 그는 관객을 계속 붙들어 두려면 입장료만큼의 볼거리를 보여 주어야 한다고 판단했다. 그들이 멋진 축제에 참여할 특권을 누리기 위해 그야말로 눈이 튀어나올 만큼 많은 돈을 지불하도록 만들어야 했다. 백성들이 자기 수입의 절반이 왕립극장의 배우를 양성하는 데 쓰인다는 것을 잊게 하려면 한 가지 방법밖에 없었다. 좋은 일에 돈을 썼다고, 또 자기도 그 흥행에 한몫 거들었다고 느끼도록 해주어야 했다.

나는 희곡에 대해서는 아무것도 모른다. 내게 희곡은 수수께끼이고 앞으로도 그럴 것이다. 그러나 문학 형식에 재능을 가진 소년 소녀 여러분이 가르쳐 준 바에 따르면, 가장 성공적인 작품은 관객이 배우와 일체감을 느끼는 것이라고 한다. 다시 말하여 아주 평범한 시민들까지도 "그래, 나도 저런 꼴을 당하면. 저 갈색 코트를 입은 남자처럼 행동했을 거야" 하고 중얼거리게 되는 작품을 말한다.

국왕을 딱 한 번, 그것도 베르사유 궁전의 테라스에서 애견과 산책하는 모습을 수백 미터 밖에서 본 파리의 과자가게 주인은 자신이 군주에게 그 정도밖에 접근할 수 없다는 것을 잘 알고 있었다. 그러나 그는 이렇게 생각하면서 자

---

2) 양쪽이 다 트럼프놀이의 일종이다.

루이 14세의 초상 이아생트 리고 작(1701) 어깨를 덮는 가발을 쓴 국왕은 부르봉 왕조의 상징인 백합 문장이 수놓인 화려한 흰색 담비 털 망토를 두르고 있다. 오른손에는 왕의 홀을 들었고 허리에는 샤를마뉴가 쓰던 검을 찼다. 화면 왼쪽 쿠션 위에는 왕관이 놓여 있다. 이것들은 전부 왕의 대관식에 쓰이는 의상과 도구이다. 배경의 붉은 비로드 천막은 마치 바다 속에서 나타나 동굴 앞에 현현한 신과 같은 분위기를 조성하고 있는 듯하다. '짐이 곧 국가'라고 말한 국왕의 절대왕정 이념을 고스란히 시각화한 작품.

신의 초라한 처지를 위로했다. "내가 임금이었더라도 역시 저렇게 상냥하게 애견과 산책했을 거야. 정원사들에게도 친근하게 대해 주었겠지. 군중의 갈채를 받으면 나도 저렇게 우아한 몸짓으로 답례했을 거야." 국왕의 연회에 무려 2천 명의 손님들과 함께 초대받은 독일 왕자는, 아버지가 세상을 떠나면 프랑스 왕을 본뜨겠다고 결심하면서 아버지의 성으로 돌아갔을 것이다. 그때까지 이 왕자는 또 하나의 대군주가 될 준비를 게을리하지 않을 것이다.

결국 루이 13세와 오스트리아의 안(Ann)이 낳은 아들은 17세기 후반과 18세기 전반에 살았던 모든 민중을 위하여 미(美)의 일정한 기준을 제시했다. 그 점에서 그는 뛰어난 능력을 보여 주었다. 그래서 오늘날에도 우리는 이 '위대한 세기'의 모범으로부터 크게 영향을 받고 있으며 많은 점에서 이 위대한 태양왕의 가르침을 따르고 있다.

그는 어떤 공간에서 어떻게 사느냐를 가르쳐 주었다. 어떻게, 무엇을, 언제 먹느냐를 가르쳐 준 것도 그였다. 우리에게 예의범절을 마련해 준 것도 그였다. 우리가 여가를 즐기는 방법, 즉 연극·음악·오페라·발레 등은 루이 14세가 지배한 궁정에서 비롯되었다.

만약 여러분이 베르사유 궁전에 간다면 물을 마음껏 쓰지 못해 불편해 할 것이다. 욕실 설비라고는 조그만 물통뿐이니 목욕은 꿈도 꾸지 못한다. 그래서 그 무렵 궁정 대신들처럼 향수를 뿌려 몸의 체취를 가려야 한다. 프랑스에서 향수가 발달한 건 그 때문이다. 또한 여러분은 오늘날 우리 생활공간에서 완전히 퇴치된 한 벌레에 끊임없이 시달릴 것이다. 이 대군주의 시대에는 이가 하도 들끓어 사람들은 머리를 짧게 깎고 가발을 쓰고 다녀야 했다.

그 밖에도 루이 14세의 궁정 생활에는 여러분의 마음에 들지 않는 점이 여러 가지 있었다. 궁전에는 너무 사람이 많아, 고관대작이라 해도 층계 밑의 좁은 침상에 비단 커튼을 치고 자야만 했다. 이 거대한 궁전은 넓은 습지 한가운데에 있었으므로 춥고 습했다. 난로를 아무리 때도, 12월이나 1월의 만찬회 때 국왕의 식탁 위에 있는 과일 스튜가 얼지 않게 할 수는 없었다. 습기는 갖가지 폐병과 류머티즘의 원인이 되었으며, 때로 예닐곱 시간씩이나 꼿꼿이 서 있어야 하는 사람들에게는 무척 고통스러운 일이었다.

또 궁전에는 수천 명의 보이들이 있었는데, 그들에게 시중을 받을 때마다(그

베르사유 궁전(1668~90) 베르사유 궁전을 정원에서 바라본 광경. 이 정원에는 커다란 연못이 두 개 있는데 그 주위에는 르뇨댕이나 쿠아즈보 같은 조각가들이 만든 작품이 놓여 있다. 프랑스 하천 등을 다른 사물에 빗대어 만든 조각상이다. 사진에 실린 작품은 장 바티스트 튀비(1635~1700)가 만든 론강 우의상이다. 고전적 모티프인 누워 있는 남자 신이 왼손에는 풍요의 뿔을 들고 있다. 배경 중앙에 위치한 것은 망사르가 세운 '거울의 방' 외벽.

것이 만족스럽지 못하더라도) 팁을 주어야 했다. 그것도 무시 못할 금액이었으므로, 한 번 루이 14세의 궁전을 방문하면 네덜란드의 가족과 함께 식사를 하거나 영국에 주말 여행을 할 만큼의 비용이 들었다.

그러나 그런 사소한 불편과 격식을 차린 분위기만 제외한다면 삶을 이토록 소중히 했던 시대가 또 있었는지 싶다. 이 '위대한 세기'는 우리의 일상생활의 구조에 관한 한, 정말로 근대의 시작이었다. 그런 뜻에서 우리는 모두 지금도 루이 14세의 손님인 셈이다.

국왕 루이가 태어날 무렵, 프랑스의 예술은 아직도 다분히 르네상스의 영향 아래 있었다. 프랑스인들이 이 새로운 시조를 특별히 환영한 것은 아니었다. 서유럽 민족 가운데서도 가장 완고한 개인주의자인 프랑스인은, 르네상스의 사상이 유럽의 다른 나라에 발판을 굳힌 뒤에도 오랫동안 끈기 있게 그들 자신의 중세적인 양식을 견지하고 있었다. 프랑스인들은 꼭 필요한 경우가 아니라면 좀처럼 자기의 터전을 떠나지 않았을 뿐만 아니라, 파리로 이주한다 해도 동향(그들은 그것을 언제까지나 자기의 '나라'라고 부른다) 사람들과 가까이 어울렸다. 프랑스 왕들은 조금씩 이런 습성을 휘젓기 시작했다.

1494년의 악명 높은 나폴리와 로마 원정에서, 샤를 8세는 잠시 피렌체의 메디치 집안 저택에 주인의 허락 없이 머문 적이 있었다.

프랑수아 1세도 외국 생활을 하면서 문물을 익혔다. 별로 바람직스러운 방법은 아니었지만, 황제 카를 5세의 포로로서 오랫동안 이탈리아에 머물 때 그는 적어도 한 가지를 확실히 깨달았다. 파리의 사원 첨탑이 모조리 사라진다고 해서 세계는 끝나지 않는다는 것이다. 그는 브라만테·첼리니·레오나르도 다 빈치 같은 사람들을 퐁텐블로로 초대하여 일을 맡김으로써 새로운 양식을 좋아한다는 것을 과시했다.

이 새 양식은 먼저 이 나라의 건축에 나타났다. 중앙 권력이 생기고 낡은 봉건적 내란에 종지부를 찍었으므로, 이제 개인 저택을 무장 병영처럼 만들 필요가 없어졌다. 그래서 성벽과 해자가 차츰 사라졌다. 먼저 성벽이 없어졌고, 해자는 집 가까이에 물이 있으면 편하다는 이유로 좀 더 남아 있었다. 사람들은 낚시를 즐겼고, 금요일은 낚시하는 날이었다. 이런 한가한 연못에서는 잉어가 조그만 악어만큼 자랐다. 퐁텐블로에 가본 사람들은 알 것이다.

물론 프랑스 궁전은 이탈리아 궁전과는 달라야만 했다. 프랑스에서는 유일하고 확실한 급수원인 빗물을 모으기 위해 경사가 심한 지붕을 만들었다. 또 난로와 굴뚝과 특히 창문이 필요했다. 겨울은 해가 아주 짧아 될 수 있는 대로 창문을 크게 만들어야 했다. 그러나 블루아나 샹보르, 앙브아즈 또는 슈농소 같은 유명한 성에 두어 시간만 머물러 보면 그곳 주민들이 겪어야 했던 불편을 잘 알게 된다. 부녀자와 아이들의 사망률이 매우 높았던 이유는 그 때문이다.

현대 사회에서는 '허세'라는 관념은 거의 사라졌다. '허세'의 목적은 두말할 것도 없이 자기와 자기 가족, 특히 자기의 사회적 지위를 과장해 보여 주려는 데 있다. 우리는 사회적 지위가 고정불변이라는 관념을 가지고 있지 않으므로, 허세라는 낯선 관념이 오늘날까지도 유럽의 생활이나 예술 전체에 영향을 미치고 있다는 것을 이해하기 어렵다. 남유럽의 여러 나라들, 특히 로마나 마드리

베르사유 궁전 안뜰 정교한 조각들로 장식된 파사드, 대리석을 깐 궁전 안뜰은 화려함의 극치를 보여 준다.

드(이 책이 출판될 즈음에도 이 도시들이 전쟁의 불길로부터 살아남아 있다면) 같은 도시에서는 대대로 가난을 물려받아 온 가족이 굶주리고 추위에 떨며 비참하게 살면서도, 곰팡내 나고 춥고 음산하며 더욱이 일년에 서너 번밖에 쓰지 않는 넓은 응접실을 유지하려고 애쓴다. 로물루스와 레무스[3]의 시대에까지 거슬러 올라가는 훌륭한 가문을 이웃 사람들에게 과시할 필요가 있었다.

북유럽의 그 고풍스러운 손님용 홀은 '가장 좋은 방' 또는 '거실'의 정도로까지 작아졌다. 그 우중충한 방에는 낡고 불편한 가구가 놓여 있고, 벽에는 할아버지와 할머니의 초상화가 걸려 있으며, 1889년의 파리박람회 때 얻은 조화로 장식되어 있다. 현대의 건축가들이 가족의 건강에 해롭다는 이유로 그 방을 없애려 했으나 헛일이었다. 그 쓸모없는 공간 때문에 온 가족이 좁은 공간에서 식사하고, 씻고, 잠을 자야 한다. 그러나 유럽의 일반적인 중산층 가정이라면 남들의 존경심을 이끌어내는 '체면치레'의 마지막 보루를 포기하지 않을 것이다. 로스앤젤레스에 사는 영국인이 화창하게 갠 날에도 절대 우산을 손에서 놓

---

3) 로마의 조상.

지 않는 것과 마찬가지이다. 이 16세기 유물이 금세 없어지지는 않을 듯하다.

적어도 한 가지는 분명히 나아졌다. 자동차가 말을 대신하게 되었다. 프랑스의 저택에는 부엌이나 거실 바로 밑에 마구간이 있었다. 전 세계가 프랑스를 흉내 내기 시작했으므로 이 구조가 온 유럽에 퍼졌다. 창에 망을 씌우는 것은 생각지도 못한 시대였으니, 말파리에 얼마나 시달렸을지는 여러분의 상상에 맡기기로 한다. 그러나 그것이 당시의 방식이었다. 사람들은 그것을 당연하게 받아들였다. 엄청난 소음으로 가득 찬 도시에서 살고, 도로변의 흉한 광고 간판으로 경관을 해친 시골길을 즐겁게 드라이브하는 오늘날 우리의 모습을 100년 뒤의 우리 후손들은 어떻게 생각할까?

1871년의 파리코뮌은 옛 파리의 많은 부분을 파괴했고 그 시대의 기념물들도 무너뜨렸다. 그러나 박물관이 될 때까지 프랑스 왕의 저택이었던 루브르, 앵발리드 호텔(늙거나 다친 군인들의 보호 시설) 및 프랑스 학사원(여기에는 프랑스의 온갖 학회가 있다) 등의 건물은 모두 본디 그대로 남아 있다. 그런 건물들은 프랑스 왕들이 수도 파리를 문명 세계의 명소로 만들려고 했을 때 세워진 공공 건축물이 어떤 것이었는가 잘 보여 주고 있다. 다시 말하여 그 무렵 건축가 페로(Perrault)는 루브르를 건축했고, 루이 르보(Louis Levau)는 프랑스 학사원을 관장했으며, 리버랄 브뤼앙(Liber Bruant)은 그 세 건축물 모두에 영향을 주었다.

이상하게도 건축가들이 이렇게 훌륭한 일을 하는 동안 화가들은 별로 창조력을 보이지 않았다. 그것은 프랑스인들이 자국의 고블랭 직물, 태피스트리를 좋아한 탓이었을 것이다. 그들은 다색 무늬를 짜 넣은 직물에 큰 애착을 가지고 있었다. 랭스시의 유명한 양모 염색사 고블랭 집안은 15세기 중엽에 파리로 옮겨 매우 성공했다. 특히 집안의 한 사람이 새로운 주홍색을 발견했는데, 모든 화가와 염색사들은 그 주홍색을 앞다투어 썼다. 16세기 초에는 태피스트리를 벽지 대용으로 쓰는 수요가 늘어나서(거실을 크게 만드는 새 건축 방식 때문에), 고블랭 집안은 염색 공장에 부속 직물 공장을 세웠다. 그들은 많은 재산을 모아 이윽고 귀족의 칭호를 샀다. 이제 그들은 사업에 매달리지 않아도 되었다. 그러자 루이 14세의 재무장관인 약삭빠른 콜베르가 공장을 사들였다. 그것이 현재의 국영 양탄자 공장이다.

앞서 말했듯이 새 양식으로 지은 성이나 저택은 응접실이 매우 컸다. 또한 로마의 정원을 본뜬 정원도 유행했다. 그 덕분에 조각가의 일감이 많아졌다. 또 가구 목수들도 호경기를 맞아, 금박을 칠한 값비싸고 매우 세밀한 가구를 만들었다. 모두 장중하고 비싸 보이기는 했지만, 제정 러시아인들이 흔히 서유럽의 친척에게 보낸 그 공작석 꽃병만큼이나 쓸모없는 물건들이었다.

다시 화가로 되돌아가자. 국왕을 위해서 왕실 조상의 대리석 조각상을 만들어 바친 퓌제(Puget)나 데자르뎅(Desjarding, 존명은 반 덴 보가에르트)에 필적할 만한 화가는 거의 없었다.

장 쿠쟁(Jean Cousin)과 프랑수아 클루에(François Clouet)는 발루아 왕가를 위해 초상화를 그렸다. 그들의 후계자는 클로드 로렝(Claude Lorrain)과 니콜라 푸생(Nichola Poussin) 정도인데, 이들은 사물을 보는 눈과 풍경을 그리는 솜씨로 보아 이탈리아 화가라 해도 좋았다. 그리고 작품들이 서로 비슷해 구별하기 어려운 르냉(Le Nain) 삼형제가 있었다. 그들은 돌진하는 젊은 기사나 궁정의 미녀 대신 아주 따분한 농민 가족들만 즐겨 그렸으므로 왕의 눈에 들지 않았다.

그 얼마 뒤 프랑스의 그림이 이윽고 온 세계를 지도하게 된 것은 확실하다. 그러나 그 전에 그 활동을 위한 무대 장치가 필요했으며, 베르사유 궁전이 그 무대 역할을 했다. 왕실과 계약한 수많은 업자들은 연인원 3만 6천 명과 말 6천 필을 사용하여 부근의 늪을 간척하고, 지면을 주위의 공원만큼 높이고, 강물을 국왕의 분수와 급수시설까지 끌어오기 위해 150킬로미터나 되는 수도를 건설했다.

베르사유 궁전을 짓는 데 얼마나 많은 돈이 들었는지는 아무도 모른다. 숫자를 들어 봐야 너무 엄청나서 실감이 나지 않는다. 굳이 액수를 든다면 1억 달러가 넘는 금액이다. 나는 전에 베르사유 부근에서 한 달 동안 묵은 적이 있는데, 그때 궁전의 공원을 구석구석 돌아보기로 했다. 그러나 한 달이 다 될 때까지도 야외 극장과 조각상, 복잡한 진열장, 장식한 벤치와 오래된 분수 등 처음 보는 것들이 끊임없이 나타났다.

루이 14세 때 보통 1만 명 이상이 이 궁전 안에 살았다고 하니, 대강 그 크기를 짐작할 수 있다. 그러나 이 호화로운 궁전도 처음에는 조촐한 것이었다. 프랑스 왕들은 모두 사냥을 무척 좋아했다. 그래서 1624년에 처음으로 루이 13세가 이 숲 한가운데에 조그만 사냥 별장을 세웠다. 누구 못지않게 흥행 수완이 뛰어났던 루이 14세는 이곳에서 모든 야외파티와 음악회를 열고, 그가 아끼는 배우이자 지배인이며 극작가인 몰리에르(Molière)의 새 연극을 공연하면 딱 알맞겠다는 생각을 떠올렸다. 몰리에르는 루이 13세의 전속 가구 목수로 본명은 장 바티스트 포클랭(Jean-Batiste Poquelin)이었다. 몇 해가 지나 1668년에 루이 14세는 시끄러운 수도 파리에서 편리하고 안전한 거리에 자리잡은 이곳에 살기로 결심했다.

그래서 베르사유는 단지 왕의 거처만이 아니라 왕국 전체의 정부가 위치한 소재지로 계획되었다. 무엇보다도 모든 시대를 통하여 가장 위대하고 부강하고 권세 있고 매력적인 군주에게 더없이 알맞은 중심지였다.

예술가들이 곧 이 소식을 들었다. 자금에 제한이 없다는 소문도 들려왔다. 그들은 부랴부랴 빈약한 세간을 꾸려서 새 돈벌이 장소로 달려갔다.

이 이야기의 중심 인물은 쥘 아르두앙 망사르(Jules Hordouin Mansart)다. 그의 이름은 '망사르드 지붕(Mansard roof)'이라는 용어의 기원으로서 잘 알려져 있다. 높고 굽은 형태의 망사르드 지붕은 사면이 각각 2단으로 경사져 있으며 아래가 위보다 더 가파르다. 사실 이 지붕을 처음 발명한 사람은 망사르가 아니다. 그는 다만 프랑스에서 널리 쓰이던 방식을 부활시켰을 뿐이다. 검소한 프랑스인들은 다락방을 넓게 만들어 하인들의 침실로 쓰려고 그런 지붕을 도입했는데, 통풍과 채광과 난방이 어려웠지만 매우 경제적이었다.

또한 알려진 것과는 달리 망사르 혼자 베르사유 궁전의 설계를 도맡은 것은 아니었다. 로마의 성베드로 대성당처럼 베르사유도 완성하기까지 한 사람의 수명보다 오랜 기간이 걸렸으므로, 한 사람이 모든 일을 완수한다는 것은 무리였다. 이미 루브르 건축에서 중요한 역할을 했던 루이 르보가 설계 초안을 만들었다. 루이 13세가 착수한 건물에 '잘 어울리도록' 몇 개의 건물을 세우는 계획이었다. 비중이 좀 덜한 다른 건축가들이 아이디어를 조금씩 내놓았다. 그러나 망사르는 예배당(그는 그 무렵 마침 앵발리드 교회의 둥근 지붕을 막 완성했다)과 유명한 '거울의 방'을 설계했다. 이 방에서 1871년 비스마르크는 프러시아 왕을 독일 황제로 선언했으며, 1919년에는 연합국이 독일 제국을 해체하는 강화 조약을 맺었다.

망사르는 또 왕궁의 중심부를 완성했고, 루이의 둘째 아내가 은신처로 쓴 그

베르사유 궁전 '거울의 방' 르브룅이 그린 천장화는 루이 14세 치세의 역사를 주제로 삼은 것이다. 즉 1661년 친정(親政)을 개시하여 1678년 니메그 평화조약을 맺기까지의 역사이다. 가운데에는 스스로 통치하는 모습이 그려져 있는데, 현실의 왕과 고대의 신들이 한데 어우러져 있는 장면은 '왕권은 신에게서 받은 것'이라는 왕권신수설을 시각화한 것이라고 할 수 있다. 한편 여덟 개의 대화면은 왕의 군사적 승리를 묘사한 것이다. 빛이 비치는 왼쪽 벽 바깥에는 큰 연못과 정원이 펼쳐져 있다.

랑트리아농을 세웠다. 이 여성에 대해서는 조금 뒤에 이야기하겠다. 덧붙이자면 70년 뒤에 그랑트리아농 가까이 프티트리아농을 세웠는데, 이곳은 마리 앙투아네트(Marie Antoinette)[4]가 그랑트리아농에 몰려드는 열광적인 군중들로부터 피하고 싶을 때 언제나 이용한 궁전이다. 프랑스 혁명이 일어나지 않았더라면, 아마도 프랑스 왕들은 혼자 있고 싶을 때 나무에라도 올라가야 했을 것이다.

　이야기가 너무 앞서 갔다. 우리는 아직 1646년 태생의 쥘 아르두앙 망사르의 이야기를 하는 중이다. 그의 아버지는 화가였고, 아버지의 숙부 한 사람은 많은 교회와 시골 별장을 지은 유명한 건축가였다. 젊은 쥘은 성년이 되자 앵발리드(폐병원)를 설계한 건축가 리베랄 브뤼앙의 도제로 들어갔다. 이윽고 젊은 쥘은 국왕의 눈에 들어 몽테스팡 후작 부인의 저택을 건축하라는 주문을 받

_____

4) 루이 16세의 왕비. 프랑스 혁명으로 처형되었다.

〈왕비 마리 앙투아네트와 아이들〉 비제 르브룅 작. 오른쪽에 있는 아이는 둘째인 루이 조셉. 셋째인 루이 샤를은 왕비의 무릎에 안겨 있고 큰딸 마리 테레즈는 그 옆에 서 있다. 베르사유 궁전 미술관.

았다.

왕의 정부로서 아이를 일곱이나 낳은 이 부인은 매우 영리한 여성이었다. 정부의 자리에서 물러날 때, 자식들을 모두 적출(嫡出)[5]로 만들었을 뿐 아니라 자신도 연금 50만 프랑을 차지했다. 이 돈으로 라신(Racine), 코르네유(Corneille), 라퐁텐(La Fontaine) 같은 유명한 청년 예술가들을 지원했다. 라퐁텐의 매력적인 동화들은 바로 그녀의 자식들을 위해 쓰인 것이다.

몽테스팡의 아이들 교육을 맡은 프랑수아즈 도비네(Françoise d'Aubigné)는 도덕심이 두텁고 교회를 전폭적으로 지지한 엄격한 부인이었다. 이 여성은 어린 시절 마르티니크섬에 산 적이 있으므로, 사소한 사항이지만 프랑스의 정치에 영향을 준 미국인은 나폴레옹의 왕비 조세핀뿐이 아니었던 셈이다. 아버지가 죽은 뒤 무일푼이 된 가엾은 프랑수아즈는 그 무렵 가장 인기 있는 극작가이자 문인이었던 폴 스카롱(Paul Scarron)과 결혼했다. 그는 아내보다 스물다섯이나 위였으므로, 이윽고 프랑수아즈는 미망인이 되었다. 그러나 국왕의 어머니가 내린 연금으로 유명한 문학 살롱을 계속 운영할 수 있었고, 그러던 차에 몽테스팡 후작 부인에게 발탁되어 왕실 아이들을 가르치는 가정 교사가 되었다.

한동안은 아무 문제 없었으나, 어느 날 몽테스팡 부인은 왕이 자기보다 가정 교사에게 더 큰 관심을 보이는 것을 깨달았다. 그래서 한바탕 연극이 벌어지고, 아주 뻔한 결말을 보았다. 몽테스팡 후작 부인은 궁정에서 사라지고, 스카롱 미망인이 그 자리에 들어앉아 맹트농 후작 부인이 되었다.

내가 이런 이야기를 하는 것은 낡은 추문을 들추어내기 위해서가 아니다. 다만 예술사에 가장 흥미 있는 한 장을 제공해 준 이 세계를 여러분에게 좀 더 잘 보여 주고 싶을 따름이다.

프랑수아즈 도비네는 앞에서도 말했듯이 매우 신앙심이 두터운 여성이었으므로, 왕의 생활에 '좋은 영향'을 준 것은 틀림없다. 정략 결혼을 강요당한 따분한 에스파냐인 왕비조차 자신의 생애에서 가장 행복했던 때는 맹트농 부인이 왕의 정식 정부였던 시절이라고 단언했다. 실제로 이 왕비는 좋은 일이라고는 없었던 이 세상과 작별할 때 연적이라고 해야 할 맹트농 부인의 팔에 안겨서

---

5) 정실에서 낳은 아들이나 딸.

죽었다.

그 2년 뒤 이 마르티니크섬의 아가씨는 충성스러운 봉사의 보수를 받았다. 결혼 문서조차 발견되지 않을 만큼 비밀리에 루이 14세는 프랑수아즈 도비네와 결혼했다. 그 뒤 30년 동안 그녀는 왕의 아내였을 뿐 아니라 매우 믿음직스러운 고문이었다. 대신들은 국왕을 찾기 전에 먼저 맹트농 부인과 의논했다. 왕 자신도 국사를 결재하기 전에 이 '왕녀의 제1시녀'(그 비공식 왕비의 궁정 직함)와 먼저 상의했다.

그러나 그녀는 직함 따위에는 흥미가 없었다. 외면적인 권력도 좋아하지 않았다. 단 한 가지 야심은 삶의 품위를 굳게 지키는 것이었다. 그녀는 부도덕을 단죄할 때 저 빅토리아 여왕만큼 엄격했다. 영특한 처녀들이 지참금을 마련하지 못할 만큼 가난하다는 것을 알고, 베르사유에서 몇 킬로미터 떨어진 생시르에 그들을 위한 전문학교를 세웠다. 라신은 그 소녀들에게 연극을 가르쳐 달라는 그녀의 요청에 응하여 유명한 비극 〈에스테르 Ester〉와 〈아탈리 Athalie〉를 썼다. 소녀들이 성장하자, 몽테스팡 부인의 아이들에게 쏟은 것과 똑같은 애정으로 뒷바라지해 주었다.

그녀는 왕에게, 아버지의 재능을 이어받은 서자 멘 공작에게 왕위를 물려주라고 권했으나 받아들여지지 않았다. 루이가 죽자 권력은 아주 무능한 한량 오를레앙 공작의 손으로 넘어갔다. 그러나 희대의 불한당이었던 그도 이 올곧은 노부인은 진심으로 존경했으므로 충분한 영예와 연금을 주었다. 그녀는 남편이 죽은 지 몇 해 뒤 생시르의 학교에서 죽었다(이탈리아인답게 '교양 있는 여성'을 경멸한 나폴레옹은 황제가 되자, 이 학교를 사관학교로 만들었다. 그때부터 여기서 프랑스 장교들이 배출되었다).

아름다운 건축물(베르사유 공원은 특히 가을에 뛰어나게 아름답고 매력적이다)을 세운 망사르는 정말 비범한 인물이었다. 다재다능하면서도 열정적으로 일했고, 일상적 작업 과정에서 일어나는 일을 임기응변으로 처리하는 데 능란했다.

그의 작업 속도는 현대의 건축가들을 부끄럽게 할 만큼 빨랐다. 다만 그의 고용주는 단 한 사람이었다. 그 고용주는 망사르가 그 일에 가장 적임자라는 것을 알고 있었으므로 그에게 모든 일을 맡기고 일체 질문이나 간섭을 하지 않

맹트농 후작 부인 피에르 미냐르 작(1691). 모델은 루이 14세의 둘째 부인(1635~1719). 시인 아그리파 도비네의 손녀 프랑수아즈. 정치적으로도 국내 외 정책에 관하여 왕에게 상당한 영향을 미쳤으므로 이 시기는 '맹트농 부인이 통치한 시대'라고 불리기도 한다. 그러나 가톨릭과 교육 문제에 훨씬 더 관심이 있었던 맹트농 부인은 1686년에 가난한 여자들을 위한 종교 학교를 생 시르에 설립했다.

았다. 그러나 망사르도 혼자서 모든 일을 다 할 수는 없었다. 그래서 그는 건축뿐 아니라 특히 조경에서 매우 유능한 조수를 많이 고용했다. 그때 조경 담당자는 역사상 가장 유명한 정원사로 꼽히는 앙드레 르노트르(André Le Nôtre)였다.

옥외생활을 하던 고대 사람들은 정원을 매우 좋아했다. 미케네 시대에도 그리스 왕들은 궁전 주위에 정성껏 설계한 정원을 배치했다. 티볼리에 있던 로마 황제 하드리아누스 별장의 로마식 정원은 구세계 불가사의의 하나이며, 폼페이 여러 집들의 벽화는 그 무렵 로마 상류층의 생활에서 정원이 현대 상류 인사의 생활에서와 마찬가지로 중요했다는 것을 뚜렷이 알 수 있다.

중세 시대에는 안전 문제 때문에 도시나 성채의 벽 안에 틀어박히는 수밖에 없었다. 겨우 수사들만 정원을 만들었으며, 그것도 오로지 약초 재배가 목적이었다. 그러나 십자군 시대의 유럽 야만족들에게 다시 한 번 인간답게 사는 방법을 가르친 그 빛나는 페르시아 문명은, 특히 에스파냐의 무어인들에게 정원에 대한 관심을 불러일으켰다. 그들은 9~15세기 사이에 에스파냐 남부 전체를 하나의 광대한 정원으로 바꾸어 버렸다. 이 새로운 취미는 에스파냐에서 이탈리아로 옮겨갔다. 르네상스 시대의 부유한 상인들이 별장 주위에 정원을 꾸미기 시작했다. 그 무렵 건축가들은 자연이 이미 창조한 것과 인간이 필요에 따라 손을 대야 하는 것 사이에 완벽한 조화를 이루기 위해 노력했다.

16세기 무렵 프랑스 왕이 정교한 정원을 대규모로 조성한다는 소문이 퍼지자, 유력한 이탈리아인 조경사들이 프랑스로 많이 몰려갔다. 이들이 프랑스인 조경사들을 가르쳤으므로, 베르사유의 정원을 만들 때가 되자 일은 몇몇 프랑스인에게 맡겨졌다. 그 가운데 가장 뛰어난 조경사가 앞에서 말한 앙드레 르노트르였다.

그가 왕을 위해 한 일은 베르사유만이 아니다. 그는 퐁텐블로와 생제르맹, 생클루의 정원을 설계했고 하노버 선제후를 위해서도 많은 일을 했다.

17세기의 예술가들은 대단히 강건했다. 그들은 생리학의 모든 법칙을 무시했다. 제대로 챙겨 먹지도 않고 하루에 열여섯 시간이나 일했으며 휴일도 없었다. 더욱이 르노트르 같은 사람은 가혹한 주인에게 고용되어 50년이나 일을 하고도 여든이나 아흔 살의 고령으로 편안히 세상을 떠났다.

망사르와 마찬가지로 르노트르도 혼자서 모든 일을 할 수는 없었다. 그는 11년이나 걸린 베르사유의 조경을 설계하는 한편, 100여 명이나 되는 조각가들에게 밤낮 없이 일을 시켜 급수 설비의 일부가 되는 분수대와 연못을 장식할 조각상을 만들었다. 특히 궁정과 정원을 잇는 커다란 층계 발치에 파인 연못이 유명한데, 안개가 낀 날이면 정원의 끝이 보이지 않고 허공으로 사라지는 듯한 느낌이 든다.

루이 14세는 꼼꼼하면서도 무슨 일이든 크게 벌이는 버릇이 있어서, 에스파냐의 펠리페 2세나 오스트리아의 프란츠 요제프처럼 까다롭지는 않았다. 사물을 되는 대로 내버려 두지 않는 그의 취향은 예술에 대한 태도에도 나타나 있다.

프랑스어의 순수성을 지키기 위한 연구소는 이미 세워져 있었다. 그렇다면

아폴론의 샘 《베르사유 정원 안내서》를 집필할 만큼 정원을 사랑했던 루이 14세. 르노트르가 설계한 정원에는 55개의 샘이 있었다. 그중 아폴론의 샘은 루이 14세와 태양신 아폴론이 동일시되는 가운데, 수면에서 솟아오르는 아폴론은 새로운 일출과 밝은 치세의 새벽을 상징하여 만들어졌다.

프랑스가 더욱 번영하도록 부지런히 일하는 화가, 조각가, 가수, 무용가 등 여러 예술가들을 일정한 원칙에 따라 교육할 학교도 있어야 했다. 최초의 학교는 고블랭 집안의 고블랭 직물공장이 왕립 가구 공장으로 전환된 1662년에 세워졌다. 그 이듬해인 1663년에 왕은 왕립 미술조각학교를 세웠다. 얼마 뒤 그 분교가 생겼는데 그것이 나중에 프랑스 금석문학교로 발전했다. 1년 뒤 왕은 북프랑스에 보베 태피스트리 공장을 세웠다. 또 2년 뒤에는 로마에 프랑스인 학교를 세웠다. 이것은 프랑스의 젊은 화가나 조각가들이 옛 거장들의 본고장에서 연구할 수 있도록 프랑스가 돈을 내어 이탈리아에 세운 학교이다. 같은 해에 과학학교가 파리에 세워졌다. 4년 뒤에 젊은 건축가와 토목 기사와 도로 기사를 양성하는 건축학교가 문을 열었다. 이 무렵부터 프랑스는 유럽에서 유일하게 훌륭한 고속도로와 튼튼한 교량을 가진 나라가 되었다.

그런데 학교들이 대부분 수도에 세워져서 지방에서는 교육을 받을 수 없었다. 국왕은 그것을 깨닫고 여러 주에 작은 예술학교를 세우기로 했다. 1672년에는 음악학교가 세워졌다. 1674년에 국왕은 공립 연극학교 설립안을 구상했으나 이것은 실현되지 않았다. 그의 대외 정책이 대부분 실패해 다른 일을 거들떠볼 수 없을 만큼 바빴기 때문이었다. 그러나 그때까지 세워진 많은 학교와 아카데미와 연구소는, 프랑스 궁정을 문명 세계의 중심으로 만들고자 했던 루이 14세의 노력에서 예술이 얼마나 중요한 역할을 했는지 분명히 보여 준다.

국왕 루이의 이 칭찬할 만한(적어도 프랑스의 입장에서 본다면) 야심은 대성공을 거두었다. 그러나 정치가로서는 서툰 실책을 했다. 그는 프랑스 왕자를 에스파냐의 왕위에 앉혀 장인(펠리페 4세)의 유산 일부를 차지하려고 음모를 꾸몄다가 모든 유럽 열강과의 분쟁에 휘말렸다. 프랑스 장군들은 거듭 진격을 명령했지만 프랑스 각지에서 큰 타격을 입고 후퇴할 수밖에 없었다. 결국 끝없는 전쟁은 그의 건축열보다 더 많은 재산을 탕진했다. 그리하여 이 건축광도 돈이 떨어져서, 그렇게도 좋아한 베르사유 궁전 건축 공사를 중단해야 했다. 1715년 9월 1일 세상을 떠날 때, 그 자신은 정치가로서는 완전히 실패했다고 생각했을 것이다. 그러나―아둔하지 않았던 그는 다른 방면에서는 꽤 훌륭한 업적을 쌓았다고 자부했을 것이다. 멋진 생활이라는 그의 이념은 이치에 맞지 않는 것이 있는지 모르나, 늠름하고 강한 늙은 몸으로 그 이념을 굳게 지켰다. 그는 젊은 시절에 위대한 국왕으로서 첫걸음을 내딛어, 예술에 대한 지적인 애정에서 누구에게도 뒤지지 않는 군주로서 삶을 마감했다.

36장
몰리에르는 죽어서 성지에 묻히다

루이 14세는 다시 연극을 유행시켰다.

가장 비열한 로마 황제 콘스탄티누스는 325년부터 337년까지 재위했다. 그 기간에 유럽의 역사를 통째로 바꾼 두 가지 사건이 있었다. 로마가 제국의 수도 자리를 내놓고 비잔티움, 즉 콘스탄티노플이 새 수도가 되었다. 그리고 그리스도교가 로마 제국의 공인 종교(국교)가 되었다.

새로운 종교는 순식간에 국내를 통제했다. 옛것의 냄새라도 있으면 모두 엄격히 억압되었다. 연극 관람은 언제나 대중이 가장 좋아하는 오락이었으므로 가장 먼저 성직자들을 언짢게 만들었다. 시민 극장은 모두 폐쇄되고 배우는 굶주렸다. 달리 할 줄 아는 게 없었던 그들은 부득이 숨어다녀야 했다. 이때부터 배우라는 직업은 마을에서 마을로, 도시에서 도시로 떠돌아다니는 부랑인의 신세가 되었다. 이따금 지하실이나 외딴 오두막에서 공연을 하면서도, 언제 경관이 들이닥쳐 감옥에 끌려가지는 않을지 전전긍긍했다.

그러나 연극에 대한 대중의 애정이 매우 컸던 탓에, 중세 초기 내내 연극은 이미 1천 년이 넘는 역사를 가진 예술의 전통을 간직할 수 있었다. 그리고 교회도 승리의 격정이 가시자, 무대를 없애는 것은 선전 방법의 하나를 스스로 포기하는 일임을 달았다. 연극을 잘만 이용하면, 대중이 잘 이해하지 못하여 좀처럼 받아들이려 하지 않는 교리를 널리 전파할 수도 있을 터였다.

그래서 10세기에는 벌써 연극이 서서히 부흥하는 조짐이 보이기 시작했다. 다만 소포클레스나 플라톤 시대에 성행했던 것과는 매우 다른 형태였다. 이것은 특히 영국에서 그랬다. 그곳에서는 신앙심 깊은 수녀와 수도사가 극작가의 역할을 맡았다. 조그만 기적극을 상연하여, 신도들에게 사도나 순교자들의 생애와 그 성인들이 행한 기적을 보여 주려는 것이었다.

유럽 대륙에서도 연극은 다시 부활 조짐을 보이기 시작했다. 이것은 배우가 다시 용인되었다는 뜻은 아니다. 그들은 여전히 가엾게 몰락한 어릿광대들이었으며 서커스의 곡예사, 기예를 배운 개, 거리의 악사와 다름없었다. 연극이 되살아났어도 연기는 사제들이 하고 무대는 교회였다. 공연은 점차 정교해졌다. 부활절 주일이나 '바보축제(Feast of Fools)[1]'가 열릴 때면 제법 볼 만한 공연이 열렸고 이따금 성가(聖歌)를 곁들여서 상연되었다.

이런 연극이 종교적인 성격을 잃지 않도록 교회는 라틴어를 쓰게 했다. 그러나 11세기 초에 프랑스에서는 라틴어보다 프랑스어를 더 자주 썼다. 관객이 해마다 늘어나 교회 건물 안에서 더는 공연할 수가 없다. 그래서 교회의 문 바로 밖에 나무로 나직이 무대를 마련하고, 거기서 사제들이 기적극이라든가 이른바 '도덕극'을 공연했다. 그 무렵 도덕극은 해마다 잘츠부르크에서 막스 라인하르트(Max Reinhardt)가 연출하고 있던 유명한 〈보통사람 *Jedermann*〉 같은 약식 연극에 속한다. 이 16세기 작품은 '성스러운 일을 하고 성인처럼 명상하는 삶이, 이기적이고 죄악에 찬 생활보다 크게 바람직스럽다'는 것을 가르치는 내용이다.

프랑스인은 이 새롭고 재미있는 예술 형식에서 다시 앞서나갔다. 프로방스에서 맨 먼저 뮤지컬이라는 미숙한 형식이 선보이자, 곧이어 프랑스 전역에서 전문 배우를 훌륭하고 유용한 사회 일원으로 기꺼이 맞이했다. 연극은 여전히 공직자의 감독을 받았지만 세속의 작가가 다시 각본을 쓸 수 있게 되었고, 수도사들이 도맡았던 역할을 대학생이나 일반 시민들이 대신하게 되었다. 세속의 배우들은 차츰 지위가 공고해지자 성직자 배우들과 경쟁을 벌였다. 신성한 대사에 우스꽝스러운 '몸짓'을 조금만 덧붙이면 무대가 떠나갈 듯 박수갈채를 받는다는 것을 알자, 그들은 웃음을 유발하는 배역에 신경쓰기 시작했다. 어떤 일이 벌어지는지 아무도 알지 못하는 가운데 프랑스 관객들은 눈앞에 연출되는 익살극을 보면서 다시 한 번 배꼽을 쥐고 웃었다.

그러나 종교극이 마침내 낡은 도덕극과는 전혀 다른 본격적인 비극으로 변

---

1) 성직자와 관리를 풍자하는 새해 첫날의 축제.

▲글로브 극장 외관
셰익스피어의 모든
작품이 이곳에서 상
연되었다. 1598~99년
에 세워졌으며, 1613
년 상연 중 소실되었
으나 이듬해 다시 세
워졌다. 그 뒤 1644년
철거되었다가 1997
년 복원되었다.
▶내부 모습 오른쪽
이 무대, 그 앞에 3
층 규모의 관람석이
무대를 향해 둥글게
배치되어 있다.

한 것은 프랑스가 아니라 영국에서였다. 공교롭게도 같은 시기에 음악에서도
옛 그레고리오 성가에서 새로운 음악이 발전하고 있었다. 그러한 변화는 둘 다
의심할 것도 없이 새로운 심성이었다. 또한 새로운 심성은 중세적인 사고방식이
나 생활 방식이 허물어지고, 이제 교회나 토착 지주에게 의존하지 않더라도 살
아갈 수 있게 된 중산층 상인이 생긴 결과였다.

　음악에 조스캥 데 프레가 있었다면 연극에 존 헤이우드(John Heywood)가 있

몰리에르(1622~1673) 극작가이자 배우. 〈타르튀프〉, 〈인간 혐오자〉 등의 성격희극으로 유명하다. 종교계와 갈등을 빚었으나, 루이 14세의 보호 아래 끝까지 작품활동을 했다. 미냐르가 그린 시저로 분한 몰리에르.

었다. 그는 연극을 낡은 종교적 제약에서 해방시켰다. 프랑스의 선인들에게서 큰 영향을 받은 그는 이제 사도나 순교자들의 케케묵은 음산한 이야기에는 만족할 수 없어, 동네 길모퉁이에서 늘 만나는 평범한 사람들을 등장시켰다.

그 무렵 이탈리아에서는 고대 세계와 관계 있는 모든 것에 대한 관심이 되살아나서, 1천 년 넘게 몇몇 수도원의 도서관에 묻혀 있던 방대한 연극 문헌이 새로이 사람들의 주의를 끌었다. 이미 14세기 전반에 파도바 사람 알베르티노 무사토(Albertino Mussato)는, 단테의 친구이자 보호자였던 베로나시의 권력자 칸 그란데 델라 스칼라(Can Grande della Scala)가 파도바의 자유를 위협하는 무서운 음모를 꾸미고 있다는 것을 시민에게 경고하기 위해 연극을 했다. 사실 그는 페트라르카와 교황 피우스 2세의 전례를 따랐을 뿐이다. 피우스 2세는 교황에 선출되기 전에 희극을 쓴다기보다는 즐기는 데 약간 전념한 적이 있었다.

회화 분야에서 초기에 기술적으로 가장 많은 발전이 있었던 것과 마찬가지로, 연극이 합법적인 예술로 공인받은 직후 최고의 극작가가 출현했다. 그 극작가는 두말할 것도 없이 윌리엄 셰익스피어(William Shakespeare)다.

그의 직계 선배들이 서투른 사람들이었던 것은 아니다. 그들 가운데 몇몇 사람들, 이를테면 존 릴리(John Lyly), 크리스토퍼 말로(Christopher Marlowe), 토머스 키드(Thomas Kyd) 등은 뛰어난 재능을 가진 사람들이었다. 그러나 그들이 살던

몰리에르의 무대 의사를 완전히 웃음거리로 만든 춤극 〈상상병 환자〉는 몰리에르의 마지막 작품이다. 이 그림은 그 이듬해에 베르사유 궁전 정원에서 펼쳐졌던 공연 장면. 대규모 오케스트라가 무대 밑에 자리하고 있다. 파리 국립도서관.

시대는 의회가 배우들을 모두 악당·부랑자·귀족의 어용으로 규정하고, 영주를 위해 일하지 않으면 용납하지 않는 상황이었다.

다행히도 귀족들 대부분은 연극을 매우 좋아했고, 그중 몇 사람은 정식 극장을 세우기 위해 힘을 모았다. 그리하여 1576년에 쇼디치 극장(더 시어터)이 건립되었다. 이 극장은 나중에 거장 셰익스피어의 모든 작품이 상연된 저 유명한 글로브 극장의 전신이다.

그래도 여전히 연극은 천대받았다. 여성은 배우가 될 수 없어 여성 역할은 모두 어린 소년이 맡았다. 그 무렵 연극에서 잘생긴 소년이 여주인공 역할을 맡은 것은 이 때문이다.

그때 셰익스피어가 나타났다. 그는 순전히 자신의 힘으로 로마 제국 멸망 이래 줄곧 천시되어 온 희극과 비극의 지위를 끌어올렸다. 그가 연극을 완숙의 경지로 격상시킨 덕분에 사람들은 거의 무의식적으로 연극에 감탄하고 호의를 품게 되었다.

그러나 배우라는 직업을 정말로 '선망'의 대상으로 만든 것은 세 프랑스인,

즉 코르네유, 라신, 몰리에르다. 이 가운데 몰리에르가 단연 으뜸이었다. 그는 희곡을 쓴 것보다 오히려 자기 직업의 품격을 높인 점에서 위대했다.

오늘날 연기자의 예술이 특히 일반 대중의 높은 존경을 받고 있다면, 그것은 주로 몰리에르의 굽히지 않은 노력과 루이 14세의 전폭적인 지원 덕택이다. 루이 14세는 연극을 무척 좋아하여 이따금 직접 무대에도 올랐지만, 공공연하게 배우들을 옹호하는 것은 모험임을 알고 있었다. 그는 자신이 문학 비평가로서의 능력이 모자란다는 것을 알았으므로, 좋은 것과 나쁜 것을 가릴 수 있도록 도와 줄 비공식 안내자·지도자·친구가 될 사람을 고용했다. 그가 바로 니콜라 부알로 데스프레오(Nicolas Boileau-Despréaux)였다. 부알로는 원래 변호사였으나 차츰 정치적 풍자 작가라는 위험에 빠져들었다. 원만하고 사교적인 신사였던 그는 곧 왕의 눈에 들어 역사편찬관에 임명되었다. 벨라스케스가 에스파냐 왕으로부터 귀족 작위를 받은 덕분에 종교재판에 회부되지 않은 것처럼, 루이 14세의 조치 덕분에 이 가난한 작가는 많은 분쟁을 피할 수 있었다. 남을 깎아내리기 잘하는 주교 보쉬에(Bossuet) 같은 인물이 그를 종교의 적이라고 비난했어도, 국왕의 뜻으로 프랑스 학사원 회원이 된 부알로는 경찰의 간섭을 전혀 받지 않았다.

부알로는 뛰어난 재능의 소유자는 아니었지만 국왕의 비공식적 문학 고문으로서 영향력을 행사했으며 동료들에게도 매우 큰 힘이 되었다. 모든 선량한 프랑스인과 마찬가지로 부알로도 질서를 중시하는 인물이었다. 예술에 대한 그의 요구는 단지 '이해할 수 있어야' 한다는 것뿐이었다. 짐작건대 그 무렵의 그림, 연극, 소설, 그리고 음악이나 정치에 이르기까지 모두 이 기준에 미치지 못했다.

궁정의 권력자에게 지지를 받은 라신, 코르네유, 몰리에르는 다른 나라에서는 생각할 수도 없을 만큼 대담한 행보를 보였다. 그 무렵 가장 신랄한 비평가였던 몰리에르 같은 사람으로서는 그야말로 천재일우의 기회였다. 파리의 대주교는 〈타르튀프 *Tartuffe*〉의 상연을 1년 반이나 금지했으나 결국 루이 14세의 지시로 상연되어, 온 파리 사람들은 위선의 중죄를 교묘하게 공격하는 그의 작품을 실컷 즐길 수 있었다. 그의 다음 작품 〈돌의 향연 *Le festin de pierre*〉이 역시 같은 운명에 처했을 때도 왕은 몰리에르의 극단을 정식 왕립극단으로 승격하고, 6천 리브로의 연금을 지급하여 빚더미에서 구해 주었다. 다른 사람들과 마

몰리에르 작품에 등장하는 인물들 몰리에르는 스무 살 때 여배우 마들렌 베자르를 사랑하여 그쪽 사람들과 극단을 만들어서 십 년이 넘게 지방 순회공연을 했다. 그 뒤 파리로 돌아와 〈웃음거리 재녀(才女)들〉(1659)로 첫 번째 성공을 거뒀다. 왼쪽은 재녀로 분한 마들렌, 오른쪽은 그녀에게 다가가는 남자, 몰리에르를 보좌하던 극단의 스타 라그랑주가 이 남자 역할을 했다. 파리 국립도서관.

찬가지로, 신경질적이고 도량이 좁은 의사들마저 몰리에르의 즐거운(그리고 유익한) 공격 앞에 속수무책이었다.

이 책은 문학 책이 아니므로, 몰리에르의 작품에 대하여 상세히 논할 수는 없다. 내가 말하고자 하는 것은, 예술가가 90퍼센트의 국민에게 충격을 줄 만한 새로운 것을 말하고자 할 때 현명한 전제 군주의 도움이 지대한 역할을 했다는 사실이다. 몰리에르는 배후에 국왕이 있었으므로 많은 것을 이룰 수 있었다. 음악이 필요하면, 왕실 음악가인 륄리(Lulli)가 음악을 제공해 주었다. 아주 복잡한 무대 장치가 필요할 때는, 베르사유 궁전의 유명한 실내장식가 르브룅(Le Brun)을 부릴 수 있었다. 발레의 세부를 완성하기 위해 도움이 필요하면, 코르네유를 불렀다. 아름다운 시가 필요하면, 라퐁텐을 부르러 보냈다. 그러나 무대를 지배하고 있던 왕이 보호해 주었으므로 배우와 극작가가 대중의 존경을 받았다는 사실을 가장 잘 나타내는 에피소드는 몰리에르가 죽었을 때 일어났다.

몰리에르는 건강이 좋지 않았지만 아플 때도 무대에 섰다. 그는 늘 배우 한 사람이 배가 아프다고 해서 50명이 일을 못한다는 것은 온당치 못하다고 말해 왔다. 그러나 1673년 2월 17일, 그의 쾌활한 웃음도 더는 관객에게 병을 감출 수 없었다. 연극을 마치고 집에 도착하자마자 그는 죽었다. 너무나 갑작스러운 일이라 신부가 달려올 시간도 없었다.

그래서 파리의 대주교는 자기 권한으로, 이 회개하지 않은 배우를 가톨릭 교회의 의식에 따라 매장하기를 거부했다. 결국 몰리에르의 아내가 국왕에게 호소하자 대주교는 하는 수 없이 왕명에 따랐다.

장례식은 매우 간소했다. 신부는 두 사람뿐이었고 일반인은 참석하지 못했으며, 모든 절차가 한밤중에 은밀히 거행되었다. 그렇지만 배우의 장례식이 교회 절차에 따라 거행된 것은 분명한 사실이었다. 이튿날 온 파리 시민은 그 엄청난 소식을 들었다. 한 배우가 자신의 직업을 포기하지 않고, 배우이자 극작가였던 죄를 용서받지도 않은 채 신성한 땅에 묻힌 것이다.

모두가 국왕의 뜻이었다.

37장
배우 다시 등장하다

루이 14세의 배우들이 연출한 무대 장치

옛 그리스의 극장은 야외에 만들어져 있었다. 연극은 그리스나 로마인이 가장 좋아한 옥외 스포츠였으므로, 이런 옛 극장의 유적이 남유럽 도처에 깔려 있다. 대단히 큰 것도 있었다. 남프랑스의 아를에 있는 지방 극장은 중세에 공동주택으로 개조되었는데, 하나의 독립된 마을을 이룰 만큼 컸다.

고대의 신들에게 황혼이 찾아와서 극장도 사라져 갔다. 중세가 되어 연극이 되살아났지만 그것은 실은 교회의 행사였으며, 교회의 건물 안이나 또는 (군중이 너무 많아지자) 교회의 바깥 벽에 나무로 무대를 짜서 상연되었다.

르네상스에는 모든 것이 일변했다. 교회에서 연극 무대가 사라지고 오직 연극 공연만을 위해서 설계된 새로운 극장이 도처에 세워졌다. 극장을 지을 때 건축가들은 많은 옛 자료를 참고했는데, 특히 비트루비우스가 남긴 상세한 기록들이 많은 도움이 되었다. 모든 것을 그대로 따르면 되었지만 한 가지만 달라졌다. 근대식 무대는 옥내에 있어야 했다. 객석은 전과 같이 원형으로 배열되었으나, 무대는 건물과 폭이 똑같은 네모난 단으로 만들어졌다.

현대적인 의미로의 무대 배경은 아직 발명되지 않았다. 무대의 뒤쪽 벽이 그대로 배경이 되었다. 그래서 거기에 온갖 건축물을 재미있게 장식했는데 새로운 것은 아니었다. 남프랑스의 오랑주에 있는 옛 로마식 극장에서도 같은 것을 볼 수 있다.

이윽고 최대의 혁신이 이루어졌다. 그것은 가변성 무대 장치였다. 1580년 이탈리아인 팔라디오(Palladio)는 '원근법 조망'이라는 재미있는 건축을 착안했다. 배경보다 훨씬 뒤쪽에 무언가가 있는 것처럼 보이도록 하여 관객에서 현실감을 주는 것이었다. 말하자면 공간 요소를 도입한 것이다. 그러나 전통적인 르네상스식 무대 뒤에 있는 문은 너무 작아서 이 효과를 낼 수가 없었다. 얼마 뒤 한 젊은 예술가[2]는 중앙 입구를 크게 만들면 그 바로 뒤에 웅장한 건물이 늘어선 거리를 설치할 수 있다는 데에 착안했다. 이 간단한 속임수로 방대한 거리의 느낌을 연출할 수 있게 된 것이다.

다음 한 걸음은 이탈리아 파르마에서 내딛어졌다. 배경의 중앙 입구는 무대 그 자체가 되었다. 고대 그리스의 스케네(skene) 부분은 이리하여 프로시니엄(Proscenium)[3]으로 바뀌었고, 실제의 무대와는 두꺼운 장막으로 분리되었다. 그와 동시에 좌석의 반원형 배열은 V자형 배열로 바뀌었다. 그 덕분에 생겨난 공간에서 프로시니엄이나 무대에서의 공연과 무관하게 그 무렵 큰 인기를 끌었던 발레 공연을 계속할 수가 있었다.

관객은 이런 무대에 아주 만족했으므로 그 뒤 수백 년 동안 무대 형태는 바뀌지 않았다. 달라진 것이라곤 무대의 안쪽 벽에 발코니가 설치되고, 거기에 특별 2층 입구가 만들어져 줄리엣이 달을 바라보며 자기의 운명을 한탄할 수 있게 된 것 정도이다. 셰익스피어나 몰리에르의 작품이 효과를 내는 데는 이것으로 충분했다. 마분지로 만든 나무나 종이로 만든 단풍잎이 붙어 있는 뻔히 보이는 색칠한 그물, 흔들릴 때마다 관객이 재채기를 하던 육중한 화강암 기둥 같은 현실성 있는 무대 장치는 18세기 말에야 생긴 것이다. 현대식 무대 장치가 등장한 계기는 극작가나 배우들이 더 실감나는 효과를 원해서라기보다, 작곡가가 자신의 오페라가 터무니없게 보일까봐 우려했기 때문이다. 그러나 무대 장치가 도입되자 배우들은 그것에 따르지 않을 수 없었다. 그때까지 1세기 동안 가엾은 관객들은 아무도 속지 않을 허구의 세계를 바라보아야 했다.

그러나 마침내 지금으로부터 40년 전에 새로운 연출가가 나타나 현재와 같은 무대 장치, 즉 이동식과 고정식을 결합한 새로운 무대 장치를 고안했다. 그것은 위대한 전진이지만 고작 한 걸음에 지나지 않는다. 우리는 아직도 몇 킬로미터를 더 나아가야 한다.

---

2) 제임스 1세의 왕립극장 건축주임으로 있었던 유명한 영국의 건축가 이니고 존스였다고 한다.
3) 앞무대.

▲스완 극장 공연 장면 네덜란드인 얀 데 비트가 그린 이 스케치는 그 시대 사람이 남긴 유일한 소묘이다.

▶존스의 무대장치 그림 가면극 〈플로리맨〉(1635)의 무대장치. 원근법을 이용한 액자식 무대.

38장
오페라

베르사유 궁전에서 새 음악이 대우를 받았다.

오늘날 장 밥티스트 륄리(Jean Baptiste Lulli)라는 이름은, 프리츠 크라이슬러 (Fritz Kreisler)와 윌리 버메스터(Willy Burmester)가 편곡한 몇 가지 바이올린 곡들을 통해서만 알려져 있다. 아마도 의사들은 지금도 이 사람에게 흥미를 갖고 있을 것이다. 그는 기록에 남을 만한 기묘한 사고로 목숨을 잃었기 때문이다. 그는 1687년에 어느 성가[1]를 지휘하던 중 지휘봉에 긁혀 발에 상처를 입었다 (그 무렵 지휘봉은 지팡이만큼 길었다). 몰리에르가 쓴 것처럼, 의사들의 진단에 따르면 그 상처가 암이 되어 며칠 뒤 패혈증으로 죽었다. 루이 14세 시대의 사람들에게 그는 매우 위대한 인물이었다. '오페라'라고 불리는 진기한 이탈리아 음악이 대유행을 이끌던 그 무렵 그는 프랑스 오페라 악파의 아버지로 추앙받고 있었다.

중부 유럽의 여러 작은 군주들은 그 조그만 궁정에 오페라 극장을 세우고 있었다. 그래서 왕실의 위엄에 관련된 모든 것의 비공식 우두머리인 프랑스 왕은 당연히 가장 대규모의 우수한 오페라단을 지원해야 했다. 실제로 대규모 오페라단은 아니었을지 모르나 실력만큼은 의심할 여지 없이 가장 뛰어났다. 돈은 문제가 아니었다. 20억 프랑이 넘는 빚을 남기고 죽은 사람에게 아름다운 음악을 위해 2, 3백만 프랑쯤 쓰는 것은 문제도 아니었다. 이리하여 프랑스는 그 최초의 오페라 극장을 갖게 되었으며, 베르사유의 궁정인들은 미녀들의 노래에 은근히 열광했다. 그때까지 정통 무대의 배우들만 누릴 수 있는 미래가

---

1) 신에게 Te Deum라는 성가로, 예배할 때 불렀다.

오페라 가수들에게 열리고 있었다. 우리는 얼마 안 가서 오페라의 종말을 보게 될지도 모르므로(오페라는 모든 예술 가운데서 가장 비민주적인 예술이다), 특별히 한 장을 마련할 가치가 있다.

중세 말기에 음악 활동이 폭발적으로 늘어났다는 것은 이미 설명했다. 교회는 이제 모든 음악의 즐거움을 제공하는 독점적 위치를 잃었다. 사람들은 모테트(motet)[2]나 마드리갈(madrigal)[3]이나 그 밖에 영국, 네덜란드의 작곡가 그룹이 정한 규칙에 따라 만들어진 복잡한 노래를 부르기 시작했다. 교회는 처음에 이런 풍조를 막으려 했으나 소용이 없다는 것을 깨닫고 이 '새 음악'을 그레고리오 성가의 보조 음악으로 승인했다.

이리하여 음악적 실험의 장이 활짝 열렸다. 이제 누구라도 류트나 바이올린을 들고 자기 마음속의 열망을 작곡할 수 있었다. 프로방스의 트루바두르나 독일의 마이스터징거에서 반주를 해 주던 류트와 하프 연주자들의 즉흥 연주가 근대 오케스트라의 효시가 되었듯이, 재능 있는 아마추어 음악가들은 처음으로 여러 가지 새로운 음악 형식들을 시도했다. 그들은 음악을 직업으로 삼아 돈을 벌겠다는 생각은 없었고 순전히 자신들의 즐거움과 기쁨을 위해서 예술을 실험했다. 사실 모든 예술은 재미로 해야 한다.

오늘날과 같은 현대 음악을 만드는 데 기여한 혁신자들 가운데 매우 색다른 인물이 하나 있었다. 그는 그리스도 교도의 소크라테스라고도 할 만한 사람이었으며, 로마의 거리를 쏘다니면서 모르는 사람을 붙들고 대화를 나누었다. 그는 대화술을 이용하여 상대편이 형편없는 사기꾼임을 입증하고, 서둘러 참된 그리스도 교도의 생활 양식으로 돌아가지 않으면 죄에 사로잡혀 회개하지 못한 채 죽게 되리라고 가르쳤다. 그러나 그는 저 가엾은 이교도 선배 소크라테스보다 행복했다. 그는 '로마의 사도'로서 성자의 평판을 얻었을 뿐 아니라, 죽은 지 불과 27년 만에 교황 그레고리우스 15세에 의해 실제로 성인으로 추증되었다. 다른 많은 성자들이 이 높은 명예를 얻을 때까지 얼마나 오래 걸렸는가 생각하면, 거의 기록적이다.

---

2) 중세 초기의 다성음악에 가사를 붙여 탄생한 성악곡. 찬송가식의 합창성가로서 일반적으로 대립적이며 각부에 끊임없는 진행이 있다.
3) 가사와 라틴어인 모테트와 달리 이탈리아어. 3·4·5 또는 6성부로 된 엄격한 대위적 성악곡.

그의 이름은 필리포 네리(Filippo Neri)이며, 앵글로 색슨계 나라에서는 성필립 네리로 불린다. 그는 1548년 로마 시내에 빈민과 순례자를 돌봐 주는 단체를 창설했다. 이 목적에 쓰기 위해 그는 로마 시립병원 이용허가를 얻었으며, 거기서 매주 몇 번씩 기도회를 베풀었다. 성 필립은 누구라도 환영했으나, 설교만으로는 효과가 없다는 것을 깨달았다(그는 매우 현명하고 기지에 찬 사람이었다). 그래서 연설만으로 청중을 개종시키는 대신 음악가 친구들(팔레스트리나도 그 가운데 한 사람이었다)을 초청하여, 성서 이야기를 바탕으로 한 음악극으로 관중을 즐겁게 했다.

그것은 큰 성공을 거두어, 곧 산지롤라모 델라 카리타 병원의 음악 예배는 온 로마의 화제가 되었다. 이 집회는 병원의 예배당(오라토리), 즉 기도 전용실에서 열렸으므로 이 새로운 형식의 음악은 오라토리오 음악이라고 불리게 되었다.

16세기 말 이래 유명한 작곡가들은 대개 한두 번씩은 이 오라토리오를 시도했다. 그것은 실은 옛 중세의 신비극에 음악을 붙인 것에 지나지 않았다. 오라토리오에서 연기를 없애면 음악만 남게 되므로 신교 교회에도 아주 적합했다. 오라토리오는 신교 작곡가들에 의해 개혁 신앙의 참된 무기가 되어 갔다.

그런데 동시에 장래 음악 발전에 아주 큰 역할을 하게 되는 또 하나의 영향력이 작용했다. 이른바 '가면극'이라는 형식이다. 가면극은 15세기 후반에 크게 인기를 얻었으며, 엘리자베스 여왕 시대에 폭발적으로 유행했다.

고대 그리스나 로마의 배우들은 결코 민얼굴로 등장하지 않았다. 언제나 가면을 쓰고 있었다. 그것은 극장의 규모가 컸기 때문이다. 가면을 쓰지 않으면 뒤쪽에 있는 관객은 너무 멀어, 배우가 울고 있는지 웃고 있는지, 아니면 하품을 하고 있는지 분간할 수가 없었다. 처음 가면은 캔버스에 색칠하여 만들었다. 그러나 배우가 굽이 높은 반장화를 신으면서 키가 커지자 단순한 가면 대신 매우 복잡한 가면을 쓰게 되었다. 새 가면은 점토로 만들어 머리에 뒤집어쓰는 것이었다. 이것도 배우의 얼굴을 더욱 크게 보이게 했다.

그리스도교 시대가 되자 가면도 배우와 함께 사라져 버렸다. 그러다 중세 후반에 이르러 삶이 너무나 따분하다고 느낀 사람들이 이따금 가장무도회를 열었다. 이 무도회에 초대받은 사람은 '적절히 변장하고 가면을 써야' 했으므로,

가면극 혼례식 피로연에서 가면극이 상연되고 있다. 음악대, 가면을 쓴 여성, 소년배우들의 모습이 보인다. 프랑스 대사 헨리 안톤 경의 생애를 그린 그림에서(1596). 런던, 내셔널 포트레이트 갤러리.

사람들은 서로의 정체를 궁금해 하며 유쾌한 긴장감과 놀라움을 마음껏 즐겼다.

가면을 쓰면 아무도 알아보지 못하므로 평소에 하지 못했던 것을 할 수 있다. 얼굴만 검은 천으로 가리면, B플랫이나 G샤프를 구별 못하는 사람이라도 〈대장간의 합창 *Anvil Chorus*〉을 즐겁게 따라 부를 수 있고, 기꺼이 〈루크레치아 *Lucrezia*〉에 나오는 '사랑의 2중창'을 부를 수도 있다. 오히려 평소와는 달리, 음악에 소양이 있는 친구들이 아무리 항의해도 개의치 않고 끝까지 노래를 부르려 할 것이다. 15세기의 무모하고 시골티 나는 귀족들에게 가면은 신의 선물이었다. 마음껏 인사불성이 될 때까지 술을 마시지 않더라도, 자기가 하고 싶은 짓을 할 수 있었기 때문이다. 사소한 일이지만 그 덕분에 여성들은 아주 편한 마음으로 파티를 즐길 수 있었다. 그리고 그녀들은 어설픈 연기로 남들의 비웃음을 사지는 않을까 하는 걱정 없이 간단한 즉흥극에 낄 수도 있었다.

여러분도 경험으로 알겠지만, 이렇게 흥거운 자리에서는 연극을 좋아하고 연기를 잘 하는 젊은이가 한 사람 나와 모두를 재치 있게 이끌어가기 마련이다. 400년 전에도 마찬가지였다. 그런 아마추어 매니저는 즉석에서 본격적인 연극을 연출했다. 음악을 잘하는 사람은 필요한 음악을 연주했다. 노래를 부를 줄 아는 사람은 고약한 손님의 버릇을 교묘히 빈정대는 노래를 불렀다. 소녀들은 간단한 춤을 추거나, 그럴듯하게 차려입고 아름답고 요염한 님프나 요정을 연기했을 것이다. 혈기왕성한 청년들이 머리에 포도잎을 꽂고, 사티로스(Saturos)[4] 처럼 소리지르면서 무대 위를 뛰어다녔다.

아마추어가 무언가 시작하면 머잖아 전문가가 나타나는 법이다. 과연 얼마 지나지 않아 뛰어난 극작가가 몇 사람 나타나 왕실과 영주들의 가면극을 위해 본격적인 각본을 썼다. 그리하여 벤 존슨(Ben Jonson)이 일찍이 명성을 떨쳤고, 채프먼(Chapman)과 플레처(Fletcher)도 가면극의 각본을 써서 크게 돈을 벌었다. 그 무렵엔 가면극이 정식 연극보다 훨씬 인기가 높았다.

이제 모든 게 갖추어졌다. 음유시인의 노래, 오라토리오, 가면극이 결합되어 오페라라는 새롭고 기묘한 잡종 형태의 음악이 탄생했다.

---

4) 그리스 신화 주신 박카스의 종자. 숲의 신으로 염소처럼 두 개의 조그만 뿔과 꼬리를 가졌으며 주색 잔치를 즐겼다.

가장무도회 무도회에 초대받은 사람들은 서로의 정체에 스릴을 만끽하며 즐겼다. 가장무도회는 1533년 프랑스 앙리 왕자와 결혼한 피렌체 메디치가의 카트린 드 메디시스가 프랑스에 전하여 궁정 발레의 시초가 되었다.

　누가 처음으로 오페라를 생각해 냈는지, 또 최초의 오페라는 어떤 종류였는지는 어느 누구도 단정할 수 없다. 그 무렵엔 아무도 그런 것에 주의를 기울이지 않았다. 처음으로 오페라를 연출한 아마추어들은 자신들이 역사적인 일을 이루어냈다고는 꿈에도 생각지 못했다. 그들은 다만 새로운 방법으로 즐기고자 했을 뿐이다. 마치 수백 년 뒤 젊은이들이 우스꽝스러운 조그만 엽궐련 케이스와 전등과 온갖 잡동사니를 조립해 무선통신을 하게 된 것과 같다. 그런 잡다한 실험을 거쳐 오늘날 라디오가 탄생했지만, 앞으로 1세기만 지나면 라디오를 발명한 사람이 누구인지를 놓고 과학교과서 저자들 사이에 활발한 논쟁이 벌어질 것이다.

한 가지는 분명하다. 오페라는 이탈리아의 여러 도시에서 동시에 이루어진 수많은 실험의 결과로 태어났다. 그중에서도 나폴리와 피렌체가 중요한 역할을 했을 것이다. 나폴리에서는 음악에 미친 사람들이 베노사 후작의 집에 몰려들었다. 그는 전투 지휘는 서툴렀지만 음악에는 재능이 있었다. 그리고 그들이 실험의 바탕으로서 쓴 것은 토르콰토 타소(Torquato Tasso)의 시였다. 유명한 〈해방된 예루살렘 Gerusalemme liberata〉을 쓴 이 시인은 마드리갈을 위한 시도 쓰고 있었다. 마드리갈은 악기의 반주 없이 몇 가지 성부로 부르도록 만들어진 노래였으므로 오페라에 딱 알맞았다.

그런데 타소는 팔레스트리나의 절친한 친구이자 팬이었다. 팔레스트리나는 타소의 전원시를 오케스트라 곡으로 작곡할 방법을 연구했던 것 같다. 이 타소는 누구보다도 활발하게 활동한 시인이지만 너무 노골적으로 자기 이익만 챙기는 바람에 언제나 고용주와 마찰을 빚었다. 그러나 그는 그 무렵 제일가는 지성인이었으므로 그리 오랫동안 일 없이 지내지는 않았다. 방랑 시절에 7년 동안 강제로 정신병원에 입원하기도 했으나, 피렌체도 몇 번 찾아갔다.

피렌체에서도 아마추어다운 열성을 가진 젊은이들이 어떻게 하면 새 음악을 만들 수 있을까 안간힘을 쓰고 있었다. 그들이 생각하는 '새 음악'은 역시 중세 후반에 발전한 바로 그 음악을 의미했다. 피렌체는 아직 네덜란드 악파 음악의 유혹에 넘어가지 않은 유일한 도시였다. 네덜란드파 음악은 아르노 강변의 화려한 도시에 사는 사람들에게는 너무나 무미건조했다. 피렌체의 음악 애호가들은 대개 유한계급이고 귀족이었는데, 그들은 매우 부유한 은행가이자 베르니오 후작이기도 한 조반니 바르디(Giovanni Bardi)의 집에 정기적으로 모이고 있었다. 바르디는 그 무렵 상류층 젊은이들처럼 지금 우리가 르네상스라고 통칭하는 새로운 사조를 열심히 지지하고 있었다. 그리스의 새로운 조각상을 발굴하거나 오랜 세월 동안 곰팡이 핀 옛 로마 문서 한 장을 발견하는 것은 그에게는 엄청난 기쁨이었다. 비유하자면 오늘날 월가의 대은행가 아들이 자기 폴로 팀의 승리에 기뻐하는 것과 같다.

어느 가난한 삼류 작가가 그를 고대 그리스 비극의 매력에 빠뜨린 것이 틀림없다. 한동안 바르디는 잊혔던 걸작을 '원형 그대로' 충실하게 재현하는 데 몰두했다. 다시 말하여 코러스는 음악이 따라야 한다는 것을 의미했다. 에우리피데스나 소포클레스 시대에는 코러스를 말로 하거나 읊는 방식으로 불렀기 때문이다. 오늘날 수많은 음악 이론가들이 아무리 머리를 싸매고 연구해도 고대 그리스에서 실제로 어떻게 코러스를 불렀는지 밝혀내지 못한다는 점을 감안하면, 그 이 피렌체의 아마추어들이 만든 '원형 그대로'의 '진짜' 그리스 비극이 얼마나 엉터리였는지는 새삼 말할 필요도 없다. 그러나 그것은 중요하지 않다. 그 젊은이들은 자기들이 하고 있는 일에 깊은 흥미를 느끼고 있었다. 그들의 카메라타(Camerata)[5]는 귀족층의 관심을 끌었고, 상류 사회에서는 누구나 참된 고전 정신이 부활했다며 기뻐했다.

그런데 아마추어 오케스트라에 참여한 적이 있는 사람은 알겠지만, 막상 공연날이 눈앞에 닥치면 전문가 몇 사람을 불러오게 마련이다. 아마추어로서 오보에나 프렌치 호른이나 첼로를 연주할 수 있는 사람은 매우 드물다. 16세기 말의 10년 동안 피렌체의 형편도 같았다. 바르디는 언제나 몇몇 음악가를 고용하여, 의지만 있고 능력이 모자라는 아마추어들을 뒷받침해 주었다. 얼마 뒤 카메라타의 매주 모임은 두 그룹으로 나뉘었다(카메라타는 그들이 모이던 아치형 홀에서 따온 이름이다).

아카데미 학자들은 그 무렵 성행하던 다성음악, 즉 몇 개의 성부를 함께 노래 부르거나 대위법적으로 배열하는 음악을 고집하고 있었다. 그러나 아마추어들은 더 진보한 음악, 즉 멜로디를 삽입하는 방식을 시도했다. 따라서 북방 야만족들에게 강요되던 수학 문제 같은 음악이 아닌, 이탈리아인의 귀에 훨씬 유쾌하게 들리는 음악을 바라고 있었다.

이런 아마추어들 가운데는 저명한 시민들도 있었다. 예를 들면 갈릴레오 갈릴레이의 아버지인 빈센초 갈릴레이(Vincenzo Galilei)다. 유명한 수학자였던 그는 단테의 〈연옥〉 일부를 독창곡으로 작곡하여 비올라 다 감바(Viola da gamba)[6] 반주를 곁들일 만큼 작곡 실력도 뛰어났다. 아마추어가 공연 비용을 치렀으니 승자는 아마추어들이었다. 그들은 다성편곡을 단성편곡으로 바꾸어 진짜 그리스 비극을 상연하기로 했다.

---

5) 바르디가 조직한 피렌체의 시인, 음악가협회.
6) 연주할 때 연주자의 두 다리 사이에 꼭 끼고 켜는 조그만 첼로.

전문 용어에 놀랄 필요는 없다. 다시 말하여, 그 무렵 중요한 멜로디는 단성 (單聲)[7]으로 불리고 그것이 오늘날 말하는 '레치타티보(recitativo)'[8] 효과를 만들어 냈다는 말이다. 레치타티보는 오라토리오에 극적 효과를 내므로, 오라토리오를 들어 본 사람은 낯설지 않을 것이다. 마침내 아마추어들은 그 무렵 피렌체의 이름 높은 작곡가였던 야코포 페리(Jacopo Peri)에게 자신들이 정한 방침에 맞는 곡을 써 달라고 부탁했다. 그는 아리아[9]에 몇 가지 레치타티보를 결합해 아리아에 의해 드러나지 않는 대목을 단성의 낭송조로 진행시켰다. 그것은 고전의 좋은 선례를 따른 것이다. 그리스 연극에서도 코러스가 실제 줄거리를 설명하기 위해 자주 쓰였다. 초창기 영화를 기억하는 독자들은 영화관에서도 이와 같은 일이 있었던 것을 알고 있을 것이다. 그 무렵에는 우렁찬 목소리의 변사가 그리스의 코러스 역을 도맡아, 여주인공이 남편을 쏴 죽일 수밖에 없었던 동기 같은 것을 아무리 둔한 사람일지라도 잘 알 수 있도록 해설해 주었다.

카메라타 멤버로서 직업시인이었던 오타비오 리누치니(Ottavio Rinuccini)는 이 기묘한 잡탕 음악을 연출하기 위한 각본을 썼다. 제목은 〈다프네 Dafne〉였다. '다프네'는 아폴론의 유혹에 빠지지 않도록 어머니인 대지의 여신이 월계수로 바꾸어 버린 그리스신화의 불행한 처녀 이름이다.

이 작품은 1597년 피렌체의 팔라초 코르시 궁전에서 초연되었다. 관객들은 고대 그리스 연극의 참된 부활을 보았다며 만족하여 집으로 돌아갔다. 실제로 이것이 최초의 오페라였다.

이 대사건의 소식은 멀리 전해졌다. 그렇다고 그것이 직접 대중의 인기까지 차지했다는 뜻은 아니다. 대중은 그런 소문을 들었을 뿐이었다. 마치 빈민가의 주민들이 돈 많은 젊은 배우의 첫 출연 축하연에 관한 소문을 듣는 것과 같았다. 악기는 매우 비쌌고, 전문 악사들에게는 많은 급료를 지불해야 했다. 의상과 조명에 드는 비용도 만만치 않았다. 그러므로 이런 종류의 음악은 어디까지나 부유한 사람들만을 위한 것이었으며, 까놓고 말하면 '특권층'의 놀이에 지나지 않았다. 다만 중세나 16세기의 특권층들은 앉아서 듣는 것만으로는 만족하

---

7) 하나의 성부.
8) 오페라에서 대사를 말하듯 노래하는 형식.
9) 이탈리아 오페라의 가장 중요한 부분을 이루는 독창.

지 않았다. 극의 진행에 적극적으로 참여한 것이다. 그들은 악기를 매우 열심히 익혔고, 가장 훌륭한 스승에게 노래를 배웠다.

교과서에서는 이 시대를 '귀족의 도락' 시대라고 부른다. 실제로 그 무렵의 음악이나 연극은 부자만을 위한 것이었다. 그러나 그 부자들은 손수 작곡도 하고 노래, 연기, 무용에 직접 참여했다는 것을 잊지 말자. 위대한 왕 루이 14세 같은 사람도, 왕궁에서 열리는 발레에 몸소 참여하는 것이 위엄 깎이는 일이라고 생각하지 않았다. 더구나 왕의 파트너인 륄리는 미천한 이탈리아인 과자가게의 아들로 몽팡시에 부인의 주방에서 접시를 닦다가 출세한 젊은이다. 그러나 뉴욕의 대은행가가 분홍빛 띠를 매고 머리에 타조 깃을 꽂은 차림(루이의 의상)으로 메트로폴리탄 오페라극장의 아메리칸 발레에 참가하여 독무를 추는 모습은 도저히 상상할 수가 없다.

그 무렵엔 시대도 사람도 달랐다. 그러나 적어도 그들은 자기가 주장한 것을 실천하고, 그 무렵엔 음악 연주에 능동적으로 현명하게 참가했다. 만일 그들에게 그런 아름답고 좋은 것을 당신들이 독점하고 있는 것은 공평하지 않다고 따진다면, 그들은 이렇게 대답할 것이다. "평민들도 나름의 음악과 춤을 갖고 있다. 그들은 그것을 귀족의 음악이나 춤보다도 훨씬 즐겁고 만족스럽게 여긴다." 아마 평민 자신도 이 의견에 동의했을 것이다. 평민은 자신만의 음악, 독자적인 형식의 무용과 음악을 갖고 있었다. 바르디 저택의 고급 음악을 평민에게 들려주겠다는 착상은 그들로서는 조금도 반갑지 않은 일이며, 따분해서 견딜 수 없었을 것이다. 그러니 제발 평민은 그들이 좋아하는 노래나 부르도록 내버려 두라. 누구에게든 원치 않는 일을 강제로 시켜서는 안 된다. 그러므로 19세기가 될 때까지 '크게 인기를 얻어 널리 퍼졌다'는 말은 실은 사회의 한 계급, 즉 '상류 계급에만 널리 퍼졌다'는 뜻이다.

어쨌든 이 유복한 청년들은 오페라라는 새로운 오락거리에 깊이 빠져들었다. 급기야 리누치니의 다음 각본을 놓고 여러 작곡가가 서로 작곡을 하려고 앞다투었다. 페리도 카치니(caccini)와 함께 리누치니의 〈에우리디케 *Eurydice*〉[10]를 작곡했다. 〈다프네〉의 각본은 남아 있었으나, 음악은 아리아 한두 곡을 제외하고

---

10) 노래의 명수 오르페우스의 아내. 독사에 물려 죽은 뒤, 남편이 명부로 아내를 찾아가는 슬픈 이야기가 있다.

는 완전히 없어져 버렸다. 오히려 잘된 일인지도 모른다. 그렇지 않았더라면 누군가가 음악상의 호기심으로 이 최초의 오페라를 부활시켰을 텐데, 남아 있는 악보로 미루어보면 그것은 상당한 졸작임이 틀림없기 때문이다. 〈에우리디케〉의 악보는 실제로 인쇄되었다. 그 무렵 베네치아에는 악보를 문자처럼 인쇄하는 방법을 발명한 출판사가 있었다. 여러분은 이 오페라를 근대적으로 편곡한 것을 들을 수 있지만 별로 재미는 없을 것이다. 모든 것이 아직은 치졸하고 유치한 편이었기 때문이다.

중세시대의 '로맨스(romance)'도 '오락 문학'의 본격적인 시도라는 점에서 흥미를 끌지만, 지금 그것을 읽어 보라. 월터 스콧(Walter Scott)의 《래머무어의 신부 *Bride of Lammermoor*》에 지금도 흥미를 느끼는 사람이 있을까? 혹은 괴테의 《젊은 베르테르의 슬픔 *Die Leiden des jungen werther*》을 끝까지 다 읽으려고 할 만큼 경솔한 사람이 있을까? 그러나 지금으로부터 백 년이 채 안 되었을 때만 해도 사람들은 월터 경의 이야기를 매우 재미있게 읽었고, 실제로 《퍼스의 아름다운 아가씨 *The Fair Maid of Perth*》 마지막 장을 다 읽기 전까지는 죽지 않겠다고 말할 정도였다. 또 사랑하는 번민으로 수십 명의 청년들이 베르테르의 슬픈 운명에 자극을 받아 베르테르처럼 권총으로 자살하여 고통에서 벗어났다. 〈에우리디케〉도 지금 읽으면 너무나 평범하고 조금도 재미가 없어서 비명을 지를 만큼 실망하지만, 1600년의 피렌체에서는 대단한 인기를 끌었다. 그때 토스카나 대공의 질녀 마리 드 메디시스(Marie de Medicis)[11]가 프랑스 왕[12]의 청혼을 수락했을 때, 피렌체 사람들은 이 행복한 두 남녀를 축하하기 위해 파티 궁전의 넓은 연회장에서 페리의 유명한 〈에우리디케〉를 특별 연주했다. 이때 노래를 부를 줄 알거나 악기를 다룰 줄 아는 귀족 청년들은 모두 자진하여 참여했다. 언제나 새로운 소리의 조화를 발견하려고 하는 현대의 댄스 음악 편곡가들은 그 오케스트라의 편성에 특히 흥미를 느낄 것이다. 악기 구성은 플루트 셋, 테오르보[13] 하나, 키타로니(Chitarroni, 큰 기타) 셋, 하프시코드 하나로 이루어졌다.

---

11) 본디 이름은 마리아 데 메디치. 프랑스 왕비가 되었으므로 프랑스식으로 읽는다.
12) 앙리 4세, 루이 14세의 할아버지로 손자 못지않게 뛰어난 왕.
13) 이중 류트. 총 20현 가운데 8현은 지판에서 떨어져 있다.

악보는 그 음악상의 속기법으로 기록되어 있었다. 그것을 이탈리아인들은 바소 콘티누오(basso continuo, 통주저음)라고 불렀고 우리는 계속저음(thorough bass), 더 일반적으로 숫자저음(figured bass)이라고 부른다. 원래는 오르간용으로만 쓰고 있었는데, 편리한 기보법이므로 17세기 초에는 모든 건반 음악에 쓰이게 되었다. 간단히 말하면 음표와 부호를 섞어서 표기하는 방식이다. 음표는 저음부에만 쓰였다. 그 위에 단 숫자는 추가되는 화음을 나타냈다. 17~18세기의 작곡가들은 주로 곡의 취지를 대충 표기하는 데 그쳤다. 그러나 그 무렵 바이올린,

전승기념 미뉴에트 무도회　루이 14세가 미뉴에트 춤을 추고 있다. 이 그림은 1681년 스트라스부르에서 거둔 승리를 축하하는 무도회 정경으로, 앞쪽에 그려진 악보에는 이 날을 위해 작곡된 곡의 제목 스트라스부르의 미뉴에트가 적혀 있다. 미뉴에트는 이때 공식적으로 궁정무용이 되었으며, 륄리는 오페라와 발레에 이를 도입했다.

기타, 플루트 연주자들은 모두 숙련된 장인들이었으므로, 그런 속기 악보만으로도 자신이 연주하는 부분을 정확히 알았다. 지금 그런 악보로 연주하라고 하면 음악가 조합 대의원들은 파업을 일으킬 것이다. 그런 악보로 연주하려면 악기를 잘 알아야 하는데, 지금은 대개 그런 지식을 갖고 있지 않다.

피렌체에서 확고하게 자리잡은 오페라는 곧 알프스를 넘어 파리에 둥지를 틀었다. 파리에서는 베네치아 사람 장 앙투안 드 바이프의 지도로 정식 음악 아카데미가 설립되어 피렌체의 카메라타와 같은 역할을 했다. 그 무렵에는 아

직 시와 음악이 밀접하게 연관되어 있었으므로, 바이프는 '시인의 왕'(당시 사람들이 자랑스레 지은 별명) 피에르 드 롱사르(Pierre de Ronsard)의 작품에 크게 영향을 받았다. 롱사르는 한때 바이프 집안의 가정 교사였으나 명성이 매우 높아지자, 훌륭한 아마추어 시인이었던 샤를 9세가 그를 불러 궁전에서 살게 했다.

이야기가 옆길로 샜는데, 국왕이 이 시인을 인정하자 프랑스의 신교도들은 크게 분노했다. 그들은 처음에 이 저명한 시인이 자기들 편이 되어 줄 것이라 믿었다. 그런데(칼뱅이 말했듯이) 참된 종교의 대의를 위해서 자기의 재능을 바치기는커녕, 사탄에게 매수되어 신성한 하프를 그리스도의 적에게 맡긴 것이다. 롱사르가 1552년에 첫 프랑스 비극 〈사로잡힌 클레오파트라 *Créopâtre captive*〉를 쓴 에티엔 조델(Étienne Jodelle)에게 격려를 보내자, 격노한 신교도들은 롱사르를 살해하려고까지 했다. 이 조그만 사건은 16세기 초반의 사람들이 문학이나 음악을 얼마나 진지하게 생각하고 있었던가를 말해 준다.

롱사르는 우리에게 그리 대단한 이름이 아니다. 우리는 그의 시를 거의 읽지 않지만, 실은 그의 시에 담긴 신선하고 매력적인 운율에 지금도 간접적으로 영향을 받고 있다.

뒷날 바이프가 음악에 도입하려고 한 것도 이 운율이었다. 그리고 이 시도에서 또 하나의 음악적 혁신이 이루어졌다. 바로 마디의 구분이다. 지금은 마디를 당연하게 여기지만 그 무렵에는 아주 생소한 것이었다. 이미 중세 후반의 음악가들은 '무시카 멘수라타'(musica mensurata)[14]를 표현하는 방법을 찾고 있었다. 그것은 한 음표의 길이를 가수의 폐활량이나 지구력에 맡기지 않고 일정하게 고정하기 위한 방법이었다. 점과 선으로 이루어진 복잡한 옛 방식은 마치 식당차가 달려 있는지, 혹은 윤년의 일요일에 운행하는지를 열차 시간표에 나타내는 기묘한 부호 같았다. 음악가들은 그 방식을 깨끗이 버리고, 음표를 기록한 네다섯 줄의 가로선에 한 줄의 세로선을 그어 마디를 구분하는 방식을 고안했다.

그 무렵에 갓 창설된 신교 교단을 위해서 회중 전체가 노래할 수 있는 찬송가를 만드는 사업에 착수하고 있던 음악가들은 이 새로운 방법을 곧바로 채용했다. 새로운 규정에 의하여 직업 가수는 예배에서 추방되고, 모든 그리스도

---

14) 정량음악.

카니발 광경(미뉴에트) 카니발에서 가장한 사람들에게 둘러싸인 젊은 남녀가 미뉴에트 춤을 추는 장면. 조반니 도메니코 티에폴로 작.

교도들은 신을 찬양하는 노래를 자신이 불러야 했다. 그러므로 신교 나라에서는 간단하고 실용적인 찬송가집이 엄청나게 많이 팔렸으며, 초기의 찬송가집은 성서와 마찬가지로 많은 판을 거듭했다. 출판업자들은 그것을 보고, 아무리 평범한 시민이라도 부를 수 있는 음악을 작곡하려는 음악가들의 열의를 지원했다.

그것은 위험한 사업이었다. 그 무렵 가장 인기 있던 작곡가의 한 사람인 클로드 르죈(Claude Le Jeune)[15]은 성 바톨로메오 축일 학살의 밤에 하마터면 목숨을 잃을 뻔했다. 그것은 그가 위그노파[16]를 위해서 시편 몇 대목을 작곡하여 유명해졌기 때문이다. 다행히도 동료인 자크 모뒤(Jacques Mauduit)가 그를 구해주었다. 류트의 명인이었던 모뒤는 신앙에 충실했으므로 아무에게도 의심받지 않았다. 덕분에 르죈은 2, 3년 더 살았으며, 모뒤와 바이프가 힘을 모아 초기 발레곡을 작곡할 수 있었다. 이에 대해서는 확실한 자료가 얼마간 남아 있다.

---

15) 국왕 전속 작곡가로 임명된 최초의 음악가.
16) 신교파.

발레 상연 장면 1644년 베르사유 극장.

　대사가 없고 무용가의 기예로만 이야기를 펼쳐가는 발레에는 재미있는 역사가 있다. 발레의 기원인 무언극은 종교적 기원(祈願)의 한 형식이었으며, 선사 시대까지 거슬러 올라가는 가장 오랜 예술의 하나다. 그러나 무언극에서는 참가자들이 몸짓과 발짓 양쪽으로 그들의 감정을 표현했으며 음악 반주가 따랐다. 반면에 발레에서는 연기자가 감정과 사고를 무용만으로 나타냈다. 물론 이 무용에는 음악 반주가 붙었다. 음악이 붙지 않는 무용은 매우 어려울 뿐 아니라 몹시 단조로워지는 경향이 있다.

　그런데 여기서 다시 이 장에 묵직한 미지의 안개가 낀다. 발레가 언제 무언극에서 갈라졌는지 아무도 뚜렷이 알고 있지 않다. 역시 아마추어들이 관여한 게 아닐까? 아마추어는 대개 언제나 전문가보다 앞서 왔다. 마치 철학자들이 언제나 과학자의 발견보다 몇 해 앞선 것처럼.

　그러나 우리는 프랑스 왕 앙리 2세의 왕비 카트린 드 메디시스가 이따금 소규모 발레 공연을 개최하여, 연약한 왕자(샤를 9세)가 너무 국사에 몰두하지 못하도록 했다는 것을 알고 있다. 성 바톨로메오 축일 학살은 왕비가 신교를 없애기 위해서 명령한 것이며, 불과 일주일 동안에 위그노 5만 명이 목숨을 잃었다.

이 가엾은 왕자로 하여금 성 바
톨로메오 학살의 끔찍한 기억
을 잊게 하기 위해 어떤 발레가
연출되었는지 역사는 가르쳐 주
지 않는다. 그러나 최초의 공식
'발레'가 1581년 파리의 루브르
궁전에서 개최되었으며 그것이
너무 큰 성공을 거둔 탓에 몇
세대 동안 프랑스에서 오페라가
발전하지 못했다는 것은 널리
알려져 있다.

클라우디오 몬테베르디(1567~1643)

오페라가 마침내 루이 14세
의 주의를 끌어 궁전에 채용되었을 때는, 피렌체 사교계의 위안거리에 지나지
않았던 시대보다 크게 발전하고 있었다. 그 대부분은 클라우디오 몬테베르디
(Claudio Monteverdi)라는 청년의 공이었다. 몬테베르디는 위대한 바이올린 제작
자들을 낳은 도시 크레모나 출신답게 처음에는 비올라 주자였다. 이 점은 매우
중요하다. 그때까지 작곡가나 교사들은 모두 처음에는 가수였기 때문이다. 마
침내 성악의 관점이 아닌 기악의 관점에서 음악을 보는 천재가 음악계에 출현
한 것이다.

몬테베르디는 흔히 현대 기악의 기초를 구축한 사람으로 여겨지고 있다. 그
것은 옳지만, 좋은 기악을 작곡하기 위해서는 먼저 훌륭한 악기가 있어야 한다.
완벽한 악기일 필요는 없다. 베토벤은 오늘날보다 분명히 열악한 오케스트라
와 피아노를 위해 심포니와 소나타를 작곡했다. 그 무렵 쓰인 악기는 그럭저럭
쓸 만하다는 정도의 품질이었다. 몬테베르디의 성공에 대해서도 똑같이 말할
수 있다. 그가 기악 작곡에 천부적 재능을 갖고 있었던 것은 의심할 여지 없다.
그러나 그는 고도로 개량된 악기를 갖춘 오케스트라를 활용한 첫 작곡가이다.
악기는 우리에게 중요한 것이므로, 다음에 짤막한 장 하나를 마련하여 설명할
만한 가치가 있다.

39장
크레모나

조금 샛길로 빠져 나가, 롬바르디아에 있는 위대한 바이올린 제작자들의 고향을 찾아가 보자.

오늘날 남아 있는 악기의 대부분은 적자생존의 결과이다. 바빌로니아인, 아시리아인, 이집트인들은 온갖 하프·플루트·트럼펫을 자기 손으로 만들었다. 그들은 그 만드는 방법을 더 옛날의 다른 민족에게 배웠을 것이다. 그리스인은 이 옛 악기를 개량하여 중세 사람들에게 전했다. 그러나 오케스트라가 없었으므로 악기의 형태가 표준화되지는 않았다.

모든 바이올린 제작자들은 여러 가지 종류의 바이올린을 실험했다. 그에 따라 비엘·알토(고음) 비올·트레블(중음) 비올·비올라·레벡·비올라 다 모라·비올라 다 감바·베이스(저음) 비올·더블베이스 비올 등 크고 작은 수십 가지 악기를 만들었다.

관악기 제작자들은 플루트·파이프·피콜로·오보에·바순·더블 바순·코르앙글레[1] 등을 만들었다. 다음에 그들은 봉바르동·크룸호른·클라리넷·색소폰[2] 쪽으로 눈을 돌렸다.

또 모든 건반악기 제작자들은 돈을 벌기 위해 모노코드와 허디거디(본디는 거리의 악사가 연주하는 오르간이 아니라 교회 악기였다) 그리고 각종 피아노포르테, 즉 피아노(약하게)와 포르테(강하게)를 다 칠 수 있는 개량된 새 건반악기를 만들었다.

---

1) 오보에와 같은 종류로 약간 굵은 악기.
2) 클라리넷 대용으로 중세에 만들어졌는데, 1846년 벨기에 악기 제작자 앙투안 색스가 크게 개량했다.

▲악기제작소 모습

주로 현악기만 보인다. 르네상스 시대만 해도 음악가들은 자신의 악기를 스스로 만들어 썼다. 지금의 바이올린은 17~18세기 크레모나의 아마티와 그의 제자 스트라디바리와 과르니에리, 브레스치마의 베르톨로티와 마지니에 의해 완성되었다. 바이올린은 17세기 후반에 솔로악기로 최고의 명성을 얻었다.

▶바로크 시대의 비올라와 바이올린

현악기는 크게 두 부류로 나누어진다. 가장 오랜 역사를 지닌 비올군은 비올라 다 감바·비올라 다 브라치오·파르데수스 데 비올라·비올라 다 모레·비올로네 또는 콘트라베이스가 이 부류에 속한다. 바이올린군은 바이올린·비올라·첼로가 이에 속한다.

비올라   바이올린

이러한 연구나 개량은 99퍼센트가 성공하지 못했다. 연주해 보고 결함이 발견되면, 버리고 돌아보지 않았다. 가장 튼튼하고 유용하고 실용적인 것만 살아남았다.

바이올린 종류로는 바이올린·비올라·첼로·더블베이스가 남았다. 그 밖에

바로크 시대의 콘트라베이스(비올로네)

모든 것은 음악 박물관에 들어가 버렸다. 이 네 개의 현악기는 그 뒤의 음악 발달에 매우 중요한 역할을 했다. 오케스트라를 작곡할 때는 그 네 악기를 중심으로 삼고 주변에 다른 악기를 배치했다. 작곡가는 먼저 이 네 가지 현악기 부분을 마음에 들 만큼 완성한 뒤에야 다른 악기 부분으로 넘어 갔는데, 이것만으로도 이 악기들의 가치를 뚜렷이 알 수 있다.

현대식 현악 네 악기의 행복한 탄생은 17세기 초에 일어났다. 어째서 그것이 하필이면 롬바르디아 평원의 따분하고 조그만 도시에서 출현했는지, 나는 알지 못한다. 기후와 얼마간 관계가 있지 않았나 하는 생각이 든다. 크레모나의 공기는 덥고 건조했으며, 그 때문에 안토니오 스트라디바리(Antonio Stradivari) 같은 사람은 옥상의 개방된 작업장에서 일할 수가 있었다. 게다가 크레모나는 동방에서 서방으로 가는 옛 통상로에 있었으므로, 아드리아 해 맞은편에서 적당한 목재를 수입하기가 쉬웠다. 누구의 방해도 받지 않고 발칸의 목재를 느긋하게 손에 넣을 수 있었다.

좋은 바이올린을 만드는 데 가장 중요한 것은 시간이다. 옛 바이올린 제작자들의 비결은 널리 알려져 있다. 그 비결의 하나는 서둘지 않는다는 것이다. 목재가 적당히 마를 때까지 햇볕에 널어두어야 니스가 잘 스며든다. 우리는 과르니에리와 아마티가 쓴 것과 똑같은 니스를 만들 수 있다. 그러나 우리는 이제 초보적인 악기로서의 바이올린을 만들려고 하지 않는다. 현대의 바이올린은 먼저 상품이다. 우리는 니스가 스며들 때까지 기다리고 있을 수 없다. 손님이 재촉하면 스트라디바리는 "반년은 기다려 주시오. 못하겠다면 다른 사람을 알아보시오" 하고 말했다. 오늘날 미텐발트 바이올린 제작 공장의 회전톱날 소리를 들어 보라. 그러면 내가 말하고자 하는 뜻을 알 수 있을 것이다. 그러나 기후가 더없이 알맞고 서둘 필요가 전혀 없다면, 그 자체로 성실한 장인이 평생을 바쳐 세상에서 가장 좋은 작품을 만들어낼 수 있는 이상적인 환경이 된다.

바로크 시대의 첼로

한 예로, 아흔세 살까지 살면서 70년 동안 바이올린을 만든 저 위대한 안토니오 스트라디바리는 고향 도시가 세 차례나 포위 공격을 당하는 와중에도 일손을 놓지 않았다. 심지어 그런 일이 있었는지조차 알지 못했다. 적이 총을 쏘든 말든 그는 작업대에서 바이올린 제작에 여념이 없었다.

스트라디바리는 크레모나의 바이올린 제작자 가운데서도 가장 유명하지만(그의 바이올린은 연주용으로 최고였다) 그 무렵 사람들은 그를 그다지 눈여겨보지 않았다. 그는 단지 바이올린 제작자 가운데의 한 사람에 지나지 않았다. 중세 사람들이 석공이나 화가를 평범한 인간으로 여겼듯이, 바이올린 제작자들도 아주 평범한 사람으로 여겨졌다. 그러나 완전한 익명은 아니다. 그들의 작업장에서 만들어진 모든 악기에는 고유 상표가 붙어 있었다. 그러므로 아무리 시대가 지나도 누구의 것인지 알 수 있으며, 아마티 집안이 잘 말린 목재와 니스 항아리로 바이올린을 만든 최초의 대가였다는 것도 알고 있다.

피아차 산 도메니코 광장의 헌신적인 장인들은 아주 평화롭고 의좋게 살았다. 그들은 저녁때가 되면 함께 술잔을 나누며 니스의 새로운 혼합법이나, 기존 방식에서 벗어나 밑바닥의 폭을 8인치에서 8.25인치로, 두께를 1인치에서 1.22인치로 바꾸어 본 경험 따위에 대해서 이야기를 나누었다. 이리하여 그들은 일종의 비공식 바이올린 제작 아카데미를 운영하고 있었던 셈인데, 그것은 자신의 일을 진지하게 여기는 사람들에게는 무엇보다도 좋은 학교가 되었다.

아마티 집안에 이어 과르니에리 집안이 등장했다. 이 성대한 일족의 시조인 안드레아는 제로니모의 아들 니콜로 아마티의 공방에서 안토니오 스트라디바리와 함께 일을 배웠다. 과르니에리 집안은 가게 앞에 성 테레사의 그림을 걸어 놓고 간판으로 삼았다. 아들 피에트로 과르니에리가 코레모나에서 만토바로 옮겼을 때도 같은 간판을 걸었다.

그들은 매우 신앙심이 깊은 집안이었다. 그들 가운데서 가장 위대한 사람인 주세페 과르니에리는 자신이 만든 바이올린 안쪽에 부착한 상표에 구세주의 머리글자 IHS(Iesus Hominum Salvator)[3]를 새겨 넣었다. 그는 '주세페 델 제수(Giuseppde del Gesu)'라는 이름으로도 유명해졌으므로 이따금 사람들이 '예수 과르니에리'라고 부르기도 했다.

이 주세페, 즉 요셉은 약간 불안정한 인물이었으며 심한 우울증에 괴로워했다. 건강이 좋았을 때 그는 일찍이 없는 최고의 바이올린 제작자였다. 그렇게 좋은 음색을 내는 조그만 나무 상자를 그때까지 아무도 만들지 못했다. 그 무렵 사람들은 아마티나 스트라디바리의 감미로운 음색을 좋아했다. 그러나 19세기 전반에 파가니니(Paganini)가 과르니에리의 바이올린으로 어떤 연주가 가능한지 보여 주고부터 대세는 주세페 쪽으로 기울었다. 오늘날 전문 바이올린 연주자들은 스트라디바리 솜씨의 높은 완성도에 경의를 나타내면서도, 주세페의 바이올린이 단연 최고의 걸작이라는 데에 의견을 모은다.

마지막으로 저 위대한 안토니오 스트라디바리를 보자. 그는 1666년 스물두 살 때 니콜로 아마티의 공방을 떠났다. 1684년에 그는 더 크고 전혀 새로운 형태의 바이올린을 만들어 세계적으로 이름을 떨쳤다. 그는 1737년에 죽었다. 두

---

3) '인류의 구세주 예수'라는 뜻으로, 카타콤에서 많이 볼 수 있다.

1600년대의 건반악기
버지널(하프시코드)
이탈리아 제품.

아들도 바이올린 제작자였으나 카를로 베르곤치(Carlo Bergonzi)가 사업을 이어 받아 자기 이름으로 바이올린을 제작했다. 그 8년 뒤에는 위대한 주세페 과르니에리도 죽었다. 아마티 집안은 40년쯤 전에 사라지고 없었다. 18세기 중반까지 크레모나의 위대한 바이올린 제작자 왕국은 모두 문을 닫았다. 신성한 불꽃이 꺼졌다. 그들의 천재는 마침내 소모되어 버린 것이다.

그 뒤에도 우수한 바이올린·첼로·비올라·베이스가 많이 만들어졌다. 티롤의 야코프 슈타이너(Jacob Stainer), 파리의 뤼포(Lupot)와 뷔욤(Vuillaume), 영국의 힐(Hill) 형제 같은 사람들이 그들이다. 그러나 그들의 작품은 아무리 훌륭해도 크레모나 거장들의 수준에는 미치지 못했다.

그래도 그들은 저마다의 역할과 몫을 다했다. 새로운 바이올린·비올라·첼로, 그리고 새로운 활[4]이 연이어 제작되었다. 이제 현악기는 오케스트라 성격의 모든 음악에서 중추적 위치를 차지하게 되었다. 정규 실내악[5]이 현악 4중주용으로 작곡되기 시작했다. 이때부터 어느 음악 책에나 '성악과 바이올린에 다

---

4) 17세기 후반에 코렐리가 바이올린 연주 기법을 확립한 뒤 크게 개량되었다.
5) 아마추어들이 자기 집에서 연주하기 위해, 공개적인 큰 연주회를 염두에 두지 않고 작곡된 음악.

하프시코드 건반악기로 잭의 회전핀이 달려 있는 깃털이나 가죽 픽이 현을 퉁겨 준다. 하프시코드는 유럽의 음악 형식을 발달시켰으며, 18세기 무렵 더욱 발전하여 지금의 피아노로 대체되었다. 피아노에서 현은 퉁겨지는 것이 아니라 해머로 강하게 때리므로 음량을 강하게 조절할 수 있게 되었다.

알맞음'이라는 광고가 실렸다.

그와 함께 건반악기도 크게 개량되었다. 이 악기는 중세의 모노코드에서 발전한 것이며, 그것은 아레초의 구이도가 제자들에게 음정을 가르치기 위해 쓴 것이었다. 모노코드는 클라비코드가 되었다. 클라비코드는 더 정교한 하프시코드로 발전했다. 하프시코드는 현을 뜯어 소리를 내는 여러 가지 건반악기를 낳았다. 거기에는 스피넷·버지날·클라비쳄발로, 또는 단순한 쳄발로 같은 온갖 이름이 붙었다. 그것은 모두 18세기까지 남아 있었다. 스피넷과 하프시코드는 작고 가벼워 첼로처럼 들고 다니기가 쉬웠으며, 오케스트라에도 포함되어 그 때까지 없던 새로운 음향 효과를 주고 음량을 늘리는 데 기여했다.

그래서 조선 기술의 개량이 항해 활동의 대약진을 가져왔듯이, 이들 더 한층 믿을 수 있는 훌륭한 새 악기는 그 무렵의 작곡가들을 크게 자극했다. 그 때까지는 농민들 사이에서만 대대로 전해져 온 춤곡이 이제 다양한 기악곡으로 거듭났다. 이때부터 사라반드·뮈제트·부레·알레망드·쿠랑트·리고동·지그·탕부랭·파사칼리아·샤콘 등의 춤곡 형식들이 생겨나 새로운 전통으로 자리잡았다. 그렇다면 바흐도 춤곡을 쓴 거슈윈과 마찬가지 아니냐고 놀랄지도 모르지만 유감스럽게도 어쩔 수 없는 일이다. 18세기 대작곡가의 작품 대부분은 실은 춤곡이었다. 때로는 격식을 갖춘 작품도 있지만 기본적으로 춤곡이었다.

음악에 모든 것을 바친 아마추어들을 위한 곡으로는 소나타가 있었다. 본디 16세기에는 악기로 소리를 내는 곡은 무엇이나 '소나타'였고, 노래로 불러야 하는 곡은 '칸타타'였다. 간혹 여러 가지 악기들이 조화를 이루는 '심포니아'를 소나타라고 부르는 경우도 있었지만, 대체로 소나타는 두세 가지 악기를 위한 간단한 곡을 의미했다. 소나타는 종교적 성질을 가진 소나타 디 키에사(sonata di chiesa)와, 춤곡 모음으로 구성된 소나타 디 카메라(sonata di camera)로 나뉘었다. 하프시코드만을 위한 소나타를 처음으로 작곡한 사람은 요한 쿠나우(Johann Kuhnau)다. 그는 바흐에 앞서 라이프치히 토마스 교회의 오르간 주자였으며, 이웃 사람들의 심성을 잘 알고 그들의 종교적 선입견을 존중했다. 그래서 그는 소나타를 써서 성서의 여러 장면을 묘사했다. 그중 하나가 널리 알려진 〈다윗과 골리앗 *David and Goliath*〉이다.

바야흐로 온 세계가 이런 음악을 작곡하는 시대에 이르렀다. 그러니 이제 샛길에서 벗어나 본디 길로 되돌아가자.

40장
새로 유행한 오락

몬테베르디와 륄리, 그리고 루이 14세의 궁정에서 시작된 프랑스 오페라

위대한 바이올린 거장 아르칸젤로 코렐리(Arcangelo Corelli)도 바이올린이라는 악기는 기껏해야 세 번째일 뿐이라는 견해를 고수했다. 제1현에서 D음 이상의 소리는 내지 못했다. 더욱이 바른 음을 내지 않아 연주할 수가 없었다. 코렐리는 몬테베르디가 1643년에 죽은 지 10년 뒤에 태어났다. 그러므로 몬테베르디가 지은 곡은 기술적으로는 매우 단순한 것이었다. 그는 화음과 피치카토[1] 같은 새로운 기법을 개발했는데, 처음에 연주자들은 그것을 받아들이지 않았다.

그러나 몬테베르디가 그 시대의 가장 흥미 있는 작곡가로 꼽히는 까닭은 따로 있다. 그가 독창곡이나 다성곡을 쓴 점에 대해서는 나중에 언급하기로 한다. 어차피 그것은 대다수 사람들에게 별로 의미가 없다. 몬테베르디의 공로는 오케스트라를 잘 훈련된 군대처럼 만들었다는 점이다. 그 덕분에 오케스트라는 지휘자 한 사람의 뜻에 따라, 연주자가 멋대로 해석하지 않고 음표가 지정하는 대로 정확히 연주할 수 있었다.

그가 연주자를 몇 명이나 모으고 어떤 악기를 썼는지는 정확히 알려져 있다. 악기 40개로 이루어진 그의 오케스트라는 수백 년 뒤에 베토벤이 지휘한 것보다 규모가 컸다. 40개의 악기 구성은 작은 오르간(지금 같으면 아코디언을 쓸 것이다) 둘, 클라비코드 둘, 리걸(regal)[2] 하나, 비올라 다 브라치오(Viola da braccio)[3] 열,

---

1) 손가락으로 현을 튕기는 기법.
2) 책처럼 펼쳐서 연주하는 악기로, 큰 성서같아 보였으므로 '바이블 리걸'이라고도 했다.
3) 보통의 바이올린보다 큰 테너 바이올린인데, 독일인은 비올라를 브라체라고 불렀다.

비올라 다 감바 또는 다리 바이올린[4] 하나, 포셰트(pochette)[5] 둘, 큰 류트[6] 둘, 그 밖에 보통 바이올린, 플루트, 오보에, 클라리넷 등이다. 현대 오케스트라의 특징인 드럼과 팀파니는 없었다.

드디어 지금까지 아무도 본 적이 없는 대형 오케스트라가 탄생했다. 과연 반응은 어땠을까? 일부는 좋아했으나, 대다수는 너무 시끄러워서 교양 있는 신사의 취향에 맞지 않는다고 공언했다. 몬테베르디가 이 대형 오케스트라를 오페라 극장에 들여놓았을 때도 같은 항의를 받았다. 그의 곡은 너무 '격정적'이라는 비난을 받았다. 페달이 없어 크레셴도나 디미누엔도를 연주할 수 없는 옛 하프시코드와 스피넷의 단조롭고 완만한 선율에 귀가 익은 사람들은 바이올린, 오보에, 클라리넷을 이용한 피아니시모(매우 약하게)와 포르티시모(매우 강하게)의 선율에 큰 충격을 받았다.

현명한 예술가들이 으레 그렇듯 몬테베르디는 그러한 비평에 개의치 않았다. 그는 1643년 아름다운 베네치아에서 죽을 때까지 작곡을 계속했다. 그는 성마르코 대성당의 합창 지휘자로서 생애의 대부분을 베네치아에서 보냈다. 아마 그 무렵 사람들은 우리가 힌데미트(Hindemith)나 쇼스타코비치(Shostakovich)를 처음 접했을 때 그랬던 것처럼, 몬테베르디의 음악에 불쾌한 느낌을 받았을 것이다. 그렇지만 재미있게도 그의 새로운 음악 덕분에 오페라는 대중적 성공을 거두었고 차츰 외국으로 널리 퍼졌다.

이탈리아에서는 오페라가 이미 개인의 저택에서 오페라 극장으로 옮겨졌다. 1637년에 베네치아는 최초의 오페라 전용극장을 열었다. 이 모험적 투자가 성공하자 곧 대여섯 곳의 오페라 극장이 새로운 대중적 취향에 부응하기 시작했다. 대중들은 이 '멜로드라마'[7]의 주제로 고대의 신들에 관한 이야기보다 더 격렬한 내용을 선호했다. 여기서 비롯된 '멜로드라마'라는 이름은, 불행한 운명으로부터 벗어나려는 주인공의 숭고한 노력이 반드시 해피엔딩으로 보답 받는

---

4) 조그마한 첼로.

5) 19세기 중반까지 무용교사가 흔히 윗옷 주머니에 넣고 다니던 포켓용 바이올린으로, 토머스 제퍼슨은 여행 갈 때 언제나 갖고 다녔다.

6) 현대 댄스 오케스트라의 기타.

7) 오페라는 본디 '멜로디드라마'라고 불렸다.

형식의 무대공연을 가리키게 되었다.

언제나 예술적 취향이 뚜렷한 프랑스인들은 앙리 4세가 오페라를 좋아하건 말건 오페라에 관심이 없었다. 루이 14세가 어렸을 때 프랑스의 독재자 리슐리외의 뒤를 이은 이탈리아인 추기경 쥘 마자랭은, 순전히 정치적인 목적으로 이탈리아 오페라를 파리에 들여오려고 안간힘을 썼다. 이 돈 많은 정치가는 인색하기로 유명했다. 탐욕스러운 그는 늘 가진 금화의 무게를 달아 보곤 했다. 그런 다음 가장 가벼운 것을 들고 밤에 도박장으로 갔다. 그러면 밑천을 2, 3프랑 정도 아낄 수 있었기 때문이다. 그런데 무척 좋아하는 오페라에는 돈을 아끼지 않았다. 나폴리에서 가장 유명한 카스트라토(castrato)를 초빙하고, 무대 장치를 맡을 뛰어난 화가를 고용했으며 몬테베르디식의 대규모 오케스트라와 계약했다. 그러나 효과는 없었다. 프랑스인은 '외국'의 오락은 싫다며 완강히 거부했다. 그들은 음악이 너무 시끄러우며 한꺼번에 너무 많은 소리를 낸다고 불평했는데, 이것은 1세기 뒤에 황제 요제프 2세가 모차르트의 음악을 듣고 내뱉은 군소리와 같은 것이다. 프랑스인은 자신들의 발레만 소중히 여기고, 이탈리아인이 노래를 불러대는 공연을 외면했다.

17세기 중엽이 되자 큰 변화가 일어났다. 그 경우는 이렇다.

1646년에 기사(騎士) 드 기즈(de Guise)가 어느 곳에서 무용과 작곡에 경이적인 재능을 가진 이탈리아인 소년을 발견했다. 그 아이의 이름은 조반니 바티스타 륄리(Giovanni Battista Lulli)[8]이며 피렌체 태생이었고 아버지는 건달이었다. 그 아이는 가엾게도 전혀 교육을 받지 못한 채 마드무아젤 드 몽팡시에[9] 저택에서 주방일을 하고 있었다. 마드무아젤은 17세기의 유명한 귀족이자 부호였다. 루이 14세, 찰스 2세와 약혼한 적이 있었던 그녀는 프롱드당의 반란을 적극적으로 이끈 지도자였으며, 만년에 가스코뉴주의 젊은 신사와 결혼했다. 이 가스코뉴인은 일생의 대부분을 감옥에서 보냈으므로 그의 애처는 재산의 대부분을 왕의 서자들에게 나누어 주었다.

조반니 바티스타 소년은 매우 발랄하고 총명하고 눈치가 빠른 데다 영리한

---

[8] 본디 그의 이름은 룰리(Lulli)였지만 프랑스식으로 바꾸었다. 앞에서 루이 14세의 춤 파트너로 밝힌 바 있다.
[9] 쉰이 넘을 때까지 독신이었으므로 '마드무아젤'이라고 불린다.

이탈리아인답게 붙임성이 좋았다. 이탈리아의 소년 소녀는 좋은 신발 한 켤레와 백만분의 1의 기회라도 얻으면, 온 세계를 정복할 듯이 정력적이다. 그의 새 후원자는 그 기회를 제공했다. 조반니 소년은 훌륭한 바이올린 교사 밑에서 공부하게 되었다. 이윽고 그는 이탈리아에 있을 때 혼자서 익힌 기타처럼 바이올린도 능숙하게 다루었다. 소년은 좋은 기회가 온 것을 알고 그것을 반드시 붙잡기로 마음먹었다.

륄리(1632~1687) 코믹 발레를 창작했으며, 이탈리아 오페라를 기초로 새로운 프랑스 오페라의 방향을 결정지었다.

그래서 그는 오페라 작곡을 시작할 무렵, 프랑스인이 좋아할 만한 요소를 찾기 위해 배우들이 시 낭독하는 방법을 면밀히 연구했다. 오늘날에도 그렇지만, 프랑스인은 노래보다도 낭독을 더 좋아했다. 그래서 그는 음악에 시 낭독을 도입했다. 그러나 만사가 국왕의 뜻 여하에 달려 있으므로, 먼저 왕의 마음에 들지 않으면 아무 소용없다.

1653년에 륄리는 새로운 발레곡을 작곡했다. 왕은 그 곡에 매우 만족하여 그를 왕실 음악주임에 임명했다. 왕실 오케스트라를 맡은 륄리는 뜻밖에도 왕실 악사들이 아직 악보조차 읽을 줄 모른다는 것을 알았다. 그들은 다만 연주할 멜로디를 듣고, 거기에 마음대로 덧붙여 연주할 뿐이었다. 륄리는 이 프랑스인들에게 악보 읽는 법을 가르친 다음 명성과 부를 쌓는 일에 착수했다.

그 무렵 이탈리아 오페라가 프랑스의 수도에서 자리를 잡아가고 있었다. 1669년에 로베르 캉베르(Robert Cambert)와 피에르 페랭(Pierre Perrin)은 국립 음악 아카데미 개설의 허가를 얻어 프랑스 오페라(단 이탈리아식)를 프랑스의 온 도시에서 공연했다. 이 모험은 성공했다. 두 사람은 〈포모네 *Pomone*〉(이 작품은 8개월 동안 공연되었다) 하나만으로 오페라 전용 홀을 세울 만한 돈을 벌었다. 그 결과 탄생한 것이 파리 오페라 극장이다.

릴리가 이 성공을 예사로 보아 넘길 까닭이 없었다. 그는 이 무렵 프랑스에 귀화[10]하여 날마다 발레곡을 작곡하고, 연습하고, 지휘하고 있었다. 국왕은 여전히 무척 발레를 좋아하여 자기도 늘 참가했다. 바로크 시대에는 만사가 다 그랬듯이, 발레 음악은 경직되어 있었고 형식적이었다. 그러나 몹시 화려했으며 배우들이 저마다 고안한 분장을 하고 등장했을 뿐 아니라, 악사들도 모두 화려하게 차려입었다. 지휘자인 릴리도 투르크인 차림을 하는가 하면, 그리스 양치기나 이탈리아 어부 차림을 하기도 했다.

그러는 동안에도 릴리는 경쟁자들이 돈을 벌어들이고 있는 오페라를 잊지 않았다. 마침내 그는 왕을 설득해 두 프랑스인을 내보내고 국립 음악 아카데미 학장에 임명되었다. 이 무렵 국왕 루이는 이 영리한 이탈리아인 악장에게 빠져 있었으므로, 페랭과 캉베르는 물러날 수밖에 없었다. 캉베르는 영국으로 건너갔다. 마침 헨리 퍼셀(Henry Purcell)이 그 짧은 생애(서른일곱 살에 죽었다)를 시작할 무렵이었다.

퍼셀 작품 〈디도[11]와 아이네아스 *Dido and Aeneas*〉는 17세기 영국에서 만들어진 것들 가운데 오페라라고 부를 수 있는 유일한 작품이다. 그러나 가엾게도 캉베르의 오페라 전성기는 이미 지나 있었다. 그는 국왕 찰스 2세의 악단 지휘자로 고용되었다. 뜻밖에 흉한의 칼이 그의 생애를 끝내었다. 그런데 파리에서는 그 증오하는 경쟁자 릴리가 여전히 오페라 발레곡을 작곡하면서 왕의 비호 아래 명성을 떨치고 있었다. 오페라의 무대만큼 질시와 쩨쩨한 음모가 판치는 세계가 또 있을까? 각광을 받는 음악인들이 서로 으르렁대는 광경에 비한다면, 차라리 개집의 개들이 더 고상하고 예의바를 정도이다.

---

10) 이름도 장 밥티스트 릴리(Jean Baptiste Lully)로 고쳤다.
11) 카르타고 창립자의 왕녀로 전해진다. 아이네아스를 사랑했으나 버림받고 자살했다.

오페라 세리아 오페라 세리아(opera seria, 고대 영웅담의 비극적인 이탈리아 오페라)가 절정에 오른
것은 18세기였다. 이러한 오페라는 사건전개를 맡은 레치타티보와 감정표현을 맡은 아리아로 구성
되며, 등장인물은 대부분 신화 속의 영웅이었다. 베네치아 오페라 극장에서 상연된 전형적인 세리
아 장면.

릴리와 관련된 작은 사건이 하나 더 있다. 그는 발레에서 여성을 춤추게 한 최초의 지휘자였다. 그때까지 여성의 역할은 모두 소년이 맡고 있었다. 그러나 베르사유 궁전에서는 야심만만한 귀족 부인들이 자진하여 나섰다. 그렇게 함으로써 자신들의 미모를 왕의 호기에 찬 눈앞에 드러내는 즐거움을 누리기 위해서였다. 이리하여 여성도 발레에 참여하게 되었으나, 릴리에게도 오페라의 소프라노 역할에 여성을 쓸 만한 힘은 없었다. 소년들은 높은 가성 목소리를 유지하기 위해 잔인한 외과수술[12]을 받아야 했다.

덧붙이자면, 이런 이유 때문에 옛 오페라를 오늘날 무대에 올리려면 완전히 새로 써야 한다. 지금은 그 소년들이 맡은 부분을 노래할 수 있는 가수가 없다. 더욱이 릴리 오페라단이 원곡을 그대로 들려준다 하더라도 과연 우리가 감동할 수 있을지는 크게 의심스럽다. 적어도 그 점에서 우리의 취미는 크게 향상되어 있다. 그런데 17~18세기, 나아가 19세기 전반까지도 소년이 내는 고음의 가성은 관객석을 가득 채우는 데 꼭 필요한 요소였다. 모든 예술이 억압된 청교도 시대 이후 사람들이 매우 점잖아진 영국에서도 부자연스런 남성 소프라노가 2세기 동안이나 무대 중심을 차지했다. 1687년에 제임스 2세의 왕비가 처음으로 이탈리아에서 소년 소프라노 가수를 수입한 뒤, 그 마지막을 장식한 유명한 벨루티(Velluti)가 죽은 것은 1861년이었다.

실은 매우 슬픈 이야기다. 그 무렵 이탈리아는 너무나 빈곤하여 부모들은 자식을 위대한 오페라 가수로 만들기 위해(그 가능성은 1천분의 1에 지나지 않았지만) 자진하여 자식을 불구로 만들었다. 그러나 달리 방도가 있었겠는가? 그 무렵 음악을 지망하는 이탈리아 소년들에게 과연 다른 길이 있었을까?

인도 제도와 아메리카로 가는 새 항로가 발견된 뒤 지중해는 내해가 되었다. 그 뒤 2세기 동안 이탈리아인들은, 중세 시대에 이탈리아가 동방에서 오는 상품 집산지였던 덕분에 모은 돈으로 살아왔다. 그러나 그 돈도 이제는 바닥이 났다. 이국의 군주들이 북이탈리아와 남이탈리아를 지배했다. 교황령은 상상할 수도 없을 만큼 악정을 베풀고 있던 탓에 언제나 아사 상태에 있었다. 조상 대대로 물려받은 그림을 많이 갖고 있던 집에서는 먼저 그것을 영국의 부자들

---

12) 거세를 말한다.

에게 팔아먹었다. 그러나 예술의 기호는 해마다 바뀌었다. 그림의 대부분, 특히 매우 오래된 그림은 찾는 사람이 없었다. 또 조토의 그림 같은 것은 교회의 벽에 그려져 있어서 옮길 수도 없었다. 다음에는 가구가 팔려나갔다. 주방용 은제품도 팔려나갔다. 결국 수출하여 이익을 볼 수 있는 이탈리아 '토산품'은 단 두 가지만 남았다. 하나는 굴뚝 청소업이었다. 몸이 가볍고 작은 이탈리아 소년들은 영국이나 북유럽의 대저택에 있는 굴뚝에 기어올라가고 내려오는 데 능했다. 때로는 매우 운이 나쁘게도 질식하여 죽는 일이 있었지만, 후임은 얼마든지 있었다. 또 하나의 수출품은 음악이었다. 팔레르모, 나폴리, 피아첸차 출신 가난뱅이들은 가수나 악사가 되기 위해 필사적이었다. 앞으로 유럽의 어느 수도에서나 발판을 얻어, 언젠가 운이 좋으면 왕이나 황제의 후원으로 정식 이탈리아 오페라단에 들어갈 수도 있을 것이다.

그러나 스파게티 한 접시를 얻어먹기 위해 얼마나 비참한 투쟁을 해야 했던가? 그 무렵 신문이나 일기를 보면 그런 이야기가 많이 나온다. 어지간한 도시마다 별의별 인간들이 다 있었다. 이탈리아 오페라만 듣는 사람, 저녁 내내 이탈리아 노래를 듣느니 차라리 죽겠다고 맹세하는 사람, 주머니를 털어서 프랑스 오페라 극장에 가겠다는 사람, 그리고 18세기 중반에는 프랑스인도 이탈리아인도 모두 페스트에 걸려 버렸으면 좋겠다며 독일 오페라에만 무한한 충성심을 가진 사람 등등 가지가지였다.

파리에서는 이런 인간들이 서로 충돌한 기억이 남아 있다. 그것은 루이 14세가 죽고 35년쯤 지나서 일어난 '광대들의 전쟁(Querelle des Bouffons)'이다.

륄리가 영원한 잠자리에 든 뒤 그 뒤를 이은 것은 장 필리프 라모(Jean Philippe Rameau)였다. 그는 오르간 연주가였으나, 볼테르와 그 밖에 그 무렵 문인들의 작품을 토대로 많은 오페라를 작곡했다. 그뿐만이 아니었다. 그는 그때까지 화음에 관해 알려져 있던 모든 것을 모아서 책을 썼다. 그 책은 화음에 관한 정규 교과서로 중요한 문헌이 되었다. 그러나 그가 프랑스 음악계의 최고봉에 오른 바로 그 무렵, 이탈리아인 무리가 아주 새로운 오페라를 들고 파리에 나타났다. 그것은 본격적인 희가극(opera bouffe)이었으며, 고대 신전의 폐허에서 양치기와 신들이 나와 희롱하는 따분하기 짝이 없는 옛 오페라와는 전혀 다른 것이었다.

이 가극은 조반니 바티스타 페르골레시(Giovanni Battista Pergolesi)가 작곡한 〈마님이 된 하녀 *La serva padrona*〉였다. 파리가 온통 들끓었다. 국왕 루이는 프랑스 오페라를 좋아했고, 폴란드인 왕비 레스친스카(Leszczynska)는 이탈리아 오페라를 좋아했다. 입장권을 살 때는 자기 취미에 따라 '국왕 쪽'이나 '왕비 쪽'의 좌석을 구하도록 신경을 써야 했다. 그림, 디드로, 달랑베르 같은 당대의 대철학자들까지도(인류를 무지의 멍에에서 벗어나게 해줄) 백과전서 편찬 작업을 내동댕이치고 자기가 좋아하는 아리아를 들으러 달려갔다.

시내의 모든 살롱을 싸움터로 만들어 버린 광대들의 전쟁은, 파리를 적대하는 두 진영으로 갈라 놓았다. 프랑스 혁명을 일으키는 데 크게 기여한 저 '자연으로 돌아가라'의 주창자 루소까지, 품위 따위는 내버린 채 조그만 오페라 〈마을의 점쟁이 *Le devin du village*〉를 쓸 정도였다. 이탈리아 양식으로 쓰인 이 작품은 베르사유에서 공연되어 큰 성공을 거두었다. 따라서 '고결한 자연 상태'의 인류를 무척이나 사랑한 루소가 왕정에 대한 경멸 때문에(자연 법칙에 어긋난다면서) 궁정의 초청을 거절하지 않았더라면, 국왕으로부터 연금을 지급받았을 것이다. 그러나 그는 자기의 입장을 분명히 하기 위해 '프랑스 음악에 대한 공개장'을 썼으며, 그 속에서 분명하게 이탈리아파를 지지한다고 표명했다. 그것은 광대파와 비광대파 싸움의 불길에 기름을 부은 꼴이 되었다.

결국 지리적인 이점이 있는 프랑스파가 이겼지만, 이탈리아파는 정의의 싸움을 버리지 않고 오로지 다시 맞붙을 기회를 기다렸다. 그들은 전혀 생각지 않던 방면에서 지원을 받았다. 우리 현대인으로서는 믿기지 않겠지만, 드디어 각본다운 각본을 쓰는 작가가 이탈리아에 나타난 것이다. 그는 바로 유명한 거장 피에트로 트라파시(Pietro Trapassi)다. 그는 매우 긴 일생(18세기의 대부분을 살았다) 동안 메타스타시오(Metastasio)라는 필명으로 1200편이 넘는 각본을 썼다. 그 무렵 최고의 즉흥시인(이 예술은 이제 완전히 사라지고 없다)으로서 그는 음악에 대한 매우 순수한 감각을 갖고 있었으며, 그의 작품은 작곡가들에게 큰 도움이 되었다.

이윽고 휴전이 선언되어 한동안 사태는 가라앉았다. 얼마 뒤 크리스토프 빌리발트(Christoph Willibald), 즉 리터 폰 글루크(Ritter von Gluck)가 빈의 오페라로 파리의 인기를 독차지했다. 그리하여 지난날의 앙금이 다시 솟구쳤으나, 이번에는 프랑스 오페라 팬과 독일 오페라 팬의 싸움이었다. 글루크는 마리 앙투아네트가 프랑스 왕자와 결혼하기 전에 그녀의 음악 교사를 한 적이 있었다. 그는 〈오르페우스와 에우리디케 *Orfeo ed Eurydice*〉와 〈알체스테 *Alceste*〉로 이미 명성을 쌓았으며, 〈아르미드 *Armide*〉와 유명한 〈타우리스의 이피게네이아 *Iphigénie en Tauride*〉로 운을 시험하고 있었다.

그가 왕세자비의 초청으로 파리에 도착한 것은 정치적 원한에 불을 지르는 절호의 구실이 되었다. '저 얄미운 오스트리아 여자'(나중에 프랑스 왕비가 된 마리 앙투아네트를 프랑스인들은 이렇게 불렀다)를 싫어하던 사람들은 리터 폰 글루크의 음악을 이용하여 왕세자비에 대한 생각을 털어놓았다. 앙투아네트 쪽도 지지 않고 그 넘치는 정력으로 사정없이 반격했다. 반 글루크파는 니콜라 피친니(Nicola Piccinni)를 데리고 와, 글루크가 이미 각색한 〈타우리스의 이피게네이아〉와 같은 주제로 작곡을 시켰다. 피친니는 부지런한 사람이었지만(130여 편의 오페라를 작곡했다), 그런 압박 아래서 일을 해야만 했다. 결국 그는 반피친니파의 공격으로 어렵게 생활하다가 경쟁에 지고 물러나고 말았다.

그러나 글루크 역시 실각했다. 그는 사생활에서는 매우 매력 있는 사람이었으나 일을 매우 엄격하게 처리했다. 악사들을 대할 때는 오스트리아의 교련 상사처럼 까다로웠다. 하찮은 일에도 역정을 내며 가수나 악사들에게 마구 욕설을 퍼부었다. 어떤 욕설인지 전해지지는 않지만, 아마 지금 밀라노 라스칼라 출신의 음악가들이 하는 욕설과 비슷할 것이다. 악사들은 급료를 더 주어야 글루크의 연습에 나가겠다고 버티었다. 빈과 파리의 욕설을 마구 섞어 모욕을 가하는 악장에게 그런 식으로 분풀이를 했다. 마침내 이 악장도 뜻대로 되지 않는 싸움을 단념하고 빈으로 돌아가 여생을 보냈다. 그러나 프랑스 음악과 이탈리아 및 오스트리아 음악 사이의 싸움은, 그 뒤에도 반세기 동안 파리뿐만 아니라 북유럽의 상트페테르부르크에서 남유럽의 마드리드에 이르는 모든 도시에서 이어졌다. 도처에서 가난한 이탈리아인 가수와 악사와 지휘자들은 고향에 돌아가 여생을 보낼 수 있는 돈을 마련하기 위해 고군분투했다. 그들끼리 모이면 각자 자신이 일하는 궁정의 끝없는 추문을 쑤군거리기도 하고, 가장 위대한 음악적 표현 형식인 벨칸토(bel canto, 아름다운 노래)를 좋아하는 나라는 단 하나 '라노스트라 이탈리아(lanostra Italia, 우리 이탈리아)'뿐이라는 것을 확인했다. 우렁

차고 맑은 나폴리인의 목소리 벨칸토는 뛰어난 낭독 효과와 극적 효과를 가지며 깨끗하고 감미롭기 그지없다.

　지금까지의 장황한 이야기를 들으면 마치 17세기에는 모두들 오페라에만 관심을 두었다고 짐작해 버릴지도 모르겠다. 그렇지는 않다. 사람들의 삶은 여느때와 똑같았다. 그러나 바로크 시대의 오페라 열풍은 우리가 고마워해야 할 일을 한 가지 해 주었다. 그것은 오늘날의 말로 한다면, 세상 사람들로 하여금 '음악을 알 수 있게' 해 준 일이다. 오페라 열풍은 음악을 교회나 부자들만의 콘서트 홀에서 바깥으로 끌어내 주었다. 큰길뿐 아니라 뒷골목에도 음악이 스며들도록 했다. 마부들이 고집 센 노새를 몰고 토스카나의 먼짓길을 갈 때나, 나폴리의 기분 좋은 햇볕을 쬐고 앉아 있을 때 노래를 흥얼거리는 것은 자연스러운일이 되었다. 옥스퍼드나 케임브리지의 젊은 신사들도 문득 헨리 퍼셀의 매력적인 멜로디를 부르고 싶어졌다. 독일인들까지 대위법이나 30년 전쟁의 참상을잊고 라인하르트 카이저(Reinhard Keiser)의 곡에 귀를 기울였다. 카이저는 함부르크에서 오페라를 작곡하기 시작했는데, 마침 그 무렵인 1703년에 이 도시에찾아온 젊은 헨델에게 작곡법을 가르쳐 준 적이 있다.

　오페라에 열을 올리던 수많은 젊은이들은 바이올린이나 하프시코드 연주법이며 노래 부르는 방법을 배워, 비가 많이 내리는 북유럽의 긴 밤에 〈베르사유의 밤 *Night at Versailles*〉 같은 것을 즉흥적으로 부르면서 보냈다. 그들은 마치국왕 루이가 앞에 있기라도 하듯이 열심히 노래 부르고 악기를 연주했다. 그래서 독일의 여러 군주들도 이에 자극받아 오페라 극장을 세웠다. 그들은 적어도 자신이 세운 극장에 있을 때 만큼은, 자기들 궁정을 사람들로 하여금 강 건너의 부강한 종형제 루이 14세의 궁정만큼이나 웅장하고 매력적으로 여기게끔할 수 있었다.

　음악은 이런 허영을 부리는 데는 더없이 알맞았다. 어느 국왕도 자신의 위업을 세우기 위해 베르사유만 한 궁전을 세울 만큼 많은 돈을 갖고 있지는 못했다. 베샤멜(Béchamel) 같은 요리의 장인을 고용하는 것은 아무나 할 수 있는 일이 아니었다. 베샤멜은 국왕 루이의 집사로, 콩데 후작의 요리장이었던 그 불행한 바텔(Vatel, 이 사람은 루이의 저녁 식사에 생선이 제시간에 도착하지 않자 자살했

▲스피넷을 연주하는 마리 앙투아네트
다른 어려운 과목들에 비해 음악을 좋아했
던 마리 앙투아네트. 프랑스 왕 루이 16세
왕비가 되고 나서도 그녀는 자신의 스승이
었던 작곡가 글루크와 여전히 친교를 나눴
다. 프란츠 크사버 봐겐쉰 작. 빈 미술사박
물관.

▶궁정 음악가 글루크
왕비는 그의 오페라 작품을 애호했다.

다)의 훌륭한 계승자였다.

그러나 급료가 싼 독일인 악단과 아름답지만 이 또한 급료가 싼 이탈리아인 가수들을 고용할 만한 돈은 국민의 세금에서 그럭저럭 짜낼 수 있었다. 이와 같은 일이 2, 3세대에 걸쳐 이어지자 예술에 대한 민중의 태도에 결정적인 변화가 일어났다. 16세기 말까지는 언제나 화가가 예술의 중심이었다. 17세기 초부터는 음악가가 그 자리를 차지했다. 그것은 지금도 이어지고 있다.

41장
로코코

피할 수 없는 반동이 일어난다. 한 세기 동안 인위적인 엄숙한 시대가 지난 뒤, 세계는 새로운 이상을 추구한다. 아이들은 인생에서 중요한 것이 세 가지, 즉 '자연스러움, 순박함, 매력'이라고 배운다.

음악에서 말하면, 로코코 시대는 보케리니(Boccherini)의 미뉴에트나 모차르트의 세레나데를 생각나게 한다. 1715년 루이 14세의 죽음에서 1793년 루이 16세의 처형에 이르는 이 시대를 끝으로 그림, 건축, 음악뿐 아니라 생활 전반에서 장중한 양식은 막을 내렸다.

예술 양식은 언제나 문명 세계 전체의 감정의 통일에서 생기는 법이다. 그런데 프랑스 혁명은 통일적인 그리스도교 세계라는 중세적 관념의 유물을 모두 파괴했다. 조화로운 국제관계는 현실에 어두운 약자의 어리석은 꿈으로 치부되고, 특별히 편협하고 거만한 민족주의가 생겨나 유럽 각국은 총칼로 무장한 진영처럼 되어 버렸다. 그 결과 프랑스 혁명 시대 이후는 많은 지방적 양식이 나타났으며, 어느 나라에나 공통되는 단일 양식이라는 것은 없어졌다.

대체로 오늘날의 역사가들은 로코코 시대를 그다지 공평하게 다루고 있지 않은 듯하다. 흔히 이 시대는 어이없고 어리석고 천박하며 화려하고 사치스럽게 겉치레한 시대라고 생각하지만, 나는 여러 점에서 역사상 가장 잘 개화된 시대였다고 확신한다.

사람들은 로코코 시대에 인간의 권리와 기회에 대한 고상한 꿈이 무너져 버렸다면서, 그 시대를 단지 매우 즐겁기는 하지만 어이없는 막간 희극 정도로만 생각한다. 다시 말하여 선하지만 무능한 신사 숙녀들이 한가하게 모차르트나 고세크(Gossec)의 음악이나 듣고, 가난한 사람들의 고통이나 마님이 아끼는 마이센[1] 찻잔과 받침대를 깬 하녀의 운명에 동정하면서 잡담이나 나누던 시대였다고 말한다.

그러나 그것은 프랑스 혁명의 무서운 교훈으로 세상이 깨끗이 치유되기를 바랐던 후세 사람들이 그린 회화(戱畵)에 지나지 않는다. 그들은 상식을 활용하고 18세기 철학자들이 '계몽'이라고 부른 것을 응용하면 세상의 모든 병을 낫게 할 수 있다면서 인간의 능력을 지나치게 믿었다.

그러나 이런 비판은 한 가지 사실을 지나쳤다. 로코코 시대의 상류층 사람들을 몰락시킨 것은 그들의 '인간성' 그 자체였다는 사실이다. 만일 그들이 좀 덜 계몽되었고, 자진하여 모반자를 처단(그들을 동정하여 기회를 놓친 것에 안타까워하면서)했더라면 혁명은 일어나지 않았을 것이다. 여기서 우리는 한 가지 의문에 부딪힌다. 상류 계급이 자멸을 각오하면서까지 다른 계급을 위해서 봉사하겠다고 마음먹은 까닭은 무엇이었던가? 무엇이, 또는 누가 그들을 그토록 가벼운 마음으로 교수대로 걸어가게 했던가? 지도자 없는 운동은 없었다. 그러면 사람들을 설득하여 비논리적이고 불합리한 '감상(感傷)'을 버리게 하고 그 대신 '자유·우애(友愛)·평등'의 기초 위에 문명을 재창조하도록 북돋운 지도자는 누구였던가?

그 사람이야말로 장 자크 루소였다. 약 600년 전의 성 프란체스코와 마찬가지로 루소는 그 무렵의 예술에 뚜렷한 자취를 남겼다. 나는 비록 루소를 싫어하지만, 그에 대해서 어느 정도 언급하지 않을 수 없다.

루소는 스위스 제네바 태생이다. 제네바는 200년 전에 장 칼뱅이 새로운 시온[2]을 만든 서 스위스의 무뚝뚝한 도시다. 그의 아버지는 독일인 시계 장인이었다. 어머니는 목사의 딸이었는데, 루소를 낳다가 죽었다. 루소는 장 칼뱅과 마찬가지로 생활이 그다지 넉넉지 못했다. 그러나 똑같이 어려운 형편이었어도 이 두 사람에게 끼친 영향은 아주 달랐다. 칼뱅은 인간이란 본디 근성이 형편없는 존재이므로 그다지 기대할 것이 없다고 확신했다. 루소는 이와 정반대의 의견을 갖고 있었다. 인간은 자연의 덕과 선한 본성을 타고난다고 믿었다.

---

1) 독일 드레스덴 부근의 유명한 도자기 생산지.
2) 예루살렘의 언덕.

그 뒤 인간이 잘못되는 이유는 자신을 문명화하려고 하기 때문이다. 그래서 문명이야말로 우리의 모든 병폐의 원인이라고 믿었다. 하지만 그렇게 주장하려면 완벽했던 예전의 상태로 돌아가는 방법을 제시해야 한다. 루소가 어떤 방법으로 그 이상을 성취하려고 했는가 하는 것은 흥미 깊은 일이므로 간단히 설명하기로 한다.

루소(1712~1778)

루소는 소년 시절에 단편적인 교육만 되는대로 받으면서 자랐다. 그 뒤로는 수많은 직업을 전전했다. 법률사무소의 서기, 조각가의 도제, 하인, 신학생, 그리스 정교회 수도원장의 비서, 음악교사, 음악 서기, 화학도, 지골로,[3] 가정 교사, 베네치아 공화국 주재 프랑스 대사의 비서 등을 거쳤으며 새로운 직시법을 고안하고, 오페라풍 가곡을 작곡하거나, 오페라풍 가곡 작곡가, 유명한 프랑스 《백과전서》에 부정기적 기고하면서 그날그날을 살아갔다. 그러면서도 그는 그 무엇인가를 가지고 있었음이 분명하다. 나중에는 볼테르와 같은 시대에 살면서 가장 유력하고 영향력 있는 저술가가 되었으니까.

이 비범한 인물의 사람됨에 대해서는 말하지 않는 편이 낫다. 그는 두 번이나 오직 자신의 이익을 위해 종교를 바꾸었다. 하인으로 일하고 있을 때 그는 물건을 훔친 뒤, 같은 집의 요리사로 있던 무고한 소녀에게 죄를 덮어 씌워 감옥에 들어가는 것을 모면했다. 그는 비서 겸 기둥서방 노릇을 하면서 한 얼빠진 여성과 매우 불쾌한 연애를 즐겼으며, 그녀를 속이기까지 했다. 그러나 루소

---

3) 댄스 상대를 해 주는 남자 또는 기둥서방.

자신도 오랫동안 동거한 프랑스인 하녀에게 보기 좋게 농락당했다. 그가 동거녀에게 나가라고 위협할 때마다 하녀의 어머니는 딸이 아기를 낳았다고 거짓말을 했다. 그가 아기 울음소리에 방해받지 않고 훌륭히 일을 할 수 있도록 이웃 고아원에 몰래 갖다 버리고 오는 길이라는 것이다. 물론 아이는 없었다. 루소를 협박하여 그에게 빌붙으려는 모녀의 수작에 지나지 않았다.

이와 같이 절망적인 생활 조건 아래서 루소는 책 한 권을 펴냈다. '계몽'만이 인류를 낡은 속박에서 벗어나게 할 수 있다고 믿는 사람들은 그 책을 새 교육의 성서라고 찬양했다. 그리고 감상적인 사람들이 그의 《에밀 *Émile*》이나 유명한 《고백록 *Confessions*》을 읽고 눈물을 흘리는 동안 루소는 자기가 곤란할 때 언제나 너그럽게 보호해 준 볼테르를 비난했고, 빈곤할 때 도와 준 프리드리히 대왕에게 가장 신랄한 편지를 보냈다. 그는 대왕이 도탄에 빠진 국민들에게서 짜낸 부정한 이득을 숨기고 있다고 공개적으로 주장했으나, 아무도 보지 않는 데서는 이 인류애의 루소는 대왕으로부터 기꺼이 검은 돈을 챙겼을 것이다.

루소는 프랑스 경찰과 분쟁을 일으켜 영국으로 달아났다. 영국에서는 스코틀랜드 철학자 흄의 환대를 받았다. 그러나 그는 이 은인을 사회적 위험 분자라고 비난하고 무척 즐거워했다. 그에게 기꺼이 몇 해 동안이나 자기 별장을 내어 준 한 여성이 제네바에 찾아갔을 때 루소는 그 후의에 심술궂게 보답했다. 그는 '별장을 빌려 준 이유는 누구나 잘 알 것'이라며 부인을 모욕한 것이다.

역사에는 온갖 종류의 악당, 배교자, 사기꾼들이 등장하지만 루소만큼 팔방미인격 악한은 보기 드물다. 더욱이 그는 친절·선량·단순·도덕 및 절조의 새 복음의 사도였다.

볼테르는 골탕을 먹은 뒤에도 이 배은망덕한 인간의 편을 들어 주었으나, 루소라는 인간을 이렇게 요약했다. "가엾은 루소에게는 수혈을 해 주어야 한다. 그의 피에는 비소와 유산염이 섞여 있기 때문이다. 그는 가장 사악하므로 가장 불행한 인간이다." 아마 그의 말이 맞을 것이다.

그런데 이런 비열한 사나이가 그 무렵 가장 인기 있는 저술가가 되었다. 반세기에 걸쳐서 그는 정치·교육·예술·도덕의 모든 영역을 지배한 독재자였다. 그것은 어째서인가? 그런 인간이 등장한 것은 우연이 아니다. 그것은 그 무렵 완전한 인위적 생활에 진저리를 내던 사람들이 그의 주장을 기꺼이 받아들였을 뿐 아니라 매우 열심히 귀를 기울여 주었기 때문이다. 그는 '자연 상태'로 돌아가야 한다고 선언했다. 한두 해도 아니고 세 세대에 걸쳐 온갖 파티에 나가 온갖 산해진미와 포도주를 맛보고, 새로운 오페라와 연극과 발레를 질리도록 보아 온 상류층 신사 숙녀들은 오랫동안 익숙해진 습관을 정반대로 바꾸는 데에 생각지도 않던 전율을 느꼈다. 루소는 졸지에 그들의 지도자이자 철학자이자 친구가 되었다. 파티에 참석한 사람들로 붐비는 베르사유 궁전의 대기실에 싫증이 난 그들은, 고요한 황혼에는 양치기의 피리 소리에 귀를 기울이고, 행복한 오후에는 간소한 오두막에서 전원의 축복에 둘러싸여 살아가는 때 묻지 않은 자연의 아이들과 장난을 쳤으며, 졸졸 흐르는 시냇가에서 건빵과 우유로 소박한 식사를 즐겼다.

그 무렵 그림이나 조각 가운데서도 이 감정의 급격한 반동을 볼 수 있다. 음악은 시각예술만큼 쉽게 변화하지는 않는다. 한 음악적 전통을 타파하고 다른 작곡을 위한 기초를 마련하려면 꽤 오랜 시간이 걸리기 때문이다. 라모(Rameau), 르클레르(Leclair), 다켕(Daquin) 같은 새 작곡가들도 륄리 시대와 거의 같은 양식으로 작곡을 계속하고 있었다. 그러나 화가나 조각가는 완전히 새로운 양식의 예술, 로코코 예술을 만들어 냈다.

몬테베르디가 근대 오케스트라를 낳을 수 있었던 것은, 그가 원숙의 경지에 이르렀을 때 마침 크레모나의 바이올린 제작자들이 세밀한 합주에 필요한 갖가지 악기를 마련해 주었기 때문이다. 그와 마찬가지로 그 무렵 화가들은 시의 적절하게도 그들의 작업에 잘 맞는 새로운 재료를 발견했다. 그것은 파스텔이었다. 처음 시장에 나왔을 때는 '크레용'이라고 불렸으나 사실 연필 모양은 아니었다. 순수한 원형 그대로의 그림물감에 약간의 수지를 섞어 막대기 모양으로 만든 것이다. 파스텔은 오래 가지 않고 지워지기 쉽다는 큰 결점이 있었다. 정착제로 '정착'시킬 수는 있으나, 그렇게 하면 빛깔이 흐려지기 쉽다. 파스텔의 장점은 유화보다 훨씬 쉽게 매력적인 색채 효과를 낼 수 있다는 점이다. 파스텔은 정확히 말한다면 새 발명품은 아니다. 그와 비슷한 것이 17세기 때부터 쓰이고 있었다. 그러나 18세기 후반에 프랑스 화가가 쓰면서부터 널리 퍼졌으며 한때는 유화를 능가하기까지 했다.

파스텔 이야기가 나왔으니, 스위스인으로서는 아주 드문(이 선량한 사람들은

음악이나 그림에 별로 기여한 바가 없다) 화가 한 사람을 언급해 둔다. 파스텔화의 손꼽히는 거장 장 에티엔 리오타르(Jean Étienne Liotard)는 스위스인이었다. 그는 콘스탄티노플을 여행하고 돌아와서는 언제나 터키인의 옷을 입고 있었으므로 '터키인 화가'라는 별명을 갖고 있었다. 그가 미국에서 널리 알려진 것은, 지금 암스테르담에 있는 그의 유명한 파스텔화 〈초콜릿을 나르는 여인〉이 순

장 에티엔 리오타르(1702~89) 파스텔 자화상. 드레스덴 국립회화관.

수 예술작품으로는 처음으로 광고에 쓰였기 때문이다. 그 밖에는 파스텔화를 찾아보기가 어렵다. 파스텔은 좋은 재료이지만 너무 연약해서 현대인의 생활과 작업의 속도, 무엇보다 최대한 빨리 그림을 인쇄소로 넘겨야 하는 오늘날 현실에는 적합하지 않다.

프랑스 미술을 전반적으로 보면 프랑스 오페라와 똑같은 투쟁 과정이 있었다. 이탈리아 미술을 좋아하는 사람도 있었고, 프랑스 미술을 지지하는 국내 화파도 있었다. 두 파 사이에는 '광대들의 전쟁'과 비슷한 투쟁마저 일어났다. 지리에 얽매이지 않는 것으로 유명한 프랑스인은 이탈리아파 지지자들을 루벤스파(그 굳건한 플랑드르인을 만족시켜 줄 수 있었던 것은 거의 없었다)라고 불렀고, 프랑스파 화가에 대해서는 이미 100년 전에 무덤에 들어간 가엾은 니콜라 푸생의 이름을 따서 푸생파라고 비난했다. 푸생파가 승리한 덕분에 18세기 중엽

모리스 켕탱 드 라투르 〈퐁파두르 후작부인〉(1755) 퐁파두르 부인(1721~64)은 평범한 시민계급 출신이
지만 국왕 루이 15세의 총애를 받아 궁궐에서 크게 세력을 떨쳤다. 또 한편으로 부인은 문예 보호
자였으며, 취미로 데생을 하거나 음악을 즐기기도 했다. 라투르가 그린 이 멋진 파스텔화를 살펴보
면 책상에 놓인 책, 지구본, '퐁파두르'라는 서명이 담긴 판화, 발치에 있는 스케치북, 손에 든 악보,
뒤쪽의 악기 따위를 통해서 부인의 다채로운 예술적 취미를 발견할 수 있다.

이후 프랑스 작가들은 그 무렵 이탈리아인을 흉내 내지 않고 자기 마음대로 그릴 수 있게 되었다.

프랑스의 예술을 평가할 때, 루이 14세 치세 말기 15년이 그 이전의 50년과 매우 다르다는 것을 염두에 두어야 한다.

늙은 국왕은 왕비의 영향을 받아 아주 진지해져서, 베르사유 궁전은 이상한 청교도적 분위기가 감돌았다. 이탈리아인 오페라 가수들이 추방되고, 국왕의 총애를 받으려면 작곡가들은 엄숙한 미사나 진혼곡 작곡에만 전념해야 했다. 그와 동시에 화가들은, 왕이 자신의 방종했던 젊은 시절을 생각나게 하는 미인화보다는 크고 정밀한 전쟁화를 더 좋아하게 되었다는 것을 깨달았다.

프랑스 국민들은 궁정의 이와 같은 엄숙한 분위기를 지지하는 척했는지는 모르지만, 왕이 죽었을 때 그들은 눈물을 흘리기는커녕 불꽃놀이 구경을 하느라 열을 올렸다. 뒤이어 와토(Watteau), 랑크레(Lancret), 부셰(Boucher), 프라고나르(Fragonard) 등의 화가들이 활짝 웃고 있는 남녀 군상을 화려한 색채로 마음껏 그려냈다. 프랑스인 모두가 그 일종의 도덕적 해이에 빠졌다고 속단해서는 안 된다. 대중은 이런 일로부터 거의 영향을 받고 있지 않았다. 그들은 베르사유를 장대한 구경거리로서 바라보고는 있었으나, 그 때문에 자신들의 양식을 바꾸려 들지는 않았다. 또 상류층도 타고난 교양을 지니고 있었으므로, 좋지 않은 일을 즐기고 있을 때라도 극단으로 나아가는 일은 없었다.

신이 인간을 창조한 뒤 자신의 작품에 큰 불만을 느끼고 얼굴과 손 이외의 부분을 드러내지 못하게 했다고 굳게 믿고 있는 사람들이라면 물론 로코코 예술에 찬동하지 않을 것이다. 그러나 그런 사람은 샤르댕(Chardin) 같은 거장의 정물화나 그뢰즈(Greuze)의 〈순진한 소녀〉(깨진 항아리를 들었거나 들지 않았거나)나, 〈가족의 비극〉(비극이거나 아니거나) 같은 것으로 스스로를 달랠 수 있을 것이다.

그러나 누가 무엇을 그렸건 간에 이 모든 그림에는 공통적인 측면이 있다. 내가 앞에서 허용되는 지면을 넘어서까지 설명한 바 있지만, 루이 14세의 오랜 치세가 일상생활의 구석구석에까지 깊숙이 영향을 미쳤음을 볼 수 있다. 16세기의 농민이나 노동하는 남녀들은 멍하니 허공을 쳐다보고 있는 흉하고 못생긴 짐승 같이 그려졌다. 그러나 18세기의 그림에 나오는 이런 인물들은 한결 품

베르사유 궁전 왕실 예배당(2층과 천장 부분) 로코코 건축의 최초 작품. 위층 좌석은 2층에 있는 왕의 거실과 이어져 있었다. 왕은 가족들과 함께 이곳에서 미사에 참석했다. 국왕 루이 16세 왕비 마리 앙투아네트도 여기서 예배당을 바라봤을 것이다.

샤르댕 〈식사 전의 기도〉(1740)
화려한 로코코 시대의 이면에 소박한 사람들의 일상생활을 표현한 작품이다.

위 있는 모습을 하고 있다. 그들은 여전히 간소하고 커다란 방에 살고 있었으며, 주방기구라든가 탁자라든가 의자는 세속의 것이고, 입은 옷은 궁정의 견직물을 본뜬 면직물이었다. 요컨대 1650년과 1750년 사람들의 차이는, 1650년과 1550년 사람들의 차이보다 컸던 것이다. 마치 미국 가정의 실내 장식에서 1937년과 1907년의 차이가, 1907년과 1707년의 차이보다 큰 것과 마찬가지이다. 그리고 이 변화가 궁정의 영향이었다는 것은 의심할 것도 없다. 마치 미국의 경우 장사를 잘하는 큰 백화점의 사람들이, 특히 지난 30년 동안에 일반 서민의 대중적 취향을 크게 향상시킨 것과 같다.

　로코코 예술을 제대로 평가하려면 그림이나 건축만으로 판단해서는 안 된

샤르댕 〈올리브 정물〉(1760)　정물화는 17세에 네덜란드 화가들이 유행시켰으나, 18세기부터 파리를 중심으로 크게 발달했다.

다. 로코코 시대 예술의 특징은 실내 장식에 있다. 사람들이 바로크식 저택의 넓은 응접실에서 살고 있는 동안에는 실내장식가들이 솜씨를 부릴 기회가 없었다. 그러나 로코코라는 이름 그 자체가 작고 친근한 것을 가리키고 있다. 조가비를 뜻하는 로카유(rocaille)에서 유래한 로코코는 본디 옛날의 대정원 대신에 나타난 아름다운 조그만 마당으로, 조그만 동산이나 자갈을 깐 오솔길 같은 것이 있는 마당을 가리키는 말이었다. 어떠한 새로운 형식이 탄생할 때 늘 그렇듯이, 로코코 양식도 별안간 뚜렷한 과도기 없이 나타났다. 테신(Tessin)[4] 같은 전통적인 건축가들이 하룻밤 사이에 이 지상에서 사라지고 다른 사람들이 그 자리에 등장했다. 그들은 선배들과 마찬가지로 유능했으나 사고방식이 전혀 달랐다. 우선 주택을 바라보는 관점에서 달랐다. 주택은 예전처럼 화려하고 웅장한 파사드로 사람들의 찬탄을 받는 대상이 아니라 쾌적하게 살 수 있는 공간이 되어야 했다.

---

4) 1700~1760년에 유럽의 명소로 꼽히는 스톡홀름 왕궁을 지은 사람.

그들은 친밀한 분위기를 만들어 내는 것을 무엇보다 중시했으므로 실내 장식, 즉 벽을 처리하는 방법, 거울의 올바른 이용법(촛불 빛으로 방이 더 밝아지도록), 컵과 컵받침, 쟁반, 수프 그릇 같은 모든 것에 주의를 기울였다. 그런 도자기는 뱅센, 생클루, 세브르, 마이센, 남펜부르, 빈, 프랑켄탈 등의 도자기 공장들이 영국의 첼시·더비·브리스톤·플리머스·스태퍼드셔(웨지우드 도자기 설립자의 고

장 바티스트 그뢰즈 〈깨진 주전자〉(1773) 한 소녀가 머리에 꽃을 꽂고, 가슴에도 분홍 장미꽃을 달고, 품에는 꽃다발을 안은 채 샘터에 서 있다. 오른쪽 팔에 깨진 주전자가 걸쳐져 있다.

향) 등과 솜씨를 겨루면서 생산하고 있었다.

이런 배경 속에서 스푼과 포크, 특히 커피포트가 나타났다. 그 무렵 커피 열매는 마침내 세계를 정복하여, 멕시코의 코코아 열매와 패권을 다투었다. 주방 기구를 완성하자 이번에는 촛대와 샹들리에에 몰두했다. 그 무렵엔 정말로 사교적인 사람들의 시대였으며 그들은 서로의 모임을 진심으로 즐기고, 폴란드인 다니엘 호도비에키(Daniel Chodowiecki)나 영국인 윌리엄 호가스(William Hogarth)의 판화를 감상하면서 아주 행복한 밤을 보냈다. 그리고 이런 흐름의 새로운 유행에 어울리는 공단과 비단과 무명에 맞는 디자인이 개발되었다. 새로운 유행에서는 바로크 시대의 묵직한 모직물이나 능직 대신, 무엇보다도 먼저 자연스럽게 보이고 매력을 중시하는 양식이 나타났다.

모든 예술의 임무가 가장 궁극적인 예술, 다시 말하여 생활의 예술에 공헌하는 것이라면, 로코코 시대의 예술은 역사상 전무후무하게 완벽한 것이었다. 그러나 판단 착오라는 중대한 실수가 이 아름다운 트럼프놀이의 집을 파괴해 버렸다. 스스로 깨닫지 못한 과오도 일부러 저지른 강도 행위와 마찬가지로 돌이킬 수 없는 것이다. 판단의 잘못은, 이들 선량한 사람들이 경제의 가장 초보적인 원리마저 무시해 버린 데서 비롯된 실수이다. 우리도 최근에야 깨달은 일이지만, 10분의 1이 부자이고 10분의 9가 가난뱅이인 세상은 결코 영속할 수 없다는 것을 그들은 알지 못했다. 18세기 유럽에서는 이 비율이 더 심했다. 차츰 엄중한 계급제도가 발달하여, 좋은 집안에서 태어난 사람은 나날의 빵과 버터를 위해 일할 수 없도록 규정한 신분제가 고착화되자 양극화가 극심해졌다. 한편에는 평생 고되게 일만 해야 하는 사람들이 있었고 다른 편에는 더 나쁘기까지 한 운명, 즉 어쩔 수 없이 게으름뱅이가 되어야 하는 불운한 사람들이 있었다.

로코코 시대가 어떻게 붕괴했는지는 잘 알려져 있다. 우아한 상류층은 아름다운 로코코식 응접실에서 50년 가까이 자유·평등·박애의 이념들을 입에 올리면서도 별로 진지하게 여기지는 않았지만, 이내 그 이념은 수백만 대중이 음산하고 비참한 생활을 하고 있던 지하실에까지 스며들었다. 상류층의 쾌락과 행복을 위해 온갖 봉사를 해야 했던 그들은 점차 이 이념을 진지하게 받아들였다. 그러던 어느 날, 머나먼 대서양 건너편 황무지에 사는 농민과 상인들이 독립을 선언했다는 소식이 더없이 평온했던 로코코 세계를 거세게 뒤흔들었다. 크게 놀란 로코코 세계는 인권선언을 발표하여 적당히 얼버무리려 했다. 그러나 이미 너무 늦었다. 폭발은 피할 수 없었다.

42장

속 로코코

18세기의 다른 유럽 여러 나라

전통은 쉽게 파괴되지 않는다. 루이 14세는 수도를 예술의 중심지로 만들었지만, 수백만 국민은 여전히 역시 이탈리아 음악과 그림이 최고라고 생각했다. 마치 오늘날 여성들이 수많은 반증이 있는데도 파리 상표가 붙어 있지 않으면 정말로 좋은 옷이 아니라고 생각하는 것과 같다.

그래서 오페라를 연주하고 부르고 작곡할 때는 이탈리아풍의 분위기를 자아내는 것이 상책이었다. 프르츠하임 출신의 하인리히 뢰슬렌도 잠시 고향에서 모습을 감추더니 갑자기 나폴리의 '엔리코 로세티 선생'이라는 유명한 테너 가수로 드레스덴 오페라 극장에 나타났다. 작은 시립 극장에서 트럼펫을 부는 아버지를 둔 빌헬름 뮐러는 '베네치아의 산 코시모 극장에서 최근 대성공을 거둔 거장 굴리엘모 물리바리의 연주회'를 알리는 인쇄 포스터로 가족들을 깜짝 놀라게 했다.

그러나 이런 것은 악의 없는 사소한 허영심이었으며, 지금도 메트로폴리탄 오페라단이 다음 시즌에 계약한 가수 명단을 발표할 때 늘 하는 수법이다. 물론 오페라 가수는 같은 지붕 밑에 있으면서 그렇게나 싸움을 좋아하는 자들도 없다는 말을 들을 정도였으므로, 독일계 가수들과 이탈리아계 가수들 사이에는 언제나 마찰이 잦았다. 그리고 어느 도시에서나 흥분한 시민들이 커피를 연거푸 마시면서, 자기가 좋아하는 독일계나 이탈리아계 여가수의 실력이 어떻다느니 떠들어 댔다.

그중에서도 카페 레장스에서 피친니파와 글루크파가 서로 장기판을 들고 상대의 머리를 후려칠 만큼 격렬한 난투극을 벌여, 〈메르퀴르 드 프랑스〉지에 10

행짜리 기사로 났을 정도이다. 어쨌든 1만 3천 부를 발행하는 신문에 10행짜리 기사가 났다면 근사한 공짜 광고를 한 셈이다. 그러나 이런 사태가 지나치면 좋을 것도 없다. 정말로 재력 있는 예술 후원자들은 그런 '불필요한 소동'(그들은 최근까지도 모든 형태의 선전을 이렇게 불렀다)을 그리 좋아하지 않았기 때문이다. 그래서 대다수의 화가, 음악가, 가수, 건축가들은 서로 좋아하지 않았을지도 모르지만 그것이 아니더라도 일종의 독립된 예술과 문학의 공화국을 이루고 세상과 동떨어져 지냈다. 거기에는 독자적인 법률, 풍속, 관습, 예의범절이 있었으나 이것들은 이미 오래전에 사라졌고 지금은 무미건조한 파리 근교에 약간 남아 있을 뿐이다.

18세기까지는 이 같은 취미의 통일성이 아직 깨지 않았다. 그러므로 로코코 양식은 세계에 보편적인 마지막 양식이었다. 화가나 음악가가 끊임없이 뒤섞인 것도 그 때문이다. 예를 들어 알렉상드르 로슬랭(Alexandre Roslin)이나 니콜라 라 프랑쟁(Nicolas Lavresen, 파리에서는 라브렝스라고 불렸다) 같은 저명한 프랑스인은 실은 스웨덴인이고, 또한 프랑스인인 리오타르도 스위스인이며, 18세기 영국 음악계를 완전히 지배한 헨델과 요한 제바스티안 바흐는 독일인이었다. 이런 예는 얼마든지 들 수 있지만, 이것만으로도 예술가가 '여권을 보여 주십시오'라는 말보다 '무엇을 할 수 있습니까?'라는 질문을 많이 받았던 그 무렵 세계의 분위기를 충분히 이해할 수 있을 것이다.

그러면 예술 활동이 크게 일어난 이 시대의 각국 상태를 간단히 비교해 보자. 먼저 건축이다. 예상과는 달리 프랑스 국내보다 국외에 훨씬 로코코 양식이 많다. 프랑스에서는 베르사유가 완전히 지배하고 있었으므로 다른 양식이 생길 여지가 없었다. 그리고 모든 귀족은 적어도 1년에 몇 달은 궁정에서 보내야 했으므로, 자신의 건축물을 세울 만한 돈을 가진 자가 드물었다.

그런데 오스트리아에서는 황제가 매우 부유했을 뿐 아니라 귀족들도 궁정에서 멀리 떨어져 살았고 그 영지도 거대했으므로, 마음만 먹으면 합스부르크 황실보다 더 웅장한 건축물을 짓는 것은 문제도 아니었다. 합스부르크 황실도 베르사유에 지지 않는 건물로 해야 한다고 생각한 것은 결코 호기심에서가 아니다. 1683년 투르크의 침공 때 불탄 조그만 사냥용 오두막의 잿더미 속에서,

불과 몇 해만에 훌륭한 황실 별장이 솟아났다. 방 1,441개와 주방 139개가 딸린 건물이었다. 쇤브룬의 이 저택을 설계한 사람은 니콜로 파카시(Niccolò Pacassi)라는 이탈리아인이었다. 그는 과연 선량한 애국자였다. 이 건물을 베르사유보다 겨우 몇 미터만 크게 만들었던 것이다.

로코코 양식은 오스트리아에서 테이프를 끊은 뒤 이내 인기 있는 양식으로 자리잡았다. 아마 오스트리아인의 기질과 잘 맞았던 것 같다. 신앙심이 두터운 이 나라에서는 시골 사원까지 새 예술의 마력에 사로잡혔다. 이런 분위기를 틈타 오스트리아의 주교와 대주교(그들은 귀족에 못지않은 부자였다)는 답답한 바로크 전통과 결별했다. 그들의 교회와 수도원에서는 로코코식 장식이 크게 늘어났다. 방문객들은 천장이나 난간에 그려진 즐거운 표정의 아기천사들이 갑자기 지금까지의 허식에서 벗어나, 하이든의 미뉴에트에 황홀히 귀를 기울이거나 아기예수와 제단의 엄숙한 성자들을 위해 아주 귀엽게 춤을 추어도 조금도 놀라지 않았다.

다뉴브강 유역과 남부 보헤미아 도처에, 다시 말하여 멜크에 있는 야코프 프란다워(Jacob Prandauer)의 베네딕투스 대수도원에서 아삼(Asam) 형제가 뮌헨에 세운 장크트 요한 교회에 이르기까지 엄숙하고 경건한 가톨릭적 분위기와 경쾌한 사치가 섞여 있는 것을 볼 수 있다. 북방에서 온 순례자들은 슬픈 듯이 고개를 저으면서, 이런 것에 만족할 수 있는 사람은 훌륭한 그리스도 교도가 될 수 없다고 중얼거리곤 했다. 그리스도도 천성이 무척 쾌활했다는 사실(아이들을 사랑하는 사람은 반드시 그래야 한다)을 상기한다면, 이 생각에는 찬동할 수 없을 것이다. 또 모차르트의 음악도 대부분 이런 환경에서 연주하기 위해 작곡된 것이다. 그리고 모차르트 자신이 죽음을 앞두고 있을 때 홀연히 작곡된 그 마지막 진혼곡보다 신에게 접근할 수 있는 더 좋은 방법이 있었을까?

이 책의 처음 어딘가에서 나는 '더러운 것'은 '그 장소에 걸맞지 않은 것'이라고 정의했다. 이 말은 온갖 예술에 해당된다. 오스트리아에서 로코코 양식은 외국에서 들여온 것이 분명한데도 이 나라에 어울리지 않는다는 느낌을 결코 주지 않는다.

그것이 국민의 생활 철학 속에서 결정적인 역할을 하고 있기 때문이다. 무서

쇤브룬 궁전 건축가 니콜라 파카시가 설계한 로코코 양식의 궁전(1744~49). 오스트리아 합스부르크 왕가의 마리아 테레지아 여제의 귀여운 딸 마리 앙투아네트가 어린 시절을 보냈던 곳, 베르사유 궁전에 견줄 만한 화려하고 아름다운 궁전이다.

운 베르사유 인간들의 손으로 난도질당했는데도 빈이 살아남은 것은 바로 이 로코코 정신 때문이었을 것이다. 그와 마찬가지로 빈의 왈츠나 오페라가 온 세계 사람들을 사로잡은 이유는, 요한 슈트라우스나 프란츠 레하르(Franz Lehár)의 영혼 속에 스며 있는 그 로코코적인 명랑함 덕분일 것이다. 로코코 양식이 감상적이고 깊이가 모자란다는 갖가지 비평에는 나도 찬성하겠다.

그러나 로코코 시대는 그 자체가 감상적이고 깊이가 없었다. 그러므로 보편적이고 지속적인 호응을 얻을 수 있었다. 실은 대부분의 사람들이 감상적이고 깊이가 없다. 이 두 가지는 서로 얽혀 있고 그 장점과 단점이 잘 어울린다. 적어도 나는 그렇다.

그러나 내가 이런 말을 하는 것은 내 피 속에 남방의 피가 약간 섞여 있기 때문이다. 한 사람의 선량한 네덜란드인이라면, 나는 이런 고백을 결코 하지 않을 것이다. 저 가엾은 빈센트 반 고흐가 예쁜 프랑켄탈 컵으로 초콜릿을 마셔도 창피하게 생각지 않는, 그것도 배고프고 목이 말라서가 아니라 순전히 초콜릿이 좋아서 마시는 모습을 떠올려 보라. 도저히 생각할 수 없는 일이다.

삶은 진지한 현실
무덤은 삶의 목적지가 아니네.
그대들은 티끌, 티끌로 돌아가리
영혼에 대해서 한 말이 아니네.

다른 나라들의 로코코 예술은 어떤 것이었던가? 독일에서도 로코코 양식은 다소 볼 수 있다. 프리드리히 대왕이 휘하 건축가 크노벨스도르프(Knobelsdorff)의 도움을 받아 직접 설계한 포츠담의 상수시 궁전은 지금도 여전히 그 주위 환경과 연관성을 잘 보여 주며, 대왕의 누이(빌헬미네 소피)가 역사상 가장 유명한 야인(바이로이트 제후 프리드리히)과 결혼하여 바이로이트에 건축물을 세운 것도 상당한 가치가 있는 것이었다. 늘 폴란드의 왕위를 넘보던 작센 선제후들은 잠재적 동맹자이자 자금줄이었던 프랑스 왕들의 본보기를 따라야 했으므로, 루이 16세가 베르사유 궁전에 로코코풍을 덧붙이자 그대로 따라하지 않을 수 없었다.

그러나 유럽을 떠나 러시아 대평원에 들어가 보면 로코코는 어울리지 않는다. 거기서는 건물 자체와 주위 환경 사이에 연관성이 전혀 없다. 러시아에서는 어떤 건물에나 '외국제'라는 각인이 찍혀 있다. 표트르 대제는 발트해 연안에 새 수도를 건설할 때, 과거에 즐거운 유학 시절을 보낸 적이 있는 암스테르담 같은 도시로 만들고 싶어 했다. 그러나 대제는 멀리 이런 벽지까지 자신을 따라오려는 사람들에게 쥐꼬리만 한 급료를 제시했다. 그 급료에 조국을 떠나 네바 강변에 올 네덜란드인은 거의 없었다. 그래서 상트페테르부르크 건설 사업은 프랑스인, 이탈리아인 및 독일인에게 맡겨졌던 것이다.

그 무렵 러시아에는 유럽에서 말하는 것과 같은 의미의 예술이 없었다. 화가라고 해야 수백 년 전부터 전해진 비잔티움 전통에 따르는 성상 화가들뿐이었다. 조각은 전혀 알려져 있지 않아, 만약 누드 조각상이 있었다면 가장 개화된 모스크바인들마저 매우 의심쩍은 눈으로 보았을 것이다. 그 무렵 모스크바에 처음으로 종이 들어왔을 때, 악마의 소리가 아니냐면서 물속에 던져 버렸을 정도였다. 그나마 유일한 토속 예술품은 자수였다. 그러나 표트르는 그런 사정에 조금도 흔들리지 않았다. 조국을 다른 나라와 어깨를 견줄 만큼 끌어올리겠다

포츠담, 상수시 궁전 베를린 근교 포츠담에 있는 궁전, 프리드리히 대왕이 세운 로코코 양식의 여름 별궁이다. 궁전 이름은 프랑스어로 '근심 없음'을 뜻한다. 크노벨스도르프 설계.

는 그의 결심은 반석 같았다. 그의 예술에 대한 의지는 1717년 상트페테르부르크에 세운 러시아 고블랭 직물 공장으로 처음 드러났다. 그다음에는 황실 도기 공장이었다. 그 밖에도 계획이 있었으나 실현되지 않았다. 러시아 국민들은 게으르거나 무관심했다. 그러므로 표트르는 화가나 조각가나 건축가가 필요할 때는 즉각 외국에서 불러들였다. 그런 이주자 가운데, 피렌체 사람으로 카를로 바르톨로메오 라스트렐리(Carlo Bartolommeo Rastrelli)라는 사람이 있었다. 파리에서 공부한 조각가였다. 그의 아들인 바르톨로메오 라스트렐리는 페테르부르크의 겨울 궁전과 차르스코예 셀로의 여름 궁전 등 18세기에 러시아에 세워진 대형 건축물 대부분을 설계했다.

　이 두 이탈리아인 이후에도 예술적 모험심을 가진 많은 사람들이 슬라브족의 나라로 건너갔다. 러시아인들은 건축에 관해서 별로 독창성을 보이지 않았다. 과거에 이반 대제의 기괴한 건물도 참고 넘어갔던 러시아인들은 이번에는 표트르 대제의 바로크적 로코코식 건물에도 트집 잡지 않았다. 아마 앞으로도 그들은 누군가가 무엇을 보여 주어도 참을 것이다. 자기들은 아직 젊다고 그들은 변명한다. 이제 갓 시작했을 뿐이라는 것이다. 그렇다면 그들이 하는 일을 잠시 지켜 보기로 하자. 그것이 가장 너그러운 대응이다.

　영국에서는 기묘한 발전이 있었다. 17세기 전반의 영국 왕실은(찰스 1세와 그 왕비를 빼고) 정말로 부도덕하고 구제하기 어려울 만큼 무능했다. 그러나 아름다움에 대한 비상한 애호심을 갖고 있었다. 그러므로 비교적 진지한 영국인들은 아름다움의 관념을 퇴폐(頹廢)·부덕·무능과 결부해서 생각하게 되었다. 그들은 아름다움을 진정으로 사랑하면 품성이 고결해지고, 근면해지고, 생활이 단정해진다는 것을 잊고 있었다. 그들은 국왕이 하는 일을 사사건건 반대해야 한다고 생각했다. 가엾은 찰스가 무고하게 형장의 이슬로 사라져 버리자, 그들은 그런 상태가 되풀이되어서는 안 된다고 판단했다. 청교도들은 옛 체제의 부활을 막기 위해 감각에 호소하는 모든 것을 금지해 버렸다. 그래서 구원으로 가는 길은 누구라도 자기가 어디를 걷고 있는지 알 수 있도록 곧고 평탄한 외길이어야 했다. 아름다운 건물이나 그림이나 조각은 시야를 흐리게 만들므로 그런 것은 배제하고, 모든 것을 순수하고 정직한 그리스도교적인 방법으로 만들게 했다.

　다행히도 영국의 목수나 석공의 솜씨가 매우 좋았으므로, 아름다움이 금지되어 있었지만 집이나 가구를 꽤 아름답게 유지할 수 있었다. 그러나 실용적이지 않은 예술은 완전히 빛을 잃어버렸다. 고대 유대에서와 마찬가지로, 한 나라의 문명 전체가 구약성서라는 단 한 권의 책으로 집중되었다. 여호와가 모든 외래 신에 눈살을 찌푸렸듯이 청도교들도 외국인이라면 질색을 했다. 지난 수백 년 동안 영국에서 훌륭한 생활을 해 온 플랑드르인, 네덜란드인, 프랑스인, 독일인 예술가들은 화구를 꾸려 이 나라를 떠났다. 두드러진 재능이 없는 일부 시골 화가들만이 청교도의 수요에 응하게 되었다. 위대한 지도자들의 초상화 주문이 이따금 있었다. 그뿐이었다. 그러나 예술을 등한시한 이 시대는 어느 의미에서는 실은 축복할 만한 시대였다. 초기 스튜어트 왕조에는 좀 과하다 싶을 만큼 많은 건물이 세워졌다. 그것은 한 위대한 인물의 걷잡을 수 없는 열정이 빚어낸 현상이었다. 그 사람은 그 무렵 모든 건축에 이름을 남겼으며, 이탈리아 것이라면 무엇이나 좋아하여 고국 영국을 이탈리아 토스카나처럼 만들고 싶어

했다.

그의 이름은 이니고 존스(Inigo Jones)다. 그는 1573년에 태어나 1651년에 죽었다. 그는 런던의 모직물 제조업자의 아들로, 아름다운 최고급 가구를 만드는 일류 목수의 제자가 되었다. 그러던 중 그의 그림을 보고 재능이 있다고 여긴 어느 돈 많은 귀족의 도움으로 이탈리아에 가서 풍경화 공부를 시작했다. 그러나 그는 곧 그림보다 건축이 훨씬 재미있다는 것을 알고 베네치아로 갔다. 그곳에 머무는 도중 그는 1570년 베네치아에서 출판된 안드레아 팔라디오(Andrea Palladio)의 유명한 건축서를 발견했다. 그 뒤 그는 세계를 재정복하여 고대 로마의 이상을 실현하려는 새 양식의 위대한 예언자가 되었다.

그가 처음으로 맡은 대규모 공사는 덴마크 왕 크리스티안 4세의 의뢰를 받아 프레데릭스 보르와 로젠보르에 왕궁을 세운 일이었다. 그것을 완성하자 고국으로 돌아와 1612년에 제임스 1세의 명으로 왕궁 건축 감독을 맡았다. 그가 고전주의 이념에 얼마나 사로잡혀 있었는가를 가장 잘 보여 주는 예는 1620년에 왕의 요청에 따라 스톤헨지의 기원에 대해서 쓴 보고서이다. 그는 그 옛 켈트족의 기념비가 실은 로마 신전이라는 결론을 내렸다.

단 하나의 이상에만 꽁꽁 뭉친 사람답게, 그가 손을 댄 것은 모두 적어도 영국적이라기보다 이탈리아적 외관을 갖지 않을 수 없었다. 찰스 1세가 새 왕궁의 설계를 명령했을 때, 존스는 이탈리아 르네상스 양식으로 세워질 거대한 건축물의 기초 설계도를 제출했다. 일곱 채의 대궁전을 모두 정말로 로마적인 규모로 세울 계획이었다. 그런데 불행하게도 최초의 부분, 말하자면 지금도 남아 있는 화이트 홀의 연회실이 완성되자, 갖가지 일이 일어나서 건물의 완성을 방해했다. 우선 왕이 파산했다. 다음에 청교도 혁명이 일어나 얄궂게도 왕은 새 궁전의 창문으로 끌려나가 목이 잘렸다.

게다가 이니고 존스는 스튜어트 궁정에서 인기 높은 가면극 몇 편을 연출한 탓에 수많은 청교도의 저주를 받았다. 그는 '아첨꾼'으로 고발되었으나 엄청난 돈을 지불하고 목숨만은 건졌다. 빈털터리가 된 그는 1651년 가난에 시달리다 죽었다.

그러나 그의 불행은 그것으로 그치지 않았다. 1666년 9월의 런던 대화재는 그가 30년 동안 세운 거의 모든 건물을 잿더미로 만들었다. 훌륭한 런던 시민들이 왕의 의견에 귀를 기울였더라면, 이 화재는 전화위복이 되었을 것이다. 화마의 열기가 식자마자, 왕은 크리스토퍼 렌(Christopher Wren)이라는 유명한 수학자 겸 천문학자에게 현대적이고 효율적인 아주 새로운 도시 계획을 입안하도록 명령했다. 그것은 언제나 화재의 위험이 있는 거리를 정비하고, 구불구불한 길을 없애 신선한 공기와 햇빛을 통하도록 하는 것이 목표였다. 그러나 조심스러운 영국의 상점주들은 그 말에 귀를 기울이지 않았다. 그들은 모든 것이 예전과 똑같아야 한다고 주장했다. 꼬불꼬불한 옛 시가나 좁은 길을 화재 전 그대로 재건해야 했다. 건축을 위해 천문학을 포기한 크리스토퍼 렌은, 정확히 본디 자리에 재건한다는 조건으로 많은 새 교회의 설계를 허가받았다. 여러분이 런던을 찾아 크리스토퍼 렌의 걸작을 발견하는 데 고생하는 까닭은 여기에 있다. 그 건물 바로 앞에 가서도 알 수가 없다. 그런 건물들이 대지를 좀 더 넉넉하게 차지했더라면 더 잘 보였을 것이다. 그러나 중세의 건축은 그렇게 하지 않았다. 그런 방식을 택할 이유는 무엇인가?

크리스토퍼 렌의 대표작인 세인트폴 대성당은 예전에 이니고 존스가 세운 옛 세인트폴 대성당 폐허 위에 세워졌는데, 이것도 주위의 건물에 숨이 콱콱 막힐 만큼 둘러싸여 있다. 이 건물은 그 자체가 영국 역사의 일부이므로 내부와 외관에 대해서 순전히 기술적인 측면으로 비평을 가하기는 어렵다. 그것은 품위 있는 파사드에 기둥과 주랑이 조화롭게 늘어서 있다. 그러나 두 개의 탑은 별나게 튀어나와 캄보디아의 탑처럼 보이고, 그 밖에 세부에도 아직 불충분한 데가 있다. 그래도 이 건물은 로마의 성베드로 대성당처럼 위압적이지 않으며 내부는 다른 성당보다 훨씬 차분하다.

크리스토퍼 렌과 그 무렵의 애덤 형제(존, 로버트, 제임스 및 윌리엄)의 다른 건축물들도 많은 수가 오늘날까지 남아 있다. 아주 견고하게 지어졌으므로, 전통을 매우 중시하는 이 나라에서는 앞으로도 오래도록 남아 있을 것이 분명하다. 방대하고 웅장한 전원 저택들도 연구하는 데 가장 편리하다. 디즈레일리(Disraeli)가 영국을 '소수, 극소수의 나라'라고 말한 것은 1830년대였지만, 그 말은 오히려 18세기 영국에 더 잘 어울리기 때문이다. 블레넘궁,[1] 햄프턴궁, 그 밖

---

1) 말버러 공(1650~1722)의 공적을 기려 세운 궁전.

런던의 세인트폴 대성당 크리스토퍼 렌의 대표작. 1666년 런던 대화재 때 파괴된 옛 교회터에 재건되었다. 대체로 아름답고 화려한 로코코 양식을 잘 보여 주지만, 중앙 돔과 두 개의 탑이 어울리지 않는 모습이다.

에 명칭이 무엇이건 그 무렵 건물은 외관이 르네상스 양식이라는 것 이외에 하나의 공통점을 갖고 있다. 그것은 소유자의 정치적·경제적 세력을 과시하기 위해서 세워졌다는 점이다.

그 목적을 위해 하인들은 물론 자신의 편의까지도 배려하지 않았다. 어떤 유명한 저택은 하인의 다락방 때문에 지붕의 선을 해친다는 이유로 하인들을 지하실로 내려보냈다. 그러나 주인 자신도 엄청나게 넓고 탁 트여 바람이 휙휙 불어 지나가는 홀에서 귀족 전용의 아름다운 의자며 소파며 테이블에 둘러싸여 있었으므로 그들과 다를 바 없었다. 그런 가구류는 그 무렵 뛰어난 건축가였을 뿐 아니라 목공일도 능숙했던 로버트 애덤(Robert Adam)의 설계서에 따라 치펀데일, 헤플화이트, 셰러턴, 그 밖에 많은 가구 장인들이 만든 것이었다.

여기서 매우 재미있는 영국 특유의 경향을 덧붙여 두겠다. 이러한 건물이 다분히 르네상스식을 바탕으로 하여 바로크를 조금 섞고, 고대 그리스를 조금 흉내 내고 로코코를 덧입힌 새로운 양식으로 진행되고 있는 동안에도 영국인은 1천 년 가까이 익숙해진 노르만 시대의 고딕식을 분명히 선호했다. 그 결과 영국은 세계에서 유일하게 고딕이 옛 양식으로서 버려지지 않고 생명력을 간직한 나라가 되었다. 오늘날에도 영국인은 이와 같은 고딕 풍속에 묻혀서 살고 있지만, 옛 것과 새 것의 결합에 전혀 부조화를 느끼지 않고 있다.

영국은 이상한 나라이다. 아마 이 나라는 본질적으로 너무나 논리적이어서, 다른 나라의 눈에는 아주 비논리적으로 보이나 보다. 이를테면 영국은 왜 그 시대에 그토록 많은 위대한 화가를 낳았을까? 17세기만 해도 영국의 모든 그림과 대부분의 조각 작품은 외국인이 제작했다. 그런데 18세기에 들어서자 갑자기 레이놀즈, 게인즈버러, 롬니, 호프너 같은 사람들이 나타나 그 무렵 일류 미인들과 그 특이한 시대의 특이한 인물들의 초상을 그렸다.

호가스는 그림의 세르반테스라고도 할 색다른 인물이었는데, 그는 자기가 태어나서 오랜 근면한 생애를 보낸 사회의 악을 그림으로 묘사함으로써 대중에게 매우 도덕적인 봉사를 했다(적어도 그 자신은 자기가 하는 일에 대해 그렇게 생각했다). 게다가 윌슨(Wilson)도 그 시대 사람이고, 수채화에 주력한 노리치 화파의 창시자 존 크롬(John Crome), 전혀 새로운 풍경화의 개념을 제시한 컨스터블, 코트먼, 터너도 그 시대 사람이다. 터너는 1775년 태어나 1851년에 죽었으므로 사실은 18세기 화가가 아니다. 그러나 그는 기차라는 유용한 괴물의 영혼을 표현한 거의 유일한 그림을 남길 만큼 오래 살았지만, 영국의 국토를 몹시 사랑한 점에서 본질적으로 18세기 사람이었다.

그리고 여기에 모든 영국 예술의 핵심이 있다고 생각한다. 영국인은 한 번 그 형용할 수 없이 더러운 도시나 공업 중심지를 떠나 시골에 도착하면, 광대한 정원 속에 들어가 버린다. 그런 풍경을 나는 세계 어디에서도 볼 수 없었다. 맹세코 말하지만, 나는 우리 미국의 코네티컷주 언덕이나 오랜 농가를 사랑한다. 그 농가는 성실한 기술자들이 세운 것이며, 매사추세츠주의 목사들도 우리

윌리엄 호가스 〈백작부인의 아침 기상〉 가운데 네 번째 연작 〈그 시대 풍조의 결혼〉 장면(1743) 이 그림은 상류층 결혼 풍습을 풍자한 것이다. 런던, 국립미술관.

의 균형과 조화의 감각을 부정할 수는 없다. 그러나 영국은 우리가 앞으로 천년이 지나야 겨우 이룰 만한 것을 이미 이룩했다. 영국의 풍경은 음악가들의 표현을 빌리면 '통째로 작곡된(durch komponiert)'[2] 풍경이다. 영국은 이제 신이 엿새 만에 성급히 세계를 창조하려고 했을 때의 그 모습이 아니다. 후대에 여러 차례에 걸쳐 수정에 수정이 거듭된 것이다. 때로는 궁정의 마드리갈이나 청교도의 장송곡으로 고쳐 쓰인 적도 있다. 엘리자베스 여왕이 빨간 신을 신고 이 푸른 들판에서 춤을 추었고, 크롬웰의 부하들이 무거운 말편자를 댄 말을 몰아 구슬픈 노래를 흥얼거리면서 시골길을 걸은 적도 있다.

그러나 누대에 걸쳐 사람들은 여기서 살다가 여기서 죽었으며, 세계의 끝까지 탐험한 뒤 이 땅으로 되돌아왔다. 이 향토 사랑이 풍경 전체를 바꾸어 버린 것 같다. 영국의 풍경은 독자적인 영혼을 갖게 되었다. 그러나 그 속의 영혼은

---

2) 각 시절(詩節)에 다른 악보를 다는 일.

컨스터블 〈주교 정원에서 본 솔즈베리 대성당〉(1823) 건축물을 기록으로 남기기 위해 그린 작품. 곧 비가 내릴 듯한 하늘이다.

그림보다 문학으로 표현하는 편이 더 적합할 것이다. 프랑스, 독일, 이탈리아 등 다른 나라들도 일류 시인과 문인을 낳았다. 그러나 영국은, 네덜란드인이 그림을 그리고, 독일인이 음악을 작곡하고, 프랑스인이 새 유행의 디자인을 하듯 시 짓기를 좋아한다.

　국민은 어린아이와 매우 비슷하다. 아이들에게 은화를 한 닢씩 나누어 주면 그것으로 캔디를 사는 아이도 있고, 은행에 맡기는 아이도 있다. 공을 사는 아이도 있고, 영화를 보러 가는 아이도 있을 것이다. 그와 마찬가지로 국민에게 같은 재능을 주면 그림이나 음악, 시에 쓰는 국민도 있고, 종교 토론에 열 올리는 국민도 있으며, 법전을 완성하는 데 주력하는 국민도 있을 것이다. 모두 나름대로 재능을 현명하고 흥미롭게 쓰는 방법이다.

　괴테, 렘브란트, 요한 제바스티안 바흐, 망사르 같은 사람들은 그들 나라에 매우 유용한 자원이다. 윌리엄 셰익스피어 또한 영국의 국민적 자산이다.

43장
인도, 중국, 일본

유럽은 예상치 않았던 나라들로부터 배울 것이 많다는 사실을 깨닫는다.

내 연배 사람들은 대대적인 시누아즈리(Chinoiserie)[1]의 끝자락을 볼 수 있었다. 내가 어렸을 때, 지금도 여전히 조그맣고 아름다운 운하가 내다보이는 아름다운 길가에 18세기 중엽 세워진 훌륭한 로코코·중국풍의 찻집이 남아 있었다. 들리는 바로는, 우리의 증조부의 증조부쯤 되는 조상들은 산책하기에 더없이 좋은 날씨면 걸어서 5분쯤 걸리는 이 거룩한 찻집을 찾아 오후 한때를 보냈다고 한다.

찻집에서 만난 사람들은 중국 비단옷을 입고, 값비싼 중국 차를 엄숙하게 음미했다. 차는 언제나 아름다운 중국 도기 찻잔의 받침 접시로 마셨다. 먼저 찻잔받침에 따르지 않고 직접 찻잔으로 마시면, 참된 중국인의 다도를 모르는 사람이 되기 때문이다. 중국의 예절을 알지 못하면 교양이 없다고 무시당하던 시대였다.

우리가 태어날 무렵에는 병풍이나 벽에 걸린 중국 그림 말고는 옛날의 시누아즈리의 잔재는 남아 있지 않았다. 찻집은 이미 고기잡이 도구를 넣어 두는 곳간으로 쓰이고 있었다. 그러나 18세기 말의 문학에는 중국식 탑에서 만나는 로맨틱한 장면이 많이 나오고, 그 무렵 화가들도 아주 좋아하는 소재였다. 그 덕분에 나로서는 평범한 조상들의 생활 속에서 이 기묘한 에피소드를 재구성하기가 아주 쉽다. 그것이야말로 그들이 그런 도락을 즐긴 이유인 것이다. 그들은 점잖고 평범했으므로, 점잖고 평범한 이웃들이 하는 일은 모조리 따라해야

---

1) 17~18세기 유럽에서 유행했던 중국풍 유행.

만 했다. 이웃들은 모두 중국인이 되어 놀고 있었다. 그 열광이 지나쳐 나중에는 선량한 네덜란드인(에스파냐, 프랑스, 덴마크에서도 사정은 마찬가지로 중국 열풍은 온 유럽을 휩쓸다)이 중국어와 아주 닮은 혀짧은 말로 서로 이야기할 정도였다. 그것은 우리가 일곱 살쯤 되었을 때 스스로 고안해 낸 그 은어 같은 것이었다.

그것이 시누아즈리의 끝자락인데, 그 시작은 꽤 오래전이다. 1667년 프랑스왕 루이 14세가 궁정 무도회에서 페르시아풍과 중국풍이 반씩 섞인 복장을 하고 나타났을 때로 거슬러 올라간다. 그것은 새 유행이 되어, 유럽의 하급 군주들은 앞다투어 그 흉내를 냈다.

이것이 루이 14세 시대 사람들의 속물 근성의 표현이라고 비난할 필요는 없다. 우리도 별 차이가 없다. 윈저 공(잊어버렸을지 모르지만, 영국의 에드워드 8세를 말한다)은 오스트리아를 매우 좋아하여 겨울마다 오스트리아의 티롤에서 스키를 즐기고는 티롤 옷을 입고 돌아다녔는데, 그 때문에 멋을 부리는 여성들이나 그렇지 않은 여성들이 모두 앞다투어 오스트리아 아가씨처럼 입고 다녔다. 그 덕분에 잘츠부르크의 이름 없는 양복점이 엄청난 돈을 벌었다고 한다. 남자들도 그 흉내를 내어 지금도 티롤 모자를 쓰고, 농부 윗도리에 가죽바지를 입고 다닌다. 골프를 치고 왔으면서도 포어아를베르크에서 사슴 사냥이라도 하고 돌아온 것 같은 차림이다.

100년 뒤의 역사가들이 20세기의 문화 발전을 특징지을 때, 이 어이없는 30년대의 티롤 취미에 깜짝 놀랄 것이다. 마치 우리가 18세기 30년대의 중국 취미에 놀라듯이. 사회사 연구자들에게 시누아즈리의 또 하나 흥미 있는 점은, 유럽이 중국 열풍에 들떠 있을 때 중국은 유럽 열풍에 들떠 있었다는 사실이다. 베르사유에 중국식 탑이나 기와로 지붕을 이은 집이 세워지는가 하면, 중국에서는 강희제와 건륭제가 베르사유를 그대로 본떠 프랑스·로코코풍의 궁전을 세우라고 명령했다.

그러나 이제 와서 알게 되었지만, 그것은 단순한 우연의 일치가 아니었다. 그렇게 된 데에는 분명한 이유가 있었다. 중국이나 프랑스나 다 고도로 중앙집권화된 왕국이었다. 두 나라의 군주는 왕국의 수도를 온 대륙의 문화적 중심지로 만들고 싶어 했다. 18세기의 중국이 적어도 그 정신면에서 얼마나 철저하게

프랑스 미술 루앙산 피엔 차풍 그림 접시
중국풍의 그림 장식. 17세기 파리, 장식미술박물관 소장.

로코코식이었나 하는 것은 그 무렵의 그림, 찻잔, 칠기, 기묘한 조각을 새긴 상아나 경옥 등을 보면 알 수 있다. 모두 화려하고 즐거우며 매우 세속적이다. 더욱이 돈 따위는 얼마가 들든 아랑곳하지 않는 사치성을 나타내고 있다. 성격이 활발하고 높은 교양을 가진 부인들이 상류계급의 정치, 사회 생활을 지배하고 있음을 은근히 나타내고 있다.

물론 경제적 관점으로 본다면 이것은 모두 아주 잘못된 일이다. 그러나 그 덕으로 매우 아름다운 예술이 많이 탄생했다. 그 예술은 지금도 남아 있으나, 그것을 만든 사람들은 죽고 없다. 그러므로 우리는 그들이 남겨 준 것을 다 그대로 받아들이면 된다. 마지막 판단은 자비의 여신인 관음보살에게 맡기기로 하자. 관음보살은 군함이나 다이너마이트, 총검보다 더 큰 위력을 지닌 관용을 주의 깊게 실행하여 다른 신보다 오래 살아남은 가장 인기 있는 신이다.

불행하게도 아름다운 중국 옷을 즐겨 입던 유럽인들은 중국의 역사는 물론이고 중국에 대해 전혀 알지 못했다. 그들은 이 신비로운 나라에서 온 것이면 무엇이나 까다로운 질문 없이 열렬히 받아들였다. 그것은 광둥〔廣東〕이나 닝보〔寧波〕의 교활한 중국 상인들을 기쁘게 했다. 드디어 이상적인 손님을 만났다

고 생각한 것이다. 그 가엾은 이방인들은 어차피 진짜 송나라 항아리와 모조품의 차이를 알지 못한다. 모조품이라도 얼마든지 환영을 받고 비싼 값으로 팔리는데, 진짜를 보낼 바보가 어디 있겠는가? 그 결과 유럽 시장에서는 예술품이라고도 할 수 없는 형편없는 것들이 흘러넘칠 지경이었으므로, 그것들을 가려내기 위해 3세대에 걸쳐 수많은 중국인 학자들을 불러들여야 했다.

중국 미술 〈화병〉 서양식 화려한 색채 문양의 자기. 옹정제~건륭제 시대 자금성, 황제의 수집품.

지금은 그런 유감스러운 상황이 되풀이될 위험은 거의 없다. 오늘날 전문가들은 델프트의 도기나 그리스의 주화만큼이나 중국의 미술품을 속속들이 알고 있다. 또 중국 역사에 대해서도 50년 전처럼 깜깜하지는 않다. 그래도 아직은 그릇된 지식이 많고, 그것을 바로잡는 것은 꽤 힘이 든다. 이를테면 서양보다 이미 수천 년 전에 중국인이 나침반에서 인쇄기에 이르기까지 모든 것을 발명했다고 믿고 있는 사람들이 많다. 그러나 그것은 사실이 아니다. 믿을 수 있는 중국 역사는 비교적 근세의 것뿐이다.

중국인들은 중국 최초의 왕이 쿠푸[2]와 같은 시대에 속하는 복희씨라고 주장하지만, 복희는 적어도 중국 역사학자들이 내게 말해 준 바에 의하면 단지 신화의 인물에 지나지 않는다. 그러나 복희는 흥미 있는 인물이며, 다른 민족들이 자기 민족의 시조를 찬양할 때 언제나 볼 수 있는 그런 영웅과는 아주 달랐다. 그는 이웃나라 사람들을 죽이는 정복자가 아니라, 자기 백성들을 무지로부

---

2) 이집트 제4왕조의 국왕이며, 피라미드를 처음으로 만든 사람이라고 한다.

터 벗어나게 하려고 나날을 보냈다. 그는 사람들에게 사냥, 고기잡이, 야수 길들이는 방법을 가르쳤다. 사람들을 씨족으로 나누고 혼인 의식을 정했다. 더 규칙적으로 경작을 할 수 있도록 달력을 발명했다. 그리고 백성들이 쌓은 지식을 자손들에게 전할 수 있도록 문자를 가르쳤다. 중국 문자는 우리에게는 복잡하고 어려워 보일지는 모르지만, 그들의 필요를 완전히 채워 주는 것임을 실증했다.

복희는 이런 실제적인 정책을 정신적인 측면으로 보완하기 위해 몇몇 현악기를 발명했다. 그 현악기로 백성들은 한가할 때 아름다운 음악을 즐길 수 있었다.

그리고 600년 뒤 순임금 치세에, 한 고관의 딸이 그림이라는 예술을 덧붙였다. 그 아름다운 처녀가 무엇을 그렸는지, 어떤 기법을 썼는지는 유감스럽게도 알려져 있지 않다. 그럭저럭 연대를

당나라 시대 비단에 그려진 복희, 여와
머리는 인간이고 몸뚱이는 뱀인 복희와 여와가 서로 끌어안은 채 꼬리를 휘감고 있다. 여기서 그들은 인류를 창조하고 혼인과 생육을 관장하는 생명의 신으로 묘사되어 있다.

추정할 수 있는 가장 오랜 중국 미술(기원전 1800~1200년 사이에 그려진 것이 틀림없다)은 새나 인간을 거칠게 그린 것으로서 거북 등에 새겨져 있으며, 에스파냐의 동굴에 있는 작품보다 훨씬 못하다. 중국인들이 인정하듯이 붓은 기원전 3세기, 종이는 기원전 1세기로 거슬러 올라갈 뿐이므로 중국 미술의 시작은 기원 전후쯤이라고 결론짓지 않을 수 없다. 그 무렵 이집트나 그리스에는 이미 뛰

어난 화가들이 많았다.

실제 중국 연대기도 이와 같은 가설과 모순되지 않는다. 중국사의 신화적 부분이 끝난 것은 기원전 256년부터 207년까지 존속한 진나라 시대부터다.[3] 이어 한나라가 기원전 206년부터 기원후 220년까지 존속했다. 이 시대의 중국 고분에서는 이집트 무덤의 초기 그림과 비슷한, 매우 단순한 선을 새긴 그림을 볼 수 있다. 또 초상화도 이 시대부터 그려지기 시작했다.

풍경화는 264년부터 618년에 당나라가 설립될 때까지 지속된다. 이른바 '분열시대'[4]에 등장했다. 그러나 고대 중국 예술이 정점에 다다른 것은 송나라에 들어와서였다. 송은 960년부터 1279년까지 존속하다가 몽골 왕조에 의해 멸망했다. 몽골은 먼저 중국 북부를 정복하고, 이어 남부까지 손에 넣고 태평양에서 발트해에 이르는 대제국을 건설했다.

이 원나라에 이어 명조가 들어섰다(1368~1664). 명나라 다음에는 만주 왕조가 일어나, 1644년부터 1912년까지 중국을 지배했다. 1912년 민주주의가 승리하여 중국은 몇 개의 작은 공화국으로 분열했다. 이 책을 쓰는 현재(1937년) 중국은 일본의 책략을 막기 위한 힘겨운 전쟁을 벌이고 있다.

이렇게 시대순으로 나열한 것은, 독자 여러분의 편의를 위해서다. 중국 골동품상이나 박물관장들은 진이니 명이니 송이니 하는 명찰을 달아놓고는 아마추어들을 당황케 하는 데 더없이 즐거움을 느끼는 듯하다. 그들은 그런 이름들이 대개 미국 대통령의 이름보다도 우리와 인연이 멀다는 것을 잘 알고 있다.

중국이라는 이름은 나라보다 오히려 문명을 나타낸다고 말한 사람이 있다. 중국에 대해 매우 무지한 내가 보기에도 아주 현명한 견해다. 만일 문명이 아니라면, 중국인이 이렇게도 오랫동안 살아남을 수 없었을 것이다. 국가는 생겨났다가 사라지기를 거듭하지만, 문명은 한 국가를 일으킨 사람들이 사라진 뒤에도 수천 년 동안 지속될 수 있다.

수천 년까지 거슬러 올라가는 문명을 겨우 몇 페이지로 만족할 만큼 충분

---

3) 진나라는 본디 기원전 8세기 춘추시대부터 존재했던 제후국인데, 지은이는 진이 중국 통일의 주역으로 등장한 시기와 혼동하고 있다.

4) 진(晉)나라가 성립하면서부터 수나라의 양제가 살해될 때까지의 시대를 말한다.

히 설명할 수는 없다. 여기서는 몇 가지 중요한 점만 짚어보기로 한다.

우리가 중국이라고 할 때 대뜸 떠오르는 것은, 다행히도 본질적으로 소규모 농경생활을 하고 있다는 점이다. 토지와 밀착된 삶은 확실히 강력한 힘이 있다. 농민은 아무리 가난하고 비참하더라도 도시인들보다 오래 산다. 우리들 자신이 지금 그것을 깨달아 가고 있다. 오늘날 미국인들도 작은 땅뙈기나마 소유하려고 애쓴다. 촉촉이 젖은 흙 위를 한 시간 걷는 편이, 아스팔트의 시가를 100시간 걷는 것보다 많은 힘을 얻는다.

둘째로, 중국인은 죄의

시황릉 병마용갱에서 출토된 실물 크기의 토우들 진왕조(기원전 221~206)는 중국 전체의 제후국을 처음으로 통일했다. 진왕 정(政)은 기원전 221년에 스스로를 '시황제(초대 황제)'로 칭하면서 중국 역사상 가장 유명한 황제가 되었다. 사진에 찍힌 도기(陶器) 보병 부대는 시황제의 무덤에 묻힌 그 유명한 병마용(兵馬俑)의 일부분이다.

식에 뿌리를 둔 비관적인 종교의 영향을 한 번도 받은 적이 없다. 어디서나 그렇듯이 하층민들은 악마와 귀신이 등장하는 기괴한 자기들의 신앙을 발전시켰다. 그 모습은 그들의 예술 속에 매우 뚜렷이 나타나 있다. 중국인들이 귀신을 묘사하는 솜씨는 히에로니무스 보스에 못지않았다. 히에로니무스 보스는 500년 전에 살았던 네덜란드 화가이다.

상식이 풍부한 중국인들은 평등이라는 것은 정치 연설의 주제로나 적당할 뿐 현실에는 존재하지 않는다는 것을 잘 알고 있는 듯하다. 그들은 현명한 사람은 타고난다고 생각한다. 따라서 모든 사람에게 똑같이 일이나 생각을 요구하는 것은, 마치 모든 개에게 사냥개처럼 뛰거나 품위 있고 얌전해지기를 기대하는 것과 마찬가지라는 것을 인정하고 있다. 그래서 중국의 농민들은 자기 마음을 기쁨으로 채워주는 것이라면 무엇이든 믿을 수 있었다. 더 폭넓은 삶의 견해를 가진 사람들은 자신의 정신적 요구에 적합한 신앙이나 철학에 마음껏 빠져들었다. 특정 계급의 사람들을 다른 계급의 신앙으로 개종시키려는 생각 따위는 하지 않았다. 조물주를 숭배하는 것은 자기 스스로 결정해야 했다. 수백만 중국인이 그렇듯이 불교도가 되고 싶으면, 믿어도 되었다. 그리스도 교도가 되고 싶다 해도 그것을 못하게 하는 법률은 없다. 비록 그리스도교는 대체로 어리석은 종교이고 정력과 마음의 평화의 불필요한 낭비처럼 보였는지는 모르지만, 누구나 자기의 양심에 따라 행동했다. 그 결과 중국은, 4천 년 역사에서 한 번도 종교 전쟁의 피해를 입지 않은 거의 유일한 나라가 되었다. 중국은 다른 형태의 분쟁은 다 겪었지만, 중국인들의 그런 태도는 갈등을 없애는 좋은 방법이 된 것 같다.

그런데 문자를 배우는 데 반평생을 바쳐야 하는 중국의 상류층에게는 우리의 말뜻으로서의 종교, 다시 말하여 엄격한 교리가 확고하고 체계화된 서구적 의미의 종교는 대단한 역할을 하지 못했다. 그 지위를 차지하고 있었던 것은 중요한 두 가지 사상의 혼합체였다. 그중에서 오래된 것은 유교이고, 새 것은 도교라고 불렀다.

공자가 무대에 등장했을 때 중국인들은 매우 원시적인 형태의 종교에서 벗어나고 있었다. 그 원시적인 종교에는 모든 원시인의 초기 종교에 특징적인 서로 잡아먹는 특색이 다분했으며, 오늘날에는 뉴기니아 오지나 보르네오 같은 데밖에 남아 있지 않다. 그러나 중국인은 희생으로서 산 제물을 바치는 것을 중단했다. 그들은 이제 피를 흘리거나 목숨을 빼앗지 않고, 소나 양 같은 것을 제물로 바치는 대신 그 동물의 그림이나 형상을 제물로 바쳤다.

한나라와 당나라 시대에 말이나 그 밖에 모든 동물, 인간, 가구 등을 작고 예쁜 토우(土偶)로 만들어 바친 것은, 가축을 잡고 여자를 순장시켜 죽은 사람을 내세에 보살펴 주도록 했던 과거의 제사 풍습에 그 기원을 두고 있다. 공자가 태어난 것은 그런 세계였다.

그것은 그리스도가 탄생하기 6세기 전이었다. 그 무렵 중국은 어디나 다름없이 혼란과 정치적 불안에 휩싸여 있었다. 부자는 점점 더 부자가 되고, 가난뱅이는 더더욱 가난해졌으며, 모든 것은 나아질 기미가 전혀 보이지 않았다. 그러나 공자는 위로부터 사회를 개량함으로써 적어도 조금은 이런 상태를 바꿀 수 있다는 고결한 희망을 가지고 있었다. 아래로부터 하려고 해야 헛일이라는 것을 그는

공자(기원전 551~479) 유교의 시조. 산동, 곡비공부 소장(명왕조 때의 그림).

알고 있었다. 일반 백성들은 너무 오만하여 도리어 귀를 기울이지 않았다. 실은 윗사람도 다를 바 없었다. 그래서 그는 후세의 플라톤처럼, 사회는 한 초인(超人)이 다스려야 한다고 생각했다. 그 초인은 우리가 잘 아는 큰 장화를 신은 그 작은 사나이[5]를 말하는 것이 아니다. 중국인은 일찍이 폭력을 찬미한 적이 없다. 군인은 최후의 순간에 나타났다. 사실 공자의 눈으로 본 군인은 사회적 가치의 척도에서 훨씬 하층인 존재였다. 백성들에게 덕을 베풀어야 할 초인은, 인자한 마음의 온화하고 성실한 귀족으로서 동포인 국민을 견실하고 사심 없이 통치하여 생애를 보내는 사람이며, 백성들의 가장이자 어버이가 되어야 했다.

그러나 공자 같은 현인도 깨닫지 못한 사실이 있다. 일반 사람들이 원하는 지배자는 초인이 아니다. 뇌물로 회유할 수 있는 악한이거나 약속으로 접근할 수 있는 성자이다. 공자의 사상은 그런 백성들의 열망을 채우기에는 너무나 막연하고 고상했다. 결국 그는 실로 보람 있는 결실을 거두지 못한 것에 크게 실

---

5) 히틀러를 말하는 것 같다.

망한 채 세상을 떠났다. 그럼에도 그의 지혜의 단편들은 대중 속에 스며들어 갔다. 백성들은 일반적으로 여전히 낡은 자연숭배에서 벗어나지 못했지만, 공자의 많은 말을 자기들의 근본적인 생활 철학과 결부했다. 공자는 신으로 추앙받지도 않았고 그의 사당에도 공자라는 이름을 쓴 위패 이외는 아무것도 없다. 그의 영향력이 얼마나 컸던가는, 그들의 예술을 보면 알 수 있다.

중국인의 생활과 예술에 크게 영향을 미친 또 하나의 철학인 도교는, 공자의 가르침과 정반대 철학인 것처럼 흔히들 말한다. 그러나 그렇지 않다. 유교와 달리 도교는, 훌륭한 상류 계급을 육성함으로써 구원할 수 있다고 기대하지 않았다. 그 창시자인 노자는 정반대의 방식으로 인류를 더 행복하게 만들 수 있다고 생각했다. 그는 대중에게 자신의 처지에 만족할 줄 알라고 설교하고, 가난한 사람에게는 안 되는 일에 안간힘을 쓰느니 웃음으로 운명을 감수하는 편이 훨씬 낫다고 가르쳤다. 그런 점에서 도교는 이 중화의 나라를 찾은 적이 있는 모든 사람의 눈에 가장 두드러진 중국인의 특징, 즉 절망적인 상황 아래서도 그 기묘하게 즐거운 얼굴을 하고 있을 수 있는 직접적인 원인이라고 볼 수 있다.

마지막으로 중국인의 정신에 크게 영향을 준 세 번째 힘이 있었다. 그것은 불교였다. 인도의 역사에는 적어도 수십 명의 진짜 불타(佛陀), 즉 '각자(覺者, 깨달은 자)'가 있었는데, 진정한 부처로서 숭배받은 사람은 단 한 명뿐이었다.

부처는 실존 인물이지만 우리가 보통 생각하는 것만큼 사실적인 인물은 결코 아니다. 그는 인도 히말라야산맥 기슭에 살고 있던 고타마 일족의 용맹한 왕의 아들로 태어났다. 서른 살까지는 높은 신분에 따르는 모든 쾌락과 특권을 누렸으나, 어느 날 왕궁에 들어가다가 홀연히 이 세상의 악과 죄를 깨달았다. 굳은 신념을 가진 청년이었던 그는 곧바로 집과 아내와 아이를 버리고, 명상과 고행의 생애를 시작했다. 그와 같은 생애가 마지막으로 그의 고뇌하는 영혼에 구원을 가져다주기를 바랐던 것이다.

부처는 세상을 떠날 때까지 자기는 신이 아니므로 신으로서 숭배해서는 안 된다고 설교했지만, 중국인들처럼 일종의 야만적인 자연숭배에 빠져 있던 그 무렵 인도인들은 인간이 성자로서 살아간다는 것을 생각할 수도 없었다. 그들은 즉각 그를 신으로서 숭앙하여, 그의 교의를 중앙아시아의 구석구석까지 포교하기 시작했다. 처음에는 대성공이었으며, 불교는 온 인도에 퍼졌을 뿐 아니라 자바와 발리 같은 먼 섬에까지 번졌다. 그러나 부처의 가르침은 보통의 힌두인들에게는 너무 난해했으므로 600년쯤 지나자 그들은 다시금 옛 신들 쪽으로 돌아가 버렸다. 그들은 나쁜 종교적 관습을 개혁하려고 최선을 다한 부처를 잊었다. 그러나 그 무렵 부처의 사상은 히말라야산맥과 티베트를 넘어 중국에 건너가 있었다. 한나라 시대인 기원후 67년 불교는 중국의 공인 종교로서 인정받았다.

인도 미술(간다라 미술) 〈**불좌상**(佛坐像)〉
명상에 잠긴 이 불상은 간다라 미술이 빚어낸 가장 아름답고도 자연스러운 멋이 넘치는 작품 중 하나이다.

처음에는 부처가 마침내 그 참된 정신적 안주의 길을 발견한 것처럼 보였다. 자연의 부조리한 잔인함은 '깨달은 자'의 자비로운 미소로서 부드러워졌다. 깨달은 자의 한마디 한마디는 살아 있는 모든 것에 대한 자비와 연민을 말하고 있었다. 특히 예술은 이 선각자의 인자한 성품에 크게 영향을 받았다. 당나라 시대의 불교가 문학·그림·조각의 유력한 요소가 되었다. 그러나 9세기에 이르러 그 힘은 고갈되어 버렸다. 초기 중국 불교 미술의 모든 증거는, 고비 사막의 건조한 기후 덕분에 살아남은 유물을 제외하고는 이제 모두 사라져 버렸다.

그러나 불교는 아시아의 다른 지역, 특히 티베트, 실론(지금의 스리랑카)에 살

인도 미술 〈힌두교 여신상 〉 12세기, 시바의 아내.

아남았으며, 매우 수정된 형태로 일본에서 발달했다. 그러나 인류로 하여금 신성한 가능성을 깨닫게 하려는 불교의 노력은, 후세의 그리스도와 마찬가지로 완전히 절망적인 실패였다. 아득한 문명의 여명에서 탄생한 옛 신들이 얼마나 강하게 일반 사람들의 마음을 휘어잡고 있었는가를 다시한 번 입증한 것이다. 이윽고 인도인은 다시 염소를 제물로 삼고, 고대의 우상 앞에 향을 사르고, 선령을 사랑하기보다는 훨씬 두려워하는 악령을 달래기 위해 온갖 무서운 짓을 저질렀다.

그런 까닭에, 인도를 처음 찾아간 유럽인들은 인도 예술에 별로 주의를 기울이지 않았고 여행기에도 언급하지 않았다. 그들은 인도에서 공포와 혐오감을 느꼈음이 틀림없다. 그러나 그들이 좀 더 잘 보았더라면, 인도의 조각이 그리스의 조각상과 매우 비슷하다는 것을 발견했을 것이다. 그들의 무관심과 무지가 인도 예술이 피라미드보다 수천 년이나 앞선 신비로운 예술이라는 관념을 낳았고, 지금도 대다수 사람들이 그렇게 믿고 있다. 이것은 아주 그릇된 것이다. 서양에서는 이미 호메로스 시대에 수많은 문학이 만들어졌는데, 인도에서는 최초의 건축이 부처 시대인 기원전 6세기 무렵 시작되었다. 기원후 5세기에 불교가 인도에서 사라졌을 때, 불교 예술도 끝났다. 10세기에 이슬람교도가 침입해 올 때까지는 옛 힌두 신들이 지배하고 있었다. 그리고 이슬람교가 그 독자적인 예술을 인도에 갖고 들어왔다.

인도 미술(무굴 왕조) 〈**타지마할**〉(1630~48) 아그라. 샤 자한 황제가 사랑하는 아내 뭄타즈 마할을 위해서 만든 궁전이다. 팔각형 건물 위에 거대한 돔을 얹고 네 귀퉁이에는 길쭉한 탑을 세웠다. 비현실적인 느낌이 드는 하얀색 외관과 화려한 내부 장식 덕분에 이 궁전은 무굴 왕조뿐만 아니라 인도 건축 전체를 통틀어 가장 아름답고 유명한 건물로 손꼽힌다.

꼬박 200년 동안 존속한 무굴제국(몽고제국)은 서인도를 그 독자적인 건축으로 메웠다. 그 무렵 건축가들의 솜씨가 어느 정도였는지 알고 싶으면 타지마할을 보면 된다. 그것은 17세기 중엽에 위대한 샤 자한이 사랑하는 아내인 뭄타즈 마할(궁전의 고귀한 사람)을 추모하기 위해서 세운 영묘(靈廟)이다.

언뜻 보면 이슬람 예술이 원주민의 토착예술을 짓밟은 것 같지만, 힌두인들은 여전히 힌두 사원을 굳게 지키고 있었다. 그 사원에는 넓은 안마당과 수욕

장(水浴場)이 있고, 꼭대기에서 밑둥까지 무수한 신상을 새긴 금동 탑과 바위 무덤처럼 보이는 어두운 동굴, 신성한 동물, 그다지 신성해 보이지는 않는 여신들의 조각상이 있었다.

도시 전체를 차지할 만큼 광대한 힌두 사원에 비해 유럽의 고딕 사원은 매우 단순하고 초라해 보인다. 그러나 유럽인의 눈에는 힌두 사원이 그리 즐겁지가 않다. 대개의 사원은 가까이서 바라보면 불길한 느낌이 가슴에 가득 찬다. 마치 준엄한 자연의 힘에 도전하는 인간의 모든 노력의 무익함을 설교하고 있는 것처럼 보인다. 다만 멀리서 바라보면, 먼 저지 언덕에서 보는 맨해튼을 상기시킨다. 어두컴컴한 사원 내부와는 달리 목욕탕으로 쓰이는 연못은 무척 밝아 묘한 대조를 이룬다. 다만 지붕 전체에 금박을 칠하고 성상에 보석을 아로새기는 것보다는, 그 돈으로 이 음침한 무덤에 우글거리고 있는 불구자들을 고칠 병원을 세우는 편이 훨씬 나았을 거라는 점이 마음에 걸린다. 도처에 새겨진 조각은 보는 사람에게 혐오감을 주기 위해 만들어진 것처럼 부자연스럽게 뒤틀린 모습이다. 조각 기술은 굳이 나무랄 데가 없다. 그러나 조각의 주제인 브라마, 비슈누, 시바 같은 신들과 무수히 많은 그들의 친척들은 사원 안에 들끓는 원숭이들과 굶주린 소보다 조금도 나을 게 없다.

그러나 불교 예술에서는 모든 것이 일변한다. 나는 이 분야에 대해 아는 게 없으므로 믿을 만한 권위자에게 들어보니, 인도인들은 실은 알렉산더 대왕이 인더스 강변에 진격해 왔을 때 그리스 문명과 접촉하여 비로소 석조 기술(石彫技術)을 배웠다고 한다. 사실 불교 조각은 부처가 죽고 수백 년 뒤 신앙심 깊은 불교도 아소카왕이 펀자브를 지배하면서 비로소 꽃피웠다. 살아 있는 달팽이 관을 쓴 명상하는 인물의 전통적인 조각상이 발달한 것도 그 무렵이었다. '깨달은 자'가 햇볕을 가려 줄 나무가 없는 곳에서 명상에 잠겨 있을 때, 일사병에 걸리지 않도록 달팽이들이 머리에 기어올라 가려 주었다 한다. 그리고 귓불을 길게 묘사한 것도 이 시기부터인데, 그것은 부처가 화려한 생활을 하던 젊은 시절에 달았던 무거운 귀고리를 상징한다. 제3의 눈, 즉 심안(心眼)을 상징하기 위해 이마에 점을 찍기 시작한 것도 그 무렵이었다.

그때까지, 말하자면 힌두스탄 민족이 알렉산더 대왕의 원정으로 흘러들어온 고대 그리스 신상을 볼 때까지는 부처의 모습은 어떤 형태로나 표현된 적이

캄보디아, 앙코르와트 사원 앙코르 왕조의 장대한 우주관 구현.

자바, 보로부두르 사원 방 대칭을 이루는 장중한 구조.

없었다. 굳이 표현해야 할 경우에는 새나 코끼리 같은 화신으로 표현되었으며, 때로는 영원불멸 사상의 상징으로서 강한 불길로 표현되기도 했다.

그러나 새로운 기술을 알게 된 불교 조각가들은 부처의 형상뿐 아니라, 마치 13세기의 이탈리아 화가들처럼 구세주의 생애에 나오는 온갖 장면을 즐겨 묘사했다. 그들 작품의 가장 좋은 예는 아시아 최대의 두 유적에서 볼 수 있다(아시아는 특히 유적이 많은 대륙이라는 것을 상기하라). 중부 자바의 보로부두르와 캄보디아의 앙코르와트 사원은 둘 다 위에서 아래까지 온갖 조각으로 덮여 있으며, 그 표현의 정확함과 관찰의 명료함은 서양의 어느 조각가도 따를 수가 없다.

앙코르와트는 12세기에 인도차이나에서 온, 이른바 크메르 왕국을 건설한 민족이 세운 것으로 추정된다. 이 왕국은 12세기에 꽃을 피워 15세기까지 존속했는데, 나타났을 때처럼 신비롭게 역사의 뒤안길로 사라졌다. 그들은 이 광대한 유적을 남겼다. 앙코르와트는 처음에 불교의 영향 아래서 건축이 시작되었으나, 나중에는 힌두교도가 불교도를 몰아내고 비슈누를 숭배하는 사원으로 만들어 버렸다. 언제 이 사원이 버려졌으며, 또 이 광대한 건물이 인적 없는 캄보디아 밀림 깊숙한 곳에 장려하게 누워 있던 수백 년 동안 신앙심 깊은 승려들이 여전히 그곳에 머물며 예배를 계속했는지는 알 수 없다.

보로부두르도 마찬가지다. 포르투갈인이 16세기 초 자바에 도착했을 때 이 건축물 전체는 울창한 수목에 덮여 있었으며, 훨씬 나중까지 아무도 그 존재를 깨닫지 못했다. 그것이 세상에 드러난 것은 최근의 일이며, 그전까지 언덕 꼭대기라고 생각했던 것은 실은 광대한 불교 사원이었다. 여기에는 조각으로 장식한 회랑과 무수한 불상들이 있었다.

초기의 불교 승려와 신도들의 파란만장한 생애를 무수한 돋을새김으로 묘사한 보로부두르 조각들이 언제쯤 만들어진 것인지는 알려져 있지 않다. 그러나 이슬람교도가 자바를 정복하기 훨씬 전인 것은 분명하므로, 샤를마뉴왕 시대에 해당될지도 모른다. 이 먼 나라에서 만들어진 작품을 샤를마뉴 시대의 건축가나 조각가의 서투른 작품과 비교해 보면 서양 예술가들의 솜씨는 매우 초라하다. 그 후손도 별로 나아진 것이 없다. 그렇지 않다면 이 불교의 아크로폴리스라고도 할 건물과 1천 년 넘게 묵묵히 불상이 앉아 있는 그 근처 멘두트

보로부두르 제1회랑 주벽 상부 사진 왼쪽 아래에 보이는 바닥이 제1회랑. 오른쪽 벽을 뒤덮고 있는 부조는 제2회랑 주벽에 새겨진 것이다. 즉 사진 한가운데 보이는 불상 3개는 본디 제1회랑 주벽 위에 나란히 만들어진 불감 속에 안치되어 있었는데, 뒷날 이 불감에 쓰인 석재들이 모두 사라지는 바람에 불상이 노출된 것이다.

의 어둑어둑한 사원 사이 한가운데에 흉물스러운 그리스도 예배당을 세우지 않았을 것이다.

그러나 그것도 실은 그리 대단한 차이는 아니라고 생각한다. 건축을 명령한 군주는 죽었다. 그것이 누구였는지조차 지금은 알지 못한다. 바구니에 꽃과 과일을 가득 담고 이곳에 몰려온 수백만 참배자들도 죽고 없다. 그들의 티끌은 이미 오래전에 부근의 화산재와 섞여 버렸다.

남아 있는 것은 오직 거대한 침묵, 깊은 고독, 인내와 깨달음의 미소, 그리고 멘두트 사원 바로 맞은편에 있는 저 하얗게 칠한 목조 오두막으로 미사를 집전하러 가는 도중 엽궐련에 불을 붙이기 위해 잠시 세워 둔 신부의 자전거뿐이다.

덧붙이자면 힌두 사원은 우리가 말하는 뜻의 교회가 아니다. 그것은 그리스나 이집트의 신전처럼 여러 신들의 숙소에 가깝다. 예루살렘 성전처럼 사제들만이 가장 신성한 곳에 드나들 수 있으므로 사제가 쓸 조그만 방 하나면 충분했다. 그러나 불교의 사리탑은 힌두 사원보다 더 그리스도 교회와 달랐다. 그것은 전혀 사원이 아니었기 때문이다. 사리탑은 속이 비지 않은 견고한 건조물이었으며, 이집트의 피라미드와는 달리 그 내부에 조그만 방마저도 없었다. 보통은 보로부두르의 경우처럼 조그만 언덕이거나, 적당한 언덕이 없을 때는 인공으로 언덕을 조성하고 석조물과 조각상으로 장식했다. 그러나 정식 사리탑이 되려면 이 흙이나 바윗덩이가 아니라 '깨달은 자'의 신성한 유물, 즉 성인의 사리·머리털·엄지손가락 뼈·이 등의 한 가지쯤은 간직하고 있어야 했다. 그러나 그러한 사리는 그리스도교 성인의 쇄골이나 발가락처럼 숭배 대상은 되지 않았던 것 같다. 성물이 있는 것은 분명하지만, 그 정확한 장소는 알려져 있지 않았을 것이다. 신도들은 이 신성한 건조물 안에 성물이 간직되어 있다는 것을 알고 있었고, 또 그것만으로 충분했다.

본디 사리탑은 피라미드처럼 무덤같이 만들어진 조그만 봉분에 지나지 않았을 것이다. 그것이 피라미드처럼 차츰 커져서 나중에는 지나치게 큰 사리탑까지 나타났을 것이다. 그러나 뚜렷이 일정한 규칙이 있었던 것은 아니며, 옥외에 있을 필요도 없어 일반 사원 안에 만들기도 했다. 인도의 암석 사원 중에는 안에 조그만 사리탑이 있는 곳이 많다. 게다가 사리탑은 어떤 특정한 형태만 있는 것도 아니었다. 이를테면 중국의 사리탑은 모양이 매우 독특했다. 18세기에 서양인들을 크게 매혹한 기묘한 지붕을 가진 중국의 탑은 실은 바로 사리탑이었던 것이다. 그것은 목조나 석조 건물 형태로 지어졌지만 실론의 둥근 지붕형 사리탑이나 티베트의 두루뭉술한 4각형 또는 납작한 사리탑, 태국의 끝이 날카롭게 뾰족한 사리탑 등과 그 목적은 똑같았다. 그러나 사리탑은 다른 모든 중국 건축물과 마찬가지로 원래 소박한 목조 건물에서 유래했다. 송나라 시대에 이르러 탑은 매우 높아져, 위에서 아래까지 채색한 기와로 덮었다. 그러나 원형의 탑은 아직 발견되지 않고 있다. 나무는 둥근 모양을 만드는 데는 적당하지 않으며, 중국 예술가들은 새로운 것을 시도해 보려는 생각이 없었다. 그들은 두 가지 이념, 즉 숙련과 전통을 중시했다.

게다가 중국인 특유의 미덕인 인내도 덧붙여 두는 편이 좋겠다. 그들은 특히

청동과 경옥 세공(硬玉細
工), 잿물, 도자기 등의 분
야에서 시간관념을 배제
해야만 가능한 엄청난 인
내력을 보여 준다.

그림도 마찬가지다. 그
림 한 폭을 그리는 데 시
간이 매우 많이 걸린다는
뜻은 아니다. 그들의 그림
은 서도(書道)에서 발달
한 것으로, 글씨를 쓰듯이
'그림을 썼다'고 하는 편이
낫다. 몇 주일 혹은 몇 달
이 걸리는 서양의 유화와
는 대조적으로, 중국의 그
림은 몇 분이면 충분히 그
릴 수 있다. 그러나 서양
의 화가가 한 통이나 되
는 물감을 써서 무수한 명
암의 색조로 겨우 표현할
수 있는 것을, 불과 몇 가
닥의 선으로 표현할 수 있
을 만큼 운필의 묘를 터

중국 미술 〈장저우 백탑〉 벽돌과 목재로 만든 7층 누각. 균형잡
힌 모양새가 아름다운 요나라의 대표적인 목조 전탑(벽돌 탑).
요나라 탑 중에서는 보기 드물게도 춤이나 연회 장면이 돋을새
김으로 탑신에 새겨져 있다. 탑 내부의 천궁과 지궁에서 사리·
경문 등 귀중한 불교 물품이 다수 발견됐다.

득하려면 평생의 기간이 걸렸을 것이 틀림없다.

물론 모든 예술은 기법의 직접적인 결과물이다. 성냥 한 개비로 결이 거친
종이에 그린 그림이 좋은 펜과 최고급 잉크로 두꺼운 와트만지에 그린 그림과
같은 효과를 낼 수는 없다. 그러므로 송이나 명나라 때의 그 훌륭한 풍경화가
들이 무엇을 표현하려고 했는지(그리고 유럽의 가장 뛰어난 거장들도 그린 적이 없
을 만큼 아름다운 작품을) 이해하고 싶으면, 여러분의 펜이나 기성품 잉크는 일체

잊어버리고 중국의 붓과 먹(알맞게 진해질 때까지 벼루에 갈아야 한다)을 써 보라. 박물관에 2년간 드나드는 것보다 그 붓으로 손수 5분쯤 그려 보는 편이, 중국인이 최고의 성과를 거둔 예술인 중국 회화를 아는 데 훨씬 도움이 된다.

중국 화가들이 원근법을 몰랐다는 것은 잘 알려진 사실이다. 그러나 그들은 나지막한 언덕 위에서 바라보는 풍경을 즐겨 그렸으므로 원근법이 필요없었다 (원근법은 평지에서 그리는 그림에서 훨씬 중요하다). 또한 중국 화가들은 소실점에 전혀 신경을 쓰지 않고도 얼마든지 훌륭한 효과를 낼 수 있었다. 바흐도 근대적 화성학을 배우지 않았으나 화성적인 효과를 낼 수 있었다. 진정한 거장에게 그런 자질구레한 요소 따위는 전혀 문제가 되지 않는다. 다만 보통 사람은 조심하는 것이 좋다.

중국 그림을 본 적이 없는 사람은 실망할지 모르므로 너무 큰 기대를 하지 않는 것이 좋다. 또 한꺼번에 너무 많이 봐서도 안 된다. 흐릿한 기억만 가지고 집에 돌아가게 되기 때문이다. 아마도 모든 것이 단조롭게 보일 것이다. 동양 미술을 보면, '실내 장식'이라는 관념이 동양과 서양에서 전혀 다르다는 것을 깨닫게 된다. 서양의 집은 대개 잡동사니로 가득 차 2, 3대에 걸친 먼지가 쌓여 있으며, 벽에는 조상의 초상화가 걸려 있다. 중국인과 일본인은 '서양 오랑캐'에게 팔아먹기 위해서 자진하여 가장 싸구려 미술품을 제작하지만, 자기 집 안에서는 절제의 미덕을 발휘한다. 그들은 설령 수십 점의 그림을 갖고 있더라도 한 점만 벽에 걸어 두고 나머지는 깨끗이 상자에 넣어 창고에 간직해 둔다. 꽃도 마찬가지다. 장미나 튤립 한 송이라도 꼭 알맞은 자리에 놓는다면, '어울리지 않는' 피아노나 선반 위에 꽃병을 잔뜩 늘어놓고 꽃을 한가득 장식하는 것보다 훨씬 효과적이다.

그러나 동양과 서양의 가장 큰 차이는 진정으로 위대한 그림에 대한 개념의 차이이다. 유럽인은 (매우 현대적인 사람을 제외하고는) 어디까지나 사물을 면밀히 세밀하게 표현하려고 한다. 그러나 고전 시대의 중국인이나 일본인은 근본적인 것 몇 가지를 암시하는 것만으로 만족하고, 유럽인이 중시하는 세부에는 신경 쓰지 않았다. 그렇다고 그들이 우리가 '세부'라고 흔히 부르는 것을 경시하고 있다는 것은 아니다. 그들은 때로 대상을 정밀하게 관찰했다. 그러나 어느 영국인이 에베레스트산을 그리면서 이쪽 크레바스나 저쪽 능선을 빠뜨렸다면, 그 산을 본 적이 있는 모든 영국인은 심하게 비판할 것이다. 그리고 그 비판의 근거는 화가가 모든 진실을 제대로 말해 주지 않았다는 것이다.

동양인은 본질적으로 비과학적인 사고방식을 가지고 있으므로(그들로서는 서양의 과학이란 값싼 자동차를 만들 때 필요할 뿐이다) 그런 항의를 하는 것 자체를 어이없다고 여길 것이다. 에베레스트산은 그 특유의 정기가 있다. 그 산을 본 사람은 누구나 금방 알 수 있다. 그러니 오른쪽 등성이에 눈밭이 한 덩어리 더 있다든가, 왼쪽 등성이에 조그만 검은 바위가 보이지 않는다든가 하는 따위에 신경 쓸 필요가 어디 있겠는가? 무엇보다 그림은 등산객에게 정상에 이르는 길을 가르쳐 주기 위해 지리학적 조사에 따라 지도를 그리는 것이 아니다. 그림은 늘 곁에 두고 싶은 좋아하는 풍경을 머릿속에 떠올리게 해 주는 것이다. 다만 암시를 얻으려는 것일 뿐 사진처럼 풍경을 재현하려는 것은 아니다. 만일 사진이 필요하다면, 동포들이 한 그로스에 1페니만 남아도 수백만 장이나 만들어 내는 라니엘산의 그림엽서나 사면 될 것이다. 그것은 아름다운 사진이고 미국에 내다 팔기에 더없이 알맞지만, 사람들은 적어도 당분간은 역시 저질 종이에 단숨에 그린 그림을 택할 것이다. 하기야 그레타 가르보나 클라크 게이블의 멋있는 새 사진이라도 덤으로 준다면야 물론 이야기는 다르겠지만.

제발 그렇게 되지 않기를 빈다!

일본에 불교가 전해진 것은 6세기였다. 그때까지 일본은 문명의 저편에 있는 미지의 섬이었다. 그리스도가 전래되기 이전의 아일랜드 같았다. 그 무렵에도 대륙과의 교통은 얼마간 제한되어 있었다. 일본인이 외국인에게 뚜렷이 적의를 품고 있었던 것은 아니다. 그들은 다만 법률적으로 의심의 눈으로 보았다. 나중에 일본인을 불교의 잘못된 신앙에서 개종시키려고 찾아온 그리스도교 선교사들의 경험이 그 좋은 예이다. 이 선교사들은 몹시 오만하게도 일본인에게 나라를 통치하는 방법을 가르쳐 주겠다고 덤볐다. 일본인은 크게 분노하여 그리스도교 선교사를 포함한 모든 외국인을 국외로 추방하고 재입국을 금했다. 마침 그 무렵, 그때까지는 군사령관에 지나지 않았던 쇼군이 천황을 완전한 허수아비로 만들고 이 나라의 실질적인 지배자가 되었다. 쇼군 집안은 법률적인 지배자였다. 천황 집안보다 정치에 유능했으므로 수백 년 동안 그 지위를 유지할 수 있었다. 이 도쿠가와 시대는 1603년부터 일본이 다시 개국한 1868년까지 지

일본 미술(에도시대)
〈제비붓꽃 병풍〉
오가타 고린(1658~
1716) 작.
흐드러지게 핀 제비
붓꽃들이 금종이 위
에 뚜렷이 떠올라 있
다. 이 금색(연못의
상징적 표현)과 꽃의
군청색, 줄기와 잎사
귀의 선명한 녹색이
어우러져 우아한 일
본의 미학을 구현하
고 있다. 도쿄, 네즈
미술관 소장.

속되었는데, 이 시대에 등장한 새로운 형식의 예술은 서양 예술에 중국의 화가
나 칠공(漆工)들의 어떤 작품보다도 훨씬 큰 영향을 주었다. 그것은 누구나 살
수 있는 싸구려 목판화였다.

처음 이 판화는 흑백으로 찍었으나 차츰 몇 가지 색깔이 추가되었다. 판화
는 처음에는 수작업으로 인쇄했으나 나중에는 기계로 복제했다. 이 복제 방법
이 매우 정교해져서, 화가는 자기가 좋아하는 색깔을 마음대로 쓸 수 있었다.

한편 유럽의 예술가들에게 처음으로 동양 예술에 대한 지식을 준 것은, 값비
싼 중국의 그림(중국인은 국외로 갖고 나갈 수 없을 만큼 비싼 값을 매겼다)이 아니
라 오히려 일본의 싸구려 판화였다. 그들은 기뻐했다. 그들은 원근법을 너무나
잘 알고 있었다. 이론적으로 지나치게 '세부'에만 집착하고 있었다. 그런데 새로

일본 미술(에도시대) **〈후가쿠 36경〉**(1829~31) 가츠시카 호쿠사이 작, 목판화. 연작 후가쿠 36경(그는 후지산을 36가지 시점에서 묘사했다) 중에서도 대표작이라고 할 만한 작품 파도. 멀리 후지산이 보이는 이 그림은 다소 과장되어 있지만 강렬한 구도가 인상적이다. 도쿄, 국립박물관.

알게 된 화가들은 원근법을 전혀 모르면서도 모든 정서를 풍부히 표현할 수 있고 모든 풍경의 본질을 세세히 드러낼 수 있다. 그들은 최소의 노력으로 그런 일을 해낼 뿐 아니라 비싼 캔버스나 물감에 돈을 낭비하지도 않는다.

물론 일본은 오랫동안 외부와 차단되어 있었던 덕분에, 중국인에게 배운 것을 잊고 독자적인 양식을 발전시킬 수 있었다. 그러나 일본과 중국의 예술가들은 한 가지 공통적인 요소가 있었다. 그것은 자연에 대한 큰 애정이었다. 18세기 후반과 19세기 전반 사이에 일본의 위대한 화가인 타마로(歌麿), 호쿠사이(北齊), 히로시게(廣重)는 붓을 쥐고 그림물감을 섞어서 그들이 관찰한 문자 그대로 모든 인물과 사물을 그렸다. 무수한 풍경·새·꽃·바위(그들은 서양의 중세 화가들과 마찬가지로 바위를 좋아한 것 같다)·길·폭포·파도·나무·구름, 그리고 그들이 숭배하는 눈 덮인 후지산을 사방에서 본 모습을 수백 장이나 그렸다. 배우와 여장 남배우, 연 날리는 소년, 인형을 가지고 노는 소녀 등등 사실 신이 창조한 것이면 무엇이나 기꺼이 그림의 소재가 되었다.

조금만 익숙해지면 대개 누구나 그 그림들의 '느낌'을 알 수 있게 된다. 물론 그것은 서양의 그림과는 전혀 다른 것이지만, 그런 것은 아무래도 좋다. 여러분은 발리섬의 가믈란 음악을 배우면 알 수 있게 되는 것과 마찬가지로, 일본의 그림을 이해할 수 있게 된다. 그것은 의지와 인내가 있느냐 없느냐에 달려 있다. 예술품을 연구할 때는 언제나 될 수 있는 대로 진품을 감상하라. 책에 나온 해설을 읽지 말 것. 직접 보고, 그다음 비교해 보라. 이를테면 브뤼헐 1세, 파티니르, 니콜라 푸생의 풍경화를 400년 전 정복왕 윌리엄 시대에 살았던 범관(范寬)[6]의 겨울 경치 그림과 나란히 놓고 보라. 또는 오가타 고린(尾形光琳, 1658~1716)의 꽃과 네덜란드인 화가 드 혼더쿠터(Hondecoeter)나 돈 데케테르나 프랑스인 르누아르의 꽃을 비교해 보라. 혹은 고린의 까마귀를 17세기 네덜란드 거장의 희귀한 새 그림과 비교해 보라. 또 호쿠사이의 유명한 파도와 프랑스인 귀스타브 쿠르베(Gustave Courbet)나 윈슬로 호머(Winslow Homer)의 파도를 비교해 보라. 그러면 여러분은 중국과 일본의 예술이 얼마나 본질적으로 암시의 예술인가 알 수 있을 것이다. 그리고 페리 제독이 1853년 7월 14일 천황에게 필모어 대통령의 편지를 전하면서, 대통령의 제의를 받아들여 서유럽 열강에 문호를 개방하라고 강요한 유명한 사건이 과연 인류를 위한 일이었는지 의문을 품게 될 것이다. 아마도 페리 제독은 옳았을 것이고, 그런 발전은 피할 수 없었을 것이다. 우리는 진보를 필요로 하기 때문이다.

우리에게는 예술이 필요한가?

그렇다. 반드시 필요하다.

그러나 최선의 삶을 위해 투쟁해야 하듯 열렬한 투쟁을 통해 예술을 쟁취해야 한다.

---

6) 이른바 송나라 초의 3대가의 한 사람.

44장
고야

최후의 위대한 만능 화가

그림은 물론 18세기 후반에 완전히 종말을 고한 것은 아니다. 오늘날에도 파리에는 3만 명이나 되는 화가들이 있다. 통계에 따르면 뉴욕에는 그 10배에 이르는 화가들이 있다. 게다가 19세기에는 채색한 캔버스로 사하라 사막을 덮을 만큼의 그림이 그려졌다. 그러나 예술과 삶이 단절되어 버리자, 화가들은 서유럽인들의 뚜렷한 이념을 이해하지 못하게 되었다. 과거에는 그들의 공통된 정신적, 사회적 재산이므로 이해하고 느낄 수 있었으나 이제는 그럴 수 없게 되었다.

종교 개혁은 이 방향에 대한 첫걸음이었다. 그러나 신교와 가톨릭은 서로 불구대천의 원수가 되어 현대의 세계대전 버금가는 대량 살육을 저질렀다. 그러나 그들은 역시 같은 종류의 문화적 생활을 계속하고, 같은 종류의 그림을 그리고, 같은 종류의 집과 궁전을 짓고, 같은 종류의 옷(아마도 신교 쪽이 가톨릭보다 빛깔이 부드러웠을 것이다)을 입고, 같은 종류의 세속 음악을 작곡하고 있었다.

물론 가톨릭 군주의 궁전에는 전용 예배당이 있고 가톨릭 의식에 따라 미사를 보는 데 반해, 신교 군주의 궁전에는 가톨릭의 흔적을 깨끗이 없앤 전용 예배당이 있었다. 그러나 그런 종교상의 분쟁에 관한 자질구레한 것을 알지 못하는 화성인(火星人)이라면 북유럽에서 남유럽까지, 베르사유에서 포츠담까지 다녀 보아도 조금도 구별을 할 수 없을 것이다. 유럽의 문화는 여전히 보편적이었으며 정교한 경제적, 사회적 피라미드를 이루고 있었다. 제일 밑바닥에는 방대한 농민이 있었는데, 대개의 나라에서는 흔히 중세의 농노보다 어려운 생활을 하고 있었다. 그 위에는 조금 형편이 나은 상인과 제조업자가 있고, 상층부에는 농노의 노동으로 살아가던 귀족이 있었다. 그 모든 것 위의 구름 속에는, 국왕이라고 부르는 고귀한 설화석고(雪花石膏) 덩어리가 묵직하게 앉아 있었다.

프랑스 혁명은 이 오래된 구조를 완전히 뒤집어엎어서, 이제 아무리 안간힘을 써봐야 다시는 회복할 수 없는 치명상을 주었다. 혁명은 문화적 국제주의(독일의 위대한 작가이자 과학자인 괴테는, 문화 국제주의의 가장 빛나는 마지막 대표자였다)를 민족주의로 바꾸어 놓았다.

이제 유서 깊은 유럽 대륙은 서로 적대하는 많은 무장 진영으로 분열해, 빨강과 초록과 자주색의 국경선이 어지러이 그어졌다. 이 국경선을 즐거운 듯이 뛰어넘어 여행할 수 있었던 유일한 예술은 음악이었다. 그림은 음악보다 이동하기도 불편하고 보편적인 감동을 주지도 못했으므로, 음악처럼 국경을 자유롭게 넘나들 수도 없었다. 회화예술은 자기 나라 사람 말고는 이해하지 못하고 또 실은 외국인에게 이해시킬 생각도 없는 민족적 사투리 같은 것이 되어 버렸다.

고야(Francisco Goya)는 적어도 벨라스케스나 엘 그레코 못지않게 에스파냐적이었다. 그를 플랑드르인이나 이탈리아인으로 착각하는 사람은 아무도 없었다. 그러나 동시에 그의 작품에는, 그를 그 시대 모든 문화적 표현의 대표자로 만들 만한 자질이 포함되어 있었다. 고야를 바로크적 예술가라고 부를 수도 있다. 나는 거기에 반대할 생각은 없다. 또 그의 그림 속에 확연히 드러나 있는 로코코적 요소를 지적할 수도 있다. 그런데도 자연을 자기가 좋아하는 대로가 아니라 있는 그대로 올바르게 충실히 묘사하려는 욕구, 다시 말하여 17세기 네덜란드 미술로 거슬러 올라가 18세기 후반에 널리 유행한 자연주의 예술 이념을 고야의 초상화만큼 충실히 표현한 작품도 드물다. 그리고 늘 19세기 최대의 예술적 성과로 손꼽히는 '인상주의'는, 1808년에 일어난 마드리드 대학살을 묘사한 고야의 작품에 훌륭하게 표현되어 있다. 우리는 이 점에 대한 정설을 수정하여 인상주의 발견의 공로를 이 위대한 에스파냐인에게 돌려주어야 할 것이다.

그러나 그가 그런 일에 크게 전념했다는 것은 아니다. 그는 구식의 예술가의 한 사람이며, 옷을 입은 채 잠자고, 팔레트를 쥔 채 죽었다. 그는 여든두 살까지 살았으나 대부분의 생애를 어렵게 보냈다. 물론 그는 당시의 사람들에게 인정을 받고, 에스파냐 궁정 화가라는 훌륭한 칭호를 얻었으며, 먹을 것을 사기 위해 옷을 전당포에 잡히는 일은 없었다. 그러나 그는 기질적으로 미켈란젤로, 렘브란트, 베토벤을 닮아 이 세상에서 안식을 얻지 못했다.

그가 살던 시대는 오늘날과 매우 닮았다. 찬란한 출발 시대였다. 운명적 먼동이 먼 지평선 위에 트기 시작하고 있었다. 인류애에 바탕을 둔 생각, 자유와 기회의 절대적인 평등이 모든 인간의 타고난 권리가 되는 시대의 막이 올라가려 하고 있었다. "가

고야(1746~1828) **자화상**

자, 조국의 아이들아!(Allons, enfants de la patrie!)" 그러나 길을 좀 잘못 든 것 같다. 행렬은 자유의 여신상의 발 아래에 도착하지 않고 도중에 어딘가에서 방향이 바뀌었다. 문득 깨닫고 보니, 단두대로 올라가는 층계를 향하고 있었던 것이다. "영광의 날은 왔노라!(Le jour de gloire est arrive!)" 그러므로 남녀 시민 여러분, 여러분이 분기하여 전진한다면, 우리는 신속하고도 솜씨 있게 여러분의 목을 치고 몸뚱이를 생석회 구덩이에 묻어 주겠노라! 모든 것은 고결하고 참된 친구, 시민 로베스피에르(Robespierre)가 자신의 설계도에 따라 이 세상에 지상 천국을 건설하기 위해서라오. 그의 뒷주머니에 설계도와 종이 몇 장이 삐죽 나와 있는 것을 여러분은 볼 수 있다. 그 종이는 설계도가 아니다. 거기에는 내일 마담 기요틴과 입맞춤할 사람들의 이름이 적혀 있다.

파리에서 이런 일이 일어나고 있을 때, 고야는 마드리드에서 에스파냐 왕가의 초상화를 그리고 있었다. 그는 1746년에 푸엔데토도스에서 태어나, 사라고사에서 그림을 배우며 개구쟁이 시절을 보냈다. 그 뒤 유랑 투우사 일행에 끼

여 에스파냐 전국을 헤매고 다니다가, 나중에는 로마에서 빈털터리가 되어 버렸다. 그러나 그는 강철 같은 의지로 역경을 헤쳐나갔다. 늘 붓을 손에서 놓지 않았던 그는 파르마의 어느 미술대회에서 2등상을 차지하여 마침내 사라고사로 돌아갈 돈을 모았다.

그 무렵 거리에서 싸움이 벌어져 이웃 마을의 청년 세 사람이 죽었는데, 고야도 그 일에 관련되었다는 혐의를 받았다. 얼마 뒤 다행히도 혐의가 풀려 고야에 대한 고발이 취소되었다. 어디나 마음대로 갈 수 있게 되자 그는 마드리드로 가서 운을 시험했다. 그 무렵 그곳에는 덴마크인을 아버지로 체코슬로바키아에서 태어난 독일계 유대인 화가 라파엘 멩스(Raphael Mengs)가 있었다. 그는 궁전의 벽과 천장에 그리스의 신들을 그려 그 무렵 가장 큰 인기를 얻고 있었다. 그 그림은 오늘날의 우리가 보면 따분하기 짝이 없는 것이다.

멩스는 화가로서는 대단치 않았으나 인품이 훌륭한 사람으로, 어려운 처지에 놓인 사람을 곧잘 도와주곤 했다. 스승인 프란시스코 바이유(Francisco Bayeu)의 누이와 결혼한 젊은 고야는 멩스의 도움으로 왕실 고블랭 공장(공장장은 라파엘 멩스)에서 짜는 태피스트리의 디자인을 맡게 되었다. 그다음 고야는 장인과 함께 몇 해 동안 왕세자 궁전에 쓸 새 벽걸이를 위해서 통속적인 그림을 그리는 단조로운 일에 몰두했다. 이런 밑그림은 예술 작품이라기보다 멩스의 화풍에 가까워 그리 대단한 것은 아니었지만, 장식품으로는 꽤 괜찮았으므로 왕의 관심을 끌었다. 그 뒤 고야는 순탄하게 경력을 쌓아갔다. 그는 왕립 예술 아카데미의 원장에 임명되었으며, 얼마 뒤 궁정 화가가 되었다.

그 뒤 그는 국왕 부부와 왕자들에게 예술 사상 가장 파렴치한 짓을 저질렀다. 두말할 것도 없이 초상화가는 후원자가 설령 자기 마음에 들지 않더라도, 후원자의 좋지 않은 측면을 폭로하는 일은 삼가야 한다. 그러나 고야는 국왕 카를로스 4세와 그 가족을 그린 단 한 장의 초상화로, 프랑스 혁명 초기의 적색 신문 기자들이 마구 써 갈긴 비방보다도 더 심하게 왕실의 위신을 손상했다. 이 사건에서 매우 한탄스러운 것은, 왕이나 왕비나 대신들이나 그 밖에 누구도 이 초상화가가 신성한 왕권의 이념을 짓밟고 있다는 것을 깨닫지 못했다는 사실이다.

그것은 굉장히 재치 있는 작품이다. 한편 그는 자기 일에 아주 능했다. 손님이 두세 시간만 앉아 있어 주면 그림이 완성됐다. 전해지는 이야기에 따르면 그 빠른 솜씨 덕분에, 알바 공작 부인의 나체화를 그렸을 때 위기를 모면한 적이 있었다. 알바 공은 고야가 자기 아내의 나체화를 그렸다는 소문을 듣고, 직접 고야의 화방에 찾아가 확인하여 만일 소문 그대로라면 에스파냐 귀족의 명예를 걸고 복수하겠다고 공언했다. 그런데 이튿날 화방에 가 보니 아내의 그림이 있기는 한데, 말짱하게 옷을 입은 모습으로 그려져 있지 않은가? 이 재주 있는 화가는, 남편의 노여움을 가라앉히기 위해 하룻밤 사이에 또 한 장의 초상화를 완성해 놓았던 것이다.

고야 〈어린 마뉴엘 오소리오 만리케 테 수니가의 초상〉(1790)
붉은 옷의 꼬마가 까치와 노는 동안 고양이가 눈을 번뜩이며 까치를 바라보고 있다. 미국, 메트로폴리탄미술관 소장.

내가 이 유쾌한 에피소드를 소개한 것은, 과거의 위대한 예술가에 관해 흔히 떠도는 갖가지 이야기와 거의 비슷하기 때문이다. 사람들은 대가들의 작품에는 거의 관심을 두지 않으나, 그런 이야기들은 상식으로서 세상에 떠돈다. 알바 공작 부인은 사실은 고야의 여자 친구였던 듯하다. 그러나 또 다른 그림, 즉 공작의 노여움을 면하기 위해 부랴부랴 그렸다는 그림은 실은 공작부인이 미망인이 된 뒤에 그려졌다. 그

▲〈1808년 5월 3일 : 마드리드 수비군의 처형〉
5월 3일 마드리드는 프랑스군의 점령하에 들어갔다. 무기를 든 시민은 즉석에서 처형하라는 지시가 떨어졌다. 이 그림은 에스파냐 젊은이들이 싸우다 프랑스군에게 총살당하는 장면을 고발한 고야의 그림이다.

◀〈카를로스 4세 가족〉
(1800, 부분)
고야는 궁중 화가였으나, 왕족의 초상화라고 해서 결코 더 잘보이게 그리지 않았다. 이 그림에서도 왕과 왕비의 모습을 천박하게 풍자화로 묘사했다.

〈나체의 마하〉와 〈옷 입은 마하〉 고야는 알바 공작부인을 옷 벗은 모습과 옷 입은 모습으로 그려 많은 화제를 낳았다.

러므로 이 재미있는 사건은 꾸며낸 이야기이다. 이 〈나체의 마하 *The Maja Nude*〉와 관련된 사건은 따로 있었다. 1928년 에스파냐 정부가 이 위대한 거장의 100주년 기념우표에 이 그림을 썼다. 그러자 미국의 점잖은 부인들이 이 우표가 미국에 들어오는 것을 막으려 했다. 국제우편조약이 없었더라면 그녀들은 성공했을지도 모른다. 그랬다면 그 가엾은 공작의 원수를 청교도의 자손들(미국 여자들)이 갚아 주었을 것이다. 그런데 돌이켜 보면, 공작과 이름이 같은 인물[1]은 청

---

1) 페르난도 알바레스 데 톨레도 알바(1507~1582). 에스파냐의 군인·정치가. 플랑드르 총독이 되어 종교재판소를 세워 신교도 1만 8천여 명을 처형했다.

교도의 말살을 필생의 뜻으로 삼았다.

그 무렵 프랑스에서는 예정된 과정을 지나고 있었다. 〈라 마르세예즈〉는 〈황제 행진곡〉에 자리를 내주었다. 1808년에는 에스파냐 왕 카를로스 4세가 폐위되고 나폴레옹 황제의 형인 조제프 보나파르트가 왕위에 올랐다. 그 때문에 몇 해 동안 내란이 일어났으며, 이때 왕당파는 아서 웰즐리(Arthur Wellesley)가 지휘하는 영국군의 전폭적인 지원을 받았다. 웰즐리는 탈라베라에서 프랑스군을 무찌르고 웰링턴 자작의 칭호를 얻었다. 고야는 어떤 이유에선지 처음에는 왕위 찬탈자의 편을 들고 궁정 화가로서의 지위도 유지했다. 그러나 그런 전쟁에 대한 그의 진심은 일련의 그림과 에칭에 잘 표현되어 있다. 그 그림들은 어리석은 전쟁에 대한 고발장으로 영원히 남을 것이다. 특히 에칭은 악몽에 자주 시달리는 사람들에게는 감상을 권하고 싶지 않다. 그 대부분은 악몽 그 자체이며, 한 번 보면 결코 잊지 못할 만큼 소름이 끼친다. 이 작품들은 오늘 그린 것처럼 선명하다. 왜냐하면, 최근 몇 해 동안 신문에서 눈에 익은 그 사진, 에스파냐 내란의 피할 수 없는 결과인 산더미처럼 쌓인 시신들과 너무나도 닮았기 때문이다.

1828년 일흔을 넘긴 나이에 고야는 홀연히 고향을 떠나 피레네산맥을 (혼자서) 넘어 보르도로 이주했다. 그곳에는 옛 친구들이 거의 다 모여 있었다. 나폴레옹이 몰락한 뒤 부르봉 왕조가 에스파냐로 돌아오자 수천 명의 에스파냐인들은 망명하지 않을 수 없었다. 그것은 그들이 국왕 조제프를 지지했기 때문이 아니라, 진정한 애국자로서 입헌군주제를 지지하고 왕과 교회의 전제정치에 반대했기 때문이다. 왕과 교회야말로 조국을 곤궁으로 내몰고, 일찍이 무어인 칼리프 시절에 번영한 국토를 황폐하게 만든 주범인 것이다.

고야는 1828년 보르도에서 세상을 떠났다. 만년에는 완전히 청력을 잃었으나, 시력은 죽을 때까지 좋았다. 그 눈으로 본 것을 그의 손은 매우 충실하게 캔버스와 종이에 옮겨 놓았다. 그렇게 남겨진 작품들은, 주체적인 이념에 따라 살아가는 법을 알지 못한 탓에 쇠망해 버린 사회에 대한 완벽하고 정교한 초상을 남겨 주었다.

45장
그림이 음악에 길을 비켜 주다

음악이 그림을 대신해 가장 인기 있는 예술이 되고, 유럽 음악의 중심이 남에서 북으로 옮겨 갔다.

중세 예술은 글을 모르는 사람들을 위한 그림책이었다. 모든 그림, 조각, 채식필사본, 모든 고블랭 직물(태피스트리)은 문맹의 대중들에게 성서 이야기의 내용을 상세하게 알려주기 위한 오직 하나의 목적을 가졌다.

교회는 5천만 명의 야만인들을 어중간하게라도 그리스도 교도로 개종시킨다는 지극히 비현실적인 사업을 시작했다. 그러자 곧 사람들의 귀에 호소하는 것만으로는 모자란다는 것을 깨달았다. 믿기 위해서는 눈으로 보아야 했다. 그래서 교회는 예술을 이교도의 유산이라고 깎아내리던 편견을 버려야 했다. 곧 화가와 조각가 그리고 놋쇠·금·은·동·비단·모직물을 다루는 기술자들이 불려왔다. 교회는 그들에게 선한 목자 그리스도와 그가 지상에서 헤매고 다닌 이야기를, 누구라도 그 의미를 이해할 수 있도록 알기 쉬운 그림으로 표현하라고 명령했다. 그것이 완성되자, 음악이 선전 방법으로서 덧붙여졌다. 이미 보았듯이, 15세기 말에 음악은 교회의 속박을 벗어나 독자적인 발전을 시작했다.

음악이 한 번 시장과 축제의 민중 속으로 되돌아오자 비약적으로 발전했다. 일반 시민들에게는 예배당의 벽에 걸려 있는 그림이나 사원의 지붕에서 내려다보는 성인들의 조각상보다 음악이 훨씬 즐거웠다. 이 새로운 음악은 어디에나 가지고 다닐 수 있었다. 음악은 그림과는 달리 공동 소유가 가능했다. 하루 15시간을 일해도 싸구려 판화 한 장 살 수 없는 가난한 양모 직공들이라 해도, 하룻밤의 오페라를 즐기기 위해 작곡가를 고용할 수 있는 부유한 오스트리아 귀족들 못지않게 글루크의 아리아를 감상하는 권리를 누렸다.

한마디로 음악은 그림보다 훨씬 민주적인 예술이었다. 여러 악기들이 발달함에 따라 악기들을 다양하게 조합하고 구성하여 오케스트라 음악이 실제로 가능해지자, 음악은 도처에서 승리를 거두었다. 그림은 신교 교회에서 달아나 가정 속에 숨기도 하고, 박물관으로 피난하기도 했다. 그러나 음악은 보무도 당당하게 모든 문명국으로 퍼져 나갔다. 그리하여 이제 라디오나 영화의 도움을 빌려 전 세계를 정복하려 하고 있다.

그런데 여기서 한 가지 의문이 솟는다. 왜 음악은 지중해 연안을 떠나 북쪽의 대서양 방향으로 옮겨 갔을까? 그 답은 누구나 알 수 있을 만큼 간단하다. 지중해는 이제 무역의 중심지가 아니었고 따라서 문명의 중심지도 아니었다. 대서양이 신세계의 바다가 되었다. 그러므로 대서양 연안의 여러 나라는 차츰 부유해졌으나, 지중해 주변의 나라들은 점점 가난해졌다.

빈은 여전히 남쪽 가톨릭 세계의 마지막 보루였다. 그러나 빈은 독보적 위치를 가지고 있었다. 동서남북에서 사람들이 모여드는 도시일 뿐만 아니라 18~19세기에 유럽을 지배한 왕조의 수도였다. 그 왕조는 통치 방법이 본질적으로 독일식이었으므로 많은 약소 슬라브 국가들에 자기 뜻을 강요할 수 있었고, 그들을 철저히 수탈하여 수도 빈을 중부 유럽 전체의 경제·사회·문화적 중심지로 만들 수 있었다.

나는 앞에서 화가란 언제나 맛있는 음식을 찾아다닌다고 말한 바 있다. 음악가도 그 기회를 잡기가 무섭게 같은 행동을 했다. 그들은 지불하지 않은 청구서를 잔뜩 남겨 놓은 채, 완성하지도 않은 칸타타나 소나타의 악보를 옆구리에 끼고 서둘러 북쪽으로 떠나갔다. 무지개 저편 그곳에는 무한한 희망과 야심에 찬 황금 항아리가 기다리고 있었다.

46장
바흐·헨델·하이든·모차르트·베토벤

참모진은 초라한 음악 교사들의 군대를 빛나는 승리로 이끌었다.

그런 사람들 가운데서 가장 위대한 인물 바흐부터 시작하는 것이 좋겠다. 여기에 그의 아들이 쓴 이력서가 있다.

1685년 3월 23일 아이제나흐에서 태어남.
1. 바이마르에서 요한 에른스트 공을 섬긴 궁정음악가로 재직.
2. 1704년, 아른슈타트의 새 성당의 오르간 연주자로 재직.
3. 1707년, 뮐하우젠의 장크트 블라시우스 성당의 오르간 연주자로 재직.
4. 1708년, 바이마르에서 실내악단 및 궁정 오르간 연주자로 재직.
5. 1714년, 같은 궁정의 수석 악사로 재직.
6. 1717년, 안할트 쾨텐 공의 궁정 오케스트라 지휘자 겸 실내악 지휘자로 재직.
7. 1723년, 라이프치히로 가서 장크트 토마스 성당 부속학교의 합창 지휘자 겸 교사로 임명됨.
추기 : 1750년 7월 28일 죽음.

매우 간단한 이력이다. 기대를 품게 하거나 호화로운 내용은 전혀 없다. 이 시대에 활동했던 수천 명의 '도시 악사' 가운데 한 사람의 약력처럼 보인다. 그러나 마지막 추가된 한 줄은 필리프 에마누엘 바흐가 쓴 것이며, 우리가 말하려는 인물의 아들이다.

바흐

제바스티안(Sebastian)[1]의 집안은 그가 태어나기 200년 전부터 매우 많은 음악가들을 배출했다. 그들의 주요 활동무대였던 독일 중부에서 바흐(Bach)라는 말은 슈필만(Spielmann), 즉 음악가를 의미할 정도였다. 그의 아버지 요한 암브로지우스 바흐는 에르푸르트에서 아이제나흐로 이주한 뒤 1685년에 제바스티안을 낳았다. 이 튀링겐의 조그만 도시는 독일 역사에서 이미 중대한 역할을 했다. 루터는 이 도시에 머물며 먹을 것을 구하기 위해 날마다 거리에서 노래를 불렀고, 이윽고 코타 집안의 주목을 끌어 나중에 그들에게서 큰 도움을 받았다. 걸어서 두세 시간쯤 걸리는 곳에 바르트부르크라는 장대한 로마네스크풍의 성이 있었는데, 이곳에서 이미 중세에 미네징거들이 유명한 노래 경연(바그너의 〈탄호이저〉를 보라)을 벌였고, 1521년에는 루터가 숨어서 성서를 번역했다.

제바스티안의 아버지 암브로지우스에게는 아른슈타트의 거리 악사였던 요한 크리스토프(Johann Christoph)라는 쌍둥이 형제가 있었다. 이 쌍둥이는 아내들조차 분간할 수 없을 만큼 닮았을 뿐 아니라, 연주와 작곡 솜씨도 워낙 비슷해서 누가 어느 것을 작곡했는지 구별할 수 없을 정도였다. 이 쌍둥이는 16~17세기에 중부 독일의 많은 마을과 부락에서 거리 악사로 일한 수많은 '바흐들'과 함께 파이트 바흐(Veit Bach)라는 사람의 자손이었다. 파이트 바흐는 빵을 굽고 밀가루 빻는 일을 하면서 틈틈이 치터(Zither)[2]를 연주했는데, 그 솜씨를 널리 인정받았다.

파이트는 더 나은 삶을 찾아 헝가리로 이주했다. 그러나 종교 개혁의 소용돌이 속에서 헝가리는 단호하게 가톨릭을 선택했으므로, 신교도들은 모두 개종과 망명 사이에서 어느 하나를 택해야만 했다. 결국 파이트 바흐는 조그만 치터를 꾸려 고국으로 돌아가 모든 것을 새로 시작했다. 우직할 정도의 정직성과 타협을 받아들이지 못하는 성격은, 바흐 집안 모든 사람들의 두 가지 특징이었던 것 같다. 그 가운데는 늙어가면서 마음이 심약해져, 술독에 빠져 허우적대다가 생애를 마친 사람들도 있었다. 그러나 잔을 쥐고서도 푸가를 작곡할 때는 거래를 할 때처럼 그 옳고 그름을 구별할 줄 알았다.

---

1) 가족이 사용한 바흐의 이름이다.
2) 30~45개의 현이 달린 고대 현악기.

제바스티안은 열 살 때 아버지를 여의었다. 맏형 요한 크리스토프가 제바스티안과 동생 요한 야코프(Johann Jacob)를 자신이 오르간 연주자로 일하는 작은 마을로 데려갔다. 제바스티안은 여기서 바이올린을 배웠다. 그리고 여기서 그 유명한 사건이 일어났다. 그 사건으로 제바스티안 소년은 음악 공부를 하겠다는 결심을 굳히게 된다. 음악을 진지하게 생각하고 있는 모든 소년 소녀들에 대한 교훈의 하나로 언급할 값어치가 있다.

제바스티안은 당대 하프시코드 대가들의 작품을 배우고 싶었다. 그의 형

요한 제바스티안 바흐(1685~1750)
하우스만 작(1746). 음악학회에 가입하기 위해 그가 작곡한 6성부 3중 카논 악보를 손에 들고 있는 바흐. 단순해 보이는 6성부 카논은 초상화를 바라보면 3성부를 볼 수 있고, 이 그림을 거울에 비춰보면 또 다른 3성부가 보인다. 바흐는 이 음악학회에 열네 번째(1747) 회원이 되었다.

은 그 악보의 필사본을 갖고 있었으나, 늘 귀찮게 질문하는 이 소년에게는 보여 주지 않았다. 그 악보는 프로베르거(Froberger)와 파헬벨(Pachelbel)의 작품이었는데 형 요한은 격자창이 달린 벽장에 넣고 제바스티안에게 열쇠를 주지 않았다. 그래서 제바스티안은 밤마다 가족들이 잠든 뒤 그 방에 몰래 들어가 조그만 손으로 벽장 속에서 악보를 꺼냈다. 그러고는 달빛 아래서 악보를 베꼈다(독일인들은 불이 날 것을 염려하여 아이들에게 촛불을 못 쓰게 했다). 어두워져 보이지 않으면 도로 제자리에 밀어 넣었다. 이 일은 무려 여섯 달이나 걸렸다. 필사를 마칠 무렵 제바스티안은 그만 형에게 들키고 말았다. 형은 아우의 뺨을 때리고

소중한 것을 빼앗아 버렸다.

사건은 그것으로 일단락되었다. 아마도 요한은 지금쯤 단테의 지옥 중 가장 어두운 한구석에서 제바스티안의 바이올린 소나타들을 끊임없이 베끼고 있을 것이다. 그러나 가엾게도 제바스티안은 더 심한 고초를 겪는다. 그는 여섯 달 동안 악보를 베끼면서 눈을 혹사하는 바람에, 그 재난[3]을 겪기 훨씬 전부터 시력이 몹시 나빠졌던 것이다. 시력을 회복하기 위해 수술까지 했으나 성공하지 못했다. 바흐는 평생을 시각장애인으로 살아야 했다.

나는 다른 사람보다 제바스티안 바흐에 관해서 많이 쓰고 싶다. 그러나 글 세 쪽을 쓸 수도 있고, 책 세 권을 낼 수도 있다. 그의 음악 작품만은 바흐협회에서 60권의 책으로 간행되었다. 바흐협회는 그가 죽은 지 1세기가 지나서, 그의 작품 대부분이 거의 잊혔을 때 창립되었다. 그러나 그것은 당시 음악 출판업자들의 잘못이 아니다. 19세기 초에 브라이코프 운트 헤르텔사[4]가 바흐의 작품 몇 가지를 간행했으나 팔리지 않았다. 1837년에 로베르트 슈만(Robert Schumann)이 베토벤의 편지 두 통을 공개했는데, 거기에서 베토벤은 다른 독일 출판사가 "요한 제바스티안 바흐의 작품을 근간에 출판한다"고 축하를 보냈다. 그 계획도 실패했다. 그래서 바흐의 음악을 아끼는 사람들은 펠릭스 멘델스존(Felix Mendelssohn)의 지도 아래, 이 거장의 작품을 보존할 목적으로 바흐협회를 창립했다. 그것은 영국 헨델협회를 본뜬 것이다.

그러나 원고를 손에 넣기가 무척이나 어려웠다. 어떤 것은 팔리고, 어떤 것은 버려지고, 더 많은 것이 도둑맞거나 여기저기 흩어져 버렸다. 혹시 다음에 〈브란덴부르크 협주곡 *Brandenburgisches Konzert*〉을 듣는다면, 바흐 본인도 그 연주를 들은 적이 없고 브란덴부르크 선제후가 죽은 뒤 그 작품이 한 부에 겨우 10센트에 팔렸다는 것을 유념하기 바란다. 지금까지 다락방의 먼지 속에 파묻혀 있던 것까지 끄집어 낸다면, 요한 제바스티안 바흐의 작품은 오늘날 의미의 오페라를 제외한 모든 음악 분야에 걸쳐 있다. 그는 물론 이와 같은 작품을 쓰기 위한 거의 이상적인 조건에서 생애의 대부분을 보냈다. '작품 제7번을 완성

---

3) 형에게 뺨 맞은 일.
4) 1540년에 창립된 출판사로, 50년 동안 음악 출판을 한 적이 있다.

하기 위해' 언제나 태평양의 외딴 섬으로 가기를 꿈꾸는 현대의 가엾은 작곡가들은, 바흐의 조용한 환경을 부러워할 것이다.

바흐의 첫 아내는 사촌누이 마리아 바르바라 바흐(Maria Barbara Bach)였다. 둘 사이에 아이 일곱을 낳았으나 그 가운데 넷만이 무사히 자랐다. 딸 하나와 아들 셋이었는데 그중 두 사람, 빌헬름 프리데만(Wilhelm Friedemann)과 카를 필리프 에마누엘(Karl Philip Emanuel)은 아버지의 후광 없이 훌륭한 음악가가 되었다. 바르바라는 결혼 생활 14년 동안 매우 행복하면서도 바

오르간 연주자 바흐 1702년, 뤼네브르크의 성 미카엘 학교를 졸업한 제바스티안은 생계를 위해 오르간 연주자 자리를 찾는다. 1703년 그는 아른슈타트 '새교회' 오르간 연주자로 발탁된다.

쁘게 살다 죽었다. 그 1년 뒤 제바스티안은 안나 막달레나 뷜켄(Anna Magdalena Wülken)이라는 여성과 재혼했다. 아름다운 소프라노 목소리를 가진 젊은 여성으로, 바이센펠스의 궁정 겸 군대 트럼펫 연주자의 딸이었다. 피아노를 배우는 학생들이 잘 아는 매력적인 〈클라비어 소곡집 *Klavierbüchlein*〉은 바흐가 그녀에게 바친 작품이다. 아마 그것은 그녀가 비서 역할을 해준 데 대한 사례였을 것이다. 바흐는 자기가 쓴 것을 읽어 주고 기꺼이 베껴 주는 아내를 가진 행복한 남자였다.

안나 막달레나는 남편의 일을 도와주지 않을 때는 늘 아이를 낳았던 것 같다. 순식간에 열셋이나 낳았다. 그러나 사내아이 여섯 가운데 둘만 살아서 자

바흐가 성가대 지휘자로 재직했던 라이프치히의 성 토마스 학교이자 교회

랐다. 그중 한 사람인 요한 크리스티안은 바흐 집안에서 가장 유능하지는 않았더라도 가장 화려하고 이채로운 생애를 보냈다. 그는 대중적 취향의 오페라 작곡에 뛰어난 재능을 발휘했다. 또한 그는 밀라노, 나폴리, 파리, 런던 등지에서 오페라를 지휘했다.

영국의 수도에서 조반니 바키[5]는 상류 신사들의 인기 있는 음악 교사가 되었다. 그는 자가용 마차로 제자들의 집을 방문할 정도였다. 30분 수업료가 반기니[6]였다. 파리의 오페라를 하나 지휘하면 1만 프랑을 받았다. 그의 아버지는 대여섯 곳에서 하루 열두 시간씩 일을 하던 전성기에도 1년에 700달러 넘게 번 적이 없었다. 그 일부는 결혼식이나 장례식의 '특별 연주'로 번 것이었다. 사람이 별로 죽지 않은 매우 건강했던 해(1729년은 그에게는 고된 해였다)에는 수입이 적어도 100달러까지 줄었다.

아직 계몽 시대 이전의 18세기에는 명예가 중요했다. 그 시기에 바흐가 혼자 힘으로 얻을 수 있었던 최상의 호칭은, 작센 선제후의 궁정작곡가로 임명된 것이었다. 그것을 얻기 위해서 3년 동안 끊임없는 노력을 기울였고, 차마 읽을 수 없을 만큼 비굴한 편지를 몇 통이나 써야만 했다. 그러나 바흐가 살았던 시대

---

5) 요한 바흐를 이탈리아식으로 부른 것.
6) 1기니는 1파운드 1실링에 해당하는 당시의 금화.

바흐와 세 아들들　포르겔은 "바흐의 세 아들들은 유년 시절부터 화목한 가정에서 훌륭한 음악을 들을 기회를 누렸다"고 전해 준다.

가 그런 시대였다. 궁정음악가라는 직함은 그의 사회적 지위를 크게 강화해 주었으므로, 그 유명한 토마스 학교의 지독한 고용주들과의 끝없는 분쟁에서 끝내 승리를 거둘 수 있었다.

　바흐는 언제나 상사와 하찮은 일로 분쟁을 일으켰다. 젊었을 때, 낯선 젊은 여성을 오르간 자리에 앉혀서 연주시킨 일로 크게 꾸중을 들었다. 다행히 그 때는 '그 젊은 여성이 자신의 사촌누이이며 장차 아내가 될 사람이라고 목사에게 말해 두었다'는 해명으로 모면할 수 있었다. 그 뒤 당시 거장들의 음악을 듣기 위해 대도시에 갔을 때는 휴가가 너무 잦다고 질책을 받았다.

　그러나 이 정도는 바흐가 쾨텐을 떠난 뒤에 일어난 소동에 비하면 아무것도 아니었다. 쾨텐에서 그는 넉넉한 수입으로 행복한 생활을 하고 있었으나, 라이프치히의 토마스 학교 합창 지휘자로서 요한 쿠나우의 뒤를 잇기 위해 이 도시를 떠났다. 라이프치히에서는 생애에 처음으로 훌륭한 전용 오르간을 가질 수 있었다. 라이프치히시의 존경할 만한 고관들과 선량한 시민들은 그의 천재

〈마태 수난곡〉 악보 바흐는 1735~36년 겨울에 이 곡을 공들여 완성했는데, 하느님의 말씀은 붉은색 잉크로 적어 넣었다.

성을 이해하지 못했다. 따라서 그가 이 도시에서 공직에 앉은 뒤 처음으로 작곡한 〈요한 수난곡〉이나, 6년 뒤 1729년에 작곡한 〈마태 수난곡〉의 진가도 깨닫지 못했다. 당시 그 곡에 대한 유일한 비평은 교회보다 음악회용으로 적합하다는 것이었다. 이 말을 들은 바흐가 다시는 수난곡을 작곡하지 않은 것도 무리가 아니다.

그러나 그의 소품곡도 직속 상사들을 기쁘게 해주지는 못했다. 그들은 바흐가 교회의 예배를 위한 음악에 '제멋대로의 것'을 집어넣고 있다는 비난을 그치지 않았으며, '부적절한 양식으로 즉흥 연주를 하는 용서할 수 없는 습관'에 언제나 잔소리를 했다. 그 소인배들은 바흐를 얼마나 짜증스럽게 생각하고 있는지 나타내기 위해, 자신들이 '고용한' 음악 교사가 무능한 단원을 해고하고 유능한 단원을 뽑아 합창단을 효율적으로 재편성하는 일을 못하게 막았다. 기존의 단원들로 최선을 다할 수밖에 없었다. 그렇게 타협하고 싶지 않으면, 짐을 꾸려서 한 개 부대쯤 되는 아이들을 거느리고 어디로든지 떠나 버리라고 엄포를 놓았다.

그는 그 조치에 분노하거나 그들과 한바탕 드잡이를 벌였을까? 그런 짓은 하지 않았다. 그는 자기의 가치를 너무나도 잘 알고 있었다. 그리고 그는 선량한 그리스도 교도였다. 이런 고난이 신의 뜻이라면 기꺼이 감내해야 한다. 게다가

〈평균율 클라비어 곡집〉 제1곡인 C장조 전주곡 악보 일부

그는 이 나라에서 가장 높은 사람에게 인정받지 않았던가? 위대한 프로이센 왕의 초청을 받은 몸이 아닌가? 바로 그렇다. 왕은 자신의 궁정음악가로 일하는 필리프 에마누엘에게서, 그의 유명한 아버지 바흐에 대한 이야기를 여러 번 들은 바 있었다. 바흐는 포츠담 궁전으로 오라는 명을 받았다. 멀리 프로이센의 수도까지 유명한 여행을 떠날 무렵 그의 나이 예순둘이었다. 이윽고 노인이 도착해 왕을 알현하기 위해 기다리고 있다는 전갈이 왔다.

그다음에 놀라운 일이 일어났다. 어느 궁정에서도 일찍이 들어 보지 못한 충격적인 일이었다. 루이 14세가 좋은 친구 몰리에르에게 어전에서 의자에 앉기를 허락한 것에 비할 만한 혁명적인 사건이었다. 국왕은 "노인을 이리 가까이 모셔라" 분부하고, 그를 매우 정중하게 맞이하여 새 피아노를 전부 보여 주었다. 그것은 뒷날 모든 피아노 학습자의 성서가 된 〈평균율 클라비어 곡집 *Welltempered Clavichord*〉을 쓴 바흐로서는 물론 매우 흥미 있는 일이었다. 이어 왕은 배석한 여러 사람들 앞에서, 이 작센의 악장에게 직접 주제를 주면서 즉흥곡을 연주해 달라고 부탁했다. 바흐가 그 부탁을 들어 훌륭한 곡을 연주했으므로 왕을 비롯한 모든 사람은 무척 기뻐했다. 왕은 저녁 내내 이 라이프치히 음악 교사의 연주를 듣기 위해, 약정되어 있던 플루트 연주회를 취소했을 정도였다.

라이프치히의 그 사람들은 이 소식을 들었을까? 들었다. 그래서 그에 대한 태도를 바꾸었을까? 그렇지도 않았다. 그들이나 당시 대부분의 사람들에게 제 바스티안 바흐는 또 한 사람의 바흐, 즉 연수입 7백 탈러의 교회 합창 지휘자에 지나지 않았다.

만년에 그의 뛰어난 작품 〈푸가의 기법 *Die Kunst Fuge*〉이 출판되었으나(그의 생전에 간행된 몇 안 되는 작품의 하나였다) 겨우 30부만 팔렸고 동판은 재료 값, 즉 구리 값으로 팔려 버렸다. 그러나 요한 제바스티안만큼 평생을 조용히 불평 없이 산 사람도 드물다. 또 이 사람만큼 초심자에게 친절하고 적을 너그러이 용서한 사람은 더 드물다. 평생토록 그는 옛 그대로 소박한 '슈필만'이었으며, 파헬벨의 금지된 악보를 달밤에 베끼고 있던 소년이었다.

그는 불굴의 작곡가이자 뛰어난 하프시코드 연주자이며, 당대의 가장 유명한 오르간 연주자이자 훌륭한 바이올린과 비올라 연주자였다. 성악곡과 모든 편성에 따른 기악곡 등 그의 작품 수는 너무 방대해서, 직접 조사해 보기 전에는 사실일까 의심스러워질 정도이다. 단순한 것이거나 복잡한 것이거나, 그러한 작품에는 언제나 바흐적인 수법이 있다. 바흐의 칸타타를 가짜로 짓기란, 렘브란트의 에칭을 위조하는 것만큼이나 어렵다.

입으로만 신의 진리를 풀이하려고 시도한 모든 위대한 철학자들보다도 더 큰 은혜를 베푼 이 사람과 작별하기 전에, 좀 더 깨달은 것을 설명해 두고 싶다. 절대로 예측할 수 없으며 전혀 논리적이지 않다는 점이 인생의 매력이다. 북유럽이 남유럽보다 번창해지자 남쪽의 일류 미술가나 음악가가 북쪽으로 옮겨 살기 시작한 것은 확실하다. 그러나 바흐가 태어난 것은 17세기의 전후 독일, 다시 말하여 30년 전쟁 이후의 일이었다. 이 전쟁 동안에 독일의 여러 지역은 크게 몰락했으며, 200년이나 걸려서 간신히 회복할 수 있었다. 그런데 바흐를 비롯해 소도시와 시골의 많은 음악가들은 어려운 형편에다 사람들의 인정조차 거의 받지 못하고 살면서도, 한창 번영하고 있는 나라들보다도 훌륭한 미의 세계를 창조했다. 이따금 헨델이나 바흐의 아들 요한 크리스티안 같은 탈락자들이 런던이나 파리의 새로운 돈벌이에 이끌려 갔는지는 모르지만, 대부분은 제자리를 굳게 지키면서 할 수 있는 데까지 열심히 손을 놀려 일하는 데 만족을 느끼고, 늘 자신의 마음에 가장 가까운 것, 즉 음악을 위하여 온 힘을 쏟았다.

바흐는 1750년 7월 28일, 홀연히 이 세상을 떠났다. 죽기 2, 3일 전 시각장애인 바흐는 사위에게 오르간을 위한 합창곡을 구술해 주고 있었다. 처음 그가 택한 곡명은 〈위급 존망의 때에 즈음하여〉라는 것이었으나, 마지막이 다가온 것을 느끼자 그는 〈저는 이제 신의 보좌 앞으로 나아갑니다 *Vor deinen Thron tret' ich hiermit*〉로 고치게 했다. 마침내 그는 보좌 앞에 섰다. 신의 보좌 앞에 섰던 사람들 중 이 늙은 '고귀한 안할트 리텐의 궁정 악장' 겸 라이프치히의 장크트 토마스 교회 합창 지휘자 요한 제바스티안 바흐만큼 신의 은혜를 받을 자격이 있는 사람은 없었다.

흔히 하는 질문이 있다. 바흐가 정말로 자기의 위대함을 자각하고 있었다면, 왜 자기 음악에 대중이 무관심해도 개의치 않았을까? 사실 그는 프리드리히 대왕의 그 에피소드를 제외하고는 공식적으로 거의 인정받지 못했다. 그리고 그는 자기가 '거리 악사'로서 이름 없는 생활을 하고 있을 때 경쟁 상대인 헨델이 순조롭게 성공하고 있다는 것을 알고 있었을 것이다. 당대 최고의 명성을 누리던 헨델은 바흐와 인사를 나누기는커녕 만나려 하지도 않았다. 이 대단한 카펠마이스터(악장)의 심기가 불편할 때마다 하노버 왕가조차 벌벌 떨 정도였다. 그 때문에 이 집안은 왕가답지 않은 섬세한 기질로 유명해졌다. 참으로 위대한 예술가는 자기가 무시당하는 것은 개의치 않아도 자기보다 못한 자가 월계관을 빼앗아 가는 것은 참지 못한다. 그러나 제바스티안 바흐는 너무나도 위대한 인물이며 진정으로 성실하고 정직한 그리스도 교인이었으므로 결코 시기심 따위는 품지 않았다. 그의 사생활에 대해서 내가 이토록 상세하게 설명하는 것은 그 때문이다. 그의 경우에는 사람됨과 예술이 완전히 하나였다. 또한 그는 매우 뛰어난 음악가였고 자신의 재능을 잘 알고 있었다. 그러므로 당시 시대 조건 아래서는 당연히 대중의 인기를 얻을 수 없다는 것을 알고 있었을 것이다.

그 까닭은, 바흐는 불행히도(우리에게는 다행이지만) 옛 것과 새 것 사이의 음악적 과도기에 태어났기 때문이다. 지난 2세기 동안의 종교적 광란은 끝나고 피할 수 없는 반동[7]이 시작되고 있었다. 사람들은 마음의 고통을 잊게 해줄 음악을 원하고 있었다. 이탈리아 오페라의 흐르는 듯한 즐거운 멜로디는 그들에게 좋은 위안이 되었다. 복잡한 대위법을 이해하려고 애쓰지 않고 들을 수 있는 음악이 마침내 나타난 것이다. 그저 앉아서 듣고만 있으면 되는 음악이었다.

바흐는 이와 같은 피치 못할 반동과 싸워 봐야 헛일이라는 것을 알고 있었다. 이탈리아 오페라는 마침 시대의 마음을 사로잡은 것이다. 라인하르트 카이

---

7) 종교 개혁 이후 찾아온 반종교 개혁을 가리킨다.

저나 요한 볼프강 프랑크 같은 성실한 독일 작곡가들은 독일에서 가장 부유한 도시 함부르크를 진정한 독일 오페라의 중심지로 만들려고 열심히 일했으나, 결국 구빈원에서 그 생애를 마쳤다. 함부르크 오페라 극장은 세워지자마자 곧 문을 닫아야만 했다. 17~18세기의 재즈라고도 할 이탈리아 음악이 압도적으로 지배하고 있었다. 근대적인 양식으로 작곡할 능력과 의지를 갖춘 독일인 음악가가 나타날 때까지는 이탈리아 음악의 대중적인 인기를 허물어뜨릴 방법이 없었다. 바흐의 비극은 그런 음악가가 아니었다는 사실이다.

이 점에서 그는 아이제나흐시가 배출한 또 다른 유명한 시민 마르틴 루터 박사와 똑같았다. 루터가 실은 새로운 사상 개척자가 아니라 중세 신앙의 마지막 옹호자이며 위대한 마지막 중세 영웅이었던 것처럼, 바흐는 실은 새로운 음악적 형식의 개척자가 아니라 중세의 마지막 위대한 음악가였다. 우리는 이것을 흔히 간과하기 쉽다. 그러나 이것이 모든 것을 설명해 준다. 바흐의 음악은 그것을 특별히 열심히 연구한 사람이 아니더라도, 현대인의 귀에 가장 명쾌하게 들린다. 그러나 바흐의 음악이 현대적이라는 것은, 조토의 벽화나 얀 반에이크의 그림이 현대적이었다는 것과 맥락을 같이할 뿐이다. 실제로 그들은 사라진 문명의 마지막 매듭이자 최고의 개화(開化)이기는 했으나, 새 시대의 선구자는 결코 아니었다.

문제를 이와 같이 보면, 당시의 사람들이 바흐에게 몹시 무관심했던 까닭이 뚜렷해진다. 당시의 사람들은 그를 '해묵은 가발'이라고 불렀는데, 지금으로 말하면 '괴팍스러운 노인'이라고나 할 판이다. 그가 늘 쓰고 있던 가발은 너무나 고풍스럽고 기묘하여, 유행을 따르는 젊은이라면 도저히 사람들 앞에 쓰고 나갈 수 없는 물건이었다. 그의 음악은 그 가발과 같은 것이었다. 그것은 비참했던 지난날을 떠올리게 할 뿐이었으므로, 대개의 사람들은 일부러 외면했다. 그들은 모두 현재를 지향했다. 그들은 바흐가 훌륭한 재능을 가진 음악가라는 것(바흐가 작곡과 연주의 천재라는 것은 아무도 의심하지 않았다)은 알았으나 그를 좋아하지는 않았다. 그는 '공연히 떠들어 대는 늙은 가발'이며 시대에 뒤진 사람이었다.

우리는 이제 당시의 사람들 같은 편견을 갖고 있지 않다. 그들이 자랑하는 '현대성'도 우리가 보기에는 대단히 낡고 초라하며 어떤 감동도 주지 않는다.

따라서 우리는 바흐의 과거와 현재의 진가를 올바르게 평가할 수 있다. 그는 과거 음악에서 가장 숭고한 대표자이며 존귀한 화신이었다. 그 드넓은 토대 위에 다음 세대가 새로운 음악을 쌓아 올렸다.

헨델

게오르크 프리드리히 헨델(Georg Friedrich Händel)—영국 국민이 된 뒤에는 조지 프레더릭 헨델—은 1685년 바흐와 같은 해에 태어났으나, 이 유명한 동년배보다 9년을 더 살고 1759년 4월에 죽었다. 국왕 조지 1세의 음악 교사라는 높은 지위에 걸맞게 성대한 장례식이 치러진 뒤 웨스트민스터 사원에 묻혔다.

작센의 할레에서 이발사 겸 외과의사였던 그의 아버지는 공부를 잘하는 아들에게 큰 기대를 걸었다. 소년이 음악가가 되고 싶어 한다는 것을 알았을 때 그는 단호하게 반대했다. '너는 법률을 공부하여 출세해야 한다, 아레초의 구이도 음계 같은 것을 배워서 무얼 하느냐'는 것이었다. 결국 아버지와 아들이 타협했다. 아들은 대학의 법과에 입학하는 동시에, 지역 교회의 수습 오르간 연주자로 1년 동안 일했다. 그 뒤 정식 오르간 연주자에 임명되자 즉각 법률과 인연을 끊어 버렸다.

그의 재능은 몇몇 열렬한 예술 애호가의 주목을 끌어, 몇 해 동안 이탈리아에 가서 연주법을 익히고 작곡을 배울 수 있는 자금을 대주겠다는 제의를 받았다. 헨델은 이런 제의를 모두 가볍게 거절했다. 그가 사회 초년생으로서 고결한 이상을 품었기 때문이 아니다. 그는 감자와 삶은 양배추에 진저리가 날만큼 가난을 경험했다. 그러나 그는 돈 많은 고용주에게 팔려 가기에는 자존심이 너무 강했다. 그래서 그는 알뜰히 돈을 모아 마침내 자기 힘으로 이탈리아에 갈 여비를 장만했다.

1705년 겨울 함부르크에서 상연된 오페라 〈알미라 *Almira*〉가 성공한 것은 원대한 여행을 떠나는 데 도움이 되었다. 그는 알프스를 넘어 3년 동안 나폴리, 로마, 피렌체, 베네치아에 머물며 인기 있는 이탈리아 양식을 철저히 익혔다. '유명한 작센인(il famoso Sassone)' 조르조 페데리코 헨델은 도처에서 열렬한 갈채로 환영받았다.

이탈리아에 머물 때 사소한 사건이 일어났다. 우리의 기악 기법이 그 시절에

게오르크 헨델(1685~1759)
스무 살 때 오페라 〈알미라〉(1705)를 작곡하여 성공을 거두고, 이탈리아·독일에서 활동하다가 1712년, 런던으로 가 '왕립 음악 아카데미'를 설립하여 오페라 전성기를 누렸다. 그러나 1728년, 당시 귀족사회를 풍자한 페푸시 작곡의 〈거지 오페라〉가 상연되어 성공을 거두자, '왕실 음악 아카데미'는 타격을 받는다.

비해 얼마나 진보했는지를 보여 주는 사건이다. 코렐리가 헨델의 곡을 바이올린으로 연주하다가 제7음위의 악구에 부딪쳤다. 그는 그런 높은 음을 낼 수 없다고 이의를 제기했다. 바이올린은 제3음위 이상이 되면 유쾌한 음색을 낼 수 없다는 것이 그의 주장이었다. 헨델은 코렐리의 바이올린을 받아 들고, 그렇게 할 수 있다는 것을 손수 연주해 보였다. 그러나 그 뒤부터는 높은 음위를 조심스레 피했음은 물론이다. 이 점은 헨델이 아마추어들에게 인기가 높은 이유 가운데 하나이다. 그는 기술적인 능력을 지나치게 요구하지 않았다. 그에 비해 바흐는 연주자의 입장은 고려하지 않고 자신의 뜻대로 작곡했다. 자신이 작곡한 음악의 연주법을 배우든지 아니면 내동댕이치든지 마음대로 하라는 것이었다. 그러나 헨델은 대중을 알고 있었다. 헨델은 부자였지만 바흐는 평생 가난했다.

그의 생애에 어려움이 없었다는 말은 아니다. 그는 매우 저돌적인 성격이었으나, 그의 오페라가 언제나 성공한 것은 결코 아니다. 고국으로 돌아오자, 그는 하노버 선제후의 궁정 악장직을 맡았다. 그러나 런던에서 꽤 보수가 두둑한 유능한 지배인을 구한다는 말을 듣고, 그는 1년 동안 휴가를 얻어 해협을 건넜다. 두 번째 런던 방문은 수입이 좋았으므로, 휴가가 다 끝났는데도 하노버로 돌아가지 않았다.

이번에는 행운이 그를 떠났다. 앤 여왕이 죽고, 헨델의 고용주인 하노버 선제후가 영국 왕이 된 것이다. 졸지에 탈영병 처지가 되었으나, 어떤 상황에서도 당황하지 않고 대범했던 이 조지 프레더릭 헨델(이때는 이처럼 영국식으로 불리고 있었다)은 예전 주인을 음악으로 환영했다. 영국 왕실의 템스강 뱃놀이를 위해 작곡한 이 곡은 나중에 〈수상음악 *Water Music*〉이라는 제목으로 유명해졌다. 이 곡에 만족한 조지 1세는 변덕스러운 악장을 용서해 주고 1년에 400파운드의 연금을 주었다(얼마 안 가 600파운드로 인상되었다). 헨델은 계속 오페라를 작곡할 수 있게 되었다.

그러나 수요 공급의 법칙은 경제만이 아니라 미묘하게 음악 영역에서도 작용한다. 영국 국민들은 이탈리아풍의 가벼운 오페라에 기꺼이 돈을 지불하고 싶어 했으며, 또 그런 분위기는 현실로 드러났다. 마침내 조반니 보논치니(Giovanni Bononcini)가 가수들을 대거 거느리고 등장한 것이다. 그리하여 유명한 '작곡가들의 전쟁'이 일어났다. 존 바이럼(Johon Byrom)은 우아한 시 한 편으로 그 전쟁을 영원토록 기념했다. 그 시의 첫머리는 이러하다.

어떤 자는 말한다, 보논치니에 비하면,
헨델 선생 따위는 숙맥에 지나지 않는다고.

그리고 다음과 같은 유명한 시구로 끝난다.

묘하게도 그 차이는
오십 보 백 보라네.

한쪽이 다른 쪽을 마침내 해치워 버린 방식이야말로, 더더욱 주목할 만하다. 먼저 꽤 유능한 작곡가였던 보논치니가, 베네치아 산마르코 대성당 오르간 연주자인 안토니오 로티(Antonio Lotti)의 멜로디에서 마드리갈을 표절한 것이(보논치니는 그 작품으로 상을 받았다) 폭로되었다. 적당한 해명을 하지 못한 보논치니는 영국을 떠나야 했다. 그런데 흥미로운 사실은 헨델 자신이야말로 누구보다 교묘하게 표절했다는 점이다. 그가 표절한 곳을 발견하려면, 오늘날의 시그먼드 스페이스(Sigmund Spaeth)[8] 같은 뛰어난 음악 탐정이 필요하다. 사실은 헨델 자신도, 다른 작곡가의 곡을 훔쳐 헨델식의 아름다운 깃털로 장식하여 무대에 내보내는 습관을 자랑하고 있었을 정도이다. "그게 어때서" 그는 독일 특유의 매력적인 무뚝뚝함으로써 되물었다. "돼지는 진주를 다룰 줄 모르지. 나는 알고 있단 말이야." 정말 그의 말대로였다.

실제로 악보를 쓸 때 그는 꽤 조잡했다. 그는 제바스티안 바흐처럼 세세한 데까지 정성을 들이지 않았다. 그는 연주자나 가수들이 짐작할 만큼 음악을 '암시'하는 정도로 만족했다. 그 밖의 것은 모두 시간과 정력의 낭비라고 생각했다.

결코 그가 게을렀다는 뜻은 아니다. 영국 헨델협회가 출판한 그의 작품은 큰 책으로 100권이나 된다. 이탈리아 오페라 41곡, 이탈리아풍 오라토리오 2곡, 독일풍 수난곡 2곡, 영국풍 오라토리오 18곡, 성가 5곡, 대관식 찬가 4곡, 기악 소나타 37곡, 오르간 곡 20곡 등 헨델의 작품은 끝이 없을 정도다. 석탄 하역 인부만큼 굳건한 체질을 가진 사람이나 그렇게 많은 작품을 만들 수 있을 것이다. 그는 오페라와 오라토리오를 짓고, 지휘하고, 막간에 오르간을 연주하는 것만으로 만족하지 않았다. 극장의 공연을 주재하고, 기술적인 세부에까지 신경을 써야 직성이 풀렸다. 마침내 과로로 말미암아 뇌졸중 발작으로 쓰러졌다. 보통 사람 같으면 이것으로 마지막이 되었을 것이다. 그러나 조지 프레더릭 헨델은 죽지 않았다. 그는 유럽의 온천장에 가서 치료했다. 보통 사람의 3배나 오래 온천 치료를 한 결과 가까스로 위기를 넘겼다. 몸이 회복되자마자 그는 영국으로 돌아왔다. 존 게이(John Gay) 같은 녀석이 또 나타나서 〈거지 오페라 *Beggar's Opera*〉 같은 것을 또다시 쓴다면, 헨델은 웃음거리가 되어 무대에서 쫓겨날 터였다. 헨델은 온 힘을 오라토리오에 집중하기로 했다. 그는 코벤트 가든과 오페라를 단념하고는, 헤이마켓 극장의 오라토리오 공연에 전념했다. 이렇게 늘 마음이 편치 않기 때문에 그는 더블린에 와달라는 초청을 받아들였다. 그는 그곳에 가본 적이 없었기에 따라서 적도 없었다.

---

8) 미국 태생의 음악학자로 '노래 탐정' 별명을 가졌다.

호가스가 그린 〈거지 오페라〉 존 게이의 풍자극, 페푸시 작곡의 이 오페라는 헨델의 이탈리아풍 오페라도 풍자했으며, 나아가 헨델이 창립한 '왕실 음악 아카데미'의 문을 닫게도 만들었다.

　헨델의 〈메시아 *Messiah*〉를 아일랜드인이 처음으로 듣게 된 것은 이 때문이다. 사실 그는 〈메시아〉를 그다지 탐탁지 않게 여겼고 〈삼손 *Samson*〉을 더 좋아했다. 그러나 그의 〈메시아〉는 영국인들이 가장 영국적인 오라토리오라고 좋아했다. 특히 할렐루야 코러스를 부를 때 국왕 조지 2세가 기립하고부터는, 앉아서 이 멜로디를 듣는 것은 무례한 행동으로 간주되었다. 나는 종종 이런 의문을 품는다. 바흐의 〈오르간을 위한 푸가 G단조〉를 조용히 앉아서 듣는 사람들이 왜 할렐루야 코러스 때는 기립할까? 나는 많은 영국인이 할렐루야 코러스를 일종의 국가처럼 생각하고 있는 것을 알았다. 그리고 국가에 대해서는 누구나 슬픈 경험으로 알고 있듯이, 이야기를 꺼내지 않는 편이 좋다.

　이렇게 사소한 여담을 늘어놓았다고 해서, 조지 프레더릭 헨델이 음악에 대해 갖고 있던 조금 오만한 태도를 나타내는 것이라고 받아들여서는 안 된다. 그는 예술적 재능이 뛰어난 천재였으며 평생토록 음악에 매진했다. 비록 수도 없이 표절을 저질렀고(다른 유명한 음악가들도 모두 같은 짓을 하고 있지 않은가) 작곡 방식도 부주의하고 성급했으나, 그는 위인 중에서도 위인 축에 드는 인물이다. 또한 그는 영국인이 음악에 눈을 뜨도록 해주었다. 그는 가엾은 퍼셀[9]이 남긴 자리를 이어받아 영국인에게 그들의 국민적 음악을 주었다.

그가 죽은 지 6년이 지났을 때, 유럽 전역에 널리 알려진 한 천재 소년이 샤를로테 왕비에게 바이올린 소나타를 바치면서 편지를 써 보냈다. 그의 아버지이자 매니저인 레오폴트 모차르트(Leopold Mozart)가 불러준 대로 받아쓴 것이 분명한 편지에 소년은, 왕비 마마의 친절한 도움을 받아 장차 '헨델 선생님이나 하세 선생'처럼 유명해지고 싶다는 희망을 적어 놓았다. 지금은 웬만큼 훌륭한 음악 백과사전이 아니면, 요한 아돌프 하세(Johann Adolf Hasse)의 이름을 발견하기는 상당히 어렵다. 그러나 18세기에 이 재주 있는 독일인은 이탈리아식 오페라 작곡가 가운데서도 최고의 명성을 누렸다. 사실 그는 100곡이 넘는 이탈리아식 오페라를 썼는데, 그 가운데 지금은 한 곡도 들을 수 없다. 이것은 음악이 여성의 옷차림처럼 끊임없이 변화하는 취향의 희생물이라는 것을 여실히 보여주는 사례이다.

그것은 또한 제바스티안 바흐가 죽은 지 20년도 지나지 않아 완전히 잊혔다는 사실로 이를 뒷받침한다. 영국에서 명성을 떨치고 국왕 극장에서 오페라를 공연했으며, 파드레 마르티니(Padre Martini)[10]의 제자라 전해지는 유명한 음악가 조반니 바키, 그의 아버지가 바로 대위법과 종교적 칸타타의 전문가였다는 사실을 기억하는 사람은 많지 않았다.

이 조반니 바키는 밀라노 대성당의 오르간 연주자로 있을 때 가톨릭으로 개종했다. 아마 영국처럼 신교밖에 없는 나라에서는 조금 불편했을 것이다. 그러나 모든 것이 다 편리할 수는 없는 법이다. 그리고 가톨릭 신자가 되었다고 하여 무슨 해를 끼칠 수가 있었겠는가? 음악과 관련된 온갖 소동으로 고초를 겪은 영국 정부는 앞으로 또 비슷한 소동이 일어나는 것을 막기 위해 오페라 가수를 정식 배우로 규정하겠다고 결정했다.

정말 조금도 빈틈없는 국왕 정부의 방법이라 하겠다. 그때부터 모든 오페라

---

9) 헨리 퍼셀, 1658~1695.
10) 18세기 이탈리아의 작곡가이자 음악 교육가. 요한 크리스티안 바흐, 모차르트 등을 가르쳤다.

가수들은 합법적인 무대의 친구들과 똑같은 규제를 받게 되었다. 말하자면 경찰관의 눈에 배우와 부랑자, 불량배가 모두 똑같이 보이게 되었다는 의미이다.

하이든

프란츠 요제프 하이든(Franz Joseph Haydn)은 바흐나 헨델보다 약 반세기 뒤, 어린 볼프강 아마데우스 모차르트가 이 세상에 처음으로 그 귀여운 미소를 지었을 때보다 사반세기 전에 태어났다. 그러므로 이 위대하고 선량한 사람은 옛 음악과 새 음악을 잇는 교량이었다. 음악의 원로라는 까다로운 역할을, 이 순박하고 재능 있는 크로아티아 농부만큼 멋지게 해낸 사람도 드물다. 그는 늘 '올드 파파 하이든'이라고 불렸지만 사실 그 별명은 그에게 어울리지 않는다. 그는 일흔일곱에 세상을 떠날 때까지도 여전히 기백이 넘쳤다. 젊은 시절 프란츠 요제프는 지나친 혈기로 인해, 권위를 자랑하는 장크트 슈테판 대성당 합창단 단장의 심기를 건드려 돈 한 푼 없이 거리로 쫓겨난 적도 있었다. 그의 평온한 경력에 대해서 가급적 간단히 설명하기로 한다.

하이든은 12남매였으며, 그 가운데 세 사람은 음악가로서 명성을 얻었다. 아버지는 오스트리아와 헝가리 국경에 있는 로라우 또는 트르츠니크라는 마을에서 수레바퀴를 만드는 가난한 목수였다. 그러나 하이든 집안은 독일인도 마자르인도 아닌 크로아티아인이었다. 하이든이 크로아티아어를 썼는지는 알 수 없으나 그것은 별로 중요하지 않다. 조상의 말까지는 아니더라도 그는 처음으로 크로아티아의 민요를 서양 음악에 도입했다. 리스트도 조국 헝가리 민요를 이용해 작곡했으나 헝가리어는 잘하지 못한다.

프란츠 요제프 소년은 네 살 때 교사이자 음악가인 먼 친척 집으로 가서 합창대 가수가 되기 위한 교육을 받았다. 그리고 빈의 장크트 슈테판 성당 소년 합창단에 들어갔다. 그러나 변성기인 데다가 개구쟁이 같은 장난을 하는 바람에 단장에게 처벌을 받았다. 돈 한 푼 없이 홀로 길거리로 쫓겨난 것은 이때였다. 그 뒤 그는 몇 년 동안 극심한 가난 속에서 근근이 살아갔다. 워낙 성품이 상냥한 젊은이였기에 많은 사람들이 기꺼이 도움을 주었다. 덕분에 그는 임시 일자리나 헌 옷, 깔끔하고 통풍이 잘 되는 다락방 등을 얻을 수 있었다.

좋은 기회만 있었다면 얼마든지 성공했을 것이라고 넋두리를 늘어놓는 사람들은, 하이든의 생애에서 이 부분을 주의 깊게 보아야 한다. 80년 전 낭만주의자들의 믿음과는 달리, 가난과 굶주림이 삼류의 재능을 가진 사람까지 위대한 예술가로 만들어 내는 것은 아니다. 다만 정말로 재능 있는 소년의 경우, 가난과 굶주림은 장애물로 작용하지 않는다는 것뿐이다.

게다가 하이든은 뒷날의 많은 음악가들보다 한 가지 큰 장점을 갖고 있었다. 그는 농민 출신이었고 가난에 익숙했다. 그는 어떤 역경도 쉽게 뛰어넘었다. 아무리 배가 곯고 옷이 해져도 늘 낙천적이었다.

메타스타시오(Metastasio)라는 괴짜 오페라 작곡가는 18세기 거의 모든 음악가의 생애에 늘 선한 요정처럼 등장하는 인물인데, 이 사람이 하숙생활을 하던 하이든 소년에게도 도움을 주었다. 또한 니콜로 포르포라(Niccolò Porpora)는 하이든을 시종으로 고용하여 작곡법을 가르쳤다. 그는 당시 대단한 성공을 거두었으나 지금은 완전히 잊힌 오페라 가수이자 작곡가인데, 그의 생애는 토머스 쿡(Thomas Cook)[11]의 유럽 안내서처럼 널리 읽힌다. 젊은 하이든은 그 밑에서 주인의 가발을 손질하고 외투를 다림질하면서 음악을 공부했다. 이윽고 그는 오스트리아의 대부호이자 귀족인 퓌른베르크 남작에게 고용되어, 다골성(城)에 있는 사립 오케스트라를 지휘하게 되었다.

거기서 하이든은 다시 같은 자격으로 모르친이라는 보헤미아 귀족에게 고용되어 우수한 악사 15명으로 구성된 오케스트라를 지휘하면서 3중주곡, 4중주곡, 교향곡, 무도곡 등 의뢰받은 것은 무엇이나 신속하게 작곡했다. 많은 예술 대가들이 늘 이런 방법으로 걸작을 만든다.

2년 뒤 그는 모르친 백작 곁을 떠나 헝가리의 귀족 파울 안톤 에스테르하지(Paul Anton Esterházy) 공의 총악장이 되었다. 이 귀족의 음악열은 그가 가진 토지만큼이나 넓고 컸다. 하이든은 에스테르하지 집안에서 30년이나 일했다.

그동안 그는 빈에서 이발사의 딸과 결혼했다. 그녀를 아는 모든 사람의 말에 따르면 그녀는 한마디로 '대단한 물건'이었다. 시샘이 많고 우둔했으며 견딜 수 없을 만큼 속물이었고, 불쌍한 남편에게 바가지를 심하게 긁었다. 하이든은 아내한테서 달아날 길이 없었다. 이혼이 불가능한 나라인지라 어떻게 할 도리가

---

11) 19세기 영국의 관광사업가.

없었다. 그는 아내를 부양하기
는 했으나 자신의 삶을 살았
으며, 집안의 크산티페[12] 때문
에 타고난 선한 천성을 망치
는 일은 하지 않았다.

　에스테르하지의 오케스트
라는 규모는 작았으나 유능
한 연주자들로 명성이 높았
다. 하이든은 물질적인 걱정
에서 해방되어 많은 작곡을
했다. 미사곡 5곡, 피아노 소
나타 30곡, 오페라 12곡, 4중
주곡 40곡, 오케스트라용 교
향곡, 모든 악기를 위한 협주
곡 100곡, 그리고 바리톤 바
이올린을 위한 곡 등 수많은
음악을 작곡했다. 바리톤 바
이올린은 공명현을 단 비올라
다 감바였다. 18세기에 잠시
인기가 있었으며, 하이든의
고용주가 매우 좋아한 악기이

프란츠 요제프 하이든(1732~1809)
100곡 이상의 교향곡, 70곡의 현악4중주곡 등으로 기악곡
의 전형을 만들었다. 소년 시절 오스트리아 여제 마리아 테
레지아의 총애를 받기도 했으며, 특히 에스테르하지 집안
의 악장으로 오랫동안 인연을 맺어 왔다. 젊은 모차르트와
친교가 있었으며, 베토벤을 가르치기도 했다.

다. 오늘날에는 대형 악기 박물관에나 가면 더러 바리톤 바이올린을 볼 수 있
으나 매우 드물다.

　그런데 당시의 〈뮤지컬 쿠리어(Musical Couriers)〉지의 광고란에 실린 새 기사를
눈여겨볼 필요가 있다. 그에 따르면 하이든의 음악은 전 유럽에 출판되었다고
한다. 이것은 음악가의 생활에서 거의 혁명적인 발전을 의미했다.

　나는 앞에서 헨델이 섬세하지 못한 작곡가였다고 말했다. 또한 바흐가 칸타

---

12) 소크라테스의 유명한 악처.

타를 자신의 속기법으로 기록한 것은 알아보기도 어려울 뿐 아니라 마치 그가 자신의 일을 그다지 중요하게 여기지 않았던 것처럼 보여진다. 하지만 중세와 17~18세기의 위대한 음악가들에게 다른 방식으로 작업할 필요가 있었을까? 그들은 작품이 공연되고 나면 악보는 서랍 속에 들어가거나 다락에 처박히게 된다는 것을 너무도 잘 알고 있었으며, 따라서 악보가 출판될 가능성은 거의 없었다. 설령 출판된다 하더라도 대중이 악보를 살 곳도 없었다. 그들의 악보는 직접적인 용도를 위해 만들어졌다. 그 목적이 달성되고 나면, 아무도 그 음악에 관심을 기울이지 않았다.

오늘날 헝가리의 바이올린 연주자인 율레스 란데(Jules Landé)가 점심 식사 시간에 관중을 위해 〈빅 배드 울프 *Big Bad Wolf*〉를 연주한다고 가정하자. 그럴 때 그는 하프시코드, 바이올린 두 대, 콘트라베이스를 위해 편곡된 〈빅 배드 울프〉 작품 제497번 G장조가, 앞으로 유명한 음악 출판사가 발행하는 카탈로그, 랄로(Lalo)[13]와 오를란도 디 라소(Orlando di Lasso)[14]의 작품들 사이에 실릴 것이라고는 기대하지 않을 것이다. 디즈니의 대본에 맞춰 변주곡을 작곡하는 것은 그의 삶에서 작은 사건에 불과하다. 말하자면 〈이혼녀 *Diegeschiedene Frau*〉에서 왈츠 몇 음계를 연주하는 정도에 해당한다.

작품을 출판할 수 있고 거기서 수익을 얻게 되기 전까지 작곡가들은 자신이 무엇을 작곡하든, 호텔의 점심 식사 시간에 연주된 〈빅 배드 울프〉처럼 얼마 안 가 잊히고 사라진다는 것을 알았다. 옛날 작곡가들이 악보를 소홀히 한 것도 이런 이유 때문이다. 이들이 일정한 직장을 확보하려 애쓴 이유도 거기에 있다. 또한 군주나 주교, 교회의 교구민들이 후원해 주어야만 그들은 구빈원 신세를 면할 수 있었다.

경제적인, 따라서 사회적인 큰 변화가 18세기 후반에 일어났다. 하이든은 그 변화로 이익을 본 최초의 사람이지만, 주 수입원은 여전히 에스테르하지 집안이었다. 작곡의 인세는 고작해야 햇포도주를 몇 잔 더 마실 수 있는 금액에 불과했다(이 절제심 강한 크로아티아 농부는 결코 과음하는 일은 없었다) 그래도 만년에는 인세 덕분에 고급 옷과 가발을 살 수 있었다.

---

13) 19세기 프랑스의 작곡가.
14) 16세기 플랑드르의 작곡가.

〈천지 창조〉 연주 뒤 하이든을 축하하는 베토벤

　혈기 왕성한 청년이었던 모차르트는 그의 고용주인 잘츠부르크 주교가 너무나 둔감한 데 진절머리가 나서, 그 속박에서 벗어나 작품 출판이라는 '새로운 방식'으로 생계를 꾸려나가려 했으나 결국 건강을 해치고 포기한다. 그 뒤 30년이 지나 비로소 베토벤이, 그때까지 작곡가 언제나 특정 고용주의 호의에 매달려 살던 속박을 끊는 데 성공했다. 베토벤은 작품을 출판하여 살아가는 데 성공한 최초의 위대한 음악가였다. 이것은 우선 아레초의 구이도가 실제적 기보법(記譜法)을 발명한 이래 모든 음악가의 생활에 일어난 가장 중요한 변화였다.

　요제프 하이든 생애의 경제적 배경에 대해서는 이 정도로 해 둔다. 그는 노년에 꽤 많은 여행을 했다. 영국에는 두 번 갔는데, 그곳은 이미 헨델이 말끔히

터를 닦아 놓은 뒤였다. 그는 옥스퍼드 대학에서 음악 박사 학위를 받았다. 고향에 돌아오는 길에 본에서는 매우 정중한 환영을 받았으며, 루트비히 판 베토벤이라는 무명의 젊은 피아니스트가 하이든을 위해 작곡한 칸타타를 연주했다. 파파 하이든은 이 작품에 감탄하여, 빈에 와서 자신의 제자가 되지 않겠느냐고 권한다. 그는 이미 이름난 제자가 있었다. 잘츠부르크 출신의 사랑할 만한 청년 모차르트였다.

　1792년의 일이다. 그 뒤 하이든은 1794년 1월부터 이듬해 7월까지 영국에 머물렀다. 여생은 빈 교외 마리아힐프에서 보냈다. 만인의 존경과 사랑을 받고 국제적인 명망을 떨친 음악가였으므로, 나폴레옹군이 오스트리아 수도를 점령했을 때 군 사령관은 오스트리아 국가를 작곡한 이 인물의 집 앞에 특별 의장병까지 배치했다. 그가 작곡한 아름다운 오스트리아 국가는 그의 〈황제 _Kaiser_〉 4중주곡에도 나온다. 1799년 예순일곱 살 때 그는 오라토리오 〈천지 창조 _The Creation_〉를 작곡했다. 2년 뒤(그는 일을 하면 할수록 건강해졌다)에는 〈사계 _The Seasons_〉를 썼다. 1809년 5월 31일 파파 하이든은 조용히 눈을 감았다. 그리고 다시 눈을 떴을 때, 그는 이 세상에서나 저세상에서나 불후의 존재가 되어 있었다.

　오늘날 우리들에게 하이든은 어떤 중요성을 갖고 있는가? 첫째, 그는 오케스트라의 발전을 위해 온 정력을 다 바친 최초의 작곡가였다는 사실이다. 둘째, 그는 민족 음악이라는 광대한 미개척 분야를 발견한 최초의 작곡가였다. 그 자신이 농민이었으므로 크로아티아 민족의 옛 민요를 알고 있었다. 그는 오페라나 오라토리오에서는 여전히 구파에 속했으며, 옛날과 다름없는 전통적 형식을 굳게 지켰다. 그러나 오케스트라 분야에서 하이든은 최초의 위대한 근대 작곡가였다. 제바스티안 바흐의 아들로 유능했던 필리프 에마누엘 바흐는 이 분야에서 여러 모로 노력했으나 진정으로 훌륭한 오케스트라를 만들지는 못하고 있었다. 하이든은 그 일을 해냈다. 에스테르하지 집안은 유망한 청년을 찾아내는 훌륭한 후각을 가진 데다가 돈이 얼마든지 있었으므로, 그 후원을 받은 하이든은 당시의 최고 바이올린, 플루트, 오보에 연주자 등을 기용할 수 있었다.

　에스테르하지 집안의 음악회는 대개 비공개였으며 음악을 좋아하는 몇몇 친한 친구들만 초대했다. 이 사사로운 모임을 위해 하이든은 아름다운 4중주곡과 3중주곡의 소품을 작곡한 것 같다. 그것은 조그만 방에서 몇 안 되는 청중에게 들려주기에 알맞은 음악 형식이었다.

작곡가보다 언제나 25년은 뒤처지는 비평가들은 처음에 교향곡이나 4중주곡에 미뉴에트나 민요를 도입하는 그의 습성에 몹시 반대했다. 마치 현대의 작곡가가 훌륭한 베토벤 양식의 제9교향곡을 작곡하면서 제3악장에 〈밀짚 속의 칠면조 *Turkey in the Straw*〉[15]를 집어넣는 것에 견줄 만한 신성 모독으로 간주했다. 그러나 하이든의 혁신은 대중에게 인기를 끌었으며, 누구보다도 고용주들이 재미있어 했다. 어쨌든 전폭적으로 신뢰해 주는 고관들을 위하여 일할 때는 더없는 장점이 있다. 고관이 하인에게 명령하고 하인이 문지기에게 그 명령을 전하면 비평가 따위는 곧장 거리로 쫓겨난다.

오늘날 하이든은 18세기 위대한 작곡가 가운데 누구보다도 인기가 없다. 그것은 별안간 반 고흐의 그림에 넋을 잃듯이, 한때의 유행에 지나지 않는지도 모른다. 재주 있는 지휘자나 매니저라면 하룻밤 사이에 그것을 바꾸어 버릴 수도 있다. 그러나 교활한 선전에 쉽게 속지 않는 사람들도 하이든의 음악은 자기들의 귀에 좀 맛이 모자란다고 불만을 털어놓는다. 그럴지도 모른다. 그러나 그의 음악이 우리의 프로그램에서 완전히 모습을 감추게 되었다고 하더라도(그것은 뮤즈의 신이 용서하지 않는다), 우리는 올드 파파 하이든이 근대적 교향곡과 근대적 4중주곡의 아버지였다는 것을 잊지 말아야 한다.

여러 방법으로 악기를 편성하여 교향곡 효과를 내려고 한 작곡가는 그 전에도 있었다. 그러나 하이든은 그 시도에서 훌륭히 성공을 거둔 최초의 대작곡가이다. 그 뒤부터 교향곡은 순식간에 모든 음악회에서 가장 '들음직한 것'이 되어, 오늘에 이르기까지 음악회의 프로그램에서 그 위치를 차지하고 있다. 나는 교향곡의 발전은 이제 막 시작이라고 생각한다. 지금까지 교향곡은 소나타와 마찬가지로 안단테, 알레그로, 미뉴에트 또는 스케르초, 쾌활하게 연주하는 피날레 등의 구분으로 구성되어야 한다는 고전적인 규칙에 너무 묶여 있었다.

그러나 우리는 일상생활에서와 마찬가지로 음악에서도 죽은 자로 하여금

---

15) 미국 민요.

죽은 자를 묻게 하는 것이 상책임을 차츰 깨닫고 있다. 그리고 언젠가는 어느 현대 작곡가가 낡은 18세기의 구분을 완전히 배제한 새로운 교향곡을 만들어 줄 것이다. 이미 틴 팬 앨리(Tin Pan Alley)[16] 출신 작곡가들이 그 일을 시작하고 있다. 장차 이들이 진지한 형식의 음악에 관심을 돌릴 때 엄청난 결과를 기대할 수도 있다. 그렇게 되었을 때, 위대한 대중음악가인 루트비히 판 베토벤(그의 '크로이처 소나타'의 피날레에 맞춰 탭댄스를 춘다면 멋질 것이다)은 아마도 천국에서 몸을 내밀고 무뚝뚝하게, "잘한다 한 번 더!" 하고 소리칠 것이다. 틀림없이 비평가들은 또다시 격분하겠지만, 한눈으로 악보를 들여다보고 한눈으로 비평가를 힐끔힐끔 살피면서 정말로 좋은 작품이 나온 적이 있었던가?

호메로스는 시각장애인이었기에 오히려 불멸의 작품을 남길 수 있었다.

모차르트

이탈리아 오페라와 독일 오페라의 첫 대결은, 앞에서 말했듯이 글루크가 오스트리아인 후원자 마리 앙투아네트의 은밀한 권유로 〈아르미드〉와 〈타우리스의 이피게네이아〉를 가지고 파리에 나타났을 때 일어났다. 그때 젊은 모차르트는 갓 열여덟 살이었다. 몇 년 뒤 그가 유명한 첫 오페라 작품 〈이도메네오 *Idomeneo*〉를 작곡했을 때, 전투 무대는 파리에서 빈으로 옮겨졌다. 이 싸움은 비참하게 끝났다.

파렴치한 안토니오 살리에리(Antonio Salieri)[17]가 상대편 우두머리였다는 것을 생각하면, 그다지 품위 있는 싸움은 아니었다. 반세기 동안이나 빈 음악계의 독재자였던 오만한 이탈리아인은 실제로 상대를 독살(당시 사람들은 모두 그렇게 생각하고 있었다)하려 하지는 않았다는 것이 입증되었기는 하지만, 많은 사람에게 해독을 끼쳤다. 그렇게 과거의 위대한 작곡가 가운데 가장 소박하고 사랑할 만한 인물(모차르트)에 대한 증오를 사람들의 마음속에 불어넣어 결국 그가 갑작스러운 죽음을 맞이했다는 것은 의심할 수 없는 사실이다.

겨우 서른여섯 살의 모차르트를 죽음으로 몰고 간 병의 원인에 대해서는 지금까지 여러 주장이 제기되었다. 그의 시신은 빈민 묘지에 묻힌 뒤 다시 찾지

---

16) 뉴욕의 대중음악 중심지.
17) 오스트리아 궁정작가.

못했으므로, 시체 해부 진단
학의 최고 권위자라도 선사
시대 인간이 어떤 병에 잘 걸
렸는지는 가르쳐 줄 수 있을
지언정 모차르트의 병은 밝
혀낼 수 없다. 그러나 내가 진
심으로 추측하건대, 모차르
트는 그리 건강하지 못했으
므로 그 방대한 일에 짓눌려
서 죽은 것이 아닐까? 그만한
일을 보통 사람이 했다면 5년
동안에 10여 명은 죽었을 것
이다.

무엇이든 일찍 시작하면 좋
다는 말처럼, 모차르트는 세
살이라는 어린 나이에 하프
시코드를 연주하기 시작했다.
그 1년 뒤에는 청중 앞에 섰

볼프강 아마데우스 모차르트(1756~1791)
잘츠부르크에서 그려진, 황금박차 훈장을 달고 있는 볼프
강 초상화(1777). 초상화에는 '볼로냐와 베로나의 음악원
회원'이라고 적혀 있다.

다. 그때 그가 직접 작곡한 것도 몇 곡 연주했다. 그의 스승은 잘츠부르크의 대
주교 밑에서 바이올린 연주자로 일하던 아버지 레오폴트 모차르트였다. 그의
편지에 '사랑하는 난네를(Nannerl)'이라고 씌어 있는 누나 마리아도 음악에 일찍
부터 재능이 있어 함께 배웠다. 성실한 어머니는 살림을 돌보았다. 명랑한 가정
이었으며, 두 아이는 푸들이 재주 부리듯이 작은 피아노를 가지고 놀았다.

덧붙이자면 오늘날 잘츠부르크는 이 유명한 가족의 명성 덕분에 적잖은 관
광 수입을 올리고 있는데(그들이 게트라이데 골목의 어둡고 통풍이 안 되는 2층 문
간방에 살고 있을 때 시가 특별히 배려해 준 것은 없었다), 당시에는 이색적인 도시
였다. 30년 전쟁의 피해를 모면한 얼마 안 되는 도시의 하나였다. 그것은 이 조
그만 나라를 지배하고 있던 대주교의 노력 덕택이었다. 그 어려운 시절에 그들
은 그럭저럭 엄정 중립을 유지할 수 있었으며, 그동안 이 나라의 모든 생산물

을 가톨릭과 신교 양쪽에 아주 공평하게 팔았다. 그 막대한 이득으로 그들은 이 조그만 도시를 일종의 베르사유의 축소판으로, 다시 말하여 바로크 시대 최대의 명소로 만들 수 있었다.

30년 전쟁이 끝나자, 주교들은 돈을 벌 수 있는 다른 방법을 착안했다. 그들은 신교도들을 모조리 국외로 추방하면서 재산을 조금도 가져가지 못하게 했다. 그래서 잘츠부르크의 대다수 농민들은 프로이센에 터전을 마련했다. 다행히 브란덴부르크 선제후는 농민을 그렇게 대하는 것은 인간의 도리에 어긋나는 불법이라고 선언하고, 오스트리아의 지배자들에게 그들이 빼앗은 것의 일부를 토해 내게 했다. 그러나 빼앗은 돈은 상당 부분 잘츠부르크에 남았으므로, 대주교는 그곳의 바로크풍 건물에 쾌적한 로코코 장식을 덧붙여서 아름답고 매력적인 분위기로 꾸몄다. 덕분에 이 도시는 해마다 음악제를 여는 데 더없이 알맞은 장소가 되었다. 이 음악제는 지금도 이 도시 주민 대부분의 유일한 수입원이다. 음악제가 열리면 거리는 온통 볼프강 아마데우스 모차르트가 미소 짓고 있는 포스터로 도배된다.

잘츠부르크의 '저명한 우리 시민' 모차르트가 살아 있을 때 어떤 대우를 받았는지 살펴보면 무척 흥미롭다. 물론 모차르트는 작품을 통해서 이해해야 한다. 예술가를 말해 주는 것은 작품이기 때문이다. 그러나 그의 생애는 전형적인 로코코풍이었고 그 자신이 로코코 정신의 좋은 점이나 나쁜 점, 또는 좋지도 나쁘지도 않은 점을 대표한다. 그러므로 이 반갑지 않은 세상에서 그의 생애를 간단히 살펴보는 것도 재미있을 것이다.

1762년 볼프강이 여섯 살 때, 아버지 레오폴트는 볼프강과 당시 열한 살 된 누나 난네를 데리고 첫 연주 여행을 떠났다. 그때까지는 사회가 신동을 어떻게 다루어야 할지 알지 못했다. 유럽 여러 도시를 연결하는 역마차편이 생긴 것은 18세기 후반이 되어서였다. 이 무렵부터 어린아이는 6개월 만에 지쳐 죽어 버리는 일 없이 장거리 여행을 할 수 있었다.

이 가족은 먼저 빈으로 갔다. 선량하고 다감한 마리아 테레지아[18]는 자신의 아름다운 딸 마리 앙투아네트 또래의 이 매력적인 소년을 귀여워했다. 여제는

---

18) Maria Theresia, 18세기 오스트리아 합스부르크 가문의 여제.

볼프강과 누나 난네를의 쇤브룬 궁전 연주 마리아 테레지아와 어린 마리 앙투아네트의 모습이 보인다. 빈 사회에서는 이 신동에 대한 소문이 무성했다.

그가 피아노 치는 동안 옆에 앉아서, '마술사처럼 솜씨가 뛰어난 아이'라고 칭찬했다. 소년이 창작곡을 다 치고 난 뒤 여제의 어머니 같은 넓은 무릎에 기어 올라가 '아주머니 집은 참으로 훌륭하다'고 말했을 때도, 여제는 그 무례함을 꾸짖기는커녕 즐거워했다. 그리고 마리 앙투아네트가 궁전의 미끄러운 바닥 위를 넘어지지 않고 걷는 시범을 보이자, 소년은 그녀의 손을 잡고는 이렇게 말했다. "너 참 예쁘구나. 내가 크면 너와 결혼할 테야." 그 자리에 있던 모든 사람은 그저 아이의 말이라고 여기며 웃어 넘겼다.

이 불행한 공주는 그 31년 뒤 10월 어느 날, 자신의 백성들에게 욕설을 들으며 단두대로 끌려갈 때 어린 시절의 추억을 떠올렸을까? 당시 전 세계는 그의 가락을 노래하고 있었다. 만약 하프시코드의 마법사였던 소년과 결혼했더라면, 그녀의 인생은 어찌 되었을까? 인생은 정말 알 수 없다. 그녀는 자신의 주변 세계가 깡그리 무너진 끔찍한 시기에 또한 모차르트가 죽었다는 소식을 듣는다.

'그녀는 콩코르드 광장으로 향하고 있다. 이제 잠시 뒤면 모든 게 끝나리라. ......소년이 빈에서 어머니의 하프시코드로 자신의 미뉴에트를 연주한다. ...... 군중의 웅성거림이 점점 커진다. ......〈피가로의 결혼 *Le Nozze Figaro*〉은 경쾌

했지. ……오빠는 그 오페라를 좋아하지 않았어. ……보마르셰(Beaumarchais)[19]는 악당이었어. ……볼프강 소년이 작곡한 오페라의 내용은 악당 보마르셰가 혁명 선전용으로 쓴 이야기와 전혀 다르다는 말은 나도 들었지. ……각본은 다 폰테(da Ponte)[20]가 다시 썼어. ……그 사람도 생각나는군. ……그래, 그 사람들은 다 만난 적이 있어. ……그런데 지금은 다들 어디 있을까? ……지난 5년 동안 일어난 무서운 반란으로 모두 정신적 안식처를 잃은 거야.

판자가 내려온다. 〈라 마르세예즈〉가 울려퍼진다. 하급 장교인 루제드 릴(Rouget de Lisle)이 그 소름끼치는 노래를 작곡했지. 모차르트 소년이라면 그런 일을 절대 하지 않았을 텐데. 참 얌전한 아이였지. ……사람들이 판자에 그녀의 목을 올려놓는다. ……함성보다 기분 나쁜 침묵이 흐른다. ……모차르트 소년은 키가 작아 피아노 건반에 손이 닿지 않았어. ……덜커덕! 그녀가 들었던 어떤 음악보다 큰 소리를 내며 칼날이 떨어진다. …… "가자, 조국의 아이들아!" ……〈라 마르세예즈〉의 북소리는 〈마술피리 Die Zauberflöte〉의 바이올린 소리보다 훨씬 더 우렁찼다.'

빈 황궁에서 연주한 뒤 1년이 지나서 부모와 함께 남매는 다시 세계 정복 여행을 떠났다. 이번에 신동은 하프시코드뿐 아니라 오르간과 바이올린도 연주했다. 게다가 노래도 불렀고 즉석에서 교향곡, 소나타, 아니면 피아노와 플루트 또는 여섯 개의 플루트를 위한 소품도 작곡했다. 여러분이 아무리 어려운 것을 주문해도 소년은 거뜬히 해내고는, 그의 아버지에게 준 선물에 감사하면서 여러분의 손에 입을 맞추었을 것이다.

그러나 베르사유 궁전에서, 각국 대사관에서 연주회를 열어 대성공을 거두어도 그 수입은 여행경비에 다 들어가 버렸다. 그래서 네 사람은 런던에서 운을 시험해 보기로 했다. 그 유명한 헨델(모차르트 어머니는 자기 아들 볼프강이 훨씬 낫다고 생각했다)이 런던에서 엄청난 돈을 번 일은 널리 알려져 있었다. 영국은 이 매력적인 부모와 귀엽고 머리 좋은 아이들을 매우 상냥하게 반겨 주었다. 어린 볼프강은 여왕이 노래부를 때 피아노 반주를 하라는 허가를 받았다.

---

19) 〈피가로의 결혼〉의 각본을 쓴 프랑스의 작가.
20) 이탈리아의 오페라 대본 작가.

그는 겸손하게 피아노를 치고 나서, 여왕에게 아름다운 목소리를 가졌다고 말했다. 다시 많은 메달과 영예의 표시를 받았으나, 수입은 보잘 것없었다.

모차르트의 유명한 초상화(1770)

그래서 다음에는 누구나 크로이소스[21] 같은 부자라고 소문난 네덜란드로 갔다. 감정 변화가 거의 없는 네덜란드 국민들도 영국인 못지않게 그를 크게 환영했다. 볼프강 소년은 근대 오르간 연주 창립자인 위대한 얀 스웰링크(Jan Sweelink)의 오르간으로 연주했다. 이 사람은 북스테후데(Buxtehude)와 요한 아담 라인켄(Johann Adam Reinken)의 스승이었는데, 제바스티안 바흐는 소년 시절에 라인켄을 무척 좋아해 그의 오르간 연주를 들으러 1년에 몇 번이나 뤼네부르크에서 함부르크까지 걸어갔다고 한다. 볼프강 소년은 네덜란드에서 첫 오라토리오를 작곡했다. 그러나 오페라는 나중에, 당시의 황제 요제프 2세가 그를 빈으로 불러 황실 오페라 극장을 위해 희가극을 부탁했을 때 작곡했다. 유감스럽게도 그 오페라는 공연되지 않았다. 리터 폰 글루크의 성공 뒤에 언제나 새로운 적수가 나타날까봐 감시하던 이탈리아 악파가 찬성하지 않았기 때문이다. 그 오페라는 연기되었다가 마침내 공연 목록에서 삭제되어 버렸다.

이것은 오랜 세월 빈과 다투어 온 잘츠부르크 대주교에게 좋은 기회를 주었다. 대주교는 레오폴트 모차르트에게 아들을 데리고 고향으로 돌아오게 한 뒤 그 오페라를 자신의 오페라 극장에서 공연하게 했다. 그는 모차르트 소년의 재

---

21) 고대 리디아의 마지막 왕(기원전 6세기). 부자로 유명했다.

능에 감동하여 자신의 오케스트라의 명예 악장에 임명했다. 어린 소년에게는 대단한 명예였지만, 급료가 전혀 없었으므로 아버지는 소년과 세 번째 연주 여행을 떠났다.

이번 목적지는 로마였다. 그들은 부활절 전의 성수요일에 '영원한 도시' 로마에 도착했으며, 그 길로 곧장 시스티나 예배당으로 갔다. 그때 그레고리오 알레그리(Gregorio Allegri)의 〈미제레레 *Miserere*〉가 들려왔다. 그것은 아직 발표되지 않았고 악보는 비밀이었다. 연주가 끝나자 볼프강 소년은 전곡을 기억해 두었다가 악보로 기록했다. 그 뛰어난 재능에 교황은 크게 기뻐하여 이 어린 오스트리아인 방문객에게 기사 작위를 주었다. 그 뒤부터는 기사 볼프강 리터 폰 모차르트라고 서명할 권리를 가졌다. 같은 칭호를 갖고 있던 글루크는 언제나 그렇게 서명했으나, 볼프강은 그저 모차르트라는 서명을 더 좋아했다. 아마도 그는 오만하게 처신하면 사랑하는 아버지가 언짢아 할 것이라고 생각했는지도 모른다. 이 넓은 세상에서 신 이외에 그가 사랑하고 충성을 바칠 수 있는 사람은 아버지뿐이었다.

이어서 볼로냐로 갔다. 그곳에서는 아카데미아 필라르모니카(Accademia Filarmonica)라는 음악 학교가 여전히 음악적 교양의 중심지로서 명성을 떨치고 있었다. 스무 살 아래로는 이 학교의 명예학위를 받을 수 없다는 규칙 있었으나, 모차르트는 열네 살에 학위를 받았다. 팔레스트리나 전통을 철저하게 신봉하면서 수많은 음악서를 소장했던(죽었을 때의 장서가 1만 7천 권) 파드레 마르티니(Padre Martini) 신부가 소년을 돌봐 주었다. 모차르트는 파파 하이든을 만날 때까지 상냥한 마르티니를 무척 따랐다.

밀라노에서는 이듬해 10월로 예정되어 있던 페르디난드 대공의 결혼식에 부를 세레나데의 작곡을 부탁받았다. 그래서 라스칼라 극장에서 공연될 작품을 구상하기 위해 잘츠부르크로 돌아왔다. 그런데 잘츠부르크는 유감스럽게도 예전의 도시가 아니었다. 친절한 노 대주교는 이미 죽고 없었다. 그 후임자는 거드름을 피우는 바보였으며, 음악을 싫어하여 모차르트를 하인처럼 대했다. 모차르트가 다시 음악 여행을 위해 휴가를 신청했을 때, 대주교는 자기 하인을 '거지 여행'에 내보내고 싶지 않다고 냉정하게 대답했다. 모차르트는 명예 악장의 지위를 사임함으로써 이 모욕에 보복했다. 대주교는 그를 배은망덕하다고 욕하

볼로냐의 아카데미아 필라르모니카(18세기)

고, 그 뒤 모차르트를 파멸시키기 위해 온갖 책동을 부렸다. 당시의 대주교는 가난한 음악가 따위의 삶을 망치는 것쯤 얼마든지 할 수 있었다.

아버지 레오폴트는 일종의 인질로 잘츠부르크에 남고, 볼프강과 어머니는 파리로 갔다. 파리에서 그는, 스물한 살의 청년은 이제 여섯 살 난 아이 때만큼의 인기를 얻을 수 없다는 것을 깨달았다. 그리고 가엾은 볼프강은 천재이기 전에 역시 인간이었다. 그는 독일인 소녀 알로이지아 베버(Aloysia Weber)와 깊은 사랑에 빠졌다. 이 소녀는 유명한 작곡가 카를 마리아 폰 베버의 먼 친척이었다. 그러나 그녀의 아버지는 파리 오페라 극장의 무대 뒤에서 대사를 읽어 주는 프롬프터에 지나지 않았다. 그녀도 볼프강도 무일푼이었다. 아버지는 잘츠부르크에서 편지로 '소녀를 불행하게 만들지 마라, 너는 신사이고 가톨릭 교도라는 것을 잊지 마라' 하고 타일렀다. 젊은 볼프강은, 절망적인 사랑을 하고 있지만 신과 아버지에 대한 의무는 잘 자각하고 있으므로 나쁜 짓은 하지 않겠다고 답신을 보냈다.

얼마 뒤 그는 아버지에게 다른 편지를 써야 했다. 어머니의 죽음을 알려야만 했던 것이다. 가엾은 어머니는 오랜 병 끝에, 조금도 편치 못한 파리의 하숙

1781년의 모차르트 가족 왼쪽부터 누나 난네를, 볼프강, 아버지 레오폴트, 그리고 벽에 걸린 죽은 어머니 안나 마리아 초상화가 보인다.

방에서 이 세상을 떠났다. 젊은 볼프강은 어머니를 묻고 혼자서 고향으로 돌아갔다.

호텔에 있을 때나, 그 무렵의 삐걱거리는 마차에 흔들거리고 있을 때나, 모차르트는 늘 작곡을 멈추지 않았다. 서른여섯 살로 세상을 떠날 무렵 그가 남긴 작품은 확인된 것만 626곡이었다. 이에 비하면 베토벤은 거의 초심자에 지나지 않는다. 모차르트의 작품은 거의 모두 걸작이기 때문이다. 그 대부분은 짧은 시간 내에 쓴 것이었다. 모차르트는 큰 재판을 보도하는 신문 기자처럼 일했다. 종이의 잉크가 채 마르기도 전에 오페라 극장의 매니저가 그것을 베꼈으므로, 반 시간 뒤에는 악사들이 연습을 시작할 수 있었다. 그래서 모차르트의 우스갯소리에 따르면, 어떤 악보는 이따금 '테이블 밑에 떨어지기도' 했다. 그리고 위대한 예술가들이 대개 그렇듯 그는 마감 시간 10분 전에 3페이지쯤은 예사로 작곡했다.

이렇게 그는 날마다 열여덟 시간 일하며 작곡하고, 연주하고, 연습했다. 그것

밀랍 위에 그려진 모차르트(왼쪽)**와 하이든**(오른쪽)
"하느님 앞에서 정직하게 말하는 바이지만 당신 아들은 내가 아는 작곡가 중 가장 위대합니다. 그는 감각이 뛰어날 뿐 아니라 작곡에 대한 최고의 지식도 갖고 있습니다."라고 레오폴트에게 한 하이든의 이야기.

으로 그가 무엇을 얻었던가? 빈민 묘지였다. 잘츠부르크에서 얻은 지위도 더는 유지할 수 없게 되었다. 대주교는 빈 궁정과 불화를 빚자, 황제와 관계가 돈독했던 모차르트의 급료를 반으로 줄여 버렸다. 그래서 모차르트는 명예 악장의 지위를 포기했듯이, 잘츠부르크 궁정에서의 실제적인 지위까지 포기할 결심을 했다. 그는 빈으로 가서 프리랜서로 일해 보기로 했다. 작품을 출판사에 팔 생각도 했다. 오랫동안 친하게 지낸 하이든이 그에게 방법을 일러 주었다.

처음에는 잘 되었다. 황제의 요구에 따라 그는 처음으로 독일어로 오페라를 썼다. 전통의 힘이 강했으므로, 1782년에 모차르트가 〈후궁으로부터의 도주 *Die Entführungaus dem Serail*〉[22]를 독일어로 쓸 때까지 이탈리아인들은 오페라에 반드시 이탈리아어를 써야 한다고 고집했다. 그들은 어려운 독일어로 노래를 부를 수 없었기 때문이다. 그들의 항의에도 〈후궁〉은 대성공을 거두었다. 경제적인 성공은 아니었다. 모차르트는 예술에서는 그토록 훌륭한 재능을 갖고 있었으나, 금전에 관해서는 아주 무능했다. 그래도 그의 명성은 전 세계에 널리 알려졌고 도처에서 제자들이 몰려들었다.

빈에서 그는 〈후궁〉의 여주인공과 같은 이름의 젊은 콘스탄체 베버와 결혼

---

22) 터키 왕궁이 활동 무대.

했다. 몇 해 전 파리에서 사랑에 빠졌던 그 알로이지아의 동생이었다. 이 결혼 생활은 그가 죽을 때까지 계속됐다. 콘스탄체는 남편과 마찬가지로 살림에 서 툴렀다. 그들은 늘 식료품 장수나 빵 장수, 빈의 촛대 장수보다 가난했다. 모차 르트는 이제 밤낮없이 일했다. 모두가 그를 사랑하고, 모두가 그를 칭찬했다. 누구나 이 훌륭한 청년, 그 뛰어난 재주, 아름다운 아내, 더없이 선량한 가톨릭 교도를 위해 기꺼이 도움을 주리라 생각했다. 설령 그가 프리메이슨 단원이고 모든 사람이 형제인 세계를 꿈꾼다 해도 반드시 도우리라. 그러나 실제로는 아 무도 손가락 하나 까딱하지 않았다.

1789년 모차르트는 리흐노프스키(Lichnowski) 공과 함께 베를린으로 갔다. 프 로이센 왕은 약 3천 달러라는 막대한 급료로 왕립 오케스트라의 지휘자 자리 를 제의했다. 일생의 기회가 온 것이다. 그런데 빈의 황제가 이 소식을 듣고, 참 으로 매력적인 편지를 썼다. '친애하는 모차르트, 그대가 내 곁을 떠나리라고는 꿈에도 생각지 않소.' 황제의 이렇듯 상냥한 배려에 감격한 모차르트는 빈에 주저앉았고, 결국 과로로 죽었다. 교외의 어느 조그만 극장 지배인이 그를 붙들 었다. 그의 이름은 시카네더(Schikaneder)로, 재미있는 착상을 잘하는 친절한 사 람이었다. 모차르트는 그를 위해서 일을 시작했다. 악상은 지배인이 내고, 모차 르트는 굉장한 속도로 작곡하면서 악상에 형태를 주고 수정하여 〈마술피리〉 같은 환상적인 동화로 만들었다.

그 뒤 궁정에서 다른 명령이 내려왔다. 이번에는 레오폴트 2세가 프라하에서 보헤미아 왕으로 대관식을 올릴 때 공연할 오페라를 작곡하라는 것이었다. 에 스파냐 왕의 딸인 왕비는 자신이 시집 온 나라의 언어에 아직 서툴렀으나, 그 럭저럭 알맞은 단어를 써 가며 이 존경받는 작곡가에 대한 의견을 밝혔다. "독 일인 시카네더보다는 조금 낫군요." 이 오만한 부인은 이렇게 말했다.

그러나 프라하 사람들은 〈피가로의 결혼〉이나 〈세비야의 이발사 *Il barbiere di Siviglia*〉, 〈돈 조반니 *Don Giovanni*〉 못지않게 이 오페라를 사랑했다. 사실 선천적으로 음악적 재능을 가진 체코 사람들은, 이 독일인 거장을 독일인보다 더 이해하고 있었다. 독일인들은 여전히 살리에리가 이끄는 이탈리아 오페라 일당의 음모에 보기 좋게 속고 있었다. 살리에리는 이 젊은 경쟁자 모차르트를 미워하여, 그가 그 끝없는 노고에 잠시의 휴식이 되었을 지위에 앉는 것조차

1793년에 공연된 〈마술피리〉 장면 이 작품은 요정 이야기, 철학적 우화, 프리메이슨적 오페라였다.

몇 번이나 방해했다. 모든 소인배들, 무능력자들, '지극히 나약한' 자들은 종교 세계에서 '지극히 온순한 자' 못지않게 위험하다. 예술분야에서 그런 사람들은 시기심과 두려움이 가득하기 때문에, 패배를 모르고 질주하는 이 시골 출신의 소년을 혐오하기 마련이다. 그 소년이 오페라·교향곡(40곡 이상)·바이올린 협주곡·피아노 협주곡 등을 마구 쏟아낸다면, 더구나 그 작품들이 모두 자신들이 도저히 미칠 수 없을 만큼 훌륭하다면 증오심에 몸부림치는 게 당연하다.

그러는 가운데 그의 마지막 해가 왔다. 발제크(Walsegg) 백작이라는 야심적인 귀족은 약간의 재능이 있는 아마추어 음악가였는데, 친구들에게 자기의 재주를 과시하여 깜짝 놀라게 해 주고 싶었다. 그는 모차르트에게 사람을 보내, 돈은 얼마든지 낼 테니 자기가 작곡한 것처럼 진혼곡을 하나 만들어 달라고 의뢰했다. 쇠약해져서 언제나 몸에 열이 있었던 모차르트는, 누군지 알 수 없는 귀족의 종복을 자기의 마지막을 알리러 온 '천국의 사자'라고 생각했다. 모차르트의 임종 때, 검은 옷을 입은 이상한 사람이 그의 집 문을 두드리며 '준비가 되었느냐, 때는 왔다'고 알렸다는 괴담의 근원은 바로 이것이다. 그저 주인의 명

모차르트의 임종 병마에 시달리며 모차르트는 마지막 힘을 〈마술피리〉와 〈티투스의 자비〉에 쏟아 붓는다. "그의 마지막 숨결은 마치 〈레퀴엠〉의 팀파니 파트를 표현하고자 하는 것 같았다. 그 소리 는 아직 내 귀에 쟁쟁하다." 모차르트의 처제 소피 하이벨.

을 받은 종복이 비번 때 입는 검은 외투 차림으로 모차르트를 찾아와, 작품을 언제 넘겨 주겠느냐고 물었을 뿐이다. 작품은 1791년 12월 4일에 넘겨졌으며, 이 튿날에는 모차르트의 영혼도 천국으로 넘겨졌다.

그를 매장하는 날에는 비가 억수로 쏟아져서, 무덤까지 따라가고 싶었던 친 구들도 성문 근처에서 돌아서지 않을 수 없었다. 빈민 묘지로 가는 사람들이 친척들에게서 마차를 빌릴 수 없었던 것이다. 시 당국은 관을 무료로 제공해 주었다. 그 정도만 해도 감지덕지가 아닌가? 모차르트를 따라 무덤까지 간 것 은, 그의 사랑하는 개 한 마리뿐이었다. 그 충성스러운 잡종 개는 진창을 튀기 며 따라가, 주인이 빈민 가운데에서도 가장 가난한 자의 공동묘지에 묻히는 것 을 지켜보았다.

며칠 뒤 콘스탄체가 남편의 무덤에 기도를 드리러 찾아왔다. 모차르트의 마 지막 안식처를 아는 사람은 없었다. 그녀는 모든 면에서 모차르트가 바라던 아 내는 아니었는지 모르지만 충실한 사람이었다. 나중에 니센이라는 사람과 재혼했는데, 두 사람은 볼프강의 모든 작품을 모으고 전기를 쓰기 위한 자료를 준비했다.

그 뒤 모차르트의 전기 수십 권이 세상에 나왔다. 기념비는 생각지도 않은 곳에까지 서 있다. 빈과 잘츠부르크는 그 시민이었던 모차르트의 명성을 위해 서라면 비용을 아끼지 않았다. 그가 태어난 집에 마련되어 있는 박물관에는 무명의 화가가 그린 신통찮은 조그만 그림 한 장이 걸려 있다. 그러나 그 그림에는 아주 겸손한 존경과 헌신의 마음이 담겨 있다. 거기에는 이 세상의 마지막 나그네길에 주인을 외로이 홀로 보낼 수는 없다고, 진흙탕을 헤치며 따라가는 강아지가 그려져 있다.

1906년 1월 27일, 빈에서는 모차르트의 탄생일을 기념하는 행사가 성대히 치러졌다. 오후에는 음악과 오라토리오가 연주되고, 밤에는 도시 전체에 조명이 번쩍거렸다. 시 참사회는 이 고귀한 목적을 위해 1만 크라운을 기꺼이 지출했다. 제정 시대의 오스트리아에서는 그 돈이면 오스트리아 전역을 충분히 환하게 밝힐 수 있었다. 그 절반이면 모차르트를 적어도 10년은 더 살게 할 수 있었을 것이다. 나머지 5천 크라운으로, 모차르트가 개처럼 묻히던 날 유일한 신사였던 그 개의 후손들에게 최고급 소시지를 사 주는 것이 어땠을까?

티롤, 잘츠카머구트, 카린티아 같은 조그만 도시나 마을에는 수천 년 동안 북유럽과 남유럽의 정신이 뒤섞였다. 주민들도 이탈리아인이나 독일인이 아닌 좀 색다른 혼혈 인종이 살고 있다. 그들의 언어, 풍속, 생활 방식은 이웃과는 달랐다. 그들은 독자적인 예술을 발전시켜 왔다. 그들의 교회는 어느 연대에 세워졌든 이 골짜기의 독특한 특징을 지니고 있어서, 한 번 보면 잊을 수 없다. 이 지방의 화가들은 세상 어디에서도 볼 수 없는 무늬로 집과 가구를 꾸미는 방법을 알고 있다. 어느 마을 어느 도시에나 시장이 있고, 가게와 약국과 목로주점 같은 것이 그 주위에 몰려 있다. 시장 한가운데는 가까운 산에서 끌어 온 맑은 음료수를 내뿜는 분수대가 있다.

석공과 대장장이들은 이 공공 분수에 온 힘을 기울였다. 대개는 꼭대기에 성모 마리아나 아기 예수 조각상이 세워져 있는데, 그 어느 것에나 옛날의 고딕 특유의 그 엄숙함이 없다. 아침 일찍부터 밤 늦게까지 이 샘은 공동 생활의 중심이 되고 있다. 마부가 말에 물을 먹이러 온다. 아이들이 주전자에 물을 받으러 몰려든다. 그러나 이곳에 아무도 없을 때라도, 풍부하게 뿜어 나오는 은빛의 맑은 물소리가 이 조그만 광장을 깊은 현세의 평화와 정신적인 행복감으로 채워 준다. 서둘 것도 없다. 떠들 것도 없다. 흰 눈을 덮어쓴 산들은 이곳을 다른 세계로부터 지켜 준다. 전체적으로 조화롭고 평화스러우며 차분하다. 지혜로운 신이 어떤 운명을 내리든 그 운명에 기꺼이 따르겠다는 기분이다.

모차르트의 음악은 이 상쾌한 샘에서 넘쳐 흐르는 물과 같다. 물줄기는 주변 산봉우리의 어디선가 시작된다. 낯익은 산비탈에 있는 숲과 초원을 흐른다. 그것은 물길로 이끌려 들어갔다. 그리고 형태가 주어져서 온 인류에 대한 축복, 어린 시절 웃음과 소박한 즐거움을 아직도 잊지 않은 사람들을 위한 영원한 영감과 기쁨의 샘이 된 것이다.

베토벤

볼프강 아마데우스 모차르트 뒤에, 독일 황제의 또 다른 신민으로 루트비히 판 베토벤(Ludwig van Beethoven, 1770~1827)이라는 사람이 나타났다. 어린 볼프강에게는 아버지가 언제나 신 다음가는 존재였다. 그러나 어린 루트비히에게는 '아버지'란 악마와 같은 말이었다. 그의 아버지는 변변한 일자리도 없고 주정뱅이인 데다가 역정을 잘내는 삼류 악사였다. 성실했던 젊은 시절에는 쾰른의 대주교 선제후 합창대의 낮은 지위에 앉은 적도 있었다. 그러나 어린 모차르트의 성공 소식을 듣자(듣지 못한 사람도 있었을까), 그는 자기 아들도 그렇게 만들어 보자고 결심했다. 다섯 살 때 바이올린을 가르쳤으나 뜻대로 되지 않았다. 루트비히는 볼프강이 아니었기 때문이다. 베토벤은 노새처럼 완고했으며, 일생 동안 길을 메운 싸구려 자동차 사이를 누비고 지나가는 트럭 같은 독립 정신을 갖고 있었다.

이런 성격은 그의 타고난 장점이며 민족적 유산의 일부였다. 안트베르펜이 미술사상 얼마나 큰 역할을 했느냐는 앞 장에서 설명한 바와 같다. 안트베르펜은 캥탱 마시, 프란스 할스, 요르단스, 루벤스, 반다이크 및 피터르 브뤼헐(아버지와 아들)을 배출한 도시였다. 17세기 중엽에는 회화에 편중된 예술의 정식(定食)에 음악이 조금 첨가되었다. 판 베토벤 집안이 시민 명부에 등장한 것이다.

안트베르펜에서 쾰른으로 옮긴 것은 루트비히의 할아버지 때였다. 이 사람도 음악가였으며, 그의 아들은 주정뱅이 테너였다. 혈통과 전통이 깊은 관계가 있다면 손자도 음악가가 될 터였다. 할아버지는 1774년 루트비히가 겨우 네 살 때 죽었지만, 손자는 자상했던 할아버지에 대한 추억을 가지고 있었다. 루트비히는 또한 어머니와의 행복한 추억을 언제까지나 간직하고 있었다. 어머니는 소박한 여성이었으며 선제후의 하녀였다. 어머니 또한 베토벤이 그 애정과 뒷바라지가 가장 필요한 때 세상을 떠났다. 독립심

베토벤(1770~1827) 1800년경의 초상화(판화).

과 자존심이 강하고 자기의 뛰어난 재능을 의식하고 있던 소년으로서는, 아버지가 이웃 사람들의 눈에 연민과 경멸의 대상이라는 것은 대단한 굴욕이었을 것이다. 라인 강변의 본 같은 조그만 도시에서는 주민들이 서로 잘 알고 있었다. 어린 루트비히가 아버지의 월급을 대신 받고 있다는 것도 누구나 알고 있었다. 그의 아버지는 돈만 들어오면 몽땅 술로 탕진했기 때문이다(관청에서도 알고 있을 정도였다).

몇몇 친척들도 있었는데, 그들은 루트비히의 생애에서 대단한 역할을 했다. 말하자면 끊임없는 골칫거리였다. 자기들만으로 잘 살아갈 때는 이 별난 사촌에게 아무런 도움도 주지 않았다. 그러나 처지가 곤란해지면 온갖 성가신 일을 다 들고 와서 도와 달라고 아우성이었다. '우리가 형제라는 것을 잊으면 안 돼.' 그리고 마침내 그들은 루트비히에게 조카를 떠넘겼다. 이 조카는 후세의 사람들이 말하는 것만큼 막된 인간은 아니었지만 지독한 게으름뱅이였으며 언제나 말썽을 일으켰다. 그렇게 나쁘거나 추잡한 일도 아니었다. 돈을 너무 낭비했다

▲본 시대의 베토벤 초상화

◀베토벤의 스승, 크리스티안 네페 초상화
1779년 이후 본의 궁정 오르간 주자였던 네
페는 베토벤에게 작곡을 가르쳤다.

▼본의 폰 브로이닝 집안 저택

든가, 시험에 떨어져서 자살하려고 했다든가, 이상한 때에 이상한 여자와 결혼했다든가 하는 구질구질한 말썽이었다.

베토벤의 제자이자 여자 친구였던 줄리에타 기차르디

그러나 소송이나 형사 사건이 교향곡이나 소나타와 잘 어울릴 까닭이 없다. 베토벤 집안의 누구 하나도 그 일을 걱정해 주는 자가 없었던 듯하다. 그들은 루트비히의 위대함을 조금도 알지 못했다. 그들이 알고 있는 것은, 오직 그가 오스트리아 제국의 높은 사람들과 친한 사이라는 것뿐이었다. 빈의 모든 궁전에 '출입'할 수 있는 사람이라면, 사랑하는 형제자매들에게 무언가 해 줄 수 있을 것이다. 이제 루트비히는 출세했으니 뒷골목의 초라한 방에 살면서 텁수룩한 긴 머리(더러 이발소에 갈 돈쯤은 있었을 것이다)에 누더기를 걸치고 구멍 난 신발을 신고 다닐 필요도 없다. 하인을 쓰면 방이 돼지우리처럼 되지도 않을 것이고, 일정한 시간에 품위 있는 식사를 즐길 수도 있지 않겠는가? 그는 자신의 힘을 이용하여 일가붙이들을 도와주어야 한다. 고관들에게 작품을 바치는 것도 좋지만, 현금을 손에 쥐는 편이 훨씬 유쾌하지 않겠는가?

꽤나 추잡한 비극이었다. 그러나 그것은 18세기 말에 예술과 삶의 분리라는 불행한 시대가 시작되고부터 흔히 있는 비극이 되어 버렸다.

여기서 나는 미국인이 유럽인만큼 깊이 '느낄' 수 없는 단어를 하나 소개하고자 한다. 유럽에 비하면 미국은 다행히 경제 발전의 단계에 있으므로 분명한 '계급'을 알지 못하고 누구나 끼리끼리 모인다. 연봉이 1만 달러인 사람과 겨우 1천 달러인 사람의 생활양식은 크게 다르지만, 주급 25달러를 받는 가난뱅

이에게도 길이 완전히 막혀 있지는 않다. 그러나 18세기 오스트리아에서는 탈출구가 전혀 없었다. 중하층 계급 사람들은 오로지 제자리를 그대로 유지하는 것만을 바랐다. 그들은 폴크(Volk), 즉 '일반 사람'으로 떨어지지 않으려고 버티었다.

왕의 보호는 빠르게 옛일이 되어 갔다. 이제 예술품은 누구나 가질 수 있는 상품으로 거래되기 시작했다. 따라서 예술가의 삶은 불확실한 세계를 헤치고 나가야 할 항해를 의미했다. 그러나 불확실성은 어엿한 상점 주인이나 하급 관리, 그 밖에 사업이나 지위 덕으로 아직도 '버젓한 시민'이라는 관념에 매달려 있는 모든 인간들의 악몽이었다. 몇 번인가 사회주의 정부를 경험한 오늘날에도 유럽의 어느 곳보다 오래 봉건제가 남아 있는 오스트리아의 경우, 신의 축복을 받은 예술가는 조상에게 물려받은 신의 권리로 동포를 지배하고 있던 상류 계급으로부터 같은 대우를 받을 수가 있었다. 로코코 시대 말기의 귀족들 대부분은 예술에 대한 취향과 안목이 있었으며, 모두 다소마마 '평등'에 대한 루소의 위험한 사상을 어느 정도 공감했으므로, 베토벤은 후대의 사람들보다는 편한 시대에 살고 있었다. 더욱이 오늘날 관점으로는 우스운 일일지 모르지만, 베토벤의 성에 '판'이 있다는 것은 그냥 '모차르트'보다는 귀족들과의 교제

안 데어 빈 극장 베토벤의 빈 시대 작곡된 〈피델리오〉(1805)를 비롯, 교향곡 제3 〈영웅〉(1805), 제5 〈운명〉과 제6 〈전원〉(1808) 〈바이올린 협주곡〉 61(1806) 등이 이 극장에서 초연되었다.

에 좀 더 유리했다. '판'은 내 성에도 붙어 있지만, 전혀 아무런 뜻도 없다. 그런데 그것을 소문자 v로 줄여 쓸 수 있었다.[23] 'Ludwig v. Beethoven'의 교향곡이라고 하면 요한 쿠나우의 작품보다 훨씬 훌륭해 보였다. 앞에서 보았듯이, 제바스티안 바흐조차 '궁정 카펠마이스터(궁정 악장)'라는 직함이 라이프치히 시당국이나 교회와 싸울 때 큰 도움이 되리라는 생각을 떨치지 못했다. 베토벤의 형제들도 같은 이름을 갖고 있었으나 물론 그들에게는 아무런 소용도 없었다. 그들은 평범한 사람들이었다. 소문자 'v'에 타고난 재능이 결합되어 19세기 초엽의 빈에서 크게 이름을 날렸던 것이다. 그 덕분에 베토벤은 범절에 어긋난 행위를 해도 용인될 수 있었고(지금 같으면 아마 좌익이라 의심받았을 것이다), 때로는 국왕 앞에서 불필요한 무례를 저질러도 별탈 없이 넘어갔다.

"저 사람에게서 무엇을 기대하는가? 늙고 가난한 베토벤에 지나지 않아. 그대로 받아들여야 하네. 어쨌든 천재니까."

---

23) 귀족을 나타내는 독일어의 von도 v.로 줄일 수 있으므로 그렇게 쓰면 귀족처럼 보일 수 있어 득이 된다는 뜻이다.

이렇게 말하며 오스트리아의 귀족들은 이 노인(실은 결코 늙지는 않았지만, 젊었던 적이 한 번도 없는 사람이었다)을 너그럽게 용서했고, 그가 사소한 일로 참을 수 없이 무모하고 오만해도 그에게 친절하게 대했다. 그의 장례식 때는 관이 지나갈 길을 트기 위해 군대를 동원해야 했다. 모든 사람이 거리에 몰려나왔다. 오스트리아가 코르시카 태생의 침략자 나폴레옹에게 받은 갖가지 굴욕을 갚아 준 사람이 바로 루트비히였기 때문이다.

자유와 평등에 대한 희망과 정열에 차 있던 청년 시절에 베토벤은 새로운 혁명적 이념의 예언자 보나파르트 장군을 위해 교향곡을 작곡했다. 이윽고 보나파르트 장군은 황제 나폴레옹이 되고, 자유와 평등은 공화국의 이념에서 사라졌다. 그때부터 오직 하나의 문자 N[24]의 뜻이 곧 유럽의 법률이 되었다. 그러자 늙은 급진주의자 루트비히 판 베토벤은, 그 교향곡(지금은 '제3번 교향곡'이라고 부른다)의 악보에서 민중의 정부 대의를 배신한 유다 나폴레옹을 표현한 부분을 지워 버렸다. 그는 그 표지에 '어느 위인에게 바치는 영웅 교향곡'이라고 썼다. 다시 말해 나폴레옹의 부고장은, 그가 워털루에서 패배하기 12년이나 전에 이미 쓸 셈이다.

베토벤은 1792년 빈에 왔다. 쾰른 대주교 선제후가 이 유능한 청년이 최상의 교육을 받을 수 있도록 빈으로 보내준 것이다. 그 무렵 빈은 음악의 중심지였으므로 음악 공부를 하려면 그곳으로 가야 했다. 그의 스승은 그 무렵 아직 생존해 있었으며 늘 즐거운 미소를 잃지 않았던 파파 하이든과 이미 죽어 이름 없는 무덤에 묻힌 가엾은 모차르트의 만만찮은 경쟁자였던 살리에리였다.

하이든이 선택된 이유는 개인적인 것이며, 앞에서도 말한 바 있다. 하이든은 영국에 가던 중 본에 들렀을 때, 루트비히가 작곡한 것을 몇 곡 들은 적이 있었다. 대주교는 그 인연을 틈타 자신이 후원하는 루트비히를 추천했다. 그 무렵 하이든은 '신음악'의 창시자로서 세상에 널리 알려져 있었다.

그 신음악이라는 말은(나에게는) 절망적이리만큼 어려운 화성(和聲)의 문제와 관련된다. 화성이란 대체 무엇일까? 일반적인 정의는 별로 도움이 되지 않는다.

---

24) 나폴레옹의 머리글자.

그것은 단지 어떤 용어를 다른 용어로 바꾸어 놓은 데 지나지 않는다. 모든 음악 사전에서 표준적 정의를 찾아보자. 거기에는 '화성이란 여러 음들의 적절한 결합을 뜻한다. 더 정확히는 가락과는 반대로 여러 음들이 조화를 이루면서 함께 나는 것을 말한다'고 씌어 있다. 만일 이 정의가 옳고 화성이란 정말로 '여러 음들의 적절한 결합'이라면, '화성주의자'인(왜냐하면 둘 다 대위법과에 속하지는 않으므로) 힌데미트(Hindemith)나 쇤베르크(Schönberg)의 음악은 어떻게 정의해야 할까? 이 두 사람 모두 사람들이 듣기에 '적절한' 음의 결합을 만들어 내는 데는 조금도 관심이 없다는 것은 명백하다.

나는 반대와 비판의 맥락에서 이런 말을 하는 게 아니다. 처음에는 무척 거슬리는 음성의 결합이라도 듣다보면 금세 귀에 익숙해진다. 드뷔시(Debussy)의 〈가라앉은 성당 *Cathédrale engloutie*〉을 처음 들었을 때 나는 스트라빈스키(Stravinsky)의 〈불새 *L'Oiseau de feu*〉를 들었을 때처럼 고통스러웠다. 그런데 지금은 이런 곡들을 즐겁게 들을 수 있고, 베르골레시나 로시니(Rossini)의 아리아처럼 전혀 귀에 거슬리지 않는다. 앞으로 30년만 더 산다면, 나는 최근의 무조음악[25] 작품에 대해서도 그런 느낌을 갖게 될 것이다. 그들의 작품은 '자기표현'을 가르치는 학교에서 서너 살 먹은 어린아이가 한 손으로 피아노를 치면서 다른 한 손으로 과자를 먹고 있는 모습을 떠오르게 한다. 그러나 나는 그런 음악에도 익숙해질 것이다. 게다가 개인적인 취미 문제까지도 포함하여, 이런 문제는 계산척(計算尺)을 대고 해결할 수 있는 것이 아니다.

이런 설명을 아무리 해 봐야 '화성'을 이해하기란 쉽지 않다. 그러므로 이렇게 해 보자. 잠시 음악을 선으로 생각해 보자. 그러면 인류가 처음 등장하고부터 바흐(다성음악의 마지막 작곡가)의 시대까지 쓰인 옛 다성음악은 수평선으로 표현될 것이다.

————————— ————————— —————————

————————— ————————— —————————

---

[25] 기존의 화성 구조를 채택하지 않은 20세기 초반의 새로운 음악.

그런데 바흐 이후에 생겨난 새로운 음악 형식인 화성은 수직선으로 표현된다.

바꾸어 말하면, 서로 독립하여 노래하던 여러 목소리(각각의 목소리는 엄격한 규칙에 따르고 늘 정확한 간격을 두면서)가 화음을 구성한 것이다. 이런 식으로 더 강렬하고 자유로운 기법이 탄생했으나 예전만큼 순수하지는 않았다. 그러므로 바흐나 헨델, 그들 선배들의 음악에서는 엄격한 격식을 볼 수 있지만, 화성의 거장에게서는 그런 것을 볼 수 없다. 여기서도 역시 유능한 음악가를 초청해서 피아노로 설명을 듣는다면 더없이 좋다. 그가 단 5분만 구체적인 예를 들어 준다면 누구나 쉽게 이해할 수 있을 것이다. 그러나 이 책에서는 그럴 수 없으니 긴 글로써 대신해야 한다.

옛날부터 사람들이 똑같은 이야기를 해 왔지만 그 표현 양식은 모두 달랐다. 셰익스피어와 초서는 유진 오닐(Eugene O'Neill)이나 싱클레어 루이스(Sinclair Lewis)만큼 할 이야기가 많았다. 그런데 이 사용한 언어는 서로 달랐다.

물론 화성은 어느 화창한 날 한 위대한 음악 천재의 머릿속에 번쩍 떠오른 것은 아니다. 그것은 매우 천천히 발전해 왔으며 인정받기까지 몇 세기가 걸렸다. 중세 음악에서도 군데군데 화성적인 효과를 느낄 수 있다. 그러나 근대적인 뜻으로의 화성이 등장한 것은 18세기 후반에 이르러서다. 그 무렵 화성의 대가로 '위대한 바흐', 즉 아버지 요한 제바스티안보다 유명했던 카를 필리프 에마누엘이 이름을 떨치고 있었다.

필리프 에마누엘은 효심 깊은 아들이었으며 아버지의 위대한 재능을 잘 알고 있었다. 그 증거로서 아버지의 〈푸가의 기법〉을 출판했다는 것은 앞에서도 말했지만, 그것은 비참한 실패였으며 30부밖에 팔리지 않았다. 아버지는 그를 하프시코드 연주가로 만들려고 가르쳤다. 그리하여 그는 프리드리히 대왕의 궁정에서 근무하고, 대왕이 플루트를 불 때 반주를 하게 되었다. 그 뒤 베를린에서 함부르크로 옮겨 게오르크 필리프 텔레만(Georg Philipp Telemann)의 뒤를 이어 교회 음악 총감독이 되었다. 1788년 그곳에서 세상을 떠났다.

그 무렵 사람들은 대개 이 사람을 매우 싫어했다. 그는 처음으로 피아노 연주법 교재를 썼다. 그 책에서 그는 피아노 연주법(원래 류트나 바이올린 연주법에서 발달한 것)을 손가락의 움직임에 관한 일정한 법칙으로 만들어 버렸다. 이를테면 왼손과 오른손 양쪽을 똑같이 발달시키는 것이라든가, 음계(音階)를 내는 규칙적인 방법 등 온갖 자질구레한 사항을 늘어놓은 것이다. 그 때문에 재능이 없는 아이들은 객실에 있는 커다란 검은 상자(피아노)를 몹시 싫어하게 되었다.

흔히 필리프 에마누엘 바흐를 새로운 '화성' 작곡 유파의 선구자라고 부른다. 이 명예는 아주 나무랄 데 없는 이유를 갖고 있다. 하이든, 모차르트, 베토벤 세 사람은 한결같이 그가 신음악의 아버지라고 극찬했다.

우리가 그를 칭찬하기에는 좀 미심쩍은 점이 있다. 음악은 다른 어떤 예술보다도 갑작스럽고 예상치 못한 변화가 많다. 그림의 경우는 어떤 양식이 인기를 잃더라도 작품은 계속 남는다. 물론 그것을 태워 없앨 수도 있고, 에스파냐식으로 내란을 벌여 1500년 동안 제작된 모든 것을 파괴할 수도 있다. 그러나 그런 극단적인 짓을 하려는 사람은 거의 없다. 그런 그림은 응접실 한구석에 걸릴지도 모르고(아르놀피니 부부를 그린 반다이크의 유명한 초상화는 워털루 전투에서 부상한 브뤼셀의 한 장교가 새로 발견했다) 박물관 지하실에 처박힐지도 모르지만(어느 박물관의 지하실이나 그런 것으로 잔뜩 차 있다), 언제라도 다시 꺼내 올 수 있다. 그러나 음악은 연주하지 않으면 사람들의 주의를 끌 기회가 없다. 재미있게 악보를 읽을 수 있는 사람은 10만 명에 한 명 정도뿐이다. 그러므로 전에는 노랫소리와 트럼펫이 요란스레 울렸던 곳이라도, 무관심과 망각의 잡초가 무성하게 자라 버리면 처음부터 다시 개간하고 경작해야 한다.

현대의 음악 연구가들은 이와 같은 방식의 탐구에 매우 큰 성과를 거두고 있다. 그 결과 15세기와 18세기의 음악 발전이, 지금까지 상상했던 것보다 훨씬 큰 것이었다는 사실이 밝혀지고 있다. 초기 음악을 파악할 때는 보통 이탈리아, 파리, 빈으로 삼각형을 이루고 그것이 플랑드르—네덜란드와 중세 영국 방면으로 약간 부푼 도형을 머릿속에 그린다. 그리고 그 삼각형의 바로 바깥쪽에 빛나는 지점을 하나 추가하는데, 그것은 라이프치히와 제바스티안 바흐이다. 그런데 이제 그 삼각형의 안쪽과 바깥쪽에도 라이프치히에 버금가는 지점이 많이 있었다는 결론에 이르고 있다. 함부르크, 뤼베크, 하를렘 등이 그런 점들이며 특히 중요한 것은 만하임이다. 위대한 보헤미아 음악가 요한 슈타미츠(Johann Stamitz, 1717~57)는 만하임에서 지금의 뉴욕 필하모니와 같은 오케스트라를 창설했는데, 여기에는 그때까지 허용되지 않았던 호른과 클라리넷 같은 다양한 악기가 포함되었다. 그래서 지금은 슈타미츠와 그의 아들들(슈타미츠 집안은 바흐 집안과 마찬가지로 음악 가족이었다)도 필리프 에마누엘 바흐 등 '화성의 아버지'라 일컬어지는 음악가들 못지않게 '신음악'을 널리 퍼뜨리는 데 공헌했고 이 음악은 나중에 하이든, 모차르트, 베토벤에 이르러 완성되었다고 여겨진다.

그 과정은 구체적으로 어떠했을까? 만하임 악파의 직접적인 영향을 받아, 이 진귀한 음악 열매의 꽃가루가 되어 온 유럽으로 흩날려간 사람들의 발자취를 더듬어 보기로 한다.

보헤미아 태생의 슈타미츠 자신은 선제후를 섬겼다. 여황제 마리아 테레지아의 음악 교사였던 게오르크 크리슈토프 바겐자일(Georg Christoph Wagenseil)은 슈타미츠의 기법을 열렬히 추종했다. 슐레지엔 출신으로 파리에서 드 콩티 공을 섬기며 하프시코드 연주가로 일한 요하네스 쇼베르트(Johannes Schobert)

도 그러했다. 이탈리아 루카 태생으로 마드리드와 베를린을 오가며 궁정 음악가로 일하다 1805년에 세상을 떠난 루이지 보케리니(Luigi Boccherini)도 마찬가지였다. 하이든은 보케리니를 그 무렵 최고의 작곡가로 인정했다. 우리는 그에 관해 '이름난' 미뉴에트밖에 알지 못하지만 그는 베르사유 정원 분수처럼 소나타와 4중주곡, 교향곡을 쏟아냈다. 그 곡들은 연주되는 곳마다 화성적 효과의 복음을 널리 퍼뜨렸다. 밀라노의 바흐 또는 런던의 바흐라고 불렸던, 바

요제프 말러가 그린 베토벤의 초상화(1804~1805)

흐의 또 다른 아들인 요한 크리스티안에 관해서는 앞에서도 말한 바 있다. 그는 적어도 여섯 나라에서 일했으며, 그의 교향곡 58곡 모두 새 양식을 널리 퍼뜨리는 데 기여했다. 카를 디터스 폰 디터스도르프(Karl Ditters von Dittersdorf)의 희가극과 교향곡도 그러했다. 그는 빈에서 태어나 보헤미아로 옮겨 활동했는데, 민요를 이용한 점에서 하이든에 가까운 사람이었다.

이 작곡가들이나 그 오케스트라는 아직도 본질적으로 실내 음악적이었다. 그들의 작품은 모두 상류층의 살롱에서만 연주되었으며, 일반 대중은 연주를 들을 기회가 없었다. 그러나 청중 대부분은 매우 수준 높은 아마추어였으며, 그들의 음악 취향이 차츰 아래로 스며들어가 마침내 일반 대중에게까지 이르렀다. 지금 같으면 별로 찬성하고 싶지 않은 방식이다. 아주 비민주적이기 때문이다. 그렇지만 그 성과를 보라. 하늘에 계시는 신이여, 그 성과를 지금 상황과 비교해 보시기를. 오늘날 음악가를 평가하고 생계를 보장하는 것은 일반 대중

베토벤이 작곡한 〈현악 4중주 내림나장조〉 초판 표지

이다. 대중의 뜻은 방송의 광고주를 통해 표현된다. 이 광고주가 베토벤 협주곡이 끝나자마자 라흐마니노프의 〈브롱스 서곡〉을 연주하게 한다.

다행하게도 베토벤은 소리의 옛 양식과 새 양식을 잘 알고 있었다. 본에서 만난 첫 스승이었던 네페(Néefe)는 그에게 바흐의 〈평균율 클라비어 곡집〉을 통째로 암기해 버릴 때까지 가르쳤다. 그 뒤 빈에서는 뛰어난 교사였던 살리에리와 알브레히츠베르거(Albrechtsberger)가 옛 것과 새 것을 가리지 않고 모든 양식을 완벽하게 다룰 수 있도록 가르쳤다. 그래서 베토벤은 모차르트나 그 밖의 신동들과는 달리 음악의 모든 기법을 철저하게 익힌 뒤 작곡을 시작했다.

바흐, 칸트, 렘브란트와 마찬가지로 그는 자기 시야를 넓히기 위해서 외국에 갈 필요를 느끼지 않았다. 오히려 그는 이따금 빈 근교의 마을에 틀어박혀, 반가운 친구나 반갑지 않은 팬들의 방해를 받지 않고 작곡에 전념했다. 그러나 그때 이외는 '자기의 평소 일상'에 아주 만족하고 있었다. 그렇다면 오늘날 왜 여행이 인기를 끄는지 그 이유는 여기서 뚜렷해진다. 집에서 탐구할 것이 없을 때는 먼 타향의 풍경을 바라보고 위안을 찾는 수밖에 없다.

베토벤의 생활에 관한 통계 자료는 매우 간단하다. 그는 그다지 부자는 아니었으나 굳이 가난한 척하지도 않았다. 형제와 그 아내들, 그리고 나중에는 그

베토벤의 현악 4중주단 지휘 슈판치히, 지나(바이올린), 바이스(비올라), 링케(첼로)로 구성된 '라즈 모프스키 4중주단'을 베토벤이 지휘하는 모습, 19세기 판화.

가 사랑한 건달 조카가 많은 돈을 낭비하여, 경제 관념이 없었던 그는 언제나 애를 먹었다. 유감스럽지만 그는 의뢰인, 특히 영국의 열렬하고 후한 팬들에게 진심으로 대하지 않았다. 그는 사람들이 자기를 무시하고 있으며, 또한 자신의 행색이 초라하고 한 조각의 빵도 없이 밤낮 허기를 참아가며 일했다고 불평했 지만, 그 정도는 그 무렵 음악가들이 누구나 겪는 고초였다.

그는 자기 방식대로 살아갔으며, 그 생활이야말로 술주정뱅이 아버지와 마 찬가지로 무능했다. 방은 언제나 너절했다. 피아노 위에는 더러운 쟁반과 제9교 향곡의 악보가 얹혀 있었다. 침대는 며칠 또는 몇 주일이나 그대로 있었다. 세 면대는 세 다리로 겨우 균형을 잡고 있었다. 의자와 하나밖에 없는 소파 위에 는 (결코 깨끗하지 못한) 옷이며 셔츠가 던져져 있었고, 방바닥에도 원고가 흩 어져 있었으며, 다른 작곡가들이 보아 달라고 보내 온 악보들이 먼지 쌓인 선반 위에 잔뜩 얹혀 있었다. 신선한 공기가 기관지염에 나쁘다고 생각하여 좀처럼 창문을 열지 않았다. 굼뜬 하녀가 나타나서 주섬주섬 정리하는 시늉을 하면, 베토벤은 절임양배추를 사는 데 돈을 낭비했다며 잔소리와 함께 호통을 쳐 내쫓아 버렸다. 베토벤은 그의 계급에 속하는 모든 사람(몇 세대 동안이나 가난하게 살아온 탓에 인색함이 몸에 밴 사람들)과 마찬가지로, 자기가 고생하여 번 돈을 하인이 한 푼이라도 속여 먹는다고 생각할 때는 어느 때보다 격렬하게 화를 냈다. 그런데 친척들 앞에서는 자못 넉넉히 가진 듯이 뽐내는 태도로 돈을 낭비했다. 그가 속한 중간 계급의 세계에서는, 가족이 모든 것의 시초이자 종말이었다.

다락방은 예술사에 흔히 등장한다. 고독은 모든 참된 예술가가 다른 사람과 다르므로 치르는 벌금과 같다. 그러나 이 시무룩하고 붙임성 없는 사나이만큼 기묘한 생활을 한 사람은 드물다. 그 풍모는 플랑드르의 농부 같고, 그의 영혼은 감수성 많은 어린아이 같았다. 그의 천재적 재능이 창조한 새로운 음악의 아름다움과 장대함에 비하면, 우리 일상생활의 자질구레한 것들은 모두 꼬투리 속의 콩처럼 하찮게 보인다.

새삼 강조할 것도 없는 사실이지만, 만년의 10여 년 동안 그는 완전히 귀가 멀어 자신의 위대한 작품이 연주되는 것조차 듣지 못했다. 이미 1800년경부터 그는 자기가 청력을 잃어 가고 있는 것을 깨달았다. 그 원인이 무엇인지는 아무도 모른다. 베토벤의 병은 제대로 진단받아 본 적이 한 번도 없었다. 서른 살이 지나고부터는 한 달 이상 건강하게 지낸 일이 드물었고, 청각장애는 그의 병 가운데 하나일 뿐이었다. 그는 이 끔찍한 불행과 용감히 싸웠다. 그러던 중 1822년, 자신의 오페라 〈피델리오 *Fidelio*〉의 무대 총연습을 지휘하다가 무대 상황을 전혀 알아차리지 못하는 그 섬뜩한 경험을 한 뒤부터는 자기 작품의 공연에 나타나지 않았다. 물론 귀가 멀쩡히 잘 들리면서도 자기 작품 연주회에 결코 가지 않은 음악가도 많다. 그러나 베토벤처럼 감수성이 예민한 사람의 경우는 귀가 들리지 않으면 친구들과의 교제를 피하게 마련이다. 본디 그는 천성적으로 교제를 좋아하여 친구를 많이 사귀기를 원했고, 파티에서 사람들과 만나 이야기를 나누는 것을 무척 즐겼으며(신이여, 그의 영혼에 은총을 내리소서!) 특히 아주 서투른 장난을 잘했다.

베를린의 옛 왕립 도서관에는 베토벤이 악필로 아무렇게나 갈겨 쓴 1만 1천 매쯤의 종이쪽지를 담은 몇 개의 상자가 있다. 말하자면 이것만이 가엾은 베토벤이 바깥 세계와 소통할 수 있는 유일한 방법이었다. 조그만 종이쪽지에 쓰인 문답, 그것은 사회로부터의 단절에 안절부절못하던 사람이 의사소통을 하기 위해 신경질적인 손으로 마구 써내려간 것이다. 최초의 종이쪽지는 1816년으로 거슬러 올라간다. 베토벤이 죽은 것은

1920년경의 베토벤 초상화 요제프 스틸러 작. 〈장엄 미사곡〉 악보를 손에 들고 있다.

1827년이다. 이 기간 동안 그는 영원한 침묵 속에 살았던 셈이다. 그러나 그 침묵 속에서 세계가 일찍이 들은 적이 없는 멜로디가 태어났다.

아마도 조화의 신이 장애에 대한 보상으로 그러한 작품을 쓸 영감을 그에게 주었는지도 모른다. 베토벤은 인간이 견딜 수 있는 최대한의 고통을 겪었기 때문이다. 그는 몇 번인가 사랑에 빠졌지만 언제나 참담하게 거절당했다. 그가 애정을 바친 여성이 특히 냉담했던 것은 아니다. 그를 좋아한 여성도 있었으나, 결혼은 또 다른 문제였다. 오스트리아의 귀족으로서는, 온 세계가 천재라고 인정한 인물과 친분을 쌓는 것은 매우 바람직스러운 일이었다. 그들은 작곡가이자 피아노의 명인인 베토벤에게 언제나 문을 활짝 열어 놓았다. 베토벤은 순전히 자신의 능력만으로 황제나 국왕까지도 자신의 이야기에 귀를 기울이게 했다. 그러나 이런 인물을 사위로 삼는다는 것은 도저히 있을 수 없는 일이었다. 중간 계급이라는 출신 배경, 술주정뱅이 아버지, 불한당 사촌 형제들, 끔찍한 조카, 그 아내들과의 끊임없는 소송, 후원자들과의 다툼, 그에 더하여 멸시당하

고 있지 않을까 하는 끊임없는 의심, 자신의 위대함을 손상한다고 여겨지는 일체의 것에 대한 오만한 분노, 이런 이유들 때문에 그는 오로지 음악 영역 안에서만 존경받는 인물이었다.

사회적 지위로 볼 때 브로이닝 집안, 기차르디 집안, 브라운슈바이크 집안은 그에게 딸을 내주느니 차라리 하인에게 주었을 것이다. 베토벤은 방금 안타까울 만큼의 감동 속에서 연모의 대상에게 작품을 바쳤다가도(〈월광 소나타〉는 줄리에타 기차르디에게 헌정한 작품이다), 곧이어 갑자기 매우 무례한 언동을 보여 모두를 깜짝 놀라게 하곤 했다. 그러면 사람들은 모두 화가 나서 안색이 변하거나 연민에 싸여 울음을 터뜨렸다. 그런 사람을 사위로 삼을 귀족은 결코 없었다. 베토벤은 귀가 들리지 않게 되고부터 모든 게 절망적이라는 것을 깨달았다. 그는 다시 사랑을 하고 싶었으나, 사려분별을 배웠다. 그때부터 그의 입이 하지 못하는 말을 음악이 대신했다.

베토벤의 생애는 세 시기로 나뉜다. 제1기는 1783년부터 1803년까지다. 이 시기는 완전히 하이든과 모차르트의 영향 아래에서 음악을 공부했다. 그렇지만 새로운 시도를 했다. 하이든과 모차르트가 교향곡에 꼭 필요한 부분으로 간주한 미뉴에트 대신에 스케르초를 넣었다. 그러나 그 밖의 작품에는 제2기에 전형적으로 나타난 그 현저한 베토벤적 양식의 조짐이 조금도 보이지 않는다. 제2기는 1815년에 끝난다. 그 뒤의 몇 해 동안 그는 자기의 숙명을 깨닫고 스스로 설정한 일을 다하고 있었던 것 같다. 그러나 그동안 이 슬픈 사람의 영혼에는 여러 가지 묘한 일들이 일어난다.

자기 주위의 세계에 깊은 관심을 갖고 있던 이 시대의 모든 사람과 마찬가지로 베토벤은 낙담의 심연에서 희망의 절정에 섰으며, 프랑스 혁명 이후 일어난 현기증 나는 여러 정치적 변화 때문에 다시 깊고 어두운 절망 속에 굴러 떨어졌다. 만일 그가 보통 사람이었더라면 냉소적인 인간이 되어 동포의 파멸을 그대로 내버려 두었을 것이다. 그러나 그는 충격에서 일어나 다시 싸울 준비를 했다. 지난번 전쟁에서 마지막 승리를 가져다 준 저 위대한 프랑스의 장군처럼, 좌익은 깨지고 우익은 분쇄되고 중앙이 허물어진 상태에서도 공격 준비를 했다. 주위의 모든 사람이 피치 못할 일이라고 머리를 숙이고 있을 때, 베토벤은

베토벤의 장례식　　베토벤이 세상을 떠난 지 사흘이 지난 1827년 3월 29일 목요일, 오후 3시부터 장례식이 거행됐다. 월계수로 장식된 영구차는 후멜, 슈베르트, 슈판치히, 그릴파르처, 라이문트 등등 빈 음악계와 문단을 주름잡는 명사들의 인도를 받으면서 1천 걸음밖에 안 되는 거리를 한 시간에 걸쳐 이동했다고 한다. 그날 저녁 베토벤의 관은 벨링크 묘지로 옮겨졌고, 그릴파르처가 쓴 훌륭한 추도문을 궁정배우 안슈츠가 낭독했다. 그리고 마침내 베토벤은 지하에 묻혀 영원히 잠들었다. 프란츠 스퇴버의 채색 판화.

혼자 항복을 거부했다. 가장 위대한 선배들의 작품에서 배우고 바흐와 모차르트의 늠름한 용기에 힘입은 그는, 집합 신호를 내리고 명확한 말로 인류의 궁극적인 승리에 대한 신념을 재확인했다. 그리하여 제9교향곡이 탄생했다.

　이제 제5교향곡처럼, 운명은 문을 두드리고 있지 않았다. 이제 이 거장은 〈영웅 교향곡〉의 경우처럼, 영웅의 운명의 실패나 성공에 관심이 없었다. 이제 그는 〈전원 교향곡〉의 경우처럼 자연의 아름다움에 마음을 빼앗기지도 않았다. 제7교향곡에서처럼 춤을 신격화하지도 않았다. 그와 같은 일상적인 관심은 그의 뒤에 있는 사람들의 생각에 맡겼다. 모든 오케스트라 효과를 누구보다 능숙하게 다룬 사람으로 이름이 높던 그가, 제9교향곡에서는 가장 오랜 악기로 되돌아갔다. 그는 평생토록 가장 귀중하고 자랑스러운 재산으로 삼았던 그 정신의 자유에 대한 굳건한 신념을 나타내기 위해 인간의 소리로 되돌아갔다.

47장
폼페이·빙켈만·레싱

잿더미에서 발굴된 폼페이와 두 독일 학자, 빙켈만과 레싱이 '고전주의'를 전파한다.

폼페이

1594년 이탈리아 건축가 도메니코 폰타나(Domenico Fontana)는 나폴리 인근에서 수로 공사를 하던 중 로마 시대의 조각상, 항아리, 냄비, 등잔 등 여러 가지 생활도구를 발견했다. 중세에는 폼페이와 헤르쿨라네움에 관해 전혀 알지 못했으므로 사람들은 대수롭지 않게 여겼다. 그러나 그 뒤 150년 동안 같은 장소에서 연이어 로마시대 유물이 대량으로 발견되자, 사람들은 잿더미 아래 뭐가 있는지 그 지역 전체를 발굴해 보기로 했다.

발굴은 1763년에 시작되어 지금까지 이어지고 있다. 그 덕에 우리는 고대 로마의 도시를 걸어다닐 수 있다. 건축물은 지붕만 없을 뿐 기원후 79년 베수비오 화산 폭발 무렵의 폼페이 모습을 거의 그대로 간직하고 있다. 이 도시는 로마 역사에서 에트루리아 시대부터 기원전 1세기까지 중요한 역할을 했다.

물론 재발견된 로마 조각상과 예술품에서 새로운 것은 없었다. 르네상스 시대에는 발굴이 무척 성행했지만, 폼페이처럼 도시 전체가 통째로 발굴된 경우는 이번이 처음이었다. 그 운명의 날 아침 주민들은 배를 타고 탈출하거나 대피소를 찾으려고 아우성쳤다. 1800여 년이 지난 뒤 그들은 탈출하려고 아우성치던 모습 그대로 다시 발견되었다.

18세기 폼페이 발굴 소식은 전 세계에 전해졌다. 그에 따라 고대 세계의 아름다움과 영광을 되살리자는 이야기책들이 큰 인기를 끌었다.

서기 79년 8월 24일의 폼페이 억수같이 퍼붓는 화산재의 위력에 맞설 수 있는 것은 아무것도 없었다. 저택과 신전들이 화산재에 파묻혀 사라져 갔는데, 폼페이인이 가장 열광적으로 숭배하던 이시스에게 바쳐진 신전도 예외일 수는 없었다.

폼페이에서 발견된 프레스코화
▶빵집 부부 초상화(1세기)

▼정물화(1세기)
크리스털 항아리에 각종 과실들이 흘러넘치듯 가득 담겨져 있다.

잿더미 속의 고통스런 마지막 순간 베수비오 화산 폭발 2천 년이 지난 1961년 폼페이, 고고학자 마이우리가 누체아문 근처에서 살길을 찾아 헤매다 화산재에 묻힌 가족을 발굴해 냈다.

빙켈만

그 무렵 학문적이면서도 흥미롭게 읽을 수 있는 책 한 권이 등장했다. 예술에 발을 담근 적이 있는 사람들은 그 책을 열렬히 칭찬했다. 그 책의 저자인 요한 요아힘 빙켈만(1717~1768)은 브란덴부르크의 평범한 시민이었다. 그는 고전에 열정을 품고 가톨릭으로 개종하여 로마에서 어느 추기경의 사서로 일했다. 그의 첫 논문은 별로 주목을 받지 못했지만, 1764년에 《고대 예술사 *Geschichte der Kunst des Altertums*》를 써서 국제적인 명성을 얻는다. 오늘날 우리는 고대 그리스 예술에 관해 더욱 상세히 알고 있으므로, 옛 문헌에 얼마나 오류가 많은지도 잘 알고 있다. 사실 빙켈만이 가장 뛰어난 그리스 양식이라고 생각했던 작품들은 로마 제국 말기 2세기 동안에 제작된 모조품이 대부분이었다. 반면에 그가 별 가치가 없다고 내팽개친 것들 가운데 오히려 훌륭한 진품이 많았다. 그런 결점이 있다고 해도 학술적인 예술 비평을 진지하게 시도한 문헌이라는 점에서 매우 유용하다.

불행하게도 빙켈만은 오래 살지 못했다. 그 책이 출간된 4년 뒤, 트리에스테에서 골동품상에게 살해되었다. 그의 저서는 그 뒤로도 오랫동안 고대 예술의 교과서로 간주되다가, 1840년대에 들어서면서 학자들이 직접 그리스로 가서 페이디아스와 프락시텔레스를 연구하기 시작하면서 뒷전으로 물러났다.

폼페이의 선구자 빙켈만 발굴작업은 은밀하고 더디게 진행되었다. 그리고 권력자가 바뀔 때마다 많은 골동품들이 빼돌려지고 있었다. 고전 고대 예술에 대한 깊은 조예를 가지고 있던 빙켈만은 1757년 로마에 파견되자, 저명한 고고학자로 변신했다. 1762년, 그는 '나폴리 당국이 헤르쿨라네움과 폼페이 발굴작업이 체계적으로 수행하지 않는다'고 비판했다.

레싱

고트홀트 에프라임 레싱(1729~1781)은 저명한 비평가이자 18세기 독일의 위대한 고전학자다. 그는 한 번도 그리스에 가 본 적이 없었으나 풍부한 학식과 고전에 대한 열정을 바탕으로, 그리스에 직접 가 본 선배들을 능가하는 업적을 남기면서 빙켈만이 못다한 일을 계승했다.

루터파 목사의 아들인 레싱은 목사가 되기 위한 교육을 받았다. 그러나 목사로 평생을 보내고 싶지 않았던 그는 도서관학을 공부한 뒤 신문사에 들어가 비평을 맡았다. 그 무렵 유럽, 신문들은 늘 학술적인 토론에 많은 지면을 할애했다. 따라서 레싱은 문학, 음악, 회화뿐만 아니라 역사와 철학까지 광범위한 지식을 쌓게 된다.

그 무렵 신문사 일만으로는 생계를 유지하기가 힘들었던 때라, 레싱은 후원자를 얻어 마음껏 글을 쓰고 싶다는 소망을 안고 이 도시 저 도시로 전전했다.

그의 저작 《라오콘》은 예술사를 논할 때 빠뜨려서는 안 될 아주 중요한 책이다. 이 책은 그리스 시를 다룬 논문으로 시작해 그리스 조각에 더 관심을 가져야 한다는 탄원으로 끝난다.

이리하여 폼페이 유적, 빙켈만과 레싱, 그리고 최근에 다시 발견된 파에스툼과 아그리젠토의 신전 등을 근거로 18세기에는 드디어 고대 세계의 예술에 관한 과학적 평가를 내릴 수 있었다. 또한 그 평가는 '고전의 부활'이라는 새로운

독일의 극작가·고전주의자 레싱 비평가이기도 한 레싱은 고대 그리스 비극을 새로운 시각에서 재평가하여 독일 근대극에 큰 영향을 끼쳤다. 이러한 평가는 18세기에 '고전의 부활'이라는 사조를 낳았다. 안톤 그라프 작(1770). 프랑크푸르트, 괴테 박물관 소장.

사조를 낳았다. 16세기의 르네상스는 이탈리아가 주요 무대였지만 이 새로운 '고전의 부활'은 북유럽, 다시 말해 많은 독일 학자들의 노력으로 탄생한 독일적인 현상이다.

'고전의 부활'이라는 유럽의 예술 사조는 미국에 영향을 미쳤다. 미국의 건국 시조들은 고전을 열렬히 추종했다. 그들은 자신들의 조상이 고대 로마의 영웅들이라고 믿었다. 그들은 특히 킨키나투스(Cincinnatus)[1]처럼 밭을 갈던 손길을 잠시 멈추고 연방의 적을 쳐부순 뒤 서둘러 고향으로 돌아와 농사를 계속 짓고 싶다고 말했다.

건국 시조들은 독립을 쟁취한 뒤 곧바로 로마의 고전미를 지향하며 새 수도를 건설해 나갔다. 미국 의회 건물도 정식 카피톨리누스 언덕에 정식 카피톨을 세우고자 했다.[2] 그 건물은 기둥이 매우 많은 거대한 고대 그리스 신전처럼 지을 계획이었다. 또한 그들은 새 건물에 철제 돔을 씌우려 했다. 돔 위에는 아테네의 아크로폴리스를 빛내는 아테나 상과 매우 비슷한 컬럼비아 조각상을 올렸다.

일단 그런 양식으로 건물을 세우는 관습이 생기자 결국 워싱턴은 고전 양식과 반고전 양식이 혼재된 도시가 되어 버렸다. 굳이 열주 같은 장식이 필요하지 않은 건물에도 가능하다면 무조건 열주를 세웠다. 초라한 통나무집에서 태어난 링컨은 현재 대리석의 그리스 신전 안에 제우스처럼 앉아 있다. 대법원의 늙은 법관 동상들도 다른 그리스 신전에 안락하게 자리잡고 있다. 재무부도

---

1) 기원전 6세기 로마의 정치가. 미국 신시내티주 이름의 어원.
2) 카피톨리누스 언덕은 유피테르 신전이 있는 로마의 언덕. 카피톨은 카피톨리누스에서 파생되어 미국 의회 건물을 가리키는 명칭으로 쓰임.

또 다른 그리스 신전의 파사드 뒤에 신성한 화폐를 보관하고 있다. 전국 대도시의 은행들도 모두 그러하다. 어디서나 그리스 신전들(하지만 창은 대부분 고전 양식과 무관하다)이 드라크마[3]를 투자하라고 고객들을 꼬드긴다.

그 열풍은 도시에서만 일어났을까? 그렇지 않다. 시골 주택들도 고전 이념의 영향을 분명히 드러냈다. 영국과 네덜란드 목수들의 훌륭한 전통에 따라 건축된 뉴잉글랜드의 작고 소박한 목조 주택과 허드슨강 유역의 석조 주택은 당당한 세계 열강의 대열에 선 미국의 위상에 어울리지 않았다. 그래서 고전적 위엄을 나타내기 위해 유감스럽게도 또다시 기둥이 마구잡이로 세워졌다. 이제 우리는 어느 정도 자신감을 가지고 각종 예술 분야에서 주체성을 확립했으므로 과거를 냉철한 눈으로 돌이켜볼 수 있다. 때로 미국의 조상들이 왜 유럽의 지시에 고분고분 따랐는지 의문을 던진다. 하지만 미국의 초기 대통령 가운데 일곱 명이 영국에서 태어났다는 점을 상기하자. 대서양 연안의 부유한 상인들은 자신을 이주한 유럽인으로 생각한다. 따라서 책과 아내의 옷, 딸의 하프시코드를 보스턴이나 필라델피아에서 사지 않고 런던이나 파리에서 구입했다.

그들은 이때 유입된 유럽의 신고전주의 양식을 무척 마음에 들어했다. 바로크는 돈이 너무 많이 들고, 로코코는 그들의 청교도적 취향에 비추어 너무 경박했다. 그러나 빙켈만과 레싱의 고전주의는 그들의 이념에 딱 맞아떨어졌다. 그래서 그들은 그 양식, 즉 처마장식·들보·문틀 따위를 그대로 받아들였다. 식당의 시계 위로 당당하게 날개를 펼친 웅장한 독수리를 바라보면서, 그들은 옛것과 새것이 완벽한 조화를 이루었다고 굳게 믿었다. 카이사르가 의사당 언덕에 서서 워싱턴시를 내려다본다면 틀림없이 자신이 태어난 도시라고 착각하리라.

---

3) 고대 그리스의 은화.

48장
혁명과 제국

   고전 양식이 승리하면서 예술가를 정치 선전 도구로 만들려고 한 시도에 종지부를 찍었다.

   프랑스 혁명과 나폴레옹 제국 시대 예술계의 절대자였던 자크 루이 다비드(Jacques Louis David)는 1748년에 태어났다. 아홉 살 때 아버지가 결투로 목숨을 잃었다. 후견인은 학교에 다니던 다비드를 프랑수아 부셰(François Boucher)에게 보내 그림을 배우게 했다. 부셰는 가장 매력적인 로코코 양식으로 미인을 그린 화가이다.

   그러나 예술가란 물과 같아서, 언제나 자기에게 알맞은 곳에 가서 자리잡고 싶어 하는 법이다. 어린 다비드는 얼마 뒤 또 다른 스승 비앵의 제자로 들어간다. 조제프 마리 비앵(Joseph Marie Vien)은 프랑스 고전파 미술 창시자의 한 사람이었다. 그는 그 무렵 대단한 명성을 얻었으나 지금은 완전히 잊혀, 예술사 한쪽 귀퉁이에 조금 언급될 뿐이다. 그러나 이 사람이야말로 어린 다비드가 찾던 스승이었다. 비앵이 로마에 있는 프랑스 아카데미 원장에 임명되자 다비드도 그를 따라갔다. 로마는 그가 늘 꿈꾸던 낙원이었다. 멩스가 고전적인 그림을 그리고, 빙켈만이 고전적인 이론을 펼치며, 박물관마다 고전적인 조각으로 가득 차 있었다. 다비드 특유의 화풍이 대형 캔버스에 구현된 유화 작품인 〈소크라테스의 죽음 *Death of Socrates*〉, 〈브루투스 *Brutus*〉, 〈호라티우스 형제의 맹세 *Oath of the Horatii*〉 등은 이 로마 체류 때의 경험에서 태어났다. 이 그림으로 표현된 옛 이야기는 가장 훌륭한 할리우드풍으로 그려졌으며, 과거 사건을 다룬 할리우드 영화처럼 실제와 매우 비슷하다.

   다비드가 파리에 돌아올 무렵 이미 그는 이 도시의 예술계에서 지도자 역할을 맡을 운명이었다. 야수(국왕과 궁정)의 표지를 단 모든 것에 반발하여 완전히 고전적인 취향으로 돌아섰기 때문이다. 여성들은 그리스의 튜닉을 본뜬 옷을 입고 로마 황후들처럼 머리를 물들이고, 살로메처럼 샌들을 신었다. 이제 자존심 강하고 자유로운 민중들에게 무엇을 입어야 하는지를 가르쳐 주던 유행 대신(ministre de la mode)[1]도 없고, 1770년에 출간되어 유행을 선도했던 최초의 패션 잡지 〈갈르리 데 모드(Galerie des modes)〉도 발행이 금지되어 있었다(하이델로프라는 정

자크 루이 다비드(1748~1825) **자화상**

력적인 독일인이 런던에서 〈패션 갤러리 디자이너〉라는 이름으로 계속 발행하고 있었다). 마치 정치가들이 온갖 새로운 정부 형태를 실험하듯이, 파리의 디자이너들은 별의별 아이디어를 모두 음미하고 있었다.

그 결과는 매우 기묘한 것이었다. 그러나 장 자크 루소의 사상에 심취했던 로베스피에르가 권력을 쥐자, 이와 같은 아름다운 그리스나 로마의 흉내는 하루아침에 끝장났다. 오디세우스가 화창한 아침에 해변에서 시녀들과 공놀이하는 나우시카아[2]를 보았을 때 그녀가 입었던 옷을 그대로 재현한 여성복도 사라져 버렸다.

언제나 귀족 흉내를 내려던 세계는 이번에는 거지 옷을 입고 영감을 얻으려 빈민굴로 들어갔다. 증오스러운 옛날 압제자들의 바지를 대놓고 입고 다니는 것은 단두대로 가고 싶어 안달하는 꼴이다. 화장품과 비누는 참된 애국자라면 절대 손을 대서는 안 되었다. 사람들은 더럽고 낡은 긴 바지를 입고 일하러 나

---

1) 루이 14세가 궁정 재봉사에게 수여했던 칭호.
2) 그리스 신화에서 난파한 오디세우스를 구해 준 공주.

다비드 〈호라티우스 형제의 맹세〉(1785) 프랑스 혁명정부의 주요 인물이었던 로베스피에르로부터 고전주의자 다비드에게 고전 풍조를 되살리자는 제의가 들어왔다. 다비드는 혼신을 다해 대작을 완성했다.

갔다. 그것이 시민적 청렴성을 복장으로 증명하는 행위였다. 그 긴 바지는 원래 갤리선의 노예들이 입던 옷이었다. 사실 그들이 노를 저을 때는 이 바지밖에 입지 않았다. 나중에는 영국 선원들도 이 폭이 넓은 긴 판탈롱(pantaloon)을 애용했다. 젖은 갑판 위를 걸어다닐 때는 이 바지가 가장 편했다. 게다가 몸에 꼭 끼는 17세기의 바지보다 훨씬 빨리 말랐다. 그 바지를 '판탈롱'이라고 부른 까닭은 16세기부터 이탈리아의 광대극에 판탈로네라는 인물이 빠지지 않고 등장했기 때문이다. 그가 긴 바지를 입고 등장하면 늘 온 극장 안이 웃음바다가 되었다.

　남자용 웃옷은 카르마뇰(carmagnole)이라는 헐렁한 블라우스였다. 카르마뇰은 피에몬테의 카르마뇰라라는 마을에서 유래한 것이며, 마르세유의 사형집행인들이 입법부의 미지근한 태도에 활기를 불어넣기 위해 대역죄인을 신속하게 처형할 때 입은 것을 계기로 파리까지 전해졌다. 챙 있는 모자도 너무 세련되었다는 이유로 더는 허용되지 않았다. 그 대신 남자나 여자나 고대 그리스에서 유래한 완만하고 챙 없는 프리지아 모자를 썼다. 혁명은 프랑스를(최악의 구체제 시대에도) 일찍이 경험한 적이 없는 궁핍 상태에 몰아넣었다. 민중은 아무리 헌 것이라도 가리지 않고 입었다. 자기의 목이 달아나지 않도록 단단히 간직하려면, 새로운 국민색인 빨간색과 흰색과 파란색 줄무늬가 많이 그려진 옷을 입는 것이 상책이었다.

여성들도 이른바 '민중의 여성(femmes du peuple)'이 되었다. 길게 끌리는 옷자락이나 멋 내기 위해 부풀린 옷은 평등이라는 제단 위에 제물로 바쳐졌다. 그러나 혁명적이건 무엇이건 일찍이 그 어떤 법률도 아름답게 보이고 싶은 여성의 욕망을 조금도 바꾸지 못했으므로, 여성들은 곧 그 매력을 강조하는 다른 방법을 발견했다. 이를테면 목 둘레에 튈(tulle)[3]을 두르는 방법이다. 그것은 목을 신

로베스피에르(1758~1794)

체에서 가장 중요하게 여겼던 그 시대에 더없이 적합한 것이었다. 시민 상송이 손에 쥔 운명의 밧줄을 한 번 당기기만 하면, 머리는 아무리 아름다운 것이라도 기요틴 부인의 바구니 속에 굴러떨어졌으니까.

이런 일들이 혁명적 전통과 완벽하게 보조를 맞추고 있었지만, 막시밀리앙 로베스피에르는 여전히 성에 차지 않았다. 칼라일(Carlyle)은 그를 가리켜 '바다가 녹색인 것처럼 부패하지 않을 사람'이라고 말했으나, 그는 결코 프롤레타리아가 아니었다. 사실 그는 다른 사람들이 모두 상퀼로트(sansculotte)의 누더기를 걸치고 돌아다닐 때도 여전히 혼자서 단정한 옷차림에 깨끗이 면도를 하고 머리를 반듯이 빗고 다닌 유일한 사람이었다. 퀼로트는 옛 왕당파가 입던 반바지를 뜻하는 말로, 판탈롱을 입은 사람들은 일반적으로 '상퀼로트', 다시 말하여 '퀼로트를 입지 않은 사람'이라고 불렸다.

그래서 로베스피에르는 고전 양식의 거장인 다비드에게 고전 풍조를 되살리

---

3) 미세한 다각형의 그물 모양을 한 얇은 천.

자고 제안했다. 완벽한 고전 의상을 통해 옛 로마 공화정의 근엄한 시대가 부활했음을 보여 주자는 것이었다. 다비드는 누를 수 없는 열정으로 그 일에 착수하여, 몇 주일 뒤에는 고대풍 복장 도안을 로베스피에르에게 보여 주었다. 그가 고안한 남성복은 성공하지 못했다. 대개의 남자들은 그런 튜닉과 토가를 입고 깃털로 덮인 모자를 쓰면 우스꽝스럽게 보인다고 생각했다. 그래서 독재자의 비위를 거스르지 않기 위해 어쩔 수 없는 경우가 아니면, 가장무도회에서나볼 법한 그런 난처한 옷을 굳이 입지 않았다. 그러나 여성들은 프롤레타리아처럼 보이는 옷에서 해방해 준 시민 다비드에게 매우 고마워했다. 다비드는 다만고대 그리스의 꽃병에 그려져 있는 인물을 본떴을 뿐이나, 그 결과 공포 정치시기와 총재정부 시기의 프랑스 여성들은 키톤(Chiton)[4] 이외에 거의 아무것도입지 않고 나다닐 수 있었다.

다른 유럽 여러 나라는 이 새 유행을 별로 좋아하지 않았다. 독일만은 예외였는데, 그것은 물론 신고전주의를 매우 열심히 도입한 빙켈만과 레싱의 영향이었다. 이 유명한 두 사람—한 사람은 오늘날에는 그 가치가 다소 바랜《고대미술사》를 쓴 브란덴부르크 사람이고, 한 사람은 지금도 여전히 어느 예술사나무시할 수 없는 논문 〈라오콘〉을 쓴 작센 사람이다—은 18세기의 마지막 10년동안 유럽의 예술적 의식(意識)에 뚜렷한 영향을 주었다.

폼페이의 발굴과 윌리엄 해밀턴 같은 부자들의 고고학 열풍은 고대 예술에대한 관심의 증대에 더한층 자극을 주었다. 이 흥미는 여성복의 유행까지 움직였다. 숄을 도입한 것도 이런 유행에 따른 것이었다. 그리스풍이나 로마풍 복장을 한 귀부인들은 대개 늘 감기에 걸려 있었기 때문이다. 망토는 실내에서 입기에 그다지 적합하지 않으므로 숄을 두른 것이다. 숄은 본디 인도에서 왔다. 처음에는 카슈미르에서 수입되다가 이윽고 영국의 직물 공장이 짭짤한 시장에뛰어들었다. 하지만 풍부한 동양풍 무늬는 꾸준하게 사랑을 받았다.

그 무렵의 옷이 빈약해서 일어난 또 하나의 혁신은 핸드백이다. 중세에는 옷이 몸에 아주 꼭 끼었으므로, 여성들은 없어서 안 될 자질구레한 물건들을 오모니에르(aumônière)[5]에 넣고 다녔다. 이것은 본디 자선금을 넣던 주머니였는데

---

4) 고대 그리스의 가운 비슷한 옷.
5) 허리에 매는 자루.

프랑스 혁명을 주도한 시민들　그들은 '상퀼로트(퀼로트를 입지 않는 사람)'라고 불렸다. 혁명파 남성은 구체제 귀족이 입던 반바지(퀼로트)가 아니라 긴 바지(판탈롱)를 입었기 때문이다. 1792년 8월 10일 파리 시민들이 벌인 시위운동을 보고 로베스피에르는 공화정에 대한 신념을 굳혔다.

그 주머니가 손가방으로 부활하고, 그것이 다시 남자들이 담배가 떨어졌을 때 아내의 담배를 꺼내 피우기 위해 손을 집어넣는 핸드백이 된 것이다.

　시민 다비드는 이런 과외 작업을 하면서도 혁명의 대의명분을 선전하는 대형 그림을 수도 없이 그렸으며, 여러 가지 사건에 적극적으로 참여했다. 1792년 그는 국민의회 의원에 선출되어, 국왕의 참수에 찬성표를 던진 361명 가운데 한 사람이 되었다. 찬성과 반대는 불과 한 표 차이였다. 그는 이와 같이 급진파의 강력한 지지자였으므로 한때는 국민 의회 의장까지 되었다. 그러나 그는 친구 로베스피에르와 같은 운명을 모면했을 뿐 아니라 나폴레옹이 권력을 쥐었을 때는 황실 전속화가가 되었다. 또한 그는 나폴레옹이 노트르담에 가서 샤를마뉴의 왕관을 그 서민적인 머리에 얹기 전에, 이 볼품없고 조그만 폐하에게 대관식 예법을 조심스레 가르쳤다. 나폴레옹이 몰락하자 다비드는 파리를 떠날 수밖에 없었다. 부르봉 왕가는 루이 16세의 처형에 관여한 그를 결코 용서하지 않았다. 그는 브뤼셀에 망명하여, 1825년에 세상을 떠났다.

특히 데생 화가로서의 이 사람의 훌륭한 재능은 아무도 부정하지 못한다. 고대 영웅들을 찬양한 그의 그림들이, 몽롱한 고전적인 암시나 상징밖에 알지 못했던 사람들에게 얼마나 큰 감동을 주었는가를 우리는 잘 이해할 수 있다. 그러나 다른 방면에서의 그의 영향은 매우 불행한 것이었다. 그는 1600여 년 전에 사멸해 버린 세계의 훌륭한 품성을 맹목적으로 믿은 나머지 다른 것을 전혀 이해하지 못했다. '고대, 있는 그대로의 고대'가 평생 그를 격려한 표어였다. 그는 이 순수한 고대에 열중한 나머지, 플랑드르나 네덜란드 화파의 그림은 인류를 비웃을 만큼 지나치게 사실적이므로 눈에 띄지 않는 곳에 치워 버려야 할 뿐 아니라 실제로 파기해야 한다고까지 말했다. 그는 또 모든 예술가는 애국적 주제 이외의 것을 그리지 못하도록 금지하는 법률을 제정하려 했다. 그가 인정한 유일한 예외는 플루타르코스 《영웅전》의 내용과 같은 사건을 다룬 것이었다. 예술가란 국가의 영광을 위하여 일해야 하므로, 그 밖의 주제를 다룬다면 작품을 몰수하고 감옥에 가두거나 추방한다는 것이었다.

예술을 통제하려고 한 사람은 다비드가 처음이 아니고 마지막도 아니다. 지금도 러시아, 독일, 이탈리아에서 그런 일이 벌어지고 있다. 그리고 이런 방법이 아무리 실패해도, 뮤즈의 신들(예술)에게도 꼭 맞는 조그만 제복을 입혀서 갈색, 흑색, 분홍색 셔츠에 장난감총을 멘 똑똑한 소년 소녀들과 함께 행진시킬 수 있다고 믿는 이들 단순한 애국자들은 조금도 반성하지 않는다.

다비드가 한 일 가운데 그가 옹호하던 예술에 더 치명적인 영향을 미친 것도 있다. 앞에서도 말했듯이 그는 뛰어난 기교가였으며, 모든 회화 기법을 속속들이 알고 있었다. 그 덕분에 그는 사람들이 그림 그 자체보다는 그림에 담긴 이야기를 좋아하게끔 만들 수 있었다. 누구보다 예술을 진지하게 여겨야 할 그가 그림을 채색한 삽화로 전락시켜 버렸다. 그리고 다비드는 피비린내 나는 혁명극의 많은 등장인물과 마찬가지로 철저한 청교도였다(세상의 죄를 없애기 위해 살인도 마다하지 않았다). 그래서 훌륭한 이야기, 도덕적인 이야기, 미덕이나 애국심에 교훈을 주는 이야기를 그림으로 다뤄야 한다고 주장했다.

그런 그림도 다비드 같은 장인의 손이 그리면 역시 걸작으로서 남을 수 있었다. 그러나 삼류 모방자들의 서툰 손에 걸리면 단지 캔버스의 낭비에 지나지 않게 된다. 다만 대놓고 말했다가는 그 그림을 그린 화가와 한바탕 싸움을 벌여

다비드 〈알프스를 넘는 나폴레옹〉(1801) 1797년 4월, 나폴레옹은 약 2000년 전 한니발이 넘었던 같은 경로로 알프스를 넘었다. 그는 대중에게 보이는 이미지를 중시했다. 그래서 날뛰는 말에 탄 냉정하고 힘찬 모습을 그리라고 다비드에게 주문했다. 이처럼 당당했던 나폴레옹이 몰락하자 유럽 세계는 즉각 숨막히는 반동 체제로 치달았으며, 나폴레옹 황실의 전속화가였던 다비드도 국외로 쫓기는 신세가 되고 말았다.

야 하기에 아무도 감히 낭비라고 말하지 않았을 따름이다.

이런 돌팔이 화가들은 이렇게 빈정거렸을 것이다.

"아, 당신은 내 그림이 마음에 들지 않는단 말이지. 주제가 마음에 안 드는 게 아니오? 그러나 그 주제는 의심할 여지가 없는 것이오. 올바른 마음을 가진 사람이라면 모두 그것이 고결하고 도덕적으로 올바르다고 동의해 줄 거요. 훌륭한 애국자라면 내 작품을 칭찬해 줄 거란 말이오. 국가에 대한 의무를 아는 시민은 모두 우리의 노력에 갈채를 보내 주어야 하오. 그래서 이런 몇 가지 일에 대한 당신의 태도에 대해서 좀 물어볼 게 있소만, 이를테면……" 그리고 이렇게 끝맺는다. "당신 목을 잘라 버리는 문제 말이오."

자크 루이 다비드의 이름은 프랑스 혁명기와 결부되어 있을 뿐 아니라 제정기에도 등장한다. 이른바 제정 양식(Empire style)은 총재정부가 끝나고(예술적으로는 조그만 손실이었다) 나폴레옹이 집권한 1799년부터 나폴레옹이 엘바섬에 유배된 1814년까지의 짧은 통치 시대를 말한다. 19세기 초에 만들어진 의자, 시계, 침대, 주전자 등은 대부분 황제의 독수리 문장이나 N이라는 문자로 장식되어 있다. 그 때문에 우리는 개가 공을 가지고 놀듯이 여러 왕국과 법전, 육군과 해군, 평화와 전쟁을 제멋대로 다룬 만능의 천재 나폴레옹이 제정 양식도 만들어 냈다고 생각하기 쉽다. 그런데 그렇지 않다. '제정 양식'은 실은 바로 신고전주의 양식이며, 처음에는 로코코 양식과 병행하여 나아가다가 마지막에 그것과 완전히 대체된 것이다. 그러므로 그것은 1774년에 즉위한 루이 16세 치세의 초기로 거슬러 올라간다. 그것에 '제정(帝政)'이라는 이름이 붙은 것은 나폴레옹 황제가 그 양식을 좋아했기 때문이다. 그는 자신을 로마 황제의 직접적인 정신적 자손이라고 즐겨 상상했다. (그는 그 지위를 위해 밤낮으로 분주했다) 그가 더 오래 살았더라면 로마를 광대한 제국의 수도로 삼았을지 모른다.

18세기 상류층에 널리 퍼졌던 고전적 양식은 매우 아름다운 일용품을 만들어 냈다. 그 양식은 나폴레옹 시대가 끝난 직후에 독일과 오스트리아에서 다시고개를 쳐들어 비더마이어(Biedermeier) 양식으로 유명해졌다. 또 영국에서 조지 시대에 만들어진 거의 모든 물건에서도 그 양식의 매력적인 표현을 볼 수 있다.

그러나 나폴레옹식의 궁전은 '백만장자가 된 코르시카인'의 느낌을 주는데,

안토니오 카노바 〈아모르와 프시케〉(1787~93) 로마 교황의 후원을 받으며 활동했으며, 아울러 나폴레옹 황제의 총애를 받기도 한 신고전주의의 대표적 조각가이다. 그 무렵 폼페이 유적이 발굴되던 시기여서, 로마는 신고전주의 중심지가 되고 있었다. 경쾌한 동세와 매끄러운 육체가 돋보이는 이 조각상은 신고전주의 중에서도 감상적 관능주의의 좋은 예라고 할 수 있다.

그 자신도 실제로 그러했다. 이탈리아인 소년은 금광을 찾아내어, "자, 어때?" 하고 뽐내고 싶었다. 그 결과는 지금 우리의 눈에 영 만족스럽지 않다. 그러나 그것은 바텐더나 접시닦이나 세탁부 등 잡다한 무리가 보기에는 매우 만족스러웠다. 그들은 깃털로 장식한 아름다운 옷을 입고, 새로 재건된 샤를마뉴의 왕좌 주위에 몰려들었다. 그들이 사치를 어떻게 보았는지는 그들 가운데 한 사람이 한 말이 가장 잘 간추리고 있다. "있을 때 써야 한다."

예나 지금이나 황금은 '있다'는 것을 과시하는 확실한 증거이므로 어떤 것에나 두껍게 금박을 입혔다. 책상을 주문할 때는 평범한 목제 책상을 바라는 게 아니었다. 나무로만 된 책상은 너무나 싸구려 같았으므로 책상 윗면에 대리석이나 값비싼 돌을 깔았다. 글을 쓰기에는 그리 적당하지 않지만, 다른 중요한 일이 산더미같이 쌓여 있는데 글을 쓰면서 시간을 낭비할 까닭이 있겠는가?

게다가 대리석은 젖은 장갑, 권총, 칼, 더러워진 구두 같은 것을 얹어 놓아도 깨지지 않아서 좋았다.

제정 양식의 가장 긍정적인 측면은 그것이 불쾌한 매우 많은 혁신을 없앴다는 것이다. 고전 열풍 초기에는 갓 발견된 폼페이의 저택을 그대로 본떠 지은 집이 많았다. 물론 그런 저택의 방에는 그림을 걸 여지가 없었다. 벽은 가장 좋은 폼페이 양식으로 그려진 프레스코로 덮여 있었고, 기원후 1세기의 폼페이 귀족 저택에 어울리는 가구가 가득했기 때문이다.

혁명이 일어난 뒤 프랑스가 유럽 여러 나라를 상대로 생존 투쟁을 개시하자, 고전적 양식은 군사적 색채를 드러냈다. 모든 사람은 다시 말하여 지체장애인이 아닌 한 전선에 있거나, 전선에서 갓 돌아왔거나, 아니면 전선으로 돌아가려는 참이었다. 시골 사람들도 호전적 열정에 뒤지지 않기 위해 방에 천을 늘어뜨려 군막처럼 보이게 했다. 침대는 야전침대가 되고 옷은 군복 비슷했으며, 아이들은 양철 군인과 장난감 대포를 가지고 놀았다. 그림 주제도 빗발치는 포탄 속에서 용감하게 돌진하는 장군의 모습 같은 것만 허용되었다.

그러므로 나폴레옹 시대에 고전 양식으로 돌아간 것은, 혁명 시대의 고전 주의를 한 걸음 개량한 것이었다. 그러나 정치적 사건이 역시 예술에 영향을 미치고 있었다. 나폴레옹이 지난 1600여 년 동안 거의 알려지지 않았던 이집트에 관한 믿을 만한 자료들을 가지고 돌아오자, 그때까지 순전히 그리스와 로마식이었던 장식 속에 이집트적인 요소가 나타나기 시작했다. 주방 찬장에서는 스핑크스가 신비로운 미소를 던지고, 괴수 그리프스의 앞다리가 의자와 테이블을 단단히 받쳤다. 그다음에 나폴레옹이 자신의 상징으로 삼은 꿀벌이 등장했다. 꿀벌은 궁극적 목적인 '벌집처럼 조화로운 사회'를 이루기 위한 근면과 노력을 상징했다. 나폴레옹 통치가 끝날 무렵에는 N이라는 머리글자 대신 꿀벌(bee)을 나타내는 B라는 머리글자가 더 많이 쓰였다.

이 시기에 이렇다 할 음악가가 있었던가? 있기는 했으나 황실에서는 볼 수 없었다. 황제는 군악대의 개량을 위해서 많은 일을 했지만, 그가 음악을 알고 있었다는 증거는 없다. 그는 하인이 옷을 입혀주고 있을 때, 흔히 소름이 쫙 끼칠 만큼 빗나간 가락과 마르세예즈를 휘파람으로 불곤 했다. 그가 촛대 불빛

앵그르 〈호메로스 예찬〉(1827) 고대 시인 호메로스가 여신 니케로부터 왕관을 받고 있다. 경의를 표하는 현대인 군상에서 셰익스피어와 괴테를 제외함으로써 신고전주의의 특징을 잘 보여 주는 작품이다. 루브르 박물관 소장.

아래서 이탈리아인 가수들이 부드럽고 나른하게 부르는 옛 노래를 즐겨 들었다는 기록도 있으나, 나폴레옹은 교양 있는 음악 애호가는 아니었다.

　미술은 어떠했던가? 미술 작품은 군복 재봉사가 그려 내는 새로운 군복의 밑그림보다도 못한 대우를 받았다. 몇 가지 예외는 있었다. 안토니오 카노바 (Antonio Canova)는 지난 500년 동안에 가장 솜씨 있는 조각가로 꼽혔으며, 로마 교황은 그를 이스키아[6] 후작으로 임명했다. 그는 나폴레옹 황제의 총애를 받았으며 황제의 누이가 그의 비너스 조각상의 모델을 자청하기까지 했다. 그로 (Gros)는 전쟁 그림에 능했으며 프루동(Proudhon)은 여전히 따분한 우화를 그렸다. 바이올린 연주자(서툰 솜씨였지만) 출신으로 다비드의 제자인 앵그르(Ingres) 는 누구보다도 아름다운 선을 자랑하는 훌륭한 초상화를 그렸다. 그의 초상화

------

6) 나폴리항 입구에 있는 화산섬.

는 그의 다른 채색화보다 훨씬 뛰어났다.

　그런데 고전주의 이념이 이 시대의 인심을 얼마나 휘어잡고 있었는지를 보여주는 사례가 있다. 앵그르는 〈호메로스 예찬 *Apotheosis of Homer*〉을 그릴 때,[7] 이 키오스에서 온 눈먼 시인에게 경의를 표하는 '현대인' 군상 속에서 셰익스피어와 괴테를 의도적으로 제외했다. 이 두 사람은 '고전적 경향'을 보이지 못한 작가라는 이유로 추방된 셈이었다. 예술이 하나의 공식이 되고 그것이 또 정치적 강령으로 굳어지는 일은 먼 옛날부터 있어 왔다. 이런 시도가 성공한 적은 없으며 앞으로도 결코 없을 것이다. 그러나 좋은 점은 하나 있다. 그런 시도는 언제나 반발을 초래했다. 그 억압의 시대가 끝난 뒤에는 예술이 부활하여 전보다 훨씬 앞으로 나아갈 수 있었다.

---

7) 그리스 관광을 광고하는 포스터 같은 이 작품은 현재 루브르 박물관에 있다.

49장
혼돈 1815~1937년

예술과 삶이 멀어지다.

괴테는 옳았다. 그는 우연히 유명한 발미 전투를 목격했다. 오늘날 우리가 상상하는 조직적인 대량 살상이 이루어지는 고전 전투가 아니었다. 그러나 그것은 프랑스 혁명의 오합지졸이 오스트리아 제국과 프로이센 왕국에 맞서 싸운 최초의 전투였다. 굶주리고 무기도 빈약하고 이질과 절망으로 엄청나게 병력이 줄어든 데다, 군 경험이 거의 없는 일반 시민 출신 장교들이 이끄는 시민군이 고도로 훈련된 반혁명군을 막아낸 것이다. 황제와 국왕의 군대가 전쟁터에서 물러나 비로 진창이 된 베르됭의 길을 따라 후퇴하던 그날 밤, 괴테는 일기에 세계 역사의 새로운 장이 시작되었다고 썼다.

역사에 길이 빛날 1792년 9월 20일의 이 유명한 포격전이 끝난 뒤에 25년간의 모든 사건을 여기에 상세히 언급할 수는 없다. 그러므로 이 장은 나폴레옹이 워털루에서 패배한 1815년 6월 18일부터 시작해야 할 것 같다. 패배 소식이 파리에 도착하기가 무섭게, 퀼로트를 입은 인간들, 다시 말하여 옛 질서의 전형이었던 품위 있는 반바지를 입은 신사들이 다시 정권을 빼앗았다. 그들은 복장의 중요성을 알고 있었으므로, 몇몇 지방에서는 긴 판탈롱을 입는 것은 형법상의 죄로 여겼다. 그러나 그런 조치는 곧 중단되었다. 해야 할 더 중요한 일이 있었기 때문이다. 민중의 절반은 막시밀리앙 로베스피에르를 잔인한 배덕의 괴물로 여기고 그가 처형된 것을 당연하게 여겼으나, 나머지 반수의 민중은 그에게 숨길 수 없는 애정을 느끼고 그가 거룩한 사업을 위해서 순교했다고 여겼다.

물론 그들은 그런 신념을 드러내놓고 널리 선언할 만큼 경솔하지는 않았다. 반혁명 세력이 권력을 잡은 상태에서, 유럽 반동 세력의 총지휘자인 메테르니히(Metternich)의 스파이가 어느 집 어느 집회에나 몰래 숨어들어 있었다. 그럼에도 옛 혁명적 신조는 결코 죽지 않았다. 단지 지하에 잠복했을 뿐이었다. 몇 주일 전에 완전히 꺼진 줄 알았던 산불처럼 혁명의 신념은 아무도 보지 않는 곳에서 바짝 마른 잔가지에 덮여, 마침내 성냥 한 개비만 그으면 전과 같은 무서운 기세로 타오르려 하고 있었다.

황제와 국왕들은 빈에 모여 하나의 정치적 소방대인 신성동맹을 맺었다. 그들은 이웃 나라들끼리 서로 진정한 그리스도교적 사랑을 지킬(항구적인 평화를 문서로 보장하고) 뿐 아니라, 전능하신 신이 맡긴 사랑하는 백성들이 자유·평등·박애라는 이름 아래 저질러진 범죄와 공포에 또다시 휩쓸리지 않도록 보호하겠다고 약속했다.

그러나 유감스럽게도 유사 이래(본디 역사에는 슬프고 실망스러운 예가 꽤나 많은 법이지만) 빈 회의 이후만큼 무서운 환멸을 겪은 시대는 없었다. 황제, 국왕, 대공들의 (자신들을 대접하기 위해 그 무엇으로도 갚지 못할 만큼 큰돈을 쓴 이 도시를 뒤로한 채 마차를 타고 빈의 성문을 나서자마자) '항구적인 평화'에 대한 귀중한 맹세와 약속은 깡그리 잊혔다. 어떤 헌법도 재가(裁可)되지 않았다. 약속된 시민권 보장은 하나도 실현되지 않았다. 낡은 특권과 대권은 하나도 폐기되지 않았다. 사랑하는 백성들은 1791년 이전의 위치로 전락했다. 그들은 세금을 바치는 짐승, 또 전쟁터 탄알받이로서의 가치밖에 없었다. 그 밖의 일에서는 언제나 미소를 잃지 않고 윗사람에게 복종하며 지시에 곧바로 따라야 했다.

그 뒤 10년 동안 대중은 전에 없이 얌전하게 그들의 비천한 역할을 받아들였다. 새 제도 아래서 아무리 나빠지더라도 평화만은 오래 이어지리라는 것을 위안으로 삼았다. 그러나 지배자가 국민을 배신하고, 오랜 망명 생활에서 잊은 것도 배운 것도 없다는 것을 드러내자, 참고 있던 민중은 지난 젊은 시절을 다시 떠올렸다. 그 무렵 프랑스인들의 지배는 엄격했으나(적어도 한때는) 국민에게 긍지를 주었고, 다른 사람 앞에서 기본적인 인권을 주장하도록 격려했다. 그런데 지금은 가엾게도 흑백 줄무늬를 그린 프로이센의 위병소 앞을 잔뜩 긴장하여 걸어가고, 관리들 앞에서는 굽실굽실 머리를 숙여야 했다.

엎친 데 덮친 격으로 거대한 변화의 물결이 온 세계에 밀어닥쳤다. 그러나 그 변화가 앞으로 어떤 의미를 가지게 될지 스스로 깨달은 사람은 거의 없었다.

〈발미 전투〉
1792년 9월 20일, 발
미의 풍차 근처에서
뒤무리에와 켈레르
만이 이끄는 프랑스
혁명군은 오스트리
아-프로이센 연합
군을 물리쳐서 갓 태
어난 프랑스 국가를
구해 냈다. 이 전투
를 괴테는 이렇게 평
했다. "여기서부터 세
계사의 새로운 시대
가 시작되었다." 다음
날 국민공회는 왕정
을 폐지했으며, 이어
공화국이 세워졌음
을 선포했다.

30년쯤 전에 제임스 와트(James Watt)라는 스코틀랜드인이 복잡한 구식 증기기
관(그 무렵엔 화력기관이라고 불렸다)을 크게 개량했다. 증기기관 단 한 대로 100
명분의 일을 할 수 있었다. 따라서 봉건 시대의 단순한 농업 사회에서는 그럭저
럭 지붕 밑에서 잠을 자고 흑빵이라도 먹을 수 있었던 100명의 사람이 일자리
를 잃고 말았다. 그들은 종전까지 쓰던 도구를 빼앗긴 노동자가 된 것이다. '기
계'라고 부르는 현대적 도구는 매우 비싸서, 돈을 많이 가진 자만이 살 수 있었
다. 그들은 물론 자기가 직접 일할 생각으로 값비싼 기계를 산 것이 아니었다.
그들은 기계를 다룰 사람을 고용해 제멋대로 정한 싼 임금을 주고 일을 시켰
다. 공장에 일하러 간 사람은 그 임금이라도 받아들이지 않으면 굶어 죽어야
했다. 선택의 여지는 없었다.

　그런데 옛 사회 질서를 기억하던 사람들은 이 새로운 제도를 못마땅하게 여
겼다. 그들은 교리 문답서로 뼛속까지 세뇌되어 있어, 세계는 언제나 부자와 가
난뱅이로 나뉠 수밖에 없다고 생각했다. 그것은 세상의 시초부터 그랬고, 앞으
로도 그럴 것이다. 그러나 그 무렵까지는 부자에게 매우 많은 의무가 따랐고,
아무리 이기적인 부자라도 감히 그 의무를 무시할 수 없었다.

우선 부자는 즐기는 데 돈을 쓰는 것이 당연했다. 그런데 새로운 사회 계급 (어디서 나왔는지 알 수 없는)은 그런 일을 전혀 하지 않았다. 그들은 부를 축적하는 기쁨만으로 돈을 모았다. 그들은 봉건제도보다 훨씬 잔인한 멍에에 매여서 일해 주는 임금 노예들에게 아무런 책임도 느끼지 않았다. 그들은 아름다운 그림을 모으고, 악단을 고용하고, 아름다운 교회를 짓기 위해 돈을 쓰는 옛 전통을 좇지 않았다. 그런 일이 있었다는 것조차 그들은 알지 못했다. 설령 알았다 하더라도, 그런 것이 얼마나 무의미한가를 뚜렷이 표명했다. 물론 그들도 허영심에 지배되었고, 언제나 이웃들에게 자신의 부를 과시하려고 애썼다. 그러나 전통에 대한 존경심이 없었다. 그런 것을 짐짓 묵살했다. 그들은 집과 여자와 식사를 중시하고 거기에 돈을 많이 쓸 뿐이었다. 마에케나스(Maecenas)[1]의 역할을 맡고 나설 야심은 전혀 없었다. 그들은 잔인한 착취로 도시 전체를 빈곤에 빠뜨리고, 조용한 시골을 보기 흉하게 만들었으며, 자존심 강한 시민들을 빈민으로 전락시켰으나 아무런 가책도 느끼지 않았다. 이 새 지배자들은 옛 주인의 악덕만을 모두 가진 대신 미덕은 모두 버렸다.

이 문제에 대한 우리의 태도는 지난 50년 동안에 완전히 달라졌다. 우리는 이제 기계가 아름다움을 파괴하지 않는다는 것을 알았다. 반대로 기계는 예전 같으면 평생토록 모양이 아름다운 물건을 갖지 못했을 수많은 사람에게 아름다움을 터무니없이 싼 값으로 공급해 준다. 아름다움에 관해 기계는 가리는 것이 없다. 고급 컵이나 싸구려 컵이나 대량으로 생산한다. 모든 것은 제품의 밑그림을 그리고 그것에 맞춰 기계를 다루는 사람에게 달려 있다. 지금은 그런 사람이 있지만 100년 전까지는 없었다. 그래서 19세기 초는 역사상 전례가 없을 만큼 저급한 취향이 지배한 시대였다. 옛 질서는 새 질서를 파괴할 수 있을 만큼 강력하지 못했고, 새 질서도 옛 질서를 파괴할 수 있을 만큼 강력하지 못했다. 두 질서 모두 어느 쪽도 제어할 수 없는 어떤 힘에 그대로 내맡겨져 있었다. 그것은 즉, 어느 쪽이나 증기기관이 가져온 대량생산을 경험한 적이 없었고 따라서 아무도 제대로 이해하지 못한 현상의 결과였기 때문이다.

이런 새로운 경제 조건 아래서 예술가들은 어떻게 되었을까? 그 대답은 아

---

1) 기원전 1세기의 부자. 예술의 보호자로 알려져 있다.

증기동력으로 기계를 사용하는 19세기 초 영국의 광산 모습 기계의 발명은 많은 사람의 일자리를 빼앗는 결과를 낳았다. 반면에 대량 생산함으로써 싼 값에 물건을 공급받는 시대가 되었다. 따라서 예술가들도 새로운 경제 질서 속에서 살아남기 위한 변신을 꾀해야 했다.

주 간단하다. 매우 나빠졌다. 그때까지 예술가들은 언제나 모든 사람에게 공통적인 정감을 표현했다. 그런데 그 공통적인 경험이 이제 없어져 버렸다. 옛 문화적 이념의 보편성은 파괴되고, 예술가는 나침반도 육분의도 없이 바다에 나선 선원처럼 혼자 힘으로 방향을 찾아야 했다. 예술가들은 이제 공통의 사상을 표현할 수 없게 되었으므로, 하는 수 없이 그 자신의 생각을 표현해야 했다. 옛 후원자들은 사라지고, 판로도 막혔다. 그의 붓과 펜의 산물은 이제 단지 하나의 상품에 지나지 않았다. 믿을 만한 것이 아무것도 남아 있지 않았으므로, 그는 옛것보다 훨씬 불만스러운 것이지만 새로운 신조를 만들어 내야 했다. 예술가는 자기 자신을 믿지 않으면 헛된 작업만 할 수밖에 없었다. 이런 불운한 상황은 대체로 오늘날까지 줄곧 이어지고 있다. 이제서야 삶과 예술이 다시 하나로 융합되는 새로운 먼동이 막 트고 있을 뿐이다.

50장
낭만주의 시대

파괴된 성으로의 대규모 도피와 체크무늬 판탈롱을 입은 상심의 시인

19세기 초반에는 좋은 것과 싫은 것이 분명했다. 사람들은 화가나 음악가들에게 말했다. "우리는 당신 없이도 잘 살 수 있소." 젊은 예술가들은 자신들의 어두운 앞날을 잘 알고 있었다. 그러나 붓과 펜을 놓는다면 달리 살아갈 방도가 없었으므로 너무나 막막했다. 그들은 지옥을 떠도는 영혼처럼 헤매고 다니면서 용기를 내기 위해 노래 부르고, 그림을 그려 자신이 사는 다락방의 우중충한 벽에 걸었다. 그 무렵 그런 빈궁한 생활은 푸치니(Puccini)와 오펜바흐(Offenbach)의 감미로운 선율을 통해 표현되었다.

그들은 어디로 갔을까? 달리 갈 곳이 없었다. 다행히 부모가 받아들여 주면 (화가가 된다는 것은 경제적 무능함을 뜻했다) 가업을 이어 주저앉거나, 친구들에게 보험을 팔면서 살아갈 수 있었다. 예술가들은 침체의 늪에 빠져들었다. 나폴레옹 시대의 흥분이 가신 뒤 세계는 휴식기가 필요했다. 그러나 침체는 휴식과 달리 정신적으로나 육체적으로나 좋지 않다. 독일에서는 문학과 음악에서 큰 활기를 띠었으나, 화가의 사정은 좀처럼 나아지지 않았다. 화가는 삽화가의 처지로 전락했다. 아이들에게 동화를 전하거나 가정의 화목을 찬양하는 그림이 고작이었다.

프랑스에서는 다비드의 시대 이후 회화가 정치 선전의 한 형식으로 자리잡아 갔다. 다비드는 갔지만 선전은 남은 셈이다. 따라서 새 정부가 지향하는 정책에 동조하는 화가들에게는 먹고 살 길이 열렸다. 쿠데타를 정당화하는 그림이라면 새 지배자가 마음에 들어할 수도 있었고, 지배자를 참된 그리스도교적 열정으로 가득 찬 사람으로 묘사할 수도 있었다. 이를테면 굶주린 사람에게 음

오노레 도미에 〈맛있는 술〉(1856~60) 화가들은 이제 어둠침침한 침체기를 벗어나 자연 속으로 자연을 그리기 위해 떠나갔다. 스톡홀름, 국립미술관 소장.

식을 베풀거나, 배수로 공사를 독려하거나, (최악의 사례로) 회화 전시회를 열어주는 지배자의 자애로운 모습을 그림으로 표현하는 것이었다.

그 결과 이 시기 프랑스에는 그저 물감칠에 지나지 않는 그림들이 넘쳐났다. 따라서 이 낭만주의 시대가 낳은 풍성한 결실의 99퍼센트가 사라진다 해도 변하는 것은 없을 것이다. 오히려 질 나쁜 작품들이 깨끗이 정리되어, 실력 있는 젊은 화가들이 활동할 수 있는 폭이 넓어질 것이다. 다행히도 그 무렵 유화물감 제조업자들이 이 문제를 푸는 데 한몫했다. 낭만주의 회화작품들이 저절로 사라졌다. 그 무렵 유화물감이 워낙 질이 나빠서 작품들은 갈색 죽처럼 변했다. 심지어 후손들이 존경하는 할아버지의 얼굴이나, 진짜 비단 크리놀린(crinoline)[1]을 입은 할머니를 알아볼 수 없을 정도이다.

미국도 마찬가지였다. 대통령 관저의 벽과, 정치인들이 국정을 토론하는 시민

---

1) 스커트를 부풀게 하기 위하여 버팀살을 넣어 만든, 19세기 초에 유행한 페티코트.

도덕전당의 벽에 그려진 그림들도 어느 것이나 못쓰게 되어 버렸다.

그런 점에서 고대 이집트인들은 우리보다 훨씬 나았다. 그들이 그린 마우솔레움의 벽화는 아직도 그 무렵 못지않게 생생하다.

낭만주의 시대라고 하면 나는 가스등을 떠올린다. 또 가구와 사람들로 어지러운 방도 머릿속에 그려본다. 그것은 아마 오노레 도미에(Honoré Daumier)가 그린 그림의 영향일 것이다. 흔히 사람들은 전등이 발명되기 전에 쓰던 가스등을 꽤나 운치 있는 물건이었다고 생각한다. 그러나 19세기 초의 가스등은 바로크와 로코코 시대에 쓰던 촛불을 대체한 것이지만 그 결과는 실망스러웠다. 가스등의 불안정한 깜박임은 바로 그 시대 분위기와 다를 바 없다. 그 분위기가 일상 곳곳에 스며들자 화가들도 마침내 반발했다. 그들은 뿌리 깊은 천박함과 인공성을 거부하고 답답한 화실의 창을 활짝 열어젖히며 외쳤다.

"우리에게 빛과 공기를 달라!"

음악가들은 이미 그보다 수년 전에 반기를 들었다. 이제 붓을 든 화가들이 나설 차례가 된 것이다.

51장
화방의 혁명

사실주의자들이 반격을 개시했다.

귀스타브 쿠르베는 1855년 파리만국박람회에 출품하려 했으나 급진적 경향 때문에 거절당하자, 독자적으로 전시회를 열었다. 전시회장 문간에는 대담하게 도 '사실주의'라는 문구를 내걸었다. 여자들은 자기 주장을 할 수 없고 남자들 은 양심을 저버리며 아이들은 설교를 진지하게 받아들이지 않는, 무엇 하나 진 실한 것이 없는 시대에 이런 문구를 내건다는 것은 존경할 만한 도전적인 행동 이었다. 이윽고 많은 추종자가 나타나, 19세기 중반에는 그가 시작한 반란이 한 창 꽃을 피웠다.

먼저 풍경화가들은 이젤과 붓을 꾸려서 도시와 작별을 고하고, 가스등 도움 없이 있는 그대로의 자연을 그리기 위해 떠나갔다. 그 무렵 인공적인 분위기 때문에 화가들은 '태초에 빛이 있었다'는 것을 잊고 있었다. 신이 천지창조 이튿 날 준 이 위대한 은총은 코로(Corot), 밀레(Millet), 도비니(Daubigny), 뒤프레(Dupré), 아르피니(Harpignies), 테오도르 루소(Théodore Rousseau),[1] 세브르의 도기화가인 디 아즈(Diaz) 등 많은 화가들이 재발견했다.

그들은 파리에서 얻을 것도, 줄 것도 없었으므로 대부분 시골로 옮겼다. 마 침 퐁텐블로의 숲 기슭에 있는 바르비종 마을은 그들이 머물기에 더없이 알맞 은 곳이었다. 욕심이 거의 없는 그들은 아름다움이라고는 찾아볼 수 없는 도시 에 사는 것보다, 마음 내키는 대로 일만 할 수 있다면 시골에서 농부처럼 사는 것을 더 바랐다. 그들은 영국인 컨스터블이나 터너에게는 어느 정도 존경심을

---

1) 네덜란드인 라위스달의 영향을 받은 화가.

▲쿠르베 〈화가의 아틀리에〉(1855) 파리만국박람회 출품 거절을 당한 문제의 작품. 파리, 루브르 미술관 소장.

▼쿠르베 〈나부와 앵무새〉(1866) 뉴욕, 메트로폴리탄 미술관 소장.

품고 있었으나, 해마다 감동 없는 그림들로 공식 살롱전을 개최하는 예술 아카데미 회원과 공공연히 싸움을 벌였다. 아카데미 회원들도 인간이므로 역시 적의를 드러냈다. 그 때문에 바르비종의 화가들은 굶주림과 함께 건강을 해치고 가족들마저 빈곤에 허덕여야 했다.

그러나 얼마 뒤 다른 반역자 그룹이 바르비종 사람들에게 가담했다. 파리에 사는 젊은 작가, 화가, 조각가, 음악가들은 시골에 갈 여비 몇 푼마저 없는 처지인데도 불온한 조짐을 보이기 시작했다. 발자크(Balzac)는 위대한 프랑스 국민들이 예전의 영광을 되찾을 수 있는 모든 사회적 전형(典型)에 대한 방대한 연구를 시작했다. 모든 전제 정치에 강력 반발했던 빅토르 위고(Victor Hugo)는 영국해협의 섬에서 망명 생활을 하며, 나폴레옹 3세의 모호한 제국의 가면을 폭로하고 분쇄하기 위해 최선을 다하고 있었다.

그 밖에도, 활기 없는 것들만 쌓여가는 이 기묘한 사회구조 전체에 결정적으로 불건전한 것이 있고, 참된 진보가 정말로 이루어지려면 그것이 먼저 파괴되어야 한다고 생각하는 사람들이 수백 명이나 되었다. 반란 분위기를 조장하기 위해 어떤 사람은 희극을 쓰고, 어떤 사람은 만화를 그리고, 어떤 사람은 해외에서 비밀 신문을 발행하여 그것과 싸우라고 선동했다. 많은 사람이 카페를 돌아다니면서 외치고 고발하고 폭로했으며, 틈틈이 친구가 사 주는 코냑과 자신의 주장에 함께 취하면서 나날을 보내고 있었다.

이렇게 음모와 책략이 난무한 사회는 역사상 보기 힘들다. 무엇보다도 기묘한 것은, 엘리제궁의 황제[2]와 비밀리에 결탁한 자들이 실은 그의 제국을 파괴하고 그와 에스파냐인 왕비를 태평양 외딴 섬에 보내 버리겠다고 맹세한 사람들이라는 사실이다. 예전에 황제는 형과 함께 이탈리아의 자유를 위해 싸우다가 형의 죽음을 지켜보았다. 그 뒤 그는 프랑스 왕위를 차지하기 위해 두 명의 프랑스 왕을 상대로 두 번 원정하여 실패하고 세 번째는 마침내 성공했다. 다행히 그는 자기 자신을 객관적으로 볼 줄 아는 빈틈없는 재능을 가진 사람이었다. 황제 자신도 혁명을 배신했다는 것을 알고 있었다. 그의 새로운 지위는 그에게 보수적인 것을 요구했으나 그의 본능은 그것과 정반대의 것을 명령하

---

2) 나폴레옹 3세.

고 있었다. 정말 난처한 상황이었다. 그래서 그는 자꾸만 담배에 불을 붙이고는 '음, 그거 참' 하고 아내를 부채로 꾹꾹 찌르곤 했다. 그의 아내는 말이 없고 아름다웠으며, 제리코(Géricault)와 들라크루아(Delacroix)를 가장 뛰어난 화가라고 여겼다.

1863년 그 성가신 사건이 일어났다. 파리에서는 해마다 살롱전이라는 대규모 전시회가 열렸다. 입선과 낙선을 결정하는 심사위원은 모두 고루한 아카데미 회원들이었다. 그들에게 고분고분하지 않은 젊은이들은 작품을 사람들에게 보일 기회를 갖지 못했다. 마치 스탈린이 연방클럽(Union League Club)[3]의 명예회원이 될 수 없듯이. 해마다 늙은 아카데미 회원들은 이 젊은이들에게 기회를 주지 않았으므로 센강 양쪽의 카페나 살롱에서는 끊임없이 논쟁이 벌어졌다. 1863년에도 같은 일이 일어났는데, 다만 이번에는 심사위원이 여느 때보다 편협했다. 그래서 황제가 끼어들었다. 나폴레옹이 그 독특한 익살로, 낙선 화가 전시회를 열도록 제안한 것이다. 아카데미 회원들이 낙선시킨 화가들의 작품으로 살롱 데 레퓨제(Salon des refusés, 낙선전)를 열어, 대중에게 마지막 판정을 맡기자는 것이었다.

그런데 살롱 데르퓌제에 출품된 그림은 대부분 형편없었다. 이런 경우에는 언제나 그런 법이다. 그러나 몇몇 작품은 그 무렵 존경할 만한 파리 사람들이 숨을 죽일 만큼 큰 충격을 주었다. 거의 알려지지 않은 미국인 화가 제임즈 맥닐 휘슬러(James McNeill Whistler)가 그린, 흰옷을 입은 사람의 신비로운 초상화 같은 색다른 그림들이었다. 물론 미국인 화가들에게는 좀 더 새로운 시도를 기대해도 괜찮았다. 그러나 프랑스인이 수치스런 그림을 그렸다면 문제가 다르다. 에두아르 마네(Édouard Manet)의 〈풀밭 위의 점심 *Le Déjeuner sur l' herbe*〉은 온 프랑스인이 수치스럽게 생각해야 할 그림이었다.

얼마 뒤 에밀 졸라(Emile Zola)는 바로 그 모든 프랑스인에 대해 사정을 봐주지 않는 격한 글을 쓴다. 그러나 그 무렵에는 공격 진영의 세력이 꽤 잘 조직되어 있었다. 곧 열띤 논쟁이 벌어졌다. 방어진영은 〈피가로(Figaro)〉지나 그 밖의

---

3) 19세기 말에 결성된 미국 보수 인사들의 모임.

카미유 코로 〈모르토퐁텐의 기억〉(1864년 살롱 출품작) 자연 속으로 뛰어든 그 무렵 풍경화가들은 뛰어난 작품들을 살롱에 출품하여 뒷날 인상파 화풍의 선구적 역할을 하게 된다. 파리, 루브르 미술관 소장.

보수적 신문의 편집국에 설치되었고, 그 상대는 카페 길베르 또는 쿠르베의 화실에서 마음껏 놀았다. 쿠르베는 아카데미 회원들을 경멸한다는 뜻에서 모델을 모두 해고해 버리고, 제자들에게 전통적인 누드화 대신 살아 있는 암소를 그리게 했다. 그러나 적을 실컷 비웃고 난 뒤에는 각자 자기 일로 되돌아갔다. 그들은 열성적인 젊은이들과 쿠르베, 코로 같은 나이 먹은 사람들이 한 그룹을 이루고 있었다. 마침내 그들의 그림은 조금씩 팔리기 시작했다.

대중이 정말로 그들을 이해한 것은 아니다. 화상(畵商)들은 영향력 있는 신문들을 움직여 교묘히 여론을 주무르면 성공할 수 있겠다고 판단했다. 물론 프랑스는 언제나 비평에 민감하다. 비평가는 정확히 정해진 척도에 따라 책, 교향곡, 음악회에 A, A-1, AAA 등의 등급을 매긴다.

미국인들은 부당한 짓이라고 여길 것이다. 과연 그런가? 미국에도 음악회 운영자들이 있지만, 문학 비평가들은 상거래 행위와는 거리를 두고 있다. 그들도 곧 그 중요성을 이해하게 될 것이다.

그런데 이 새로운 반역자들은 낡은 비평 기준을 완전히 뒤집어 버렸다. 그래서 비평가들은 공공연히 쿠르베 일당과 사실주의의 사도들에게는 '부르주아들에게 본때를 보여 주는 일' 한 가지 목적밖에 없다고 비난하고, 그들이 청과물 상인 같은 평범한 중산층 시민들의 감정을 손상한다고 주장했다. 그들의 말이 옳을지도 모른다. 마네가 1865년 살롱전에 〈올랭피아〉를 출품했을 때, 군중의 폭력으로부터 그 그림을 지키기 위해 경찰관까지 동원해야 했기 때문이다. 그로부터 꼭 60년 뒤에도, 격분한 시민들이 동언(Kees van Dongen)과 반 고흐를 우산으로 찔러대지 못하도록 막아야 했다.

그 4년 뒤 나폴레옹 3세의 제국은 별안간 무너졌다. 그러나 그 뒤를 이은 공화국은 모든 예술상의 혁신에 대해 전보다 더 너그럽지 못했다. 메소니에 (Meissonier)와 그 패거리들이 해마다 살롱전을 제멋대로 운영하면서 골수 아카데미 회원이 아닌 화가들은 모조리 거부했다. 심지어 판테온의 벽화를 그린 프레스코 화가인 퓌비 드 샤반(Puvis de Chavannes)도 기분이 상하여 물러났다. 그무렵 젊은 예술가들의 옹호자였던 쿠르베는 스위스에 살고 있었다. 그는 예술가가 하지 말아야 할 일을 했다. 정치에 휘말려들어 망명객이 된 것이다. 재산도 그림도 집도 모두 몰수당했다. 그는 완전히 몰락해 버렸으며, 다시 시작하기에는 나이가 너무 많았다.

그 뒤 파리의 특징을 보여 주는 기묘한 일이 일어났다. 1860년대 초에 나다르(Nadar)라는 사진사가 기구를 타고 올라가 큰 화제가 되었다. 그는 6천 세제곱미터의 가스를 채운 거대한 주머니에 2층식 곤돌라를 달아 쾌적한 선실을 갖춘, 오늘날의 체펠린 비행선 같은 기구를 만들었다. 이 기구가 승객 열세 명을 태우고 정말로 이륙하자, 블레리오(Bleriot)가 처음으로 영국 해협을 비행기로 횡단했을 때와 같은 소동이 일어났다. 나다르는 도누 거리에 스튜디오를 갖고 있었는데, 그것은 필요없어졌다. 그는 1872년에 '아카데미가 정한 기준에 미달하므로'라는 판에 박힌 이유로 낙선한 화가들에게, 자신의 스튜디오에서 전시회를 열게 해 주었다. 그때 출품한 사람들 가운데는 마네, 모네, 드가(Degas), 세잔 (Cézanne), 피사로(Pissarro), 브라크몽(Bracquemond), 르누아르(Renoir) 등 뒷날 세계적으로 유명해진 화가들도 있었다. 그 그림 가운데 새로운 양식으로 그려진 클로드 모네의 〈인상, 해돋이 *Impression, soleil levant*〉라는 그림이 있다. 제목에 '인상(印象)'이 붙어 있는 것은, 형체가 뚜렷한 것이 아니라 암시하는 인상만 나타낸 작품이라는 뜻이다.

▲에두아르 마네 〈풀밭 위의 점심〉(1863)　마네는 아틀리에의 누드화를 대담하게 자연 속으로 끌고 나왔다. 이 작품은 실제로 퐁텐블로 숲 속의 야외에서 그린 작품이다. 파리, 루브르 미술관 소장.

▼에두아르 마네 〈올랭피아〉(1863)　이 그림을 둘러싼 파문은 극에 달했다. 이에 대해 마네는 "나는 본 대로 그린다"라고 일축했다. 1865년 살롱 출품. 파리, 루브르 미술관 소장.

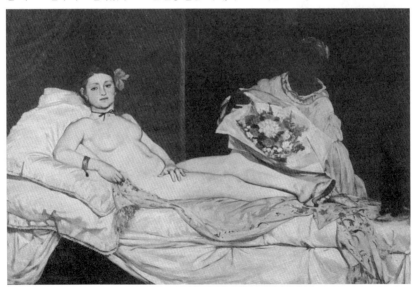

클로드 모네 〈인상, 해돋이〉(1874)
이 작품으로 보수적인 미술 평론가들에게는 충격을, 화단에는 신선한 충격을 주었다. 빛에 따라 같은 대상이 얼마나 다르게 보이는가를 입증한 모네의 그림은 인상주의를 알리는 축전이었다.

그래서 도미에의 오랜 신문 〈샤리바리(Le Charivari)〉는 모네의 작품을 조롱하면서 그 전시회에 참여한 화풍을 '인상파'라고 비웃었다. 오늘날에는 비웃기는커녕 인상파라는 말이 널리 쓰이고 있다. 그것이 1874년 처음 전시되었을 때, 선량한 파리 시민들은 큰 소리로 비웃었다. 그들은 작품을 요모조모 뜯어보곤 서로 물어보았다. "대체 이게 뭐죠?"

과연 그것은 무엇이었던가? 그것은 렘브란트, 벨라스케스, 고야가 해 본 하나의 시도—인물이나 물체를 마치 완전히 빛에 둘러싸여 있는 것처럼 배경에서 부각하는 것—바로 그것이다. 모네 같은 화가들은 이 효과를 얻기 위해 먼저 빛의 참된 성질을 알아야 한다고 생각했다. 하지만 그들은 자기들이 쓰는 재료로 신의 기적을 흉내낼 수 없다는 것을 깨달았다. 그래서 그들은 '빛의 착각'을 만들어 내려고 시도하는 데 만족했다. 그들은 그림물감을 점점이 흩뜨려 사람과 사물을 묘사하면 그것이 가능하다고 생각했다. 그 결과는 사람들에게 비웃음을 산 '희극적' 효과를 내어 그 때문에 인상파는 미치광이들이라는 평판까지 얻었다. 그런 그림은 물론 약간 거리를 두고서 감상해야 한다. 가까이서 보면 망점판으로 처리된 인쇄물을 확대경으로 자세히 보는 것과 같다. 하지만 인쇄된 삽화를 확대경으로 보는 사람은 없다. 이 인상파 작품도 이와 마찬가지 효과를 낸 것이다.

인상파는 모네에서 시작하여 대체로 쇠라(Seurat)와 툴루즈 로트레크(Toulouse Lautrec)에서 끝났다. 로트레크는 파스텔 같은 밝은 색채를 썼다. 그 무렵 다른 프랑스 화가들은 다른 시도를 하고 있었다. 외젠 카리에르(Eugéne Carrière)는 다른 프랑스 화가들보다도 영국의 라파엘로 전파(前派)에 가까웠다. 그러나 그는 서민 출신으로 서민 정서를 갖고 있었으므로, 그 무렵 영국 화가들의 작품에서는 볼 수 없는 삶의 현실을 주제로 삼았다. 그리고 앙리 루소(Henri Rousseau)라는 색다른 사람이 있었다. 풍경화가 테오도르 루소와는 아무 관계도 없는 프랑스 세관의 하급관리였으므로, '두아니에(Douanier, 세관 관리) 루소'라는 별명이 붙었다. 그는 순전히 자기 취미로 그림을 그렸고, 자기의 위대함을 조금도 모른 채 죽었다. 짧은 기간 막시밀리안 제국이 멕시코를 다스릴 무렵 그는 이 먼 나라를 여행했다. 거기서 그는 막시밀리안 병사들을 둘러싼 열대 숲의 무성한 잎사귀에 강한 인상을 받아 여러 작품을 그렸다.[4]

이 흥미로운 인물의 그림을 한 번 보면 웃어 버리는 것은 매우 쉽지만, 그것은 좀 색다르기는 해도 어딘가 바람직스러운 데가 있다. 사실 나 자신이 또 다른 열대 지방 풍경 전문가인 폴 고갱(Paul Gauguin) 작품보다 루소 작품을 더 좋아한다. 아마도 고갱에 대해서 너무나 많은 것을 알기 때문에, 그의 작품의 진가를 이해하지 못한 것인지도 모른다. 그러나 나는 리하르트 바그너에 대해서도 잘 알지만(이 두 사람 가운데 어느 쪽이 더 비열한 인물인가는 말하기 어렵다), 그의 음악은 좋아한다. 거기에는 분명 무언가 까닭이 있겠으나, 늘 우리의 잠재의식 밑바닥 깊숙이 묻혀 있으므로 굳이 캐낼 마음은 들지 않는다. 감탄할 수 있는 그림이 그 밖에도 많은데, 왜 그런 성가신 일에 신경 쓰겠는가?

고갱 하면 금방 생각나는 이름이 있다. 만일 고갱이 겨우 서른일곱 살에 자

---

4) 지은이의 착오다. 이처럼 그 무렵 대중은 루소가 멕시코에 갔다 온 것으로 알고 있었으나 그것은 사실이 아니다.

살하도록 그를 몰아대지만 않았더라면 수많은 아름다운 작품을 끊임없이 그렸을 것이다.

일반적으로 말하여 1880~1890년대 네덜란드인들은 이 가엾은 화가가 겪은 비극에 책임이 있다. 만일 다른 운명 아래 태어났더라면, 빈센트 반 고흐는 고통을 사랑해 스스로를 밀어넣었던 모든 환경 속에서 불행을 몰아내는 데 거뜬히 성공했을 것이다. 그가 활동할 무렵 그의 나라는 17세기의 위대한 전통이 완전히 사라진 상태였다. 브라이트너(Breitner), 이스라엘스(Israëls), 바이센부르흐(Weissenbruch) 같은 화가들은 그 무렵 어느 누구 못지않은 솜씨를 자랑했다. 마리스(Maris) 형제는 적어도 풍경화에서는, 하늘과 물이 저지(低地) 나라 사람들의 상상력을 얼마나 불러일으키는지를 여실히 보여 주었다. 그러므로 반 고흐가 그 재능의 유망함을 조금이라도 보여 주었더라면 유명한 미술학교에서 그림 공부를 할 수 있었을 것이다. 그러나 그의 초기 데생이나 그림은 형편없었다. 지금 보아도 형편없다. 만년의 작품이 그 무렵 어떤 작품보다 뛰어났을 뿐이다. 그의 생애에 중요한 역할을 한 다락방과 지하실에 쌓여 있던(나중에야 발견되었다) 풍경화, 초상화, 꽃 그림을 그릴 무렵 고흐는 정말로 '색채에 미친' 인간이 되어 있었다. 여기에 가난하고 미천하고 병든 사람에 대한 병적이리만큼 깊은 애정이 더해져, 어느 누구도 그를 감당할 수 없었다. 물론 고갱은 그를 악의적으로 파멸시켰다. 그러나 지금 우리는 온통 햇빛이 가득한 그의 풍경화를 감상할 수 있으며, 가엾은 고흐가 그림 한 점을 20달러에 판 것을 자랑스레 회상할 수 있다!

취미의 이름 아래 얼마나 많은 범죄가 저질러졌던가? 반 고흐가 굶고 있을 때, 또 한 사람의 네덜란드 화가는 오늘날이라면 아무리 싸게 판다 해도 아무도 사지 않을 그림으로 영국에서 큰돈을 벌고 있었다. 이름하여 알마타데마(Alma Tadema)라는 화가이다. 예술에 공헌했다고 하여 기사 작위까지 얻었다. 그러나 해마다 열리는 런던의 왕립 아카데미 전시회에 가 본 사람은 그런 일에 별로 놀라지 않을 것이다. 그 전시회에는 별과 훈장이 주렁주렁 달린 군복 정장 차림의 초상화가 끝없이 전시되어 있다. 끔찍한 일이지만 그 전시회는 늘 북적댄다. 모두들 자기 친구들에게 엉터리 그림을 잘 보라고 소리친다. 이것은 혹평이 될지는 모르지만, 터너나 컨스터블이 죽은 뒤 영국인들의 재능은 주로 문

오귀스트 르누아르 〈뱃놀이 점심〉(1881) 햇볕이 내리쬐는 한낮에 사람들이 즐거운 대화를 나누며 미소짓고 있다. 그들의 삶은 평온하며 불안한 기색이라곤 전혀 없다.

학에서나 훌륭하게 표현되었을 뿐 그림과 음악은 몹시 쇠퇴해 버렸다. 모두가 로렌스처럼 초상화를 그리려고 했다. 그리고 우리가 알고 있는 한, 지금까지도 영국 초상화는 거기서 벗어나지 못하고 있다.

그다음에 나타난 것이 월터 스콧의 낭만적인 문학과 존 러스킨의 미학 이론이다. 러스킨에 따르면 미술이란 신성한 것인 동시에, 일요일의 로스트비프나 요크셔푸딩처럼 건강에 좋다. 나는 그의 명성을 헐뜯을 생각은 없으며, 친구에게 친절하고 가난한 예술가에게 후했던 이 사람을 좋아한다(이 점에서 러스킨보다 나은 사람은 터너 단 한 사람뿐이다. 터너는 엄청난 재산을 가난한 영국 예술가들에게 물려 주겠다는 유언을 남겼다. 그러나 이 감격적인 기증은 안타깝게도 이루어지지 않았다. 그의 친척은 법원에 소송을 걸어 변호사 비용을 뺀 모든 재산을 차지해 버렸다). 그러나 러스킨과 휘슬러의 유명한 논쟁을 읽는 수고를 아끼지 않은 사람은, 누구나 이 가장 저명한 영국 평론가가 얼마나 편협한 시야로 그 시대의 예술을 바라보았는지 알 것이다. 그러나 아무튼 러스킨은 반세기 동안 영국인의 예술관을 대변했다. 그 결과 진부한 아카데미에 마침내 반기를 든 예술가들도 새로운 세계를 찾아내는 대신, 이미 사라진 세계를 다시 정복하려는 나약한 시도에 머물고 말았다.

이 기묘한 퇴보를 초래한 그룹은 라파엘로 전파(Pre-Raphaelite Brotherhood)라고 자칭했다. 1848년에 젊은이 일곱 명이 모여 만든 이 전파는 라파엘로 이전의 시대정신을 회복하는 것, 특히 중세 특유의 건전한 장인정신의 이념을 되찾기 위해서 노력한다는 것을 엄숙히 맹세했다. 그들은 이 사명에 진지하게 매달렸으므로, 실제로 1850년대 공장에서 제작된 가짜 그림들로부터 영국을 구하는 데 성공했다. 그들은 중세의 장인 우두머리처럼 소박하고 검소한 생활을 했다. 그림을 그리고 벽지 디자인하고, 태피스트리의 밑그림도 그리고 아름다운 책도 인쇄했다(그것은 매우 읽기가 어려웠다). 또한 가구와 직물에 많은 관심을 기울이고, 스테인드글라스 창을 만드는 어려운 기술도 다시 배웠다.

라파엘로 전파 가운데 한 사람인 윌리엄 모리스(William Morris)는 아트 앤드 크래프트 운동(Arts and Crafts Movement, 기계를 문명화하자는 운동)을 제창했다. 그는 그 일로 영원히 우리의 감사를 받아야 마땅하다. 또 나폴리 정치 망명자 아들인 단테 가브리엘 로세티(Dante Gabriel Rossetti)는 시를 쓰다가 회화에 발을 들였는데, 1860년 런던을 1360년 피렌체로 만들려고 했다. 매우 고결한 야심이었으나 실패할 것은 처음부터 뻔했다. 그 밖에 번 존스(Burne Jones) 같은 사람은 켈트적인 중세 취미에 빠져서, 카멜롯과 리오네스에서 나날을 보내고 있었다. 존 에버렛 밀레이(John Everett Millais)는 초기 이상에서 벗어나 새침데기 인기 화가의 한 사람이 되었으며, 또 한 사람의 회원 윌리엄 홀먼 헌트(William Holman Hunt)는 오랜 생애의 마지막 날까지 전파에 충실했다.

대체로 이 운동 전체가 좀 기묘했다. 가장무도회도 얼마든지 좋지만, 그것이 끝나면 냉큼 집으로 돌아가 로렌초 데 메디치 의상을 나프탈렌 넣은 옷장 속에 넣어 버리는 것이 좋다. 다음 날 아침에 그것을 입고 나가면, 개구쟁이들에게 '아저씨, 정신 나갔어요?' 하고 조롱당할 각오를 해야 한다. 그러면 대꾸하기가 좀 곤란해질 것이다.

그 밖에도 이름을 들어보면, 고전파라 자칭하는 프레더릭 레이턴(Frederick Leighton)이나 너무 지나치게 비유적인 조지 프레더릭 와츠(George Frederick Watts) 등이 있다. 그러나 이들은 우리에게 가르쳐 주는 것도 없고 관심조차 끌지 못한다. 보통 다른 나라도 마찬가지다.

헝가리의 문카치(Munkácsy)는 다비드가 프랑스 혁명을 위해서 한 일처럼 성서를 위한 작품으로 세상의 명성을 얻었으나, 지금은 완전히 잊혔다. 스웨덴에는 몇몇 뛰어난 화가들이 있었고 지금도 있지만, 실제로는 모두 파리의 영향을 받았다. 스웨덴은 실은 릴리에포르스(Liljefors)나 안데르스 소른(Anders Zorn) 시대에 와서야 새로운 것을 만들어 냈으며, 최근에 라그나르 오스트

빈센트 반 고흐 〈해바라기〉(1888)
그는 친구에게 '해바라기를 단순 기법으로 그리고 있다'고 썼지만, 그의 열 점의 해바라기 중 단순미를 발견한 사람은 거의 없었다.

베리(Ragnar Ostberg)가 설계한 스톡홀름시 공회당은 소예술(小藝術)의 매우 활발하고 흥미로운 발전의 좋은 본보기이다.

잠시 동안, 더욱이 매우 짧은 기간에 지나지 않았지만, 중부 유럽의 여러 민족으로부터 구원이 온 것처럼 여겨졌다. 스위스 사람인 아르놀트 뵈클린(Arnold Böcklin)과 페르디난트 호들러(Ferdinand Hodler)는 창조력과 색채 감각이 뛰어난 화가들이었다. 내가 젊었을 때는 그들의 복제 그림을 유럽의 어느 가정에서나 볼 수 있었으며, 〈죽은 자의 섬 *Island of Dead*〉 앞에 서면 모두 경외하곤 했다. 그리고 그들은 사라져서 다시 돌아오지 않았다.

유럽의 어느 지방이나 대개 비슷한 상태였다. 그 무렵 대개의 화가들에게는 무언가 결여되어 있었다. 솜씨는 훌륭했으나 2, 3년 이상 사람들의 흥미를 끌

단테 가브리엘 로세티 〈축복받은 베아트리체〉
'라파엘로 전파(前派)'를 결성하여 그 중심인물로 활동했다. 이들은
라파엘로 이전으로 돌아가자는 단순묘사의 기묘한 복고주의를 전
개했다.

만한 작품을 내놓지 못했다. 산악풍경화에 능했던 이탈리아 화가 세간티니(Segantini)는 그 무렵에는 좋은 평을 받았으나(1899년에 죽었다) 지금은 잊혀 가고 있다. 현대 화가인 에스파냐의 수비아우레(Zubiaurre)와 술로아가(Zuloaga)는 같은 에스파냐 화가인 마리아노 포르투니(Mariano Fortuny)의 전철을 벌써 밟고 있다. 포르투니는 1870년대 초에, 매소니에라는 위대한 화가의 필연적인 후계자로 여겨지던 사람이다.

러시아를 잊지 말자. 러시아 화가들은 국민적인 그림을 그리기 위해 결사적인 노력을 기울였으며 매우 재미있는 작품도 만들어졌으나, 옛 추억의 〈박쥐 Chauve Souris〉의 분위기를 벗어난 작품은 드물었다. 예술이란 국왕이나 황제의 칙령에 의해서 영감을 얻는 것은 아니기 때문이다. 우연히 일어나기도 하고 일어나지 않기도 한다. 프랑스에는 문학 창작을 장려하는 정규 아카데미가 있지만, 전 세계 사람들이 읽는 동화를 쓴 작가는 덴마크의 조그만 마을에서 결핵을 앓는 구두장인의 아들이다.

로마는 조각 예술의 중심지이지만, 19세기 전반의 위대한 조각가는 아이슬란드의 목각가 아들이다. 앞의 동화 작가는 한스 크리스티안 안데르센(Hans Christian Andersen)이고, 뒤의 조각가는 로마에서 활동한 베르텔 토르발센(Bertel

아르놀트 뵈클린 〈죽은 자의 섬〉(1880) 이 작품은 어느 미망인의 '꿈꿀 수 있는 그림'을 부탁받고 그린 어둡고 음울한 분위기의 작품이다. 바젤미술관 소장.

Thorvaldsen)이다.

정말 이런 일은 일어나기도 하고 일어나지 않기도 한다. 분명하게 말할 수 있는 것은, 예술을 단지 사치품으로 여길 때보다 그것이 필요할 때 더 일어나기 쉽다는 것이다. 19세기에 뮤즈의 신(예술가를 칭함)들은, 진지한 작품을 하나도 만들지 못한 자신을 부끄럽게 여겨야 하며 스스로 일할 줄 아는 버젓한 시민이 되라는 호된 질책을 들었다. 예전에 뮤즈의 신의 주위에 몰려와서 찬탄하던 자들이 이제 오지도 않았고 엎드려 숭배하지도 않았다. 그들은 온갖 어두운 구석에 숨어 불운을 저주하고, 가장 매력적이고 칭송할 만한 친구를 잃은 절망을 술로 달랬다. 만약 우리가 계속 그들을 무시한다면, 예술은 완전히 고독과 비참 속에서 죽을지도 모른다.

결국 '혼자 살면서 삶을 즐기자'는 여성의 이념은 신성한 작업실의 주인들에게는 매우 현실적인 슬로건일지는 몰라도, 19세기의 예술가들에게는 아무리 해도 효력 없는 슬로건이었던 것 같다.

52장
예술품 피난처

박물관은 오래된 것을 위해서는 고마운 집이지만, 살아 있는 것의 피난처로는 적합하지 않다.

옛날 화가들은 '주문 제작'을 했다. 미술에 관심이 있는 사람들은 화가가 어디 살고 있는지 알고 있었다. 그들은 화가를 찾아가서 직접 교섭했다. 화가는 자기의 상품에 공정한 값을 매기고 후원자는 기꺼이 그 값을 지불했다. 그 무렵 미술품은 오늘날 자동차나 모터보트처럼 대개의 사람들의 생활에 없어서 안 되는 필수품이었다. 여러분은 자동차 전시회에 값을 깎으러 가지는 않는다. 사고 싶은 차의 값을 알고 있다. 그러나 오늘날 걸작 그림 값을 누가 알고 있는가? 그래서 19세기에 그림 장수라는 새로운 중개자가 나타났다.

이 역할을 상인(음악가는 대리인)이 맡았다는 것은, 예술사상 참으로 슬픈 한 대목이다. 사업 능력은 삶을 풍요롭게 하는 예술에 대한 섬세한 감각과는 그다지 어울리지 않기 때문이다. 더러 두드러진 예외는 있다. 불행한 화가나 음악가를 열심히 돌봐 준 대리인들도 있었다. 매우 드물기는 하나, 아이처럼 세상물정 모르는 예술가를 친부모처럼 돌봐 준 후원자도 있었다. 우리는 그런 사람들에게 모든 영예와 깊은 감사를 표해야 한다. 그런 사람들이 없었더라면 많은 예술가들은 세상의 인정을 받기 오래전에 굶어죽었을 것이다. 그러나 중개상들 가운데는 악질 상인들이 많다. 사람을 단지 돈줄로만 보는 속물들에게 그림, 조각, 오래된 바이올린은 단순한 상품에 지나지 않는다.

나는 그들의 해명을 신물 나도록 듣고 있다. 자기들의 일에는 위험요소가 있다고 강조하거나, 옛날 아무개가 파산했을 때 그림을 그릴 수 있도록 돈을 대주었다고 자랑한다(그러고선 그 화가가 죽은 지 2년 뒤에 유작을 10배의 값으로 팔아치

로마의 화랑 유럽 대륙을 여행하는 영국인들이 로마에서 보게 된 것은 그야말로 압도적인 '그림'이었다. 그들은 그림을 대량으로 사들였는데, 세상을 '회화'로 만들어 버리려는 자세에 문제가 있다는 사실이 점점 뚜렷해지기시작한다. 이탈리아 조반니 파울로 판니니 작(18세기), 루브르미술관 소장.

웠다). 나는 그들이 어떤 이름으로 불리는지 알고 있으며, 고대 그리스인들이 그들을 '짐승'이라 부른 것도 알고 있다.

이 말이 너무 심하다면, 좀 더 멋있게 할 일이다!

이런 문제에 대해서 나는 샤를 필리퐁(Charles Philipon)을 떠올린다. 도미에, 폴 가바르니(Paul Gavarni), 귀스타브 도레(Gustave Doré) 등과 함께, 빵과 입을 것만 있으면 살아갈 수 있다고 생각하는 사회에 맞서 30년 동안이나 투쟁하면서 예술을 옹호했다.

마치 오늘날 만화 잡지 〈펀치〉가 우리 사회의 불합리를 폭로하는 데 크게 공헌하고 있듯이, 〈라 카리카튀르(La Caricature)〉[1]와 〈르 샤리바리〉[2]는 탐욕과 편협을 상대로 격렬한 투쟁을 벌여 훌륭한 성공을 거두었다. 승리 원인은 필리퐁의 협력자들의 뛰어난 솜씨와 필리퐁의 조수 도미에의 신랄한 풍자에 따른 것

---

1) 1835년 발행 금지되었다.
2) 제1차 세계대전의 2년째까지 발행되었다.

이었다. 그러나 명성의 절반은, 알로이스 제네펠더(Alois Senefelder)라는 독일인에게 돌아가야 한다.

제네펠더는 프라하의 독일인 배우의 아들로, 동판을 만들고 있었다. 동판은 판화를 만드는 방법으로서는 돈이 너무 많이 들어서, 여러 가지 다른 방법을 해 보았지만 잘 되지 않았다. 어느 날 어머니가 방에 들어왔을 때 그는 졸렌호펜 석판, 말하자면 표면을 갈아서 맨질맨질하게 만들기 쉬운 유성(油性)의 돌에 먹을 갈고 있었다. 어머니는 아들에게 일주일치 가족 세탁물의 일람표를 써 달라고 말했다.

그는 종이쪽지를 찾았으나 눈에 띄지 않아 급한 김에 셔츠, 칼라, 양말 수를 그 석판 위에 썼다. 그때 문득 동판처럼 석판을 부식시켜 보면 어떨까 하는 생각이 떠올랐다. 평소하던 장난의 하나였으나 해 보니 잘 되었다. 동판으로 인쇄한 것처럼 세탁물 일람표를 인쇄할 수 있었다.

이리하여 석판술이 생겼다. 세탁물 일람표를 처음 인쇄한 1796년 이후에 새로운 복제 기술이 예술가를 위해서 어떤 가치를 갖게 되리라고는 조금도 생각지 못했다.

제네펠더는 그것이 악보 인쇄 분야에서 혁명을 일으키리라고 믿었다. 그때까지 악보는 모두 동판으로 인쇄해야 했으므로 시간과 돈이 많이 들었다. 앞에서도 말했듯이, 17~18세기의 음악가들이 자기 작품을 출판하지 못한 이유는 거기에 있다. 직물업자도 날염물을 석판으로 인쇄하는 편이 유리하다는 것을 알았다.

1806년 뮌헨이(하느님의 은총이라기보다 나폴레옹 덕분에) 왕국의 수도가 되어 많은 외국인이 이 도시를 방문하게 되었을 때, 제네펠더와 그의 협력자 아레티노 남작은 본디 알브레히트 뒤러가 그려서 왕립 도서관에 소장되어 있던 막시밀리안 황제의 기도서를 복제하기로 했다. 사진이 생기기 전의 일로서 이것이 크게 성공했으므로, 이윽고 유명한 한프슈탱글 회사를 포함한 상사들이 옛 고전을 석판인쇄로 하기 시작했다.

프랑스에서는 베르네와 라페 회사가 이 새로운 방법으로 나폴레옹 전기를 펴냈는데, 거기에는 위대한 황제군의 모든 전쟁 그림을 무수히 넣었다. 이 석판이 그 무렵 〈라 카리카튀르〉와 〈르 샤리바리〉에서 일하고 있던 도미에와 가바르니의 눈길을 끌었다.

가바르니는 가벼운 소재를 잘 그리고, 도미에는 새로운 사회 질서의 희생자들이 몰려 있는 비참한 거리의 오두막을 그렸다. 망명 중의 고야가 이 새로운 장난감의 사용법을 배우고 있었을 때, 이 두 화가는 기성 질서에 논리적이고 격렬한 정면 공격을 감행했다. 정부는 이따금 투옥과 벌금형으로 맞섰으나 빈민가의 주민 전부가 바리케이드에 몰려오는 것보다, 이 두 사람과 〈르 샤리바리〉를 더 무서워했다.

이 두 예술가는 이 일로 부자가 되지는 못했다. 그들은 그림에 돈을 내놓을 수 있는 유일한 계급의 적이었기 때문이다. 그래서 그들은 당시의 다른 사람들이 하

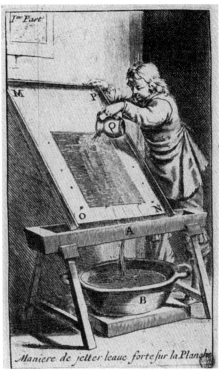

동판인쇄에서 석판인쇄로 제네펠더는 1796년경 화학적 방법을 이용한 석판인쇄 원리를 발명함으로써 악보인쇄, 원색인쇄 등에 획기적인 발전을 가져왔다.

고 있던 같은 일을 할 수밖에 없었다. 말하자면 먹기 위해서 일을 하고, 작품을 박물관에 팔아서 생계를 이어 나가는 일이었다. 그런데 그 무렵 박물관은 이미 새로운 것이 아니었다. 그리스인들은 박물관을 '뮤즈의 신전(museum은 Muse에서 나온 것)', 바꾸어 말하면 '문학과 예술을 배우는 장소'라고 여겼다. 지금의 우리는 유감스럽게도 박물관을 현대 예술가들이 묻혀 있는 장소로 알고 있다.

수집 습관은 로마인들에게 성행했던 일이지만, 르네상스가 되자 그것이 부활했다. 많은 것이 갑자기 발견되면서, 부자들은 그 발굴물을 언제까지나 보며 즐길 수 있도록 자기 집에 소장하고 싶어서 안달을 떨었다. 그러나 수집가는 누구나 저마다 고유한 취향이 있기 마련이다. 어떤 사람은 화폐나 메달을 모으고, 어떤 사람은 그리스 꽃병과 로마 흉상, 에트루리아 도자기를 수집했다. 또

어떤 사람은 오래된 사본(寫本)이라든가 진귀한 물건, 이를테면 머리가 둘 있는 고양이라든가 네잎 클로버, 사람처럼 보이는 식물뿌리 같은 것을 사들였다. 이리하여 16세기에는 꽤 많은 사설 컬렉션이 탄생했으나, '박물관'이라는 명칭이 쓰인 것은 17세기 중반이었다.

1682년 영국인 일라이어스 애슈몰(Elias Ashmole)이 트레이드스캔트(Tradescant)라는 네덜란드계 영국인에게서 많은 골동품을 샀다. 그 컬렉션은 '트레이드스캔트의 수집물'로서 유명했다. 애슈몰은 그것을 옥스퍼드 대학에 기증하여 '애슈몰린 박물관'이 되었으며, 수십 년 뒤에 다른 두 개의 큰 컬렉션과 합쳐서 대영박물관이 되었다.

그러나 1940~50년대가 되어서야 박물관은 전성기를 맞았다. 세계가 교육의 중요성을 자각하고, 읽고 쓰고 셈하는 재능이 널리 보급되기만 하면 모든 정치적·경제적 문제가 해결될 것이라고 굳게 믿게 된 것은 이 시대였다.

그 무렵까지는 예술과 삶이 뚜렷이 따로 떨어져 있었으므로, 박물관은 어린 아이들에게 동물원을 구경시켜 주듯 미술을 보여 주는 장소가 되었다. 그래서 일요일(교회에 갔다 와서)이나 휴일이 되면, 아이들은 가엾게도 먼지를 덮어쓴 고대 그리스 신들[3]의 석고상과 옛 거장들의 명화 같은 것으로 가득 찬 휑뎅그렁하고 넓은 음산한 홀로 이끌려갔다. 저마다 꼭꼭 명찰과 설명이 붙어 있어서, 어느 파에서 어느 파가 발전했고, 조반니 디 코사(Giovanni di Cosa)가 언제 포트 디 비노에서 태어났으며, 하인리히 슈말츠(Heinrich Schmalz)가 판화를 배우기 위해 언제 알브레히트 쿠퍼슈티흐(Albrecht Kupferstich) 공방에 들어갔나 하는 것을 한눈에 알 수 있게 되었다.

다행히 그 뒤 박물관의 건축과 설비뿐 아니라 물건 전시 방법도 많이 개량되었다. 질서 있게 잘 전시된 박물관은 그림이나 조각을 열심히 공부하고 싶은 사람, 과거 걸작을 알아야 하는 사람들에게는 큰 가치가 있는 시설이다. 그러나 동시에 오늘날 박물관은 집을 잃은 과거의 유물, 교회나 궁전에서 도둑맞은 물건들을 보관하기 위한 안전한 창고 역할에서 더 나아가 가난한 예술가의 처지를 이용해 그들의 그림·브론즈·에칭 작품을 수시로 사들이고 있다.

---

3) 하늘의 신 우라노스와 땅의 신 가이아 사이에 태어난 아들 6명, 딸 6명의 신들.

야간 조명의 대영박물관 전경

　그것이 피치 못할 일인 것은 알지만, 실은 그래서는 안 된다. 이를테면 개인 수집가의 유리상자 안에 있는 가엾은 바이올린은, 마치 마리 앙투아네트와 캐서린 왕비가 기거한 방에 전시되어 있는, 지금은 아무도 착용하지 않는 진주나 마찬가지다. 그런 진주는 죽은 것이다. 나는 그 까닭을 모른다. 아마 아무도 모를 것이다. 진주는 이따금 산 사람 몸에 닿지 않으면 광채를 잃어버리는 것일까? 바이올린도 정기적으로 연주하지 않으면 음색이 나오지 않게 된다. 무언가 빠져 나가는 것이다.

　너무 오랫동안 개집에 가둔 개에게서도 뭔가가 빠져 나가 버린다. 미아보호소에서 아기를 아무리 잘 먹이고 쾌적한 곳에서 여러 가지로 뒷바라지를 잘 해 주어도 사람의 손으로 얼러 주지 않으면 아기는 죽어 버린다. 미아보호소에서는 그것을 알고, 아기를 길러 본 여성들이 아기를 안아 줌으로써 누군가가 자기를 정말로 원한다고 느끼도록 해 주고 있다.

　이런 사고방식이 터무니없고 감상적일지도 모르지만, 나는 박물관에서 몇 시간을 보내면 늘 이런 생각을 절로 하게 된다. 〈밀로의 비너스〉나 엘긴(Elgin)이 수집한 대리석상(19세기 초 터키 주재 영국대사였던 엘긴이 수집한 그리스 유물)은, 청소부들이 하루에 두 번 알뜰히 먼지를 떨지만 마치 돌로 된 시체처럼 보인다. 그것들은 햇빛을 받기 위해서, 그 시대 사람들에게 매우 싱싱했던 어떤 것에 느낌을 주기 위해서, 그리스 사회의 일상생활의 일부가 되기 위해서 창조되었다. 그런데 지금은 단순히 박물관 목록의 한 번호에 지나지 않고, 관리인 아내가 아래층에서 팔고 있는 그림엽서를 위한 돈벌이용 전시품에 지나지 않는다.

그러나 그런 미술품들은 그곳에 놓여 있지 않았더라면 벌써 오래전에 파괴되었을 것이라는 주장도 나올 수 있다. 옳은 말이고, 이렇게도 아름답게 보존되고, 예술관장이나 박물관장의 매우 자비로운 배려를 받고 있다는 것은 매우 좋은 일이다. 그리고 터키나 그리스 농민들이 하마터면 문앞 층계나 새 도로 포장의 일부로 쓸 뻔했던 대리석 덩이를 아슬아슬하게 구했는데, 다시 돌려주기를 바라는 것은 아주 어리석은 짓이다. 그러나 나는 그런 일이라도 없었더라면 우울한 것이 되었을 이 장을 높은 희망과 더불어 끝낼 수 있다. 다행히 처음으로 희망적인 상황이 되었다. 예술이란 살아 있는 것이어야 하며, 마우솔레움(Mausoleum)[4]과는 관련이 없음을 잘 알고 있는 젊은 박물관장, 교양과 취미가 있고 이지적인 새로운 세대가 등장하고 있다.

내가 말하고 싶은 것은 이것으로 설명이 되었지만, 오히려 여러분은 여러분 스스로 관찰해서 스스로 결론을 내리기 바란다. 박물관에 가 보라. 거칠고 형편없는 것은 모두 지하로 추방되고, 진실로 좋은 것은 모두 그것이 처음 만들어졌을 때 그대로의 환경 속에 전시되어 있다. 우리는 자신의 컬렉션을 고향 도시에 기증한 공공의 은인에 대해서 감동한다. 나는 나의 조촐한 감사를, 구태의연한 전통을 타파하는 용기로 대담하게도 그들의 박물관을 살아 숨쉬는 아름다움의 장소로 만든 그들에게 바친다.

---

4) 죽은 이가 묻혀 있는 돌무지 무덤이나 장소를 에워싸는 기념비적인 독립된 건축물.

53장
19세기 음악

음악은 다른 예술이 잃어버린 땅을 차지하고 용감하게 그것을 지킨다.

빈 회의는 1815년 프랑스 혁명을 청산했다. 나폴레옹은 1821년에 죽었다. 베토벤은 1827년에 그 뒤를 따랐다. 그 3년 뒤, 오랜 부르봉 왕조의 마지막 사람이 프랑스 왕위에서 쫓겨났다. 다시 1년 뒤 첫 여객용 열차가 리버풀과 맨체스터 사이에 개통되었다. 이 새롭고 놀라운 진보에 열광한 나머지 안할트 쾨텐 공작은 "1천 달러를 들이더라도 최신식 철도를 우리나라에 건설하겠다"고 외쳤다.

큰 공장이 이곳저곳에서 낡은 수공업을 몰아냈다. 공업주(工業株)를 거래하는 증권거래소는, 면화가 나무에서 나는지 흙에서 파내는지도 모르는 사람들에게 엄청난 부를 안겨 주었다. 영국에서는 한 세대 전에 소와 양이 도살장에 끌려갔듯이, 소년 소녀 무리들이 그 길을 따라 광산과 공장으로 끌려갔다. 여기저기서 존 러스킨과 같은 지식인들이 이러다가는 혼란에 빠져 파멸한다고 경고했지만, 귀 기울이는 사람은 감상적인 노부인과 젊은 신사들뿐이었다. 세계는 저돌적으로 진보를 향해 나아가고 있었으며, 아무도 그것을 막을 수 없었다.

화가들은 미약한 힘이나마 발휘하려고 했으나, 거칠게 한쪽으로 밀려나 버렸다. 발자크나 디킨스 등을 제외한 다수 작가들은 보다 행복했던 과거에 대한 미련에서 벗어나지 못하고서 현실 도피의 은신처를 찾았다. 조각가들은 굶어 죽을 지경이었다. 건축가들은 점점 더 대형화되고 추악해지는 공장 설계에 매달렸다. 자기 이익만은 어김없이 알고 있는 경건한 성직자들은, 세상을 위해서 한 일이라면 신은 무슨 일이나 동의하신다는 것을 뚜렷이 나타낸 성구(聖句)를 찾기 위해서 열심히 성서를 뒤적거렸다. 그들의 친절한 신도들은, 새로운 세상에 따라가기 위해서 애쓰다가 길가에 쓰러진 사람들에게, 수프와 플란넬 옷을 줌으로써 자기들의 양심을 달랬다.

그 무렵 한 무리의 몽상가들이 피난처를 만들고 입구에 이런 대담한 문구를 새겼다. "수고하고 무거운 짐 진 자들아, 다 내게로 오라. 내가 너희를 쉬게 하리라."

몽상가란 음악가들이었다. 그들 대부분은 경솔함의 대가로 생명을 바쳤다. 살아남은 음악가들은 얼굴이 무소 가죽처럼 단단하고, 먹을 것이 없더라도 살아갈 능력을 갖춘 사람들이었다. 그들 가운데 소수는, 생전에 명성을 얻어 빚을 갚을 수도 있었다.

카를 마리아 폰 베버에서 가엾은 근시안 슈베르트(시골 학교 교사직이라도 맡았으면 행복했을 것이다)에 이르기까지, 모든 음악가들은 저마다 참기 어려운 현실에서 도피하는 편리한 방법을 세상에 제공하기 위해 재능을 모두 바쳤다. 그들은 요괴, 님프, 숲의 요정을 무척 좋아했다. 베버 작품의 무대에는 퍽(장난꾸러기 요정), 오베론(요정의 왕), 타이탄(거인)이 많이 나오며 특히 뤼베찰(숲의 정령)은 그가 좋아하는 등장 인물의 하나였다. 이런 유쾌한 소재가 떨어지자, 감정에 치우치지 않는 실무가인 마이어베어(Meyerbeer) 같은 사람은 무덤을 찾아가서 영감을 얻기도 하고, 어떤 사람은 외국의 색다른 곳을 여행하여 노래나 오페라에 넣을 새로운 소재를 찾아오곤 했다.

먼저 우리는 오페라 이야기를 해야 한다. 19세기 전반은 본질적으로 오페라 시대였기 때문이다. 대체로 그리 좋은 오페라는 아니었다. 적어도 오늘날 같으면 좋다는 말을 들을 것이 아니었다. 오케스트라는 아주 형편없었고, 코러스는 누구 하나 믿을 수가 없었으며, 가수는 과로와 저임금에 시달려 소리를 내지 못했다.

그러나 오페라는 여전히 매우 활발했다. 그림이나 건축이나 조각과는 달라서, 오페라는 많은 사람의 삶의 매우 절실한 욕구를 충족해 주고 있었다. 그 증거로서, 이 시대에 작곡된 매우 많은 가곡들이 널리 보급되었다는 것을 들 수 있다. 우리는 그 가곡들을 오페라의 아리아라고는 생각지 않는다. 그것은 거리의 노래 속에 잘 융합되어 버렸으므로, 전통적인 민요로 착각하고 있는 것이 많기 때문이다. 가곡이 그런 것이 된다면, 확실히 그 목적을 이루었다고 할 수 있다.

독일에서는 루트비히 슈포어(Ludwig Spohr), 카를 마리아 폰 베버, 그리고 하인리히 마르슈너(Heinrich Marschner) 세 사람이 낭만적인 오페라를 대표했다. 그 가운데 슈포어는 15곡의 바이올린 협주곡과 6곡의 가극을 포함하여 150곡 이상을 남겼는데, 지금도 여전히 기억되고 있는 것은 주로 그가 어린이들을 가르치기 위한 바이올린 주법

카를 마리아 폰 베버(1786~1826) F. 시몽 작.

교본을 썼기 때문이다. 100년이 넘도록 쓰였지만 보통의 아마추어에게는 실제로 너무 어려웠다. 마르슈너의 작품 가운데에서 기억되고 있는 것은 〈한스 하일링 *Hans Heiling*〉(바그너는 이 작품에서 영감을 받아 〈방황하는 네덜란드인〉을 작곡했다)과 〈흡혈귀 *Vampyr*〉뿐이다. 〈흡혈귀〉는 처음으로 식인종과 괴물을 다룬 작품이며, 그 뒤 오페라나 영화에서 흥행을 보증하는 괴기물의 시초가 되었다.

하지만 베버는 지금도 상당한 인기를 누리고 있다. 미국에서는 그렇지도 않은데, 사실 오페라에 관한 미국인들의 태도는 매우 독특하다. 최고의 가수들이 소속된 대형 오페라단만 받아들이고 나머지는 모두 무시한다. 지방 소도시의 주민들조차 크라이슬러나 파데레프스키(Paderewski) 같은 연주자가 있어야만 음악회에 간다는 사실은 매니저들도 잘 알고 있다. 그것은 음악을 얼마나 진지하게 여기느냐를 가름하는 기준이 된다. 그런 터무니없는 태도를 영리한 흥행사가 놓칠 리 없다. 더불어 작은 도시에 전속 극단을 보유한 극장과 지역 교향악단이 많이 창설되었다면, 어땠을까? 그랬다면 청소년들에게 학창 시절 동안 적어도 한두 차례는 세계 최고의 고전음악을 들려줄 수 있었을 것이며, 그런

경험을 한 것과 하지 않은 것은 아주 큰 차이가 있다. 현재 청소년들은 더없이 훌륭한 음악적 경험을 하거나, 아니면 그런 경험이 아예 없거나 둘 가운데 하나다. 스타 시스템은 무대를 죽인다. 지금은 초심자가 철저한 훈련을 받을 극장이 거의 없는 실정이다. 그런 훈련 기관이 없으므로 언젠가는 스타가 고갈될 것이고, 따라서 연주자도 부족해질 것이다.

오페라도 마찬가지이다. 미국에는 진정한 일류 오페라단이 하나밖에 없다. 그래서 프레드 앨런(Fred Allen)의 아마추어 쇼에서 심사를 통과한 농촌 일꾼과 가게 점원들도 메트로폴리탄의 무대에 오르기만을 고대한다.

이런 일들은 일요일판 신문의 이야깃거리는 되겠지만 오페라 예술의 발전과는 거의 관계가 없다. 음악의 지식과 애정을 널리 퍼뜨리려면 전국 곳곳에 훌륭한 오페라극장을 설립하는 것이 무엇보다 중요하다. 외국의 유명한 오페라단을 초빙해 공연한다면 관객에게 큰 감동을 선사하고 흥행사는 돈을 벌겠지만, 단지 그뿐이다(국내에도 가수들이 많은데 왜 굳이 돈을 들여 외국 가수들을 데려올까?).

베버의 작품은 돈벌이에는 맞지 않아서 매니저들에게 무척 인기가 없어 좀처럼 들을 수가 없다. 매우 유감스러운 일이다. 사실 베버는 바그너에 이어 가장 뛰어난 오페라 흥행사다. 그는 1786년 뤼베크시에 가까운 마을에서 태어났는데, 그 가족은 한때 부유한 생활을 한 적도 있었다. 아버지는 장교였으며 어

빈 오페라 하우스 휴게실에 있는 베버의 오페라 〈마탄의 사수〉 그림

베버 〈마탄의 사수〉
(초연 : 1821년 6월 18
일, 베를린 샤우슈필
하우스)
베를린 주립 오페라
극장 무대. 막스는
카스파르와 함께 늑
대의 계곡에서 마탄
(魔彈)을 주조한다.

머니는 오페라 가수였다. 신병 훈련보다 바이올린 연주를 더 좋아한 아버지는,
음악에 빠져들어 이 도시 저 도시로 돌아다니며 오케스트라도 지휘하고 새로
운 오페라단도 조직하려고 했다. 그 점에서는 베버 집안이 이따금 접촉한 모차
르트 집안과 비슷했다.

　베버는 같은 시대에 유명한 바이런 경이나 탈레랑(Talleyrand)과 마찬가지로
지체장애자였다. 그는 매우 철저한 음악 기초 교육을 받았으나, 가족이 계속 거
처를 옮겨다녀서 여러 음악 선생을 거쳐야 했다. 요제프 하이든의 동생 미카엘
하이든(Michael Haydn)도 그를 가르친 적이 있었다. 마이어베어를 가르친 요제프
포글러도 그의 스승이었다. 아버지의 리허설 현장을 보아도 좋다는 허락을 받
고부터, 보고 들은 가수나 합창 지휘자들은 모두 그의 스승이었다.

　그의 생애는 간단히 이야기할 수 있다. 그는 생계를 위해 열심히 일했으나
불행하게도 귀족 습성이 가시지 않아 많은 돈이 들었다. 게다가 그는 별로 건

강하지 못했으며, 바이런과 마찬가지로 장애자라는 자각 때문에 무척 괴로워했다. 그는 자기 재능을 충분히 발휘할 만큼 오래 살지는 못했으나 〈마탄의 사수 *Der Freischütz*〉, 〈오베론 *Overon*〉, 〈오이뤼안테 *Euryanthe*〉만으로도 유명한 음악당에서 굳건한 지위를 차지하는 데 충분하다.

인간의 가치를, 그 사람이 전성기에 얻은 인기로 결정하기가 얼마나 어려운가를 보여 주는 예로서 가스파레 스폰티니(Gaspare Spontini)가 있다. 음악가들 가운데에서도 그를 기억하는 사람이 별로 없다. 그런데 그는 나폴레옹 시대의 토스카니니[1]였다. 나폴레옹 황제 부부, 특히 황후는 그를 역사상 가장 위대한 음악가로 존경했다. 로마 교황은 그에게 성 안드레아 백작이라는 칭호를 주었다. 프로이센 왕은 그를 베를린에 불러 왕립 오페라의 지휘를 부탁하고, 푸르 르 메리트(Pour le Mérite) 훈장을 주었다. 독일의 최고 대학인 베를린 대학은 그에게 명예 음악박사 학위를 수여했다. 그는 글루크의 후계자였으며, 그가 확립한 오페라 양식(대화까지 전부 노래로 처리한 양식)은 뒷날 자코모 마이어베어가 완성했다. 마이어베어는 프랑스의 위대한 작곡가로, 태어났을 때의 이름은 야코프 마이어베어였으며, 베를린의 은행가 헤르츠비어와 그의 아내 아말리어 불프의 아들이다. 그러나 스폰티니의 작품은 완전히 잊혀서, 그의 〈올림피에 *Olympie*〉나 〈페르디난드 코르테스 *Ferdinand Cortez*〉의 악보라도 한 장 발견하려면 많은 고서점의 목록을 뒤져야 할 것이다.

그러나 그의 강력한 경쟁 상대였던 안토니오 로시니(Antonio Rossini)는 그렇지 않다. 지금도 이따금 〈윌리엄 텔〉이라든가 〈세비야의 이발사〉가 공연된다. 지금이나 옛날이나 로시니 시대의 가장 만만찮은 동료였던 인기 작가 가에타노 도니체티(Gaetano Donizetti)의 〈연대의 딸 *La fille du régiment*〉과 〈람메르무어의 루치아 *Lucia di Lammermoor*〉도 심심찮게 들을 기회가 있듯이.

그러나 그 시대 모든 이탈리아 작곡가의 작품은 차차 잊혀 가고 있다. 그것은 앞의 어느 장에선가 설명했듯이, 이제 그런 것을 잘 부를 수 있는 가수가 없기 때문이다. 그런데 베버의 음악은 현대인의 취향에 잘 맞는다. 그는 악기로 극의 장면을 설명한다. 그가 여러분에게 깊은 숲 속에 혼자 있는 듯한 기분을

---

1) 20세기 미국의 오케스트라 지휘자.

로시니 작곡 오페라 〈세비야의 이발사〉 한 장면(1816년 초연) 로마, 아르젠티나 극장.

느끼게 해 주고 싶을 때는 오보에나 클라리넷, 프렌치호른이 고요한 숲 속 분위기를 만들어 낸다.

베토벤도 같은 시도를 해 보려고 한 적이 있으나 성공하지 못했다. 그것은 목장을 산책하다가 곧 닥쳐오는 폭풍을 피하기 위해 부랴부랴 어디로 들어가야 한다고 청중이 깨닫기 전에, 말로 설명을 해야 했기 때문이다. 베버의 〈마탄의 사수〉나 〈오베론〉에서는, 곧 일어날 것을 실제로 보기 전에 죄다 느낄 수 있다.

덧붙이자면 〈마탄의 사수〉는 워털루 전투 4주년 기념일에 베를린에서 처음으로 상연되었다. 그 무렵 베버는 결핵에 걸렸으나 개의치 않고 일을 계속했다. 5년 뒤 그는 오페라를 한 편 만들 때마다 1천 파운드를 준다는 약속을 받고 런던으로 갔다. 그러나 1826년 6월 5일 매니저가 침대에서 죽어 있는 그를 발견했다.

1844년, 그의 유해가 드레스덴에 운구되었다. 리하르트 바그너가 고별사를 했다. 그것은 매우 감동적이었다고 한다. 틀림없이 그랬을 것이다. 가장 뛰어난 악극 작가가 직접 선배에게 경의를 표한 것이므로.

54장
가곡

'노래'라 말해도 좋지만 아주 똑같다고 할 수 없다.

옥스퍼드 사전에 가곡(Lied)이라는 말이 있는가 찾아보았으나 없었다. 그러고 보면, 이것을 이 장의 표제로 쓰지 말았어야 했는지도 모른다. 그러면 그 밖에 어떤 말이 있는가? 노래(song)일까? 그러나 노래는 실은 가곡과는 전혀 다른 것이다. 마치 성악가가 일반 가수 또는 샹송 가수와 전혀 다르듯이.

'노래'는 두말할 것도 없이 가장 오랜 음악적 표현 형식의 하나이며…… 드럼을 치는 것과 마찬가지로 오래된 것이다. 그러나 가곡은 18세기 말이 되어서야 세상에 나타났다. 우리가 일상 쓰고 있는 많은 말과 마찬가지로, 가곡의 정확한 정의를 내리기는 매우 어렵다. 트루바두르, 미네징거, 마이스터징거는 목소리를 그들의 음악적 감정으로 표현했지만 진정한 가곡을 부르는 사람은 없었다. 현대적 의미의 가곡이 나타난 것은 18세기 말경이다.

르네상스 시대에는 교양 있는 남녀는 누구나 간단한 멜로디를 노래부르거나, 또는 악기로 간단한 곡을 연주할 정도의 음악적 지식은 가져야 한다고 생각되었다. 따라서 위대한 인문주의자나 종교 개혁가들 대부분은 아마추어 음악가이기도 했다. 에라스무스는 위트레흐트의 유명한 야코프 오브레히트(Jacob Obrecht)에게 배웠다. 오브레히트는 페라라에서 안트베르펜에 이르는 모든 도시에서 음악을 가르치며 바쁜 생활을 보냈다. 루터는 류트를 잘 다뤘으며, 많은 노래를 작곡도 하고 편곡도 했다. 스위스의 종교 개혁가 츠빙글리는 리라에 능했다. 칼뱅은 물론 악기도 만지지 않았고 노래도 부르지 않으나, 음악에는 조심스럽게 찬동했다. '최후의 기사'라 일컬어진 막시밀리안 황제는, 그 무렵 널리 유행한 노래인 '인스부르크여, 안녕'의 작곡자로 알려졌다. 그것은 아마도 막시밀리안의 궁정 음악가이자 위대한 로렌초의 오르간 연주자였던 하인리히 이자크(Heinrich Isaak)의 작품인 것 같다. 그러나 민중은 친애하는 황제가 그것을 작곡했다고 끝내 주장함으로써, 그들이 그 음악과 황제를 얼마나 경애했는가를 여실히 보여 주었다.

그러나 오늘날 우리가 가곡이라고 부르는 것은 유명한 독일의 소규모 오페라 작곡가 요한 아담 힐러(Johann Adam Hiller)와 페터 슐츠(Peter Schultz)가 소규모 오페라에 수록할 민요를 쓰기 시작한 18세기 후반에야 그 모습을 드러냈다. 그것은 크게 칭찬을 받았으며, 모차르트까지 흉내를 냈다.

그런데 이 새로운 예술 형식의 발전에서 가곡이 주도권(신소리를 하는 것은 아니다)을 잡은 것은 파리나 빈이 아니라 베를린이었다. 북독일의 시인들이 먼저 옛 민요를 되살렸으며, 작곡가들이 그것을 음악으로 만들었다.

괴테는 서정적인 표현의 이 형식을 크게 찬미했지만, 그 음악적 가능성을 전혀 이해하지 못했다. 슈베르트가 괴테의 시 〈들장미〉에 곡을 붙여 보냈을 때, 이 바이마르의 현인은 감사하다는 인사도 없이 우편물을 반송했다. 그러나 바이마르 공국의 일개 재상 따위가 이 가곡을 어떻게 느끼느냐는 중요한 문제가 아니다. 하이든과 모차르트와 베토벤이 가곡을 특별히 옹호했으므로 그 장래를 보장하는 데 충분했다.

그리고 19세기 전반에 이르자 로베르트 슈만, 프란츠 슈베르트 및 펠릭스 멘델스존 바르톨디(이 사람은 앞으로 독일판에서는 그저 아무개라고 기록될 것이다)는 가곡에 매우 진지한 관심을 기울였다. 그 까닭은 몬테베르디가 최초의 기악 작곡가가 된 것과 같은 이유였다. 좋은 기악은 좋은 악기 없이는 불가능했다. 가곡의 발전은 목소리에 알맞은 반주 악기 여하에 달려 있었다. 류트는 너무 어려웠다. 바이올린 소리는 너무 작았다. 하프시코드는 충분한 음량을 갖고 있지 않았다. 그래서 피아노가 발명되어 이 문제가 해결되었다.

가장 인기 있는 이 악기는 그 전신인 클라비코드나 클라비쳄발로와 마찬가지로 건반악기이며, 팽팽한 금속 현을 해머로 쳐서 소리 내는 방식이었다. 지금도 만돌린과 기타가 그렇지만, 옛 건반악기는 현을 퉁기는 것이었다. 게다가 옛 악기는 음량을 바꿀 수가 없었다. 해머로 치는 새로운 피아노는 현을 퉁기는 오랜 악기와 달라서 매우 강한 소리와 매우 부드러운 소리를 자유자재로 낼 수 있었다. 그래서 1709년 피렌체의 바르톨롬메오 크리스토포리(Bartolommeo Cristofori)가 피아노를 발명했을 때, '강하게도 부드럽게도 연주할 수 있는 클라비쳄발로(cravicembalo col piano e forte)'라는 이름을 붙였다. 이 이름은 너무 길어서 부르기 힘들었으므로 '피아노 포르테', 즉 '강하고 부드럽게'가 되었다. 그래도 역시 너무 복잡하여 나중에 '피아노'라고 부르게 되었다. 포르테는 연주자에게 일임되었다.

크리스토포리의 발명이 그전의 모든 악기들을 밀어낸 것은 아니다. 피아노의 내부 구조가 단순해져 누구나 다룰 수 있는 간단한 악기가 되기까지는 100년이 더 필요했다.

최초의 실질적인 개량을 한 사람은 아우크스부르크의 악기 제작자 슈타인(Stein)이었다. 그러나 베를린의 야심찬 악기 제작자 질버만(Sillbermann)이 크리스토포리의 고안을 다소 도용하여 피아노를 제작했는데, 요한 제바스티안 바흐는 그 피아노로 프리드리히 대왕을 위해 즉흥곡을 연주했다. 1775년경에 이 베를린 피아노가 런던에 흘러들어갔으며 거기서 브로드우드(Broadwood)라는 사람이 피아노 제작에 뛰어들었다. 이 무렵부터 모든 위대한 음악가들이 피아노를 연주하고, 자기가 어떤 피아노를 좋아하고 싫어하는지 분명히 밝혔다. 소리가 강렬한 영국 피아노에 반한 사람이 있는가 하면, 빈 악파의 산물인 더 가볍고 우아한 피아노가 아니면 건반에 손을 대지 않는 사람도 있었다. 모차르트는 빈 피아노포르테를 좋아하는 대표적 음악가였다. 19세기 초 30년 동안 런던의 많은 상류 가정에서 피아노를 가르치던(같은 무렵 체르니는 빈의 상류 가정에서 가르치고 있었다) 이탈리아인 클레멘티(Clementi)는 브로드우드 피아노를 극찬했다.

그 뒤 곧 파리의 에라르(Érard)가 양쪽의 장점을 따서 만든 피아노를 시장에 내놓았다. 이제 본격적으로 크리스토포리의 발명품은 칫솔이나 자동차보다 많이 가정으로 파고들었다. 미국에서도 1823년 치커링(Chickering)이 피아노를 만들었으며, 1853년에는 스타인웨이(Steinway)가 그 뒤를 따르고, 그 뒤 수십 종의 피아노가 나왔다.

피아노는 1인 오케스트라의 문제를 잘 해결해 주었다. 슈베르트의 시대까지는, 노래를 위한 만족할 만한 반주를 하려면 오케스트라용으로 작곡해야 했다. 피아노가 도입되자 얼마 안 되는 돈으로 제대로 오케스트라의 음향적 효과를 낼 수 있었으므로 노래가 크게 발전할 수 있었다. 슈베르트, 슈만, 멘델스존은 그것을 처음으로 깨달았다. 그러기에 그들은 독일 민요에 몰두했다.

프란츠 슈베르트

프란츠 슈베르트는 한 번도 행운을 맛보지 못한 딱한 사람이었다. 마이어베어와 오펜바흐가 귀엣말을 할 때는, 아마 이 사람을 '불운한 사나이'라고 불렀을 것이다. 슈베르트는 1797년에 태어나 1828년에 죽는 날까지, 그야말로 불운한 사람이었다.

그의 아버지는 조그만 도시 학교의 음악교사였다. 형제는 슈베르트 말고도 아이들이 열셋이나 더 있었다. 그러나 어린 슈베르트는 그럭저럭 음악 교육을 받았다. 열셋이건 하나건 옛 사람들이 대체 무슨 재주로 아이들을 교육했는지, 스핑크스의 미소처럼 영원히 풀 수 없는 수수께끼다. 바흐, 모차르트, 슈베르트 시대와 오늘날 음악 교육 환경을 비교해 보면, 지금은 베토벤 같은 위대한 음악가가 해마다 수십 명은 나와야 마땅할 듯하다. 그러나 그랜드 오페라의 가수를 꿈꾸었다가 결국은 어느 방송국에서 코미디 대사나 읽게 될 아름다운 소녀들만 등장할 뿐이다.

슈베르트의 아버지가 아들에게 피아노의 기초를 가르쳤는데, 곧 어느 마을 교외에 훌륭한 음악 재능을 가진 소년이 있다는 소문이 퍼졌다. 이윽고 황실 예배당의 모집원들이 찾아와 그를 빈으로 데리고 갔다.

슈베르트는 학교에 들어가, 오스트리아의 수도에서 가장 뛰어난 교사들에게서 바이올린 연주와 작곡법을 배웠다. 그들은 그가 예배당의 가수가 될 것으로 기대했다.

그러나 젊은 슈베르트는 세상을 잘 알고 있었으므로, 직업적인 음악가는 되고 싶지 않았다. 그는 안전한 길을 찾아, 아버지처럼 학교 교사가 되었다. 마흔 살쯤 되면, 해마다 적어도 200달러는 확실히 받으리라 예상했다. 그러나 그는 정식 발령을 받지 못했으므로, 교사가 되어서도 가난했다. 마치 인간에게는 정해진 운명이 있어서 달리 피할 길이 없다는 것을 말해 주는 것 같았다. 그는 달리 할 일이 없었으므로 작곡에 몰두할 수밖에 없었다. 프란츠 페터 슈베르트의 내부에 거룩한 창조의 불이 광채를 띠면서 활활 타오르자 그 허약한 육체는

프란츠 슈베르트(1797~1828)

순식간에 재가 되어 버렸다.

'보조교사' 자리라도 얻으려고(그리 큰 바람도 아니었다) 헛수고를 하는 동안, 즉 1813년에서 1817년까지 오케스트라 대작뿐 아니라 지금도 인기 있는 〈마왕 *Erlkönig*〉과 〈방랑자 *Der Wanderer*〉를 포함한 수백 곡의 노래를 작곡했다. 그 뒤 6년 동안은 오랫동안 하이든과 가까이 지낸 에스테르하지 집안의 한 분가에서 음악교사로 일하며 그럭저럭 생계를 꾸릴 수 있었다. 이 일로 그는 헝가리로 이주하여 매우 많은 헝가리 민요를 듣고, 나중에 그것을 작품 속에 반영했다.

1825년, 그는 빈으로 돌아왔다. 그 뒤 3년 동안은 오케스트라 지휘자가 될 기회를 잡으려고 필사적으로 노력했다. 그러나 역시 운이 따라 주지 않았다. 그는 볼품없는 조그만 사나이였다. 행색이 초라했다. 우아한 생활이 예술의 하나로까지 높여져 있는 이 도시에서, 다 구겨진 윗도리에 싸구려 구두를 신은 이 근시의 교사가 기품 있는 살리에리의 후계자가 될 수는 없었다. 그래서 결국 슈베르트는 '안정된 생활'이라는 목적에 이르지 못했다. 그가 속한 계급의 모든 사람들의 이상이자, 어떤 굴욕이나 곤란도 무릅쓰고 이룩하려는 궁극적인 목적이었다. 그것은 영원히 그의 손이 미치지 못하는 곳에 있었다.

결국 그는 체념하고 자기 운명을 받아들였다. 때로는 그의 가곡으로 약간의 돈을 벌었다. 〈월터 스콧 경의 노래 *Songs from Sir Walter Scott*〉는, 내가 틀리지 않다면, 100달러는 벌어 주었을 것이다. 그에게는 선량하고 성실한 친구들이 있었다. 그들은 리스트가 말했듯이 슈베르트가 '모든 시대를 통틀어 가장 시적인 음악가'라는 것을 알고, 그의 사회적인 결점을 기꺼이 덮어 주었다. 그들은

빈의 어느 살롱에서 열린 연주회 슈베르트의 반주에 맞춰 가수가 부르는 가곡을 감상하는 음악 애호가들. 율리우스 슈미트 작.

슈베르트가 머물 곳을 마련해 주기도 했다. 그의 욕심은 적었다. 그가 원하는 것은 침대 하나, 종이 너덧 장, 펜, 잉크 그리고 포도주 한 병이 전부였다. 일은 저절로 굴러갔다. 노래 하나가 채 완성되기도 전에 다른 노래를 짓기 시작했다. 이 사람은 음악 미치광이였다.

매주 한 곡에서 열두 곡의 새로운 노래가 만들어져서 출판사에(출판할 사람이 있을 때는 언제나) 넘겨지거나, 친구들에게(출판하겠다고 나서는 사람이 없을 때는) 주었다. 가곡을 작곡하는 동안에 그는 틈틈이 피아노곡, 오케스트라, 오페라, 오라토리오, 4중주, 5중주를 위한 작품들을 작곡했다. 그 가운데는 완성된 것도 있고 미완성의 것도 있었으며, 미완성의 것이라도 다른 사람들의 완성된 작품보다 훨씬 완성도가 높았다. 그리하여 600여 곡(다시 되풀이하지만 600곡!)이나 되는 노래를 작곡했다. 그 가운데 어느 한 곡이라도 하찮은 사람이 그것을 작곡했다면 당장 크게 이름을 떨칠 그런 작품들이었다.

이렇게 보면, 그의 짧은 생애는 결코 불행하지 않았다. 프란츠 슈베르트는 그 나름의 서툴고 수줍은 방법으로, 마음 맞는 친구들과의 교류에서 많은 즐거움을 얻을 수 있었다. 그는 유명한 '슈베르티아덴(Schubertiaden)', 즉 '슈베르트를 둘러싼 저녁'을 즐거움으로 삼았다. 이날이면 빈의 진정한 음악 애호가들은 폰 쇼버(von Schober)나 요제프 폰 슈파운(Joseph von Spaun)의 집에서 피아노 주위에 둘러앉아, 이 안경 낀 교사의 반주에 맞추어 친구 포글(Vogl)이나 다른 가수들이 부르는 그의 신곡들을 감상했다. 모리츠 폰 슈빈트(Moritz von Schwind)는 그 모임을 즐거운 그림으로 남겨 놓았다. 그것을 보면 프란츠 슈베르트의 별명을 금방 이해할 수 있다. 그의 별명은 '이 친구 좀 할 줄 아는가?'(Kann er was?)였다. 무명의 젊은 음악가가 누구를 따라 그 모임에 나타날 때마다, 프란츠 슈베르트는 두꺼운 안경 너머로 그를 바라보고 물었다. '이 친구 좀 할 줄 아는가?' 이 정직한 사람에게는 그것이 친구를 재는 척도였던 것이다. 일을 할 수 있느냐는 것이……

1828년 11월, 프란츠 슈베르트는 장티푸스에 걸렸다. 짧은 투병생활 끝에 그는 동생 페르디난트의 집에서 죽었다. 그가 천국의 문앞에 도착했을 때, 기록을 맡은 천사는 새 거위깃 펜을 집어들고 그 이름 뒤에 이렇게 덧붙였을 것이다. '이 사람은 ……확실히 좀 할 줄 알았던 사람임'

로베르트 슈만

그런데 여기에 또 하나의 진지한 독일인이 있다. 그의 이름은 로베르트 알렉산더 슈만이다. 그는 1810년 출판업자의 아들로 태어났다. 이것이 그에게 문학적인 경향을 주었는지도 모른다. 그는 스무 살 무렵까지 소설과 에세이만 썼으며, 여가가 있을 때는 짧은 작곡도 했다. 아버지는 아들의 재능을 인정하여 음악가가 되라고 권했다. 어머니는 아들이 법률을 공부하여 출세하기를 바랐다. 아버지가 죽은 뒤에도 어머니는 그 희망을 버리지 않았다. 로베르트 슈만은 라이프치히와 하이델베르크에서 법률 공부를 했다. 그러다가 1830년의 부활제에서 그는 파가니니의 연주를 들었다. 그 뒤 법률서를 내동댕이쳤다. 그는 위대한 연주자가 되기로 마음먹었다.

헛되이 보낸 시간을 만회하려고 그는 오른손을 너무 혹사하는 바람에, 그만 탈이 나서 평생 낫지 않았다. 그래서 피아니스트가 되는 길이 막혔다. 그러나 손이 한쪽만 있어도 위대한 작곡가는 될 수 있다. 슈만은 첫 교향곡 작곡에 착수했다.

로베르트 슈만(1810~1856)

그는 피아니스트 클라라 비크(Clara Woeck)와 사랑에 빠졌다. 그의 작품에 대한 그녀의 해석은 나중에 매우 유명해졌다. 슈만의 음악 스승이 었던 처녀의 아버지는 찬성하지 않았다. 음악가 딸을 가진 것만도 골칫거리인데, 음악하는 사위까지 본다는 것은 도저히 승낙할 수 없는 일이었다. 서로 사랑하는 두 사람은 2, 3년 기다리다가 마침내 집을 뛰쳐나가 결혼했다. 클라라의 아버지는 격노했으나 결국은 단념하고 받아들인다.

그 무렵 슈만은 잡지 〈노이에 차이트슈리푸트 퓌어 뮤지크(Neue Zeitschrift für Musik)〉를 창간했다. 그것은 음악 분야에서 최초의 평론지였다. 이 잡지는 잊혀가던 음악가들을 대담하게 옹호했다. 그 가운데는 모차르트와 베토벤도 끼어 있었다. 이 잡지는 또 그즈음 세상의 인정을 받으려고 안간힘을 쓰고 있던 다른 세 사람을 위해서도 싸웠다. 그 세 사람은 카를 마리아 폰 베버, 프레데리크 쇼팽(Frédéric Chopin), 그리고 엑토르 베를리오즈(Hector Berlioz)였다. 잡지는 성공했다. 수지는 맞지 않았지만 모든 교양 있는 음악 애호가들이 읽었으며, 비평가로서 슈만의 명성은 확고해졌다.

예나 대학교는 그에게 명예 박사학위를 수여했다. 라이프치히 음악학교는 교수로 초빙했다. 독일 낭만주의 문인들의 황금시대였다. 하이네는 그 문학적 형식에 많은 멜로디를 가진 시를 짓고 있었다. 슈만은 그 시들을 언어의 구속에서 해방하여 자유로이 작곡했다. 그리하여 1년만에 150곡이 넘는 노래를 지었다. 심한 과로였다. 그는 우울증에 괴로워했다. A음이 언제나 귓속에서 울리는 환청증상에 시달렸다. 지금은 정신분석학자들이 깨끗이 분류해 놓고 있는 모든 공포증상이, 가엾은 로베르트 슈만의 신경 속에서 서로 헤집고 있었다. 이윽고 더 참을 수 없는 상황에 이르렀다.

그는 '환경을 바꾸기 위해서' 뒤셀도르프로 보내졌다. 다른 방법이 다 실패하더라도, 이것으로 기적이 나타날지도 모른다는 기대에서였다. 기적은 나타나지 않았다. 슈만은 라인강에 뛰어들어 스스로 빠져 죽으려 했다. 그의 귀에는 이제 A음뿐 아니라 오케스트라 전체가 들렸다. 사람들은 그를 강에서 건져 본에서 가까운 사립 정신병원에 보냈다. 거기서 그는 2년을 더 살다가 1856년 7월 29일, 고통으로부터 영원히 벗어났다.

그의 아내 클라라는 그 뒤 40년을 더 살았다. 나는 열 살 소년 때, 그녀가 요제프 요아힘(Joseph Joàchim)과 연주하는 것을 들은 기억이……너무 어렴풋하여 착각인지는 모르지만……있다. 요아힘은 분명히 우리 할아버지를 닮았던 것 같지만, 클라라 슈만에 대해서는 확실한 기억이 없다. 그러나 그녀의 연주를 들은 적이 있는 사람은 많을 것이다. 그녀는 브람스 연주로 유명했다. 젊을 때의 고독한 브람스는 그녀에게 청혼할 꿈을 꾼 적이 있었다. 아마 더없이 어울리는 한쌍이 되었겠지만, 그들은 결혼하지 않았다. 위대한 예술가들끼리의 결혼이라 해서 반드시 천국에서 일어나는 일과 같은 것은 아니다. 때로는 그것은 악마가 만든 강렬한 독주를 빚어내는 지옥에서도 일어난다.

펠릭스 멘델스존

내가 이 글을 쓰고 있을 때 신문은, 독일인들이 라이프치히의 의류 전시장 앞에 있는 펠릭스 멘델스존 동상을 대좌에서 끌어내려 녹여 버렸다고 보도했다. 아마 〈호르스트 베셀의 노래 *Horst Wessel Lied*〉[1]에 나오는 주인공의 동상을 세우기 위해서일 것이다. 훌륭한 일이다. 그러나 그들은 죽은 자를 상대로 대승리를 거두었으니, 이번에는 좀 더 어려운 일을 해 보면 어떨까? 모제스 멘델스존 손자의 음악, 즉 〈한여름 밤의 꿈 *Ein Sommernachtstraum*〉이라든가 〈바이올린 협주곡〉, 〈엘리아〉, 그 밖에 모든 오라토리오, 오르간곡, 실내 음악을 위한

---

1) 나치독일 당시 나치당의 당가. 베셀은 그 순교자.

곡, 특히 거장의 가곡을 세계에
서 깡그리 없애 버리면 어떨까?
그들이 그 일을 할 수 있으면 나
도 '하일 히틀러!'를 외치겠다.

한 사람의 음악이 그 사람의
타고난 성격을 반영하는 것이라
면, 펠릭스 멘델스존의 경우도 그
러했다. 행복하고 균형잡힌 생활,
자기가 낳은 아들과 딸의 천재를
충분히 이해하고 있던 훌륭한 어
머니, 높은 교양을 가진 아버지와
좋은 친구들, 일찍부터 얻은 세
계적 명성, 프랑스의 위그노파 장
관 딸과의 행복한 결혼 생활, 다

펠릭스 멘델스존(1809~1847)

달의 집세를 걱정할 필요가 없는 넉넉한 생활. 멘델스존 집안은(루터파 교회에서
세례는 받았지만) 역시 유대인의 매우 수지맞는 사업에 관계하고 있어서, 높은
문화 수준과 사상을 갖고 있었다.

그렇다면 무엇이 이 불행한 청년으로 하여금 갤리선의 노예처럼 일하게 하
고, 젊은 나이에 생명을 불태우게 만들었던가? 그토록 맹렬한 용기로 파르나
소스산에 올라, 시샘 많은 신들에게 도전한 이유는 무얼까?

그것은 자신보다 불행한 친구들에 대한 그의 고결한 성품 때문이었다고 나
는 생각한다. 그 친구들 가운데는 한 번도 만난 적이 없는 사람도 있다. 제바스
티안 바흐는 펠릭스가 1809년에 태어나기 반세기나 전에 죽은 사람이기 때문이
다. 그 무렵 함부르크는 프랑스의 수중에 있었다. 불행한 조국에 대한 사랑에
충실했던 멘델스존 집안은, 외국의 전제 군주에게 점령된 도시에 머물러 있기
를 거부했다. 펠릭스가 태어난 지 얼마 안 있어 그들은 베를린으로 옮겼다. 그
뒤 그는 많은 여행을 했지만, 베를린이나 라이프치히가 집이었다. 그는 1847년
라이프치히에서 세상을 떠났다. 같은 해에 그는 그와 거의 맞먹는 재능을 가졌
던 누이 파니(Fanny)를 잃었는데, 사실 그녀의 갑작스러운 죽음의 기별은 그에

게 돌이킬 수 없는 충격을 준 것 같다. 이 남매의 정이 워낙 두터웠던 탓에, 누이를 잃자 그는 혼자서 나아갈 힘을 잃었다.

그의 고상한 품성에 대해서는 앞에서 말했다. 그 예를 하나 들어본다. 이 유대인 소년은, 약한 자나 불행한 사람을 돕는 것은 그들보다 더 재앙에 견딜 힘이 있는 사람들의 임무라고 생각한 중세 기사도의 굳은 신봉자였다. 아까 바흐의 이름을 들었지만, 멘델스존이 어렸을 때 대개의 독일인들은 이 위대한 요한 제바스티안의 이름을 벌써 다 잊어버리고 있었다. 그런데 열두 살 난 어린 펠릭스는, 베를린 왕립 도서관 보물의 하나인 바흐의 〈마태 수난곡〉 악보를 보았다. 그리고 너무나 흥분한 나머지, 그의 어머니가 악보를 필사해 주겠다고 약속할 때까지 먹지도 자지도 않고 버텼다. 어머니는 필사를 약속했다. 이 악보를 바탕으로 하여 그 위대한 오라토리오의 초연이 멘델스존의 집에서 베풀어졌다.

그것은 겨우 하나의 서두에 지나지 않았다. 멘델스존은 죽을 때까지, 이 신분이 낮은 장크트 토마스 교회의 합창 지휘자 겸 오르간 연주자였던 바흐의 위대함을 세상 사람들에게 알리기 위해 결코 기회를 놓치지 않았다. 그는 슈베르트에 대해서도 같은 봉사를 했다. 아니, 봉사하려고 했다는 편이 옳다. 그가 런던에서 슈베르트의 교향곡 C장조를 연습시키고 있었을 때, 단원들은 피날레가 엉터리라며 연주를 계속하지 못했다. 그들은 크게 웃으며 진지하게 연주하기를 거부했다.

멘델스존은 이 실망을 궁정 환영회의 우아함으로써 달래야 했다. 빅토리아 여왕은 좀 고루한 편이었고, 남편 앨버트 공도 약간 엄격하고 성실한 사람이었던 것 같다. 여왕 부부는 친히 환영회에 참석하여 이 청년의 명예를 지켜 주었다. 멘델스존은 귀족 같은 풍모를 지녔지만, 실제로 귀족적인 행동을 보인 사람은 그 얼마 전에 유대인 거주구역에서 동포들을 구해 낸 그의 아버지였다.

멘델스존은 매우 뛰어난 기억력의 소유자였다. 실제로 그는 악보 없이 연주한 최초의 거장이었다. 지금은 이 습관이 당연하게 여겨져 대단할 것도 없지만, 멘델스존이 런던에서 베토벤 협주곡 E플렛을 악보 없이 연주했을 때는 톱 뉴스가 되었다. 영국 방문 기간 중 멘델스존은 3중주의 피아노를 맡고 있었는데, 한번은 무대에 나가서야 악보를 안 가지고 나온 것을 깨달았다. 멘델스존은 곡을 다 외우고 있었으므로 실은 별 문제가 아니었다. 그러나 자기 실력을 과시하는 것이라고 다른 두 연주자가 오해할 여지가 있었다. 그래서 그는 피아노 위에 있는 책을 집어서 거꾸로 세워 놓고, 한 친구에게 자기 곁에 앉아 악보 넘기는 시늉을 해 달라고 부탁했다. 대개의 거장들이 언제나 서로 같은 우리 속의 이리처럼 으르렁대는 세계에서 이 조그만 사건은 언급할 만한 일이다.

오늘날은 펠릭스 멘델스존을 가볍게 여기는 풍조이다. 심지어 그의 음악에 대해서 약간 경멸의 감정을 나타내 보이는 것

멘델스존의 피아노 연주를 감상하는 빅토리아 여왕 칼 레링 작.

이 교양이 높다는 태도인 것처럼 생각한다. 또 이렇게도 말한다…… "아, 차이콥스키구나. 음, 가엾지만 낡았어. 그래도 물론 최선은 다했겠지만 말이야." 이 두 사람의 위대함을 부정할 수는 없지만, 그들이 너무 감상적이었다는 것이 아쉽다.

이에 대한 정답이 있을 테지만, 나는 모른다고 고백하지 않을 수 없다. 물론 적당한 대답은 암시할 수 있으나, 그것은 신중한 정답이 되지 않을 것이다. 그래서 우리는 실컷 토론을 벌이며 마지막 판정은 역사에 맡기는 것이 낫다고 생각한다.

55장
파가니니와 리스트

직업적 연주가의 출현과 예술가의 해방

직업적인 연주자가 나타난 데는 역마차의 힘이 크다. 중세에는 방랑하는 미네징거와 트루바두르가 있었다. 그러나 그들은 걸어다니거나 말을 타고 다녔으므로 그들이 언제 오고 언제 가는지 정확하게 알 수가 없었다.

그러나 그들이 정확히 시간을 지켰다 해도 연주할 공연장도 마땅치 않았다. 그들은 성이나 어느 개인 저택에서 노래해야 했다. 보통의 악사들이라면 그래도 좋았을지 모르지만, 오늘날의 신사들이 야외 경마에 열중하듯, 음악에 넋을 잃고 있던 그 무렵의 귀족 신사들에게 그것은 불편한 일이었다.

유럽의 경제 상태가 매우 좋아져서 상인들이 다시 짐을 짊어지고 행상을 할 수 있게 된 뒤에도 음악가의 활동 범위는 여전히 한정되어 있었다. 다른 도시나 교회나 수도원에서 공연 요청이 있을 때만 파리에서 피렌체로, 또는 위트레흐트에서 베네치아로 찾아가는 식이었다. 그러나 음악의 거장들은 이동하는 경우가 드물었다.

그러다가 18세기 말 무렵 유럽 전역에 역마차망이 깔렸다. 역마차는 지금의 버스처럼 정기적으로 달렸다. 아마 겨울에는 춥고 바람이 불어 들어왔을지 모르지만 역마차는 대체로 편리하고 쾌적한 교통기관이었으므로, 북유럽이나 중부 유럽에서는 연주회 날짜가 정해지면 정말 그날 열릴 것이라고 믿어도 되었다. 물론 오늘날처럼 5일 동안에 8회나 연주회를 열 수는 없었다. 그런 강행군은 아무도 기대하지 않았다. 일주일에 한 번이면 족했다.

예술가를 언제라도 초청할 수 있게 되자, 이윽고 어느 도시에나 공공 연주회를 열 수 있는 조그만 홀이 만들어졌다. 이제 완벽한 성공을 위해 필요한 것은,

군중을 무관심에서 일깨
우고 흥행을 이끌어 수지
를 맞추는 특별한 재능
을 갖춘 매력 있는 인물
이었다.

이 조건에 맞는 인물이
19세기 초반에 나타났다.
두 신사의 모습으로 나타
난 흥행사들의 이름은 이
장의 제목에 있듯이……
니콜로 파가니니와 프란
츠 리스트였다.

음악에 처음 발을 들
여놓은 사람들은 마음속
깊이 한 가지 믿음을 가
지고 있다. 그것은 솜씨가
있고 열심히 노력하면 언

니콜로 파가니니(1782~1840)

젠가는 수많은 청중을 끌어 모아 제니 린드(Jenny Lind)나 파데레프스키의 기록
을 깰 수 있으리라는 굳은 믿음이다. 좋은 의도는 반드시 승리한다는 젊은 세
대의 신념을 나는 뒤집고 싶지 않다. 많은 노력과 타고난 풍부한 재능 없이도
이 세상에서 할 수 있는 일이 있다고 그들로 하여금 믿게 할 생각은 추호도 없
다. 그러나 지난 수백 년 동안의 음악사는, 그런 자질만으로는 충분하지 않다
는 것을 보여 주고 있는 것 같다. 확실히 또 하나의 요소가 필요하다. 행운이
아니다. 하기야 약간의 행운도 경시되어선 안 될 일이다. 그러나 압도적인 성공
을 위해 필요한 것은, 합리적인 흥행 수단과 독일인들이 흔히 말하는 '뷔넨탈렌
트(Bühnentalent, 무대적 재능)'를 결부하는 일이다. 이 말은 정확히 옮기기는 어렵
다. '무대를 위한 재능'으로는 좀 약하다. 이 말은 실은 연출하는 능력, 다시 말
하여 극장의 대중과 무대에 있는 예술가를 직접 잇는 신묘한 능력을 뜻한다.

이 뷔넨탈렌트는 공연자에 따라서 저마다 다르다. 파가니니가 세계적인 명성을 얻는 데 크게 도움이 된 사기와 허풍 분위기를 뷔넨탈렌트로 봐서는 안 된다. 이 이탈리아의 바이올리니스트 버금가게 유명한 리스트는 파가니니의 어떤 기교도 절대로 쓰지 않았지만 더 폭넓은 대중적 인기를 누렸다.

그들은 어떤 방법을 썼던가? 그것은 말하기가 매우 어렵다. 제니 린드는(모든 기록으로 짐작건대) 오늘날 국립 오페라극장에서 들을 수 있는 것보다 뛰어난 목소리를 지녔다고 볼 수 없는데 어떤 방법으로 성공한 걸까? 여든 살에 가까운 노령으로 여전히 카네기 홀을 열광하는 팬으로 가득 채운 파데레프스키(Paderewski)는 어떻게 피아노를 연주한 걸까?

파데레프스키는 타고난 흥행사다. 그는 50여 년을 폴란드에서 애국자로 존경받았으며, 미국에서 첫 공연할 때 피아노 제조업자들이 엄청나게 광고해 주었다. 그러나 프리츠 크라이슬러(Fritz Kreisler)는 굳이 공연을 시끌벅적하게 광고하지 않아도 청중이 알아서 몰려들었다. 그저 조그만 신문기사로도 충분했다. 반면에 얀 쿠벨리크(Jan Kubelik)는 위대한 바이올린 연주자였지만 대중을 장악하지는 못했다.

선전만으로는 예술가에게 아무 소용도 없다. 그것은 시간과 돈의 낭비이다. 해협을 헤엄쳐 건넌 사람이나 마라톤 선수 같은, 일시적인 명성은 줄어들지 모른다. 그러나 그런 명성은 얼음 위의 모닥불 같은 것이다. 타고 있는 동안에는 몇 마일 사방에서나 볼 수 있는 큰 불길이 치솟지만, 다 타 버리면 어둠만 남기고 사라진다.

이 문제에 대해서는 나보다 많은 지식을 가진 사람들이 지금까지 깊이 진지하게 생각했을 것이다. 그 이유는 돈과 관계되기 때문이다. 그러나 그들도 쉽게 알 수가 없다. 그들 가운데는 신에게 책임을 돌리는 사람도 있다. '신께서 어떤 사람에게는 인기 얻는 재능을 주시고, 다른 사람에게는 주지 않았을 뿐이다.' 이렇게 생각하고 그 이상은 추구하지 않는다. 그러나 이 대답은 불충분하다. 영리한 무대 매니저(음악 대리인 중에도 영리한 무대 매니저들이 있다)는, 신의 도움을 받아 공연을 성공적으로 이끄는 방법을 알고 있다.

그러면 그들은 어떤 일을 할까? 할리우드가 우리에게 하나의 대답을 줄 수 있다. 그들은 출연자를 하나의 매혹적인 분위기로 감쌀 줄 안다. 그들은 심리적인 마술로 수많은 잠재적 고객의 마음에 호기심의 씨를 뿌린다. 그러면 사람들은 극장에 몰려가 자기 눈으로 그것을 확인하지 않고는 못 견디게 된다. 매우 신랄하고 냉혹하게 들릴지 모르지만 어쩔 수 없다. 이것이야말로 우리 시대의 위대한 피아니스트, 바이올리니스트 및 가수들의 궁극의 '매력'을 낳는 비밀이다.

제니 린드가 청중을 끈 이유는 그녀가 아주 뛰어난 성악가일 뿐 아니라, 성실하고 충실한 스웨덴의 주부임이 알려져 있었기 때문이다. 그것이 그녀 특유의 매력이었다. 그런데 사라 베르나르(Sarah Bernhardt)[1]는 가정적인 미덕이라고는 조금도 없는데도 가는 곳마다 모든 홀과 극장을 관객으로 가득 채웠다. 내가 지금 이것을 쓰고 있는 동안에 슈만 하인크(Schmann Heink)[2]의 장례식이 치러졌다. 이 노부인도 자기보다 잘 부르는 가수가 있다는 데에 동의했을 것이다. 그녀는 삶에 대한 의욕이 왕성하고 쾌활한 사람이었으며, 아무리 비극적인 곤경에 처해도 늠름하게 모든 고난을 이겨냈다. 그것이 모든 청중의 마음을 정복했다.

더 이상 설명할 필요는 없을 것이다. 독자 여러분은 이와 같은 예가 여러 가지로 생각날 것이다. 그런 특별한 매력이 있다면, 무료 입장권을 뿌리지 않아도 극장을 만원으로 채울 수 있다.

매혹(glamour)이라는 말의 사전적 정의는 '사람 또는 사물에 내재하는 묘한 아름다움, 혹은 가공의 아름다움이나 망상 또는 유혹하는 힘'이다. 실제로 육체적인 아름다움은 매력과 아무 관계도 없다. 엄청난 지적 재능도 하등 필요 없다. 그 악기에 절대적으로 숙달해 있어야 한다는 것은 물론 '없어서 안 되는 조건'이다. 피나는 노력과 어떤 고통도 마다하지 않는 의지도 반드시 필요하다. 그러나 그 밖에 마법 같은 재능이 필요하다. 그것은 사람들로 하여금 그들이 보고 듣는 것 이상의 것이 거기에 있다고 느끼게 하는 능력, 사람들에게 호기심을 갖게 하고, 흥미를 느끼게 하고, 발견할 수 없는 대답을 계속 찾게 만드는 능력이다.

파가니니와 리스트! 1830~50년대에 이 두 사람의 이름은 오늘날의 히틀러나 무솔리니 못지않게 신문 지면을 장식하고 있었다. 그들이 어느 도시에 도착

---

1) 19세기 프랑스 연극배우.
2) 체코 태생 여성 오페라 가수.

하여 음악회가 열리면, 그날은 공휴일로 선포되었다. 환호하는 군중은 그들의 마차에서 말을 떼내고 직접 마차를 호텔까지 끌고 갔다. 그들은 호텔 발코니에 나타나 군중의 환호에 답했다.

파가니니의 연주에 대해서 우리는 소문으로밖에 모르지만, 리스트의 연주를 들은 적이 있는 사람은 아직도 많다. 그들이 입을 모아 인정하는 것은, 리스트가 노년이 된 뒤에도 놀라운 기량을 간직하고 있었다는 것이다. 기술적인 능력은 대개 누구나 습득할 수 있는 것이지만, 그뿐 아니라 그의 고유한 '음색'도 있었다. 오랜 세월을 거쳐 지금도 살아남아 있는 것은, 리스트의 '터치'…… 그의 '음색'에 대한 추억이다. 지금의 기술은 의심할 것도 없이 더욱 진보했다. 피아노는 기계적으로는 크게 개량되었다. 그러나 어느 누가 과연 다시 리스트의 그 터치를 재현할 수 있을는지…… 이것은 대답할 수 없는 질문이다. 우리는 다만 신기하게 생각할 수 있을 뿐이다.

파가니니 또한 단지 놀라운 스타카토(staccato)[3]와 왼손의 피치카토(pizzicato)[4]로 청중을 황홀하게 만드는 데 그치지 않았다. 그가 시도한 스코르다투라(scordatura)[5]는 전혀 새로운 것이 아니었다. 그전의 바이올린이나 기타 연주자들도 악기의 가락을 정식 연주회 때보다 높게 또는 낮게 조율하여 아마추어를 당혹케 하는 색다른 효과를 낼 줄 알았다. 과르니에리 바이올린의 현 세 가닥을 자르고 줄 하나만으로 곡의 나머지를 연주하는 그의 장기도, 100년 전에 현한 가닥을 위한 아리아를 작곡한 바흐와 그 밖의 사람들이 이미 시도한 바 있다. 무덤에서 악마를 일으켜 세우는 데나 어울릴 만한 장치로 무대에 오르는 경멸할 만한 수단 따위로는, 도저히 그가 전무후무한 바이올린 명인이라고 성실한 청중들이 여기게끔 할 수는 없었을 것이다.

그는 욕심이 많은 데다 도박에 빠져 바카라로 많은 돈을 잃고 있었으므로, 그의 생활을 둘러싼 신비로운 분위기를 더욱 부풀리는 선전이라면 어떤 것이고 마다하지 않았다. 매표 직원들이 돈을 떼먹지는 않을까 하는 라틴인 특유의 의심 때문에 그는 언제나 매표소에 나와 감시했다. 연주회가 끝나는 순간

---

3) 한 음씩 끊는 연주법.
4) 손가락으로 현을 뚱기는 연주법.
5) 특수효과를 내기 위한 변칙 조율법.

에 그는 자취를 감추었다. 아마 호텔의 단조로운 방으로 들어가서 트럼프놀이를 조금 즐겼을 것이다. 이튿날 아침 일찍, 무용가였던 안토니아 비안키(Antonia Bianchi)와의 사이에 태어난 아들에게 자기가 죽은 뒤 한 재산 남겨 줄 수 있도록 동전을 한 닢 두 닢 세면서 다른 도시로 떠났다.

사람들은 대개 그의 사생활의 이런 어두운 면은 알지 못했다. 알았다 해도 그들은 그런 일에는 별로 흥미가 없었을 것이다. 그것은 너무나 흔한 일이었다. 그 아이의 어머니는 파가니니가 토스카나의 외딴 성채에서 아무도 모르게 4년 간 함께 살다가 어느 날 분노가 폭발하여 목 졸라 죽인 귀부인이라는 소문이 돌았다. 물론 그는 어느 신분 높은 부인에게 애정을 품었던 적은 있었다. 그녀를 위해 두 가닥의 현을 위한 '세느 아무루스'까지 작곡하기는 했으나, 그녀의 손에 키스할 만큼 가까이 간 적도 없었고 하물며 목을 졸랐다는 것은 어림도 없는 일이었다. 그가 어머니를 죽였다는 소문도 있었다. 그것이 사실이라고 믿는 사람들은, 그가 그 죄로 감옥에 들어갔는데 거기에는 현이 한 가닥밖에 없었으므로 한 가닥으로 훌륭히 연주하는 방법을 익힌 것이라고 덧붙였다.

이런 이야기는 모두 전혀 근거 없는 것들이다. 그것이 사실이었다면 파가니니는 교황과 친교를 나눌 수도 없었을 것이고, 하물며 교황이 그에게 귀족 작위도 주지 않았을 것이다. 또 살인을 한 자가, 루카 공작 부인으로서 적어도 체면을 지켜야 했던 나폴레옹의 누이 엘리자로부터 총애를 받았을 까닭도 없다. 그런데 그런 소문이 대중의 인기를 끌어 파가니니를 부자로 만들어 주었다. 정말로 묘한 인물이었다. 연주 여행에서 큰 성공을 거둔 뒤, 그는 파리에 도박장을 차리려다가 신세를 망쳤다. 경찰이 그에게 도박장 개설 허가를 내주지 않은 충격이 그의 죽음을 앞당겼다. 그는 몇 해 전부터 결핵을 앓고 있었는 데다가, 1840년 그 충격으로 죽었다. 생명의 불꽃이 마지막으로 명멸하는 가운데 그는 사랑하는 바이올린을 집어들고 여느 때처럼 멋있게 즉흥곡을 켰으나, 활은 마침내 죽어가는 그의 손에서 떨어지고 말았다.

그 무렵 프란츠 리스트는 스물아홉 살이었다. 그는 9년 전 파리에서 파가니니의 연주를 들은 적이 있었다. 그 연주에서 깊은 감명을 받은 그는 파가니니가 바이올린으로 한 것을 자기는 피아노로 해 보겠다고 결심했다. 이것은 파가니니가 갖가지 술책을 쓰긴 했지만 역시 매우 뛰어난 음악가임에는 틀림없다는 것을 보여 준다. 프란츠 리스트는 이미 그 무렵 최고의 피아니스트로서 인정받고 있는 터였고, 리스트 자신도 연주가들의 웬만한 속임수는 다 알고 있었기 때문이다. 다른 면에서 이 두 사람은 전혀 공통점이 없다. 파가니니는 타고난 협잡꾼이었지만, 리스트는 예술가가 더는 천대받지 않고 고귀한 사회 일원이 되도록 한평생 애쓴 그야말로 참된 귀족이었다.

알다시피 리스트는 피아노 기법의 발전에 더할 수 없이 기여했고, 지금보다 훨씬 높은 평가를 받아 마땅한 작품들을 남겼다. 또한 예술가라는 직업의 명예를 위해 싸운 것만으로도 모든 음악가들이 영원히 감사해야 할 참된 위인이었다.

예술가는 신사가 될 수 없다는 원칙에는 물론 예외가 있었다. 국왕과 친교를 가진 화가도 있었고, 사적인 친구 가운데 극작가나 음악가가 몇 명이나 되는지 자랑스럽게 헤아리는 왕공들도 있었다. 그러나 그 무렵까지의 예술가의 지위는, 언제나 안타깝도록 불안정했다. 예술가는 로마 황제의 궁정에서는 그리스인이었으나, 술탄의 궁전에서는 곡예사였다. 자, 두어 번 재주나 넘어 봐, 노래나 불러 봐, 재미있는 얘기나 해 봐, 아니면 트럼프로 마술을 부려 봐. 재미있게 해 봐, 그 때문에 돈을 주고 있으니까.

그 무렵 지배 계급에 속했던 트루바두르는 신사 대우를 받았지만, 트루바두르 반주자인 류트나 바이올린 연주자들은 하인들과 같이 식사를 하고 부엌문으로 드나들었다. 17세기에는 바흐 같은 사람이 루터파 교회의 보제(補祭)로부터 초라한 파이 한 개를 얻어 먹어야 했다. 렘브란트 같은 거장도 가난한 생선 장수처럼 오라녜 공에게 지난달 못받은 그림 값을 조금이라도 달라고 수없이 재촉해야 했다. 루이 14세가 몰리에르에게 자기 앞 의자에 앉아도 좋다고 허락한 것은 50년 동안이나 궁정의 화젯거리였다.

지난날 미국 남부 지방 농장주들은 집 안에서 일하는 노예들을 대체로 매우 친절하고 참을성 있게 다루었다고 한다. 나는 그것을 조금도 의심하지 않는다. 그러나 만일 악질 주인이라면 늙은 흑인 조가 나무에 묶여 채찍으로 쉰 번이나 얻어맞는 일도 있었을 것이다. 늙은 흑인 조는 그것을 알고 있었으므로 좋은 대우를 받을 때도 결코 마음이 편치 못했다. 리스트 시대까지의 일반적인 음악가들은 이 늙은 흑인 조와 같은 처지였다. 그가 에스테르하지 집안을 위해서 일한다면 아무 불평할 이유가 없었다. 그러나 잘츠부르크의 대주교를 위해서도 일을 해 주어야만 했다. 그때 어떤 일이 일어났는지, 여러분은 모차르트의 이야기에서 생각이 날 것이다.

리스트가 어떻게 하여 예술가의 지위를 변화시키는 데 성공했는가는 이야기가 너무 길어지므로 생략한다. 그는 물론 매우 훌륭한 음악가였다. 그러나 그 자신의 삶 자체가 실은 최대의 예술

프란츠 리스트(1811~1886)

작품이었다. 그것은 그의 음악이 잊힌 뒤에도 오래도록 기억될 것이다.

프란츠 리스트는 헝가리의 라이딩이라는 마을에서 태어났다. 아버지는 거기서 음악사에 자주 등장하는 그 에스테르하지 집안의 한 가족의 영지를 관리하고 있었다. 아버지는 헝가리인, 어머니는 독일계 오스트리아인이었다. 갖가지 언어가 뒤섞인 나라에 사는 아이들은 언제나 어머니의 말을 배우게 되므로, 어린 페렌츠(Ferencz)는 프란츠(Franz)가 되었고, 평생을 헝가리인이 아닌 독일인으로 살았다. 그는 모국어를 조금할 줄 알았다. 만년이 되어 헝가리 동포들이 그를 조국의 위대한 상징으로 떠받들 때까지는 모국어로 작품을 쓴 적이 없었다.

이 점은 꽤 흥미롭다. 헝가리인으로 태어나 뚜렷이 독일적 환경에서 자랐다고는 하지만, 프란츠 리스트를 어느 특정 민족과 결부하여 생각하기는 어렵기 때문이다. 그는 괴테처럼 훌륭한 유럽인이었으며, 재능이 발견되면 국적을 가리지 않고 어떤 사람에게나 기꺼이 우정과 원조의 손을 내밀었다. 그 결과 그는 그 무렵 거의 모든 청년들의 생활에 영향을 주었다. 젊은 시절 그는 대담하게도 베토벤이나 베버의 작품을 공연 프로그램에 실었지만, 아무도 그것을 들

으려고 하지 않았다. 죽기 전에 그는 리하르트 바그너의 가장 강력한 옹호자로서 널리 알려졌으며 또 쇼팽과 베를리오즈의 열렬한 지지자이기도 했다. 그가 오랫동안 바이마르 대공의 오케스트라를 지휘했으므로 이 독일의 조그만 마을은 유럽 악단의 중심지뿐 아니라, 무언가 발표하고 싶어도 기회를 얻지 못하는 야심적인 젊은 작곡가들의 메카가 되었다.

만일 그가 보통 사람이었다면, 우리는 그의 삶을 모순 투성이라고 느꼈을 것이다. 1835년에 그는(그 여성에게 열렬히 간청해서) 아름다운 다구(d'Agoult) 백작 부인과 언제나 함께 있지 않으면 이제 살아갈 수 없다는 결론에 이르렀다. 다구 부인은 '대니얼 스턴(Daniel Stern)'이라는 남자 이름으로 (매우 따분한) 책을 썼을 뿐 아니라 살롱을 갖고 있었다. 거기에는 파리의 모든 문인, 음악가, 미술가들이 모여들어 하이네의 자작시 낭송이라든가 쇼팽의 야상곡 또는 원무곡 연주를 듣곤 했다. 그런데 리스트가 이 애인을 데리고, 하필이면 장 칼뱅의 고향 제네바로 갔다. 어떤 예술가라도 마음 편히 느낄 수 없는 도시였다.

백작 부인은 그곳에서 몇 해 사는 동안에 아이 셋을 낳았다. 그 가운데 코지마(Cosima)라는 딸은 그 뒤 70년 동안 음악사에서 상당한 역할을 하게 된다. 이 딸은 그 재기뿐 아니라 남자에게 지지 않는 재능을 가진 점에서 어머니와 거의 비슷했다. 1857년 그녀는 아버지 리스트의 가장 사랑하는 제자 한스 폰 뷜로(Hans von Bülow)와 결혼했다. 뷜로는 피아니스트였으나 나중에는 그 무렵 최고 지휘자의 한 사람이 되어 '베토벤 이래 가장 훌륭한 지휘자'라는 찬사를 받았다. 그 뛰어난 재능으로 뷜로는 바그너의 곡을 지휘하고 바그너를 위해서 매우 귀중한 공헌을 했다. 거장 바그너는 세상의 인정을 받기 위해 막 40년에 걸친 전쟁을 시작하고 있었다. 그는 뷜로에게 깊이 감사하여 그야말로 바그너식 방법으로 은혜를 갚았다. 그는 친구 폰 뷜로의 아내 코지마를 훔쳐, 위대한 리스트의 사위가 되었다.

몇 해 뒤 신경이 예민해진 리스트는, 모든 면에서 딸 코지마의 닮은 꼴이었던 백작 부인에게 점점 거리감을 느꼈다. 1840년에 두 사람은 서로 영원한 작별을 고했다. 리스트는 연주회 무대로 돌아가고, 백작 부인은 개인적인 추억을 엮은 슬픈 책을 쓰는 데 위안을 찾았다. 그 책이 사람들의 흥미를 끄는 데 실패하자 그녀는 급진적이 되어, 파리의 한 혁명적인 살롱의 주재자가 되었다. 둘째

바이마르 궁정에서 피아노 연주를 하는 리스트 19세기 후반 동판화.

딸 블랑딘(Blandine)은 에밀 올리비에(Émile Olivier)와 결혼했는데, 이 사람은 그 비참한 프랑스—프로이센 전쟁의 직접 책임자였던 나폴레옹 3세의 법무장관이었다.

아마 여러분은 이미 깨달았겠지만, 리스트는 상당한 재사였다. 그의 손이 닿은 것은 무엇이나, 여자건 음악이건 금방 빛을 발했다. 다른 사람들은 시선이 곱지 않았는지 모르지만, 프랑스가 사랑한 '무슈 리스트'는 '매혹적인 시선'을 갖고 있었다. 보통 피아니스트가 청중에게 뛰어난 음악가라는 인정을 받으려면 세 시간은 피아노를 두들겨야 했다. 그러나 리스트가 무대에 나타나 미소만 던져도 청중은 그만 아찔해졌다. 그러다가 리스트가 피아노의 건반에 손가락을 대는 순간 그들은 제정신을 되찾는다. 그 음색이 비단처럼 부드러웠기 때문이다.

현대의 비평가들은 그의 작품이 어딘가 천박하고 깊이가 없다고 불평들을 한다. 그들이 설명 또는 변호하는 말에 따르면, 그것은 리스트가 늘 믿기지 않을 만큼 엄청난 과로에 시달린 탓이라고 한다. 그는 쉴 새 없이 이 도시에서 저 도시로 옮겨다니며 연주하고, 그렇게 번 돈을 가난한 학생들에게 나누어 주었다. 다른 사람의 작품을 피아노 또는 오케스트라 음으로 편곡하고, 많은 편지에 일일이 회답을 썼으며, 수많은 만찬회나 환영회에 참석하고 자선 연주회를 열고, 그러면서도 경건한 가톨릭 교도로서의 자기 의무에 충실했다.

강철 같은 체력을 물려받은 것인지, 리스트는 그런 생활을 계속하고도 일흔 다섯까지 살았다. 다른 사람이었다면 다구 부인 한 사람으로 충분히 만족했을 것이다. 그러나 리스트는 1848년에 또 한 여성의 포로가 되었다. 이번에는 사람들이 흔히 '유력자'라고 표현하는 계급의 여성이었다. 그녀는 러시아 귀족인 비트겐슈타인(Wittgenstein) 후작 부인이었다. 리스트는 12년 동안 그녀와 조그만 도시 바이마르에서 살았다. 이 도시의 관리들은 이 매우 정당치 못한 결합에 놀라움을 금치 못했으나 그들은 무력했다. 그들은 늘 황실 또는 왕실의 고관들이 그의 대기실에 북적대는 한 리스트를 어떻게 할 도리가 없었다. 이 사람이 바이마르 대공에게 보낸 편지는 붙임성과 외교의 걸작이어서, 이 거장의 사생활에 대한 어떤 사소한 비평도 분명한 무례로 여겨졌다. 러시아 궁정은 그 결혼에 반대를 밝혔겠지만, 유명한 프란츠 리스트의 편지 한 통으로 바이마르 공국은 모스크바에 도전하기 위해 전군을 동원할 태세를 갖추었다.

족보에 관심을 가진 사람은 깨달았는지 모르지만, 이 무렵에는 프란츠 리스트가 프란츠 폰 리스트로 되어 있었다. 그러나 그는 '네가 가져라' 하는 듯한 특유의 몸짓으로, 그 칭호를 자기보다 더 갖고 싶어 하는 사촌동생에게 주어 버렸다. 이미 정부 당국이 여권에 '이 문서 소지자는 전 세계에 알려진 인물이므로 신상기록이 불필요함'이라고 기록한 사람에게 황제나 교황이 주는 귀족 칭호가 무슨 의미가 있겠는가? 오스트리아와 헝가리의 관료들은 이 평범한 헝가리인에게 본때를 보이고자 별렀지만 분명 그들에게 리스트는 힘겨운 상대였다.

헝가리의 용감한 마자르족이 투르크를 격파하고 유럽 문명을 구한, 유명한 역사적 사건 1000주년 기념식에 리스트는 필요한 축하 음악 작곡을 부탁받았다. 그는 그것을 작곡하여, 그 행사를 위해 특별히 훈련한 악사와 가수들을 배에 싣고 부다페스트로 갔다. 그날 밤 왕궁에서 연회가 열릴 예정이었다. 귀족들은 모두 군주에게 경의를 표하기 위해 헝가리의 수도 부다페스트에 모여들었다. 리스트는 초청되지 않았다. 그는 무시당했다고 생각했을까? 물론 그렇지 않았다. 연주회에서 그는 여느 때와 다름없이 정중하게 처신했으며, 왕실 연회

부다페스트에서 사제 신분으로 오라토리오를 지휘하는 리스트

가 열리자 타고온 배로 돌아가 자기들만의 선상 연회를 열었다. 그는 바이올린 연주자, 가수, 바순 연주자 등 '동료들'과 함께 식사를 했다.

정말이지 전 영지 관리인의 아들인 그에게 분수를 깨우치게끔 한다는 것은 무모한 짓이었다. 그는 결코 역정을 내지 않았다. 그는 언제나 상황을 자기 마음대로 다룰 수 있었으므로, 이런 방법으로 고결한 지위를 죽을 때까지 유지할 수 있었다.

만년에 그는 공연 무대에서 거의 은퇴했다. 작곡가 지기스문트 탈베르크 (Sigismund Thalberg)와 공공연히 겨루면서 쉴 새 없이 전 세계를 여행하고 다니던 시대, 세계적 명성을 얻은 유일한 스위스 음악가이며 손끝 재주가 뛰어난 탈베르크의 추종자들과 리스트의 지지자들이 세계를 양분하던 시대는 지나갔다. 그 무렵 리스트는 자신의 명성에 진저리를 내고 있었다. 그는 보통 사람 100명의 야심을 채우고도 남을 영화를 누렸다. 나중에는 더없이 충실한 비트겐슈타인 후작 부인에게마저 싫증이 났다. 나이 쉰다섯에 '비가 올 때는 비옷을 입으세요', '저녁 식사 뒤의 코냑은 소화에 좋지 않으니까 두 잔 이상은 들지 마세요' 같은 잔소리를 듣는 것은 이제 유쾌하지 않았다. 그래서 그는 은근히 헤어지자는 뜻을 비쳤다. 마침 그때 후작 부인은 이제 자유로이 평민과 결혼할 수 있게 되었으므로, 리스트는 얼른 헤어지지 않으면 영원히 그녀의 포로가 되어야 했다.

이 곤란은 오스트리아식으로 해결되었다. 호엔로에(Hohenlohe) 추기경(그는 가족을 위해서 이 결합에 강력히 반대하고 있었다)이 리스트를 사제로 서품했다. 매우 은밀히 조심스럽게, 그러면서도 매우 효과적으로 성직에 앉은 리스트 신부(神父)는 모든 유혹에서 멀어졌다. 그는 여전히 후작 부인의 헌신적인 정신적 친구였지만, 결혼 이야기는 이제 나오지 않았다.

그로부터 30년 동안 유럽에서는 기묘한 광경을 볼 수 있었다. 사제복을 입은 노신사가 로마와 바이마르와 부다페스트 같은 곳에서 주목할 만한 모든 사람들에게, 돈벌이를 위해서가 아니라 음악에 대한 사랑에서 가르침을 베푸는 모습이었다.

그의 작품은 얼마든지 들을 수 있으므로 비평은 하지 않겠다. 직접 판단하는 것이 가장 좋다. 그러나 현대의 음악가들은 자기들이 프란츠 리스트에게 큰 빚을 지고 있음을 잊지 말아야 한다. 그는 수세기 동안 예술가들을 곡예사, 길들인 바다표범, 서커스 재주꾼들과 함께 살게 강요했던 사회적 편견을 인격의 힘만으로 타파했다.

베토벤은 너무나 무모하고 오만했다. 산책길에서 왕을 만나도 모자를 벗지 않았다. "나도 음악 분야에서는 왕이 아니냐?" 이렇게 그의 태도는 무례했다. 이 무례한 태도로 아무 문책도 받지 않은 것은, 그가 늙은 옹고집이기는 했으나 그 시대 최고의 천재 베토벤이었기 때문이다. 프란츠 리스트는 어떤 사람에게나 기꺼이 모자를 벗었다. 그러나 그가 가까이 오면, 어찌 된 일인지 상대편에서 먼저 매우 정중하고 온화한 몸짓으로 모자를 벗게 되는 것이었다. 정말로 혁명가였던 베토벤은 언제나 외치고 있었다. "여러분, 나는 어떤 인간과도 대등하단 말이오. 그걸 잊지 마시오." 반면에 프란츠 리스트는, 그 점은 마치 벌써 오래전에 해결되어 버린 듯 행동했다. 이런 식으로 적의 가장 강력한 무기를 빼앗는 재능이 칼을, 능력이 혈통을 대신하는 대결로 바꾸었다.

프란츠 리스트는 1886년에 죽었다. 역사에서 그와 같은 사람은 지금까지 아무도 없었다. 그에 가까운 사람은 있었으나 누구도 그와 같지는 않았다.

56장
베를리오즈

현대 '포퓰러 뮤직'의 시작

오늘날 표제 음악(program music)은 인쇄된 표제가 음악 자체보다 훨씬 중요한 음악적 오락의 한 형식으로 되어 가고 있다. 각 소절마다 설명문이 두 줄쯤 낭독되므로, 방송으로 교향곡을 들을 때는 8분간 연주를 듣는 데 9분간 해설을 들어야 한다.

이와 같은 표제 음악은 최근에 생긴 것이 아니다. 언어가 따르지 않는 음악으로 비음악적 관념을 시도하려는 시도는 16세기 중엽까지 거슬러 올라갈 수 있다. 다윗과 골리앗의 싸움을 음향으로 재현하려고 했던 쿠나우의 시도는 아마 17세기에 가능한 가장 좋은 예이다. 쿠나우의 선배인 네덜란드인 오르간 연주자 스웰링크(Sweelink)는 매우 사실적으로 뇌우(천둥)를 나타냈으며, 그의 한 동료는 오르간의 아르페지오(arpeggio)[1]법을 이용하여 청중으로 하여금 그리스도 승천 광경을 상상하게 할 수 있다고 자신했다.

로코코 시대의 작곡가들은 그처럼 강렬한 소리 대신 뻐꾸기, 나이팅게일 등 재미있는 동물들의 소리를 표현하려고 했다. 베토벤은 시냇물 소리라든가 우박이 쏟아진 뒤 무지개가 서는 경치 같은 소리를 덧붙였다.

나폴레옹이 난폭하게도 이 지상의 낙원, 장 자크 루소가 말하는 즐거운 양치기들의 집을 황폐하게 만들었을 때, 가엾은 요정들과 그 친구인 신사들은 가까운 숲 속으로 달아나고, 이 실험적 음악의 분야는 황제군의 군화 소리에 짓밟혔다. 곧이어 전투 장면을 표현하는 음악이 급히 필요해졌고, 음악가들은 대

---

1) 화음을 이루는 음들을 한 음씩 연속 연주하는 연주법.

포가 울리고 있는 동안에 부랴부랴 한몫 챙기려고 했다.

유럽의 유명한 외교관과 귀족들이 오스트리아의 수도에 모인 빈 회의 때, 베토벤은 5천 명의 방문객을 위해 연주회의 지휘봉을 잡았다. 그는 〈영웅〉이나 〈전원 교향곡〉을 연주했을까? 물론 그렇게는 하지 않았다. 그런 곡을 연주해 보아야 청중은 이해하지도 못했을 것이다. 그가 연주한 곡은 〈비토리아 전투 *Battle of Vittoria*〉였다. 웰링턴이 주르당과 에스파냐 왕 조제프 보나파르트군을 혁혁하게 무찌른, 그 유명한 대회전을 음악으로 표현한 것이다. 그것은 굉장한 성공이었다. 그것은 내가 제정시대의 러시아에서 흔히 들은 적이 있는 차이코프스키의 〈1812년 서곡〉 연주처럼 들렸는지도 모른다. 그 무렵에는 국가(國歌)의 긴장감을 강조하기 위해 마지막 부분을 연주하는 동안 야포대가 대포를 발사하는 것이 상례였다.

그러나 그런 잔재주는 그 무렵 흔한 일이었으며, 어느 학식 높은 교수가 음악의 목적은 즐거움보다 오히려 교육하는 데 있다는 것을 발견한 뒤에야 거의 사라졌다. 지금도 베토벤의 〈레오노레 서곡〉을 연주할 때 지휘자가 제2트럼펫 연주자를 별실에 두는데, 나는 마땅찮게 생각한다. 그것은 그리 고상한 방법이 아니다.

'순수 음악'과 '표제 음악'의 싸움이 지금까지 400년이나 이어졌고 아직도 결정적인 승부가 나지 않고 있는 사실을 감안하면, 그 문제는 여기서 언급하지 않는 것이 신중한 태도라 생각한다. 그런 토론을 해 봐야 미술의 갖가지 유파, 즉 후기 인상파·초현실주의·다다이즘·미래파 등등의 공로에 대한 끝없는 격론과 마찬가지로 아무 소용도 없다. 아마 그 가운데 어떤 것은 좋고, 그 대부분은 의심할 여지없이 나쁠 것이다. 세잔이나 피카소 같은 거장이 어떤 방식으로 그릴 때, 적어도 다른 방식과 구별되는 기법상의 특징이 있을 것이다. 무능한 인간이 경망하게 똑같이 시도한다면 그 결과는 참담할 것이다. 리하르트 슈트라우스(Richard Strauss)가 악보를 통해 엘렉트라[2] 이야기를 전하거나 죽음이나 변신에 대한 사상을 음악으로 설명한다면, 나는 그에 따를 수 있고 그가 전하고자

---

2) 그리스 신화의 여신으로, 아가멤논의 딸.

오케스트라를 지휘하는 베를리오즈 1846년, 빈의 연주회를 그린 캐리커처. 베를리오즈는 오케스트라 편성에서 금관악기를 좋아했다. 이는 그 무렵 전쟁이 많았던 시기와 무관하지 않다.

하는 말을 알아들을 수 있다고 생각한다. 무명 작곡가의 작품이라면 가까운 문간으로 달려나가고 싶을 따름이다. 거장 리하르트 슈트라우스의 〈돈 키호테〉 같은 것까지 나는 아직도 잘 알 수가 없다. 그래서 어떻다는 것은 물론 아니다. 내가 성장하면 알게 되기 때문이다.

음악의 유머에 대해서도 같은 말을 할 수 있다. 슈트라우스나 모차르트가 재미있어 할 때는 나도 우스워서 못 견디고, 그 어릿광대 같은 기분을 실컷 즐긴다. 다른 작곡가들이 〈마술피리〉나 〈틸 오일렌슈피겔 *Till Eulenspiegel*〉을 흉내내고 싶어도, 그런 작품을 다룰 만한 실력이 되지 못하니까 함부로 유머에는 손대지 않는 편이 좋다는 것을 증명할 뿐이다. 그보다는 비극에서 출발하는 편이 낫다. 그 편이 훨씬 쉽다.

오늘날에는 매우 많은 표제 음악을 들을 수 있다. 그것은 북스테후데가 오르간에 의한 '유성(遊星)의 성질과 특징'의 묘사를 시도한 것에서, 드뷔시의 유명한 〈목신(牧神)의 오후〉에 대한 훨씬 성공한 실험까지 별의별 것이 다 있다. 그런 음악의 대부분은, 현대의 해설자들이 해석하는 것보다 음악 스스로 설명하도록 놔두는 것이 훨씬 그 목적에 도움이 된다고 나는 진심으로 믿고 있다. 그 음악이 정말로 좋은 것이라면 외부의 도움이 필요 없고, 그것이 나쁜 것이라면 들을 이유가 없다. 파이를 먹을 때, 무엇을 몇 스푼씩 넣어야 한다고 만드는 방법을 가르쳐 주는 요리책을 동시에 읽어야 하는 것은 아니다. 그런데 레스피기(Respighi)의 〈로마의 분수 *Fountains of Roma*〉나 쇤베르크의 〈정화된 방 *Verklärte Nacht*〉을 들을 때는 왜 그렇게 하는가?

이상은 액토르 베를리오즈에 대한 적당한 머리말로서 설명한 것이다. 그는 뛰어난 기타 연주자이자 파리 음악학교의 사서였으며, 표제 음악의 아버지로서 흔히 인정되고 있을 만큼 그 발전을 위해서 공헌한 작곡가이기도 하다. 현대 이탈리아 오페라의 최고 작곡가였던 친절한 주제페 베르디(Giuseppe Verdi)와 마찬가지로, 베를리오즈도 그 생애의 일부를 리하르트 바그너와 동시대인으로 활동했다는 사실 때문에 손해를 보고 있다. 바그너의 재능은 매우 심원하고 선명하고 대단했던 탓에(금방 생각나는 이런 할리우드식 형용사라면 얼마든지 붙일 수 있다) 〈신들의 황혼 *Götterdämmerung*〉의 소리가 울리고 있는 동안에는 아무도 자기 작품을 선보일 기회를 얻지 못했다. 게다가 리하르트 바그너의 오만함과 비열함이 너무 심원하고 선명하고 대단했으므로, 다른 사람은 재능이 있어도 기회를 잡을 수가 없었다. 자기가 경시당하면 언제나 남을 죽일 것처럼 고래고래 소리 지르는 바그너는, 가엾은 경쟁자를 천한 구둣발로 힘껏 짓밟아 끽소리도 못 내게 만들었을 것이다. 베를리오즈도 불행한 베르디와 마찬가지로 실은

매우 위대한 음악가이
며, 그 작품은 오늘날의
음악회 프로그램에서도
당당히 자리를 차지하고
있다.

베를리오즈의 생애는
그에게서 많은 것을 배
운 리스트에 비하면 행
복하지도 편하지도 않
았다. 시골 의사였던 그
의 아버지는 아들이 음
악을 공부하는 것을 바
라지 않았다. 아들도 의
학을 공부하고 싶지 않
아 집을 나와서 저 살 길
을 찾았으나 별로 잘 되
지 않았다. 그러나 파리
에는 다른 나라 수도보

파리의 자르댕 드 이베르에서 열린 연주회 지휘를 맡은 베를리오즈
귀스타브 도레가 그린 풍자화.

다 훨씬 유리한 점이 있다. 한다면 일주일에 100만 달러라도 쓸 수 있고, 20센트
밖에 없다면 그 돈으로도 버틸 수 있는 곳이 파리이다.

1830년 스물일곱 살의 베를리오즈는 그가 숭배하는 바이런 경의 시에 곡을 붙
인 칸타타로 로마 대상(Prix Rome)을 획득했다. 수상작 〈사르다나팔루스의 죽음 *La
de Sardanapale*〉은 그에게 3년 동안의 의식주를 보장해 주었다. 그러나 이 젊은 학
생은 2년도 채 안 되어 고향으로 돌아갈 허가를 신청했다. 선량한 프랑스인과 마
찬가지로 그도 고국의 부르바르(가로수길) 없이는 살 수 없었다.

그의 향수병은 아일랜드인 여배우 해리엇 스미스슨(Harriet Smmithson)에 대
한 사랑 때문에 더욱 악화되었다. 그녀는 그 무렵 파리에서 셰익스피어 연극
을 공연하고 있었다. 베를리오즈는 행복해질 수 없는 운명을 타고난 사람이었
다. 그는 이 여성에게 청혼하여 1833년에 결혼했다. 그런데 그 얼마 뒤에 베를리

오즈 부인이 어떤 사고로 은퇴하여, 둘이서 돈을 모아 가계를 꾸려간다는 달콤한 꿈이 깨지고 말았다. 그 무렵 그는 〈어느 예술가가 겪은 에피소드 *Épisodes de la vie d'unartiste*〉를 작곡했다. 파가니니는 친절하게도 그것을 자기의 〈베네치아의 사육제 *Carnevale di Venezia*〉보다 훌륭한, 음악 사상 최대 걸작이라고 홍보해 주었다. 그러나 청중은 이에 동의하지 않았다. 베를리오즈는 후대의 드뷔시처럼 생계를 잇기 위해 음악 비평을 해야 했다. 그는 26년 동안 그 탐탁지 않은 일에 시달렸는데, 그동안에도 낭만주의적 걸작들을 썼다. 〈이탈리아의 아롤드 *Harold en Italie*〉, 〈로미오와 줄리엣 *Roméo et Juliette*〉, 오페라 〈벤베누토 첼리니 *Benvenuto Cellini*〉, 그리고 알제리 정복 전쟁 때 전사한 프랑스 장병들을 추도하는 〈레퀴엠 *Requiem*〉 등이 그 대표작이다.

1840년에 그는 사랑하는 해리엇과 결별했으며, 같은 해에 독일이 그의 진가를 발견했다. 로베르트 슈만이 〈노이에 차이트슈리프트 퓌어 무지크〉에서 그를 옹호한 것이다. 그 덕에 베를리오즈는 빈, 베를린, 런던, 상트페테르부르크 등에 초빙되어 자기 작품 연주를 지휘했다. 그가 〈파우스트의 저주 *Damnation de Faust*〉를 파리에서 초연했을 때 동포들은 다만 무례하게 비웃을 뿐이었다. 그러나 그에게서 많은 것을 배운 마음씨 좋은 프란츠 리스트가 베를리오즈에게 도움의 손을 뻗어, 〈그리스도의 어린 시절 *L'Enfance du Christ*〉이 바이마르에서 초연되었다. 불과 36명의 오케스트라였지만, 바이마르 궁정에서 가장 유명한 악장이 지휘할 수 있었던 최대 규모였다.

지금 같으면 삼류 방송국도 창피해할 규모이다. 그러나 1850년 무렵 독일의 여러 조그만 공국의 궁정은 이 정도의 자력밖에 없었다. 바이마르 공국이 미국의 어지간한 주보다 작았다는 점을 감안하면 36명의 악단은 상당한 규모임을 알 수 있다. 이 조그만 독일 공국들이 19세기 전반에 음악과 연극을 위해서 이룩한 공적은 충분한 칭찬과 감사를 받을 만하다. 그가 바이마르에서 리스트와 함께 연주한 것은, 그 50년 뒤 작센 마이닝겐 후작의 극장에서 공연한 것처럼 큰 명예였다. 대도시에는 더 큰 오케스트라와 극장이 있었다. 그러나 초심자가 이런 조그만 오케스트라에서 받은 짜임새 있는 훈련은 아무데서도 받을 수 없었다. '제자들을 돌보라, 그러면 스승은 자기를 돌보게 된다'는 옛 속담은, 학문에서뿐 아니라 예술에서도 유익한 슬로건이다.

베를리오즈가 왜 그렇게 고생했는지 나는 알 수 없다. 그에게는 매우 많은 열성적인 팬과 모든 기회에 그의 작품을 밀어주는 유력한 친구들이 있었다. 그는 세자르 프랑크(César Franch)만큼 처지가 나쁘지는 않았다. 프랑크는 세상을 떠나기 몇 년 전에야 그의 최고 작품이 파리 오케스트라에 의해 연주되는 것을 들었다. 그러나 많은 적을 물리쳐야 했다는 점에서는 베를리오

앙리 팡탱 라투르가 그린 〈베를리오즈 기념제〉
손에 펼쳐 든 두루마리에 베를리오즈의 작품 〈로미오와 줄리엣〉 〈파우스트의 저주〉 〈그리스도의 어린 시절〉 작품명이 보인다.

즈나 프랑크나 똑같았다. 바그너의 경우에는 군대 행진곡의 악보를 쓰는 것만큼이나 쉽게 적을 만들었으니 다른 사람들의 적대감을 부른 까닭을 이해할 수 있다. 베를리오즈는 공손하고 사귀기 쉬운 사람이었다. 동료들은 그를 높이 평가했으며, 그가 그들의 작품에 관대했던 것처럼 그들은 그에게 관대했다. 그러나 베를리오즈는 평생을 고독하게 살았고, 죽은 뒤에 신화적인 인물이 되었다. 그런데 그는 우리와 시대적으로 그리 멀리 떨어진 사람이 아니다. 만년에 그는 아델리나 파티(Adelina Patti)와 결혼했는데, 파티는 제1차 세계대전 때 자선 음악회에서 자선공연을 하고 불과 몇 년 전 죽었다.

아마 그는 이 세상에 좀 늦게 태어난 것 같다. 그는 철저히 낭만주의 시대에 속해 있었다. 그의 음악은, 가면 쓴 사나이가 달빛 은은한 어두운 밤, 유서 깊은 고성에서 아름답고 젊은 공주들을 유괴하여 곤돌라에 태워 베네치아 수로를 소리 없이 미끄러져 가는 장면이 보이는 듯하다. 그것은 모두 훌륭한 걸작들이

지만, 바이런 경의 시의 냄새가 진하게 풍긴다. 그래서 현대인의 귀에 그의 음악은 메소롱기온(Mesolongion)[3]의 영웅시처럼 귀에 쏙 들어오지 않는다.

왕 못지않은 수입에다 2천 에이커나 되는 전원을 갖고서도 마음에 드는 여성의 사랑을 얻지 못해 절망에 잠긴, 다리를 조금 저는 음울한 미남 귀족은 이제 없다. 지금은 아내와 귀여운 아이가 둘 있고, 별로 돈이 들지 않는 교외의 2층 집에서 안정된 생활을 이어나가며, 화폐의 참된 성질에 대한 이론을 연구하고 있는 경제학 교수가 있다. 이런 철저하게 현실적인 사회의 일원이, 파우스트가 지옥에 가건 말건 신경을 쓸 까닭이 있겠는가? 그런 사람은 그레첸[4]에 대해 "그 여자는 바보니까 그건 자업자득입니다"라고 말할 것이다. 그리고 현대 사회의 경제적 병폐를 해결하는 방법을 다시 생각할 것이다.

나 자신은 기쁘게도 베를리오즈식 음악을 즐길 여유로움이 있다. 그러나 한편 나는 나이 먹은 탓에, 표제 음악이 해설 없이 연주된 시대가 그립다. 그 무렵 〈로마의 사육제 *La Carnaval romain*〉에는 다음과 같은 해괴한 설명은 붙지 않았다. "이 장면의 배경은 로마이다. 로마는 이탈리아의 수도이다. 지금은 사육제이다. 카니발(사육제)이라는 말은 두 개의 라틴어가 합쳐져 이루어진 말이며, 그 뜻은……'

---

3) 19세기 초 그리스 독립전쟁에서 격전지. 바이런 동상이 있다.
4) 파우스트 1부 주인공.

57장
다게르

다게르의 '사진'이 화가의 강력한 경쟁자가 된다.

회화 예술을 완전히 잊어버리게 했던 음악열은 이상하게도 여기서 잠시 멈추는데 그것은 아주 자연스러운 일이었다. 베를리오즈, 리스트, 베르디의 시대에 이르러 "유명한 피아니스트와 작곡가들은 어떻게 생겼을까?"라는 의문에 대한 답을 서명 없는 유화나 동판화에 의존하지 않고도 얻을 수 있었다.

크리스토프 빌리발트, 즉 리터 폰 글루크 같은 우아한 신사들은 자기의 초상화를 그 무렵 이름난 대가에게 의뢰할 수 있었다. 마치 쇼팽이 사회적으로 성공한 덕분에 들라크루아에게 초상화를 의뢰할 수 있었던 것과 마찬가지다. 그러나 다른 사람들, 즉 아내와 십여 명이나 되는 아이들이 있고 1년 수입이 600달러 정도밖에 안 되는 가난한 음악교사는 그런 불필요한 사치를 누릴 여유가 없다. 기껏해야 반 시간이면 얼굴을 그려주는 떠돌이 화가가 뒷날 위대한 거장이 된 예술가의 초상을 그려서 남겨 줄는지도 모른다. 그 뒤 다락방에 처박혀 있다가, 먼 뒷날 후손들이 몇 대 전의 조상이 얼마나 유명한 사람이었는지를 깨닫고 최대한 비싼 값에 팔 궁리를 할 때에야 초상화는 겨우 햇빛을 볼 것이다.

이런 정직한 떠돌이 화가들은 평화로이 장사에 열을 올리고 있다가, 한 프랑스인이 초상화를 연필이나 그림물감 대신 기계적·화학적 장치로 '찍을 수 있는' 방식을 개발했다는 난데없는 소식에 깜짝 놀랐다. 그것은 1839년의 일이었다. 1814년에 니세포르 니에프스(Nicéphore Niépce)라는 재미있는 이름을 가진 또 다른 프랑스인이 얼굴이나 나무나 풍경을 포착하여, 그 무렵 표현에 따르면 '영구히 보존하기 위한' 모든 화학 용액을 연구하고 있었다. 그 실험에서 디오라마

루이 다게르(1787~1851)

(diorama)[1]가 발명되어 1820년대 초엽의 유럽 여러 나라 수도에서 대성공을 거두었으며, 40년 전에 영화가 그랬듯이 그 무렵 사람들을 흥분시켰다.

니에프스는 그가 원한 것만큼 성공하지는 못했다. 최초의 사진을 찍은 명예는 그의 동료 루이 자크 망데 다게르(Louis Jacques Mandé Daguerre)의 것이 되었다. 그는 그림이 본업이었으나 화학에 관심을 두고 있었다. 화학을 이용해 순 기계적으로 손을 전혀 쓰지 않고 초상화 비용을 아낄 수 있으리라는 생각에서였다.

다게르 시대 이래, 사람들은 사진의 정당한 위치에 관해 논쟁을 벌여 오고 있다. 사진이 예술이냐 아니냐 하고. 물론 그것은 예술이다. 그리고 가까운 장래에는 위대한 예술이 될 것이다.

유화의 경우처럼, 초기의 사진가들 역시 거장이었다는 것은 흥미롭다. 유화와 사진 사이에는 그다지 관계가 없는 것처럼 보이지만 사실은 많이 닮은 점이 있다. 반에이크 형제나 그 밖에 플랑드르의 위대한 화가들은 오랜 세월, 때로는 몇 대에나 걸쳐서 채색필사본을 그려 왔다. 새로이 기름으로 그림을 그리기 시작했을 때, 그들은 거의 끝난 한 예술 형식에서 갓 시작된 다른 예술 형식으로 옮겨갔다. 초기의 사진 제작자들도 마찬가지였다. 그들 대부분은 본디 초상화가로서 생활하고 있었으며, 사진이라는 새로운 방법이 생계를 꾸려 나가는 데 훨씬 좋은 기회를 주었으므로 사진사가 되었을 뿐이다. 그들이 죽자, 선배 밑에서 오랫동안 예술적인 훈련을 받은 적이 없는 새로운 세대가 그 뒤를 이었

---

1) 틀을 통해 대상을 입체적으로 볼 수 있게 해 주는 장치.

다. 그들은 평범했다. 사진은 단지 기계적인 것이며 예술에 포함하기에는 적합하지 않다는 세평을 얻은 것은 바로 그들의 작품 때문이었다.

사진이 출현했을 때 유럽의 취미가 마침 가장 저열한 때였다는 것을 염두에 둘 필요가 있다. 사진은 가구, 장식 꽃병, 석고상보다 오래 살아남을 가능성이 많다. 할아버지나 할머니의 사진을 쓰레기통에 넣는 것은 불경스런 일이라고 누구나 생각한다. 그런 까닭으로 우리는 그런 사진을 볼 때마다, 가까운 조상들의 그 어이없는 옷차림이라든가 답답한 장신구 같은 것을 상기하게 된다. 그것은 대체로 그 사진이 만들어진 무렵에 살았던 사람들보다는, 그 사진가를 탓하는 경우가 많다.

그러나 최근 20년 동안에 이 극히 곤란한 예술이 이룩한 진보는 참으로 보

1839년 다게르가 촬영한 프랑스 풍경 카메라에 은판을 설치해 약 30분 동안 빛에 노출시켰다.

기 드문 것이었다. 앞으로 100년 뒤의 예술사는, 그림과 마찬가지로 사진에도 많은 장을 할애해야 하리라는 것은 확실하다. 그때쯤에는 현대 예술가들의 오만한 태도는 호되게 비판받을 것이다. 매우 한심스러운 그 태도는 의심할 것도 없이 자리를 양보하여, 자기의 인격을 통해서 보는대로 자연을 표현할 수 있는 사람이라면 그가 어떤 재료를 써서 제작을 하든 참된 예술가라는 확신이 생길 것이다. 아직도 예술가들은 아르놀트 겐테(Arnold Genthe) 같은 사진가를 이런 책에 다뤄서는 안 되고, 1870~80년대의 삼류 풍경 화가들은 마땅히 언급되어야 한다고 생각하고 있다. 지금 만들어지는 사진의 99퍼센트쯤은 아주 무가치한 것임은 확실하다. 그러나 미술 학교를 나오는 학생들 99퍼센트는 어떤가? 음악 학교 졸업생의 99퍼센트는 어떤가?

음악이나 미술이나 건축에서 볼 만한 가치가 있는 것은 언제나 1퍼센트에 지나지 않는다. 독자 여러분은 어느 국제사진전시회에 가서 그 예외적인 1퍼센트를 보고 난 다음, 사진이 정말로 예술이라는 주장을 어떻게 생각하는지 들려줄 수는 없을까?

58장
요한 슈트라우스

춤곡이 다시 등장해 사람들을 춤추게 한다.

19세기 전반은 매우 자각적인 시대였다. 사회의 지배 계층도 그리 마음이 편하지 않았다. 그래서 그들은 호화로운 사무실에서 또한 호화로운 저택으로 거드름 피우며 돌아와, 점잖은 대화와 한 병의 포도주로 으스대면서 따분한 밤을 보내고 있었다. 통속적인 오락으로서의 춤도 언뜻 미뉴에트를 연상시키는, 카드리유(quadrille) 같은 완만하고 정중한 것이 아니면 별로 중시되지 않았다. 카드리유는 신사 숙녀들을 바이올린이나 하프시코드 주자들과 함께 단두대로 몰고 갔던 카르마뇰(carmagnole, 민족춤)[1]이 등장하기 전 베르사유 궁전에서 유행했던 미뉴에트를 어렴풋이 상기시키는 것이었다.

어렴풋이 상기시킨다고 한 것은, 카드리유는 독자적인 기원을 가진 춤이었기 때문이다. 원래는 트럼프놀이였다. 트럼프놀이가 어떻게 춤이 되었는지는 알 수 없다. 그러나 그보다 이상한 일은 얼마든지 있다. 카르마뇰은 아마도 인류 그 자체만큼 오래된, 매우 단조로운 가락에 맞추어서 추는 것이었다. 호주 한가운데에 가면, 지금도 원형 그대로의 카르마뇰을 볼 수 있다. 그곳에는 원주민들이 루소의 이른바 고귀한 야만의 더러움 없는 아름다움으로 살아남아 있다. 그것을 약간 수정한 양식의 것은, 북미 인디언들이 조상 전래의 제사를 지낼 때 지금도 구경할 수 있다. 그들은 우리가 말하는 뜻으로의 춤을 추고 있는 것은 아니다. 그들은 자기의 몸을 끝없는 리듬의 되풀이에 실어서 위아래로 움직이며, 나중에는 아무것도 느끼지 않고 아무것도 생각지 않고, 가장 잔인한 무서

---

1) 프랑스 혁명 때 광장에서 춘 춤. 프랑스 민족 춤의 하나.

운 행위를 할 수 있게 된다.

그러나 그렇게 멀리 나갈 것까지도 없다. 피터르 브뤼헐이나 17세기의 많은 네덜란드 화가들이 그린 농촌 결혼식에서 이와 똑같은 춤을 볼 수 있다. 감정의 이런 율동적인 표현은 매우 오랜 것이며, 심지어 동물에게서도 그런 현상이 있다. 고양이, 비비, 새들도 이따금 카르마뇰을 춘다.

그것은 우리의 원초적 본능의 한 부분이므로 당연하다. 외국의 침략에 대한 공포가 인간을 야수로 바꾼 그 프랑스 혁명의 무서운 시대에, 표면에 그 춤이 나타난 것은 더없이 자연스러운 일이었다. 제1제국이 혁명 정부의 뒤를 잇자, 무서운 단두대 시대를 상기시키는 카르마뇰 같은 춤은 금지되었다. 바흐, 하이든, 모차르트가 그 음악 속에서 짜넣은 아무 해도 없는 시골 춤마저 이제 별로 좋게 보지 않게 되었다. 그와 같은 탄압의 결과는, 기대하던 것과는 정반대로 나타났다. 스퀘어 댄스(square dance)[2]나 라운드 댄스(round dance)[3]는 없어졌지만, 그 자리를 차지한 것은 그보다 부도덕하고 저속한 왈츠(waltz)였다.

영어의 왈츠는 독일어에서 딴 것이다. 그런데 독일인은 그것을 볼트(Volte)라고 부르던 프랑스인에게 얻은 것이며, 프랑스인은 그것을 볼타(Volta)[4]라고 부르던 프로방스인에게서 빌려 온 것이다. 이리하여 우리는, 로마 문명의 마지막 보루로서 수세기 동안이나 고대 문명과 근대 문명의 가교 역할을 한, 트루바두르의 나라로 되돌아온 것이었다.

볼타를 파리의 궁정에 도입한 사람은 이미 방탕하고 우아했던 국왕 앙리 4세였을 것이다(그 자신이 남프랑스 사람이었다). 그것은 프랑스에서 유럽 전역에 퍼지고, 18세기 말 빈 사람들은 〈오 내 사랑 아우구스틴〉의 곡에 맞추어 추었다. 그 즐거운 멜로디는 1세기 반 전과 마찬가지로 지금도 신선하다. 그러나 그 무렵에는 이미 최신 유행이 아니라 민속 무용이 되었다. 그것은 나폴레옹 전쟁이 끝날 무렵까지는 아직 통속적인 성질을 간직하고 있었다.

1812년에 용감한 사람들이 왈츠를 런던에 소개하려고 했다. 그것은 큰 소동을 일으켰다. 왈츠는 더없이 부도덕한 것이며, 점잖은 사회의 무도회에서는 허

2) 네 쌍의 남녀가 마주보고 추는 춤.
3) 원형을 이루는 춤.
4) 오스트리아의 장군, 1725~1814.

빈 공원에서 자기 오케스트라를 지휘하고 있는 요한 슈트라우스 1세

용되지 못할 것으로 여겨졌다. 그러나 1815년에 전 세계 사람들이 전쟁의 뒤처리를 하기 위해 빈에 모였을 때, 지난 20년 동안 서로 총밖에 쏜 적이 없었던 명랑한 젊은이들은 〈오 내 사랑 아우구스틴〉에 그만 홀딱 빠져 버렸다. 그리하여 그 무렵 표현대로 '춤 광풍'이 휘몰아쳤다. 기지에 찬 드 리뉴(Ligne) 공은 일기에 썼다. '회의는 춤추었지만, 한 걸음도 앞으로 나아가지 못했다.'

문명의 구세주인 러시아 황제 알렉산드르가 런던의 공개 장소에서 왈츠를 추고부터는, 그 승리에 찬 발전을 막을 수 있는 것은 아무것도 없었다. 사람들은 춤을 추고 싶었고, 파트너를 휘두를 수 있는 본격적인 곡에 맞추어 추고 싶었다. 적절한 춤곡이 만들어지자 사람들은 미친 듯이 빠져들었다. 곧이어 보헤미아의 민속 무용인 폴카(polka)도 프라하와 빈을 거쳐 서유럽으로 전해졌다. 그 열풍과 비교할 수 있는 것을 들면, 20년쯤 전에 탄생한 원스텝과 폭스트롯 정도이다.

그런데 여기서 다시 한 번 알 수 있듯이(이미 몇 번이나 지적했다), 특정한 예술 형식에 대한 일정한 수요가 있을 경우, 대중이 원하는 것을 공급해 줌으로써 명성과 때로는 약간의 재산을 획득하고자 하는 예술가들이 등장하게 마련이

다. 왈츠의 경우는 빈의 세 음악가, 즉 요제프 라너(Joseph Lanner), 요한 슈트라우스, 그리고 이름이 같은 그 아들 요한 슈트라우스가 적절한 음악을 공급할 준비를 하고 있었다. 이 세 사람은 일종의 삼위일체를 이루고 있었다. 이 가운데 어느 누구도 셋이 함께 이룬 일을 혼자서는 완성할 수 없었기 때문이다. 라너가 두 슈트라우스보다 불우한 처지에서 일하고 있었던 것은 확실하다. 그는 요한 슈트라우스(아버지)가 오스트리아 궁중 무도회의 지휘자가 되었을 무렵, 프라터 공원의 조그만 찻집에서 바이올리니스트로서 막 출발하고 있었다. 슈트라우스는 리스트를 본받아 그 유명한 자신의 오케스트라를 유럽 구석구석 끌고 다니면서 사람들을 열광시켜 전쟁과 정치와 모든 것을 잊게 만들었다.

이 왈츠 왕들은 소박한 유형의 사람들이었다. 그들은 모든 화려한 훈장과 요란스런 박수갈채를 받았으나, 자기들이 출발한 곳을 결코 잊지 않았다. 슈트라우스 부자도 라너도 대중의 것, 대중에 의한 사람이었다. 그것이 아마 그들이 대중을 위한 음악을 쓰는 데 그토록 성공한 이유일 것이다. 라너의 아버지가 어떤 사람이었는지는 모르지만 요한 슈트라우스의 아버지는 빈 장갑 제조업자 길드의 한 사람이었으며, 슈트라우스 집안은(지금도 계속되고 있는 줄 안다) 그 출신 계급과의 접촉을 늘 유지했다.

1849년 아버지 요한 슈트라우스가 런던을 마지막으로 방문했을 때(그 무렵 45세였으며, 얼마 뒤 죽었다) 유람선 행렬이 템스강을 내려갔는데, 그중 한 척의 배 위에서 악단이 그의 곡을 연주하고 있었다. 영국 국민으로 하여금 국민적 위엄을 잊게 하고, 생애의 대부분을 그저 많은 음악을 작곡하면서 살아왔을 뿐 대영제국에 한 치의 땅도 보태 준 적이 없는 인물의 공적을 그와 같이 인정시키려면, 범상찮은 작곡이 필요했을 것이다. 그러나 그 무렵 영국인들은 모든 것을 잊고 슈트라우스에게 열광했다.

두 슈트라우스, 특히 〈아름답고 푸른 도나우 *An der Schönen blauen Donau*〉와 〈박쥐 *Fledermaus*〉의 작곡자인 아들 슈트라우스의 음악적 가치에 대해서 말한다면, 지난 80년 동안의 모든 위대한 작곡가들은 이 두 사람의 작품이 이른바 '고전파'가 작곡한 것 못지않게 완벽하다는 데에 의견을 모으고 있다. 특히 그 서곡(베토벤 교향곡의 일부를 생략해서는 안 되듯이, 서곡을 생략해서는 안 된다. 라디오의 스폰서 여러분은 주의하시길)에서 두 요한은, 우리를 로코코 시대의 한가운데로 다시 끌어다 주는 듯한 감정의 섬세함과 상상력을 보여 준다.

왈츠의 위대한 전통은 한 세기 동안 빈에 머물러 있었다. 발퇴펠(Waldteufel) 같은 뛰어난 음악가가 왈츠의 중심지를 파리로 옮기려고 했으나 모두 실패했다. 20세기 초에 프란츠 레하르는, 온 세상 사람들을 자신의 〈유쾌한 과부 *lustige Witwe*〉에 맞춰 춤추게 했다. 마치 70년 전에 슈트라우스 부자가 〈빈은 언제나 빈 *Wien bleibt Wien*〉, 〈천일야화 *Tausend und eine Nacht* 〉, 그 밖에 수백 곡의 랜서 (lancer),[5] 왈츠, 폴카의 즐거운 멜로디에 맞추어 사람들을 춤추며 돌아가게 한 것과 같다. 또 다른 슈트라우스(위대한 리하르트)는 〈장미의 기사 *Rosenkavalier*〉를 사람들에게 들려주는 데 그치지

▲요한 슈트라우스 2세 〈다 함께 손을 잡고〉(브람스에게 헌정한 곡) 속표지

▼요한 슈트라우스 2세 〈박쥐〉의 한 장면(1874년 초연, 안 데아 빈 극장)

5) 폴란드 창기병의 춤에서 유래한 4인 1조로 추는 춤. 일종의 카드리유.

않고 그 음악에 맞춰 춤을 추도록 시도했더라면, 아마도 슈트라우스 부자 못지 않다는 것을 보여 주었을 것이다.

오늘날, 옛 웅장했던 빈의 영광은 사라져 버렸다. 궁전은 쓸쓸하게 서 있다. 쌍두 독수리를 내걸었던 군대는 해체되었다. 합스부르크 왕조는 이제 없다. 앞으로 100년쯤 지나면 사람들은 서로 물어볼 것이다. "합스부르크 집안이라고? 가만 있자, 합스부르크라……. 아, 그렇군. 구레나룻을 기른 그 이상한 늙은이들 말이지. 물론 기억하고 말고. 그 사람들이 파티를 열 때 요한 슈트라우스가 왈츠를 연주해 주었지."

59장
쇼팽

현대 민족주의적 '블루스'의 창시자

'할렘 블루스(Harlem Blues)'[1]는 실은 조금도 새로운 것이 아니다. 그것은 고대 히브리의 시편 작자들의 슬픈 신음을 음악으로 표현한 것이다. 블루스는 그보다도 훨씬 오래된 것임은 의심할 것이 없다. 신음은 고통과 불안의 자연스러운 표현이며, 인간과 동물의 공통적인 것이기 때문이다. 그러나 좌절한 민족적 긍지의 한 형태로서 자각한 것은 예루살렘 성전을 지은 사람들이 처음이었다. 그것이 유럽인에게 전해진 것이다. 그것은 옛 것이건 새 것이건 히브리의 멜로디에 익숙한 사람이면 누구나 알 수 있듯이, 유럽인의 음악에까지 스며들었다. 그런데 유럽 세계는 로마 제국이 멸망한 뒤 거의 1400년 동안 '민족적' 감정을 갖지 못하고 오히려 국제적이고 초국가적인 이념에 물들어 있었으므로(황제는 세속의 이해관계를 관장하고, 교회는 그들의 정신적 욕구를 관장하는 식), 우리가 지금 '민족 음악'이라고 부르는 것이 발전할 기회는 사실상 없었다.

지리적인 발전은 있었다. 플랑드르의 농민은 에스파냐의 농민과 달랐다. 다른 음식을 먹고 다른 옷을 입었다. 다른 말을 하고 다른 집에 살았다. 따라서 자신을 표현하는 방식도 달랐다. 그 결과 집의 벽에 그림을 그리는 방식도 달랐고, 딸의 혼례식 때 피리를 부는 방식도 달랐다. 그들이 무언가 스스로 깨닫고 있었다면 그것은 농민이라는 것, 귀족이 아니라는 것, 그래서 귀족의 음악이 아니라 '민속 음악'을 만들겠다는 것이었다. 그리고 종교 개혁이 세계의 종교적 '보편성'을 파괴해 버렸고, 루터파의 찬송가나 칼뱅파가 작곡한 성가는 팔레

---

1) 뉴욕의 할렘에서 시작된 블루스 음악.

스트리나의 멜로디와는 크게 달랐지만, 나폴레옹 시대까지는 민족적인 요소가 어느 예술에도 끼어들지 않았다.

1812년 프랑스의 참을 수 없는 오만함에 프로이센이 항의하여 일어나자, 괴테는 프랑스의 지배를 받든 중국이나 독일의 지배를 받든 마찬가지가 아니냐고 되물었지만 현실성 없는 얘기였다. 국제주의 운동은 그 지지자의 상상력 결여 탓에 서서히 무너져 내렸다. 자연을 사랑하는 건 매우 좋은 일이다. 그러나 홍수가 났을 때 손수레나 삽을 드는 대신, 자기 집이 서 있는 마른 땅과 마찬가지로 물에도 생존의 권리가 있다고 우긴다면 이웃이 좋아할 리가 없다.

유럽을 외국 침략자의 압제에서 벗어나게 한 것은 민족주의였다. 그러나 그 민족적 자유를 쟁취하기 위해 용감하게 목숨과 팔다리를 희생한 가엾은 용사들은, 결국 프라이팬에서 불 속으로 뛰어든 데 지나지 않는다는 것을 깨달았다. 1815년의 빈 회의 대표들은 1919년의 베르사유에 모인 늙은이들과 똑같이, 민중의 마음속에 실제로 일어나고 있는 일에 아주 무지하다는 증거를 드러냈기 때문이다. 그 결과 이 근시안적인 정치가들은 신의 뜻으로 오래전부터 따로따로 분리되어 있던 모든 민족 그룹을 한데 묶어 민족주의의 대의를 크게 조장했다. 빈 회의가 끝나고 1년이 지나 보니, 유럽 도처에서 이탈리아인은 오스트리아의 지배 아래 신음하고, 가톨릭의 벨기에인은 신교 네덜란드인 장관의 실정에 격분하고 있었으며, 폴란드인은 러시아인 총독의 잔인성을 저주하고, 그리스인은 투르크의 파샤에 대한 복수를 맹세하고 있었다. 온 유럽이 서로의 미움과 혐오로 거대한 가마솥처럼 끓어오르고 있었다. 만일 메테르니히와 그 반동적인 앞잡이들이 어느 정도의 자치에 대한 가장 합리적인 요구마저 총칼로 탄압하지 않았더라면, 그 분노는 순식간에 폭발해 버렸을 것이다.

프레데리크 쇼팽은 마침 그 무렵에 태어나, 민족자결을 위한 이 절망적인 투쟁의 가장 슬픈 양상을 목격했다. 프레데리크의 아버지는 폴란드인이 아니라 낭시 프랑스인이며, 폴란드에 정착하여 유스티나 크르지자노프스카(Justina Krzyzanowska)라는 폴란드 여성과 결혼했다. 이런 국제 결혼의 경우 대개 그렇듯이, 소년은 어머니 나라 말과 풍속을 익혔고 프랑스인이라기보다 폴란드인이 되었다.

그가 태어난 1810년에 폴란드인들은 아직도 큰 희생을 치르며 섬긴 나폴레옹이 '우리를 위하여 무언가 해 줄 것'이고, 독립된 폴란드 왕국을 수립해 주겠거니 하고 희망을 걸고 있었다. 하지만 그것은 큰 오산이었다. 나폴레옹은 폴란드의 고통 따위는 전혀 문제도 삼지 않았으며 오히려 폴란드를 약탈했다. 그는 폴란드인들을 동원하여 에스파냐와 독일과 러시아에서 전쟁에 써먹기만 하고, 한 세대 전의 폴란드 분할에 대한 죄를 보상하는 데는 손가락 하나 움직이지 않았다. 나폴레옹이 몰락한 뒤, 빈

쇼팽(1810~1849)

회의는 네덜란드의 서부를 러시아에 내줌으로써 이 문제를 깨끗이 결말지으려고 했다. 그토록 맹목적으로 충성을 바쳤던 사람에게 당한 배신으로 온 국민이 분노하고 있던 나라에서 어린 프레드리크 쇼팽은 성장했다.

그의 첫 스승은 열렬한 폴란드 애국자였다. 그의 어머니도 그랬다. 그가 접촉한 사람은 모두 그랬다. 오랜 조국 폴란드의 영광에 대한 기사적인 상념으로 가득 찼던 예민한 소년 쇼팽은 폴란드는 그리스도교를 구했으며, 폴란드는 모든 이웃 나라와는 달리 이기적으로 처신하지 않아서 독립을 잃었다는 허구적 논리에 쉽게 빠져들었다.

다른 측면은 보지 않았다. 다시 말하여 유감스럽지만 민족적 기강이 없었고, 지배 계급이 애국심을 자각하지 못했던 탓에 폴란드가 그런 처지로 전락했다는 사실은 무시되었다.

1829년에 쇼팽은 빈에 가서 연주회를 열었다. 그 직후 폴란드 혁명이 일어났다. 그 2년 혁명을 진압한 러시아는 폴란드 독립의 마지막 자취마저 없애 버렸다. 폴란드는 최후의 수난 시대로 들어갔으며, 약 한 세기 동안 바르샤바에서

로마노프 왕조를 대리한 우둔한 총독들이 생각해낼 수 있는 온갖 모멸에 시달리며 고난의 세월을 보내야 했다.

달아날 수 있었던(러시아 파스케비치 장군의 교수형을 피할 수 있었던) 폴란드인은 모두 외국으로 달아났다. 유럽의 자유주의자들은 폴란드인의 봉기를 전적으로 동정하고 있었고, 서유럽 여러 나라의 수도에는 어디에나 폴란드인 망명자와 애국자들의 거류지가 생겼다.

몇몇 오랜 폴란드인 귀족들은 오스트리아령 폴란드에 영지를 가지고 있었으므로 조상 전래의 재산을 대부분은 유지하고 있었다. 그들은 명문가의 혈통에 걸맞게 고상한 생활에 대한 예민한 후각을 갖고 있었다. 그들은 이제 빈, 파리, 런던에 있는 그들의 저택을 폴란드 독립 운동의 선전 본부로 삼고 있었다. 이와 같은 분위기 속에서 쇼팽이 살고 또 거기서 죽었다. 그 속에서 그는 독특한 예술을 발전시켜, 수십만 장의 항의문보다도 더 강력하게 유럽의 양심을 뒤흔들어 놓았다. 그의 음악은 러시아 학정에 시달리는 비스툴라 강변의 처지, 러시아인의 학정 아래 신음하는 비참한 민중의 처지에 대해 각국 대사들이 주고받는 온갖 공문보다 더 막강한 힘을 발휘했다.

첫 봉기 뒤에 바르샤바에 파견된 카자흐 기병대는 이 음악에 의한 선동자가 얼마나 두려운 존재인가 잘 알고 있었다. 그래서 그들은 쇼팽의 집에 난입하여 피아노를 창 밖으로 내던져 땔감으로 만들어 버렸다. 그러나 아무 소용도 없었다. 쇼팽은 이미 파리에 있었다.

그 70년 뒤 위대한 애국자 이그나치 파데레프스키는 민족적 정열에 넘치는 쇼팽의 작품들을 독립 폴란드 재건을 위한 감동적인 웅변으로 바꾼다.

예술은 언제나 우리 문명의 발달에 '순기능' 역할을 해 왔다고 주장한다면, 그것은 확실히 잘못일지 모른다. 그러나 대체로 그것이 옳다고 나는 생각하고 싶다. 단지 예술만을 위한 예술은 영원하지 않다. 그러나 어떤 필요에서 생겨 일정한 목적을 이룩하기 위하여 창조된 예술은 영원히 살아 있을 것이다.

쇼팽의 사생활은 잘 알려져 있으므로 여기서 자세히 설명할 필요는 없다. 사회적으로나 예술적으로나, 성공한 점에서 쇼팽은 제2의 리스트였다. 그는 어디를 가나 인기였다. 피아노를 가진 집이면 어디나 그의 작품이 연주되었다. 1840년대에는 많은 사람이 피아노를 가지고 있었다. 그런데 그 자신에게나 우리에

폴란드 민족 음악과 춤 고국 폴란드가 러시아의 학정 아래 신음하고 있을 때, 쇼팽은 음악으로 폴란드 국민의 혼을 일깨웠다. 바츨라프 표트로브스키 작.

게나 불행하게도, 무방비 상태인 그는 그 유명한 뒤드방(Dudevànt) 부인의 손아귀에 잡혀 버렸다. 그녀는 조르주 상드라는 필명으로 매우 노골적인 현대적 소설을 써 유럽의 민중을 놀라게 하고 있었다. 아망딘 뤼실 오로르 뒤팽(Amandine Lucile Aurore Dupine, 쇼팽이 그녀의 이 기다란 이름으로 야상곡을 만들 수 있었다!)은 사랑하는 쇼팽 곁에서 정상적인 생활을 하고자 한 것은 틀림없지만, 이 유명한 뒤드방 부인은 마치 흑거미처럼 애인이 싫증이 나면 잡아먹어 버리는 습성이 있었다. 대개는 금방 싫증을 냈다.

고결한 품성에다 그녀보다 여섯 살 아래인 쇼팽은 쉽게 이 제멋대로인 여성의 먹이가 되었다. 그녀는 그가 조용히 작업에 몰두할 수 있도록(그리고 아마도 그를 완전히 독점하기 위해서도), 이 가엾은 폐병 환자를 멀리 발레아레스 제도로 데리고 갔다. 거기서 그녀는 그 무렵 생활을 소재로 〈마요르카의 겨울 *Un hivera Majorque*〉을 펴냈다. 그러나 쇼팽이 얻은 것이라고는, 몇 해나 죽음이 앞당겨져 묻힌 페르라셰즈 묘지가 전부였다.

일찍 죽었으므로(페르골레시, 모차르트, 슈베르트, 멘델스존, 비제 등도 젊어서 죽었지만) 그의 작품은 그리 많지 않다. 피아노 협주곡 두 편을 제외하고, 그는 오케스트라를 위한 작곡은 되도록 자제했다. 그것은 매우 현명했다. 피아노야말로 그의 전부이며 어느 때고 그 자신의 매우 독특한 악기였기 때문이다. 피아노는 그에게 마치 카우보이의 말 같은 존재였다. 그는 피아노의 일부였다. 피아노로 무슨 일을 할 수 있는지, 얼마나 오래 버틸 수 있는지, 무너지지 않고 얼마나 멀리, 얼마나 빨리 달릴 수 있는지 그는 정확히 알고 있었다. 사소한 뜻이라도 철저히 복종하도록 피아노를 정복한 그에게 피아노의 목적은 단 한 가지였다. 그것은—의식적이건 무의식적이건—자기와 망명 동포를 조국의 땅에 묶어 주는 애국심을 표현하는 것이었다.

모든 것을 압도하는 이와 같은 정서는 위험하다. 그것은 아주 쉽게 극단적인 편협함으로 흘러 다른 세계의 평화와 행복에 대한 직접적인 위협이 될 수 있다. 그렇게 되면 예술은 영감을 촉발하는 것이 아니라 하나의 강박관념으로 타락해 버린다. 세계는 이제 정확히 나뉘어 있으므로 모두가 다 폴란드인, 헝가리인, 아일랜드인, 독일인이 될 수는 없다. 다른 민족도 존재할 권리가 있다. 이런 순수히 민족주의적인 블루스만 작곡하는 작곡가들은, 자칫하면 조국애에 지나치게 열중한 나머지 이것을 간과하기 쉽다.

그리고 여기서 여러분의 주의를 촉구하고 싶은 것이 있다. 이러한 민족 감정을 만들어 낸 것이 예술가인가, 아니면 민족 감정이 그런 예술가를 만들었는가 하는 것은 언제나 매우 판정하기 어려운 문제이다. 전형적인 아메리카 흑인의 노래는 대부분은 백인 스티븐 포스터(Stephen Foster)가 작곡한 것이다. 우리가 하와이 노래라고 부르고 있는 것은 실은 프로이센 악단 지휘자가 작곡한 것이다. 〈카르멘 *Carmen*〉이나 〈볼레로 *Bolero*〉 하면 대개 누구나 전형적인 에스파냐를 생각하지만, 비제(Bizet)와 라벨(Ravel)은 프랑스인이다. 탱고의 걸작은 아르헨티나인이 아니라 독일인이 작곡했고, 체코인인 드보르자크(Dvořák)는 가장 유명한 순 아메리카풍 교향곡을 작곡했다.

그뿐 아니라 여러분이 한 나라의 지리적 배경을 잘 알고 있다면, 이 순수한

'민족주의 음악'이 확실히 그 국토의 전반적인 분위기를 매우 놀랄 만큼 잘 표현하고 있지만, 때로는 제목에 농락당하는 수도 있다는 결론에 금방 도달할 것이다. 〈핀란디아 *Finlandia*〉에 다른 제목을 달면, 그 곡을 듣자마자 시벨리우스(Sibelius)의 고국 핀란드의 호수와 숲이 떠오르지는 않을 것이다. 그와 마찬가지로 작곡가가 에드바르트 그리그(Edvard Grieg)라는 것을 모른다면, 〈페르귄트 *Peer Gynt*〉가 그리스어인지 노르웨이어인지 가리기 어려울 것이다.

어쨌거나 최근 100년 동안 만들어진 정말로 좋은 '민족 음악'의 대부분에는, 그것을 낳은 나라의 분

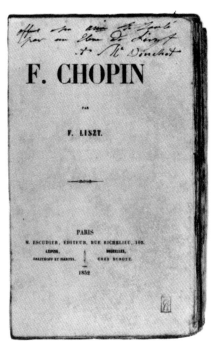

리스트가 쓴 《쇼팽 전기》 표지

위기를 떠올리게 하는 특징이 확실히 포함되어 있다. 차이콥스키는 아프리카의 초원이나 캔자스주의 대초원이 아니라, 끝없는 러시아의 평원을 묘사하고 있다. 보로딘(Borodin)이나 무소륵스키(Mussorgsky)나 림스키코르사코프(Rimsky Korsakov)의 음악도 마찬가지이다. 스크랴빈(Skryabin)이나 스트라빈스키 같은 현대 작곡가들까지도, 그 작품 속에 여러분으로 하여금 직관적으로 '이것은 러시아가 틀림없다'고 말하게 하는 그 어떤 것을 갖고 있다. 설령 여러분은 왜 그렇게 느끼는지 잘 알지 못하더라도. 라흐마니노프나 세자르 퀴(César Cui) 같은 사람은 그 작품 속에 러시아적이라기보다 오히려 서유럽적인 요소를 갖고 있지만, 그래도 그 타고난 슬라브적인 배경을 완전히 벗어나지는 못하고 있다.

체코인은 언제나 매우 음악적인 민족이었다. 프라하는 글루크, 모차르트, 베버를 아직 아무도 들으려고 하지 않을 때 이미 그들에게 드높은 갈채를 보내고 있었다. 이 선량한 보헤미아인들은 회화 예술의 영역에서는 걸작을 아무것도 남기지 못했다. 그러나 드보르자크와 스메타나(Smetana)만으로도 그들은 지

난 75년 동안의 음악 발전에 크게 공헌했다. 그 음악은 본질적으로 '민족적'인 것이었다. 이 두 유명한 작곡가는 오랫동안 외국에서 살았지만, 그들이 쓴 작품은 모두 언제나 뚜렷이 체코적인 특징을 지니고 있었다.

헝가리 음악에서도 마찬가지라 할 수 있다. 순수한 헝가리 양식의 음악을 전 세계에 알린 사람은, 헝가리의 피가 절반밖에 섞이지 않은 프란츠 리스트와 100퍼센트 독일인 요하네스 브람스(Johannes Brahms)였다. 물론 그 순수한 헝가리 양식의 음악은 실은 마자르족이 만든 것이 아니라, 베사라비아에 살던 무식한 '치고이너(Zigeuner, 집시)' 바이올리니스트들이 발명한 것인지도 모른다. 그러나 그것은 별로 상관없다. 그런 사례는 유럽 도처에서 볼 수 있다. 알베니스(Albéniz)나 그라나도스(Granados)는 누구나 곧바로 에스파냐풍이라는 것을 아는 음악적 방언으로 작곡했지만, 전형적인 에스파냐 특유의 리듬은 댄스의 리듬으로서 무어인, 집시들, 그리스도 교도들 모두가 두루 잘 출 수 있는 리듬이었다.

유럽 북단에서도 그리그와 닐스 가데(Niels Gade)가 역시 노르웨이 고유의 사투리를 이용해 웅변적으로 이야기하고 있었으며, 해협 건너편의 크리스티안 신딩(Christian Siding)도 덴마크에서 같은 일을 하고 있었다.

발리섬에서도 마찬가지이다. 그곳에서는 '가믈란'이라는 악기가 서양문명보다 수천 년이나 오래된 힌두교의 전통을 표현하고 있다.

꽤 흥미로운 주제이지만, 너무 길어지므로 이 수수께끼는 여러분이 직접 풀어 주기 바란다.

60장
리하르트 바그너

아돌프 히틀러의 독일을 낳은 아버지

리하르트 바그너는 1883년에 죽었다. 그리고 독일의 제3제국(나치 독일을 말함)은 1937년에 수립되었다. 그런데 유럽을 신경과민으로 만든 현대 독일제국의 수립에 크게 공헌한 사람은 이 음악가 바그너이다.

누군가가 말하듯이, 제3제국 성립은 제1차 세계대전, 베르사유 강화조약과 크게 관계가 있는 것을 나도 인정한다. 늙은 클레망소(Clemenceau)[1]에게도 어느 정도 책임이 있고, 다른 연합국 강화 전권대사들의 근시안도 이 매우 불행한 상황을 가져 온 또 하나의 중요한 요소였다. 그러나 이 비극 전체는 리하르트 바그너의 정신에 의해서 지배되고 있었다.

혁명 시대의 프랑스는 〈라 마르세예즈〉로 세계를 정복했지만, 독일은 지금 오케스트라가 지크프리트[2]를 죽음에 이르게 한 선율이 연주되는 가운데 그 마지막 운명을 향해 걸음을 옮겨가고 있다. 더욱이 그 음악을 작곡한 사람은 순수 아리안족 혈통의 직계 후손이 아닌 것 같다. 아리안적 혈통이 아니면 독일 민족의 참된 내적 정신을 이해할 수 없다고 한다.

바그너의 가계가 이와 같이 조금 문란한 것은 유감스럽지만 사실이다. 그러나 그의 혈통에 유대인의 피가 흐르고 있을지도 모른다는 사실은, 그가 오늘날 독일에서 크게 인기가 있는 또 하나의 특성을 설명해 준다. 유대계─비유대계 혼혈인 사람들의 대부분이 그렇듯이, 바그너도 자기 몸속에 흐르는 유대인의 피에 증오를 느끼고 있었다. 그의 경우, 바로 그것이 그를 믿기 어려운 음악

---

1) 제1차 세계대전을 승리로 이끌고, 전후 세계질서를 주도한 프랑스 총리.
2) 바그너의 오페라 니벨룽겐의 반지 주인공.

의 거장으로 만든 것은 의심할 것도 없다. 그는 이 감정을 사나운 방식으로 표현했다. 그는 자기 마음에 안 들거나 자신의 이념이 최종적인 승리로 나아가는 데 방해가 되면 무엇이든 잔인한 방법으로 공격했다. 그리고 그는 일찍이 펜을 쥔 자 가운데서 가장 완벽한 독설의 명수였다. 그는 편지나 논문에서 누구에게도 지지 않는 비열함과 욕설을 보여 주었다. 그 덕분에(그가 겨눈 적이 유대인일 때는 언제나) 리하르트 바그너는 현대 독일 최고의 인기인이 되었다.

여기서 그의 생애에 대해 자세한 설명을 덧붙이면, 내가 한 말을 확증해 줄 것이다. 진리에 대한 욕구만이 나로 하여금 이것을 쓰게 한다. 여러분에게 내 생애 최고의 순간을 맛보게 해 준 인물에 대해서 이렇게 까발리는 것은 사실 유쾌한 일이 아니다. 그러면 방금 한 말은 무엇인가? 그 가슴 아픈 주제에 대해서는 이미 많은 책에 쓰였으니 그 정도는 괜찮을 것이다.

바그너는 50여 년 전에 죽었다. 그에게 속았거나 욕설을 들었거나, 더 심하면 거짓말을 들었거나 증오로써 박해당한 사람들도 다 오래전에 죽은 자의 대열에 끼었다. 그가 벌인 싸움은 다 잊혔다. 그러나 그의 음악은 남아 있다. 그 음악은 70~80년 전, 작곡된 그때와 똑같이 지금도 장대하고 감동적이고 흥미롭다. 그렇다면 우리는 그가 준 것이나 받아들이고, 다른 것은 잊어버리면 되지 않겠는가? 장미는 손질이 잘 된 화단에 심은 것이나 아무도 거들떠보지 않는 마당의 쓰레기더미에 심은 것이나, 아름다움에는 다름이 없다. 오래전에 윌리엄 셰익스피어가 말했듯이, 사람들이 어떤 이름을 붙이거나 장미는 똑같은 향기를 뿜는다. 그러니 리하르트 바그너의 영혼이여 평안하시라!

그가 죄를 지었다지만, 많은 하찮은 인간들도 그에게 죄를 지었다. 그들은 이 사람의 경탄할 재능을 이해하지 못하고, 그의 모든 일을 고의로 왜곡하여 퍼뜨렸다. 그를 냉소하고, 그의 최대 걸작을 비웃고 무대에서 쫓아냈으며, 심지어 그에 대한 증오를 무덤까지 가져간 사람도 있다.

자기의 위대함에 자신이 없는 사람이었더라면 바그너는 평생토록 끊임없는 공격과 좌절 아래서 완전히 무너졌을 것이다. 사실 그의 매우 강한 고집과 전설적인 오만이야말로 그를 구한 성격이었던 것이다. 무자비한 많은 적에 둘러싸여 밀림 속에서 사는 코끼리는, 살아남기 위해서 두꺼운 가죽이 필요하다.

리하르트 바그너(1813~1883) 프란츠 폰 렌바흐 작.

바그너는 그 가죽을 갖고 있었다.
그는 끝내 살아남았다.
우리가 알아야 할 점은 바로 이것이다.

빌헬름 리하르트 바그너는 1813년 5월 22일 라이프치히에서 태어났다. 나폴레옹의 야망에 종지부를 찍은, 이른바 '여러 국민의 해방 전쟁'이 끝나기 몇 달 전이었다. 어머니의 전 남편은 하급 경찰관으로 그다지 특별한 것이 없는 인물이었다. 그러나 적어도 바그너 자신이 되풀이하여 암시하고 있는 바에 따르면, 친아버지는 어머니의 남편이 죽은 뒤 곧 결혼한 유대계 남자였음은 거의 의심할 여지가 없는 것 같다. 그의 이름은 루트비히 가이어(Ludwig Geyer)이며, 배우이자 화가이며 꽤 재능 있는 극작가이기도 했다.

흥미로운 것은 젊은 리하르트가 이 계부와 비슷한 길을 걸었다는 사실이다. 처음에는 음악가다운 데가 조금도 없었다. 소년은 제2의 셰익스피어가 되기를 꿈꾸었다(그의 경우는 '기대'했다는 뜻이다). 그래서 그의 학교 노트는 장래의 교향곡이나 소나타를 위한 착상이 아니라, 고대 독일 연극의 형식에 따른 거창한 비극에 관한 계획으로 가득 차 있었다.

두말할 것도 없지만, 다른 선량하고 순한 독일 소년들과 마찬가지로 리하르트도 피아노를 배웠다. 그러나 그는 별로 재능을 보이지 못했으므로, 생애의 마지막 날까지 그는 만일 자기가 피아니스트가 되려고 했더라면 아마 비참한 운명을 겪었을 것이라고 농담을 자주 했다.

그러나 피아노 레슨은 그에게 작곡에 입문하는 계기가 되었다. 머리에 떠오르는 멜로디에 형태를 주는 방법을 익히고 나니, 그는 현대의 셰익스피어가 되는 것만으로는 충분하지 않다는 생각이 들었다. 현대의 베토벤도 되고 싶었다. 극작과 작곡을 결합하여 새로운 종류의 악극을 세상에 선보이면, 지금까지의 악극은 프랑스의 시골 마을에서 아마추어가 공연하는 〈노르마 *Norma*〉[3]에 지나지 않을 것이다.

세계가 오랫동안 간절히 기다리던 인물이 마침내 나타났다. 그는 오페라의 대본이 음악과 똑같이 중요하며, 연기, 무대 장치, 무대 감독은 노래 못지않게 중요하다는 것을 증명하게 된다.

여기서 결론을 말한다면, 그는 참으로 훌륭한 성공을 거두었다. 그는 세계에 새롭고 완벽한 형식의 악극을 선보였다. 그는 오페라에 대한 고정관념을 완전히 타파했다. 기존의 관념에 따르면, 오페라란 튼튼한 폐를 가진 가수들이 높은 C음을 얼마나 잘 낼 수 있는지 재주껏 과시하는 무대일 뿐이며, 대본 같은 건 별로 중요하지 않았다. 여러분이 바그너 이전 보통 오페라의 문구를 읽어보는 수고를 아끼지 않는다면, 그것이 무리도 아니라는 것을 알게 될 것이다. 심지어 베토벤이나 모차르트 같은 사람조차도, 미국의 '진짜 로맨스' 잡지까지 너무 허황되어 독자의 취미에 맞지 않는다고 거절할, 그런 이야기에 재능을 낭비했다.

---

3) 19세기 이탈리아 작곡가 빈첸초 벨리니의 오페라.

오늘날 모든 오페라는 영어로 불러야 한다는 소리가 높다. 나는 오페라에서 어떤 언어를 쓰거나 큰 차이는 없다고 생각하지만, 가급적 이탈리아어, 러시아어, 프랑스어 등 원어대로 부르는 편이 좋다고 본다. 그러면 청중은 말의 뜻을 모르므로, 적어도 매력적이라는 착각은 할 수 있을 것이다. 게다가 그것은 실은 별로 문제가 되지 않는다. 바그너의 가극에서는 그렇게 할 수 없지만, 오늘날의 가수들 대부분은 아마 옛날부터 그렇게 해 왔듯이 앞으로도 '라·디·라·디·라'하고 계속 불러 나갈 것이다.

가이어 가족도 모든 배우 가족과 마찬가지로 여기저기 여행하며 돌아다녔는데, 어린 리하르트의 경우에는 그것이 아주 잘된 일이었다. 라이프치히에서나 드레스덴에서나 그 무렵 최고의 음악을 들을 수 있었기 때문이다. 특히 드레스덴은 그의 생애에 매우 중요한 역할을 했다. 거기서 그는 카를 마리아 폰 베버의 작품과 완전히 친숙해질 수 있었다. 대체로 리하르트 바그너는 금전상에서나 더 미묘한 일에서나, 남의 신세를 졌다고 인정하는 사람이 아니었다. 그런데 베버를 이야기할 때는 언제나 최고의 경의를 표했다. 바그너는 베버야말로 오페라가 어떤 것이어야 하는가 처음으로 세상에 보여 준 사람이라고 감사하고 있었다. 베버의 유해가 독일로 돌아왔을 때, 그는 숙연히 이 선배가 자신의 스승일 뿐 아니라 현대 악극의 아버지라고 말했다.

그때 바그너는 작곡가로서 이미 세상에 이름을 떨치고 있었다. 그러나 그 무렵에는 아직 지휘자로서 생계를 이어야 했다. 그는 빌헬미나 플라너(Wilhelmina Planer)라는 여배우와 결혼했으며, 1837년 리가로 옮겨 그곳 독일 극단의 지배인이 되었다. 그러나 시골 귀족의 애국심에 의하여 지탱되던 그 조그만 지방 극단은, 바그너 같은 야심을 가진 인물을 수용하기에는 너무 작았다. 그에게는 파리야말로 더없이 알맞은 도시였다. 파리에서는 마이어베어가 정성들여 꾸민 무대 장치의 화려한 오페라로 극장을 만원으로 만들고 있었다.

그래서 바그너는 파리로 갔다. 그때는 배로 갔으므로 뱃멀미를 심하게 했다. 일반적으로 믿어지고 있는 말에 따르면, 그때 본 노르웨이 피오르드 해안의 무서운 광경을 보고 〈방황하는 네덜란드인〉의 영감을 얻었다고 한다. 그것이 사실이라면 그 배의 선장은 아주 엉터리 항해를 한 것이 틀림없다. 스웨덴이나 노르웨이의 남해안은 롱아일랜드처럼 바위가 많고 웅장한 풍경을 자랑하기 때문이다.

마이어베어는 상냥하고 원만한 사람이었으므로 바그너 가족을 매우 친절히 맞이해 주었다. 그러나 곧 사건이 일어났다. 사람들이 바그너에게 친절하게 대해 주면, 언제나 무슨 일이 일어났다. 바그너는 외톨이가 되었으며, 1842년 드레스덴에 초빙되어 왕립 오페라단을 지휘할 때까지 생계를 이어나갈 일자리를 찾으면서 허기지고 춥고 불쾌한 생활을 했다. 그 뒤 6년 동안에 그는 실력을 발휘할 기회를 얻었다. 〈탄호이저〉와 〈로엔그린〉이 탄생했으며, 〈탄호이저〉는 무대에서 공연까지 했다. 그러나 너무 새롭고 낯설어 곧바로 인기를 얻지 못했다. 일부 신문은 그 작품이 젊은 세대의 도덕관에 해를 준다고 주장했으며, 비난 소리가 워낙 높아 〈로엔그린〉은 오랫동안 공연되지 못했다.

그러던 가운데 혁명의 해 1848년이 되었다. 실망한 대중의 울적한 분노가 폭발하여 온 유럽을 뒤흔들었다. 바그너는 자신을 도와줄 줄 알았던 독일의 여러 소영주들에게 외면당한 데에 기분이 상했다. 그 무렵 그는 고대 게르만, 즉 오딘과 발터 폰 포겔바이데의 위대함에 대한 열렬한 신봉자로서 통일조국 건설 운동에 몸과 마음을 바쳤다. 그러나 애국자들은 패배했다. 그들은 연설할 때는 위세가 등등했지만, 정치에 관해서는 이른바 숲 속의 어린애만큼도 알지 못했다. 모든 일이 끝났을 때, 바그너는 취리히시의 온정으로 정치적 망명자로서, 장래에 대한 희망도 없이 알프스 산중에서 살아가는 신세가 되었다. 망명 생활은 1861년까지 이어진다. 그는 그 기간에 그의 오페라의 대부분을 썼으며, 자기가 쓴 장래의 악극에 대해 의견을 달리하는 사람들과 논쟁을 벌였다.

그러다가 1864년에 뜻밖의 행운이 찾아왔다. 바바리아 왕 루트비히 2세가 이 초라한 악장을 불러, 대도시 뮌헨의 음악 총책임자로 만들어 준 것이다. 정서적으로 불안정한 왕은, 바그너에게 자신이 낭만적인 백일몽으로 황홀감에 빠질 수 있도록 해 달라고 명령했다.

바그너는 마치 개선장군처럼 바바리아에 들어갔다. 그 오랜 세월 동안 고통스럽게 추구해 온 모든 것이 마침내 실현되는 듯한 기분이 들었다. 그러나 여느 때처럼 분별없는 방법으로 공격을 가하다 보니, 이윽고 그는 함께 국립 오페라 극장을 건설해야 할 모든 사람을 공공연히 적으로 돌리고 있다는 것을 깨달았다. 게다가 루트비히 2세는 입헌 군주로서의 자기 의무에 대해 묘한 생각을 갖

고 있었다. 왕의 꿈속에서
는, 군주와 사랑하는 백
성 사이엔 종이 한 장의
거리도 없었다. 왕조와 교
회에 충실한 태평스러운
백성들은, 해마다의 예산
에 얽힌 사소한 부정 따위
는 트집 잡을 생각이 없었
다. 그러나 동시에 그들은,
자기들이 땀 흘려 번 돈이
우스꽝스런 오페라에 낭
비되는 것을 참을 수 없
었다. 박제된 백조가 은빛
갑옷을 차려 입은 기사들
을 거느리고 강을 내려간

〈방황하는 네덜란드인〉(1843년 초연)

다거나, 저마다 몸무게가 1톤은 됨직한 처녀들이 라인 강에 목욕하러 가서 '홀
데레오'라고 노래를 부르며 얌전치 못하게 맨살 드러낸 팔을 천박하게 흔들어
대는 꼴을 더는 두고 볼 수 없었던 것이다.

노골적으로 말한다면, 바바리아 의회가 돈을 치르지 않겠다고 거부한 것이
다. 바그너는 언제나 그렇듯이 사람들의 미움을 사는 데 성공하여, 지난날과
마찬가지로 빈털터리가 되어 허둥지둥 스위스로 달아났다.

그동안 그는 많은 열렬한 숭배자들로부터 물심양면으로 정성어린 지원을 받
았다. 새로운 것을 새로운 방법으로 표현하고자 하는 모든 사람의 벗이었던 리
스트는, 바그너의 많은 작품을 바이마르에서 공연했다. 한스 폰 뷜로는 바그너
의 작품으로 독일 전역을 순회했다. 이런 친구들은 바그너협회를 조직했으며,
이를 통해 자금을 모았다. 마침내 바그너의 위대한 꿈을 실현할 만한 자금이
모였다. 1876년 바바리아의 소도시 바이로이트에서 그가 창립한 국립 오페라
극장의 매우 엄숙한 개관식이 열렸다. 바그너는 두 번째 아내와 함께 참석했다.
그녀는 리스트와 다구 백작부인 사이에 태어난 딸로서 한스 폰 뷜로의 아내였

으나, 지휘자 대신 작곡가를 택한 셈이다.

　이 바이로이트에서의 개관 공연 뒤, 바그너는 마침내 자기에게 적당하다고 여겨지는 직함을 얻었다. 그의 작품이 받은 찬사는 거의 신을 찬양하는 수준에 이르렀다. 추종자들은 주도동기(Leitmotiv)[4]를 발명한 바그너보다 훌륭한 작곡가는 없다고 단언했다. 가엾은 베르디는 50대 초반부터 전통적인 오랜 이탈리아 양식으로 오페라를 작곡해 왔다. 그 오페라는 매우 인기가 좋았다. 그런데 바그너파는 베르디의 작품이 모두 잔인한 극과 공허한 멜로디의 집합이며 3등석 관중들에게는 꼭 알맞지만(그들도 동의했다), 참된 감식가들이 보면 완전히 엉터리라고 공격했다. 그들이 말하는 참된 감식가란 오로지 리하르트 바그너만을 따르는 자들이다.

　독일인 동료 바그너가 이 단순한 이탈리아인 농부(베르디)에게 노골적으로 감정을 나타내는데도, 마음씨 고운 베르디는 아무 적의를 보이지 않았다. 베르디는 권력자들 사이에 끼어 살기보다 부세트의 모범 농장에서 소와 양을 돌보기를 더 좋아했다. 그는 농사를 지으면서 세속적인 야심을 깨끗이 버리고, 급속히 불어나는 재산으로 밀라노에 가난한 음악가를 위한 집을 세워서 기증하곤 했다.

　1871년 12월 베르디는 수에즈 운하 개통 기념으로 작곡한 〈아이다 Aida〉를 카이로에서 초연했다. 이 작품으로 베르디는 자신도 도니체티의 전통을 깨고 바그너풍의 악극을 쓸 수 있다는 것을 보여 주었다. 이때 오만한 바그너가 잠시 불안을 느낀 것도 무리는 아니다. 멜로디에 관한 한, 여든여덟의 긴 생애 동안 새롭고 즐거운 가락을 찾는 데 한 번도 곤란을 느껴 본 적이 없는 베르디는, 바그너에게는 힘에 겨운 강적이었기 때문이다. 그러나 베르디는 이미 나이가 너무 많았다. 그는 알프스 저편에서 평화로이 살고 있었다. 남방으로 간 것은 바그너 자신이었다. 그 이유는 베르디와 경쟁하기 위해서가 아니라 〈파르지팔〉을 완성하기 위해서였다. 그는 1883년 2월 13일 베네치아에서 죽었다.

　그 뒤 바그너의 음악은 마침내 세계를 정복했다. 바그너가 창시한 증음(增音)

---

4) 오페라에서 특정 주제가 나올 때마다 반복적으로 쓰여 주제를 강조하는 선율.

〈로엔그린〉 무대를 위해 제작된 밑그림 안젤로 콰글리오 작.

오케스트라도, 부에노스아이레스의 이름 없는 카페의 삼인조 오케스트라도,
베네치아 대운하의 만돌린 연주자도 모두 늘 리하르트 바그너의 음악을 연주
했다. 프랑스에서는 1870년의 패전으로 조성된 민족주의 때문에, 다른 나라보
다 받아들이는 것이 약간 늦어진 것 같다. 그러나 리하르트 슈트라우스(음색에
서는 바그너보다 위대한 기량을 보여 주었다)나 한스 피츠너(Hans Pfitzner), 훔퍼딩크
(Humperdinck), 브루크너(Bruckner), 말러(Mahler), 레거(Reger) 등 많은 참된 천재들
의 작품을 들을 수 있게 된 오늘날에도, 바그너는 여전히 그들 가운데서 가장
위대한 사람이다. 제2의 셰익스피어와 제2의 베토벤을 합친 존재가 되려고 했
던 소년다운 야심은 결코 터무니없는 것은 아니었다. 적어도 그 꿈의 일부는 실
현된 것이다.

　그러면 이번에는 동전의 뒷면을 뒤집어 보자. 바그너의 대본을 그 음악이
한 곡조도 들리지 않는 조용한 거실의 차갑고 엄한 전등불 아래에서 읽어 보
라. 그것은 과장되고 공허하고, 대개는 아주 어처구니없으며 매우 곤란한 작품
이다. 그러나 실제 공연에서 가짜 수염을 달고 으스대는 주인공이 괴상한 창을

들고 수증기의 구름(지하의 보일러실에서 나오는) 속을 헤치며 발할라(Valhalla)[5] 궁전으로 올라가거나 파도치는 바다를 항해하는 장면(그 파도는 색칠한 커다란 방수포를 40명쯤 되는 소년들이 마구 걷어차서 만든다)은 우스꽝스럽다. 이런 대본의 연출에는 모두 음악 반주가 붙으며 그 음악이야말로 유혹하듯, 꾀듯, 때로는 너무나 매혹적이어서, 보통의 피와 살을 가진 인간은 그 부추기는 듯한 매력에 못 이겨 마법의 동굴 속에 갇혀 버리고 만다. 그러므로 바그너의 〈파르지팔〉만큼 운이 따라주지 않으면, 오케스트라의 클링조르[6]에게 항복하는 도리밖에 없다. 오페라가 끝나고 극장 밖으로 나와 햄샌드위치와 맥주 한 잔을 앞에 놓고 앉으면, 청각의 미혹에 희생된 자들은 그제야 평정을 되찾는다. 그리고 자기가 겪은 것이 모두 단순한 '연극'이며, 너무 진지하게 생각할 것이 아닌 인위적인 것임을 깨닫는다.

현재와 같은 일종의 초국가주의의 독기가 끼어 있는 분위기 속에서는, 침착하지 못한 소년들이나 과대망상적인 허풍선이들이 저항도 못 하고 자기의 숙명을 향해 나아가며, 위대한 신 오딘의 왕국 재건을 강요당한 지크프리트, 훈딩, 오딘, 로엔그린의 역할을 자기들도 맡고 있는 것처럼 착각한다는 것은 위험천만한 일이다. 장 자크 루소는 엉터리 책을 썼으나, 프랑스 혁명의 이름 아래 하마터면 세계를 자멸시킬 뻔했던 그 무서운 대격변을 일으켰다. 리하르트 바그너는 현대판 장 자크 루소이다. 그러나 그는 150년 전의 선배보다 훨씬 위험하다. 단순한 말보다 훨씬 더 나은 언어, 즉 일찍이 인간의 머리로 고안된 가장 찬란한 음악으로 우리에게 말을 건네기 때문이다.

---

5) 북유럽 신화에 나오는 오딘의 궁전.
6) 파르지팔에 등장하는 마법사.

61장
요하네스 브람스

음악으로 사색한 마음씨 고운 철학자

여기에 요하네스 브람스의 초상화가 있다. 음악을 좋아하는 사람이면 벽에 걸어 놓은 집이 많으므로, 여러분도 아마 본 적이 있을 것이다. 오십대 초의 한창 원기 왕성할 때 피아노를 치고 있는 모습을 그린 것이다. 그때는 조금도 뽐내는 기색을 볼 수 없다. 그는 보통의 남성이면 어김없이 자기 맵시에 신경을 쓴 빈에 살고 있었지만, 브람스의 옷차림은 멀쑥한 복장들을 한 남자들 속에는 도저히 낄 수 없을 만큼 수수하다. 그러나 그 헐렁한 바지와 촌티나는 재킷에는 어딘가 늠름한 데가 있다. 그 옷은 아마 고향 함부르크의 단골 양복점에서 지은 것이리라. 브람스는 한 곳을 줄곧 이용하는 습관이 있었다. 그러기에 그가 쓸쓸한 독신 생활을 보내던 아파트에서 조금만 걸어가면 살 수 있는 옷을 굳이 먼 함부르크에 주문하는 것도 전혀 이상한 일이 아니다.

내가 초상화 이야기를 꺼낸 것은 그것이 이 사람의 사람됨과 작품에 대해서 수십 권의 책을 읽는 것보다 더 많은 것을 말해 주기 때문이다. 그림 속의 그는 담배를 피운다. 적어도 그 순간 그는 아주 마음이 편하다. 그는 피아노를 치는 중이고, 또 틀림없이 자기 작품을 치고 있을 것이다. 단순히 즉흥적인 연주인지는 모르나 그래도 상관없다. 모든 음악은 당연히 즉흥적인 것에서 시작되기 때문이다. 마치 모든 그림이 처음에는 스케치에 지나지 않았던 것처럼.

그의 석판 초상화에 단 한 가지 없는 것은 청중이다. 그러나 그것은 문제가 아니다. 여러분 자신이 그 청중의 한 부분이고, 여러분은 브람스가 무엇을 연주하고 있거나 그것이 확고한 구성과 거장의 솜씨가 배어 있고 기지가 번득이는 다채로운 음악이라고 확신하고 있기 때문이다. 그의 음악은 그의 고향에서 생긴 것이며, 그 자신이 그 땅의 한 부분인 것처럼, 그 음악이 그의 한 부분이라는 것도 여러분은 알 수 있을 것이다. 이 턱수염 기른 예술가에게는 어딘가 소박하고 흙냄새가 풍기기 때문이다. 마치 남프랑스의 포도밭 한복판의 성에서 살던 미셸 드 몽테뉴 노인에게 어딘지 모르게 건강한 흙냄새가 풍겼듯이.

이 19세기의 독일 작곡가와 16세기의 프랑스 작가 사이에는 많은 공통점이 있다. 브람스는 소리로, 몽테뉴는 글로 자기를 표현했다. 그러나 그들이 이야기해야 했던 것 사이에는 매우 비슷한 점이 있다. 그들은 보통 사람의 일상생활에서 일상적인 일과 평범한 정서에 대해서 이야기했다. 그들은 신의 은총을 받은 예술가였으므로, 결코 거리의 저속한 말을 쓰지 않았다. 그들은 소박한 시장 사람들과 늘 접촉하며 살았다. 그러나 모든 예술의 대가들과 마찬가지로, 그들 역시 신분이 낮은 출신임에도 정신적인 귀족이었다. 적어도 그들은 민주주의자였으며, 그들의 민주주의는 모든 시민을 최저의 수준으로 끌어내리는 것이 아니라 최고의 수준에 이르도록 이끄는 역할을 했다.

현대인은 고기를 날로 먹지는 않는다. 조상들처럼(그렇다고 그리 오랜 옛날도 아니다) 산 병아리를 이빨이나 손톱으로 뜯어 먹지도 않는다. 음식을 맛있게 정성껏 조리하여 시각과 미각에 식욕이 일어나게 한다. 브람스는 민요를 그와 같이 다루었으며, 300년 전의 몽테뉴도 보르도의 술집에서 무심코 들은 사상을 그와 같이 가공했다. 그들의 노작의 결과는 주장이나 논쟁이 전혀 없는 즐겁고 품위 있는 철학적인 명상이었다.

브람스는 이따금 심하게 풍자적인 면도 있었지만, 신랄한 기지는 친구와 주고받은 편지에서밖에 쓰지 않았다. 그는 리하르트 바그너 같은 무서운 방법으로 지붕 위에서 자기 생각을 소리소리 질러대는 짓을 하지 않았다. 스물일곱 살이 되었을 때, 그가 음악상의 논쟁에 휘말린 적이 있다. 그는 그 무렵 열성적인 작곡가, 바이올리니스트, 피아니스트들이 동포에게 보내는 다소 분별 없는 글에 서명한 것이 발단이 되었다. 과거를 찬미하는 열렬한 젊은 예술가들은 그 글에서, 프란츠 리스트 같은 사람들이 현대에 불온한 영향을 주고 있다고 맹렬히 항의했다. 그러나 이전부터 이 젊은이들 한 사람 한 사람을 다 알고 도와 주었던 프란츠 리스트는 언제나 그렇듯이 마음의 너그러움을 보여 주었다. 그는 이 문서에 관심을 두지 않았다. 그들이 그렇게 느꼈다면 그것 또한 그들의 권리

피아노를 치는 브람스(1833~1897) 빌리 폰 베켈라트의 석판화.

라고 여기면서 그 일 자체를 문제 삼지 않았다. 오직 바그너만은 이때랍시고 인쇄물을 만들고 무슨 말을 떠들어 댔으나, 다른 사람들은 일찌감치 잊어버렸다. 우리도 언급 않는 편이 좋을 것 같다.

이 청년들의 항의문 끝에 서명한 것은, 오늘날의 논쟁과는 비교도 되지 않게 격렬했던 그 무렵 논쟁에 브람스가 관여한 유일한 사례이다. 에두아르트 한슬리크(Eduard Hanslick) 같은 독설적인 비평가들은, 모든 새로운 것에 대한 공격으로 신문의 한 면을 메웠다. 1860~70년대는, 뮤즈 신들의 젊고 씩씩한 사도들이 비평가라는 야수들 속에 내동댕이쳐져서, 그리스도 교도들이 네로 황제의 사자와 호랑이에게 당한 것 못지않은 무자비한 밥이 되어 버리는 콜로세움 같은 시대였다.

브람스는 지독한 한슬리크가 호의적으로 대한 몇 안 되는 작곡가 가운데 한 사람이었지만, 그 운명으로부터 완전히 모면한 것은 아니었다. 그의 〈피아노 협주곡 D단조〉가 라이프치히에서 초연되었을 때 사람들은 아무도 귀를 기울여 주지 않았고, 피아노를 위한 작품이나 〈레퀴엠〉이나 가곡도 당장에는 성공을 거두지 못했다. 그 작품들은 아주 천천히 스며들어갔던 것이다. 그의 작품에는 흥행물 같은 화려함이 없었기 때문이다. 말하자면 아무 꾸밈도 없고 아주 정직한 것이어서, 제 힘으로 나아가는 수밖에 없는 그런 종류의 예술이었다.

브람스의 만년에 빈에는 세 사람의 다른 위대한 작곡가들이 있었는데 그들의 작품도 같은 운명을 걸었으며, 세상의 인정을 받기까지 오랜 세월을 기다려야만 했다. 후고 볼프(Hugo Wolf)는 유례없이 아름다운 일련의 가곡을 만들고 있었으며 슈베르트 이래 아무도 흉내내지 못한, 음악과 말을 일치시키는 방법을 알고 있었다. 안톤 브루크너(Anton Bruckner)는 오랫동안 소박하고 진지하고 다소 명상적인 방식으로 자신의 과제를 수행했다. 구스타프 말러(Gustav Mahler)는 뉴욕 필하모닉 오케스트라를 지휘하고서부터 미국에서는 지금도 기억되고 있다. 그는 고생스럽게 살았던 볼프(그는 작곡가로서의 자기 재능을 알면서도 음악 평론가로서 생계를 꾸렸다)나, 매우 종교적이었던 부르크너와는 정반대의 인물이었다.

세 사람 다 마지막에 자신의 작품을 무대에 올릴 수 있었다. 브루크너와 말러는 생전에 그들의 교향곡이 정식으로 음악애호가협회의 정규 레퍼토리로 오르는 기쁨을 맛보았다. 그러나 브람스의 경우처럼, 그들은 참을성 있게 때를 기다려야 했다. 관객이 그들에게 다가오는 것이 늦으면, 그들을 위해서가 아니라 관객 자신을 위해서 매우 불행한 일이라는 것은 의심할 것도 없다. 겸허한 브루크너도 자기 작품에 대한 자부심이 대단했지만, 관객이 와서 찾든지 말든지는 중요하지 않았다.

브람스가 좀 더 빨리 성공하지 못해서 겪은 유일한 불편은 경제적인 것이었다. 그는 결혼하고 싶었으나, 일정한 직업이 없으니 그러지도 못했다. 겨우 직업이 생기고 보니, 처녀들은 마음이 변했거나 다른 데로 출가하고 없었다. 이런 좌절을 그는 평소의 철학적인 방법으로 받아들였다. 결국 그는 다른 어떤 생활보다도 독신 생활을 더 선호한 것 같다. 일할 때 방해하는 사람도 없고, 출판한 작품의 인세로도 넉넉히 살아갈 수 있었기 때문이다. 그는 수전노가 아니라 돈의 가치를 잘 알고 있었다.

그는 이 교훈을 어릴 때 배웠다. 그의 아버지는 빼어난 인물임이 분명하다.

그는 어느 카페의 콘트라베이스 연주자로 세상에 나가서, 마침내 정식 극장 오케스트라에서 연주할 만큼 성공했다. 80년 전 독일 음악계의 상황을 잘 아는 사람은 알겠지만, 그와 같은 출세는 정규군 병사가 죽어서 육군 원수가 된 것과 같은 엄청난 일이다. 브람스의 어린 시절 그와 같은 배경이, 그 생애 전체에 각인되었다. 1897년 죽기 전에, 그는 그 무렵 위대한 음악가로서 세계적으로 인정받은 사람이 받을 모든 영예를 다 받고 있었다. 그가 죽었을 때, 함부르크 항에 있던 모든 배들이 조기를 내걸었다. 브람스는 갖가지 훈장과 명예 철학박사 학위를 받았지만, 그로 인해 작품 활동을 게을리하거나 근직한 생활이 헝클어지는 일은 없었다.

그는 그 무렵 위대한 음악가들을 두루 알고 있었다. 처음으로 자기 작품을 연주해 준 슈만의 아내와는 각별한 친교를 맺었으며, 매우 진실하고 존중하는 관계를 유지했다. 다른 음악가들과도 친분을 쌓았으나, 1860~70년대의 다른 작곡가들에 비하면 그 폭이 좁았다. 그는 사교적인 잡담을 무척 싫어했다. 그것은 시간 낭비로 여겼고, 시간은 낭비해서는 안 되는 것이었다. 성실한 장인은 언제나 일에 매달려 있어야 한다고 여겼으며, 사실 그 자신이 그렇게 했다. 그는 작곡의 대가가 되기 위해서는 자기의 전문적인 일을 아는 것만으로는 부족하며, 다른 많은 학문 분야에도 해박해야 한다고 믿었다. 그것은 책을 읽음으로써만 가능한 일이었으므로 그는 집에 틀어박혀 책을 많이 읽었다.

이제 더 할 말이 별로 없다. 브람스의 음악은 지금도 작곡할 무렵처럼 새롭고 신선하다. 베토벤은 우리의 프로그램에서 조금씩 모습을 감추고 있는 것 같으나, 브람스는 여전히 인기가 높다. 그는 이제 존재하지 않는 문명에 속하는 사람이다. 그러나 우리는 지금도 그의 언어를 이해한다. 그는 전할 이야기를 가졌으며, 그것을 최대한 즐겁게 감동적으로 이야기한 뒤 입을 다문 성실한 인물이었다.

62장
클로드 드뷔시

화실에서 작곡가의 작업실로 옮겨진 인상주의

'인상파'라는 이름 그 자체는 단순한 우연이며, 짐작건대 '인상'이라는 모네의 그림에 얼떨떨해진 어느 평론가가, 동시에 출품한 화가 그룹 전체를 표현하기 위해서 쓴 착상이었다. 그러나 흔히 그렇듯이, 이 별명이 붙여질 만한 타당한 데가 있었다.

1870년대에는 옛 화파의 영향에서 벗어나 본격적인 인상파를 건설하려고 시도한 많은 예술가들이 있었다. 예술가란 보통 새로운 것을 창조하는 것만으로 아주 만족하고, 그들이 정말로 의도한 것을 후세 사람들로 하여금 설명시키는 것이므로(이것이 평론가가 생긴 이유이다), 오늘날 우리에게 매우 친숙하게 여겨지는 1860~70년대의 이 급진파 화가들은 자기들의 머릿속에 있는 것을 좀처럼 이야기해 주지 않았다. 99퍼센트까지는 자기들도 몰랐을 것이다. 그들은 새로운 세계에 살았으며, 따라서 이제 낡은 표현 방법에는 만족할 수 없는 젊은이들이었다. 그들은 자기들의 시대에 더 한층 적합한 것을 찾는 요구에서, 그림의 소재로 선택한 대상을 감싸는 '빛의 분위기'를 캔버스에 재현하기 위한 새로운 방법을 발전시켰다.

대상 그 자체(objects in and by themselves)만으로는 충분하지 않았다. 그들에게는 나무, 집, 의자에 앉아 있는 여자는, 실제의 나무, 집, 실제로 의자에 앉아 있는 여자 이상의 그 무언가가 있었다. 그것들은 그것을 에워싸고 있는 분위기, 즉 배경의 일부였다. 그래서 그 나무, 집, 여자가 그들 자신의 특별한 배경에서 어떻게 보이는가 묘사하려고 했다(아주 서툰 문장이지만, 두어 번 읽어 보면 내가 하고자 하는 말을 알 수 있을 것이다).

더 간단하게 빛은 빛, 어둠은 어둠이라고 생각하고 있던 세대의 사람들에게는, 그런 것은 대단한 사도(邪道)처럼 여겨졌다. 모네, 르누아르, 시슬레, 모리조(Morisot), 만년의 마네처럼 대상을 볼 수 있게 될 때까지는 이삼십 년이 더 지나야 했다.

드뷔시 (1862~1918)

그것은 이 책의 거의 모든 장마다 되풀이하여 나오는 다 아는 이야기이다. 참된 예술가는, 참된 철학자와 마찬가지로 선구자이다. 그는 밟혀서 다져진 길로 가지 않는다. 때로는 새로운 길을 찾고 있는 동안에 몇 해나 시야에서 사라진다. 그대로 다시는 이름을 들을 수 없게 되는 일도 있다. 그런 때는 황야 속에서 새로운 언덕을 찾으려고 시도하다가 생명을 바친 것이다. 이따금 그 백골이, 마지막 고독 속에서 그가 그린 그림에 싸여서 발견된다. 그러면 화상들은, 개가 서로 뼈다귀를 다투듯이 서로 그 수확물을 빼앗아, 박물관이나 개인 컬렉션에 팔아 톡톡히 수지를 맞출 것이다.

그런데 이러한 일이 일어나고 있을 때, 그리고 젊은 프랑스인들이 이 인상주의를 실험하고 있는 동안에, 비슷한 일이 새로운 세대의 작곡가들의 다락방에서도 분명히 일어나고 있었다. 그들은 그 무렵(1880~90년대에) '미래의 음악'이라고 부르는 것에 몰두하고 있었다. 그들이 태어난 연대를 들여다보자, 그러면 그들의 전체를 파악할 수 있을 것이다. 이탈리아 오페라의 위대한 작곡가 푸치니는 1858년생, 가곡 작곡가 볼프와 말러는 1860년생, 드뷔시는 1862년생, 리하르트 슈트라우스는 1864년생, 부소니(Busoni)는 그 2년 뒤에 태어났다. 피츠너는 1869년생, 레거는 1873년생, 쇤베르크는 1874년에 태어났다.

그러므로 그들이 자기 면모를 드러내기 시작한 것은 1880~90년대였다. 바로 이 시기에 화가의 화실에서 생겨난 인상주의와 비슷한 새로운 소리가 음악에서 나타나기 시작했다. 다시 말하여, 그림의 인상파가 새로운 일련의 '색조'(어떤 종류의 느낌을 준다고 생각되는 유일한 표현을 쓴 것)를 발견한 결과 마찬가지로, 작곡가들은 새로운 음색을 쓰기 시작했다. 그때까지 아직도 화음이란 '듣기 좋은 소리'라고만 알고 있던 사람들이, 귀에 거슬린다고 하여 절대로 금지되고 있던 새로운 음색을 쓰기 시작했다.

여기서 우리는 또 다시 그림, 음악, 조각 작품을, 글로써 형용하려고 할 때 언제나 부딪히는 그 어려움에 부딪친다. 그러니 작품을 감상해 주기 바란다. 바흐의 〈브란덴부르크 협주곡〉의 레코드를 들어 본 다음, 클로드 드뷔시의 〈가라앉은 성당〉을 들어 보라. 그러면 내가 말하고자 하는 차이가 어떤 것인지 이해할 수 있을 것이다.

드뷔시의 작품이 아직도 비웃음당하고 있던 시대를 내 자신이 지나 왔으므로 잘 안다. 드뷔시도 그것을 알고 있었으나 개의치 않았다. 그는 언제나 은둔 생활을 하면서 일했다. 그는 청년 시대에 로마 대상을 차지했으나, 시간 낭비를 하고 있지 않았음을 보여 주기 위해 고국에 보낸 그의 작품은, 파리의 보수적인 음악가들에게 공연 가치가 없을 만큼 질이 낮다고 혹평을 받았다. 이를테면, 로세티(Rossetti)의 시 〈축복받은 처녀 *The Blessed Damzel*〉에 곡을 붙인 작품은 10년이 지난 뒤에 파리에서 공연되었다. 로마 생활을 마친 드뷔시는 러시아로 갔다. 차르(러시아 황제) 정권의 마지막 40년 동안, 러시아는 새로운 것을 말하려고 애쓰는 사람들의 정말로 좋은 피난처였다. 다만 정치나 경제에 관한 것은 어떤 새로운 말도 할 수 없었지만.

드뷔시가 마흔 살이 되었을 때, 파리 오페라는 마침내 그 문을 열어 그의 〈펠레아스와 멜리장드 *Pelléas et Mélisande*〉를 맞이했다. 이 한 걸음은, 그 무렵 파리의 음악계가 뱅상 당디(Vincent d'Indy), 샤브리에(Chabrier), 가브리엘 포레(Gabriel Fauré) 같은 사람들에 의해서 지배되고 있다는 것을 아울러 생각하면 거의 혁명적인 것이었다. 그들은 유능한 작곡가들이었으며, 구노(Gounod)나 마스네(Massenet) 같은 친근미 있는 평범함과는 아주 거리가 먼 유능한 작곡가들이었다. 그러나 그들은 모두 관객이 이해하고 감상하고 즐길 수 있는 언어로써 이야기했다. 때로는 청중에게 무례하게 구는 폴 뒤카(Paul Dukas)도 관대하게 용인되었다. 그의 일상은 아직 산뜻하고 재미있다. 그래서 지금의 우리도 좋아하게 될는지 모른다. 요즘 라디오가 그의 〈마법사의 제자 *L'Apprenti Sorcier*〉를 너무 자주 방송하므로, 〈미완성 교향곡〉과 마찬가지로 '또 들어야 하나'하는 생각이 들기는 하지만.

드뷔시는 그 밖에 다른 적들도 있었다. 그들은 기존의 전통을 존중하지 않는다는 이유로 드뷔시를 인정하지 않는 사람들보다 더 위험한 적이다. 그들은 바로 열성적인 젊은 음악가들이었다. 극단적인 보수주의자들이 마침내 타도되기 시작했다는 기쁨에 열광한 그들은 이제 드뷔시의 음악조차 뛰어넘을 작업에 착수했다. 그들이 자랑스레 '참된 신음악'이라고 내세운 난폭한 불협화음에는 드뷔시도 당혹스러웠다. 모든 참된 예술가들처럼 고의의 혼란이라고 그가 부른 것에 깊은 공포를 느끼고 있었다. 그래서 그는 그 무렵 음악계에서 점점 멀어져 갔다. 그는 제1차 세계대전 기간에 죽었다. 어느 의미에서 그는 행복했다. 그는 서유럽 공통의 문화가 붕괴하는 것을 보지 않았기 때문이다.

63장
맺는 말

"땅이 혼돈하고 공허하며 흑암이 깊음 위에 있고 하느님의 신은 수면에 운행하시니라. 하느님이 가라사대 빛이 있으라 하시니 빛이 있노라."

나는 어떤 특수한 양식의 문명이 그 종말에 가까워지고 있다고 해서, 세계의 종말을 예언하는 사람들 속에 끼지는 않는다. 나는 모든 성장의 바탕으로서의 진화 과정을, 진심으로 믿는다. 다만 내가 말하는 진화는, 나선 계단처럼 위와 앞으로 나가지는 않는다. 그런 단순한 것이 아니다. 오히려 바다의 파도 같은 것이다. 파도가 인다. 크기와 힘이 불어난다. 꼭대기까지 높아져서는, 물보라를 튀기면서 부서져 없어진다. 그러면 다시 낮아지지만, 금방 같은 일이 되풀이된다. 부풀어오른다. 힘이 붙는다. 꼭대기에 이르지만 물보라를 흩뜨리면서 부서지면, 아까 자리보다 훨씬 앞에 나아간다. 인간의 문명도 같은 법칙을 따르고 있는 것 같다. 한순간도 멈추어 서 있지 않으며, 언제나 무자비하게 나아가고 있다.

지금 쉰 살이 넘은 사람은, 바로 제1차 세계대전에, 그 파도가 장려한 오색 불꽃이 되어 부서져 사라지는 광경을 보았다. 그것은 인간 활동의 모든 분야에서 매우 활기에 찬 시대였다. 지금 우리는 하강을 눈앞에 보고 있다. 이 하강은 새로운 너울이 높아지기 전에 꼭 필요한 것이다.

예술은 우리 세계에 일어나고 있는 일에 대해서 주식 시장이나 의회의 토론보다 상황을 더 잘 알려 주는 척도이다. 이미 제1차 세계대전 전에, 예술은 선에 대한 기존의 가치관이 해체되고 있는 현상을 드러냈다. 그때 각종 '주의(ism)'들이 횡행했다. 그 이즘 가운데 대부분은, 이제 우리들에게는 이름만 남아 있지만, 그것이 처음 출현했을 때는 모두가 크게 흥분했다. 세잔, 술러와 그 신인상주의, 고갱과 그 종합주의로 발전한 것은 1890년대였다. 1900년대에는 신인상주의가 입체주의를 낳았고, 입체주의는 또 절대주의와 구성주의로 발전했다.

이러한 명칭은 대개 파리의 싸구려 카페에서, 압생트를 석 잔쯤 들이마신 취객들이 한쪽 눈으로 사람들의 속물근성을 곁눈질하면서 발명한 것이다. 사람들은 그런 기묘한 그림이나 조각을 뭐가 뭔지 도무지 알지 못했지만, '믿을 만한' 화상들과 그 화상에게 고용된 '믿을 만한' 미술 평론가들로부터 지금 값이 싼 피카소(Picasso), 조라크(Zorach), 세베리니(Severini), 마르셀 뒤샹(Marcel Duchamp)의 작품을 사 두면, 5년만 지나면 값이 갑절이 될 것이라는 말을 믿었다.

그 뒤 원시적인 흑인 조각과 근동 지방의 예술이 발견되고, 많은 엉터리 유파 속에서 표현주의가 생겼으며, 표현주의는 다다이즘을 낳고, 다다이즘은 초현실주의를 낳았으며, 또 입체주의는 오르피즘과 신조형주의와 순수주의를 낳았고, 신인상주의는 미래주의라는 기묘한 양식을 낳았다.

대다수 사람들은 제1차 세계대전 중의 파리에서 이러한 유파가 생겨난 사실에 관해 거의 알지 못했다. 그 무렵 몽파르나스의 화실에서는 많은 외국인 예술가들은 오도가도 못하고 있었다. 그들은 현실과 동떨어진 상황에서 예술가들은 어떤 묘한 '이즘'으로 옮겨가고 있었는데, 결국 모든 감정표현 가운데에서도 가장 기괴한 것, 비구상 예술이라는 것을 만들어 내기에 이르렀다. 이제까지 존재한 모든 것에 대한 반동으로 등장한 그 양식은 낡은 성냥갑, 깃털, 이발관 바닥의 쓰레기 같은 것으로 걸작을 만들어낼 수 있다고 주장했다.

물론 이 마지막의 예술 운동에 대해서 내가 매우 불공평하게 썼는지도 모른다. 나는 이 완전히 추상적인 예술 양식의 주창자들에게서 곧바로 비난을 받을 각오를 하고 있다. 그들은 아마 나를, 박물관에서 휘슬러(Whistler)나 소로야(Sorolla)와 함께 있기를 좋아하는, 편견을 가진 완고한 구식 늙은이라고 말할 것이다. 공정한 입장에서 보아, 내 자신에 대한 그런 논평은 맞지 않는다고 생각한다. 나는 인상주의 사람들이 그린 작품의 대부분을 존경하고 있다. 나는 과거의 모든 전통에 맞서, 살아 있는 자는 살아 있는 자가 정말로 흥미를 느끼는 주제를 표현해야 한다고 주장하면서, 힘차게 일어선 집단의 순수성을 한 번도 의심한 적은 없다. 그 표현 방식은 그 시대의 요청에 가장 적합해야 한다는 주장에 대해서도 반대하지 않는다.

마티스(Matisse), 세잔(Cézanne), 로비스 코린트(Lovis Corinth), 코코슈카(Kokoschka), 존 마린(John Marin), 모리스 스턴(Maurice Sterne), 보드먼 로빈슨

(Boardman Robinson), 비들(Biddle) 그리고 멕시코인 오로스코(Orozco)와 리베라 (Rivera)(지금 내 머리에 떠오른 인물들을 나열해 보았다) 등은 의심할 것도 없이 새 시대를 알리는 선지자들이었다. 그런 사람들의 작품은 이해할 수가 없다. 그런 그림은 나도 그릴 수 있다고 여러분이 말한다면, 나는 이렇게 대답하는 수밖에 없다. 첫째, 여러분은 그들을 이해하도록 노력해야 한다. 왜냐하면 그들은 실은 여러분이 알아야 할 것을 이야기하려 하고 있으니까. 둘째로 여러분은 자신을 과대평가하는 것은 커다란 착각이라고 말하겠다. 그들은 모두 수업을 쌓아 온 사람들이다. 그들은 기술을 배웠으며, 그것도 완전히 배웠다. 그들은 단순한 기술 문제에 고생하지 않아도 될 만한 일류 솜씨를 가진 화가들이며, 그러기에 비로소 새로운 효과를 낼 수 있었던 것이다. 뛰어난 바이올리니스트나 피아니스트가 사소한 기교를 완전히 뛰어넘은 것처럼, 그들은 기술적인 문제와 씨름하는 단계를 넘어선 기량의 소유자들이다.

추상 예술과 비구상 예술을 이끌어 낸 최근 50년간의 발전에 대해서도, 같은 말을 할 수 있다고 나는 생각한다. 내 의견에는 많은 의문이 있다. 그런 일에 지나친 확신을 갖는다는 것도 쓸데없는 일이다. 현재 나는 아직도 그런 쓰레기통의 휴지 같은 것을 알뜰히 간직하고 있는 박물관의 것보다는, 친구 집의 전화 메모에 그려 놓은 비구상화라든가, 유명한 정신병원에 있는 친구가 이따금 보내오는 편지의 그림이, 보기에 더 재미있다고 생각하고 있다. 오직 시간이 해결해 주겠지만, 요컨대 나로서는 밝은 기분으로 가득 차 있다.

이와 같은 지나침은, 과도기에는 언제나 일어난 일이다. 시간이 그것을 처리할 것이다. 시간은 그 사정없는 방법으로 그것을 처리할 것이다. 앞으로 50년쯤 지나면, 길 잃은 현대인의 그 이상한 작품들이 시간 낭비에 지나지 않았는지, 바흐의 음악은 좀 정성이 지나쳐서 마음에 들지 않는다며 바흐에 반대해 온 사람들처럼 내가 어리석었는지, 아마 알게 될 것이다. 그리고 그것이 현재의 예술 문제에 대해서 내가 말할 전부라고 생각한다. 방향 감각을 잃은 나는 지금 파도가 아직도 내려가는 중인지, 아니면 이미 올라가기 시작했는지 도무지 짐작이 가지 않는다. 확실한 것은 위로 향하건, 아래로 향하건, 어쨌거나 나아가고 있다는 것, 그리고 그것만이 중요하다는 것이다.

그것과 우리의 궁극적인 희망의 나라, 사람들이 살아 있다는 데 대한 기쁨 그 자체에서 아름다움을 창조하는 세계를 향하여 용감히 키를 잡으면서 아울러 배를 안정시켜 두는 우리의 능력이야말로 중요하다.

이 책을 어떻게 이용하느냐에 대하여

나는 이 책을 사실을 알리기 위해서 쓰지는 않았다. 여기에 쓰여 있는 것은 모두 오래전부터 알려져 있는 일이며, 건축이나 미술이나 음악 전문서를 보면 다 나와 있는 것들이다. 내가 그런 사실을 여기에 모은 것은 모든 예술의 바탕에 가로놓여 있는 '보편성'의 느낌을 여러분에게 전하는 데 가장 좋은 방법이라고 생각했기 때문이다. 또 내가 이 책을 쓴 것은, 나 자신의 미학 이론이나 취미를 과시하기 위해서도 아니다. 물론 그런 것도 얼마쯤 스며들어 있지만, 무슨 토론을 할 때는 미술품에 대한 철학적인 사색과 마찬가지로 완전히 개인적인 그와 같은 것은 배제하고 보아 주기 바란다.

그렇다면, 나는 왜 이런 어려운 책을 고생해 가며 썼는가, 그리고 왜 독자가 읽어 주기를 바라는가.

우리와 함께하자고 여러분을 초청하기 위함이다. '우리'란, 때로는 저녁이나 아침 한 끼쯤은 걸러도 상관없지만, 음악이나 그림이라는 특별 요리 없이는 살아갈 보람이 없다고 생각하는 사람 모두를 말한다.

그런데 이런 식으로 써 나가면(조금 수사적인 표현을 쓰자면 언제나 그렇듯이), 너무 미화되거나 오해받기 쉬운 법이다. 왜냐하면, 나 같은 사람의 상상 이상으로 많은 사람들을 파멸로 몰아간 그 '예술을 위한 예술'이라는 무서운 낡은 슬로건과 아주 닮은 표현이기 때문이다. 여러분을 쾌적하고 정상적인 생활에서 끌어 내 냉담한 세계로 밀어 넣는 짓 따위는 하고 싶지 않다. 또 여러분에게 앞으로의 인생을 불만 가득한 사이비 예술가가 되어 밤낮 불쾌한 다락방에 기거하며 묵은 스파게티로 끼니를 때우면서 언젠가는 여러분을 세상의 인정을 받게 해 줄 영광스러운 혁명이나 꿈꾸게 하는 그런 것은, 절대로 하고 싶지 않다. 그 혁명은 일어날지 모르지만, 여러분이 그토록 간절히 소망한 것만큼 세상의 인정을 받지는 못할지도 모른다. 오히려 여러분의 손에 곡괭이를 쥐어 주면서,

불행한 이웃을 위해 하수구라도 파라고 하는 것이 훨씬 나을 것이다. 물론 여러분이 이쯤으로 거룩한 영감을 얻었고, 신의 뜻으로 신이 여러분의 머리에 은총을 부어 넣어 주는 소수의 사람으로 선택되었다면야, 창작열은 아주 강할 것이니 천국과 지구 사이에 그 무엇도 여러분을 막을 수는 없을 것이다. 그런 경우에는 서늘한 다락방이건 묵은 스파게티건 문제가 되지 않는다. 그런 것은 아무 고생도 되지 않을 것이다. 그럴 수밖에, 여러분은 마음속에 훨훨 타고 있는 불로 말미암아 언제나 훈훈할 테고, 이젤 앞에서 뜯어 먹는 딱딱한 빵조각은 레이먼드 오티그[1]의 주방에서 장만한 성찬보다도 맛있을 것이기 때문이다. 그러나 어떻게 살 것인지는 여러분 자신이 결심할 일이며, 나는 주의 깊게 모든 충고를 삼갈까 한다.

그러나 일종의 타협 같은 것은 있다. 삶은 모두 결국은 타협이므로, 나는 여러분이 지금까지 생각해 온 것보다 더 뮤즈의 즐거운 화원(그것은 매우 유쾌한 화원이다)에 접근할 수 있는 방법에 여러분의 주의를 끌어 가고 싶다.

여러분은 무언가 해 보고 싶은 일이라든가 할 수 있는 일이 아마 있을 것이다. 여러분은 그림을 그리거나, 노래를 부르거나, 피아노를 치거나, 연극을 보러 가기를 좋아할 것이다. 그것이 삶의 즐거움을 증가시켜 주는 것이라면, 그렇게 해서 안 될 까닭이 있겠는가? 나는 그런 까닭을 알지 못한다.

다만 여러분은 자신의 한계를 알아야 한다. 우리는 유감스럽게도, 경쟁과 광고의 나라에 살고 있다. 내가 잘 아는 테니스와 골프 선수 가운데는, 꽤 좋은 경기를 하여 얼마든지 즐길 수 있었던 사람인데도, 빌 틸던[2]이라든가 월터 헤이겐[3]만큼 잘하지 못했다는 이유만으로 평생 불행했던 예가 많다. 나는 헤이겐은 모르지만, 틸던은 안다. 그는 여러분에게 그런 믿음을 권하지 않을 사람일 것이다. 그는 이렇게 말했을 것이다. "밖에 나가서 최선을 다해 연습하되 이웃집 존스네 딸에게도 질 수도 있다는 냉혹한 현실을 받아들이시오." 그는 또 이렇게도 말했을 것이다. "약한 상대에게 철저히 이겨서 기뻐하기보다는 정말로 좋은 선수에게 졌을 때 더 많은 교훈을 얻을 수 있소."

---

1) 20세기 초 뉴욕의 호텔업자.
2) 20세기 초 미국의 테니스 선수.
3) 20세기 초 미국의 골프 선수.

예술과 스포츠는 공통점이 많다. 이 문제와 관련해 잊지 못할 추억이 있다. 어느 날 밤 내 집에서 타이 코브[4]와 크누트 로크니[5]가 슬라이딩 기술에 관해 열띤 토론을 벌였다. 두 사람 다 자신이 옳다는 것을 증명하기 위해 서로 슬라이딩 시범을 느린 동작으로 보여 주었다. 그 동작은 최고의 러시아 발레만큼 아름다웠다.

그는 일찍이 내 관심을 끌었던 어느 것보다도 그리스 고전 예술품의 살아 있는 화신에 가까웠다. 그런 명예를 놓고 경쟁을 벌일 만한 상대는 호놀룰루 항구에서 다이빙하는 소년들 정도가 아닐까 싶다. 확신할 수는 없지만 그것은 중요하지 않다. 내가 말하고자 하는 핵심은 이렇다.

어느 예술에서든 가장 훌륭한 전문가만큼 잘하지는 못하게 되더라도, 나름대로 훌륭한 예술가가 될 수 있다. 마치 낡은 자동차로 즐기려는데, 경주용 카레이서가 될 필요가 없듯이. 그러나 여러분은 예술의 하나를 양자로 삼을 수 있다면, 한없이 행복하고 충실한 삶을 보낼 수 있고, 또 보내게 될 것이다. 그리고 여러분은 한가한 시간을 쪼개어 사진, 요리, 그림, 에칭, 무대모형 만들기나 무엇이든 자기가 택한 예술을 배운다는 것이 얼마나 유용한 일인지 놀랄 것이다.

물론 이것은 똑똑히 알아두기 바란다. 예술에는(자연과 마찬가지로) 지름길이 없다. 성공은 영감의 소산이 아니라, 인내의 문제이다. '또 인내, 또 인내를' 하고 강조하고 싶다. 영감이 없으면 최고의 경지에 오르지 못한다. 그러나 영감으로 가득 찬 온 세계의 영감을 다 합쳐도 무한한 노력, 고통을 감내하며 꾸준하고 양심적인 노력을 쌓아 가지 않으면 아무 소용 없다.

일반론은 이 정도로 해 두고, 몇 가지 현실적인 문제를 들겠다. 첫째, 전문적으로 들어가야 한다는 생각은 하지 말 것. 모든 예술은(이 책에서 알았듯이) 삶의 예술에 기여한다는 단 한 가지 목적을 갖고 있을 뿐이다. 따라서 그 예술들은 서로 밀접하게 관련되어 있고, 서로 지지하며 서로 돕고 있다. 균형이 잘 잡힌 가족의 구성원들처럼 서로 돕는다. 여러분이 교향곡의 구성에 대해서 알고 있다면, 훨씬 좋은 설계자가 될 수 있을 것이다. 쉰다섯인 나는 지금도 오케스

4) 미국의 야구 선수.
5) 미국의 미식축구 코치.

트라에서 내 파트를 참을성 있게 연주하고 있다. 그것은 많은 시간이 들지만, 내가 아직 잘 모르는 어떤 음악의 구성을 아는 데는 매우 도움이 되고, 음악뿐만 아니라 그림을 어떻게 그려야 하는지 이해하는 데도 큰 도움이 된다.

몇 해 전부터 나는 에칭 인쇄기를 가지고 있었다. 작지만, 내가 쓰는 용도로서는 충분하다. 에칭 전문가가 될 생각은 없다. 또 작품을 팔 생각도 없다. 그러나 동판과 산성용액과 여러 가지 잉크 혼합물과 씨름하다 보면 지난날의 가장 성공한 에칭 화가들이 이룩하려고 시도했던 것이 무엇이었던가를, 다른 어떤 방법보다도 훨씬 잘 알 수 있게 된다.

과거의 걸작들을 직접 보고 연구하는 데 도움된다. 그것은 그저 모방을 말하는 것이 아니다. 박물관에서 모사화가가 아주 서툰 솜씨로 그림을 베끼고 있는 것을 보고 이렇게 중얼거렸을 것이다. "왜 저런 쓸데없는 짓을 하지? 차라리 소젖이나 짜든지, 아니면 뭐 좀 더 유용한 일을 하는 게 나을 텐데."

나도 찬성이지만, 내가 과거의 걸작들을 연구한다고 말한 것은 그런 것이 아니다. 다만 여러분 자신의 즐거움과 공부를 위해서 그것을 하면 좋다는 것이다. 여러분이 한 번 고생하여 뒤러의 그림을 자기 나름대로 베껴 보거나, 엘 그레코 같은 매우 까다로운 화가의 그림을 분석해 본다면, 여러분은(적어도 그때는) 그 거장들의 내면으로 들어갈 수가 있다. 그리하여 그 거장들이 뜻대로 되지 않는 재료와 인간의 손의 부자유스러움과 고투하고 있었을 때 어떤 기분이었던가를 얼마간은 알 수 있게 될 것이다.

미술책은 너무 비싸서 베낄 수 없다고 말할지도 모른다. 서점 진열대에, 마음을 유혹하듯 장식되어 있는 그런 호화본을 사야 한다고 누가 말하던가? 박물관의 카탈로그는 무료거나 싼 값으로 입수할 수 있는 도록도 있다. 그림엽서 한 장이라도 얼마든지 비싼 복제 못지않는 공부가 되는 수가 많다.

음악에서도 그렇다. 오늘날의 전축은, 기계적으로 만들 수 있는 것으로서는 완벽에 가깝다. 그다지 중요하지 않은 것에 돈을 낭비하지 말고 모아두었다가 (날마다 소용도 없는 잡동사니에 헛돈을 쓰고 있다는 것을 알면 깜짝 놀랄 것이다), 여러분 자신의 레코드 컬렉션을 시작하라. 그리고 그것을 들으라. 왜냐하면, 여러분이 훌륭한 아마추어 음악가가 되고 싶으면, 지난날의 위대한 작곡가가 만든 모든 것에 철저히 친숙해야 하기 때문이나. 마치 여러분이 체스를 좋아한다면 마셜이나 카파블랑카가 둔 수를 조금은 알아두는 편이 좋듯이. 그들의 수를 안다고 해서, 물론 마셜이나 카파블랑카만한 명인이 되는 것은 아니지만, 전보다는 훨씬 좋은 게임을 할 수 있게 될 것이다.

그러면 또 하나 실제적인 조언을 하겠다. 여러분이 예술 가운데 하나를 자기 취미로서 골랐다면, 이따금, 이를테면 사순절의 격주 토요일이라든가 일요일이라는 식으로 배우는 것만으로는 충분치 못하다. 여러분의 취미를 마치 사랑하는 강아지처럼, 언제나 곁에 두고 꾸준히 해야 한다.

이 말의 뜻을 조금 더 설명해 보자. 나는 낡은 브루클린 다리도 나름대로 타지마할에 못지않게 아름답다고 말한 적이 있다. 타지마할에 가본 적이 없는 사람도 다리나 건물은 매일 아침 출근길에 볼 것이다. 뉴욕에서 일할 때 나는 고가철도를 자주 이용했는데 그 20분 동안 차창 밖에서 본 풍경으로 나는 최소한 2주일 동안 그릴 수 있는 그림의 착상을 얻었다. 시간이 모자라 자세히 그리지는 못했지만 헛수고는 아니었다. 나는 여러 가지 인상의 배후에 있는 것을 찾아냈고 나중에 그것을 다양한 방식으로 이용할 수 있었다.

쉬운 일은 아니다. 우리는 예술에 관한 한 수줍어하는 경향이 있다. 특히 기업가들은 남들의 비웃음을 살지 모른다는 우려에서 흔히 음악이나 문학을 좋아한다는 사실을 숨기는 수가 있다. 그런 쓸데없는 생각을 곧바로 버리지 않으면 아무것도 이룰 수 없다.

대의명분을 위해 순교하고 싶지 않은 것은 당연하다. 그러나 여러분이 그림에 흥미를 가졌다면, 조그만 카드를 몇 장 언제나 주머니에 넣고 다니다가 아무도 보지 않는 곳에서 자기가 방금 본 재미있는 것을 간단히 그려 둔다. 그 그림은 박물관에서 가엾은 렘브란트가 부도 수표 뒤에 그린 스케치와 나란히 전시되는 일은 결코 없겠지만, 그것들은 여러분에게 놀랄 만큼 많은 세부를 가르쳐 주고, 여러분의 관찰력을 상상도 못할 만큼 날카롭게 해 줄 것이다.

그리고 기회가 있으면, 갖가지 재료를 써 본다. 갖가지 새로운 방법(유채, 파스텔, 잉크)은 아주 다른 기술에 친숙케 해 준다. 마치 외국을 여행하는 기분과 같기 때문이다. 비용 걱정은 하지 않아도 된다. 모든 색이 들어 있는 그림물감과 한 개 1달러나 하는 붓을 가득 채운, 그런 신품을 살 필요는 없다. 여러분의 어린 아들이 하찮은 크리스마스 선물이라고(실은 비행기가 갖고 싶었다. 내년에는 그런 연필을 갖고 싶어 할 것이다) 내팽개친 색연필 한 통이라든가, 문구점에서 팔고 있는 수채화 물감이면, 얼마든지 가능하다.

아마추어 음악가가 되려면 날마다 규칙적으로 연습해야 한다. 그것이(예컨대 하루에 15분이라도) 습관이 되면, 이윽고 몇 시간으로 늘어날 것이다. 피아노는 악기 가운데서 가장 알맞다. 왜냐하면, 오케스트라의 구성을 이해하는 데 가장 좋은 악기이기 때문이다. 그러나 피아노만이 유일한 악기는 아니다.

여러분이 아마추어 바이올리니스트라면, 전당포에서 뜻밖의 좋은 물건을 찾아내는 것도 즐거운 일이다. 언젠가는 진품을 발견하게 될지도 모를 일이다. 가능성은 만에 하나가 될지 모르지만, 경마에 거는 것보다는 그래도 나을 것이다. 그러니 해 보면 어떨까?

여러분은 이제 내가 노리는 것이 무엇인지 슬슬 알게 되었을 줄 안다. 그런 '작전 계획'의 세부에 들어가면, 실은 나도 아무 도움이 되지 않고, 똑똑한 충고도 줄 수가 없다.

세계에는 20억의 사람이 있고, 따라서 20억의 다른 기호가 있다. 여러분은 자기를 위해서, 그리고 자기 힘으로 하고 싶은 것을 정해야 하겠지만, 배 모형 만들기든지, 노래 작곡이든지, 여름방학에 산 그림을 그린다든지, 교외의 조그만 정원을 설계한다든지, 아무튼 여러분은 곧바로 뮤즈 신의 겸허한 제자의 대열에 끼시라.

뮤즈는 몹시 까다로운 스승이다. 그러나 가장 만족할 만한 친구이기도 하다. 왜냐하면 여러분이 열심히 노력한다면 뮤즈는 이따금 자기의 화원 안을 거닐게 해 줄 것이기 때문이다. 그때 여러분은, 하다못해 삶의 참된 뜻을 깨달은 선택받은 사람이 되기 위해 마다하지 않았던 어떤 고생도, 그 얼마 안 되는 시간에 충분히 보상이 될 만한 완벽한 아름다움의 세계를 맛볼 수 있을 것이다.

판론과 《예술의 역사》

예술이란 무엇인가

세계적으로 커다란 호평을 받았던 오드리 헵번, 렉스 해리슨 주연 뮤지컬 영화 〈마이 페어 레이디〉의 원작은 버나드 쇼가 쓴 희곡 《피그말리온》이었다. 이 영화는 아카데미 8개 부문 상을 휩쓸며 대성공을 거두었다.

미국의 영화제작자 새뮤얼 골드윈이 〈피그말리온〉의 영화화를 의논하기 위해 버나드 쇼를 찾아갔을 때 쇼는 짐짓 비꼬는 투로 말했다.

"그 따위 작품을 영화화해 봤자 성공할 리가 있겠는가? 큰 손해를 보고 실망할 걸세."

그는 심각한 표정을 지으며 우회 전법을 썼다. 그러나 골드윈은, "손익을 떠나 단지 선생님의 훌륭한 예술을 존경한 나머지 청탁하는 것입니다"라고 진지하게 간청했다.

이에 쇼는 한 술 더 떴다.

"그게 바로 자네와 나의 차이점일세. 자네는 예술을 존중하고, 나는 돈을 존중한다네."

이 얼마나 재치 넘치는 버나드 쇼의 예술적 표현인가.

인생의 고정된 상징 영역을 넘어서는 삶의 모든 차원을 모호하고도 환상적으로 창조하고, 상상조차 할 수 없는 예술을 수단으로 하여 삶의 새로운 형태를 정복하는 대신에 나는 지성에 의해 얻어지는 기반을 종합하고 계발하는 예술을 신봉하려 한다.

비평 정신은 본질에 있어 부정적이 아니며, 파괴적이지도 않다. 그것은 창조적 정신과 공존할 수 있다. 실상인즉 '창조적'이란 말이 진실한 것을 발견한다는 것과 아울러 거짓된 것을 없앤다는 것을 뜻하지 않는다고 할진대, 그렇게도

잘못 쓰였던 그 말은 도대체 무
슨 의미가 있단 말인가.

예술은 진공 속에서의 창조는
아니다. 차라리 그것은 혼돈에서
의 선택이고 무정형적인 것에서
의 규정화이며 인생의 '소스라치
는 유동성(流動性)' 속에서의 구
체화이다.

예술 및 사회라는 말은 오늘날
우리가 쓰는 말 가운데에서 가장
모호한 개념이다. 영어에서 '아트
(art)'라는 어휘의 뜻은 너무나 애
매한 나머지 단 두 사람에게 그
뜻을 묻더라도 같은 정의를 얻기

헨드릭 빌럼 판론(1882~1944)

가 힘들다. 세련되고 전문적인 사람들은 모든 예술에 공통되는 어떤 특징을 추
출해 내려 하고, 그래서 미학과 마침내는 형이상학 등 예술학에 골똘하게 된다.
소박한 사람들은 흔히 '아트'를 많은 예술들 가운데 하나인 회화와 동일시한다.
이를테면 그들은 음악이나 건축을 '아트'라고 생각하느냐는 질문을 받으면 혼
란에 빠진다. 아트가 무엇이든지 간에, 세련된 사람이나 소박한 사람에게 공통
된 가정은, 그것이 보통 사람에게는 직접적인 관심의 대상이 되지 않는 전문적
인 또는 직업적인 활동이라는 것이다.

예술은 기하학적 예술과 대조해서 널리 자연주의(naturalism) 또는 사실주의
(realism)라고 할 수 있다. 물론 여기에서 이 두 말은 가장 넓은 의미로 쓰이며, 또
한 자연의 단순한 모방까지도 모두 포함한다. 이런 종류의 예술작품을 앞에 두
고 관객이 느끼는 즐거움의 원천은 생명성의 증대감이며 독일의 미학자들이
감정이입(感情移入)이라고 말하는 과정이다. 이 과정은 아마도 어딘가 지나치게
복잡한 것이어서 나로선 도저히 단순히 말할 수 없지만, 일반적으로 우리가 아
름답다고 생각하는 예술작품은 어느 것이고 활동 속에서 우리가 느끼는 즐거
움과 우리의 생명성을 객관화한 것이라고 말할 수 있다.

예술을 위한 예술 19세기 끝무렵과 20세기 첫무렵 니체는 창조적인 예술가들에게 폭넓은 영향력을 발휘했다. 특히 버나드 쇼는 자신의 희곡에 《인간의 초인》이라는 제목을 붙였다. 구스타프 클림트는 그의 작품 〈입맞춤〉을 통하여 빈의 고상한 척하는 예술적 관습에 도전하여 예술에 새로운 가치를 부여했다.

어떤 선(線) 또는 형(形)의 가치는 그것에 담겨 있는 인간 생명에 대한 가치에 있다. 좀 더 간단히 말해 예술이라는 것은 자연 속에서 발견되는 형 또는 운동에 대한 애착 또는 즐거움에 있다고 할 수 있다. 그러므로 분명히 이런 예술은 다만 그 외적 자연에 대한 관계가 그러한 즐거움의 감정을 관상(觀想) 가운데서 허용하는 민족에게만 생겨나는 것이다.

예술은 다른 사람들과 공유할 수 있는 심미적 대상·환경·경험을 창조하는 과정에서 기술과 상상력을 동원·발휘하는 인간의 활동과 그 성과를 이른다. 예술이라는 말은 쓰인 매개물이나 제작물의 형태에 의해서 전통적으로 범주화된 몇 가지 표현양식 가운데 하나를 가리키기도 한다. 따라서 회화·조각·영화·무용·음악 등 여러 가지 미적 표현 양식들을 개별적으로 예술이라고 말하며, 이 모든 것을 통틀어 예술이라 부르기도 한다. 예술이라는 말은 더 나아가 어떤 특정한 대상이나 환경 또는 경험을 하나의 미적 표현의 실례로 두드러지게 내세우는 경우에도 쓰인다.

순수예술 교양예술

전통적으로 예술은 순수예술과 교양예술로 나뉘며 후자는 언어·표현력·추론 등의 표현 기술과 관계된다. 미술은 순수한 심미적 목적, 즉 미(아름다움) 그 자체와 더욱 관련이 있다. 또 미와 결합된 많은 표현 형태들에서도 실용적 목적과 관계된 것이 있는데, 그 예로 도자기공예·건축·금속공예·광고디자인 등을 들 수 있다. 순수하게 미적인 목적을 가진 한 끝에서 순전히 실용적인 목적을 지닌 다른 한 끝까지 펼쳐져 있는 연속체에서 각기 다른 영역을 차지하고 있는 여러 예술들을 생각해 보면 이해하기 쉬울 것이다.

이러한 목적의 양극화는 관련된 용어인 예술가와 장인에도 반영되어 있다. 장인은 실용주의자들에게 많은 관심을 기울이는 사람으로 이해된다. 그러나 이러한 양극화를 하나의 경직된 도식으로 파악해서는 결코 안 된다. 한 가지 예술 형식에서조차 그 동기나 착상은 여러 가지로 다를 수 있다. 그러므로 도공이나 직물공들은 이를테면 그릇과 담요 등 매우 기능적이며 동시에 아름다운 작품을 만들 수도 있고, 높은 심미적 평가 말고는 어떤 것도 기대하지 않고 창작에 임할 수도 있을 것이다.

뉴욕 야구작가들(1927년 7월 15일) 오른쪽에서 다섯 번째 서 있는 사람이 판론.

또 다른 전통적인 예술의 분류 체계로는 시·희곡·소설 등의 문학, 회화·소묘·조각 등의 시각예술, 회화·글씨·판화·인쇄 등 평면적 표현 형태들의 그래픽아트, 에나멜 공예·가구 디자인·모자이크 등의 장식미술, 조각·모델링 등의 조형미술, 연극·무용·음악 등의 공연예술, 작곡 등의 음악, 건축(실내장식 포함) 따위가 있다.

이와 같은 예술작품의 아름다움과 추함, 장단점 등을 들어 그 가치를 판단하는 일을 '예술비평(criticism of the arts)'이라고 한다. 예술작품에 대하여 기술하고 평가하는 모든 예술비평가들의 일차적 관심사는 작품 자체의 예술성이라고 할 수 있다. 곧 예술비평은 근본적으로 미학적 작업이라 할 수 있으며, 주어진 작품에 대한 개별적인 미학적 기술이 선행되어야만 한다. 또한 예술비평에서 개념상 핵심이 되는 문제는 무엇을 예술작품이라고 할 것인가와 예술작품의 속성을 어떻게 드러낼 것인가로 요약할 수 있다.

이와 관련하여 예술작품이란 무엇인가에 대해 나름대로의 이론이 정립되어 있지 않으면, 예술작품에 대한 어떤 논의도 불가능하며, 비평의 객관성을 확립하기 위해서도 비평대상을 확실히 밝힐 것이 요구된다. 그러나 예술비평에서 무엇보다 중요한 것은 작품의 정체를 밝히는 것보다는 주어진 작품에 대해 기술하는 그 가치를 판단하는 일이다. 이 경우, 보는 시각에 따라 어긋나는 견해차를 해소하는 데 필요한 공통의 규범은 존재하지 않는다.

한편 예술작품은 그 내면에 예술가의 의도를 조직적으로 반영하는 것으로서, 비평이란 이 조직적인 의도를 규명하기 위한 작업이라고도 할 수 있다. 그러나 예술작품의 상징적 의미가 실제로 작품에 내재되어 있다는 점은 누구도 확신할 수 없으므로, 비평은 작품이 지닌 속성을 드러내는 기술

핀란드 전쟁을 종식시키기 위한 모임 왼쪽부터 허버트 후버 핀란드 대통령, 판론, 피오렐로 라과디아 뉴욕 시장(1939년 12월 20일)

의 영역을 넘어 비평가 개인이 느끼는 문제 의식에 따라 작품을 설명하는 해석의 영역으로 들어가게 된다. 해석은 진술의 옳고 그름을 떠나 개연성을 문제삼는 작업이므로, 결국 예술작품에 대하여 다원적인 접근이 이루어지는 것은 자연스러운 일이다.

비평의 핵심인 평가에서는, 예술작품에 대한 가치판단이 다른 종류의 행위에 대한 가치 판단과 크게 달라야 한다고 가정할 이유는 없다. 다만 비평가가 자신의 취향과 관계 없이 존재하는 규범에 따라 내리는 가치 판단과 관련해서는 합리적인 논쟁이 가능하지만 감상적 판단이나 취향에 따른 판단과 관련해서는 합리적인 논쟁이 불가능하다. 그렇다고 해도 논리적으로 약한 판단을 감수해야만 하는 것은 아니며, 엄밀한 비평 행위는 이를 감수할 수 있는 인내력을 요구한다.

비평에 대한 외재적 요소의 영향과 관련해서는 주의(主義)·이념·역사 등이 논의 대상이 되는데, 다원적 비평 시각이 존재할 수밖에 없으므로 내재적·외재적 비평의 구분은 큰 의미를 갖지 않는다. 사실상 인간사회를 관찰하기 위한 이론은 획일적으로 저울질 될 수는 없다. 따라서 비평가에게 요구되는 것

은 작품 이해에 가장 적절한 이론일 따름이지, 옳고 그름의 논리에 따라 진리 값이 판명된 이론은 아니다. 문제가 되는 것은 다만 그 이론이 얼마만큼 개연성을 지니며, 주어진 작품에 얼마만큼 일관성 있고 포괄적인 내적 질서를 부여할 수 있는가, 또는 사회적으로 의미 있는 것인가일 뿐이다.

한국인의 예술론

호암 문일평은 예술에 대해서 이렇게 말했다.

"예술이 홀로 그 작자 개체의 생명을 늘리는 데만 성능을 가졌다면 이는 예술을 깊이 이해하지 못하는 말이다. 그의 성직(聖職)은 차라리 작자 개체의 생명을 늘림에 있는 것보다는 시대상을 반영하며 민족성을 구현하는 데 있다 하겠다. 보라! 고구려의 벽화는 활기에 넘쳐 인물 조수(鳥獸)가 모두 비약 전진하는 기세를 보이고 있음은 그 무렵 수·당 제국과 패권을 다투던 고구려인의 진취적 기상을 그대로 표현한 것이 아니냐? 신라의 예술이 그 전성기에는 자못 웅장하고 화려한 기풍을 띠었던 것이 말기에 가서는 차차 섬세한 취향을 띠게 된 것은 예술에 나타난 시대상의 반영인 것이다. 고려청자기를 일례로 들더라도 정돈된 호리호리한 그 형체와 섬세하고도 부드러운 그 선과, 겨울철 차가운 하늘과 같이 맑고 깨끗한 그 색채는, 어디까지나 그 무렵 사회를 풍미하던 불교 그것의 정숙미를 상징화한 것이다. 조선에 들어와서는 얼마만큼 자기의 형체가 확대하여 안정적이 되며 선과 색채도 굵어지고 강하여져 발랄한 기분이 떠도는 것은 신흥 왕조를 지배하던 유교의 경세적 사상을 표현한 것이다.

우리 인생은 예술에 의하여 짧은 수명을 늘릴 수 있으니 가야금의 곡조에서는 오늘날까지도 오히려 우륵의 유음(遺音)을, 석굴암의 조각에서는 오늘날까지도 남아 있는 김대성의 손때 묻은 윤기를 찾을 것이다. 혜원(蕙園)의 풍속화에는 혜원의 넋이 뛰어놀고, 단원(檀園)의 영(靈)이 움직이니 인간은 불후(不朽)의 생명을 향유할 것이다."

판론의 예술의 즐거움

누구나 재미있게 읽을 수 있는 《예술의 역사 *The Arts of Mankind*》는 미국판과 영국판이 있는데, 이 책에서는 영국판을 썼다. 그 둘은 내용에 조금 차이가

풍차 네덜란드 로테르담(1900). 로테르담에서 태어난 판론은 1902년(20세) 미국으로 유학을 간다.

있다. 전반은 두 책이 똑같으나, 후반에 가서 영국판에는 장(章)을 생략한 곳이라든가 같은 표제라도 서술을 간략하게 한 대목들이 나온다. 이는 원저자 자신이 다시 편집한 것으로, 미국판에서는 볼 수 없는 응축의 장점을 갖고 있다.

지은이 헨드릭 빌럼 판론(Hendrik Willem van Loon, 1882~1944)은 네덜란드 태생의 미국 역사가이며 저술가이다. 그는 1882년 네덜란드의 로테르담에서 태어났다. 스무 살 때인 1902년 미국으로 건너가 하버드대학과 코넬대학에서 공부한 뒤 몇 년 동안 AP통신사 기자로 워싱턴, 바르샤바, 상트페테르부르크, 모스크바 특파원으로 활동했다. 1911년 뮌헨대학에서 철학박사 학위를 받고 다시 미국으로 건너가 많은 대학에서 역사학 및 예술학을 강의했다.

1914년 제1차 세계대전이 일어나자, AP통신사에 복직해 벨기에 전선에서 종군기자로 일했다. 그 무렵 그는 중립국의 동향에 큰 흥미를 가져 첫 저작 《네덜란드 공화국의 몰락 *The Fall of the Dutch Republic*》(1913)을 발표했다.

제1차 세계대전이 끝나자 그는 다시 미국으로 돌아와 코넬대학과 엔티오크대학 등에서 역사학을 강의하면서, 저술에 전념하여 역사·지리·예술·전기(傳

코넬 대학교 미국 뉴욕주 톰프킨스 카운티에 있는 명문 사립대학. 판론은 1902년에 네덜란드를 떠나 코넬 대학교에 입학하여 1905년에 학위를 받았으며, 1915년부터 역사학 교수로 학생들을 가르쳤다.

記) 등의 분야에 20권이 넘는 저작을 남겼다.

그는 1944년 3월 20일 예순둘의 나이에 세상을 떠났다.

저서로는《인류 이야기 *The Story of Mankind*》(1921),《성서 이야기 *The Story of Bible*》(1923),《렘브란트 전기 *R.v.R.*》(1930),《판론의 지리학 *Van Loon's Geography*》(1932),《배 이야기 *Ships*》(1935),《알파벳 세계여행 *Around the World with the Alphabet*》(1935),《예술의 역사 *The Arts of Mankind*》(1937), 자서전《판론의 생활 *Van Loon's Lives*》(1942),《토머스 제퍼슨 *Thomas Jefferson*》(1943) 등 다방면에 걸쳐 대중적인 이야기를 주로 썼다.

특히 그의 대표작《인류 이야기》는 30여 개 나라에서 번역·출판되었고, 미국 도서관협회에서 주는 권위 있는 출판상 '뉴베리상'을 수상하는 등 세계적 베스트셀러가 되었다.

그의 전문 분야는 역사학이지만 손수 그림도 그리며, 직접 악기도 다루어 심지어 오케스트라의 한 파트를 맡았을 정도이다. 또 집에 에칭 장치를 갖고 있어서, 이따금 동판화도 만들었다.

게다가 그는 많은 그림을 보고 많은 음악을 들었을 뿐 아니라, 예술 전반에 대한 참으로 깊고 풍부한 지식을 가지고 있어서, 그의 저작을 읽으면 예술에 대한 깊은 이해와 세계 역사에 관한 해박하고 정확한 지식에 놀라지 않을 수 없다. 실로 그는 이런 책을 쓰기에 가장 적합한 사람이라 할 것이다.

판론은 철저한 민주주의자이다. 그래서 그는 예술의 의의를 생각할 때, 언제나 생활과 결부된 예술의 가치를 강조한다.

11장 〈모자이크〉 판론이 그린 삽화.

한 나라에 위대한 예술가의 그림이나 음악이나 조각이 좀 있다고 하더라도, 그 국민 대부분의 생활이 가난하고 초라하다면 무슨 소용이 있겠느냐고 그는 되묻는다. 가정에서도 마찬가지다. 대가의 작품 몇 점을 아무리 소중히 간직하고 있어 봐야 실생활이 쾌적하고 아름답지 못하다면 아무 소용이 없으며, 그 생활을 아름답게 만들기 위해 사람은 모두 무언가 예술을 즐겨야 한다고 그는 주장한다.

물론 이런 관점에서 보는 예술론이나, 또 이런 관점에서 하는 거장의 작품에 대한 평가에 이론(異論)은 있을 수 있겠지만, 지은이의 이와 같은 생각에 공명하는 사람이 분명 더 많을 것이다.

소박한 판론은 말한다.

"모든 예술은 오직 단 하나의 목적, 곧 '생활이라는 예술에 기여하는 목적'만을 가졌을 뿐이다."

▲**박물관 정원** 앞에 보이는 건물은 마차 차고였던 곳

◀**판론 박물관** 네덜란드 암스테르담

▼**박물관 내부**(다이닝룸)

《예술의 역사》에 대하여

판론의 《예술의 역사》는 뉴베리상을 받은 작가의 작품답게, 일반 역사서처럼 지루하거나 딱딱하지 않고, 권위를 내세우지도 않는다. 재치가 넘치는 역사 선생님처럼 '세계 예술사'에 대해 쉬우면서도 흥미롭게 서술하고 있다.

그는 《예술의 역사》를 집필하기 이전에도 《인류 이야기》《성서 이야기》《렘브란트 전기》《배 이야기》 등 대중적인 역사 계몽서를 많이 쓴 작가다. 그래서 이 책은 작가 자신의 무르익은 글솜씨와 깊이 있는 지식, 미래를 예견하는 안목 등이 한껏 빛을 발하고 있다.

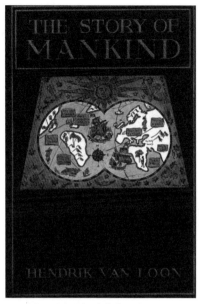

판론 《인류 이야기》(초판발행 1921)
1922년 뉴베리상 수상작. 베스트셀러로서 세계적으로 번역·출판되었다.

선사 시대 예술에서부터 로마와 비잔틴 예술, 르네상스 미술, 로코코 양식, 바흐·모차르트·베토벤 등의 음악가 이야기 등 판론의 역사와 문화에 대한 해박한 지식, 예사롭지 않은 필력, 예술에 대한 순수한 열정이 이 《예술의 역사》 한 권에 잘 축약되어 있다.

또한 이 책은 그림·조각·건축·가곡·오페라·연극 등 예술의 전 분야가 총망라되어 있을 뿐만 아니라, 각 예술이 태동하는 그 역사적 배경 설명에도 충실을 기하고 있다.

판론은 이 저작에서 5천 년에 이르는 인류의 예술사와 그 시대에 활약했던 수많은 예술가들을 다루면서도 지

판론 《예술의 역사》(1949)(초판발행 1937)

은이 나름의 어떤 선입관과 찬양 또는 비하도 없이 담담하게 예술사를 서술하고 있다. 그는 장황한 교과서적인 설명이나 해설에 치중하기보다는 인간의 예술사를 작가 자신의 예술관으로 펼쳐 나가고 있다. 따라서 독자들은 책의 곳곳에 때로는 뚜렷이 때로는 은은하게 드러나는 판론의 즐거운 예술이야기를 흥미롭게 즐길 수 있을 것이다.

판론 연보

1882년   1월 14일 네덜란드 로테르담에서 헨드릭 빌럼 판론과 엘리자베스 요하나 항켄 사이에서 태어남(루터교인으로서 세례를 받음. 하우다 와 포어스호텐에 있는 학교를 다님).

1902년(20세) 코넬대학교에서 공부를 하기 위해서 미국으로 이민(1903년 하버드 대학교로 학적을 옮겼다가 1904년 코넬대학교로 복학).

1905년(23세) 코넬대학교 졸업. 졸업 이후 미국 연합통신(AP) 러시아 지국 뉴스 특파원으로 일하면서 러시아 혁명에 관하여 보도.

1906년(24세) 하버드대학교 생리학과 교수의 딸인 엘리자 잉에르솔 바우디흐와 결혼, 독일로 건너감.

1911년(29세) 〈네덜란드 공화국의 몰락〉이라는 논문으로 독일 뮌헨대학교에서 박사학위를 받음(1913년 책으로 출판됨. 네덜란드 역사를 소재로 삼 은 저작 3편 가운데 첫 번째 편).

1914년(32세) 미국으로 돌아와 AP통신에 입사하여 AP통신 유럽 지국 뉴스 특 파원으로 일하면서 제1차 세계대전에 관하여 보도.

1915년(33세) 모교인 코넬대학교 역사학과에서 강의를 맡음(~1917). 〈네덜란드 왕국의 발흥〉 출판됨(네덜란드 역사를 소재로 삼은 저작 3편 가운 데 제2편).

1916년(34세) 〈네덜란드 항해사들의 교훈서〉 출판됨(네덜란드 역사를 소재로 삼 은 저작 3편 가운데 마지막 편).

1919년(37세) 미국 시민권 얻음.

1920년(38세) 아내와 이혼하고 엘리자 헬렌 크리스웰과 재혼(그러나 1927년 극 작가인 프랜시스 굿리치 아메스와 세 번째로 결혼했다가 이혼, 두 번 째 아내 곁으로 돌아와[재결합 여부는 확실하지 않음] 남은 생을 같이 보내는 등 결혼 생활은 평탄하지 않음).

1921년(39세) 《인류의 이야기》를 펴냄(어린이들을 주요 독자층으로 하는 이 작품의 삽화를 지은이 자신이 그렸음. '역사'라는 복잡하고 따분한 소재를 흥미롭고 살아 움직이는 것처럼 느끼게 함으로써 어린이 문학에 크게 이바지한 공로를 인정받아 1922년 존 뉴베리상을 받음. 생전에는 지은이 스스로 책 내용을 꾸준하게 갱신했으며, 사후에는 그의 아들과 다른 역사가들이 책 내용을 꾸준하게 갱신함). 안티오키대학교에서 사회과학부 학장을 지냄(~1922).

1923년(41세) 미국 일간지 〈볼티모어선〉지 부편집장을 지냄(~1924).

1924년(42세) 유니테리언교 평신도 연맹에 참여(~1933).

1935년(53세) 대중들을 대상으로 한 라디오(NBC) 강좌를 비롯하여 정보 제공 프로그램, 명사들이 나오는 퀴즈 프로그램 등에 출연(2차 세계대전 기간 동안에는 네덜란드를 위한 반나치 연설 방송을 하고 유럽 피난민들을 지원함).

1940년(58세) 미국 프랭클린 루스벨트 대통령의 대통령 선거운동에 참여.

1942년(60세) 네덜란드의 반나치 비폭력 저항 운동에 이바지한 공로를 인정받아 그 무렵 왕국이었던 네덜란드를 다스린 빌헬미나 여왕으로부터 나이트(knight) 훈위를 받음.

1944년(62세) 3월 11일 코네티컷 주 올드 그리니치에서 사망(사후인 1947년 《성 베드로에 대한 보고》라는 제목의 자서전이 출판됨. 그밖에 그에 관한 전기(傳記)로는 1972년에 출판된, 아들인 제라르드 빌럼 판론이 쓴 《헨드릭 빌럼 판론 이야기》, 2005년에 출판된, 네덜란드 미델부르크에 있는 루스벨트 연구소 이사(理事)이자 벨기에 겐트대학교 미국사 담당 교수인 코르넬리스 A. 판 미넨이 쓴 《판론 : 인기 있는 역사가이자 언론인, 프랭클린 딜라노 루스벨트의 절친》 등이 있음)

이철범(李哲範)

동국대 영문학과를 거쳐 동국대대학원 졸업. 1953년 《연합신문》에 평론 현실과 부조리문학을 발표하며 등단, 1957년 동인지 《현대의 온도》에 모더니즘 시를 발표했다. 《문학》《문학평론》 주간, 경향신문·서울신문 논설위원 및 《문예중앙》 편집인을 역임했다. 지은책에 평론집 《한국신문학대계》《이 어두운 분열의 시대》《이데올로기의 시대, 문학과 자유》《고난의 시대 문학은 무엇인가》 등과 시집 《로스앤젤레스의 진달래》《현대의 묵시록》 등이 있다.

세계사상전집091
Hendrik Willem van Loon
THE ARTS OF MANKIND
예술의 역사

헨드릭 빌럼 판론/이철범 옮김
동서문화창업60주년특별출판
1판 1쇄 발행/2017. 1. 20
1판 2쇄 발행/2022. 8. 1
발행인 고윤주
발행처 동서문화사
창업 1956. 12. 12. 등록 16-3799
서울 중구 마른내로 144(쌍림동)
☎ 546-0331~2 Fax. 545-0331
www.dongsuhbook.com

＊

이 책의 출판권은 동서문화사가 소유합니다.
의장권 제호권 편집권은 저작권법에 의해 보호를 받는 출판물이므로
무단전재와 무단복제를 금합니다.
사업자등록번호 211-87-75330

ISBN 978-89-497-1606-0 04080
ISBN 978-89-497-1514-8 (세트)